Customer Relationship Management

고객관계관리 원론

김연형 지음

CRM Customer Relationship Management

KYOWOOSA 教友社

머리말

기업은 고객 에게 상품의 서비스를 제공하여 수익을 창출한다. 지금까지는 품질 좋은 상품이나 서비스를 보다 저렴한 가격으로 제공하는 것이 바로 기업의 경쟁력이었다. 그러나 최근에는 시장개방, 경쟁의 심화, 소비자 욕구의 변화에 따라 대중 마케팅으로 성공을 거둔 기업들도 새로운 시장 상황 하에서 어떻게 경쟁할 것인가를 고민하고 있다. 또한, 기업 활동의 순환 사이클이 빨라지면서 특정기업의 제품가격이 현저하게 낮다거나, 품질수준이 월등하게 높은 상태를 유지하기는 거의 불가능하게 됐다.

이에 따라 타 경쟁기업에 비해 우위를 차지하고자 하는 노력이 일어남으로 인해 기업들은 기존 패러다임을 바꾸기 시작하였다. 즉 마케팅 대상을 불특정한 모든 고객들로부터 기존에 자신의 기업에서 보유하고 있는 자사 고객들에게 옮기기 시작하였다.

그리하여 과연 우리 회사와 거래하는 고객들은 누구이며 자주 오는 사람들은 누구이고, 많은 물건을 구매하는 사람들은 누구인가 그리고 우리 회사를 떠난 사람들의 특성은 무엇인가에 대한 질문을 하게 되었다.

다시 말해서 기존 고객의 특성과 필요에 맞는 메시지를 전담하여 보다 더 고객과 친밀한 관계를 유지, 결국은 평생고객으로 유도해야 되겠다는 전략도 세우게 되었다. 그리고 기업은 과거 고객과의 관계 속에서 기업 내에 축적된 대용량의 데이터에 관심을 돌리고 이미 확보된 고객을 관리하는 측면에 초점을 맞추게 된 것이다. 즉, 이제는 고객이 원하는 제품이 무엇이고 또 그 제품을 얼마나 신속하게 제공할 수 있는가에 따라 기업의 경쟁력이 좌우되기 때문에 고객을 이해하고 고객과의 관계를 지속적으로 유지하는 것이 중요하게 되었다.

이러한 배경에서 고객과의 개별적이고 지속적인 관계 유지를 추구하는 개인화 마케팅, 일대일 마케팅, 관계 마케팅의 개념이 등장하게 되었다. 이러한 마케팅 기법과 급속히 발전한 정보기술의 영향으로 등장한 데이터 웨어하우스, 데이터 마이닝 등의 데이터베이스 기술과 전사적 자원관리(ERP), 지식경영 등의 요소기술들이 결합하여 고객관계관리(Customer Relationship Management, CRM)가 등장하였다.

본서는 CRM의 한 학기 강의안으로서 저자가 대학에서 강의와 연구를 통하여 얻은 지식과 기존의 선행연구자들의 연구를 토대로 기업의 마케팅 담당자와 대학(원)생들을 위해서도 이론과 실무를 학습할 수 있도록 하였다.

본서의 상당부분은 이 분야의 선행연구를 많이 참고하였고, 독창적이지 못한 부분이 다소 있음을 밝히며, 부족한 부분은 다음기회에 보다 충실한 내용으로 보완하고자 한다.

끝으로 출판사정이 여의치 않음에도 불구하고, 본서를 출판해 주신 오판근 사장과 아름답게 편집한 백지선 양의 수고에 깊은 감사를 드린다.

2009.12

천잠산 연구동에서 칠석 김연형

차례

Chapter 1
고객에 대한 인식전환

1. 고객의 개념
2. 고객의 분류

1 고객의 개념

고객에 대한 이해의 첫걸음은 본질적으로 고객이 하나가 아니라는 점이다. 고객은 저마다 다른 가치를 가지고 있다. 따라서 고객은 수많은 개별 덩어리로 나뉘어 질 수밖에 없다. 기업도 나누어진 각각의 고객집단에 적합한 전략을 구사할 수밖에 없게 된 것이다. 만약 당신에게 "당신의 고객은 누구인가?"라고 물어본다면 당신은 어떻게 대답할 것인가? 영어의 고객에 해당하는 단어인 customer는 그 어원이 '반복적으로 행하는 습관과 같은 것'이라는 의미를 지닌 custom이다. 당신의 고객은 습관처럼 행하는 특정 행동의 대상으로 당신을 인식하고 있다는 의미이며, 그러한 습관은 오랜 관계를 통해 형성된다. 보다 구체적으로 특정 기업의 고객은 그 기업의 상품을 습관적으로 구입하는 소비자가 될 것이며, 보다 일반적으로는 각종 인간관계가 반복적으로 형성되면서 서로가 서로를 고객으로 만들어 가는 현상까지 고객이 의미하는 바가 함축하고 있다고 볼 수 있다. 관계를 맺는 당사자뿐만 아니라, 습관적으로 행하는 거래 및 관계 형성이 보다 긴밀해지고 더욱 돈독해지도록 영향을 미치는 주변인 모두가 고객의 범주에 들어갈 것이며, 기업의 경우에 소비자뿐만 아니라 임직원이나 공급업자 및 협력업자, 그리고 언론 등이 확장된 의미에서의 고객에 속할 수 있다. 결국 나 이외의 모두가 고객이라고 할 수 있다.

고객의 중요성을 역설하는 구체적인 수치도 자주 언급되곤 한다. "신규고객을 획득하는 데에 소요되는 비용은 기존고객을 유지하는 비용의 5배가 든다"와 "평균적인 회사의 비즈니스 중 65%는 만족을 얻은 기존고객을 통해 이루어진다"는 말은 기존고객을 유지함으로써 얻을 수 있는 기업의 경제적 측면을 조명하고 있다. 20 : 80의 법칙으로 통용되는 파레토 법칙(상위 20%에 해당되는 고객들이 전체 매출의 80%를 차지한다)은 산업별로, 또는 기업별로 다소의 차이는 있겠지만, 우량고객의 중요성 및 우수고객에의 역량 집중에 대한 필요성을 그 무엇보다도 더 효과적으로 말하고 있다.

이처럼 고객은 더 이상 기업의 제품이나 서비스를 소비하는 단순 구매자의 측면에 동시에 모든 사고의 기본이 되어야 하고, 그 결과에 대한 평가에 있어서도 경영의 핵심적 역할을 수행할 수 있어야 한다.

고객관계관리는 '고객 재발견'이라는 인식의 변화에서 출발한다고 할 수 있다. 왜냐하면 고객관계관리를 통해 자사고객의 실체와 중요함을 인식할 수 있기 때문이다. 고객관계관리를 전개하는 과정에서 생길 수 있는 의문을 제시하면 다음과 같다.

고객 재발견을 위한 고객관계관리

① 우리 회사의 고객은 누구인가?
② 핵심고객층은 어떤 사람들인가?
③ 고객은 무엇을 원하고 요구하는가?
④ 고객이 우리 회사와 계속 거래하면서 장차 요구하게 될 혜택이나 서비스는 무엇인가?
⑤ 고객을 오래 유지시키고 고객의 평생가치를 극대화할 수 있는 방안은 무엇인가?
⑥ 고객의 평생가치를 극대화하여 수익성을 높일 수 있는 방안은 무엇인가?

위의 6가지 의문사항을 잘 음미해 보면 한 가지 중요한 가치를 발견할 수 있다. 즉, 이 항목들은 고객관계관리를 전개하는 프로세스를 의할 수도 있지만 궁극적으로는 고객의 가치를 창출함으로써 또 하나의 고객자산가치를 증진시키는 일종의 전략적 프로그램이라는 것을 알 수 있다.

따라서 고객재발견을 위한 고객관계 관리를 기업이 도입함으로써 고객은 〈그림 1-1〉과 같이 변화하게 된다.

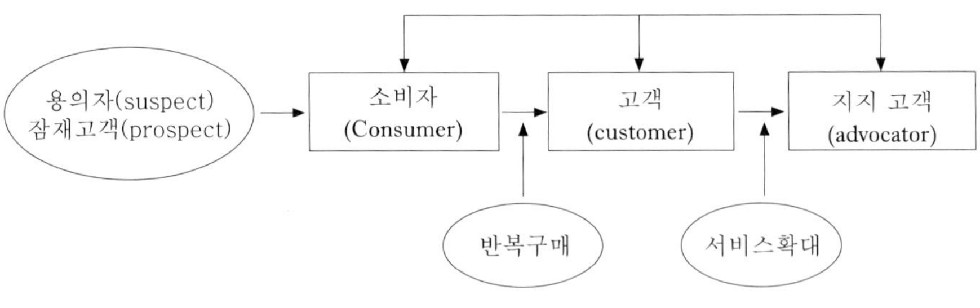

〈그림 1-1〉 고객의 변화과정

해당기업의 제품 또는 서비스를 구매할 가능성이 있는 용의자(suspect), 잠재고객(prospect)들이 한번 이상 구매경험이 있는 사람인 소비자(consumer)가 되고, 그 소

/사./례./연./구./

이탈리아 경제학자인 빌프레도 파레토(Vilfredo Federico Damaso Pareto)는 1906년 이탈리아 토지의 80%를 이탈리아 인구의 20%가 소유하고 있다는 사실을 알아냈다. 그 후 파레토는 이 80%와 20% 사이의 상관관계를 다른 분야들에도 적용하기 시작하였고, 그 결과 이러한 불균형 현상은 많은 분야에서 만연되고 있다는 사실을 깨닫게 되었다. 현재 이 80%와 20%의 상관관계는 전세계적으로 유명해져 "파레토의 원칙(Pareto Principle)", 혹은 "80:20 법칙"으로 알려지기에 이른다. 이러한 80:20 법칙의 일상적인 예로 하루종일 걸려오는 휴대전화의 80%는 20%의 친근한 지인으로부터 걸려오며, 20%의 운전자가 전체 교통위반의 80%를 차지하고, 20%의 범죄자가 전체 범죄의 80%를 저지른다는 것 등이다. 즉 적은 비율의 무언가가 대부분의 결과를 생산해 내는 것이다. 이러한 80:20 법칙의 적용은 마케팅 분야에도 예외가 아니다. 백화점 매출액의 80%는 20%의 단골손님에 의해 발생되며, 기업의 80% 수익이 전체 제품의 20%에 의해서 만들어지며, 80%의 배송지연이 20%의 원인에 의해 발생하며, 80%의 고객불만이 20%의 제품 때문에 발생한다고 한다. 이것이 반드시 80%와 20%의 비율로 나타나지는 않더라도 말이다. 이는 곧 회사의 전체수익 중 상당부분은 소수의 고객에 의해 만들어지며, 소수의 제품이 전체 주문의 상당부분을 차지하고, 영업인력 중 소수가 대부분의 매출을 올리는 것을 의미한다. 즉 마케팅에서의 80:20 법칙은 불필요하고 비생산적이며 별로 중요하지 않은 부분에 많은 마케팅 시간과 비용이 투자되고 있음을 반증하고 있다고 할 수 있다. 기업에서는 마케팅 활동에서 나타나는 이러한 명백한 현실을 시정하기 위해 20:80 법칙을 적용하여 마케팅 자원(시간과 비용)의 최적배분을 유도하고 있다. 그 대표적인 예가 가장 많이 팔리는 물건을 손님들이 쉽게 찾을 수 있게 한 것인데, 이 방법도 사실은 80:20 법칙의 적용이라고 볼 수 있다.

서점에서 베스트셀러 리스트를 활용하는 이유는 무엇일까? 베스트셀러 리스트는 1942년 8월 9일 뉴욕타임스(New York Times)의 일요일자 신문에서 유래되었다. 당시 뉴욕타임즈는 그 어떤 사전예고도 없이 일요일자 신문에 베스트셀러 리스트를 싣기 시작했다. 그 이후로 뉴욕타임즈는 50년 동안 단 한번의 예외도 없이 매주 일요일 베스트셀러 목록을 신문에 게재했다. 이에 따라 뉴욕타임즈의 베스트셀러 목록 1위에 뽑힌 책들은 모두 자랑스럽게 책표지에 "#1 New York Times Bestseller" 딱지를 붙이기 시작했다. 출판사들은 이 딱지가 붙어있으면 사람들이, "다른 사람들이 다들 보는 책이라면 나도 한 번 사봐야지"라는 반응을 보일 것이란 사실을 미리 알았던 것이다. 이 외에도 음악 톱 10 차트, TV 시청률, 영화 박스-오피스 순위 등은 단순히 대중문화의 인기도를 반영하는 수치일 뿐만 아니라 많은 기업들에 의해 활용되고 있는 매우 강력한 마케팅 도구인 셈이다. 우리는 살아가면서 문제가 발생하는 여러 원인들이 똑같은 비중으로 작용한다면 큰 고민을 하지 않을 것이다. 그러나 현실은 다르다. 원인과 결과 혹은 노력과 성과 사이에는 불균형이 분명히 존재한다. 필요하다면 비효율적인 80%의 노력을 과감하게 버리고 가치있는 20%에 집중하는 지혜를 원하는 것이 현실적일지도 모른다. 핵심적인 20%가 80%의 성과를 낳기 때문이다. '심은대로 거둔다.'는 옛말을 믿고 묵묵히 일하는 것만이 미덕이던 시대는 점점 지나가고 있는 듯 하다.

(전주대 신문, 전기홍).

비자가 반복적으로 해당기업 제품 또는 서비스를 구매하면 고객(customer)이 된다. 고객에게 해당기업이 제품 또는 서비스를 확대하여 가치를 증대시켜주면 옹호자인 로열티 고객으로 변화하게 되는 것이다.

1) 고객의 존재 1)

고객은 기업과 이해관계가 있는 매우 중요한 존재이다. 고객은 기업의 거울이며, 기업의 주인이며, 기업의 의지대상이다.

(1) 고객은 기업의 거울이다.

고객은 변하고 있다. 구매의식이 변하고 라이프스타일이 변하고 있다. 이러한 고객의 변화에 따라 기업도 변하지 않으면 안 된다. 거울속에서 고객이 하는 대로 기업은 고객을 따라서 행동을 하게 된다.

(2) 고객은 기업의 주인이다.

고객이 존재해야만 기업이 존재하는 것이다. 고객은 기업의 존재를 위해 있는 것이 아니며, 그들의 필요에 의해 기업을 찾는다. 기업을 찾은 고객이 불편해도 불평한마디 없었고, 그들의 불편을 귀담아 주지도 않았던 시절은 단순히 손님에 지나지 않는다. 하지만 지금은 고객이 없는 기업은 생각할 수 없으며, 고객이 결국은 종업원의 급여를 지불하는 주인인 것이다.

(3) 고객은 기업의 의지대상이다.

기업은 상품을 생산하고, 고객은 그것에서 편익만을 추구하며 기업에게는 아무런 혜택도 주지 못하는 존재는 아니다. 오히려 기업은 고객들이 요구하는 상품의 제공을 통하여 기업목표를 달성하고 기업성장을 가능하게 해주는 기업의 의지대상인 것이다. 고객에게 의지하지 않는 기업은 성장이 어렵다. 고객에게 의지하고 도움을 받으면서 기업은 성장한다.

1) 권금택, 전략적 고객관계관리, 대명, 2007, pp.54-57.

(4) 고객을 이해하기

고객욕구를 파악하기 위해서는 상품지식이 풍부한 일정수준의 사람이 고객의 불편사항을 청취하고, 또는 소비자의 심리를 잘 이해할 수 있는 사람이 불편사항을 청취하여야 한다. 고객의 불평·불만소리는 적절한 사람이 들어야 한다.

(5) 고객의 마음읽기

고객의 마음을 읽을 수 있는 방법은 두 가지이다. 하나는 고객의 입장에서 어떤 점이 불만이고 어떤 점을 개선해야 하는 가를 생각해보는 것이다. 다른 하나는 고객으로부터 직접 소리를 들음으로써 아이디어를 얻는 방법이다.

2 고객의 분류

1) 고객의 종류

(1) 내부고객

내부고객의 만족이 고객만족의 출발점이 되므로 사내고객은 가장 먼저 만족시켜야 할 고객이 된다. 불만족한 사원이 고객에게 좋은 서비스를 제공해 고객을 만족시키기는 힘들기 때문이다. 사원을 내부고객으로 대우하고 만족시켜 사기를 높여주면 최종고객인 소비자를 만족시키기 위해 최상의 노력을 할 것이다. 최종소비자들의 만족도가 낮은 기업들의 공통점으로 내부고객 만족도가 낮다는 점은 이 사실을 확인해 준다. 고객의 기대를 충족시키자면 사원이 고객을 위해 당연히 해야할 일을 하도록 사원의 사기를 관리하고 지원해야 한다. 자신에게 주어진 역할에 만족하는 사원만이 고객에게 정성과 열의에 찬 서비스를 제공할 것이기 때문이다. 고객만족적 기업으로서 경쟁력을 갖추려면 내부고객부터 만족시켜야 한다.

(2) 중간고객

소비재 생산기업은 최종고객을 직접 상대하기보다는 대부분 판매점을 두고 거래하고 있다. 따라서 판매점은 기업과 소비자 사이에 가치를 전달하는 중간고객이 된다.

중간고객, 즉 가치전달 고객에는 판매점이나 대리점 외에도 원료공급원 내지 협력업체들을 포함시킬 수 있다. 중간고객의 중요성은 바로 이들을 만족시키지 못하면 결국 최종고객인 소비자를 만족시키기 힘들다는 데에 있다.

(3) 최종고객

개별적 소비자들이 모여지면 커다란 힘으로 작용하여 기업의 변화를 주도하는 원천이 된다. 만족한 고객이 모아지면 그 기업은 성장하게 되지만, 불만족한 고객이 모아질 경우에는 어려움에 처하게 될 것이기 때문이다. 소비자는 사용자라는 점에서 가치사용 고객에 해당된다. 그런 의미에서 기업은 고객이 가장 중요한 존재인데 그 이유는 첫째, 고객은 기업에게 이윤을 안겨주는 존재이다. 둘째, 고객이 기업에 의존하는 것이 아니라 기업이 고객에게 의존하는 것이다. 셋째, 기업은 고객을 위해 존재하는 것이다. 넷째, 기업이 고객에게 서비스를 베푸는 것이 아니라 고객이 서비스할 기회를 제공해 줌으로써 호의를 베푸는 것이다. 바로 이 점들을 깨달아야 고객의 중요성을 바로 알고 있다고 할 수 있다.

이상에서 설명한 고객의 개념을 확대하여 분류하면 첫째로 일반적으로 거론되는 기업의 상품을 구매해 그 가치를 이용하는 최종고객(가치구매고객)과 둘째로 가치를 전달하는 대리점, 원료를 제공하는 원료공급원 내지 기업활동을 돕는 협력회사등의 중간고객(가치전달고객) 및 가치를 생산하는 사내고객(가치생산고객)이 있으며 이를 그림으로 나타내면 〈그림 1-2〉와 같다.

그림에서 보듯이 사내고객은 한 제품을 생산하기 위해서 핵심프로세스상에 서로 얽혀있는 사내고객을 만족시켜야 한다. 그리고 생산된 재화가 최종소비자에게 이르기 전에 중간도매나 유통상을 거치는 경우도 많은데, 이를 중간고객이라 칭한다. 이들 중간고객을 만족시키지 않고는 제품은 적시적소에 최종소비자에게 쉽게 도달하지 못할 것이다.

이처럼 사내고객, 중간고객까지 합쳐 함께 일하는 부서원이 바로 나의 고객이라는 개념을 가져야 고객만족 가치관이 정립될 수 있다

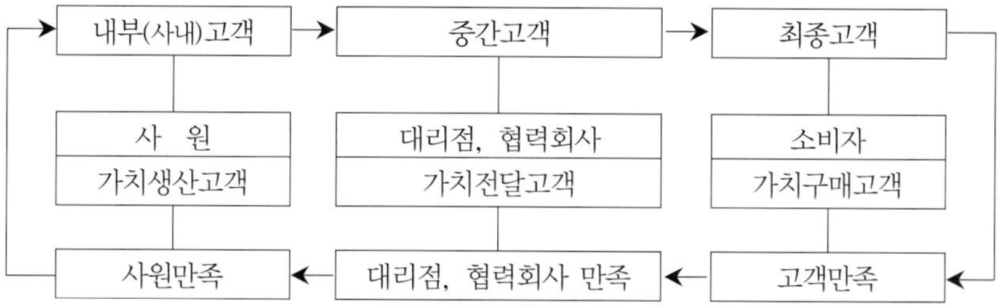

고객만족도 조사의 체계, 하이테크마케팅연구소, 1992

〈그림 1-2〉 고객의 분류

(4) 기존고객

요즘과 같이 제품의 차이가 나지 않는 시장에서 새로운 고객을 개척한다는 것은 어려운 일이다. 한편 고객의 기대에 어긋나 고객을 잃는 경우가 있는데 이를 방치하면 결과는 너무나도 불 보듯 뻔한 일이다. 이러한 상황이라면 신규고객 유치를 위해 비용을 투자하여도 아무런 도움이 되지 않을 것이다. 따라서 고객만족경영에서는 먼저 기존의 고객을 대상으로 만족도를 향상시켜서 그들 고객을 확실히 고정화 시키는 것을 제일의 목표로 생각한다. 즉 고객만족 경영에서 만족도를 생각할 경우 그 대상은 바로 기존의 고객이다.

기존고객확보와 유지는 기업에 있어서 매우 중요한 의미이며 현재 여러 기업이 안고 있는 커다란 숙제이다.

(5) 잠재고객

잠재고객의 정의와 범위를 오프라인 상황과 온라인 상황으로 구분하여 정리하면 다음과 같다.

① 오프라인 상황에서의 잠재고객의 정의와 범위

잠재고객이라 함은 판매하고자 하는 제품이나 서비스를 구매할 수 있다고 판단되는 타겟마케팅층의 고객(신규고객확보 대상층에 놓인 고객층)을 의미하며 현재는 다른 경쟁업체를 이용하고 있거나 지금까지 단 한번도 해당기업의 제품이나 서비스를 이용한 적은 없지만, 해당기업의 제품이나 서비스에 대해 알고 있어 향후 우리 고객으로 확보할 수 있다고 판단되는 고객을 말한다. 또한 특정 제품이나 서비스에 대해 문의를 하는 소비자 중에서 자신의 신분이나 연락처를 밝히는 고객을 말한다.

② 온라인상에서의 잠재고객의 범위

오프라인상의 잠재고객과 온라인상의 잠재고객의 속성 개념과 범위의 이해는 달리 하여야 한다. 온라인상의 잠재고객은 비록 특정고객이 그 사이트에 최초 방문하였거나 가입하였다 하더라도 그 고객을 곧바로 고객으로 간주한다면 매우 위험한 발상이 아닐 수 없다. 온라인상에서 정의할 수 있는 「**잠재고객의 범위**」는 다음과 같다.

첫째, 네티즌이 특정 인터넷 사이트에 기 가입하였으나 이용실적이나 추가적인 반복방문이 없이 일정기간 방치되어 있는 상태에 있는 고객

둘째, 웹상에서 비록 회원가입은 하지 않았지만 자주 클릭하여 접촉을 하였다고 판단되는 고객(인터넷 등에 회원가입제도가 있으나 회원가입은 보류한 채 단지 웹에 방문하기만 하고 실제 자신의 신상이나 이메일 계정을 남기지 않는 고객)

셋째, 해당기업의 e-CRM 고객타겟 대상층과 일치되는 고객층으로서 아직까지는 방문한 적이 없으나 해당상품과 서비스, 정보콘텐츠 등에 관심을 두고 있는 자

넷째, 회원가입 후 지속적으로 이용하지 않지만 과거에 몇 번이고 이용한 경험이 있는 자로서 최근에 이용 실적이 전혀 없어 고정고객으로 인식하기에는 불안정한 상태의 고객

(6) 불만 고객

① 불만고객의 개념과 원인

서비스를 제공하는 과정 중에서 고객의 불만이 발생하게 되는데 이러한 불만에 대해 회사를 상대로 표현하고 해결을 요구하는 고객이 불만 고객이라 할 수 있다. 불만을 표현하는 고객은 그렇지 않은 고객보다도 상대적으로 회사의 발전과 경쟁력 향상에 없어서는 안 될 중요한 고객이라고 할 수 있다.

왜냐하면, 그들의 불만을 해결하는 과정에서 회사는 문제점과 취약점을 개선 할 수 있는 기회를 얻을 수 있기 때문이다. 또한 불만처리를 통하여 만족한 고객은 재 구매율이 높을 뿐만 아니라 주변의 다른 사람에게 만족감을 홍보하여 신규고객을 창출하는 역할까지 수행하는 것이다.

고객의 불만은 제품이나 서비스의 문제점을 발견하고 개선하여 품질을 향상시킬 수 있는 대단히 좋은 정보일 뿐만 아니라, 불만을 처리하는 과정에서 고객과의 유대를 강화하여 열성팬으로 만들 수 있는 절호의 기회이다.

실제로 고객들의 불만사항을 헤아려 생산된 제품으로는 커피와 설탕량을 조절할 수 있는 커피믹스, 낙서가 잘 지워지는 장판, 쉽게 들고 다닐 수 있도록 개발된 워크맨, 삶는 효과가 있는 세탁기 등 실제로 우리 주위에서도 볼 수 있다.

고객의 불만 원인은 크게 회사문제(제도나 상품) 그리고 고객 자신의 문제, 직원에 대한 문제로 분류할 수 있다. 이중 고객 불만이 발생되게 되는 가장 큰 원인은 직원들의 고객응대 과정에서 비롯되는 것으로 조사되었다. 즉, 직원의 응대가 불친절하거나, 규정만 내세우는 안내, 업무처리 미숙, 타 부서로의 책임회피로 인한 불만이 전체 대비 65%로 가장 많이 발생되는 것으로 나타났다.

보통 직원들은 회사문제가 직원문제보다 많을 것으로 예상한다. 그러나 통계에 따르면 회사문제보다 직원문제가 더 많은 것으로 나타났다.

왜 이런 결과가 나왔을까? 자세히 살펴보면 처음에 불만 고객의 불만은 회사문제로 시작되었는데 중간에 직원의 불친절한 응대에 고객은 회사에 대한 불만은 잊어버리고 직원에 대한 불만만 쌓이게 된 것이다. 그래서 우리는 회사에 대한 불만까지 직원에게 넘기게 해서는 안 된다.

불만을 제대로 해결해 주지 못할 경우 고객은 테러리스트가 되어 나쁜 구전으로 신규고객 확보에 장애가 되며, 또한 문제를 개선할 기회를 상실하여 제품과 서비스의 품질이 저하되며 이에 따라 기업은 매출과 수익이 줄고 종업원은 수입과 사기가 줄어들어 결국은 시장에서 퇴출당하게 된다. 즉, 기업의 잘못된 불만처리는 고객과 기업 그리고 종업원간의 부정적인 연쇄반응으로 악순환의 고리가 연출된다.

불만 고객의 정의는 보통 기업을 상대로 불만을 표현하고 해결을 요구하는 고객이 불만 고객이라 한다. 하지만, 요즘은 고객의 욕구가 높아지고, 서비스 경쟁이 심해져 고객의 마음은 조금만 상해도 회사를 이용하지 않는다. 그렇기 때문에 아주 사소한 불만, 예를 들면

"여름에 이 사무실은 왜 이렇게 더워요?"

"여기 주차장 왜 이렇게 주차하기 힘들어요?"

"여기 물먹는 곳 없어요?"

"생각보다 금액이 적어요?"

등과 같이 사소한 불만을 토론하는 것도 이제는 불만 고객으로 생각하여야 한다.

그런 것을 볼 때, 불만 고객은 우리가 생각하는 것보다 훨씬 더 많은 사람들일 수 있다. 그렇기 때문에 행동 하나하나 말 하나하나에 주의를 가지고 고객을 대하지 않으면 일반 고객 또한 불만 고객이 될 수 있다. 불평 불만을 무시하고 내버려두면 반드시 클레임 발생으로 이어진다. 반면 사소한 불만 고객의 초기 응대를 잘하면 큰 불만 고객이 아닌 만족 고객으로 바뀔 수 있다.

현장 서비스를 통해 접점에서 발생하는 고객 불만의 원인들을 분석해 보자.

① 고객의 기대에 못 미치는 서비스 응대

② 지연 서비스

③ 직원의 실수와 무례한 태도

④ 약속 미 이행

⑤ 단정적 거절

⑥ 책임 전가 등이었다.

고객이 표현하는 아주 사소한 불평요인이나 회사에서 제공하는 제품 및 시스템에 관한 불만은 우리 서비스 요원이나 우리가 속해 있는 회사가 반드시 해결해야 하는 과제이며, 반드시 현명한 방법으로 만족한 해결이 이루어졌을 때 오히려 단골 고객이 되는 예가 많다는 것을 우리는 꼭 기억해야 할 것이다(네이버 블로그 helianthus3).

② 고객불만의 처리[2)]

㉠ 고객불만 처리프로세스

제품을 판매하는 기업의 경우, 불평처리 프로세스는 2단계를 거쳐 이루어지는데 고객의 불만을 접수, 상담하고 처리를 약속하는 단계와 실제로 불만해소를 위한 노력을 실행하는 단계로 나뉜다. 이는 서비스를 판매하는 기업과 차이가 있는데 서비스를 판매하는 기업의 서비스회복은 서비스를 제공하는 종업원이 직접 서비스실패를 경험한 고객과 상호작용을 하고 고객의 불만을 직접 해결한다.

〈표 1-1〉은 제품/서비스의 구매와 관련된 고객의 반응과 회사의 운영전략을 매트릭스로 개발한 것이다.

---

2) 박진홍, 고객불만대응 서비스 요인별 분석과 고객신뢰회복에 미치는 영향, 경희대 경영대학원 2008, pp.18-23.

〈표 1-1〉 고객반응과 제품/서비스 실패에 따르는 기업의 운영전략

제품/서비스의 실패 \ 고객반응	침묵	불평
없음	기쁘함	고객을 교육시킴
있음	불평을 제기하도록 장려함	불만처리/서비스 회복

이 매트릭스에서 제 3번째 사분면은 제품/서비스의 실패가 발생되었으나 고객이 불만을 제기하지 않는 상황으로 기업은 고객이 불만을 제기하도록 장려해야 한다. 왜냐하면 불만을 간직한 고객은 기업에 의해 통제가 되지 않은 채 적극적이든 수동적이든 구전효과에 의해 불만사실이 전파될 수 있기 때문이다. 제 4번째 사분면은 제품과 서비스의 실패에 대하여 고객이 불만을 제기한 상황으로 제품/서비스 회복이 필요한 경우이다.

〈표 1-2〉에서처럼 불만고객의 5%만이 회사로 불만을 제기한다. 95%는 불만을 간직한 상태로 불만을 전파하거나 다시 재 구매를 하지 않기 때문에 회사는 불만을 회사로 알려 불만처리 서비스를 통해 재 구매로 유도해야 한다.

고객이 불만을 제기한 후 불만처리 서비스에 대해 불만족하게 되면 90%는 재 구매를 하지 않으며 서비스에 만족한 고객 중 50%는 애호고객이 되어 재 구매를 하게 된다.

〈표 1-2〉 불만고객의 사실-고객만족의 사실

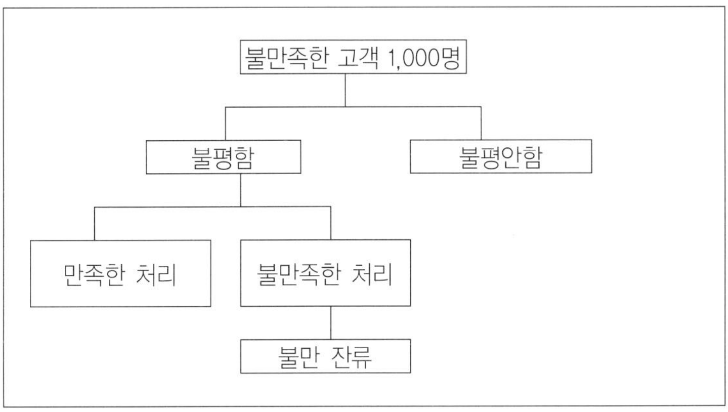

• 불만고객의 95%는 기업에 불평을 말하지 않는다.
• 불만 고객은 보통 8-10명에게 소문을 내고 만족고객은 4-5명에게 말한다.
• 문제해결이 안된 불만고객의 90%는 그 기업을 다시는 상대하지 않는다.
• 문제가 해결된 고객의 54%는 애호고객이 된다.

이처럼 회사는 불만이 생긴 고객은 회사가 적극적으로 처리해야 하며 불만 처리 프로세스도 고객관점에서 시작되어야 한다.

Williams는 고객 불만을 처리하는데 다음과 같은 원칙을 지켜야한다고 제시하였다.

① 접근이 쉬어야 하고 널리 알려져 있어야 한다.
② 이해하기 쉽고 이용하기 쉬어야 한다
③ 처리가 신속하고 처리 일정이 정해져 있어야 하며 처리과정이 공개되어야 한다
④ 충분하고 공정하여야 한다
⑤ 고객의 비밀을 존중해 주어야 한다
⑥ 제기된 모든 문제는 공개하고 효과적인 반응과 적절한 보상을 해야 한다
⑦ 경영자에게 정보를 제공해 주어야 한다

고객은 불만처리를 통하여 기업이 고객을 어떻게 생각하고 있는가를 파악할 수 있다. 이는 불만처리서비스가 고객관리에서 중요한 역할을 하고 핵심서비스가 되어야 함을 강조한다.

〈표 1-3〉 불만처리 서비스 프로세스 기본모형

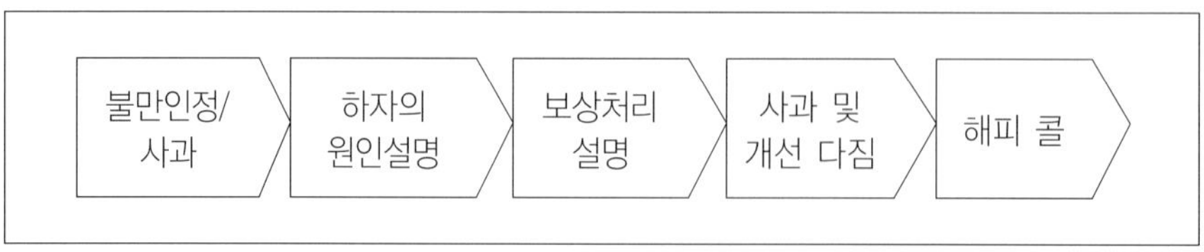

회사는 고객이 접근하기 용이하도록 채널을 다양화하고 표1-3과 같은 기본 프로세스를 바탕으로 불만처리 서비스 프로세스를 개발해야 한다.

ⓛ 불만고객의 심리

서비스 불만처리를 위한 전략방안의 효과성을 비교한 연구에서 Daridaetal(1996)은 사과가 가장 비교과적이며, 보상과 수정이 결합되어졌을 때 고객의 충성도가 유의하게 증가한다고 하였다. 그러나 사과가 산업의 특성과 개인적인 상황에서는 가장 효과적일 수도 있고 가장 기본적이며 필수적인 방안이다.

McDougall(2000)의 연구에서는 사과와 보상을 혼합하여 사용한 전략방안이 가장 효과적인 것으로 나타났는데 이렇게 불만처리 서비스에서는 사과와 보상에 대한 체계적인 전략이 필요하다.

불만고객의 심리에 대한 진실은 불만대응 서비스제공을 위해 중요한 요소를 포함하고 있다. 불만고객에 대한 회사의 서비스는 회사의 입장과 책임을 회피하는 것이 아니라 고객의 말을 잘 들어주고 고객과의 약속을 지켜야 한다. 다음과 같은 불만 고객의 심리를 잘 파악하여 불만대응서비스를 강화시켜야 한다.

- 불만족한 고객은 대부분 불평하지 않는다. 불평하는 고객은 기업을 도와주려고 하는 경우가 많다. 따라서 고객 불평을 감사하게 생각하여야 한다.
- 고객은 직원이 아니라, 회사에 대해 화를 내는 것이다.
- 불평은 보통 말로 한다.
- 불평은 종종 거친 말로 하게 되는데, 그것은 반드시 불만 내용이 공격적이라서 가 아니다.
- 불평을 개선하겠다고 약속하면서 사과하기를 원한다.
- 잘 들어주고 긍정적으로 대하면, 대부분의 불평은 어렵지 않게 해결된다.

ⓒ 고객불만 처리의 효과

회사는 왜 고객불만을 해소시키기 위해 많은 노력을 기울여야 하는지는 고객 불평처리의 효과에서 잘 설명하고 있다.

- 고객유지율 증가
- 좋지 않은 평판을 사전 예방
- 법적 비용 절약
- 시간 절약
- 정보 수집 및 분석을 통한 경쟁력 강화
- 기업의 브랜드 파워 향상

ㄹ 고객불평 처리의 기대와 결과

불평처리 서비스의 성공은 어쩌면 충성 고객화하는데 실패할 수 있으나 원래의 불만족이 더 커지지 않게 하여 안티 고객화되는 것을 예방하는 것으로도 성공이라고 볼 수도 있다. 하지만 회사는 적극적인 서비스를 통해 충성고객화 할 수 있는 만족 요소를 많이 개발해야 할 것이다.

다음은 불평처리의 기대와 결과에 따른 구분을 한 이론이다.

① 고객의 기대를 충족시키지 못하는 경우 : 원래의 불만족은 더 커진다.

② 고객의 기대를 충족시키면 : 원래의 불만족은 다소 나아진다.

③ 기대이상을 충족시킴 : 원래의 불만족한 기분은 어쩌면 기쁨으로 변환

/사./례./연./구./ ..고객불만의 확산경로..

쇼핑에 불만을 느낀 소비자 가운데 직접 가게에 항의하는 고객은 6%에 불과한 것으로 나타났다. 불만을 느낀 고객은 대신 평균 3명에게 험담을 늘어놓고, 그 결과 100명이 불만을 느꼈을 경우 32~36명의 고객을 잃는 것으로 조사됐다. 미국 펜실베이니아대 와튼스쿨이 캐나다의 컨설팅 업체인 베르데그룹과 공동 조사한 '2006 불만 고객 연구보고서'에 따르면 직접 회사에 불만을 통보하지 않는 고객들이 더 많고 실제로 잠재고객들에게 미치는 영향이 크기 때문에 불만 고객 관리가 시급한 것으로 나타났다. 이 조사는 지난해 크리스마스 시즌을 전후해 쇼핑을 한 미국 소비자 1186명을 대상으로 실시되었다.

불만을 참지 못하고 친구나 동료에게 적극적으로 알리는 31% 쇼핑객 가운데 8%는 1명에게, 또 다른 8%는 2명에게 자신의 나쁜 경험을 알렸고 78%는 3~5명, 나머지 6%는 6명 이상에게 험담을 늘어놓은 것으로 집계됐다. 결과적으로 불만을 느낀 쇼핑객 100명 중 31명이 적어도 90여명에게 불만을 전파한 셈이다.

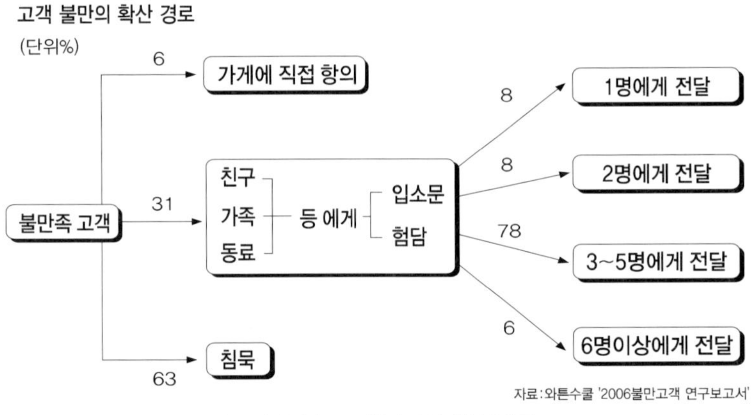

〈그림 1-3〉 고객불만의 확산경로

스티븐 호크 교수(와튼스쿨)는 "조사 대상 가운데 절반이 한 번 이상 나쁜 경험을 했고 평균적으로는 한 번 쇼핑에 3번 정도 불만을 느낀 것으로 나타났다"며 "불만 고객이 100명이라고 할 때 현재의 고객과 잠재고객을 합해 32~36명이 같은 매장에 방문하지 않는 것으로 조사됐다"고 설명했다.

고객들의 불만이 잠재고객 상실로 이어지는 것은 전해지는 과정에서 입소문이 눈덩이처럼 커지기 때문이다.

베르데그룹의 바울라 코트니 대표는 "쇼핑객의 불만은 실제보다 좀 더 과장돼 입소문이 퍼지게 마련이고 다른 쇼핑객들에게 커다란 영향을 준다"며 "처음엔 점원이 건방지다고 시작된 불만이 여러 사람을 거치면서 점점 심한 욕설로 변해가는 양상을 띤다"고 말했다.

그는 특히 "소문이 더욱 나쁘게 퍼져가는 이유 중 하나는 고객들이 사실을 극적으로 왜곡하는 가운데 어떤 재미를 느끼기 때문"이라고 덧붙였다.

그럼 쇼핑객들이 느끼는 불만들은 어떤 것들이 있을까? 가장 커다란 불만을 느끼는 곳은 바로 주차장이다. 조사결과에 따르면 쇼핑객 가운데 40%가 주차 시 불편함을 가장 큰 애로사항으로 지적했다.

와튼스쿨 연구책임자인 윌리엄 코디는 "주차장에서 생기는 문제가 쇼핑 중 쌓여왔던 짜증들을 분노로 만드는 결정적 원인"이라며 "주차장 관리가 소매업체의 주요 업무 중 하나로 인식돼야 한다"고 강조했다.

그 다음으로 계산을 하기 위해 기다리는 시간(33%), 점원의 도움을 받는 데 걸리는 시간(24%) 등이 불만으로 나타났다. 그 밖에 무질서하게 쌓여있는 제품들 중 원하는 아이템을 찾기가 어렵다는 불만도 다수 있었다.

일반적으로 소매업체들은 '어떻게 하면 소비자들을 더욱 만족시킬 수 있을까'를 중점적으로 신경써 왔을뿐 '어떤 것들이 고객을 불만족스럽게 만드는지'에 대해선 관심이 없었다. 게다가 직접판매나 기업 간 거래와는 달리 소매업체는 고객을 일일이 파악하기 힘들기 때문에 어떤 부문에서 고객들이 불만을 느끼는지 찾아내기가 쉽지 않은 게 현실이다.

호크 교수는 "한 주에 1억명 이상이 쇼핑하는 월마트가 고객들의 불만사항을 모두 체크하는 건 너무 어려운 일"이라고 강조했다.

그는 그러나 "고객들이 느끼는 불만을 업체가 공유할 수 있는 방법을 찾아내 잠재고객을 잃지 않도록 할 수 있는 방법은 많다"고 조언했다. 예를 들어 신용카드 전표에 쇼핑하면서 불만사항을 체크할 수 있도록 하거나 고객 불만을 접수할 수 있는 전용 전화번호 혹은 홈페이지를 운영해 고객들이 불만을 해소할 장치를 마련할 수 있는 것이다.

(한국경제신문, 신희철).

2) 고객의 단계별 분류

고객은 제품에 대한 충성도에 따라 5단계로 나눌 수 있다.

| 제1단계 | 인지고객

이 단계의 고객은 제품에 대한 인지정도가 고작이다. 브랜드 이름을 들어보았거나, 제품을 사용하는 사람들이 얘기하는 것을 들은 정도이다. 하지만 고객관리차원에서는 그리 중요하지 않은 단계일지는 모르지만, 마케팅에 있어서는 가장 기본적인 대상이 될 것이다. 인터넷에서 스팸메일을 사용해서라도 제품의 홍보에 열을 올리는 것도 그 이유이다. 마케팅의 프로모션기법들이 가장 많이 대상으로 삼고 있는 단계이기도 한다.

| 제2단계 | 실명고객

실명고객은 제품에 대한 구매는 일어나지 않았지만 제품에 대한 관심표명과 함께 실명이 드러난 고객을 일컫는다. 이는 고객에 대한 접촉 시도로 이루어지기 때문에 이미 접촉이 된 즉 접촉고객이라 부르기도 하고, 구매로 발전할 수 있기 때문에 잠재고객으로 부를수도 있다. 실명고객은 제 1단계에서의 마케팅 프로모션을 통한 접촉으로 실명고객이 되기도 하지만, 고객 스스로가 웹사이트를 통해 자신을 드러내기도 한다. 실명고객은 언제든지 경쟁사를 선택할 수도 있고, 실제로 구매보다는 정보수집을 위해 접촉을 시도하는 경우가 더 많다.

| 제3단계 | 구매고객

제품을 구매한 고객이다. 고객은 여러 경로를 통해 제품에 대한 검토를 마쳤으며, 그 결과로 제품을 선택하여 구매한 것이다. 다시 경쟁사로 옮겨갈 확률은 적지만 고객관리를 제대로 하지 않는다면 언제든지 일어날 수 있는 일이다. 고객관리 즉 CRM이 가장 필요한 고객그룹이다.

| 제4단계 | 클럽고객

이 단계의 고객은 이미 단순한 제품구매의 차원을 넘어서서 제품 또는 회사에 대한 긍정적인 반응을 보여주는데 서슴지 않는다. 핑클과 H.O.T의 팬클럽 회원들은 단순히 음반을 구매하고 콘서트에 가는 수준을 넘어서서 노래와 가수의 홍보에 열을 올린다. 다른 경쟁가수의 팬클럽과의 결전도 불사하는 것이다.

| 제5단계 | 매니아

매니아는 제품에 대한 구매는 물론 이를 적극 추천하는 고객이다. 매니아 제품추천은 제품을 판매하는 영업사원보다도 훨씬 효과가 있을 뿐 아니라, 또 다른 매니아를 만들어 낼 수도 있을 것이다. 다단계판매에서 그 예를 많이 볼 수 있으며, 사이비종교의 광신도들도 유사한 종류이다. 제품에 대한 매니아 즉 고객관리의 최종목표라고 할 수 있다.

이상의 고객 5단계는 고객의 변천과정에 따른 것으로 웹로그분석만으로 이들 고객을 분석하는 데는 한계가 있다. 따라서 고객분석은 웹로그와 고객로그를 함께 분석해야 정확한 결과를 얻을 수 있다.

3) 인터넷에서의 고객

인터넷에서의 고객을 분류하는데 있어서 여러 고객 분류 기준중에서 구매가능자로 분류된 사람들을 최초 구매고객으로 만드는 것이며, 또 이들을 반복 구매고객으로 만들어 궁극적으로는 단골 고객과 지지 고객으로 확장해 더 이상 경쟁사에서 구매하지 않도록 유도하는 것이다.[3)]

여러 단계중에서 3가지 초기단계(구매 용의자, 구매 가능자, 최초 구매 고객 단계)는 가장 많은 비용이 들기 때문에 단순한 구매 가능자 고객 수(회원수)의 확보보다는 이미 확보된 회원들을 대상으로 단골 고객과 지지 고객으로 끌어올리는 것이 좀 더 효과적이다.

〈표 1-4〉 고객 분류 기준

고 객 단 계	설 명
구매용의자 (suspect)	구매용의자는 당신의 제품이나 용역을 구매할 능력(잠재적인 능력 포함)이 있는 모든 사람을 포함한다. 그들을 구매 용의자라고 하는 것은 그들이 제품을 구매할 것이라고 믿을 수도 있고 그렇지 않을 것이라고 의심할 수도 있기 때문에 이 단계에서는 아직 어느 쪽인지 확신할 수 없다.

3) 김광용외 3인, 로그분석과 e-CRM, 시대의 창, 2002, pp.108-110.

고 객 단 계	설 명
구매가능자 (prospect)	구매가능자는 당신의 제품이나 용역을 필요로 하고 구매 능력이 있는 사람을 가리킨다. 비록 구매 가능자가 아직 당신의 제품을 구매하지 않았다고 하더라도, 그들은 이미 당신의 제품에 대해 들었거나, 읽었거나, 누군가 추천에 의해 알 수 있는 사람들이다. 구매 가능자들은 이미 당신이 누구인지, 무엇을 팔며, 어디에 위치하는지를 알고 있지만 아직 구매하지 않은 사람들이다.
비가격 잠재자 (disqualified prospect)	비가격 잠재자는 구매 가능자 중에서 당신의 제품에 대한 필요를 느끼지 못하거나 구매할 능력이 없다고 확실하게 판단되는 사람들이다.
최초 구매 고객 (first time customer)	최초 구매 고객이란 당신의 제품을 한 번 구매한 사람을 말한다. 그러나 이들은 향후 당신의 고객이 될 수도, 경쟁사의 고객이 될 수도 있다.
반복 구매 고객 (repeat customer)	반복 구매 고객들은 당신의 제품을 적어도 2회 이상 구매한 사람들이다. 이들은 같은 제품을 2번 구매한 사람일 수도 있고, 서로 다른 경우에 두 가지 이상의 제품이나 용역을 구매한 사람일 수도 있다.
단골고객 (client)	단골 구매 고객이란 당신이 판매하는 제품 중 사용할 수 있는 모든 제품을 정기적으로 구매하는 사람을 말한다. 이들은 당신과 지속적이고 강한 유대관계를 유지하고 있어 경쟁사의 유인전략에도 동요하지 않는 사람들이다.
지지고객 (advocate)	단골고객과 마찬가지로 지지고객은 당신이 파는 제품 중 사용할 수 있는 모든 제품을 당신으로부터 구매하는 사람을 말한다. 그리고 게다가 그들은 다른 사람들에게도 당신의 제품을 사서 쓰도록 권유하는 사람들이다. 그들은 당신에 관해서 이야기 하고 자발적으로 마케팅에도 동참해 당신에게 고객을 끌어주는 사람이다.
비활동 고객 (inactive client)	비활동 고객이란 당신의 고객이었던 사람 중에서 정기적인 구매를 할 시기가 지났는데도 더 이상 구매를 하지 않는 사람들을 말한다.

그러나 이러한 8단계 모형의 고객에 대한 정의는 기존의 오프라인 기업고객에게 적합한 정의이며, 온라인 기업들에게는 다소 적용하기에 무리가 따른다.

따라서 온라인 고객들을 위해서는 고객 집단 중에서 측정하기 힘든 비가격 잠재 고객과 이탈한 고객인 비활동 고객을 제외하여 6단계로 새로이 고객을 정의하는 것이 분석과 그 효용성 측면에서 훨씬 정확한 정보를 제공할 수 있다.

〈표 1-5〉 온라인 고객 분류 기준

고 객 단 계	설 명
구매 용의자 (suspect)	구매 용의자는 당신의 제품이나 용역을 구매할 능력(잠재적인 능력 포함)이 있는 모든 사람들을 포함한다. 이들은 이미 당신 사이트가 무엇을 하는 사이트인지, 무엇을 목적으로 하는 사이트인지, 사이트 URL이 무엇인지를 알고 있지만 아직 방문하지 않은 사람들이다.
구매 가능자 (prospect)	구매 가능자는 구매 용의자 중에서 당신 사이트를 한 번 이상 방문하였지만 당신 사이트의 최종적인 목적에 부합하는 행동(쇼핑몰의 경우 구매를, 금융사이트의 경우 대출 등을 의미한다)을 아직 하지 않은 고객을 말한다.
최초 구매 고객 (first time customer)	최초 구매 고객이란 구매 가능자 중에서 당신의 제품을 한번 구매한 사람을 말한다. 그러나 이들은 향후 당신의 고객이 될 수도, 경쟁사의 고객이 될 수도 있다.
반복 구매 고객 (repeat customer)	반복 구매 고객들은 당신 사이트에 적어도 2회 이상 구매한 사람들이다. 이들은 같은 제품을 2번 구매한 사람일 수도 있고, 서로 다른 경우에 두 가지 이상의 제품이나 용역을 구매한 사람일 수도 있다.
단골 고객 (client)	단골 구매 고객이란 당신이 판매하는 제품 중 사용할 수 있는 모든 제품을 정기적으로 당신으로부터 구매하는 사람들을 말한다. 이들은 당신과 지속적이고 강한 유대 관계를 유지하고 있어 경쟁사의 유인전략에도 동요하지 않는 사람들이다.
지지 고객 (advocate)	단골 고객과 마찬가지로 지지 고객은 당신이 판매하는 제품 중 사용할 수 있는 모든 제품을 당신으로부터 구매하는 사람들을 말한다. 그리고 게다가 이들은 다른 사람들에게도 당신의 제품을 구입하도록 권유하는 사람들이다. 그들은 당신에 관해서 이야기하고 자발적으로 마케팅에도 동참해 당신에게 고객을 끌어주는 사람이다.

4) e-CRM의 고객가치 4)

(1) 가치전략으로서의 고객

e-CRM은 무점포, 비대면·실시간 접촉과 즉각적인 대응력, 단시간의 파급효과, 네트워크를 통한 결제 등 특수한 비즈니스 환경에서 기존의 오프라인 비즈니스와는 다른 고객에 대한 배려, 섬김, 서비스 제공, 커뮤니케이션에 대한 자기철학이 분명해야 한다. 특히 전자상거래 사이트의 경우에는 다른 동종 사이트나 기존 오프라인보다 더 뚜렸한 자기 철학이 있어야 한다.

4) 송현수, e-CRM 구축과 운용전략, 새로운 제안 2001. pp.136-147.

e-CRM에서의 가치철학은 다음과 같이 매우 다양하게 표출될 수 있다.

〈표 1-6〉 e-CRM에서 고객가치의 평가 유형

□ 가격	□ 품질
□ 배송	□ 상품유형
□ 희귀성	□ 차별적인 고객관리 기법
□ 음질, 명암의 정도	□ 고객을 끄는 광고나 이벤트 기법
□ 지식과 사회적 공헌	□ 고객 또는 사회에 대한 이익의 환원
□ 사랑과 고통의 공유	□ 확고한 커뮤니티 조성
□ 원초적인 본능과 즐거움의 자극	

특히 인터넷 환경 하에서는 어떤 특정 가치 전략 하나만으로도 고객들에게 보다 쉽고 의미있게 다가가 단기간에 무수히 많은 고객을 확보하거나 고객의 참여를 폭발적으로 배가시키는 사례가 허다하다. 이것을 마케팅의 위력으로 평가할 수도 있지만 e-CRM에서는 하나의 가치전략 평가로 볼 수 있다.

(2) 고객 입장에서의 고객

고객 입장에서의 고객은 위의 가치전략에서의 고객 관점과 바꾸어 생각하면 되지만 이것을 보다 세분해보면 최초의 관심도 표시나 신규 가입 시점에서의 입장, 고객 유지자로서의 입장, 지지자로서의 입장에서처럼 고객 자신에게 놓여진 상황이나 분위기, 만족도에 따라 달라진다.

특히 e-CRM에서는 초기 지지율이나 관심도가 매우 높은 반면 고객이 가입하였거나 최초 반응 이후 시간이 많이 흐를수록 고객의 관심도나 반복이용도가 급격하게 줄어드는 현상이 심화될 수 있다. 따라서 이런 한계를 극복하기 위한 대안으로 e-CRM에서 강조하고 있는 고객의 원초적인 본능과 니즈의 현실적인 대응, 인터넷 사이트를 최초로 방문한 고객이 다시 방문하도록 흥미를 유발시켜야 한다. 오히려 고객 입장에서 '내가 여기를 방문 또는 참여를 하지 않으면 경제적·시간적·정보가치적·인격적인 가치 등의 불이익 내지는 가격상실을 가져올 수 있겠구나'하는 인식을 갖게 할 정도로 가치를 부여할 수 있어야 한다.

(3) 서비스 중심에서의 고객

서비스 중심에서의 고객은 상품에 대한 유형적 가치에 비해 서비스에 대한 가치, 즉 인터넷 사이트의 홈페이지에 대한 매력, 분위기, 신선도, 콘텐츠의 질, 나열 상태, 커뮤니티 조성, 반복 애용에 대한 가치제공 등 무형적 서비스를 추구하는 고객의 입장을 이해하자는 의미이다.

특히 e-CRM에서는 다음과 같은 요인에 따라 고객지지율이 달라질 수 있다는 것을 간과해서는 안된다.

- 콘텐츠의 질
- 고객접점 경로의 다양성
- 최초 서비스 이후의 응대 만족도
- 남들이 제공하지 못하는 희귀성, 독창성, 자극성
- 보상과 위험, 안전성 확보

(4) 마케팅 접점 민감도에서의 고객

마케팅 접점 민감도에서의 고객은 일명 세일즈 프로모션, 영업, 광고, 이벤트 중심에서의 고객 입장을 말한다. 이러한 입장은 고객이나 조직 모두 단기적인 성향에 관심도나 집중도가 높다. 또한 다음과 같은 즉시효과나 고객니즈를 추구하는 경향이 짙다.

- 경제적 이득 추구
- 시간적 편리성 추구
- 자기욕구 충족(적극적인 자기참여 의사)
- 정보와 지식 획득
- 커뮤니티 등의 참여로 인맥과 네트워크 확보
- 심심풀이로서의 참가(샘플·견본·퀴즈·이벤트·사이버복권·게임 등)
- 추천에 대한 추가 혜택

(5) 데이터 분석 측면에서의 고객

데이터 분석 측면에서의 고객은 고객의 사후관리를 전제로 보다 과학적·체계적·시스템적 측면에서 고객을 바로 알자는 의미다. 이것은 고도의 마케팅 숙련자가 즐기는 것으로 다음과 같은 성향이나 관심도를 측정하기 위한 관점으로 볼 수 있다.

- 기본적 고객 대면자료
- 고객의 과거 히스토리
- 고객 구매내력
- 고객 선호변수

이것은 e-CRM에서 딱딱해지기 쉬운 항목을 텔레마케팅, 서면, 인터넷상에서 별도로 만들어 고객과의 차별적인 접촉과 커뮤니케이션 형성에 유리한 데이터로 활용할 수 있다.

(6) 로열티 정도에서의 고객

로열티 정도에서의 고객은 고객의 관여도나 관심도, 지지도의 정도에 따른 것으로 CRM 경영의 핵심적인 가치라고 할 수 있다. CRM은 1대 1 접촉을 통해 고객과의 관계개선, 즉 우호적인 친밀감과 고객의 로열티 증대를 통해 지속적·장기적인 이익 실현을 추구하는 전략인 만큼, 이것을 위해 기업은 수많은 고객마케팅 활동을 전개하는 것인지도 모른다.

- 활동성 중심의 로열티에 따른 분류 : 비활동성, 활동성
- 로열티 정도에 따른 분류 : 신규고객, 최초이용고객, 반복애용고객, 단골고객, 지지자, 로열치 고객

(7) 잠재고객의 분류

오프라인상의 잠개고객과 온라인상의 잠재고객은 그 속성과 범위가 다르다는 것을 이해해야 한다. 온라인 상에서는 비록 특정 고객이 그 사이트에 최초로 방문하였거나 가입하였다 하더라도 곧바로 고객으로 간주하는 것은 매우 위험하다.

온라인상에서 정의할 수 있는 잠재고객의 범위는 다음 표와 같은데, 여기서 ①, ③항의 고객 성향은 기존 오프라인 체제의 잠재고객 성향과는 차이가 있다는 것에 유의해야 한다. 이들을 절대고객으로 전환시키기 위해서는 반복이용의 적극 유도, 스스로 방문할 수 있는 고객니즈와 관심도 증대, 고객방문과 로열티 정도에 맞는 고정고객

우대 프로그램이 항시 제공되어야 한다.

온라인상에서 잠재고객의 범위

① 특정 인터넷 사이트에 가입하였으나 이용실적이나 추가적인 방문 없이 일정기간 방치되어 있는 자
② 해당기업의 e-CRM 목표고객과 일치되는 고객층으로서 아직까지는 방문한 적이 없으나 해당상품과 서비스, 정보콘텐츠 등에 관심을 두고 있는 자
③ 회원 가입 후 지속적으로 이용하지는 않았지만 과거에 몇번 이용한 경험이 있는자로서, 최근에 이용실적이 전혀 없어 고정고객으로 인식하기에는 불안정한 자

또한 잠재고객을 신규고객, 고정고객으로 흡입하는 마케팅방법은 다음과 같다.

첫째, 가치와 실질적인 혜택 부여

고객을 이해시키고 어떤 가치를 부여한다. 아웃바운드 텔레마케팅을 할 경우에는 고객에게 상품 및 서비스의 가치, 기업의 이미지를 인식시키며 안심, 실질적이며 차별적인 혜택이나 정보 등을 구체적으로 제공할 수 있는 내용을 언급하여 고객으로 하여금 관심과 욕구, 참여를 유도한다.

둘째, 관심과 가능성 높은 고객 집중 접촉과 설득

고객의 가입시기, 과거 이용상황, 잠재적인 특성, 개인의 특성 등을 면밀히 검토하거나 가입이나 이용가능성이 높은 고객, 상담시 우호적이고 이해력이 높은 고객 데이터를 별도 정리하여 텔레마케팅을 집중적으로 전개한다. 경우에 따라서는 전화접촉이나 커뮤니케이션 채널을 다양화한다. 전화 이외에 편지, 이메일, 행사나 이벤트 초대 등 보다 인간적인 접촉을 시도한다.

셋째, 쌍방간 커뮤니케이션 강화

텔레마케팅이 지나치게 의도적이거나 강압적일 때 고객들은 싫증을 느끼거나 반감을 사게 된다. 쌍방간 커뮤니케이션 기법을 활용하여 이해, 동감, 질문과 신뢰성 높은 답변, 대화수준 맞추기 등을 고려하여 고객에게 우호적인 관계를 확보한다.

넷째, 잠재고객과의 지속적인 유대관계 강화

이것은 신규고객을 통한 고객확대전략이다. 고객확대를 위해서는 단기적인 성과에

치중한 고객개발전략보다는 지속적인 유대관계와 니즈파악에 근거한 장기적인 고객개발 전략의 수립이 요망된다.

이를 위해서 개발대상 고객의 외부자료 수집과 내부 일반고객 자료를 통해 개발 가능한 고객을 파악하여 목표고객으로 설정하고 지속적인 관계유지를 위한 상품 서비스 안내장 발송, 경조사 관리는 물론 경우에 따라서는 텔레마케팅 방법 이외에 방문과 창구응대 강화 등의 접근전략이 추진되어야 한다. 이와 더불어 목표고객의 관리 현황 정보파일의 구축을 통해 지속적인 관리가 이루어질 수 있도록 해야 한다.

Chapter 2

고객가치 평가 분석

1. 고객가치의 개념적 정의
2. 가치공학
3. 고객관계가치
4. 고객 평생가치
5. 고객자산 가치모형
6. 수단-목적 연결 이론
7. LTV에 의한 고객세분화
8. 고객니즈
9. 고객가치와 고객니즈의 관계

1 고객가치의 개념적 정의

1) 가치의 정의

가치는 소비자나 구매자, 서비스 혹은 상품에 대한 금전적 등가성 및 재화, 서비스, 활동의 능력, 개인이나 법적실체 등의 여러 측면에서 다양하게 정의되고 있다.

가치의 개념에 대해서는 다양한 관점이 존재한다. 첫째, 가치는 주관적 개념이다. 세분 시장이 다른 고객들은 동일한 제품을 두고 가치의 인식을 달리한다. 게다가, 구매과정에 있는 고객집단 내 구성원들은 공급자의 가치전달에 대한 지각을 달리 할 수 있다. 둘째, 가치는 혜택(benefit)과 희생(sacrifice)의 교환관계로 정의된다. 공급자가 제공하는 것에 대해 고객이 지각하는 혜택과 희생 사이의 교환관계로서의 가치이다. 혜택은 경제적, 기술적, 서비스적, 사회적 혜택, 또는 경제적, 전략적, 행위적 혜택으로 구성될 수 있다. 희생은 일반적으로 금전적인 측면으로 표현되지만, 보다 넓게는 비용과 관련된 가격으로 표현하기도 한다. 셋째, 가치는 경쟁자에 대해 상대적인 개념이다. 기업이 제공하는 가치는 항상 경쟁업체에서 제공하는 가치와 관련하여 추정된다.

Zeithaml(1988)은 가치라는 개념을 네 가지 관점에서 정의하였다. 첫 번째 관점은 가치를 단순히 가격과 동일시하는 관점이다. 즉, "가치는 가격이다."라는 관점이다. 두 번째와 세 번째 관점은 거래관계에서 발생하는 비용(costs)과 혜택(benefits)의 상쇄(trade-off)를 통하여 가치의 역할을 살펴보는 관점인데, 우선 두 번째 관점은 가치를 "주는 것(what I give)에 대해 획득하는 것(what I get)"이라고 본다. 세 번째 관점은 좀 더 구체적인 관점인데, 가치를 "지각된 제품품질(perceived product quality)과 가격의 상쇄"라고 본다. 이와 같은 관점은 궁극적인 제품선택을 예측할 수 있게 하는 가격-품질연구에 주로 사용된다. 네 번째 관점은 가치를 "모든 관련된 평가기준을 고려하여 전반적으로 지각하는 주관적인 가치(worth)"라고 본다. 이 관점에서의 가치는 단순한 제품획득(product acquisition)을 넘어서서, 완전한 쇼핑경험(complete shopping experience)을 이루기 위한 정량적·정성적, 주관적·객관적인 모든 요인을 포함하는 것이다.

Zeithaml의 이러한 가격, 품질 및 가치를 연결하는 수단-목적 모델(means-end model)을 다음 〈그림 2-1〉에서 제시하였다.

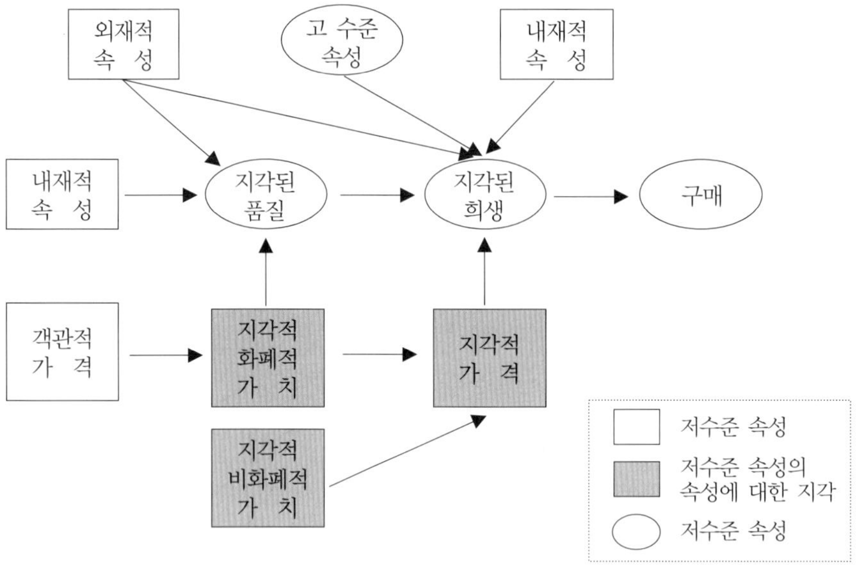

출처 : Valarie A. Zeithaml(1988), "Consumer Perceptions of Price, Qualitym and Value : A Means-End and Synthesis of Evidence", Jeournal of Marketing, Vol. 52(July), p.4

〈그림 2-1〉 가격, 품질 및 가치와 관계된 수단-목적 모델(means-end model)

가치에 대한 차원을 종합해 보면 고객이 구매활동을 통해 달성하고자 하는 일반적인 이익은 제품 품질. 비용, 편리성, 배달시간, 시간절감. 쇼핑의 즐거움 등으로 정리할 수 있으며, Porter는 이를 구체적으로 디지털 시장에서 구매자는 저렴한 구매비용, 가격, 제품정보에 대한 접근 용이성, 구매의 편리성 등의 편익을 누릴 수 있다고 하였다. 그러나 이미 전자상거래 환경은 정보검색, 제품비교, 고객화, 네트워크(커뮤니티) 환경 등으로 구매자와 공급자가 대등한 입장에 있으며, 어느 누구도 손해를 보지 않는 상태에 있다. 따라서 고객가치를 상승시킨다는 것이란 기업은 고객의 가치달성에 대한 수단과 방법을 제공하고, 고객은 이를 통한 구매행동으로 기업가치(이윤획득, 충성도, 경쟁우위 등)를 상승시킴으로써 서로 이익을 얻는 결과를 나타낼 것이다.

2) 고객가치의 개념

오늘날처럼 급속한 변화, 세계화를 지향하는 시장환경에서 경영자들의 67.6%가 각각 고객의 요구 충족과 기술적 변화 및 통합을 당면한 핵심과제로 지적하고 있다. 〈그림 2-2〉에서 보는 바와 같이 한때 기업 대부분의 최우선 관심사였던 비용절감을 비록 지금까지 그 관심은 유지되고 있더라도 상대적으로 그 비중은 감소되고 있다. 이와 같이 고객에 대한 중요성이 강조되면서 그 고객에 대한 가치를 올바르게 이해하는 것이 무엇보다도 중요하게 인식되고 있다.

소비자는 상품을 구매할 때 자신의 가치를 표현해 줄 수 있는 상품과 서비스를 선택하려는 경향을 가지고 있다. 즉, 가치는 개인의 소비행동을 설명할 수 있는 변수로서 소비자의 인지과정과 행동과정에 기준으로서의 역할을 하게 된다.

어떤 행위에 대한 가치란 그 행위를 통하여 얻을 수 있는 개인이 원하면서 중요한 최종목표를 나타내는 것이라 할 수 있다. 이러한 가치는 인간의 행위에 있어 기준이 되는 역할을 하므로 개인행동을 정당화 시켜줄 뿐 아니라 좀처럼 변하지 않는 지속적 신념으로서의 특징을 갖는다.

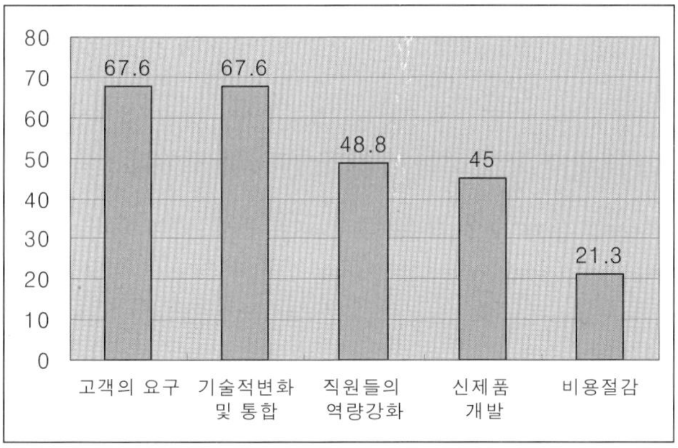

〈그림 2-2〉 기업의 당면과제

Monroe(1990)는 가치에 대한 구매자의 지각은 "구매자가 제품으로부터 지각하게 되는 품질 또는 혜택과 그들이 제품을 획득함으로써 치러야하는 희생 또는 지불해야 하는 가격 사이의 교환관계"라고 주장한다. Gale(1994)은 고객가치란 "제품에 대해 상대적 가격으로 결정되는 시장 지각 품질"이라고 정의하고 있다. Butz and Goodstein (1996)은 고객가치를 "생산된 제품 또는 서비스를 사용하고 난 이후 제품이 부가가치를 제공하는 것을 발견했을 때 형성되는 고객과 생산자 사이의 감정적 결속"이라고 정의하고 있다.

이러한 개념적 정의와 더불어 Holbrook and Hirschman(1982)는 소비가치 개념이 내포하는 여러 가지 차원을 제시하고 있다. 이들은 소비 현상을 설명하는데 있어 소비자 행동 분야에서 전통적으로 지지돼 오던 합리적 선택에 대해 비판하면서 소비자들은 항상 합리적 판단으로만 소비하는 것은 아니라고 주장했다. 합리적 정보처리 관점에서는 소홀히 하였던 레저 활동, 감각적인 즐거움, 공상에 빠지기, 미적 유희, 감정적 반응 등을 설명하기가 애매하며, 따라서 소비 경험에 있어서 공상(fantasies), 느낌(feelings), 재미(fun)에 의한 소비도 추가했다. 이어서 Holbrook(1994)은 고객가치의 본질에 대한 연구에서 가치란 상호작용적이고, 상대적인 경험이라고 주장했다. 가치는 대상(제품 등)과 주체(소비자)사이의 상호작용이고, 대상이 무엇인지, 소비자가 어떤 사람인지, 어떠한 상황에서 소비를 하였는지에 따라 적어도 세 가지 측면에서 차이가 있다고 설명했다.

2000년대, Kotler는 다음 〈그림 2-3〉과 같이 고객의 지각된 가치(CPV(customer perceived value))란 모든 "편익(benefit)에 대해 예상되는 고객의 평가, 제공 및 지각된 대체 안들에 대한 모든 비용들간의 차이"라고 하였으며, 총 고객가치(total customer value)는 고객이 특정한 시장의 제공물로부터 기대하고 있는 경제적, 기능적, 심리적 이점들의 덩어리에 대해 지각된 화폐적 가치이다. 총 고객비용(total customer cost)이란 고객이 특정한 시장 제공물을 평가하고, 획득하고, 사용하며 또한 처리하는데 발생할 것이라고 기대하는 비용의 덩어리이다.

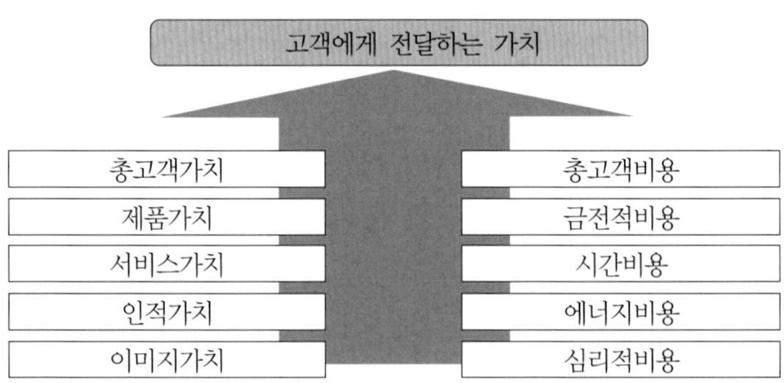

출처 : Philip Kotler(2003), Marketing Management(11), Prentice Hall, p.60.

〈그림 2-3〉 고객에게 전달되는 가치의 결정요인

이와 같이 다양한 고객가치에 대한 정의가 있지만 공통점도 발견할 수 있다. 즉, 고객가치는 제품사용과 밀접한 연관성을 가지고 있다는 것이다. 이 사실이 고객가치가 환경이나 제품 또는 서비스에 따라 때로는 옳고 그르고, 좋고 나빠지는 상반된 평가에 기인한 일반적인 개인 또는 단체(또는 기업)가치와 차별되는 점이다. 또한 고객가치는 고객들이 인지하는 주관적인 것이지 판매자의 객관적인 기준으로 형성되는 것이 아니라는 사실이다. 따라서 이러한 인지의 정도는 일반적으로 고객들이 제품사용으로 얻게 되는 것들(예를 들어, 품질, 편의. 효용 등)과 그 제품을 획득하기 위해 지불하는 것들(예를 들어, 가격, 희생 등)간의 교환(trade-off)을 의미한다.

3) 고객가치의 구성요소

가치에 관한 연구는 주로 효용과 실용성의 측면에 국한된 연구들이 주를 이루었으나, 1990년대로 접어들면서 실용적 측면뿐만 아니라, 쇼핑이 고객에게 가져다주는 쾌락적 측면의 가치가 부각되기 시작하면서 실용적 가치(utilitarian value)와 쾌락적 가치(hedonic value)를 고려한 연구들이 이어졌다. 실제로 고객의 쇼핑경험을 분석해보면 소비자는 자신이 원하고, 자신에게 필요한 제품의 구입과 같은 실질적인 목표를 달성함으로써 실용적인 가치를 추구한다. 그렇지만, 그러한 행위를 하면서 동시에 즐거움이나 재미와 같은 쾌락적 가치도 동시에 추구한다. 이와 더불어 고객은 자신들의 쇼핑경험을 친구들이나 동료들과 함께 공유함으로써 사회적 가치(social value)를 느끼기도 한다. 고객은 자신이 쇼핑한 경험을 토대로 자신에 대한 현재 사회적 신분을 확인하거나, 자부심을 느끼는 등의 경험을 한다.

또한 Sheth, Newman, and Gross(1991)는 가치의 종류로서 기능적 가치(functional value), 사회적 가치(social value), 감정적 가치(emotional value), 인식론적 가치(epistemic value), 상황적 가치(conditional value)를 주장했다.

기능적 가치란 제품의 성능, 신뢰성, 내구성 및 가격과 같은 중요한 물질적 속성에 기초하는 가치로서 "합리적 경제인"이 추구하는 가치이다. 사회적 가치란 사회집단의 규범이나 사회적 이미지와 관련된 가치로서 특히 가시적 제품일수록 이러한 가치가 높아진다. 감정적 가치란 공포, 열정, 분노, 안전, 흥분, 낭만, 혼란, 안락 등과 같은 감정을 유발할 수 있는 가치로서 때로 음악이나 미술 등 심미적인 것과 종교나 이데올로기 등과 연계되어 나타나는 가치이다. 인식론적 가치란 호기심, 신비성 추구, 지식 경험 등과 같은 동기에 의해 유발되는 가치로서 새롭거나 특이한 경험을 통해 전달되는 가치이다. 상황적 가치란 계절적, 경제적, 정치적 상황이나 특정한 맥락에서 발생될 수 있는 가치로서 기능적 가치나 사회적 가치를 강화시켜줄 수 있는 여건이 조성될 때 얻을 수 있는 가치이다.

이들 연구의 특징은 첫째, 소비자의 시장선택 행동은 복수의 가치가 포함되어 이루어지는 다원적인 현상이고, 둘째, 이러한 가치들은 서로 독립적으로 소비자 평가에 영향을 미친다는 것이며, 셋째, 개별 가치는 소비자의 구매 상황에서 각기 차별적으로 영향을 미친다는 것이다.

소비가치를 창조하고 전달하는 것은 기업에게 있어서 오늘날의 경쟁적인 시장 환경에서 살아남기 위한 필수조건이다. 많은 소비자들은 단순히 공정한 가격보다 편리함을 추구하며 이는 실용적 가치의 토대가 되는 것이다. 다양한 쇼핑 동기를 이해하고 있는 기업은 그들의 고객을 위해 가치를 창출해낼 가능성이 높아진다. 단지 구매를 위한 기능으로서의 쇼핑 동기를 정의하는 것과 더불어 쾌락적 가치와 사회적 가치의 역할을 인식하는 것도 또한 중요하다

4) 관계고유가치

관계고유가치(relationship premium value)란 장기적 관계로부터 고객이 획득하는 핵심 서비스 성과물(core service performance; 예를 들어 정확한 시간에 전달하는 것과는 대조적으로 불안의 감소 등) 그 이상의 혜택으로 정의된다. 서비스 업체와 관계를 맺고 있는 고객은 만족스러운 핵심서비스를 전달받을 수 있기를 기대한다. 예를 들어, 치과 환자는 자신들을 진료하는 의사로부터 항상 만족스러운 치료를 받는 것을 기대한다. 뿐만 아니라 자동차 수리 센터를 이용하는 고객도 자신의 자동차가 믿을 수 있게 수리되기를 원한다. 그러나 고객은 핵심 서비스 성과와는 별개로 서비스 업체와 장기적 관계를 맺음으로써 또 다른 혜택을 얻게 될지도 모른다.

고객 개인이 제공받는 혜택의 측면에서 볼 때 관계고유가치는 다양한 형태의 가치를 내포하고 있다.

첫째, 고객의 반복적인 이용경험을 통해 형성된 확신성 혜택(confidence benefits)을 들 수 있다. Berry(1995)는 서비스 업체와의 관계에서 위험의 감소를 핵심 결과로 보고 있다. 서비스 업체에서의 신뢰 또는 약속의 이행은 고객관점에서 보는 특히 중요한 관계의 차원이 된다. Morgan and Hunt(1994)는 신뢰를 교환 당사자들 간의 신뢰성과 정직성에 대한 확신으로 정의하고 관계적 교환의 핵심매개변수(key-mediation variable)가 된다고 주장했다. 그러나 확신성과 신뢰는 핵심 서비스 품질과는 불가분의 관계이지만, 고객이 시장에 비교가능한 양질의 서비스 제공자를 지각할 경우엔 장기관계로부터의 독립적인 혜택으로 지각될 수도 있다.

둘째, 기업과의 관계를 지속하고 있는 고객은 그렇지 않은 고객에게는 통상적으로 제공되지 않는 부가적인 서비스나 특별한 대우(special treatment benefits)를 받을 수 있다. 소비자는 대개 서비스 기업과의 관계를 유지하면서 최적의 만족을 얻을 수 있다는 것을 인지하게 된다. 특히 단골 고객이 되어서 서비스 기업과의 관계를 발전시켜가는 것은 기업으로 하여금 고객의 취향과 선호도에 대한 지식을 얻을 수 있도록 해주며, 고객에게 보다 나은 대우를 약속하고, 고객 만족에 보다 많은 관심을 갖도록 격려하게 될 것이다.

셋째, 고객은 서비스 업체와의 장기적인 관계로부터 사회적 혜택(social benefits)을 얻을 수 있다. Price, Arnould, and Hausman(1996)는 어떠한 서비스 상황에서 상업적 친근감이 기업과 고객 사이에 발전될 수 있다고 주장했다. 사회적 혜택은 친숙한 느낌, 개인적 인지, 우정, 교감, 그리고 사회적 지원을 포함한다고 주장했다. 헬스클럽, 체중감량 프로그램, 휴양지 등과 같은 상황에서 사회적 혜택은 고객 대 고객 간에서와 마찬가지로 고객 대 기업 간에도 발생할 수 있다.

5) 바람직한 고객가치의 조건

고객가치란 기업과 고객간의 관계속에서 기업이 고객으로부터 획득하는 부가가치를 말한다. 가치는 고객 각각이 어느 정도의 이익 기여를 할 것인가를 직접 아는 것보다는, 고객의 과거/현재/잠재가치를 바탕으로 기업의 고객을 선별하고, 고객 각각에게 차별화된 서비스를 제공하여 지속적인 관계를 형성하는데 중요한 판단기준이 된다는 점에서 커다란 의의가 있다.

이러한 고객가치의 개념에 따라서 바람직한 고객가치의 조건을 모형측면과 활용측면에서 정리, 요약한 결과는 다음과 같다.

우선 **모형측면에서의 고객가치의 바람직한 조건**은 다음과 같다.
첫째, 고객의 과거 및 현재의 가치와 잠재가치를 동시에 반영
둘째, 다양한 상품 및 서비스 특성 고려

셋째, 기업 고객의 거래정보, 신상정보, 형태 등 다양한 정보를 종합적으로 활용
넷째, 데이터와 알고리즘만에 의한 모형이 아닌 업무 및 마케팅 의사결정이 가능한 모형
다섯째, 지속적으로 개선 가능한 진화형 모형

다음으로 **활용측면에서의 고객가치의 바람직한 조건**으로 다음과 같다.
첫째, 기업의 고객관리에 가장 기본이 되도록 전형적이고 범용적인 지표 수립
둘째, 기업의 모든 임직원과 고객이 이해하기 쉬운 고객가치 정의
셋째, 선별적 고객관계관리라는 목적에 부응
넷째, 데이터 및 업무현황을 고려하여 실행가능한 현실적인 접근

2 가치공학

동일한 가격대의 제품일지라도 제품의 디자인, 기능 등에 따라 고객이 느끼는 가치는 다르다. 이는 기업경영의 포인트가 가치 창출에 맞춰져야 함을 의미한다. 그 동안 우리기업들은 BPR, 6시그마 등 원가 절감 중심의 혁신활동을 전개해 왔다. 이제부터라도 고객이 느끼는 가치를 극대화시키는 쪽으로 혁신활동의 방향을 전환해야 한다. 이를 위해서는 고객의 관점에서 제품과 서비스의 본질을 이해하고, 제품과 서비스의 가치를 높이는 노력이 필요하다.

고객들이 원하는 가치에 부합하지 못하면 시장에서 사라진다. 대표적인 사례가 코카콜라. 1980년대 말 코카콜라와 펩시는 치열하게 시장 쟁탈전을 벌이고 있었다. 경쟁사인 펩시가 달콤한 맛을 첨가한 신제품을 출시하자 이에 맞서 코카콜라도 동일한 기능을 지닌 대체품을 개발하였다. 개발된 제품은 출시 전 고객 반응 테스트에서 기존의 콜라보다 낫다는 평가를 받았다. 상당한 성공예감이었다. 하지만 당초의 기대와는 달리 고객의 반응은 별로였다. 코카콜라는 고객이 원하는 가치에 대해 이해가 부족했던 것이다. 코카콜라는 펩시의 시장점유율 확대를 막기 위해 달콤한 맛을 첨가한 기능적인 가치 향상에 집중하였다. 하지만 고객들은 맛이라는 기능적 가치 외에 코카

콜라에 대한 나름대로의 사회적 가치, 감성적 가치를 원했다. 코카콜라만의 독특한 맛을 느끼면서 미국적인 것을 소비하는 일종의 자부심과 같은 사회적 가치를 추구했던 것이다. 이와 같이 고객들이 제품이나 서비스를 통해서 얻고자 하는 가치는 매우 다양하다.

가치는 제품의 기능과 투입원가의 Trade Off 관계에 있다. 일반적으로 가치공학(Value Engineering)에서 제품의 가치(Value)는 제품의 기능(Function)을 기능 구현을 위해 투입한 원가(Cost)로 나눈 것으로 정의된다. 이처럼 제품의 가치는 간단한 방정식(Value = Function÷Cost)으로 표현되지만 가치 방정식의 응용 범위는 매우 넓다. 이 방정식을 활용하여 제품의 가치를 높이는 방안을 생각해보자. 첫째, 동일한 원가를 투입하여 제품의 기능을 높이는 방안이다. 이는 주로 제품의 품질 개선 노력을 통해 달성된다. 둘째, 동일한 기능을 유지하면서 원가를 떨어뜨리는 방법이다. 이 경우 원가 혁신 노력에 의해 가치가 창출된다. 셋째, 기능과 원가를 동시에 변화시키는 경우이다. 투입된 원가를 초과하는 수준으로 기능이 향상된다면 제품의 가치는 그 만큼 향상된다.

이 가치 방정식을 고객의 관점에서 해석한다면 분자는 제품과 서비스를 통해서 고객이 얻는 혜택이고 분모는 고객이 지불하는 대가, 즉 가격이라고 할 수 있다. 고객이 특정 제품이나 서비스를 구매해서 얻을 수 있는 혜택이 지불하는 가격보다 클 경우 고객들은 제품 구입의 가치가 있다고 인식을 하게 된다.

3 고객관계가치[1)]

고객관계가치는 고객을 통해 들어온 수익에서 고객을 확보하기 위해 필요한 획득, 개발, 유지비용을 뺀 것이다.

1) 박진홍, 고객 불만대응서비스 요인별 분석과 고객신뢰회복에 미치는 영향, 경희대 경영대학원, 2008 pp.16-18.

고객관계가치(고객자산) **= 고객수익**(CR) **– 고객획득, 개발, 유지비용**(A, D, R)
고객수익 = 구매량 × 마진 × 유지기간

- 획득비용(A) : 새로운 고객을 유치하기 위한 마케팅, 광고, 판매비용
- 개발비용(D) : 고객니즈 조사, 고객구매확률 증가, 고객반응, 고객서비스 등 고객과의 관계를 향상시키는 데 드는 비용
- 유지비용(R) : 기간의 연장, 고객이탈 방지, 휴면고객의 재활성화

고객관계가치는 고객을 좀 더 세부적으로 분류하여 더 많은 수익을 가져다 줄 수 있는 고객을 발굴 개발하는 것이다. 〈그림 2-4〉와 같이 수익성과 고객과의 관계를 분석하여 수익성이 없는 고객은 이유가 무엇이고 포기할 것인가를 결정하고 수익성이 매우 높은 고객은 그 이유와 고객유지개발방법에 대해 고민해야 한다.

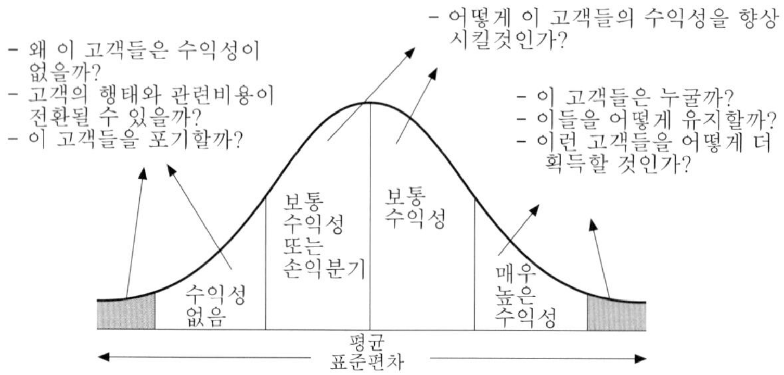

〈그림 2-4〉 고객관계가치에 따른 고객구분

고객관계가치를 통해 고객만족도와 재구매율에 대한 분석을 하면 〈그림 2-5〉와 같은 하키스틱곡선을 나타낸다고 한다. 이 그래프가 의미하는 것은 고객은 만족할 수준이 아니라 매우 만족해야 재구매율이 높아지는 것을 알 수 있다. 만족한 수준에서 재구매 가능성은 없다. 매우 만족할 수준이 되어야 재구매 가능성을 보인다.

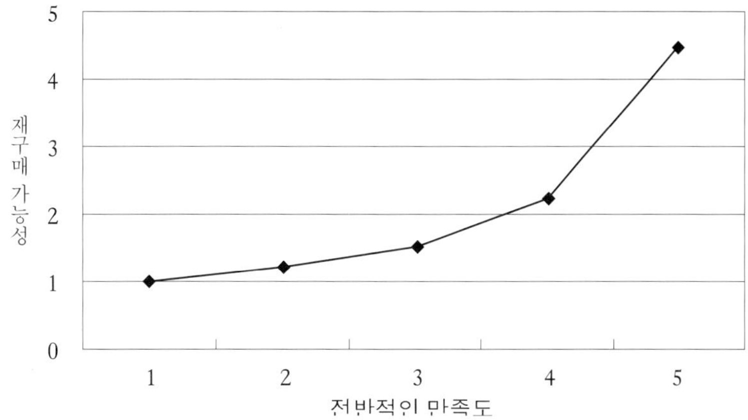

〈그림 2-5〉 고객만족도와 재구매가능성 상관관계 모형-하키스틱곡선

전체 기업의 고객만족전략은 고객경영철학의 상위 목표개념에서 고객만족전략을 수립한 후 고객관계가치 분석을 통해 불만고객에 대한 처리전략을 세우게 된다. 기업의 이윤을 무시한 무조건적인 고객만족이 아니라 고객관계가치 분석을 통해 최대의 수익을 낼 수 있는 고객에 대한 분석을 통해 고객만족전략을 수립하는 것이다. 이에 대한 설명은 〈그림 2-6〉에서 볼 수 있다.

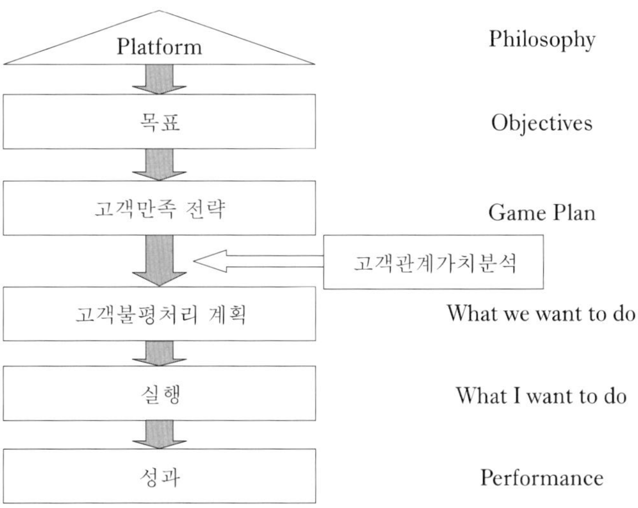

〈그림 2-6〉 고객관계가치분석을 통한 고객만족전략

4 고객 평생가치

1) 고객 평생가치 개념

고객의 가치를 올바로 이해하기 위해서는 고객의 '실제적' 현재가치와 고객의 '전략적' 또는 잠재적 가치라는 두 가지 개념에서 접근해야 한다.

고객의 실제 가치를 표현하는 가장 바람직한 방법은 고객의 평생가치(lifetime value, LTV), 즉 고객의 거래에 대하여 예상되는 미래 수익의 흐름과 총비용을 적절한 비율에 따라 현재의 총가치로 조정한 것이다. 그러나 고객과 기업 간의 관계에서 생성되는 수익은 반드시 고객의 미래 구매에서만 비롯된다고 볼 수 없음을 명심해야 한다. 고객은 기업에게 거래 이외의 다른 가치를 주기도 하는데 예를 들어 고객이 다른 사람들에게 기업을 추천할 수도 있고 다른 고객의 취향이나 선호도를 파악하는 데 도움이 되기도 하며 새로운 상품이나 서비스를 디자인하는 데 기여하기도 한다. 이러한 수익의 흐름에서 경비를 제하여야 한다. 어떤 종류의 관계이든 그것을 유지하기 위해서는 개별적 커뮤니케이션이 이루어져야 하고(전화, 팩스, 이메일, 개별판매방문 등) 이러한 상호작용을 추적하고 기억하기 위해 필요한 정보 시스템을 구축해야 한다. 이러한 비용들을 계산하는 것도 중요하지만 가능하다면 이 비용이 발생되는 특정 고객들에게 비용을 할당하는 것도 필요하다. 고객 서비스 센터에 가장 많이 전화를 거는 고객들은 기업에 더 많은 비용을 발생시킨다는 것을 알 수 있다.

평생가치를 생각하는 것이 중요하기는 하지만 특정 고객에 대하여 정확하게 계산할 수 있는 계량적 수치가 존재한다고는 볼 수 없다. 모델링 방법이 아무리 정교하다 할지라도 고객이 상품 디자인에 기여하는 도움 등 수치화할 수 없는 변수들까지 포함하여 '모든' 변수들을 다 고려할 수는 없다. 평생가치는 사실 확률에 기반한 예측치이다. 일부 고객군에 대해서는 꽤 정확한 '평균' 평생가치를 구할 수 있겠지만, 특정 고객이 미래에 어떤 행동을 보일 것인가를 정확하게 알 수 없고 또 이에 대한 정확한 가치를 알 수도 없다. 그러나 이런 측면은 우리의 논의의 발달로 더 정교한 모델링이 가능해지면 우리는 고객들을 더욱 정확하게 비교할 수 있을 것이다.

고객평생가치(lifetime value)란 평생동안 기업과의 관계에서 발생하는 고객의 이익기여도를 순 현재가치(net present value : NPV)로 환산한 것으로 일반적으로 고객평생가치는 고객의 기여수익과 유발비용을 고객생애기간(lifetime) 전체 또는 특정기간만을 고려하여 산정된다.

고객 A에게 카달로그를 우송시 2,000원을 사용하는 회사에 대해 생각해 보자. A는 5,000원의 가치가 있는 상품을 샀다고 하자. 그러면 상품의 50%를 판매비용으로 생각했을 경우, 이 고객의 고객평생가치(LTV)는 500원(=5,000(수익) − 2,500(판매비용) − 2,000(카달로그 발송비용))가 된다.

고객평생가치는 실현가치(realized LTV)와 잠재가치(potential LTV)로 나눌 수 있다. 실현가치는 이미 실현된 이익의 순현재 가치를 의미한다. 즉, 과거에서부터 현재시점까지 고객이 기업에게 제공한 가치의 현재가치를 말하는 것이다. 잠재가치는 실현되지 않은 미래의 잠재적 수익에 대한 순현재 가치를 의미하는 것으로, 현재부터 평생동안 기업에게 제공할 가치의 현재가치를 말한다. 기업의 입장에서 살펴보면 실현가치가 큰 고객도 중요하지만, 앞으로의 잠재가치가 큰 고객들이 매우 중요하다.

그러나 고객의 잠재가치는 기업이 수행하는 마케팅 활동에 따라 변할 수 있기 때문에 예측하거나 측정하는 것이 매우 어렵다. 따라서 이러한 잠재가치의 추정은 종종 마케팅 관리자의 직관이나 간단한 분석에 의해서 이루어지기도 하며, 이 때 고객의 실현가치는 매우 유용하게 활용되기도 한다. 즉, 기존의 고객 자료를 바탕으로 일정한 규칙이나 상관관계를 찾을 수 있고, 이를 바탕으로 미래 고객의 행동을 예측할 수 있다. 그리고 이를 바탕으로 기업은 고객의 잠재가치를 극대화하는 방향으로 마케팅 전략을 수립하고 실행할 수 있다.

이러한 **고객 평생 가치 모델의 장단점**을 살펴보면 다음과 같다.

먼저 **장점**은 다음과 같다.

첫째, 기업이 보유하고 있는 무형자산인 고객의 평균가치를 파악하고, 이해할 수 있으며 이로 인해 고객별 기업의 전체 가치에 미치는 기여도를 파악할 수 있다.

둘째, 신뢰성 있는 고객의 순위 체계를 창출하여 개별 고객 가치에 따라 고객을 차별화하고 가장 가치 있는 고객을 유지하기 위해 마케팅 시간과 노력을 전략적으로 활용할 수 있다.

셋째, 유지해야 할 고객을 정하고 이탈 고객방지를 위하여 투여할 최대 금액을 미리 산정함으로써 안정적인 재무운영이 가능하다.

반면 **단점**은 다음과 같다.

첫째, 전체고객에 소요되는 비용을 측정하더라도, 이를 개별 고객에게 할당하는데 어려움이 존재한다.

둘째, 고객별로 일일이 계산하게 되므로 경우에 따라서는 과다한 비용이 소요될 가능성이 존재한다.

셋째, 경쟁의 패러다임이 바뀌는 산업환경에서 고객 유지율을 측정하는 데는 어려움이 있을 수 있다.

예제 2.1

〈그림 2-7〉은 장거리 전화회사인 ABC 텔레콤의 고객관계로부터의 수입과 지출비용의 흐름을 보여준다. 이 회사는 고객을 유치하기 위하여 처음 고객 판촉과 광고비용으로 50,000원을 지출했다. 고객은 1년 동안 장거리 전화비용으로 200,000원을 지출했다. 그러나 고객은 다른 회사 가격할인의 유혹으로 인하여 다른 회사의 장거리 전화를 사용했고, ABC회사는 고객을 다시 유치하기 위하여 고객에게 장거리 전화사용에 따른 적립포인트에 따라 아시아나 항공마일리지가 포함된 다양한 경품을 받을 수 있는 새로운 보상프로그램을 소개했다. 고객은 ABC 텔레콤으로 돌아올 것이고 1년 동안 200,000원을 지출하는 고객이 될 것이다. 그리고 고객은 영원히 다른 회사로 이탈하는 경우가 없을 것이다.

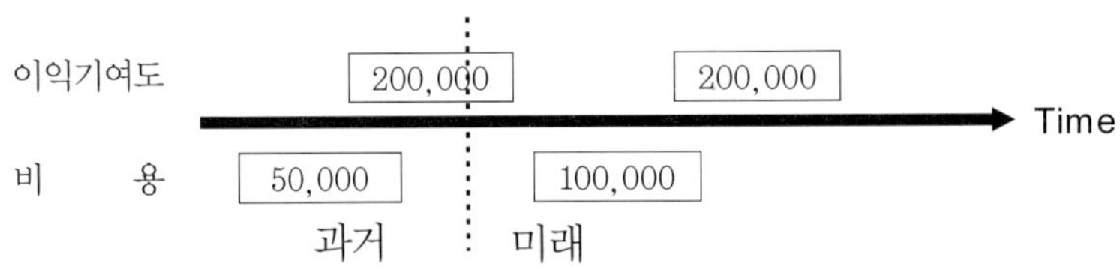

〈그림 2-7〉 ABC 텔레콤의 고객평생가치

우리는 ABC 텔레콤으로부터 이 고객의 LTV를 추정할 수 있다. 이것은 그림에서 본질적인 수입의 순현재가치(NPV)에서 비용을 뺀 것이다. 또한 그림에서 보여준 LTV 기록은 ABC 텔레콤이 자사의 변화된 마케팅전략으로 인해 고객의 LTV가 변화할 수 있다는 것을 보여준다. 예를 들면 만약 ABC 텔레콤이 그 고객이 다른 회사를 이용한 후에 경품프로그램을 시도하지 않았더라면 그 고객은 ABC 텔레콤에 돌아오지 않을 것이며 200,000원도 소비하지 않을 것이다.

우리는 변화하는 마케팅 전략으로 인해 주어진 고객의 LTV를 조정할 수 있다. 다시 말해서, 고객의 평생가치는 기업이 수행하는 마케팅 활동의 함수이기 때문에 고객에게 제공하는 마케팅 활동에 따라 그 고객의 일생가치는 변화하게 된다.

다음의 〈표 2-1〉과 〈표 2-2〉는 이러한 부분을 개념적으로 설명한다.

〈표 2-1〉

	1차년도	2차년도	3차년도
수 익			
고객의 수	1,000명	300명	90명
고객 보유율	30%	30%	30%
평균 지출액	10	10	10
총수익	10,000	3,000	900
총변동비 (70%)	7,000	2,100	630
이익			
총이익	3,000	900	270
할인율	1%	1.1%	1.21%
총이익의 현재가	3,000	818.182	223.140
누적이익	3,000	3,818.182	4,041.322
고객의 평생가치	3,000원	3,818원	4,041원

〈표 2-2〉

(단위 : 천원)

	1차년도	2차년도	3차년도
수 익			
고객의 수	1,000명	500명	250명
고객 보유율	50%	50%	50%
평균 지출액	12	12	12
총수익	12,000	6,000	3,000
총변동비(70%)	8,400	4,200	2,100
서비스 증진비용 (10%)	600	300	150
이익			
총이익	3,000	1,500	750
할인율	1%	1.1%	1.21%
총이익의 현재가	3,000	1,363.636	619.834
누적이익	3,000	4,363.636	4,983.87
고객의 평생가치	3,000원	4,364원	4,984원

〈표 2-1〉은 3년 동안의 현재기업의 평생가치이며, 〈표 2-2〉는 고객의 평생가치를 증진시키기 위해 10%의 서비스 증진비용을 지출하였을 때의 고객가치의 증가분을 설명하고 있다.

구체화된 LTV는 사실상의 가치때문이 아니라 잠재가치(potential LTV)를 이해하기 위한 LTV의 정보적인 가치 때문에 중요한 것이다. 다시 한번 말하지만 LTV의 초점은 잠재가치에 있다.

2) 고객평생가치 측정모형

지금까지 연구되어온 고객가치 측정에 관한 모형들은 여러 가지가 있으나, 크게 개별고객의 가치를 측정하려는 노력과 전체고객의 가치를 측정하려는 노력으로 나누어 볼 수 있다. 전자는 대부분이 평생고객가치(LTV)모형에 기초를 하고 있고, 후자는 회계학적 관점에서의 연구라고 할 수 있다. 또 하나의 새로운 연구 경향은 고객기반을 자산(asset)으로 인식하여 이 관점에서 고객가치를 측정하려 한다. 이하에서는 위의 세가지 모형들 중 대표적인 것들을 살펴본다.

(1) Reichheld의 평생가치(LTV) 측정모형(1996)

Reichheld는 한 고객의 가치를 측정하기 위하여 4단계의 계산절차를 제시한다.

첫째 단계는 한 기업내 고객의 라이프사이클 이익유형(profit patten)을 정립하는 단계로, 이를 구성하는 주요요인들은 유치비용, 기초이익, 수익증가, 유지비용, 타인추천 및 프리미엄 가격들이다. 미국의 신용카드 산업의 고객 라이프사이클 수익유형을 그림으로 그려보면 〈그림 2-8〉과 같다.

〈그림 2-8〉에서 평균 고객의 10년간 누적이익은 $761이다. 그러나 이것은 미래의 수익을 현재가치로 할인하기 이전의 이익이다.

두 번째 단계는 고객의 라이프사이클 이익유형에서 얻어진 미래이익을 현재가치로 할인을 해야 한다. 〈그림 2-8〉에서 얻어진 10년간 유지되는 평균고객의 누적 이익은 $761인데, 이를 15% 목표이익률로 할인을 하면 $303이 된다.

세 번째 단계는 신규고객의 예상 존속기간(expected duration)을 알아내야 개별고객의 가치를 측정할 수 있다. 즉, 첫 번째 단계와 두 번째 단계의 계산은 한 기업의 평균고객의 가치를 측정한 것으로 이를 개별고객의 가치측정에 적용하기 위해서는 개별고객의 존속기간을 알아야 한다.

그러나 대부분의 기업들은 고객의 존속기간에 대한 정보를 가지고 있지 않기 때문에 이를 추정해야만 한다. 이를 위한 가장 단순하고 효과적인 방법은 한 기업의 전체

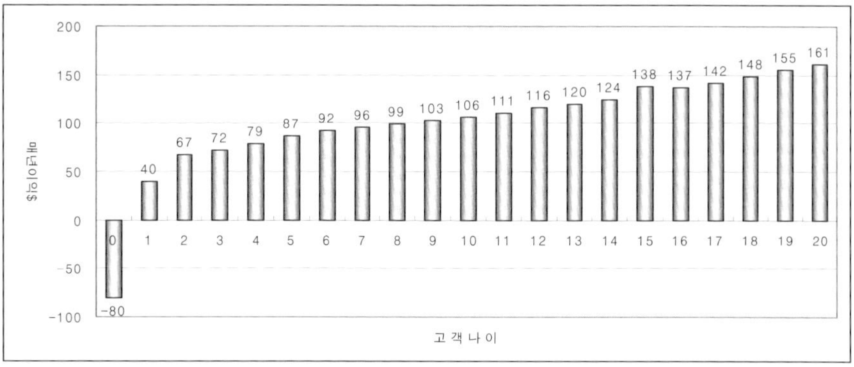

출처 : Reichheld The Loyalty Effect, 1996

〈그림 2-8〉 미국 신용카드산업의 고객 라이프사이클 이익유형

적인 이탈률(defection rate)을 계산해서 이를 역산하여 존속기간을 구하는 방법이다.

예컨대, 한 기업이 연간 1,000명의 고객중 100을 잃는다면 이탈률은 10%, 즉 1/10이 된다. 즉 매년 한 고객의 이탈확률을 10%로 보자면, 한 고객이 존족하는 기간은 10년이 된다(1/10의 역수임). 〈그림 2-8〉로부터 얻어진 한 고객의 10년간 누적이익의 할인된 가치는 $303였는데, 이에 고객유지율 90%를 적용시키면 $272가 된다.

세 번째 단계까지 과정을 마치면, 한 기업은 고정이탈유형(constant defection pat-ten)을 고려한 현재가로 할인된 고객가치를 구할 수 있다. 대부분의 기업은 이 단계까지를 거친 고객가치측정을 통하여 유효한 마케팅 전략을 수립하고 수행할 수 있을 것이다. 그러나 좀 더 정교한 고객가치측정을 위해서는 네 번째 단계가 요구된다.

지금까지는 고객이탈이 초기에 급격히 일어나지만 시간이 지남에 따라 그 이탈률이 줄어들게 된다. 다시 말하면, 고정적 고객이탈유형에 비교하여 초기에는 이탈이 더 많이 발생하는 반면에 시간이 지나면 이탈률은 고정적 유형보다 낮아지게 된다.

사례를 통하여 과정별로 추산해본 10년간 유지되는 고객가치의 변화를 표로 정리해 보면 다음과 같다.

〈표 2-3〉 고객 이탈률을 고려한 고객의 현재가치

측정단계	고객가치	비고
라이프사이클 이익유형	$761	평균고객의 가치
미래이익을 현재가로 할인	$303	매년 15% 목표이익률로 할인
고정적 이탈률 고려	$272	매년 10% 고객이탈률을 가정

(2) Peppers & Rogers의 LTV 모형

Peppers와 Rogers(1997)는 고객가치를 실 현재가치와 전략적·잠재적 가치로 나누어 설명하였다. 여기서 실 현재가치는 고객과의 거래에서 발생하는 예상 미래이익과 순 원가를 현재가치로 할인한 것이며, 이러한 실 현재가치는 전체적인 이익의 흐름에서 소요비용을 고려한, 확률에 기초한 예측모형이라 할 수 있다.

$$LTV = \sum_{i=1}^{n} (1+d)^{-1} \pi_i$$

여기서, $n=$기간, $d=$현재가치로의 할인비율, $\pi_i=$해당년도의 순이익을 나타낸다.

다음의 〈표 2-4〉는 가입고객을 유지하는 한 잡지사에서 Peppers & Rogers 모형을 이용하여 LTV를 산출한 예를 보여주고 있다.

이 잡지사는 첫해 가입비를 특별할인가로 월 $35.90로 책정하고, 2년후부터는 정상가격인 $75.90로 정하고 있으며, 고객당 매년 비용은 $30로, 적정할인률은 15%로 가정하였다. 그리고 이때 고객의 실 현재가치는 다음과 같이 산출할 수 있다.

- 가입수익 = 가입비 × 전체가입자수
- 변동비용(소요비용) = 고객당 매년비용($30) × 전체가입자수
  ※ 변동비용을 계산하는 과정에 있어서 비용의 측정과 배분상의 문제로 약간의 차이가 나타나게 된다.
- 순 이익 = 가입수익 - 변동비용
- 15%할인 순 이익 = 예측모형으로부터 할인비율과 순 이익을 고려하여 계산한다.

여기서 주의해야 할 점은 예측모형에서 할인비율(d)은 바로 전년도의 할인비율에서 15%를 계산하여 누적되어지며, 첫해(해수=1)의 할인비율은 0이 된다는 것이다.

〈표 2-4〉 고객의 실 현재가치 산출

해수	전체 가입자수	재가입 비율	가입수익	변동비용	순이익	15%할인 순이익
1	1000	60%	$ 35,900	$ 30,000	$ 5,900	$ 5,900
2	600	65%	$ 45,540	$ 18,000	$ 27,540	$ 23,948
3	390	70%	$ 29,601	$ 11,700	$ 17,901	$ 13,536
4	273	75%	$ 20,721	$ 8,190	$ 12,531	$ 8,239
5	205	78%	$ 15,541	$ 6,143	$ 9,398	$ 5,373
6	160	79%	$ 12,122	$ 4,791	$ 7,330	$ 3,645
7	126	80%	$ 9,576	$ 3,785	$ 5,791	$ 2,504
8	101	80%	$ 7,661	$ 3,028	$ 4,633	$ 1,742
9	81	80%	$ 6,129	$ 2,422	$ 3,706	$ 1,212
10	65	80%	$ 4,933	$ 1,938	$ 2,995	$ 843
합계					$ 97,695	$ 66,940
개별고객 LTV						$ 66.940

즉 첫 번째 해의 할인비율=0, 두 번째 해의 할인비율=1.15, 세 번째 해의 할인비율=1.3225, 네 번째 해의 할인비율=1.52 등과 같이 계산된다.[2)]

이와 같은 방법에 의해 최종적으로 구해진 15% 할인 순 이익이 바로 개별고객의 LTV가 된다. 여기서 만약 고객유치비용(acquisition cost)을 고객 당 $50로 가정하면 실 현재 고객가치는 $16.94가 된다.[3)]

(3) SAS Korea의 LTV측정 모형

SAS Korea(1998)는 LTV를 한 고객이 한 기업의 고객으로 존재하는 전체기간동안 기업에게 제공할 것으로 추정되는 재무적 공헌도의 합계라고 정의하였다.

또한 이러한 LTV를 산출하는 방법은 크게 단순 LTV 산출방법과 개선된 LTV 산출방법으로 나눌 수 있으며, 단순 LTV는 평균구매액을 기준으로 거래기간에 대한 총 구매액을 산정하는 방식으로 'LTV = 평균구매액 × 거래기간'으로 구해진다.

이와 같은 단순 LTV는 미래의 불확실성을 고려하지 않은 경우로서, 여기서 평균구

---

2) 세 번째 해의 할인비율 = 두 번째 해의 할인비율 + (두 번째 해의 할인비율 × 0.15)
= 1.15 + (1.15 × 0.15) = 1.3225
네 번째 해의 할인비율 = 세 번째 해의 할인비율 + (세 번째 해의 할인비율 × 0.15)
= 1.3225 + (1.3225 × 0.15) = 1.52

3) 실 현재 고객가치(LTV) = 개별고객 LTV − 고객유치비용

매액은 고객이 구매한 물건의 총 금액을 의미하며, 거래기간은 고객이 얼마나 오랫동안 제품을 구입하는지를 나타낸 것으로, 평균구매액의 기간(일평균, 월평균, 연평균)을 기준으로 산출된다. 즉 한 고객의 월평균 구매액이 1만원이면, 일년동안의 LTV는'1만원 × 12개월'의 형태로 계산되는 것이다. 그러나 실제로 한 고객의 평생가치는 일정한 값을 갖는다고는 하지만, 시간의 경과에 따라 여러 가지 불확실성에 의해 변화하게 된다.[4] 따라서 개선된 LTV 산출방법은 이렇듯 발생할 수 있는 여러 가지 불확실성 즉 고객행동의 변동성, 현재가치, 이익관점 등을 고려하여 전체적인 고객의 평생가치를 높이는 방법이다.

① 고객행동의 변동성을 고려한 LTV

고객행동의 변동은 크게 구매액의 변동과 고객유지율의 변동으로 나누어 설명할 수 있다. 여기서 고객 구매액의 변동은 $y = a + bx$ 형태의 선형회귀분석을 적용함으로써 고객의 미래구매 금액을 예측할 수 있다. 그리고 고객유지율은 특정 시점에 보유하고 있던 고객 중 다음기간에 얼마나 많은 고객이 그대로 남아있는가를 나타내는 것으로,

$$\text{고객유지율} = \frac{\text{다음해 고객수}}{\text{첫해 고객수}}$$

로 계산되며, 확률적인 의미로 해석된다. 즉 이러한 변동성을 고려하여 LTV를 산출하는 방법은 고객의 미래 구매액과 이탈률(잔존율)을 반영한다는 점에서 단순 LTV 모델보다는 효율적인 방법이라 할 수 있다.

② 고객의 현재가치를 고려한 LTV

현재가치란 기업관점의 수익에 대해, 시간적 가치를 반영하는 적절한 할인율로 미래의 현금 흐름을 할인한 것으로, 현재가치를 산출하기 위해서는 적절한 할인율을 구하는 것이 가장 중요한 문제이다.

$$D = (1+i)^n$$

D : 할인율, i : 시장이자율, n : 기간

4) Arthur M. Hughes, Strategic Database Marketing (McGraw-Hill, 2000), pp. 57~85.

따라서 이와 같은 할인율을 LTV 산출에 적용함으로써, 우수고객에 대한 차별화된 서비스를 가능하게 할 수 있다.

③ 행동원가를 고려한 이익관점에서의 LTV

단순 LTV 모델에서는 매출액을 목표변수로 고려하기 때문에 매출이 증가해도 이익은 증가하지 않는 경우가 발생하게 된다. 따라서 기업은 이익관점에서 LTV를 파악하기 위해서 원가를 고려한 LTV 산출방식을 도입하게 되었다.

즉 이익관점에서의 LTV는 한 고객이 구입한 물건의 총 구매금액에서 기업이 고객에게 수익을 창출하기 위해서 벌인 모든 제반비용 및 물건의 원가를 뺀 나머지 금액을 말한다.

이익관점의 LTV = 구매액 − 원가 (홍보비, 제품원가, 기타활동비 등)

이와 같이 다양한 관점에서 불확실성을 고려한 LTV 산출방법의 구성요소들로는 고객수, 고객유지율, 원가구조, 시장이자율, 구매율, 고객존속기간등을 들 수 있다. 따라서 기업은 이들을 종합적으로 고려하여 자사에 맞는 개선된 통합적 LTV모델을 수립함으로서, 고객의 평생가치를 극대화할 수 있도록 해야 할 것이다.

그리고 이러한 LTV를 그래프로 나타내보면 다음의 〈그림 2-9〉와 같이 시간의 경과에 따라 감소하는 형태를 가질 것이다.[5]

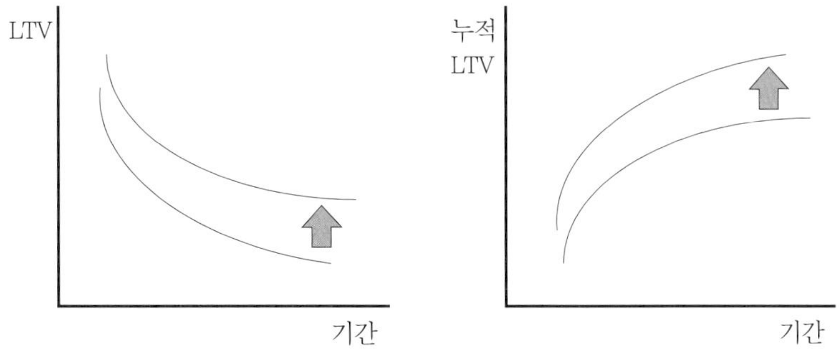

〈그림 2-9〉 LTV 곡선과 누적 LTV 곡선

5) 김정수, 「통합 데이터베이스 마케팅 시스템」, 범우사, 1997, pp. 56.

그러나 〈그림 2-9〉에서와 같이 한 시점에서의 고객의 LTV는 줄어들더라도, 전체 기간을 고려한 누적 LTV는 점점 증가함을 알 수 있다. 따라서 LTV의 극대화라는 기업의 목적은 결국, 고객의 LTV곡선을 보다 길고 상향적(화살표방향)으로 상승시키는 것이라고 할 수 있다.

(4) 고객평생가치의 개념적 모형

우리가 고객의 잠재적 LTV를 예측하기 위해 모델을 어떻게 개발해야 하는가? 기업의 수입면에서 기업은 그 회사에 좀 더 많이 쓰고 오래 머무를 고객들을 확보하기를 원한다. 게다가 충실한 고객들은 기업의 제품이나 서비스의 혜택을 잠재적 고객들에게 광고해줄 수 있다. 즉, LTV에 속하는 이들 모든 요소들을 LTV 모델로 합병시키는 것은 극도로 복잡한 것이다. 게다가 그 모델은 기업이나 산업의 특성이 될 것이다.

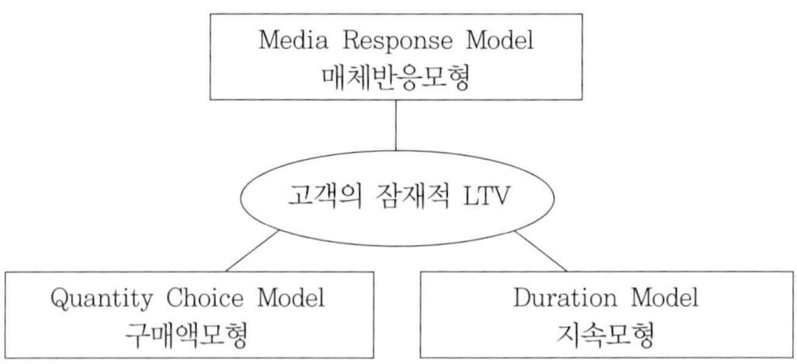

〈그림 2-10〉 Core components for the LTV Model (LTV모델을 위한 핵심구성요소)

① 매체반응모형(media response model)

기업이 고객의 잠재가치를 극대화한다는 목표를 가지고 고객과의 관계를 구축하고 유지하기 위해서는 세가지의 차원에서 관리를 하여야 한다. 그 첫째는 고객이 기업의 마케팅 활동에 대하여 어떠한 반응을 보이는가에 대한 철저한 이해가 필요하다. 이러한 문제를 다루는 모형이 매체반응모형이다. 고객이 TV광고, DM, TM, 인적판매 등 어떠한 매체보다 높은 반응을 보이는가에 대한 분석은 향후 기업이 마케팅 활동을 하는데 있어서 중요한 자료가 된다. 통신판매업을 하는 기업으로서는 DM에 대한 반응이 높은 고객들을 대상으로 DM을 발송함으로서 비용을 줄이려 할 것이고, 보험사의 경우, 인적판매에 대한 반응이 높은 고객들에게 보험설계사를 보냄으로서 보험설계사에 의한 방문 효율성을 높일 수 있을 것이다. 이러한 매체반응모형을 실제 데이터에 적용해서 비선형 모형의 경우 Logit이나 Probit 등의 방법에 활용될 수 있다.

② 구매액 모형(quantity choice model)

고객의 잠재가치를 계산하는데 사용되는 모형으로 구매액 모형이 있다. 고객이 자사의 마케팅 활동에 반응한다는 가정하에서 얼마만큼의 구매를 할 것이다 하는 구입할 제품의 총액 또는 평균 구매액을 추정, 예측하는 모형이다. 구매액 모형은 실제로 이를 계량화하는 작업은 매우 어렵다. 따라서 과거의 기업의 마케팅 활동과 관련된 구매 이력은 분석의 좋은 정보로 사용될 수 있다.

③ 지속모형(duration model)

지속모형은 고객의 LTV구성요소 중 마지막 요소인 LTV 고려기간과 관련하여, 고객이 된 후 자사고객으로 머무는 기간을 예측하는 모형이다. 신문사의 경우, 정기 구독자 개개인이 얼마나 오랫동안 자사의 신문을 구독할 수 있을 것인가를 예측함으로서 보다 효율적인 관리를 할 수 있으며, 보험사의 경우, 보험 해지 가능성이 높은 고객들을 대상으로 보험 가입기간을 늘릴 수 있도록 효과적인 마케팅 전략을 수립할 수 있다.

앞의 두 가지 모형을 실제 데이터를 통하여 매체 반응률과 구매액을 예측하기 위한 분석적 툴로서 앞에서 말한 바와 같이 전통적인 선형회귀모형이나, Logit, Probit과 같은 모형이 사용될 수 있으나, 지속모형의 경우는 절단된 정보(right-censored information)로 인하여 다른 접근방법을 필요로 한다.

예를 들어, 기존 고객의 데이터로부터 잔존기간을 결정하는 인구통계적 요인들을 발견하기 위한 분석을 한다고 가정하자. 이때, 추출되는 샘플들 중에는 이미 거래가 중단된 고객뿐만 아니라, 현재까지 지속적으로 거래가 이루어지고 있는 고객을 포함한다. 이 경우, 현재 고객이 아닌 샘플을 대상으로 지속기간을 쉽게 알 수가 있는 반면, 현재까지 고객으로 있는 샘플의 경우 언제 고객으로 시작되었는가는 알 수가 있으나 이 고객이 언제까지 자사의 고객으로 남아 있을 것인가는 불확실하다. 이러한 고객의 데이터를 통계학에서는 오른쪽으로 절단된 데이터(right-censored data)라고 부른다. 따라서, 올바른 지속기간의 분석을 위해서는 반드시 위와 같은 데이터를 제외할 필요가 있다.

5 고객자산 가치모형

고객생애가치가 고객 개인별로 전체 생애 기간 동안의 총 기여 가치를 측정할 수 있는 방법이라면 고객자산 가치(customer equity)는 기업이 보유한 전체 고객들에 대한 총 가치를 측정하는 방법이라고 할 수 있다. 즉, 고객자산 가치는 고객이 기업의 중요한 자산 항목이라는 전제 하에서 한 기업의 고객 이라는 자산이 얼마나 가치가 있는지를 평가하는 것이기 때문에 또 다른 기업 평가(corporate valuation) 방식으로 주목 받고 있다.

Blattberg and Deighton(1996)은 그들의 논문 Manage Marketing by the Customer Equity Test에서 한 기업의 고객유치(customer acquisition)와 고객유지(customer retention) 비용을 결정하는 마케팅예산의 최적화는 고객의 자산가치가 최대화하는 점에서 결정된다고 하였다.6)

고객자산가치의 측정은 6단계로 나눌 수 있는데, 그 내용을 살펴보면 다음과 같다.

먼저 ① 고객을 끌어오는데 들어간 획득비용($A)이 얼마나 되는지를 밝히고, ② 최대한 유치할 수 있다면 어느 한도까지 유치 가능한지를 관리자 및 업계경험을 통해 최대한도비율(ceiling rate)을 산출한다. 마지막으로 ③ 예산에 한도가 없다면, 최대한 유치비용을 사용하여 목표로 하는 최대고객 유치한도 비율(a)이 몇 % 인지를 관리자의 경험을 토대로 파악한 후, 이를 통해 첫해에 고객으로부터 얻을 수 있는 공헌이익(net contribution : a$m−$A)을 산출한다.

반면 획득된 고객을 유지시키기 위해서는 역시 유지비용이 들어가므로 ④ 작년 한 해 동안 한 고객을 유지하는데 얼마나 사용하였는가($R)를 밝히고, ⑤ 고객을 작년 한 해 동안 몇 % 정도의 비율로 보유하는데 성공하였는지를 관리자의 경험을 통해 확인한 후, ⑥ 유지예산에 한도가 없다면, 1년에 고객의 %정도를 내년까지 유지할 수 있는지를 파악한 후, 이를 통해 고객유지로 발생되는 y년 해의 공헌이익(=r^y($m−$R/r))을 산

---

6) 박성호, B2B기업의 고객생애가치 측적에 관한연구, 건국대학교, 2006, pp.17−21.

출한다.

결국, 첫해에 고객으로부터 얻을 수 있는 공헌이익과 고객유지로 발생되는 각 y년 해의 공헌이익을 기업의 마케팅투자 목표수익률(d%)기준으로 현재가치로 할인한 후 더하면 결국 한 기업의 고객자산이 산출된다.

첫해의 고객가치가 유치비용(acquisition spending)에 어떻게 종속되는지 살펴보면 다음의 그래프와 같다.

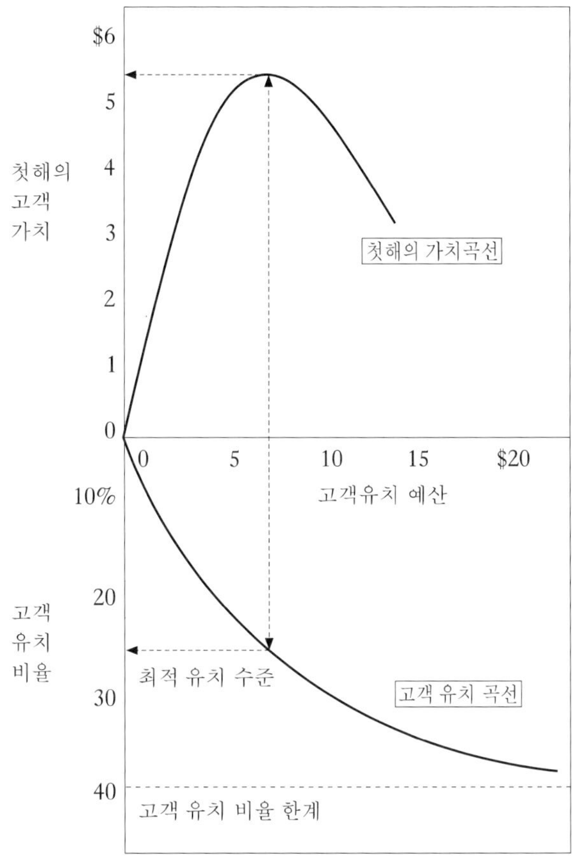

자료: Blattberg, R.C. and Deighton, J. (1996), :Manage Marketing by the Customer Equity Test", Harvard Business Review, vol.74, p.140.

〈그림 2-11〉 첫해의 고객가치와 유치비용

고객유치예산을 점차 늘려도 일정수준이 지나면 고객자산가치는 더 이상 증대되지 않고 오히려 감소한다. 한편, 최적의 고객유치비용을 계산하면, 먼저 고객유치비율인 a는 고객유치곡선의 최고한도비율(ceiling rate)과 고객유치비용에 의해 결정되는데,

A는 예상유치비용이고, k_1는 곡선의 기울기를 결정하는 상수라고 할 때 다음과 같은 식이 된다.

$$a = ceiling\ rate \times [1 - \exp(-k_1 \times A)]$$

다음으로 거래 후의 판매수익이 m이라고 할 때, 예상공헌도는 $(a \times m - 4)$가 된다. 주의할 점은 최적유치비용이 많이 투입된다고 하여 고객의 공헌도가 항상 (+)의 값만 갖는 것은 아니기 때문에 의사결정자는 유지보상이 가능한 고객만을 선별적으로 판단하여 적정 고객유치비용을 계산해야 한다.

한편, 고객자산이 유지비용(retention spending)에 어떻게 종속되는지 살펴보면 다음의 그래프로 나타낼 수 있다.

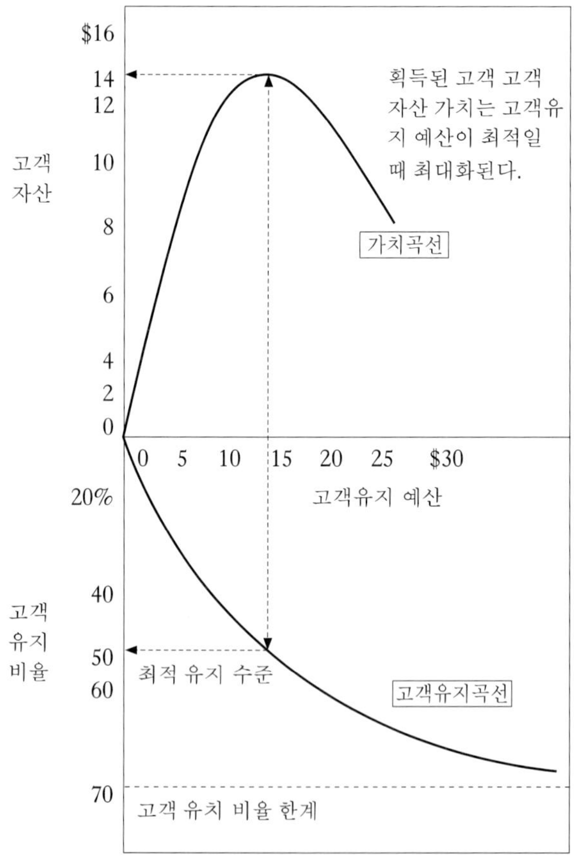

〈그림 2-12〉 고객자산과 유지비용

상단의 그래프 중 점차 상향 곡선을 보이는 부분은, 고객유지비용이 점차 늘어난다 하더라도 고객관계를 계속 지속시키는 것이 유리하다는 점을 의미한다. 하지만, 정점을 지나 하향 곡선을 보인다면 유지비용에 비해 자산가치가 떨어지므로 고객을 더 이상 보유할 필요가 없다는 의미로 해석이 가능하다.

최적의 유지비용을 계산하면, 고객 유지비율이 r일 때, 다음과 같이 나타낼 수 있다.

$$r = ceiling\ rate \times [1 - \exp(-k_2 \times R)]$$

여기서 R은 예상유지비용이며, k_2는 지수함수 커브의 모양을 결정짓는 상수이다. 유지비율 r과 y번째 해의 고객공헌도 C의 경우는 다음과 같다.

$$C = r^y(m - R/r)$$

연간 고객예상생애에 대한 가치들을 총 합한 후, 첫해 고객의 가치를 더하고, 이를 적절한 마케팅 투자수익률 d%로 현재가치로 할인하면, 알고자 하는 고객의 고객자산 가치를 얻게 된다.

결론적으로 만약 우리가 $r' = r/(1+d)$라고 정의한다면 한 기업의 평균적인 기대 고객자산은 매년 유치비용 A의 사용금액과 유지비용 R의 투자금액으로 결정된다.

$$Customer\ Equity = am - A + a(m - R/r)[r'/(1-r')]$$

또한, Blattberg는 고객자산을 극대화하는 방법으로 8가지 방안을 제시하였는데 다음과 같다.

가. 가장 가치가 높은 고객에 먼저 투자한다.
나. 제품관리에서 조직의 틀을 고객관리로 전환한다.
다. 추가상품(견품)과 끼워 팔기로 고객자산을 높일 수 있음을 고려한다.
라. 획득 비요을 최소화할 수 있는 방안을 찾는다.
마. 마케팅 프로그램(cash flow측면)에서 고객자산의 이해득실을 따져본다.
바. 고객자산을 강화시킬 수 있는 브랜드를 창조한다.
사. 고객의 상품 구매 성향을 지속적으로 모니터링 한다.
아. 획득과 유지효과를 높이기 위해 마케팅조직과 계획을 분리해서 나누고 실시한다.

결론적으로 Blattberg는 관리자들이 고객자산을 증대시키려고 할 때, 그들의 전략적 사고의 우선선상에 고객과 고객관계의 질을 먼저 두어야 한다고 주장하고 있다. 즉, 단기적인 재무적 행위나 브랜드 강화, 제품판매는 단순히 성공을 위한 2차적인 요소일 뿐이다. 관리자가 마케팅 투자로 얼마나 많이 기업의 고객자산을 증대시킬 수 있는가에 관심을 가질 때, 마케팅담당자와 주주의 이익이 일치된다. 이 결정에서는 고객자산을 중심으로 한 마케팅담당자의 의사결정이 더욱 중요시되어야 한다고 주장하고 있다.

6 수단-목적 연결 이론

수단-목적 연결 이론은 가치연구의 심리학적 접근 방법으로서 속성(Attribute)-결과(Consequence)-가치(Value) 연결 관계를 파악하여 소비자가 제품의 특성을 어떻게 자신의 개인적 가치(personal value)에 연결시키는가를 설명하는 이론이다. 이 이론은 소비자의 행동이 가치와 많은 연관이 있음을 정형화된 틀로 규명하여 분석자의 관점이 아닌 소비자의 관점에서 소비자 행동을 연구한다.

그러므로, 수단 목적 연결이론의 중심 개념은 소비자들은 제품의 물리적 속성을 중요시 여기기보다는 그 제품 속성을 통해 나오는 결과와 가치를 더 중요하게 고려하여 구매 결정을 한다는 것이다. 즉, 마케팅과 광고 측면에서 소비자 가치가 중요시되고, 또한 제품의 속성-혜택-가치의 연결성 파악이 중심이 된다는 것이다.

소비자가 제품으로부터 추구하는 것으로 혜택보다 더욱 추상적인(abstract) 것이 가치(value)이다. 〈표 2-5〉는 속성→(결과)혜택→가치의 순으로 제품의 물질적 특성으로부터 개인적 가치로 확장되는 연상의 내용은 상위 단계로 갈수록 추상화 된다. 가치는 소비자의 가장 기본적이고 근본적인 욕구(needs)와 목표(goals)의 인지적 표현(cognitive representations)을 말한다.[7]

7) 김수진, 국내 은행 광고에 대한 표현 분석, 이화여자대학교 디자인 대학원, 1997, pp.25~30.

〈표 2-5〉 수단-목적 사슬(Means-End Chain)의 기본체제

속 성	결 과	가 치
치아를 희게 하는 성분	치아를 희게 함	건강
구취제거 성분	구취제거	행복
충치예방성분	충치예방	
맛	상쾌함	
가격	경제적	

예를 들면, Choa-Min Chiu(2004)는 야간배달서비스에 관한 연구에서 배달서비스의 최종적인 가치는 마음의 평화, 성취감, 개인만족, 감정자세, 그리고 자부심 등 5가지로 제시하고 있음을 알 수 있다. 보다 구체적인 내용은 〈그림 2-13〉에 제시되어 있다.

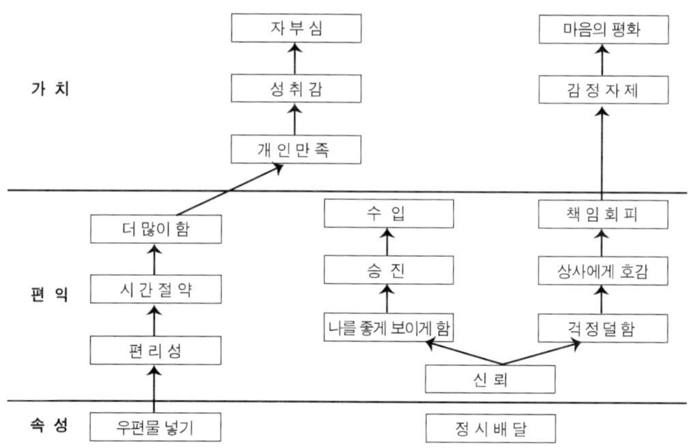

참고문헌 : Choa-Min Chiu(2004). Applying means-end chain theory to eliciting system requirements and understanding users perceptional orientations. Information Management. 42, 457.

〈그림 2-13〉 ODS (Overnight Delivery Service) 가치체계도

또한 가치는 추상적인 정도에 따라 수단적 가치와 최종가치로 구분된다. 최종가치(terminal value)는 선호되는 최종상태(preferred end states of benig)를 나타낸다. 최종가치는 수단적 가치보다 더 추상적인 목표의 표현이다. 수단적 가치(instrumental value)는 소비자에 의해 선호되는 행위방식(apreferred mode of conduct)이나 선호되는 행동양상을 나타낸다.

소비자는 제품속성과 이 속성들이 가져다 줄 혜택과 가치를 연결시켜 계층적 구조로 조직화한다. 즉, 소비자는 제품속성으로부터 이 속성들이 지니는 혜택을 추론하거

나 연상하고 이 혜택과 가치를 연관지우는 인지작용을 통해 제품에 의미를 부여하고 가치를 달성한다.

이와 같이 제품속성, 결과(혜택), 가치를 연결시키는 소비자의 인지작용을 나타내는 모델을 수단–목적 사슬(Means–End Chain)이라고 부른다. 수단–목적 사슬(Means–End Chain)에 따르면 소비자는 제품 속성이라는 수단으로부터 혜택이라는 목표를 달성하고 이 혜택은 다시 가치라는 목표를 달성하는 수단이 된다. 가장 기본적인 수단–목적 사슬(Means–End Chain)은 〈표 2–6〉와 같지만, 보다 세분화 하면 〈표 2–7〉 같은 구성요소로 나타낼 수 있다.

〈표 2-6〉 소비자 수단-목적 사슬(Means - End Chain)

구체적 속성	→	추상적 속성	→	기능적 결과	→	사회심리적 결과	→	수단적 가치	→	최종 가치

〈표2–7〉에는 헤어스프레이 제품에 의한 수단–목적 사슬(Means–End Chain)의 예와 각 구성요소에 대한 설명이 제시되어 있다.

〈표 2-7〉 소비자 수단-목적 사슬(Means-End Chain)의 예

추상적 수준	예	설 명
구체적속성	펌퍼형	제품의 물리적 특성 직접 지각될 수 있음
⇩		
추상적속성	적절한 양의 분사	구체적인 속성에서 추론된 추상적 특성. 주관적이며 직접측정이 불가능
⇩		
기능적결과	끈적거리지 않는 머리칼	제품사용으로부터 기대되는 기능적 혜택
⇩		
사회심리적 결과	보다 매력적으로 느낌	제품사용으로부터 기대되는 사회심리적 혜택
⇩		
수단적가치	타인에게 인상적 으로 보임	선호되는 행동양식, 제품 사용으로 달성하고자 하는 추상적인 목표
⇩		
최종가치	자아존중	선호되는 최종상태, 제품 사용으로 달성하려는 매우 추상적인 목표

속성에서 물질적 특성이란 색상, 탄산, 리터당 주행거리와 같이 물질적 단위로 측정 가능한 것을 말하며, 추상적 특성은 물질적 특성으로부터 기인하는데, 보다 주관적인 성격을 띤다(강한 맛, 좋은 냄새, 부드러운 향기 등). 소비자는 바람직한 결과를 산출하기 위하여 여러 제품 중에서 선택을 하는데, 선택을 하기 위해서는 어떤 제품이 바람직한 결과를 발생시키는 속성을 가지고 있는지를 알아야 한다.

제품이 속성을 갖는 반면, 소비자는 혜택, 즉 결과를 갖는다. 예를 들어 '하얀 치아'는 '치아를 하얗게 만드는' 속성을 가진 치약으로 이를 닦음으로써 소비자가 얻을 수 있는 혜택인 것이다. 기능적 결과는 긍정적이든 부정적이든 제품의 속성으로부터 생기는 내재적 결과(돈을 절약하자, 머리를 매일 감을 필요는 없다, 일의 집중이 용이하다 등), 또는 다른 사람과의 관계로부터 생기는 외재적 결과(더 많은 친구를 갖고 싶다, 즐기고 싶다, 다른 사람과 잘 어울릴 수 있다. 등)를 의미한다. 즉 결과는 그 성격이 생리적(배고픔이나 목마름을 해소)일 수도 있고, 심리적(자존심, 미래에 대한 밝은 견해)일 수도 있으며, 사회적(지위의 향상, 구성원 의식)일 수도 있다.

직접적 결과는 소비한 것이나 소비행위에서 직접적으로 오는 것이며, 간접적 결과는 소비행위 때문에 타인이 호의적 또는 비호의적으로 반응할 때나 직접적 결과가 다른 결과를 생성할 때 발생할 수 있다. 예를들어 새 옷을 구입함으로써 소비자는 기분이 좋아지고(직접적 결과), 그가 기분이 좋은 것을 보고 타인이 호의적으로 반응해서 좋다(간접적 결과)는 것이다. 결과는 소비행위 중에 즉각적으로 나타날 수도 있고(갈증해소), 그 후에 나타날 수도 있다(소화, 치아 부식).

또 하나 간과하기 쉬운 개념이 바로 부정적 결과이다. 고급가게에서 쇼핑을 하는 행위는 명예를 드높여 주지만(긍정적 결과), 만일 소비자가 구매에 필요한 돈을 가지고 있지 못하다면 그에게는 근심이라는 부정적 결과가 야기되어 실질적인 갈등에 빠지게 된다. 핵심은 소비자가 바람직한 결과를 산출하고 바람직하지 않은 결과를 최소화 하는 행동을 선택한다는 것인데, 여기서 결과가 긍정적인지 부정적인지를 결정하는 것은 가치이다.

수단적 가치는 최종적 가치로 유도될 수 있는 가치로 외재적 성격을 띠며, 최종적 가치는 행동을 유발하는 최종 단계의 가치로 내재적 성격을 갖고 있다. 가치는 소비자의 행위에 영향을 주지만, 소비자는 이를 모를 수도 있으며, 모든 소비자의 행위가 가치와 연결되지는 않는다. 특히 저관여 제품이나 상황이 이에 해당된다.

7 LTV에 의한 고객세분화

1) 고객세분화의 개념

고객세분화(customer segment)는 많은 고객들을 서로 비슷한 소비자끼리, 서로 다른 소비자끼리 서로 다른 집단끼리 분류하는 작업을 말한다. 즉, 고객들이 살고 있는 지역에 따라 데이터베이스 내의 고객을 나누는 것도 일종의 세분화 작업인 것이다.

세분화는 최종 사용자들이 보다 높은 수준의 관점에서, 즉 새들이 하늘에서 전체를 보는 것 같은 조감법처럼 전체 데이터베이스를 바라볼 수 있도록 해주기 때문에 가치가 있다고 할 수 있다. 또한 사람들로 하여금 서로 다른 세분화되어 있는 고객들을 서로 다르게 대우할 수 있도록 해준다.

고객세분화란 전체 기존고객 또는 잠재고객들의 집단을 유사한 특성을 가진 세분화된 집단으로 분류하는 과정을 의미한다. 고객세분화의 과정을 그림으로 나타내면 다음과 같다.

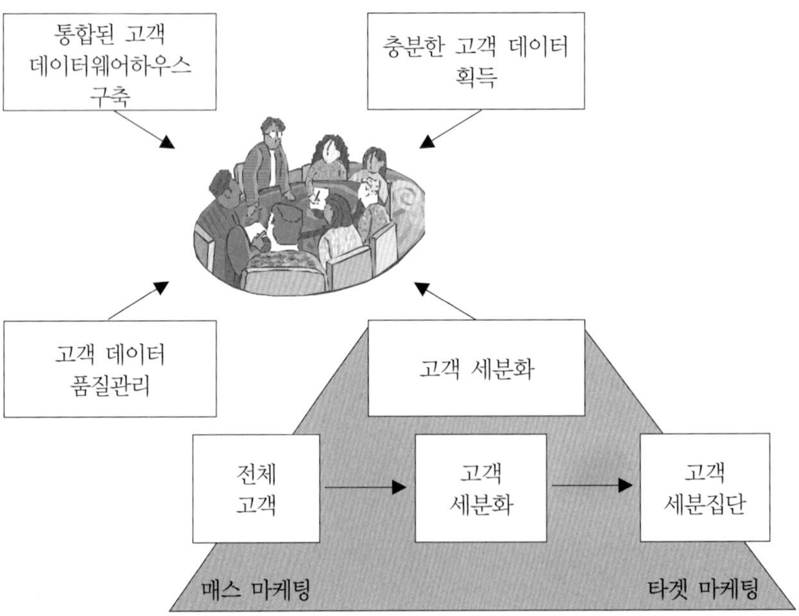

또한 고객세분화 과정상에 어려움을 요약하면 다음과 같다. 이러한 요인을 종합적으로 고려하여 고객세분화를 하여야 할 것이다.

- 어느 정도 고객을 세분화 하는 것이 적당한가?
- 무엇을 기준으로 세분화 할 것인가?
- 고객세분화에 사용할 만한 데이터를 가지고 있는가?
- 고객세분화 결과를 어떻게 활용할 것인가?

2) 다양한 고객 세분화 접근방법

① 전통적 고객세분화 : 단일 기준에 의한 직관적 세분화	② 다 기준 스코어에 의한 세분화
○ 상품에 의한 세분화 ○ 연령에 의한 세분화 ○ 지역에 따른 세분화 ○ 구매액에 따른 세분화	○ 모델에 의한 세분화 ○ RFM에 의한 세분화 ○ LTV에 의한 세분화

예 : RFM에 의한 세분화

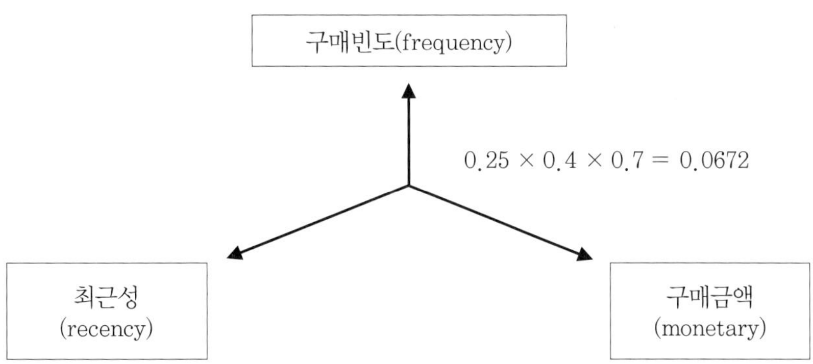

3) 전통적인 고객 세분화의 한계

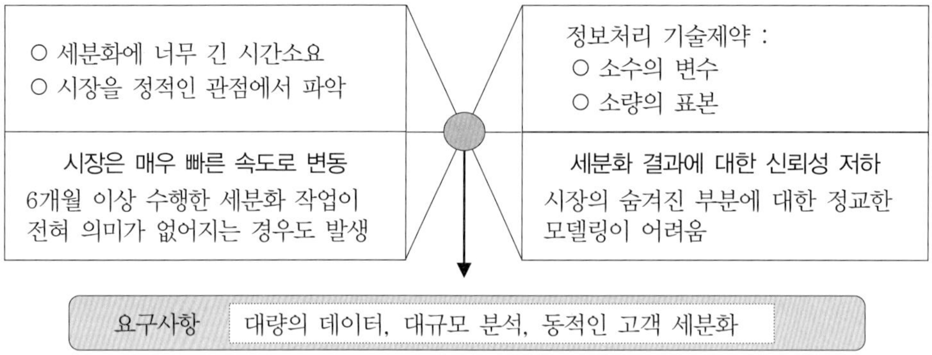

4) LTV에 의한 고객세분화

예를 들어 1,000명의 고객에 대하여 고객평생가치를 고객별로 LTV를 산출하여 LTV 기준으로 10개 집단으로 고객을 세분화한 경우를 살펴보기로 한다. 〈그림 2-14〉에서 보는 바와 같이 고객집단을 10개 집단에 대하여 LTV에 의한 공헌이 큰 고객 집단, 공헌이 적은 고객집단 그리고 손실을 입히는 고객집단으로 분류하여 고객세분화를 할 수 있다. 그리고 LTV에 의한 고객세분화과정을 예시하면 〈그림 2-14〉와 같다.

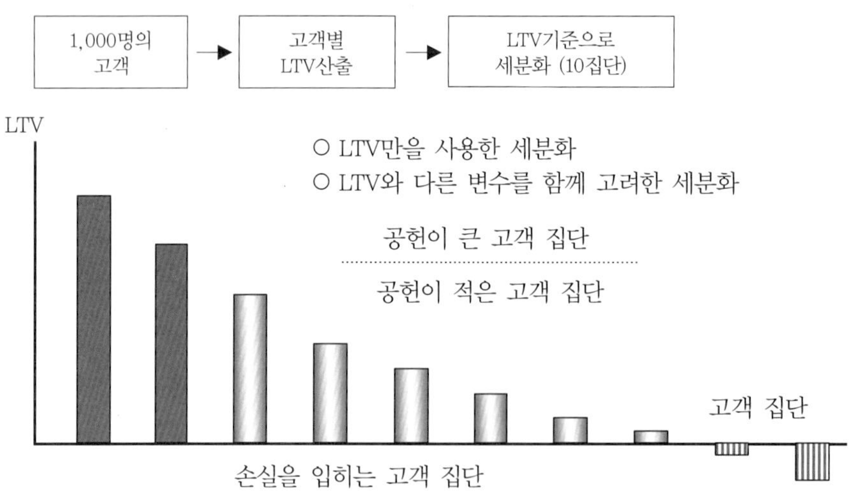

〈그림 2-14〉 LTV에 의한 고객세분화

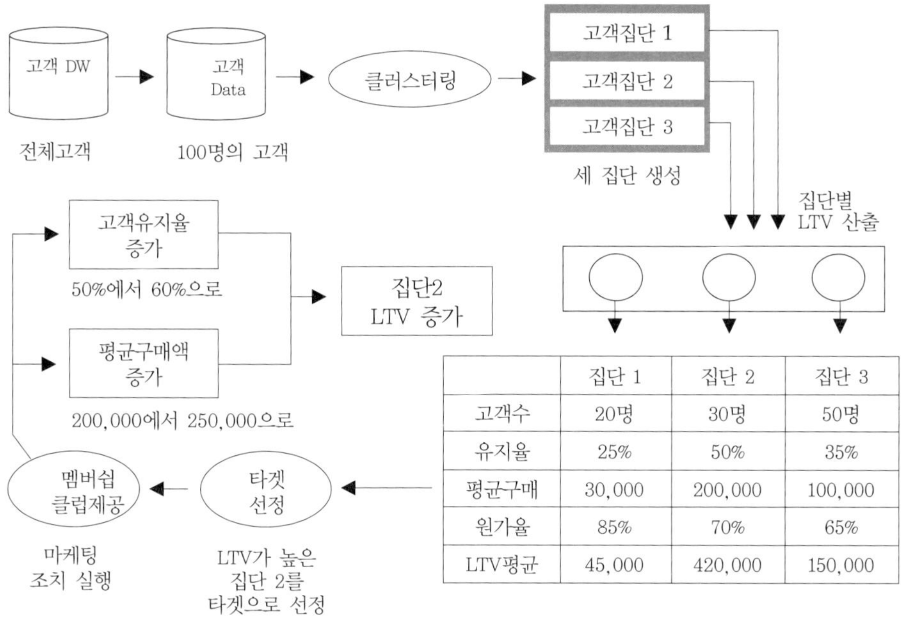

〈그림 2-15〉 LTV에 의한 고객 세분화 과정 예시

5) LTV를 이용한 고객세분화의 기대효과

고객 LTV의 수익적 요소를 구성하는 고객의 구매를 지속적으로 유지, 활성화하고, 비용적 요소를 구성하는 고객에 대한 지출 비용을 고객 세분화를 통해 보다 효율적으로 절감하며, 지속적인 고객보상과 관계 강화를 통한 고객 이탈율의 극소화와 거래기간의 장기화 등의 각 구성요소들을 관리하는 궁극적으로 고객의 생애가치를 극대화하고 기업의 장기적이고 안정적인 수익의 확보를 달성할 수 있을 것이다.

〈표 2-8〉 LTV의 기대효과

LTV의 구성요소	기대 효과
수익증대	이익을 극대화 하고 새로운 상품 및 서비스 개발
비용감소	세분화를 통해 촉진비용 절감
고객의 이탈을 감소	정교한 공략대상의 목표고객을 선정
장기적 고려기간	장기적인 고객관리로 충성도 제고

LTV에 의한 고객세분화의 활용방안으로서 CRM을 도입할 필요성이 대두되게 된다. 〈그림 2-16〉은 고객세분화를 함으로써 활용할 수 있는 방안을 정리한 것이다.

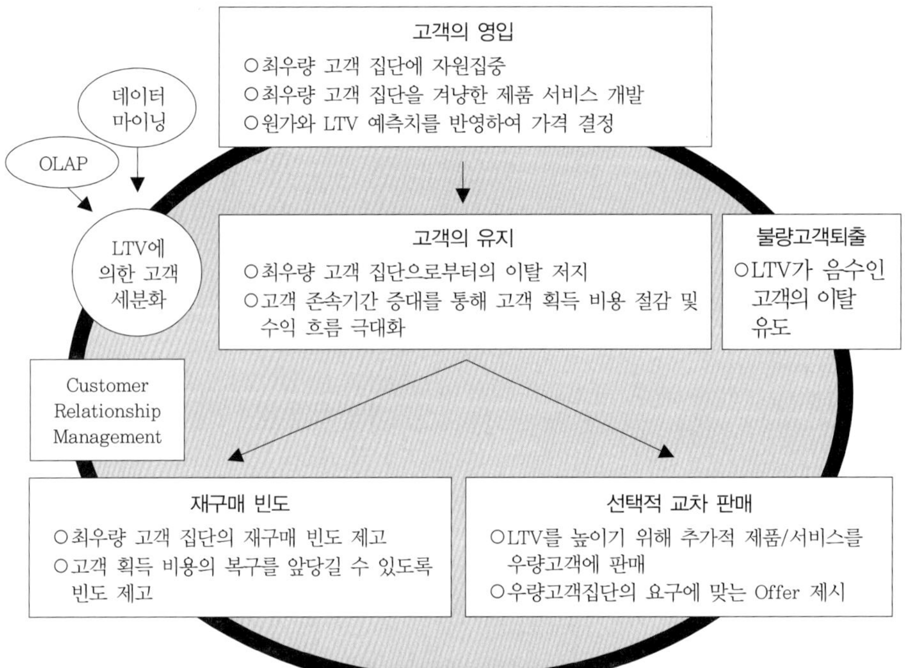

〈그림 2-16〉 LTV에 의한 고객세분화 활용방안 : CRM

/사./례./연./구./ ..AA은행의 고객가치분석..

고객가치를 분석하기 위하여 AA은행 고객의 실현가치와 고객의 잠재가치(미래)를 평가하여 AA은행의 고객가치를 산출하는 과정을 설명하고자 한다.

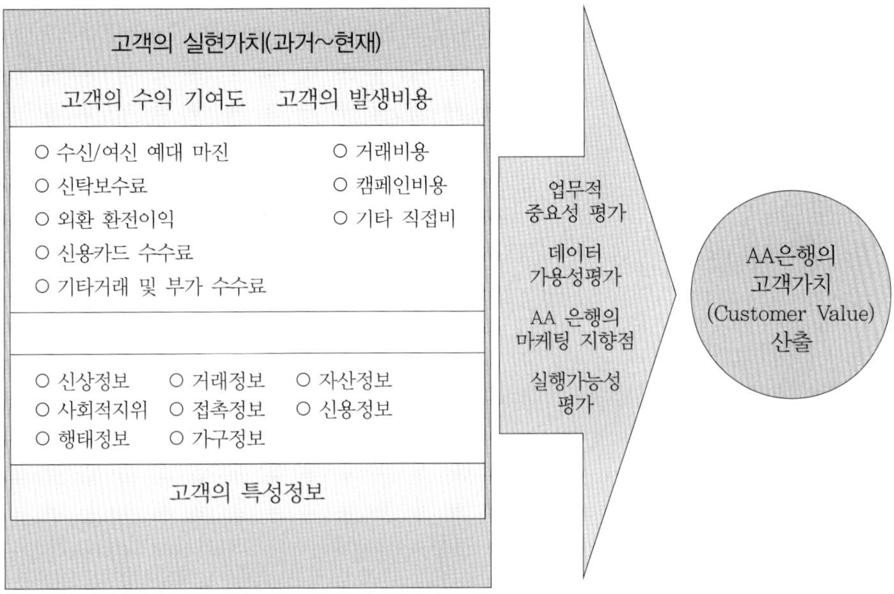

〈그림 2-17〉 고객가치(customer value) 분석

(1) 고객가치모형

고객가치모형은 고객의 유지기간과 미래이익기여도를 직접 예측하는 대신, 고객의 과거 수익기여도를 바탕으로 한 현재 가치에 우량성 평가에 의한 가중치를 적용함으로써 안정적이며 합리적인 잠재가치를 반영한다.

고객 i의 고객가치

$$CV_i = \underline{\prod_j w_j^i} \times \underline{\sum_{t=1}^{n} P_t^i}$$

고객 i의 우량성 평가에 의한 가중치들의 곱(예)

N기간 동안 고객 i의 수익 기여도의 합

단, P = 고객기여도
t = 시간(1, 2, 3, $\cdots$, n)
w = 가중치
j = 고객가치별 차별성 인자(예: 연령, 성별, 잠재자산 등)

(2) CV모형의 특성

① 고객의 실현가치와 잠재가치를 동시에 반영한다.

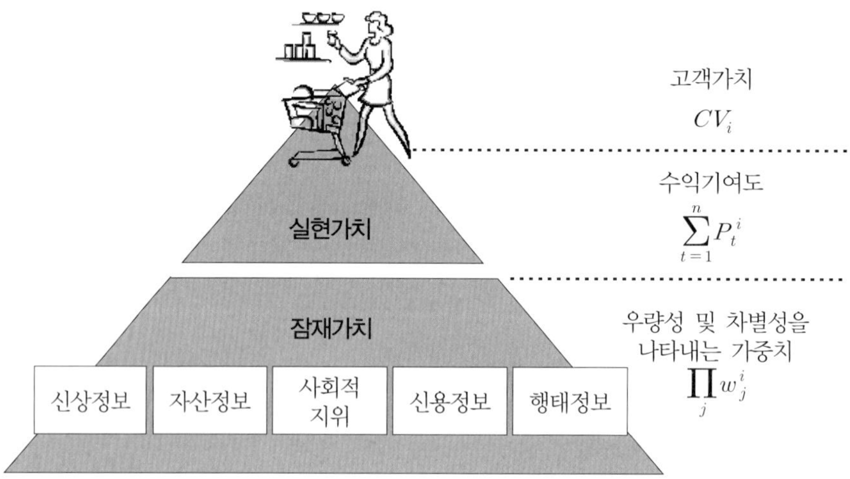

② AA은행의 마케팅/CRM 목적에 부합하는 고객가치를 정의한다.

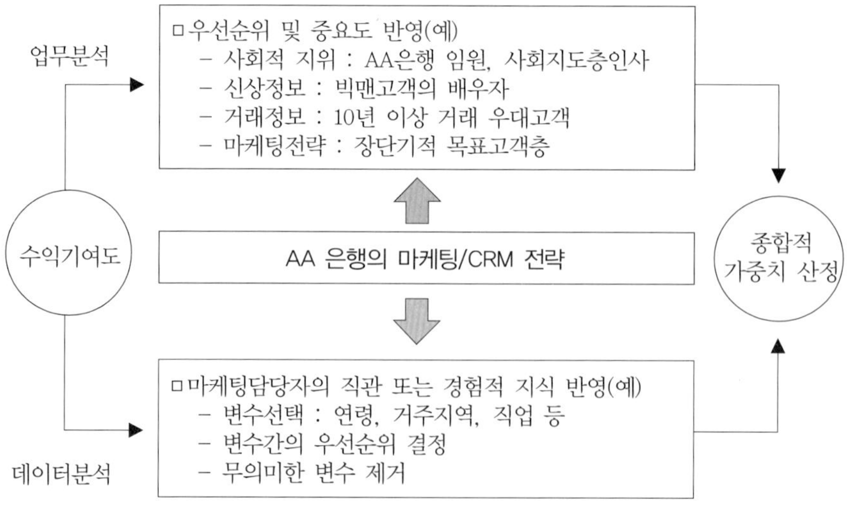

③ AA은행과 고객모두가 고객가치의 의미를 이해하기가 용이하다.

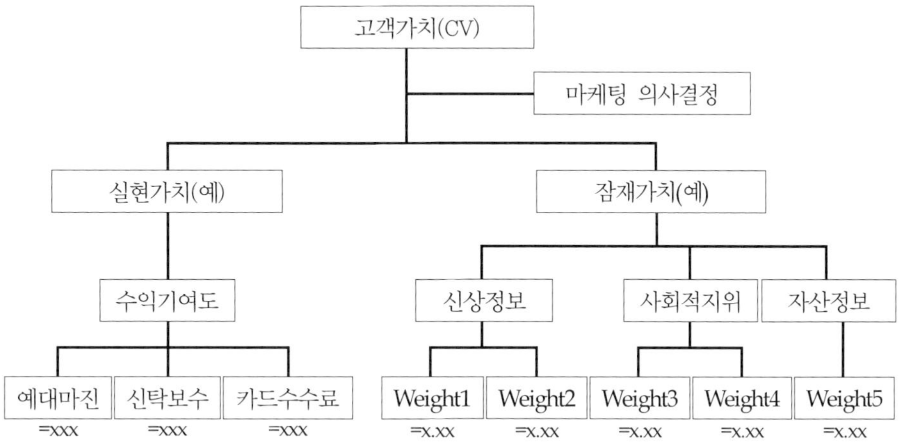

④ 모형을 지속적으로 개선하기가 용이하다.

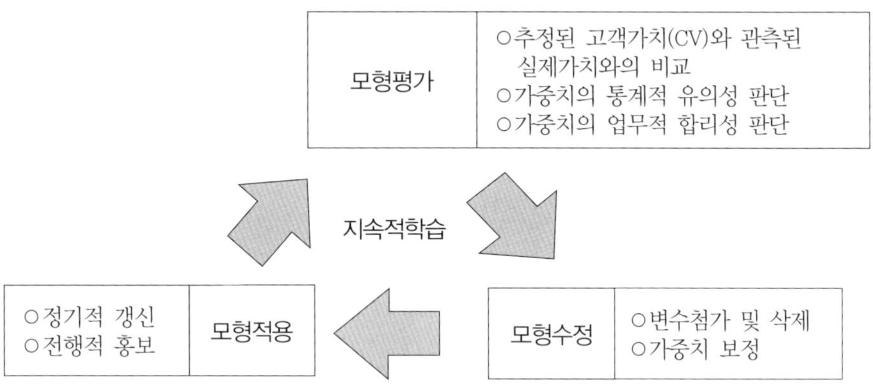

(3) CV 모델링 프로세스

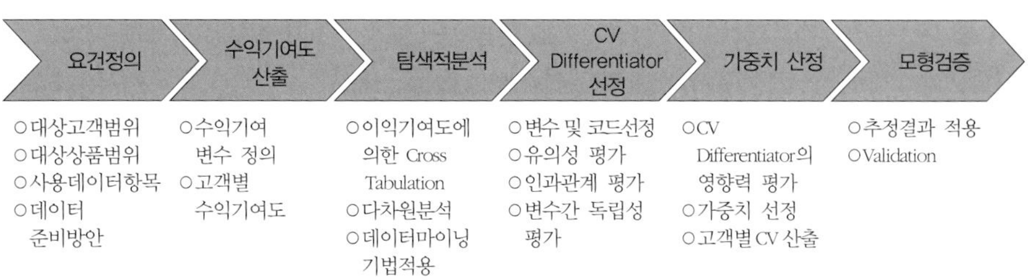

① 요건정의

업무요건 정의	○ 고객가치 산출대상고객 선정 – 개인고객, 법인고객, 신규고객 등 – 기타 특수집단 고려 ○ 고객가치 산출대상상품 선정 – 금융상품구분: 수신/여신/신탁/외환/카드 계정 – 수입속성: 예대마진/수수료/기타 등 ○ 고객가치 산출대상기간 선정 – 고객가치산정 기간: 월/분기/반기/년 – 기간에 따른 이자율/수수료율 변동요인 반영 방안
데이터요건 정의	○ 데이터 현황파악 ○ 데이터 가용성판단 ○ 사용데이터 범위 결정 ○ 데이터 검증 방안

② 수익기여도 산출(예)

구 분		수 익 기 여 도
수신	은행계정	해당기간 평잔×(해당시점 보상이자율 – 해당시점 지급이자율)
	신탁계정	해당기간 평잔×과목별 해당시점 평균 신탁보수율
	외화예금	해당기간 평잔×해당통화시점 기준환율×(계좌신규시 보상이자율 – 해당계좌 지급이자율)
여신	은행 및 신탁계정	해당기간 평잔×(해당 대출계좌 수입이자율 – 계좌신규시 부담이자율)
외환	외환매매익	포지션금액×(매도환율 – 포지션집중률) 또는 포지션금액 ×(포지션집중률 – 매입환율)
	무역외거래 수수료	현찰수수료+TC판매수수료+환가료+추심수수료+송금수수료
신용카드	결제수익	해당기간 신용카드 결제금액×결제금액 단위당 평균수익
	매입수익	해당기간 가맹점 매입금액×매입금액 단위당 평균수익

③ 탐색적 분석

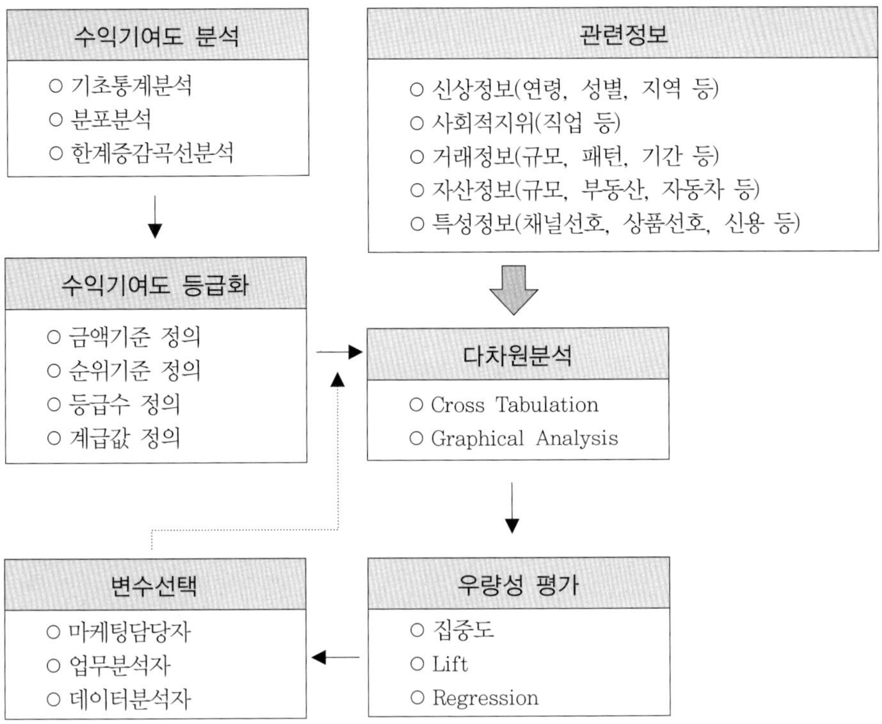

④ CV 차별성 인자 선정

고객의 수익기여도 기반에서 고객 각각의 고객가치(CV)를 차별화 시킬 수 있는 우량성 지표로서의 고객정보 또는 속성을 다차원적/탐색적 분석을 통해 선정한다.

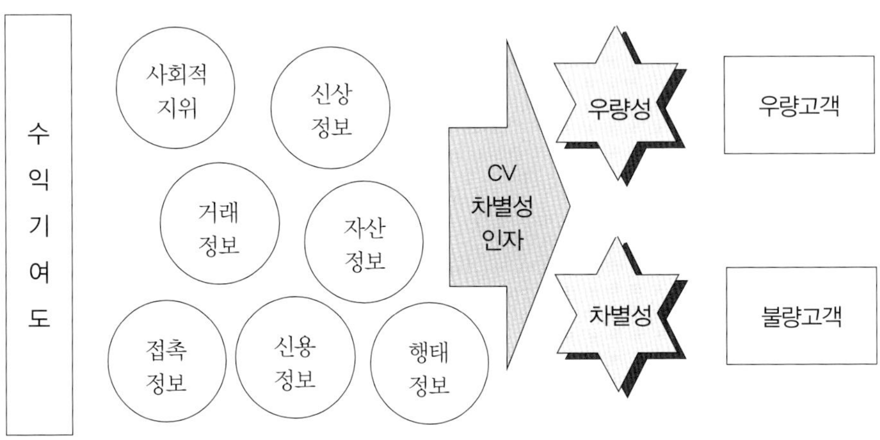

□ CV 차별성인자(예)

차별성인자	예
신상정보	연령, 혼인여부, 세대정보(Household), 거주지역, 주거형태
사회적지위	학력, 직업, 직위, 라이프스타일, 취미, 멤버십, 사회활동
거래정보	금융상품종류, 규모, 구매시기, 선호상품, 거래패턴, 빈도, 수수료, 거래기간, 예상유지기간
자산정보	여/수신 평잔 및 추이, 최대 여/수신고, 현금흐름, 부채, 담보, 부동산, 자동차
접촉정보	거래성/비거래성 선호채널, 접촉빈도
신용정보	신용거래내역, 신용평가정보, 연체, 부도, 상각
행태정보	요구사항, 불만유형, 만족도, 반응도, 가격민감도, 경기민감도

⑤ 가중치 산정

고객가치 차별화에 유의한 영향을 미치는 CV 차별인자를 고객가치(CV) 산출에 적용하기 위해 탐색적/분석적 기법을 통해 각각의 CV 차별성인자에 대한 가중치(Weight)를 산정하고, 이를 다면(多面) 평가한다.

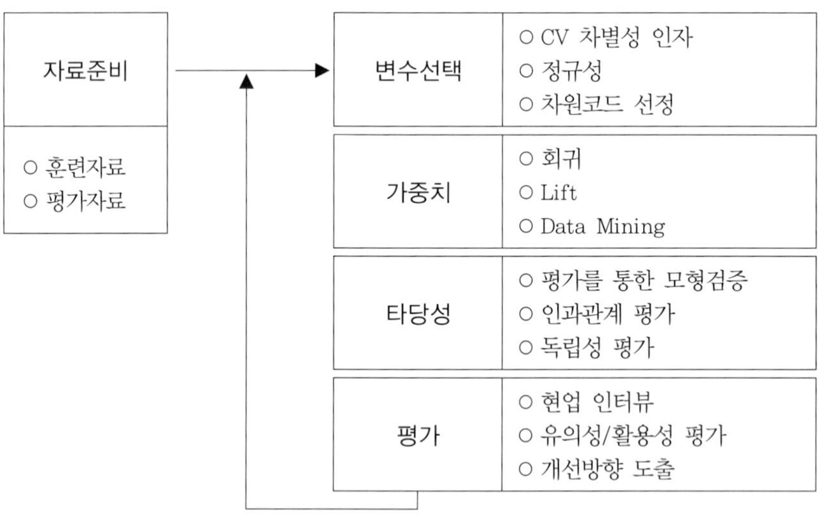

⑥ 고객가치모형 검증 – 부합도

산출된 고객가치모형을 검증하기 위해 평가자료 또는 실제 관측치를 이용, 여러 가지 통계적/분석적 방법을 통해 고객가치모형의 실효성과 유의성을 판단하여야 한다.

그 한가지 방법으로 부합도를 이용함으로써 산출된 고객가치 모형의 유의성을 측정할 수 있다.

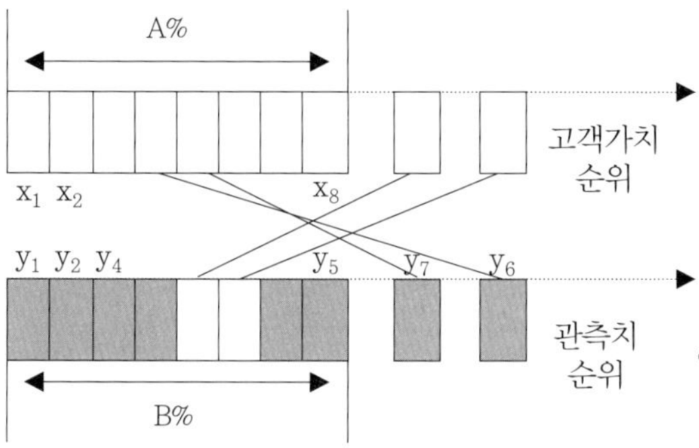

$$\text{부합도} = \frac{\sum_{\forall i} \delta(x_i, y_i) \mid_A}{\sum_{\forall i} i} = \frac{\sum_{\forall i} \delta(x_i, y_i) \mid_A}{A\%\ \text{속하는 고객수}}$$

$$\delta(x_i, y_i) \mid_A = \begin{cases} 1 & \text{if } y_i \le A \\ 0 & \text{기타} \end{cases}$$

8 고객니즈

고객을 그들의 니즈에 의하여 차별화하여 이들의 개별적 필요를 충족시켜 주는 일은 매우 간단하고 어찌 보면 상식적인 판매 기법이다. 또한 이는 고객 충성도를 높이고 단위 마진을 높이기 위한 노력에 큰 위력을 발휘할 것이다. 그리고 고객의 구매 뒤에 숨어 있는 다양한 고객의 니즈를 파악할 수 있다면 기업은 이 고객에게 다른 제품과 서비스를 추가로 판매할 수 있을 것이고, 이를 통해 고객과 수익성이 더 높은 장기적 관계를 수립할 수 있을 것이다. 물론 일반적 시장조사 방법을 이용하면 인구통계적 항목별로 고객의 니즈를 파악하거나 고객이 제품으로부터 얻고자 하는 것과 관련된 심리적 특징들을 파악할 수 있다. 그러나 이러한 정보만 가지고서는 특정 고객의 개별적 특징에 맞도록 광고 메시지, 제품 특징 또는 유통 메커니즘을 맞추기는 어렵다. 만일 레고나 이오메가와 같은 기업이 일대일 기업으로 변신하고자 한다면, 즉 고객의 충성도를 높이고 장기적 단위 마진을 높이기 위하여 고객들과 개별적으로 학습하는 관계를 형성하고자 한다면 일단 최종 사용자와 일종의 피드백 링크를 구성하는 것이 매우 중요하다.

고객 서비스 센터로 전화를 하는 고객들에게 영업담당자는 이 고객이 제품을 어떤 용도로 사용하고 있는지 물어보고 '니즈'에 따라 고객을 분류한다. 이를 위하여 시장조사를 통하여 적합한 니즈 중심 분류 기준을 마련하고 전화 영업 담당자들에게 관련 자료를 제공한다. 또한 고객 정보 파악을 위한 고객 데이터베이스를 구축하여 어떤 고객이 전화를 또 걸어오면 이전에 이루어졌던 이 고객과의 전화 상담 내역을 조회하여 활용할 수 있다. 기업이 정보를 활용할 때 단순히 고객 정보 요약을 위한 것이 아니라 개별 고객의 서로 다른 니즈를 이해하기 위한 것이라면, 정보 수집에 적용될 수 있는 여러 가지 기법이 있다. 일대일 기업은 모든 형태의 의사소통, 고객으로부터의 반응 등을 이용하여 특정 고객이 원하는 바를 더욱 정확하게 이해할 수 있다.

평생가치 모델링은 '평균' 고객가치와 고객유지율 등 다양한 변수들이 기업의 전체적 가치에 미치는 영향을 이해할 수 있다는 것 이상의 의미를 지닌다. 평생가치를 이용하여 신뢰할 수 있는 순위체계를 만들어 기업이 개별고객의 가치에 따라 고객들을 '차별화'하고, 가장 가치 있는 고객들을 유지하기 위한 노력을 기울일 수 있다. 평생가치를 순위 시스템으로 선택할 수도 있지만, 많은 기업들은 정의를 통해 측정할 수 있는 일종의 '대리 변수'를 사용하는 경우가 많다. 한 우편주문 회사는 개별 고객의 구매에 대한 '최근성(recency)', '빈도(frequency)', '금전적 가치(monetary value)'를 기초로 고객의 순위를 매기는 RFM 모델을 사용한다. 항공사는 마일리지를 기준으로 한다. 세차장은 차량번호를 기록하여 고객 순위를 매길 수 있다. 그러나 여기에서 한 가지 분명한 사실을 알 수 있다. 즉 일대일 기업은 고객들을 가능한 개별적으로 다루기 때문에 고객들간의 '상대적인' 가치를 이해하려 한다는 것이다. 고객들은 개별적으로 상이한 존재들이며 따라서 기업에 상이한 가치를 제공한다. 그리고 고객의 가치를 더욱 정확히 그려낸 것이 바로 평생가치이다.

이제 고객들의 가치를 예금순으로 고객을 5그룹으로 분류하여 순위를 매겨보자. 각 고객그룹은 전체고객의 20%를 차지한다. 이 고객그룹들의 실제고객가치를 막대 그래프로 표현하면 〈그림 2-18〉과 같다.

물론 고객들을 5개 그룹이 아니라 4개, 10개 또는 100개의 서로 다른 고객 그룹으로 분류할 수 있다. 어떤 기업이 고객 유지 프로그램을 시행하려 할 때에는 고객의 실제가치를 파악하는 것이 매우 중요하다. 고객 유지 프로그램은 멤버십 혜택, 고객 인지도 프로그램, 빈도 마케팅 계획 등 어떤 방법이든 간에 비용이 들기 마련이다.

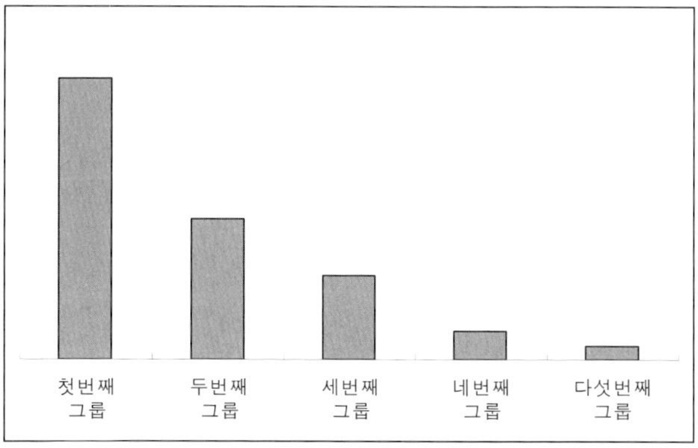

〈그림 2-18〉 고객가치분류

어떤 방법을 사용하든지 고객 충성도를 높이려는 노력에는 어느 정도 예산이 소요될 것이다.

고객 충성도를 향상시킬 경우 첫 번째로 알아야 하는 것은 '어떤 고객'을 계속 우리 고객으로 유지하고 싶은가 하는 문제이다. 어떤 기업이든 기업 이익의 대부분을 창출하는 소규모 고객집단이 있기 마련이다. 이러한 고객들이 회사 측면에서는 가장 가치가 있기 때문에 이들을 관리할 필요가 있고 이들이 기업의 핵심 비즈니스로 간주된다.

고객의 평생가치를 살펴보는 또 다른 방법은 고객 이탈을 막기 위하여 기꺼이 할당할 수 있는 예산의 최대 액수를 산정해 보는 것이다. 고객 가치의 실제 '범위'는 주요 고객에 대한 전략 설정의 주요 요소이다. 어떤 기업들은 다른 기업에 비해 고객들간의 격차가 더 심하다. 즉 가치곡선의 기울기가 더 가파르다. 따라서 올바른 전략을 세우려면 먼저 고객들 사이의 가치에 얼마나 차이가 나는가를 파악하여야 한다. 만일 고객들의 가치 차이가 상대적으로 크다면 당연히 가장 중요한 고객들에게 초점을 맞추는 마케팅 계획을 세울 것이다. 예를 들어 최우수 고객들을 위한 할인 프로그램이나 이용 횟수에 따른 마케팅 계획 등이 가능하다. 반면 고객들간의 가치 차이가 그다지 크지 않다면 고객 가치를 기준으로 볼 때 특정 고객 그룹을 위하여 특별히 많은 마케팅 예산을 배정할 필요를 못 느낄 것이다. 어떤 기업이든지 개별 고객 가치를 계산하고 이를 순위로 매기면 자연스러운 고객 가치의 차이를 볼 수 있다. 가치를 계산할 때 추가적 변수들(예를 들어, 신규 고객 유치나 가족 또는 직장 관계 등)을 고려하거나 특정고객 행동 유형에 대하여 인센티브나 불이익을 줌으로써 고객들을 더 정밀하게 추적하게 되면 이러한 고객 분포도를 변화시킬 수 있다. 기업의 고객 가치곡선을 어떻게 변화시킬 수 있는가를 이해하는 것이 중요한데, 이는 고객 가치곡선의 기울기가 클수록 집합적 시장 경쟁에서 고객 중심경쟁으로 더 쉽게 이행할 수 있기 때문이다.

기업이 판매하는 것이 자동차이든, 세차 서비스이든, 은행 대출상품이든, 디스크 드라이브 백업 시스템이든 간에 다양한 고객들은 (1) 다양한 니즈를 충족시키기 위하여 구매를 하며, (2) 이를 통하여 기업에 일종의 가치를 제공한다. 이는 불변하는 특징이지만 정보기술이 발달한 최근에 들어서야 기업들은 비용 효율적인 방법으로 고객들간의 차이를 파악하여 이에 맞게 대응할 수 있게 된 것이다.

개별 고객들을 관리하고 이들과 상호작용하며 개별 고객들을 차별화하게 되면 일대일 기업은 경쟁의 모습을 완전히 바꾸어 놓을 것이다. 즉, 고객 충성도를 높이면서 동시에 단위 마진을 높이는 것이 경쟁의 본질이 되는 것이다.

9 고객가치와 고객니즈의 관계

모든 기업의 고객 기반은 다양한 가치를 지닌 고객들로 구성되거나 다양한 니즈를 지닌 고객들로 구분하여 구성될 수 있다. 물론 어떤 고객 기반은 이 두 경우 모두에 해당되거나 어떤 것에도 해당되지 않을 수 있다. 기업의 고객 차이의 특성을 보면 그 기업에 적합한 마케팅 전략을 알 수 있다. 이 두 가지 특성에 따라 고객 기반이 결정되면 경쟁 전략은 대량 마케팅, 틈새 마케팅 또는 목표 마케팅, 핵심 고객 판매 등이 될 것이다.

만일 어떤 기업의 고객들의 기호와 취향이 매우 다양한 경우라면 고객을 이들의 '니즈'에 따라 차별화할 필요가 있을 것이다. 물론 고객들의 취향과 사이즈가 다양하면 다양할수록 차별화된 다양한 제품들을 제공함으로써 더 많은 혜택을 얻을 수 있을 것이고, 더 나아가 개별 고객들에 맞는 맞춤 제품까지 제공할 수 있다. 반대로 고객의 가치에 큰 차이가 있는 경우라면 고객들이 원하는 것과 취향에는 별반 차이가 없기 때문에 맞춤 서비스는 그다지 적합한 전략이 아닐 것이다. 오히려 가장 가치 있는 고객들의 충성도를 계속 확보하기 위한 전략이 적합할 것이다. 고객의 니즈와 가치와의 관계를 살펴보기 위하여 고객 차별화 매트릭스를 이용하면 〈그림 2-19〉와 같이 기업들을 네 종류로 나누어 보았다.

진정한 의미의 일대일 마케팅은 고객들이 니즈와 가치 모두에서 다양성을 보이는 IV 사분면에 속하는 기업에 가장 쉽게, 그리고 가장 효과적으로 적용될 수 있다. IV에 속하는 기업으로는 소비자들과 기업 고객에게 직접 판매를 하는 컴퓨터 시스템 제조업체 등이 있다. 만일 어떤 기업이 IV에 속하는 고객 기반을 가지고 있다면 다양한 취미와 기호를 가진 고객들을 만족시키기 위한 다양한 프로그램들을 비교적 수월하게 구성하는 동시에 투자 수익이 가장 높을 것으로 기대되는 고객들에게 마케팅 인력과 재원을 더 많이 투입해야 한다. IV에는 세계적으로 호텔 체인, 법률 및 전문 서비스 업체, 산업용 설비 제조업체 등이 속하고 그 밖에도 원예, 요리, 전문화된 라이프스타일 서비스업체, 약국, 디지털 출판 업체, 새롭게 등장하는 양방향 정보 및 오락연예 업체 등이 포함된다. 그러나 대부분의 기업들은 IV에 속하지 않으며 따라서 이들이 일대일 기업으로 변신하는 일은 그만큼 어렵다고 볼 수 있다. 각 사분면에서 흔히 사용되는 경쟁 전략들이 존재하지만 우리는 각 경우에 대하여 개별 고객과의 양방향 일대일 관계를 형성하여 고객 충성도와 단위 마진을 높일 수 있는 IV 사분면 쪽으로 어떻게 이동할 수 있는가를 보여주려 한다.

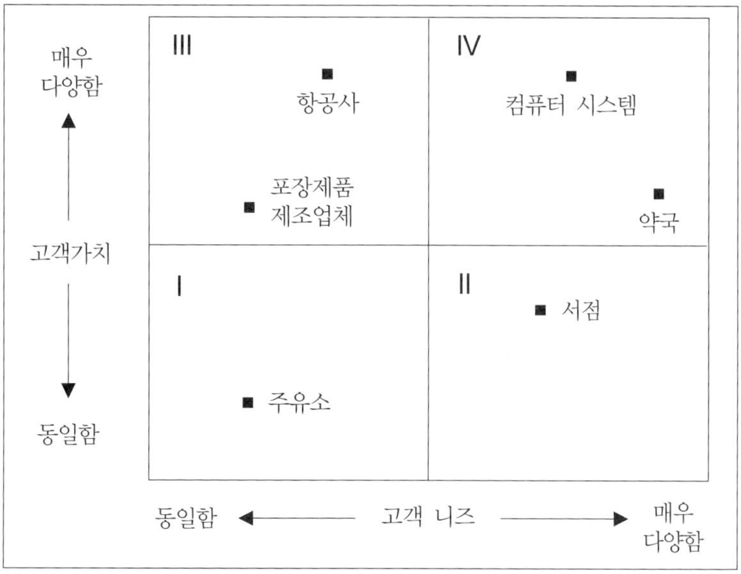

〈그림 2-19〉 고객 차별화 매트릭스

III 사분면의 업체들은 상용화된 상품이나 서비스를 제공하지만 고객가치가 다양한 경우이다. 즉 III에 속한 업체들의 고객은 기업으로부터 원하는 바가 거의 비슷하지만 기업에 주는 가치는 매우 다르다. III에 속하는 업체에는 항공사, 세차장, 패키지 상품 업체, 또는 주로 창고형 유통업체나 중간상인을 이용하는 업체 등이 있다. 이러한 업체들이 가장 흔히 쓰는 전략은 가장 많은 수익을 가져다주는 고객들의 지속적인 충성도 확보에 주력하는 것이다. 예를 들면 항공사의 마일리지 프로그램 운영이나 패키지 상품 제조업체의 '주요 고객' 영업관리 체계 개발을 들 수 있다.

만약 당신의 기업이 여기에 속한다면 다음 두 가지를 해야 한다.

첫째, 고객들의 가치가 다양하기 때문에 개별 고객은 가치를 기준으로 파악하여야 한다. 지금 고객들의 거래를 추적하지 않고 있다면 하루빨리 이를 시행하기 위한 방법을 찾아내야 한다. 경쟁업체가 먼저 고객 가치를 개별적으로 분석하기 시작하면 가장 가치있는 고객들을 빼돌리기 위해 노력할 것이다. 따라서 최우수 고객의 충성도에 초점을 맞추어야 한다. 필요하다면 항공사들의 마일리지 프로그램처럼 가장 가치 있는 고객들의 충성도를 '돈'을 주고서라도 사야 한다. 항공사들은 이러한 최우수 고객들이 없다면 사업 자체가 위협받으리라는 것을 너무나 잘 알고 있다. 또는 직영 판매망을 가지고 있다면 최우수 고객들을 관리하기 위한 직원들을 충원할 수 있다. 이러한 고객들을 놓친다면 사업을 유지하기가 더욱 어려워질 것이다.

둘째, III에 속한 기업은 IV쪽으로 사업을 이동시키기 위하여 새로운 서비스, 부가 혜택, 추가적인 맞춤형 제품 특성 등을 모색해야 한다. 추가적으로 제품과 서비스를 제공하게 되면 고객들의 니즈를 더욱 다양화시킬 수 있다.

II사분면의 경우 고객들의 니즈는 다양하지만 고객이 기업에 주는 가치는 비슷하다. 이 경우 고객의 취향과 기호의 다양성을 기회로 활용하여 장기적인 일대일 관계를 만들 수 있다. 그러나 고객 가치가 다양하지 않기 때문에 이러한 노력에 우선순위를 결정하는 일은 쉽지 않을 것이다. II에는 소비자들에게 직영 대리점이나 직판장에서 의류와 패션 아이템을 판매하는 업체들, 서점, 레코드가게, 정보 및 연예오락 제품의 소매상, 세무사, 꽃가게 또는 건물 관리 서비스 등 소비자 대상 업체 및 비교적 단순한 비즈니스 서비스 등이 포함된다.

II에 속하는 기업들이 흔히 사용하는 전략은 여러 다른 기호를 충족시키기 위하여 상품과 서비스를 다양화하는 것이다. 집합적 시장 경쟁업체는 세분화 부분(세그먼트)

마케팅과 틈새 마케팅을 활용하여 각 틈새시장에 맞춘 다양한 상품과 서비스를 개발할 것이다. 만일 어떤 기업이 고객들과의 개별적 접촉을 거의 하지 않거나 특정 제품이나 서비스를 판매하기 위한 우편 판매비용(아직까지는 우편 판매가 개개인에게 직접 전달할 수 있는 매체로 널리 사용된다)이 너무 많이 드는 경우 세그먼트 마케팅은 다양한 고객들에게 서로 다른 제품을 제공할 수 있도록 한다. 효율적 영업을 위해서 틈새 마케터들은 틈새 매체, 즉 서로 다른 목표 세그먼트를 대상으로 특화된 광고 매체를 활용해야 한다.

II에서 IV로 이동하기 위해서 일대일 기업은 개별 고객의 만족도와 기업이 고객을 대하는 방법을 연결하는 완전한 피드백 루프를 구성하는 것이 필요하다. 다시 말해 기업은 (1) 개별 고객의 니즈를 '기억'하고 (2) 비용 효율적 방법으로 개별 고객들과 '상호작용'해야 한다. 비행기나 컴퓨터와는 달리 서적처럼 비교적 값이 저렴한 제품과 서비스에 적용되는 최근의 프로그램들의 가장 큰 문제는 우편물을 이용하여 고객과 접촉하는 것이 너무 비용이 많이 드는데도 비효율적이라는 것이다. 만일 고객들이 니즈나 가치 측면에서 거의 차이가 없다면 I에 속하며 이 경우 전략은 이들을 동일한 방식으로 다루는 전통적인 대량 마케팅 접근법을 계속 사용하는 것이다.

II로 이동하기 위해서는 이들이 판매하는 제품에 부가적 서비스나 혜택, 즉 획일화된 핵심제품에 더하여 나름대로 맞춤이 가능한 서비스를 제공하여 '고객의 니즈를 확대'시킬 수 있는 방법을 모색하여야 한다. 예를 들어 곡물 딜러의 고객들이라도 청구서를 받는 시기나 배송 요건 등 특기할 만한 사항들이 있을 것이다. 또는 III쪽으로 이동하기 위해서는 양방향 기술을 더 효과적으로 활용하여 개별 고객들을 파악하고 이들과 접촉할 수 있도록 해야 한다. 그리고 고객의 가치를 더 정확히 추적하는 방법을 모색하고 더 나아가 고객들을 단위별로 묶어 다양한 가치 그룹을 구성할 수 있도록 해야 한다. 예를 들어 주유소의 경우 자동차 번호를 기록함으로써 다양한 고객들의 가치를 차별화하여 이해할 수 있다. 그리고 어떤 고객의 집에 차가 두 대라면 이 주유소는 두 대의 차량 모두 자신의 주유소에서 주유하도록 유도할 필요를 느낄 것이다.

〈그림 2-20〉은 각 사분면에서 사용할 수 있는 자연스러운 전략들과 일대일 기업으로 이동하기 위하여 필요한 '이동' 전략을 보여준다.

고객 기반의 특징을 파악하면 어떤 기업이 고객 차별화 매트릭스에서 어떤 사분면에 속하는가를 표시할 수 있다. 기업들은 그 위치에 따라 가장 자연스러운 특정 경쟁

전략들을 펼치려 할 것이다. 간단히 말해 고객 차별화 매트릭스에서 위로 또는 오른쪽으로 이동하기 위해서는 기업이 개선해야 할 두 가지 주요 역량이 있다. 먼저 고객 기반을 어떻게 다루고 상호작용할 것인가를 파악하여 의사소통의 유연성을 높여야 하고, 다음으로 특정 고객의 니즈에 맞춘 제품과 서비스 제공이 가능하도록 생산의 유연성을 향상시켜야 한다. 이는 단순히 '현재 상황을 설명해 주는' 고객 차별화 매트릭스가 이제는 '가야 할 방향을 제시하는' 역량(Capability) 매트릭스 역할을 할 수 있다는 것을 뜻한다.

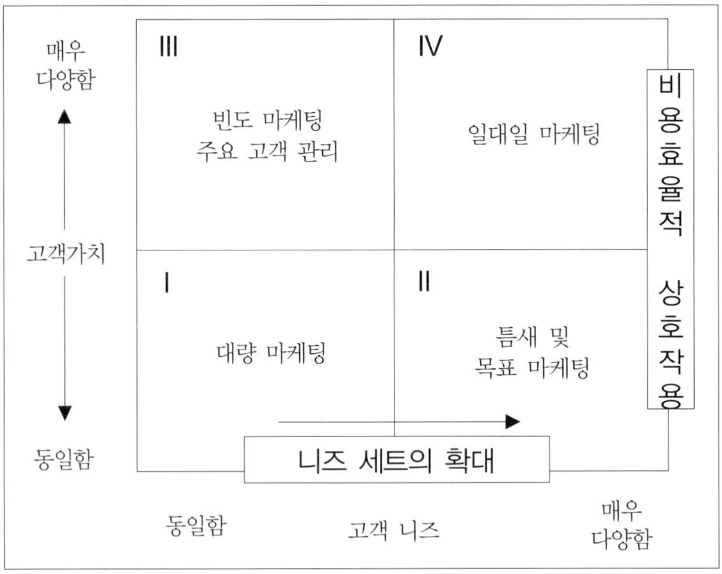

〈그림 2-20〉 자연스러운 전략과 이동 전략

새로운 기업 역량과 관련지어 이 매트릭스의 이름을 붙인 것은 어떤 기업의 고객 기반이 매트릭스에서 차지하는 위치와 이 기업이 현재 가지고 있는 역량이 매트릭스에서 차지하는 위치는 다를 수 있음을 의미한다. 많은 경우 이런 현상이 나타나는 이유는 기업이 사용할 수 있는 전산력을 충분히 활용하고 있지 않거나 많은 고객들과 양방향 접촉을 하지 않고 있기 때문이다. 예를 들어 만약 어떤 기업이 가치 측면에서 다양한 고객들을 보유하고 있지만 이들을 좀더 개별화된 방법으로 다루려는 노력을 기울이지 않았다면, 고객별로 마케팅 노력의 우선순위를 결정할 수 있는 능력이 없다고 볼 수 있다. 따라서 고객 기반의 특징은 고객 매트릭스에서 III이나 IV에 속함에도 불구하고 이 기업의 역량은 역량 매트릭스 상에서 I이나 II에 속하게 된다(의사소통의 유연성이 낮다).

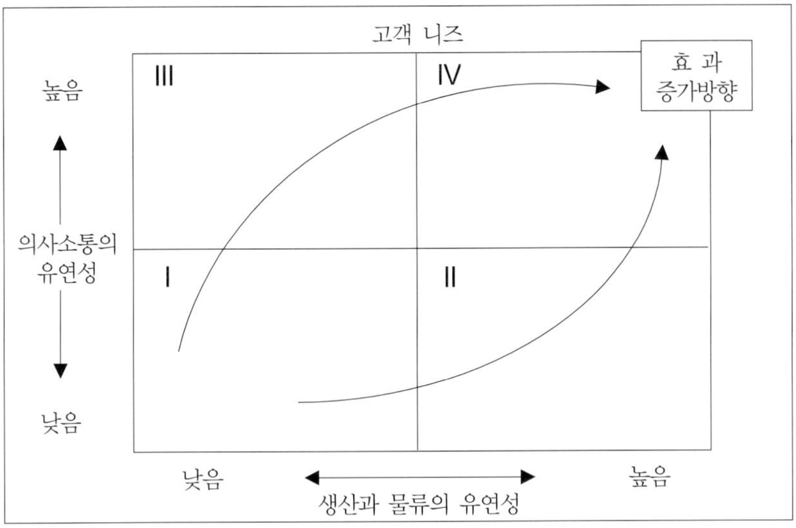

〈그림 2-21〉 역량 매트릭스

Chapter 3

CRM의 이해

1 CRM의 등장배경

기업은 고객에게 상품의 서비스를 제공하여 수익을 창출한다. 지금까지는 품질 좋은 상품이나 서비스를 보다 저렴한 가격으로 제공하는 것이 바로 기업의 경쟁력이었다. 그러나 최근에는 시장개방, 경쟁의 심화, 소비자 욕구의 변화에 따라 대중 마케팅으로 성공을 거둔 기업들도 새로운 시장상황하에서 어떻게 경쟁할 것인가를 고민하고 있다. 또한, 기업활동의 순환사이클이 빨라지면서 특정기업의 제품가격이 현저하게 낮다거나, 품질수준이 월등하게 높은 상태를 유지하기는 거의 불가능하게 됐다.

이에 따라 타 경쟁기업에 비해 우위를 차지하고자 하는 노력이 일어남으로 인해 기업들은 기존 패러다임을 바꾸기 시작하였다. 즉 마케팅 대상을 불특정한 모든 고객들로부터 기존에 자신의 기업에서 보유하고 있는 자사 고객들에게 옮기기 시작하였다.

그리하여 과연 우리 회사와 거래하는 고객들은 누구이며 자주 오는 사람들은 누구이고, 많은 물건을 구매하는 사람들은 누구인가 그리고 우리 회사를 떠난 사람들의 특성은 무엇인가에 대한 질문을 하게 되었다.

다시 말해서 기존 고객의 특성과 필요에 맞는 메시지를 전담하여 보다 더 고객과 친밀한 관계를 유지, 결국은 평생고객으로 유도해야 되겠다는 전략도 세우게 되었다. 그리고 기업은 과거 고객과의 관계 속에서 기업 내에 축적된 대용량의 데이터에 관심을 돌리고 이미 확보된 고객을 관리하는 측면에 초점을 맞추게 된 것이다. 즉, 이제는 고객이 원하는 제품이 무엇이고 또 그 제품을 얼마나 신속하게 제공할 수 있는가에 따라 기업의 경쟁력이 좌우되기 때문에 고객을 이해하고 고객과의 관계를 지속적으로 유지하는 것이 중요하게 되었다.

또한 경제의 발전으로 소비자 욕구의 다양화, 개성화 경향이 심화되고 인터넷과 여러 정보시스템으로 고객은 스스로 많은 정보를 얻게 되었다. 고객은 이제 평범한 것이 아니라 특화된 나만을 위한 개인화된 서비스를 원하게 되었다. 즉, 개별적으로 특별하게 대우받기를 원하는 소비자 계층이 늘어나고 기업들의 기술수준이 평준화되어 특별한 제품의 개발보다도 소비자가 원하는 상품을 원하는 시간과 장소에 공급할 수 있는 능력이 중요하게 된 것이다. 이러한 배경에서 고객과의 개별적이고 지속적인 관계 유지를 추구하는 개인화 마케팅, 일대일 마케팅, 관계 마케팅의 개념이 등장하게 되었다.

이러한 마케팅 기법과 급속히 발전한 정보기술의 영향으로 등장한 데이터 웨어 하우스, 데이터 마이닝 등의 데이터베이스 기술과 전사적 자원관리(ERP), 지식경영 등의 요소기술들이 결합하여 1990년대 말에 CRM이 등장하였다.

즉, 수익성이 있고 애호도가 높은 고객을 효과적으로 선별하여 이들을 지속적으로 관리·유지할 필요성이 증대되어 CRM을 도입하게 된 것이다.

CRM의 등장배경인 구체적인 환경변화를 살펴보면 다음과 같다.

1) 시장의 변화

시장의 규제완화로 인하여 새로운 시장으로의 진입 기회가 늘어남에 따라 동일 업종에서의 경쟁사가 많아지기 시작했다. 시장의 성숙에 의해서든, 또는 전반적인 경제 침체 때문이든, 시장의 수요가 별로 늘지 않는 상황에서 공급자들이 늘어나고 대체될 만한 상품/서비스가 많아지면 그 시장은 실제 수요자가 중심이 되는 구매자 시장(buyer's market)으로 변화한다. 한정된 시장을 놓고 판매 업체 사이에는 경쟁이 심화되기 마련이다. 시장에서 실세를 갖고 있는 고객들은 각자의 선호와 욕구에 맞는 상품과 서비스를 찾기 때문에, 기업들은 전과 같이 고객을 동질적 집단으로 간주하고 무차별적으로 공략하는 매스 마케팅 방식에 더 이상 의존할 수 없게 된다.

고객 세분화를 통하여 서로 다른 고객 집단의 필요와 욕구를 정확히 파악하고, 이들이 원하는 상품과 서비스를 차별적으로 제공하지 않는 기업은 경쟁력을 잃고 도태될 수 밖에 없다.

이러한 시장 상황 하에서 고객에 대한 정보를 바탕으로 전략적인 고객세분화를 하여 목표 고객군, 더 나아가서 개별화된 목표 고객을 설정하고, 그에 적절한 마케팅 믹스를 기획하고 실행하여 기존고객과의 관계를 강화해야 할 필요성이 대두되었다. 특히 시장의 성숙기에는 신규고객은 제한적이고 업체간의 경쟁이 치열해지므로 시장 점유율을 유지하기가 힘들어질 뿐 아니라, 종종 지나친 가격경쟁으로 인해 순수익도 줄어들게 되므로 이 경우는 기존고객의 이탈을 최소화하고 이들의 반복구매를 촉진시킴으로써 고객과의 거래관계를 심화시켜 나가는 것이 필요하다.

〈표 3-1〉 매스 마케팅과 CRM의 차이

	매스 마케팅	CRM
주된 관심부분	매스 마켓	고객과의 일대일 관계
시장접근	제품 밀어넣기	혜택의 추출
지 표	시장점유율	고객 점유율
판 매	거래 기반	가치기반
서비스	반응적	상호적
전달경로	물리적 단일채널	통합된 멀티채널

자료 : 최정환, 이유재, "죽은 CRM 살아 있는 CRM", 2001.7, pp.68.

2) 기술의 변화

CRM이 등장하게 된 환경적 요인으로 컴퓨터 및 그에 관련된 정보기술의 급격한 발전을 들지 않을 수 없다. 우선 컴퓨터 하드웨어의 저장 용량이나 데이터 처리 속도 면에서 과거와는 비교가 되지 않을 정도로 컴퓨터의 성능이 향상되었다. 이를 통해 기업들은 나날이 늘어나는 방대한 양의 고객 거래 데이터를 데이터웨어하우스(data warehouse)라고 불리는 전산 시스템에 특정 체계를 갖추어 자동적으로 내장하고 관리할 수 있게 되었다. 또한 소프트웨어 면에서도 하드웨어 성능향상을 업고 수많은 응용프로그램들이 출현하였다.

이러한 기술면에서의 빠른 진전과 응용 프로그램들은 고객 데이터나 관련 데이터를 과학적인 분석 기법으로 처리하여, 고객 및 시장에 관한 중요한 정보와 지식을 다양한 영업 활동에 이용할 수 있게 되었다.

이처럼 컴퓨터와 관련 정보기술의 발달은 고객 니즈 분석의 발전과 고객 데이터 축적 기술의 발전을 가져오며, 본격적으로 CRM이 확산될 수 있는 외적 환경을 형성해 왔던 것이다.

3) 고객의 변화

최근 들어 어느 시장을 막론하고 고객들이 갖고 있는 기대와 요구가 다양화되고 있다. 그럼에도 불구하고 고객의 필요와 욕구는 고객조차 모를 정도로 끊임없이 변화하여 고객만족은 더욱 더 복잡해져가고 있는 실정이다. 비록 상품 자체는 만족한다 할지라도 고객은 끊임없이 더 나은 서비스나 차별화된 대우를 기대하고 요구하는데 이것이 바로 관계에 대한 가치이다. 기업이 이러한 고객의 관계 가치에 부응하지 못하면 고객은 다른 업체로 쉽게 옮겨간다.

이러한 현실에서 끊임없이 변화하는 고객의 기대와 요구에 부응하여 고객과의 관계를 유지하고 적절한 상품과 서비스의 차별화를 통해 장기적으로 기업의 경쟁적 우위를 고수하는 것이 현재 기업들이 당면한 도전이다. 이를 위해 많은 기업들은 고객 중심적(customer-centric)인 경영 방식인 CRM의 도입을 서두르고 있고, CRM은 기업의 필수적인 전략적 선택이라는 생각이 보편화되고 있는 것이다.

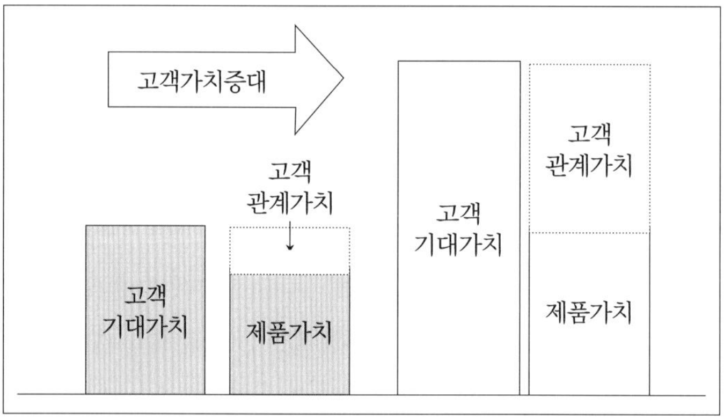

자료 : 최정환, 이유재, "죽은 CRM 살아 있는 CRM", 2001. 7.

〈그림 3-1〉 고객 기대 가치의 변화

4) 라이프스타일의 변화

과거 소비자의 대부분은 정형화된 생활방식을 가지고 있었다. 학교의 입학/졸업, 취업, 결혼, 퇴직 등 정형화된 생활 방식은 상품의 정형화를 가져왔다. 따라서 고객은 한 번 취업하면 퇴직까지 그대로 근무하였고 시간이 지나면 승진하고 주택을 구입하였으며 자녀를 교육하는 비슷한 패턴을 가지고 살아왔기 때문에 리스크는 거의 없었다.

하지만 21세기의 생활방식은 상당히 복잡하고 제 각각이다. 어떤 사람은 학교 졸업 전에 벤처 사업에 뛰어 들기도 하고, 어떤 사람은 뒤늦게 공부한다면서 소비만 계속하기도 하는 다양한 생활방식이 공존하고 있다. 또한 고객은 자주 회사를 이직하고 재충전을 위해 1년 정도 쉬면서 여행도 다니고, 급작스러운 대량 실업으로 저축한 돈을 소비하기 한다.

이처럼 복잡하고 다양한 생활방식은 기업의 입장에서 볼 때 고객 하나하나를 1:1 마케팅 하는 것에서부터 고객을 일일이 분석하고 그 하나의 고객에 대해 변화를 살펴 가면서 끊임없이 관계를 유지하는 것이 상당히 중요하게 되었다. 따라서 상품도 이러한 변화에 맞추어 나가는 맞춤 서비스의 기능을 수반해야 한다.

5) 마케팅 패러다임의 변화

마케팅이란 시장에 관계된 지식을 얻는 프로세스이며, 인간의 행동양식과 함께 하는 살아 있는 시대의 산물이므로 항상 더 효율적인 방법으로 변화하게 된다. 그 시대의 마케팅 핵심 관점 및 수행방식의 기본틀을 마케팅 패러다임이라 하는데 이것은 시간의 흐름에 따라 시대적 특징을 반영하면서 변화하게 된다. 산업 혁명이후 인구 증가 및 교통 발달로 인해 균일한 상품을 대량 생산하게 됨에 따라 고객 하나하나의 요구를 모두 파악하는 것은 불가능하게 되었다. 이에 시장 전체를 대상으로 균일 상품을 판매하기 위한 대중마케팅(mass marketing)이 수행되었다. 그 후 2차 세계 대전을 거치고 생활이 어느 정도 풍요로워지자 다양한 제품들이 만들어지게 되었고, 기업들은 경쟁 상대와 비교하여 기업 활동이 보다 효과적일 수 있도록 시장을 세분화하려는 움직임을 보였다. 그리하여 세분화된 특정 시장을 타겟으로 한 제품에 따라 차별화된 이른바 타겟 마케팅을 수행하게 되었다. 그러나 시장을 아무리 세분화해도 고객 한 사람 한 사람을 다루기에는 한계가 있었다. 매스마케팅과 제품중심 타겟 마케팅은 마케팅 노력에 따라 신규 고객 확보 및 판매 증대를 통해 시장 점유율 증대가 가능한 경우에 적합한 패러다임이었다고 할 수 있다.

오늘날에는 시장경쟁이 점점 심화되고, 제품 및 서비스간의 차별성이 감소함에 따라 새로운 고객을 확보하거나 기존 고객을 유지하는 것이 매우 어렵게 되었다. 이에 기업들은 각 고객의 특성을 미리 파악하여 그 고객의 입맛에 맞는 제품 및 서비스를 제공함으로써 고객의 반응 정도를 향상시키려는 노력을 하게 되었다. 즉, 시장점유율이 아니라, 기업과 고객간의 우호적 관계 형성을 통한 고객점유율 향상에 마케팅 목표를 두는 것이다. 이러한 마케팅 수행방식을 관계마케팅(relationship marketing) 또는 고객지향적 마케팅이라고 부른다.

시장점유율은 상품의 출하 수, 혹은 시장 가동 수의 상대적인 비율이며 시장점유율의 결정 요인으로는 "각 사의 점유율은 각 사의 마케팅 노력의 정도에 비례한다"라는 기본 정리가 잘 알려져 있다. 이에 비해, 고객점유율은 특정제품을 소비하는데 있어서 한 사람의 고객이 얼마나 자사 제품을 많이 이용하느냐의 문제이며, 자사 제품을 이용하는 비율 정도를 어떻게 하면 향상시킬 것이냐가 관건이다. 그리하여 고객 한 사람 한 사람이 희망하는 것을 항상 이해하고 이에 신속히 대응함으로써 고객과의 관계강화를 위해 노력한다.

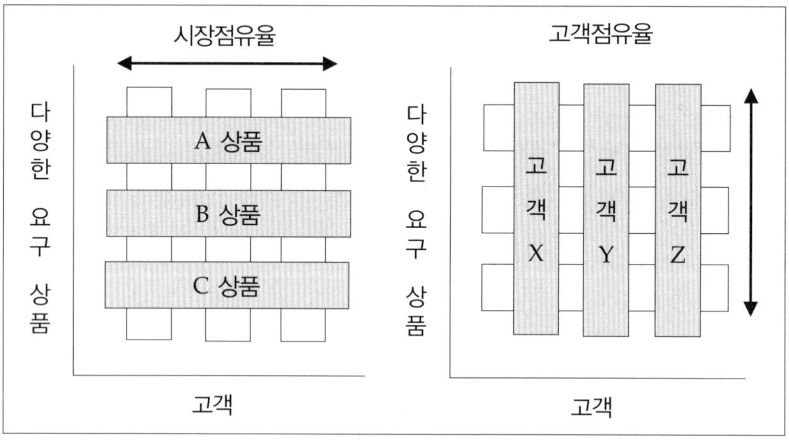

〈그림 3-2〉 시장점유율과 고객점유율

과거에 비해 고객의 수가 많이 증가했음에도 불구하고 오늘날 개별 고객과의 관계형성이 가능한 것은 정보기술의 발달로 인해 고객 정보의 수집 및 활용이 가능해졌기 때문이며, 이것은 CRM(고객관계관리), DBM(데이터베이스 마케팅) 등의 수단을 통해 구현되고 있다.

마케팅 방식은 시대가 변화함에 따라 지속적으로 변화한다. 최근 인터넷, 대화형 TV 등과 같은 쌍방향 매체가 등장함에 따라 고객과 실시간으로 정보를 주고 받을 수 있는 실시간 마케팅의 실행이 가능해지고, off-line과 on-line을 유기적으로 통합함에 따라 마케팅은 고객관계관리 측면에서 좀 더 효율적인 방향으로 진화할 것으로 예상된다.

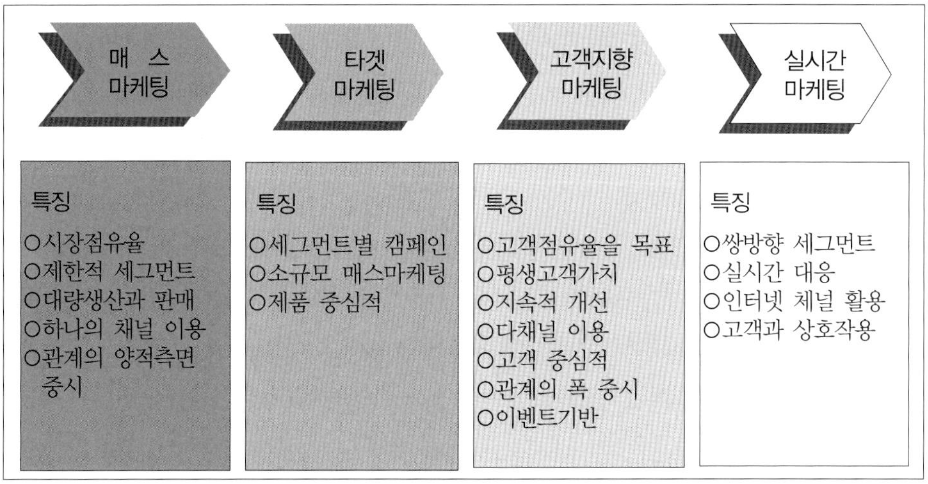

〈그림 3-3〉 산업사회 이후 마케팅 패러다임의 변화

6) 기업경영 패러다임의 변화

변화된 시장 환경에서 기업들은 더 이상 고객에 대한 기존의 패러다임을 바꾸지 않으면 살아남기 어렵게 되었다. 결국 고객에 대한 관점의 변화를 통해 경제적인 부가가치를 창출하는 것이 기업의 유일한 생존전략이 되고 있는 것이다. 따라서 매출 중심의 규모 경영에서 수익 중심의 가치 경영으로 변화하고 있다.

과거에는 기업의 관심이 모든 불특정 고객이었으며 그들을 대상으로 마케팅을 전개하였다. 그러나 이제는 불특정 다수의 고객이 아니라 기존의 수익성 있는 거래 고객들에게 마케팅을 전개하기 시작하였다.

이러한 변화로 ① 우리 회사와 거래하는 고객은 누구이고 많은 상품 또는 서비스를 구매하는 고객은 누구인가? ② 우리 회사를 떠나는 고객들의 특성은 무엇인가? 에 대해 고민하게 되었다.

즉 과거에 불특정 다수를 대상으로 고객 응대를 했다면, 이제는 소수의 관련된 고객에 대한 유지 및 강화로 수익을 창출하려는 노력을 기울이는 것이다.

2 CRM의 정의와 필요성

1) CRM의 정의

고객관리가 시대적으로 어떻게 변천을 하게 되었는가 살펴보면 1970년에는 기업은 소비자를 수동적인 구매자로 인식하였다. 따라서, 고객은 언제나 동질의 단일한 욕구를 가지고 있으므로, 기업이 만들어서 공급하는 제품을 수동적으로 구매한다고 파악하였다. 즉, 기업과 고객과의 관계는 기업이 생산하는 획일적 제품이 고객에게 일방적으로 팔리는 단순한 판매의 관계로 인식하였다.

1980년대로 들어서면서, 시장은 경쟁이 점차로 치열해지기 시작했고, 기업은 고객에 대해서 그 중요성을 인식하기 시작하였다. 왜냐하면, 공급이 수요를 초과하고 소비자들의 파워가 점차로 증대되면서, 기업들은 이러한 고객에게 만족을 줄 수 있는 제품을 생산하기 위해 품질관리(Quality Control)에 대한 관심이 높아지기 시작했다. 즉, 품질관리 경쟁으로 품질 차별화가 어려워지자 경영자들은 고객 서비스와 CS(Customer Satisfaction)의 중요성을 인식하기 시작하였다.

1990년대에는 정보기술의 진보에 따라 데이터베이스 마케팅(DBM)이 등장하기 시작했다. DBM의 등장은 기존의 CS의 일률적인 마케팅 캠페인으로는 다양하고, 개성이 강한 고객의 요구를 충족시키기에는 역부족이라고 생각했기 때문이다. 이에 따라 기업은 고객과 관련된 내외부 자료를 이용하는 DB마케팅을 시도하였고, 고객 데이터는 주로 관리목적에서 사용되었다. 그리고 판매를 하는 시장에 대해서 분류를 기업의 시각에서 일방적이고 인위적으로 이루어졌다.

1990년대 후반에 들어서 고객관리가 기업의 경영성과와 생존에 직접적인 영향을 미치게 됨에 따라 CRM이 등장하게 되었다. 가치사슬의 역류화에 따라 고객은 네트워크의 능동적 참여자로 변화하였다. 다시 말해서, 과거에는 가치사슬이 공급으로부터 시작해서 판매활동을 거쳐 고객으로 형성되었으나, 최근에는 고객으로부터 고객과 기업 간의 채널을 통해 경영활동으로 형성된다는 것으로 변화하였다. 과거의 DBM은 일방향적으로 진행되는 것이었으나, 이제 CRM에서는 고객이 쌍방향적인 동반자로 바뀌어 가고 있는 것이다.

이상의 내용을 정리하면 〈표 3-2〉와 같다.

〈표 3-2〉 고객관리의 시대적 변천

	판매 (1970년대)	CS (1980년대)	DBM (1990년대)	CRM (1990년대)
고객에 대한 관점	수동적 구매자	선택적 구매자	개성화, 다양화 된구매자	능동적 파트너
고객과의 관계	전체시장에 일방적 공급	고객만족도 (CSI)측정, 일방적 관계	그룹화된고객과의 일방적 관계	개별고객과 쌍방향 의사소통
고객관리	단순 영업 위주	영업과판매위주	IT 기술팀 위주	전사적 관리

출처 : 삼성경제연구소, 인터넷 시대의 고객관계관리, CEO Information(제262) p.4

한편, CRM에 대해서 많은 연구를 통해 어느 정도 정립되어 있기는 하지만 이에 대해서 한마디로 정의하기는 쉽지 않다.

삼성경제연구소[2000]에서는 고객에 관련된 자료를 분석하여 고객특성에 기초한 마케팅 활동을 계획, 지원, 평가하는 관리체계로 CRM의 핵심은 가치 있는 고객을 파악, 획득, 유지하는 활동이라고 하였다. 다시 말해서, 고객 개개인이 문제점을 인식하기 전에 고객에게 필요한 제품 또는 서비스를 제공하여 1:1 관계를 구축하고, 고객의 평생가치를 극대화하여 기업의 수익성을 높이고자 하는 것이다.

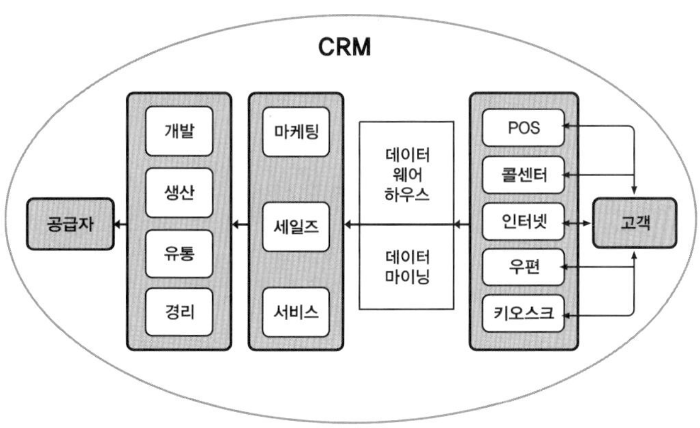

주 : 1. 가치사슬의 역류화로 과거공급자→수요자의 가치 흐름이 수요자→공급자로 변환
2. 프론트/백오피스는 기업의 고객에 대한 접근성 정도로 분류한 경영활동
3. 데이터 웨어하우스는 방대한 분량이 고객 프로파일 데이터를 저장하는 정보창고
4. 데이터 마이닝은 대량의 데이터베이스로부터 숨어있는 유용한 정보를 통계적 기법을 이용해 찾아내는 과정

출처 : 삼성경제연구소, "인터넷 시대의 고객관계관리(CRM)", 「CEO Information (제262호)」, 2000.9, p.8

〈그림 3-4〉 CRM의 개념

CRM에 대한 여러 관점에서의 정의가 존재하지만 일반적으로 CRM에 대하여 가트너(Gartner) 그룹에서 정의한 것을 보면 "신규 고객 획득, 기존 고객 유지 및 고객 수익성을 증대시키기 위하여 지속적인 커뮤니케이션을 통해 고객 행동을 이해하고 영향을 주기 위한 광범위한 접근이다."라고 하였다. 특히 정보관점에서는 다양한 정보원을 통해 고객 정보를 지속적으로 수집하고 이를 바탕으로 고객의 행동을 분석/예측하여 효과적이고 효율적인 마케팅 전략 및 프로그램을 개발, 검증, 구현, 측정 및 보완하는 일련의 과정으로 나타낼 수 있다. 프로세스 관점에서는 영업, 마케팅, 고객서비스 및 고객 지원 등의 고객관리 영역에서 관련된 프로세스를 자동화하고 개선하는 것이며 전략적으로는 장기적 관점에서 고객에 대한 정의, 선정, 개발, 판매, 서비스, 평가 및 개선 활동을 수행하여 지속적인 수익을 창출하는 과정이라고 정의된다.

CRM은 우선 크게 2가지 단계로 구분할 수 있다. 고객에 대한 학습단계와 학습된 기반을 갖고 고객에 대한 대응단계이다. 이와 같은 2가지 단계는 고객관계관리를 위하여 고객을 학습하여야 하고 학습된 기반을 갖고 대응을 하며 고객에 대응된 결과는 다시 학습에 중요한 정보로 활용되는 학습과 대응의 반복인 것이다. 이를 구체적으로 설명하면, CRM을 위해서는 상품, 서비스 중심으로 통합되어 있는 기업의 데이터를 고객 중심으로 통합한 뒤 여러 기법을 이용하여 기업 내외부의 고객정보(인구통계정보, 거래이력 및 반응정보 등)를 분석하고 고객을 세분화한다. 이를 통해 고객은 우량고객 집단, 휴면고객 집단, 잠재고객 집단 등 여러 특성 집단으로 분류될 수 있고, 기업은 각 특성 집단별로 차별화된 마케팅믹스 전략을 수립할 수 있다. 각 고객 집단은 이렇게 기업이 실시한 마케팅에 대한 반응을 보일 것이고, 기업은 다시 이 반응 정보들을 분석하여 다음의 고객 정보 수립에 반영하는 피드백을 수행한다. 이처럼 CRM의 Closed Loop Cycle은 〈그림 3-5〉와 같이 크게 네 가지 부분으로 분리되어 설명될 수 있다.

CRM이란 우리 회사의 고객이 누구인지, 고객이 무엇을 원하는지를 파악하여 고객이 원하는 제품과 서비스를 지속적으로 제공함으로써 고객을 오래 유지시키고 이를 통해 고객의 평생가치를 극대화하여 수익성을 높이는 통합된 고객관계 관리 프로세스를 말한다. 즉, CRM은 "고객에 대한 정확한 이해를 바탕으로 고객이 원하는 제품과 서비스를 지속적으로 제공함으로써 고객을 오래 유지시키고 결과적으로 고객 평생가치를 극대화, 수익성을 높일 수 있는 통합된 고객 관계 관리 프로세스"로 정의할 수 있다.

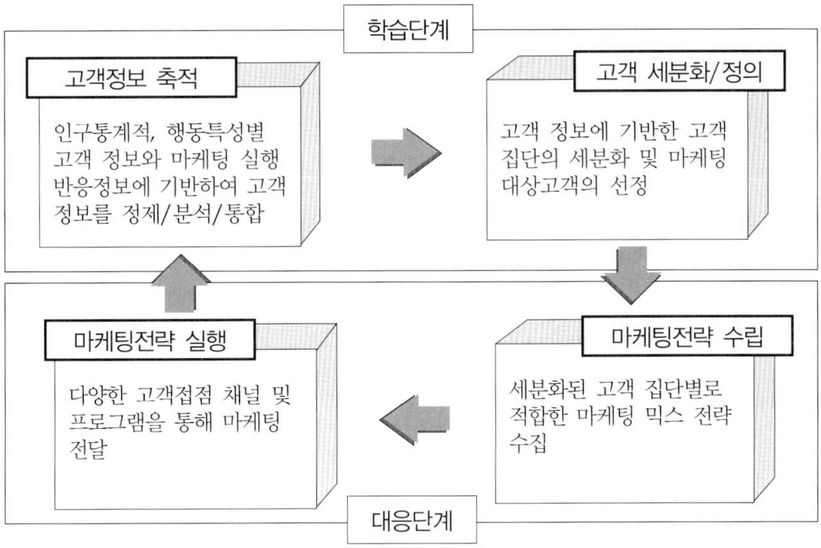

〈그림 3-5〉 CRM의 Closed Loop Cycle

2) CRM의 필요성

최근 CRM에 대한 관심이 높아지면서 많은 기업에서 언제 구축할 것인가를 놓고 고민하고 있다. 그러나 이것은 잘못된 생각이라고 한다. 언제 구축하느냐가 아니라 왜 구축해야 하는가 그리고 어떻게 효과적으로 구축할 것인가를 고민해야 한다는 것이다. 따라서 CRM를 실시해야 할 필요성을 요약하면 다음과 같다.

첫째, 기존의 마케팅방식은 마케팅팀을 위한, 즉 마케팅 부서만의 마케팅이었다. 특히, 기존의 마케팅 투자는 뚜렷한 방향이나 본질적인 필요조건을 정의하지 못한 채, 변화하는 시장 환경을 따라잡는 데 급급하였다. 이러한 마케팅의 방향으로 환경의 제도를 바꾸는 방안이 CRM이다. 고객에 대한 중요성을 마케팅의 전면에 배치하여 사내 고객과 관련된 부서(예를 들면 콜센터, 영업부서, 서비스센터, 마케팅 등)에서 발생한 모든 정보의 방향과 프로세서와 사내마인드를 고객관계의 역량을 위해 쏟아 넣는 것이다.

둘째, 현재 각 기업의 마케팅은 고객의 니즈를 파악하지 못하고 있다. 실제로 First Manahatta Consulting Group이나 Reichheld & Sasser에 의하며 '회사를 떠나는 고객의 5%만 줄이더라도 기본 수익의 두 배를 얻을 수 있다', '우수고객 10%가 전체 매출의 80%를 기여한다' 등의 보고가 나와 있듯이 현재 각 기업의 마케팅은 기존 고객

보다는 신규 고객 획득에 초점이 맞춰져 있으며 기존 고객의 요구를 파악하지 못하고 있다. 고객들은 모든 광고와 정보의 홍수 속에 살고 있으며, 이들 고객들은 어느 누구보다도 많은 정보를 갖고 있다. 반대로 기업의 고객에 대한 분석력은 항상 제자리에 머물고 있고 이는 고객을 이해하기에는 많은 문제점이 있는 것이다.

셋째, 고객에 대한 요구를 파악할 수 있는 시스템이 기존에는 존재하지 않았다. 고객에 관한 정보는 하루가 멀다 하고 변하지만 이러한 고객정보를 뒷받침할 수 있는 시스템은 전혀 없었다. 어떻게 고객을 세분화할 것인가? 어떻게 목표고객을 설정할 것인가? 목표 고객에 대한 Positioning은 어떻게 실시할 것인가? 고객에 대한 수익을 어떻게 증가시킬 것인가? 이러한 문제에 대한 해답을 제공할 만한 제반 인프라가 구축되어 있지 않기에 기반조성을 통해 새로운 기회를 엿보며, 새로운 고객에 대한 전략을 실시하는 것이다.

넷째, 지속적으로 고객에게 서비스를 제공할 방법이 없다. 고객에 대한 정보가 있어도 어떻게 서비스를 실시해야 할지를 모르고 있다. 어떠한 방향으로 고객을 만족시킬 것인지에 대한 대책이 없다면, 아무리 좋은 투자 내지는 그 무엇이라도 무용지물이 될 것이다. 지속적인 관리방안을 통한 장기적인 계획수립을 통해 고객을 관리해야 한다.

다섯째는 전사적으로 고객지향적이어야 한다. 더 나은 고객을 위해서라면, 사내 어느 부서에 근무하는 그 누구라도 항상 고객을 위해, 고객에 대해 준비해야 한다. 예를 들어 A/S부서에 근무하는 직원은 고객을 가장 자주 접하는 사람으로 이 직원이 자주 방문하는 모 아파트단지내 고객들의 특성과 정보, 취향을 가장 많이 알고 있다. 그러나 대부분의 기업에서는 가장 확실하고, 가장 신뢰할 수 있는 정보임에도 불구하고 이러한 정보를 제대로 활용하지 못하고 있다. 고객의 불만, 고객의 특징, 고객의 취향 등의 정보를 마케팅 부서에서 활용한다면, 직접적인 시장의 변화를 느낄 수 있으며, 고객의 변화를 통한 새로운 마케팅이 가능하게 될 것이다. CRM은 이처럼 전사적으로 고객에 대한, 고객정보에 대한 마인드를 바꾸고, 개선하며 집중적인 관리를 통해 완전한 정착단계를 이룰 수 있다. CRM은 고객, 정보, 사내 프로세스, 전략, 조직 등 경영 전반에 걸친 관리체계이며, 이를 정보기술이 밑받침되어 구성되는 것이다.

이처럼 CRM은 바로 고객과의 관계를 바탕으로 평생고객가치인 LTV(Life Time Value)를 극대화하는 것으로 귀결된다. 단순하게 고객과의 관계에 머무르지 않고 신규고객 및 기존 고객의 다양한 고객접점(영업사원의 고객접촉, A/S직원의 방문, Inbound Call(고객으로부터 걸려온 전화), Outbound Call(고객에게 판매촉진을 위해 건 전화)등...)을 활용하여 여기서 발생한 수많은 데이터를 정리분석해 마케팅 정보로 변화함으로써 고객의 구매관련 행동을 지수화하고, 이를 바탕으로 마케팅 프로그램을 개발, 실현, 수정하는 고객중심의 경영기법을 의미한다. 따라서 CRM은 고객정보(고객데이터웨어하우스), 분석(데이터마이닝) 그리고 이를 활용하는 마케팅채널(TM, DM, 대리점, CM 등)을 통합하는 솔루션으로서, CRM을 도입하기 위해서는 Hardware, DB, Tool, Tele마케팅(TM), 고객서비스, 다이렉트 마케팅, 영업지원(sales support), Internet을 이용한 Cyber 마케팅 등 그 구축범위가 매우 넓다. 고객이 요구에 초점을 두어 1:1로 차별화된 마케팅을 실시하는 것이 CRM이라고 할 수 있다.

CRM은 환경의 급변과 불확실성으로 인한 Risk가 급증하는 현대 사회에서 기업이 생존하기 위한 방편으로 고객과의 지속적인 관계를 유지하면서 '한번 고객은 평생고객'이 될 수 있는 기회를 만들며, 평생 고객화를 통해 고객의 가치를 극대화하는 것이다.

3) CRM의 기능

CRM은 기업의 대고객 활동인 판매, 마케팅, 서비스를 지원한다. 판매측면을 살펴보면, 전화, 현장, 인터넷 판매를 위한 프로세스를 구성한다. 그리고 판매관리를 위해서 새로 생산할 제품을 계획하고, 그 제품의 경쟁력은 어떠한가 분석에까지 CRM은 지원한다.

마케팅 측면에서는 전화 마케팅, 웹 마케팅, 일반 마케팅을 지원한다. 이를 위해 고객과의 전화통화 내용을 자동 기록하고, 캠페인에 대한 계획에서부터 캠페인 현황을 기록하고 분석함에 이르기까지 지원한다. 또한 이는 판매부문과 연결되어 관리된다.

서비스 측면에서는 역시 다양한 고객 접근방법에 따른 서비스를 지원한다. 즉, 제품 및 서비스에 대한 정보를 제공하고, 성능분석, 그리고 서비스 관리를 지원한다.

CRM이 지원하는 세부기능을 나타내면 다음의 〈표 3-3〉과 같다.

〈표 3-3〉 CRM의 세부기능

판매 측면	마케팅 측면	서비스 측면
전화, 현장, 인터넷판매	전화내용 자동기록	주문 관리
프로세스	전화 통계 기록 및 분석	제품 및 서비스 정보 제공
Available to Promise(ATp)	이벤트 관련 전화 응답	교차판매 수행
기획관리/제품구성	이벤트 및 캠페인 계획	회사정보 제공
지역 관리	웹 기반 캠페인 자동화	배달 관리
제품 계획	캠페인 기록 분석	문제 발견 및 해결
직원 관리	판매부문 연결	성능 분석
경쟁력 분석	고객 세분화	서비스 관리
	고객관리	스케줄 관리

4) CRM의 목적

CRM을 통해 달성하려는 목적은 여러 방향으로 설명할 수 있다. 하지만, 기본적으로 CRM의 목적은 신규고객의 유치에서부터 시작하는 고객과의 거래 관계를 고객의 전생애에 걸쳐 유지하고, 제고해 나가면서 장기적으로 고객의 수익성을 극대화하고자 하는 것이다. 좀더 구체적으로 말하면 새로운 고객과의 거래를 시작한 후, 다양한 마케팅 활동을 전개하여 그 고객과의 관계를 강화시켜 평생고객으로 발전하고자 하는 것이다.

지속적인 고객과의 거래 관계를 통해 얻을 수 있는 장기적인 이윤을 극대화하려는 것이 CRM이 추구하는 근본 목적이다. 다음의 〈그림 3-6〉은 수익성과 고객생애단계를 나타낸 것이다(최정환, 이유재 2005).

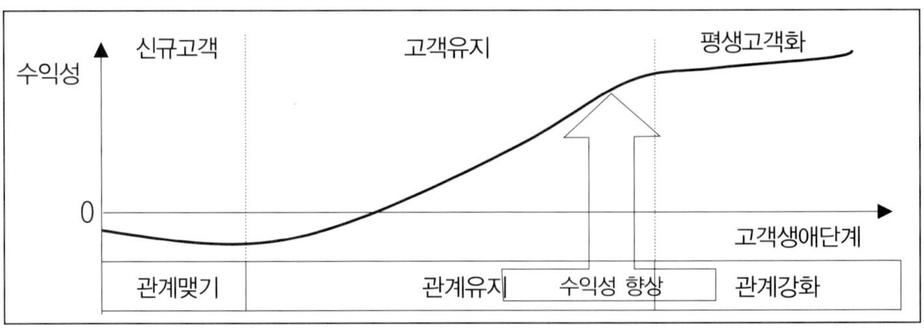

〈그림 3-6〉 수익성과 고객생애단계

한편, CRM을 도입하는 목적에 대해서 정리해 보면 다음의 6개로 정리 할 수 있다.

첫째, **고객 충성도**(customer fiedelity) **강화**를 위해서이다.

고객과의 끊임없는 여러 커뮤니케이션 창구를 통해 기존에 있는 고객들이 이탈하지 않도록 하기 위해서이다. 이를 위해서는 고객을 자신의 회사에 계속해서 머물 수 있는 여러 가지 프로그램을 가동시켜야 할 것이다. 또한 고객 입장에서 제품 및 서비스를 생산하는 고객중심 개념을 실천해야 한다. 즉, 고객의 입장에서 가치사슬을 재구성하고 각 단계별로 고객이 원하는 제품과 서비스를 제공할 수 있는 시스템을 구축해야 한다. 이와 더불어 기존의 고객이 기업이 보유한 중요한 자산임을 인식하고, 고객의 충성도를 강화시킬 수 있도록 해야 한다.

둘째, **개별 고객에게 맞춤 서비스를 제공**하기 위해서이다.

고객 개개인의 특성을 파악하고 이에 대응할 수 있는 시스템을 구축하기 위함이 CRM의 목적이다. 예를 들어 한 고객이 호텔에서 딱딱한 베개를 주문하였다면, 이 고객에 대해서 글로벌 DB에 대상 고객의 이름과 기호를 누적적으로 기록하여 관리하고, 전 세계의 체인호텔과 그 정보를 고유하되, 다음부터는 그 고객이 어느 호텔에서 묵더라도 딱딱한 베개를 제공받을 수 있다는 것이다.

셋째, **수준 높은 고객지식을 축적하여 경쟁사들과의 차별화**하기 위해서이다.

타 경쟁사들보다 수준 높은 고객지식을 축적하기 위해서는 고객과의 커뮤니티를 활성화하여 고객 공동체(customer community)를 형성해야 한다. 예를 들면, 어느 제품 또는 서비스에 대해서 온·오프라인 상에 동호회 회원들이 자연스럽게 활동할 수 있는 토론의 장을 만들어 주고, 여기서 얻게 되는 고객 지식을 축적하여 센서로서 활용해야 한다. 또 고객은 커뮤니티 리더층이나 관련분야의 전문가의 의견을 각종 매체의 광고보다 더욱 신뢰를 하기 때문에 이들에 대해서도 집중 관리하여 구전효과를 극대화 한다.

넷째, **수익성이 높은 우량 고객을 파악하고 평생고객으로 유도**하기 위해서이다.

기업의 이익에 많은 기여를 하는 우량 고객층에 대한 역량을 집중함으로써 기업의 수익을 증대시킬 수 있다. 또한 우량고객을 중심으로 고착화(lock-in)전략을 구사하여 고객의 평생가치(life time value)를 극대화한다. 고객 평생가치란 한 고객이 특정기업과 거래하는 기간 동안 그 기업에 가져다주는 미래수익을 현재가치로 환산한 값을 말한다.

다섯째, **교체판매, 업셀링 등으로 고객당 수익을 극대화**하기 위해서이다.

기존의 고객에 대한 정보를 바탕으로 고객이 관심을 가지고 있는 상품계열이나 또는 그 상품의 수명이 다 했을 시기를 파악하여 판매하는 등의 교체판매, 업셀링 등으로 단골고객을 유도한다. 교차판매란 기존의 상품계열에 고객이 관심을 가질 만한 다른 상품을 접목시켜 판매하는 것을 말하며, 업셀링이란 설비의 마모 혹은 재공급 필요시에 업그레이드를 권유하여 판매하는 것을 말한다.

여섯째, **고객 서비스의 신속성 향상과 비용절감**을 위해서이다.

CRM을 통해 구축되어 있는 데이터베이스를 통해서, 고객이 원하는 것을 쉽게 알아낼 수 있고 또한 그에 맞는 제품이나 서비스를 빨리 제공할 수 있는 것이 가능하다는 것이다. 그리하여 기존의 고객을 계속해서 유지할 수 있게 되고, 이리하여 새로운 고객을 유치하기 위해 들어가는 비용을 절감할 수 있게 된다. 만약 어느 한 고객이 평생고객으로 남아 있으면서 주위 사람들에게 좋은 인상을 심어 준다면 보다 많은 이익을 창출될 것이다.

3 CRM의 목표

CRM의 계획과 추진은 구체적인 목표를 가지고 시작해야 한다. 무엇보다도, CRM 그 자체가 목적이 되어서는 절대 안 된다. CRM의 기본적인 인프라스트럭처를 갖추었다고 해서 CRM을 통해 기대하는 결과가 저절로 이루어지는 것이 아니라는 것을 분명히 명심해야 한다. 또한 CRM의 결과가 나타나기까지는 시간을 필요로 한다. 절대로 하루 아침에 생겨나는 것이 아니다. 그러므로 기업의 최고경영진들은 인내심을 가지고 CRM추진을 지원해야 한다.

따라서 보다 완벽한 CRM시스템 구축을 위해서는 회사 전반에 걸친 분석이 요구되며 CRM전략과의 자연스러운 연계를 위하여 회사의 요구사항의 각 단계를 넘는 범위에서 분석이 이루어진다. CRM개념은 전사적인 개념으로 구현방안은 다음과 같이 5개의 목표로 나누어진다.

1) 가망고객발굴

모든 산업에서 잠재고객을 발굴하는 첫 번째 요건은 기존고객에 대한 분석이다. 기존고객의 모습과 가장 비슷한 모습을 지닌 고객이 바로 잠재성이 가장 높은 고객이라고 할 수 있기 때문이다. 비슷한 모습을 지닌 그룹을 찾아내는 방법을 하우스-홀딩(house-holding)분석이라고 하는데, 단순히 가족뿐만 아니라 고객이 속해 있는 법인이나 단체 등을 의미한다. 우량고객의 하우스-홀딩 그룹에 속해 있는 고객은 미래에 우량고객이 될 확률이 높고 잠재성이 높은 고객이라고 할 수 있다. 다음은 기업이 하우스-홀딩 분석뿐만 아니라 잠재고객을 발굴하는 데 활용할 수 있는 다양한 기법들을 소개하고 있다.

(1) 고객 프로필 분석

고객 프로필 분석에 필요한 기능을 보면 연령, 직업, 취미, 지역, 재산, 학력에 따른 전체 고객층에 대한 분석을 한다. 그리고 이것에 대한 활용방안은 고객 프로필에 대한 다각적인 분석을 통해서 잠재고객을 발굴하는 데 목적이 있다.

(2) 하우스-홀딩분석(house-holding)

이 분석 방법은 현 고객의 가족 상황, 프로필, 계약동기, 상품, 성향, 추세 분석, 인구통계적 자료, 구매의사결정과 의견제시 등을 목적으로 이용된다. 그리고 활용방법은 현 고객에 대한 가족 혹은 구성원 중 향후에 잠재성이 높은 고객을 발굴하는데 사용된다.

(3) 현재 고객 구성원 분석

현 고객의 성격, 사용실태, 충성도 등을 분석하여 각 구성원의 상황과 잠재성을 파악하는 데 있다. 또한 활용방안을 현재 고객 중에 향후 잠재성이 높은 것으로 추정되는 고객을 발굴하는 데 있다.

(4) 외부데이터 활용방법

이 분석방법은 외부데이터를 이용하여 고객의 프로필, 성향, 추세분석, 인구통계적 자료, 구매의사결정과 의견제시 상황을 파악한다. 그리고 이러한 기능들을 이용하여 제휴업체의 고객 데이터 등을 활용하여 향후 잠재성이 높은 고객을 발굴하는 데 이용된다.

2) 신규 고객 획득

신규 고객 획득에서 가장 중요한 것은 분석된 데이터의 활용이다. 분석된 데이터를 통하여 잠재성 높은 고객을 알아내고 제공 상품과 가장 적합한 고객을 추출하여 캠페인을 전개하여 그 효과를 분석하는 것이다. 하지만 가장 잠재성이 높은 고객은 인바운드 고객일 것이다.

각종 채널, 예를 들어 직접 방문을 한다거나, 전화문의, 향후 가장 각광받는 채널이 될 것으로 예상되는 인터넷 홈페이지방문, 조회, 문의 등을 한 고객은 어느 정도 구매의향이 있다고 판단되며 이 고객에 대한 분석과 마케팅 전개야말로 가장 신속하고 정성들여 추진해야 한다.

(1) 인바운드(Inbound) 고객분석

인바운드 고객분석방법은 전화문의, 인터넷 조회, 영업소 방문 등의 인바운드 채널별 분석과 상담내용, 관심상품 분석, 채널별 특성, 추세 및 효과 등을 분석하게 된다. 또한 활용방법은 여러 가지 채널을 통하여 접촉되는 잠재고객에 대한 집중분석과 신규고객으로 획득하도록 추진되어야 한다.

(2) 제공상품과 가장 적합한 고객추출

기업에 제공하는 상품별 계약 동기를 분석하고 상품별 고객성향과 추세를 분석한다. 또한 기업이 제공하는 상품별 유지율 분석을 통하여 목표고객을 선정하고 상품별 특성을 파악하는데 있다. 이에 적합한 새로운 신규고객을 획득할 수 있을 것이다.

(3) 캠페인 효과분석과 최적 고객추출

새로운 신규고객을 획득하기 위해서는 캠페인 기간에 따른 실적, 캠페인 종류에 따른 계약 실적, 캠페인 상품에 대한 유지율 분석, 캠페인 반응과 무반응에 따른 고객특성을 분석하여 캠페인에 맞는 고객을 추출할 수 있을 것이다. 이와 같은 캠페인 전략으로 신규고객을 확보할 수 있을 것이다.

3) 이탈 고객 분석 및 관리

과거의 이탈 고객 데이터를 확보하는 작업은 중요하며 빠르게 해야 한다. 이는 과거 이탈 고객 데이터에 대하여 이들의 이탈원인(특성)을 분석할 수 있는 기반을 마련하여, 과거 이탈 고객에 대한 새로운 접근시도는 물론 현고객 중 유사 특성을 보이는 고객을 특별 관리하는데 그 목적이 있다.

관리가 되어지지 않고 있는 과거 데이터나 별도의 저장 장치에 보관되고 있는 데이터를 확보하는 작업이 필요하며 데이터 획득에 관한 정성적, 정략적인 정책이 필요하다. 이와 동시에 현재의 고객에 대한 부문에서도 동일한 분석이 이루어져야 한다.

(1) 과거 이탈고객 분석

과거 이탈고객을 분석하기 위해서는 이탈고객에 대한 지역적 분석, 업종특성, 상품적인 특성, 접촉 건수 그리고 이탈고객의 불만종류를 분석함으로써 이탈고객을 방지할 수 있을 것이다. 이러한 과거 이탈고객에 대한 트랜잭션 분석으로 이탈패턴과 특성 등을 파악하여 고객의 이탈을 방지하는데 활용할 수 있을 것이다.

(2) 이탈 가능 고객 추출분석

과거 이탈고객에 대한 분석을 이용하여 이탈고객 모형을 적용함으로써 이탈 가능 고객 여부를 알 수 있을 것이다. 각 상품별 이탈 가능 고객을 추출하고 고객별 불만정보를 취합하여 현장에서 근무하는 담당직원에게 실시간으로 영업활동에 피드백이 될 수 있도록 하여야 한다. 따라서 이탈고객 트랜잭션 분석에 따른 이탈 패턴을 적용하여 이탈 가능성이 높은 고객을 추출하여 별도로 관리를 하여야 한다.

(3) 이탈 가능 고객관리 프로그램 실시

이탈 가능 고객을 관리하는 프로그램을 실시하기 위해서는 우선적으로 담당 영업사원과 애프터서비스사원과의 피드백이 되어야 하고, 판매상품에 대한 불만 원인을 분석하여야 한다. 이러한 결과에 의해서 불만접수에 대한 대응 프로세스를 구축함으로써 이탈 가능 고객의 이탈방지를 위한 적극적인 유지관리가 필요하다고 본다.

4) 고객유지 및 로열티 극대화

경쟁이 더욱 심해지고 신규고객을 획득하기 위한 비용이 증가할수록 현재 고객의 유지에 대한 가치도에 따라서 증대된다. 고객유지를 위해 설계된 차별화 된 판촉이나 전술의 효과를 위한 모델 구축을 위해 사용되는 데이터마이닝이란 방법은 고객유지전략 캠페인의 전체적인 효과에 더욱 큰 영향을 미칠 것이다.

돈페퍼와 마사 로저스의 'enterprise on to one'이라는 책에서는 잡지계약에 대한 예를 보여주고 있다. 만약 연간 재계약(고객유지)이 2% 증가하게 되면 현재 가치로 평가된 각 고객의 전체 평생가치는 25% 이상 증가할 것이다. 이러한 이유는 고객을 유지하는 기간이 길수록 고객에 투자한 초기 투자비용과 고객획득 비용의 상쇄기간이 길어지기 때문이다. 그리고 신규고객을 획득하는 비용에 비해 고객유지 비용의 각 연도별 축적 효과는 대단할 것이다. 물론 어떤 산업에서는 고객 획득 비용이 낮을지 모르나 대부분의 산업과는 대단할 것이다.

고객이 기업과 관계를 맺은 후 관계를 유지하는 동안 고객은 기업에게 수익을 가져다 준다. 이러한 수익을 관계기간에 따라 살펴보면 맨 처음 기업이 고객을 유치한 해에는 고객에게서 얻을 수 있는 수익보다 고객을 유치하는데 드는 비용이 더 커서 한 고객당 수익이 음(-)의 값을 기록할 수도 있지만 시간이 흐르면 흐를수록 고객의 수익성은 점점 높아지는 것을 알 수 있다.

일반적으로 계약한 상품이 이익을 가져다 주고 A/S 건수가 빈번하지 않아 운용 유지비가 적게 들며, 오랫동안 로열티를 갖고 있는 변함없는 고객이면서, 고객의 사업 자체가 확장되어 추가 계약이 발생하거나 추가 계약 잠재성이 높은 고객을 우량 고객이라 할 수 있다. 일반적인 고객에게는 마케팅이 강화되어야 하지만 우량 고객에게는 서비스가 강화되어야 한다. 아울러 기존 우량 고객을 유지하는 비용이 새로운 신규 고객 확보와 더불어 우량 고객을 만들어 나가는데 들어가는 비용의 1/6 ~ 1/8이라는 점을 인식하여 우량 고객에 대한 정의, 파악, 유지에 대하여 전략적인 접근이 필요하며 이들의 로열티를 극대화하는 것이 가장 효과적인 마케팅 전략이 될 것이다.

5) 시장 세분화 및 고객 세분화

고객 데이터가 어느 정도 축적되면 시장 세분화와 고객 세분화에 대하여 분석을 할 필요가 있다. 시장 세분화를 통하여 목표 고객과 수익을 정확하게 분석하여 해당 영업 지사와 지점에 목표를 수립하고 전략을 수립할 수 있으며 고객 세분화를 통하여 타깃 고객계층을 발굴하고 영업을 전개할 수 있다. 이러한 시장 세분화와 고객 세분화는 데이터가 풍부해지면서 계속적이고 반복적으로 분석해야 한다.

4 CRM과 DRM

CRM은 DBM(Database Marketing)의 본질을 업그레이드 하는 과정이라고 할 수 있어 데이터베이스 마케팅에 근거하지 않은 CRM은 결코 존재할 수 없다.

고객과 정보를 근거로 데이터 분석과 예측을 통해 중요한 제품과 서비스 정책을 전개하고 경영목표를 실현시키는 마케팅이 널리 확산되어 컴퓨터와 관련분야에서의 기술 발전을 통해 거래의 전산화가 가능하게 되었고, 고객에 대한 데이터베이스 마케팅이 등장하게 되었다.

데이터베이스 마케팅은 ROI중심의 단기적인 프로그램들을 통해 고객 데이터베이스로부터 얻는 고객정보가 실질적으로 고객의 수익성을 제고하고 결국 전체적인 기업의 수익을 높일 수 있다는 것을 보여줌으로써 데이터베이스를 이용한 마케팅 활동을 크게 진작시켰으나 시간이 지남에 따라 고객 데이터는 날로 늘어가고 이를 통해 단기적인 수익을 위한 일회적인 데이터베이스 마케팅프로그램을 실행하는 정도를 넘어 고객으로서의 생애를 연장시키고 생애전체에 걸쳐 고객 수익성을 증가하는 고객관계관리, 즉 CRM이라는 폭넓은 경영 방식의 필요성이 대두되기 시작하였다.

이러한 필요로 인해 전통적인 상점을 가지고 영업하는 기업들에게 적절한 CRM의 이론과 CRM을 실행하는데 필요한 기술적 하부구조 요건들이 체계를 갖추어 오늘날 새로운 경영 방식으로서의 CRM의 모습이 갖추어지게 되었다.

DBM은 기업의 기존고객 혹은 가망고객에 대한 데이터를 전산시스템내에 축적하여 두고, 고객에 대해 개별적인 정보속성을 고려하여 마케팅 활동을 행한다는 면에서

CRM과 공통적인 특성을 갖는다. 즉, 기업의 고객과 관련된 내, 외부 자료를 이용하는 것은 DBM과 CRM이 공통으로 가지고 있는 공통적인 속성이다.

하지만 이 두 개념 사이에는 다음과 같은 차이점이 있다고 할 수 있다.[1)]

첫째, **CRM은 기업의 업무프로세스 혁신을 추구**한다는 점이다. 기존의 DBM은 단지 DM(Direct mail)의 반응률 향상과 같은 미세한 목표들을 중심으로 관리했다면, CRM은 고객과 접하는 프로세스 전체의 효과 및 효율성을 추구하는 점이다.

둘째, **CRM은 마케팅, 세일즈, 서비스 고객접점 등의 통합을 통해 고객정보를 보다 다양하고 적극적으로 활용하고자 하는 것**이다. 즉, 다양한 방법으로 고객의 데이터와 정보를 얻고 이를 전사적 차원에서 활용한다는 점이다.

셋째, DBM이 단기적인 관점에서 신규고객 창출을 그 목적으로 하는 반면에, **CRM은 보다 장기적인 관점에서 고객과의 관계형성을 통해 기존 고객을 유지하면서 새로운 수요를 창출함으로써 매출을 증대시키는 것을 목표로 한다**는 점이다.

넷째, **CRM은 고객 세분화를 통해 신규고객을 얻고, 기존 고객을 유지하고, 평생 고객화하는 등의 지속적인 순환과정을 통해 고객의 평생가치를 극대화시키는 전략적인 경영 패러다임**이라는 점이 DBM과 CRM의 차이점이다.

이러한 모든 차이점을 요약하면 CRM은 데이터베이스 마케팅이 수행해온 역할들을 마케팅 분야에서 뿐만 아니라 기업이 구축하고 강화시키려는 고객의 장기적인 관계관리를 위해 필요한 모든 분류로 경영을 한층 더 확장시킨 새로운 경영전략이라 할 수 있다.

〈표 3-4〉 DBM과 CRM의 비교

구분	DBM	CRM
공통점	기업의 내, 외부자료를 통합하여 이용하자는 측면	
차이점	한정된 고객 접점에서 발생된 고객정보를 활용	전사적인 관점에서 고객의 정보를 취득하여 활용
	DM(Direct Mail), TM(Tele Marketing)과 같은 방식에서 활용	고객접점의 모든 channel에서 활용
	단기적인 관점에서 고객정보를 취합하여 신규고객 창출	장기적인 관점에서 고객정보를 취합하여 기존고객 유지에 활용
	Mass Marketing에서 활용	고객의 평생가치(LTV)를 극대화 시키자는 전략

자료 : www.ciokorea.com

1) CIO Magazine, Customer Relationship Management – 7가지 실패요인, 2000

5 CRM의 구성요소

CRM의 핵심영역 또는 구성요소에 대해서도 기업과 연구기관에 따라 다양한 견해를 가지고 있다. 최근에는 DB 마케팅의 핵심구성요소인 고객 데이터 베이스와 분석기반(분석 도구 및 분석능력)에 마케팅, 세일즈, 서비스 등 고객과의 직접적인 상호작용이 필요한 비즈니스 프로세스 및 기업조직과 고객접점을 이루는 매체를 모두 포함하게 되었고 이를 통합적으로 활용하기 위한 전략적 요소도 포함시키는 것이 일반적인 견해이다.

여기에서는, CRM의 구성요소를 목표설정, 전략수립, 정보관리, 비즈니스프로세스 및 조직역량과 정보시스템으로 구분하여 각 요소를 설명하기로 한다.

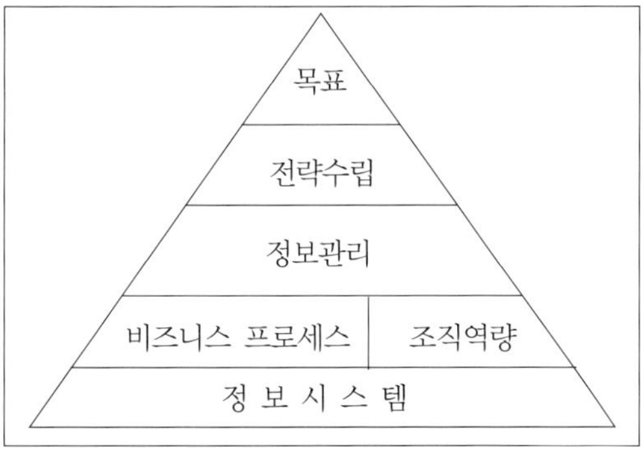

〈그림 3-7〉 CRM 모델

(1) 목표설정

CRM의 계획과 추진은 구체적인 목표를 가지고 시작해야 한다. 목표설정을 하기 위해서는 기업의 현재 위치가 어떠하며, 어떤 방향으로, 어떻게, 어떤 미래의 위치로 나아가야 하는가를 밝혀내는 작업으로 다음과 같이 다섯 단계로 나누어진다.

첫째, 기업이 목표로 하는 미래의 위치를 정한다.

둘째, 기업의 현재 위치를 평가한다.

셋째, 어떻게 하면 목표인 미래의 위치에 도달할 것인가에 대한 구체적인 해결방안을 찾는다.

넷째, 해결방안을 실행한다.

다섯째, 실행한 성과를 측정하고 확인한다. 이제 여러 가지 프로그램의 실행과 비즈니스 활동의 결과로 나타나는 비즈니스 성과를 측정하고 목표로 정해진 미래의 위치와 비교하여 실행성과를 확인 평가한다.

(2) 전략수립

CRM을 추진하는 데 근간이 되는 비즈니스 전략은 CRM 아케텍처에서 없어서는 안 될 중요한 핵심요소이다. 보통 전략은 '한 기업이 일관성 있게 추진해 나가는 장기적인 행동진로'라고 정의하는데, CRM을 추진하는 데 있어서 전략은 없어서는 안될 필수 구성요소이다. 〈그림 3-8〉에서 보는 바와 같이 여러 가지 많은 층을 가지고 있다. 전략수립은 비즈니스를 하는 사업 분야에서 그 기업의 시장 위치와 전반적으로 달성하려는 기업의 목표를 지원하는 기업의 비즈니스 방향을 나타내 준다. 그 다음 단계가 기능적인 수준에서의 전략을 말하는데, 이는 특정 기능 분야에서 기업 목표를 달성할 수 있도록 여러 기능적 활동을 어떻게 전개해 나갈 것인가 하는 것을 보여준다. 여기에는 고객 전략, 상품/서비스 전략, 브랜드 전략, 판촉 전략, 채널 전략 등이 속한다(최정환, 이유재, 2005).

전략(strategy)
↓
마케팅전략(marketing strategy)
↓
고객전략(customer strategy)
상품/서비스전략(product/service strategy)
브랜드전략(brand strategy)
판촉전략(promotional strategy)
채널전략(channel strategy)

〈그림 3-8〉 전략의 계층

〈그림 3-9〉는 기업 목표, 전략, 전술 그리고 구체적으로 취해지는 행동들이 어떤 순서로 정해지고 연결되어 전개되는지를 보여준다. 즉, 기업의 비즈니스 목표가 정해

지면, 그에 따라 전략이 세워지고, 그런 전략 하에서 전략과 일관성을 갖고 있는 여러 가지의 전술들이나 전술적인 프로그램들이 직접 실행될 수 있도록 짜여진다. 전술이나 실행 프로그램들이 전개될 때, 구체적으로 취해지는 것들이 단일 행동들이다. 일단 기업이 달성하고자 하는 목표가 설정되면 그 목표를 어떻게 장기적으로 일관성 있게 달성하도록 할 것인가 하는 것이 전략의 기본적인 과제이다(최정환, 이유재, 2005).

기업목표	전 략	전 술	행 동
ㅇ 고객 수익성 25% 증가 ㅇ 혁신적인 서비스 솔루션 제공자로서의 기업이미지 구축	ㅇ 다양한 서비스로 고객 차별화 ㅇ 채널을 통한 지속적인 프리미엄 서비스 지향	ㅇ 고객세분화를 통한 목표고객 선정과 엡셀링 캠페인 프로그램 ㅇ 웹사이트의 개인화 프로그램과 콜센터를 기반으로 하는 e-care 서비스 프로그램	ㅇ 구매량과 구매빈도를 기반으로 한 고객 세분화와 거래패션 분석 실행 ㅇ 개인화를 위한 구매추천규칙 개발을 위한 웹마이닝 실행과 e-care를 위한 Kana 시스템 설치

〈그림 3-9〉 기업 목표, 전략, 전술, 행동

(3) 정보관리

CRM의 핵심 구성요소 중에 정보관리는 모든 다른 구성요소를 연결시켜 주는 중요한 역할을 한다. 이는 적절한 비즈니스 정보 없이 다른 구성요소의 최적화는 기대할 수 없기 때문이다.

현대의 마케팅은 시장에 대한 정보와 지식을 가장 중요한 자원으로 인식하고 있다. 시장에 나와 있는 경쟁사의 브랜드, 상품, 가격수준, 유통경로 등은 모두 모방 가능하지만 지식은 쉽게 모방할 수 없다. 따라서 고객지향적인 기업은 고객에 대한 정보를 수집하고 분배하며 활용하는 내부 프로세스를 잘 관리하는 기업이다. 이런 정보관리 절차에 대해 살펴보면 다음과 같다.

① 마케팅 의사결정을 위해 필요한 정보의 유형을 구분하고 정보를 수집하는 방법과 절차를 준비한다.

② 체계적으로 정보를 수집한다.

③ 가공 분석하여 지식화한다.

④ 지식을 분배하고 학습하여 활용한다.

고객에 대한 정보는 〈그림 3-10〉에서와 같이 많은 기업이 고객과의 접점을 통해 수집하고 있다. 마케팅 의사결정에 활용되는 고객에 대한 지식을 정보수집 하는 방법을 기준으로 분류하면 다음과 같다.

① **관찰을 통한 지식** : 고객들이 어떻게 상품과 서비스를 사용하는가를 관찰함으로써 얻는 지식

② **대화를 통한 지식** : 고객과 종업원, 종업원과 납품업자 등의 사이에서 일어나는 대화, 즉 형식적인 것과 비형식적인 것과의 상호작용을 통해 고객이 원하는 것을 이해하는 지식

③ **예측을 위한 지식** : 가능한 결과를 예측하기 위해 디자인된 분석된 모델에 기초한 지식

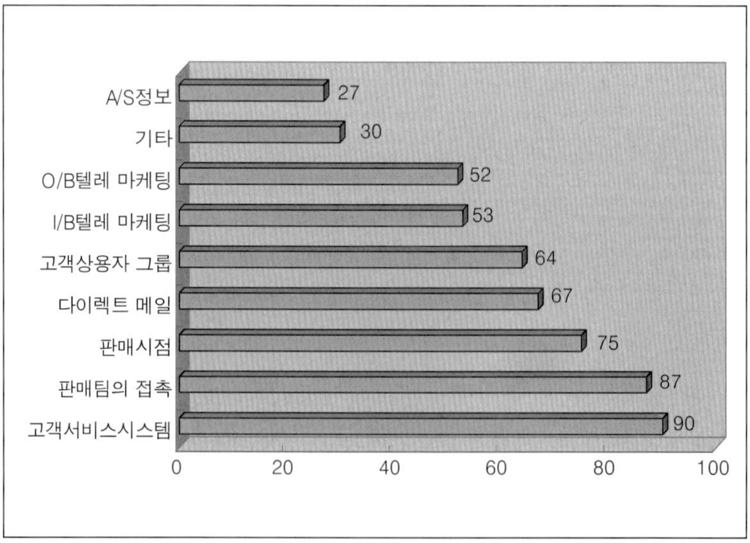

〈그림 3-10〉 기업들의 고객관련정보 획득 방법

(4) 조직의 역량

CRM 경영 방식은 현재 존재하는 조직 역량의 변화를 요구하고 CRM 경영에 대비한 조직의 준비와 새로운 역량을 필요로 한다. 어떤 면에서는 기술 발전이 CRM을 가능하게 했다고 볼 수 있는데, 이러한 기술의 변화가 기본적으로 조직의 행동과 역량의 변화를 요구하기 때문이다. 때로 CRM 경영 방식은 여러 관련 부서에서의 변화를 함께 요구하기도 하지만, 많은 경우는 전사적인 변화를 요구한다.

이러한 구체적인 조직의 문제들을 다루기 위해 많은 경우 다음의 네 가지를 반드시 수행해야 한다. 첫째, 현재의 조직과 조직의 역량을 평가해야 한다. 둘째, 조직이 CRM 수행에 필요한 준비 상태에 도달하기 위한 전체적인 계획을 수립하고 실행한다. 셋째, 조직이 기업의 전략적인 목표를 달성하고 비즈니스 성과를 제고할 수 있도록 종업원에게 적절한 권한을 부여하여 업무에 임할 수 있게 하는 훈련 계획을 만들어 실행한다. 넷째, CRM 수행 시 요구되는 업무 요건들을 종업원들에게 지속적으로 감당하게 하고, 그들이 진행하는 프로세스를 잘 운영해 나갈 수 있도록 지원해 주는 프로그램을 계속해서 전개한다. 이런 모든 일들은 CRM을 구성하는 핵심요소 중 하나로써 새로운 경영방식에서 요구되는 조직의 변화와 조직의 인적 역량을 갖추는 것 또한 성공적인 CRM 실행을 위해 필수적인 것들이다(최정환, 이유재, 2005).

(5) 비즈니스 프로세스

비즈니스 프로세스는 조직이 목적하는 바들을 달성하기 위한 결과를 제공하기 위해 조직의 자원들을 활용하는 논리적 관련성이 있는 작업들의 집합으로 구성되어 있다. 여기에서 CRM에 관련하여 비즈니스 프로세스에 대해 두 가지 점을 추가할 수 있다.

하나는 비즈니스 프로세스가 순서 없이 모아 놓은 관련 활동의 집합이라기보다는, 일련의 순서가 정해져 연결된 작업이나 활동의 집합이라고 보아야 한다는 점이다.

또 다른 하나는, 비즈니스 프로세스는 조직의 자원을 사용하는 작업이나 활동들로 구성되어 있다는 점이다. 이는 비즈니스 프로세스와 앞에서 살펴보았던 조직의 인적 자원 면에서의 조직의 역량, 조직의 준비 또는 변화관리와 밀접하게 관련되어 있으므로 동시에 다루어져야 한다는 것이다.

CRM에서 요구하는 비즈니스 프로세스는 현재에 존재하는 프로세스와 다르기 때문에, CRM을 위한 비즈니스 프로세스의 재설계가 필연적이다. 그러면, 프로세스의 재설계는 어떻게 진행되어 가는지 설명해 보기로 한다. 먼저 기업이 추구하는 비즈니스 목표, 비즈니스 전략 그리고 전략 추구를 위해 현재 실행하고 있는 전술적인 프로그램들을 기반으로 해서, 핵심 프로세스와 이를 지원하는 프로세스를 이해하는 것이 필요하다.

현업에서의 핵심 프로세스와 지원 프로세스를 위해서는 주요 비즈니스 요소인 정보나 기술, 보상 체계, 조직의 구조 그리고 조직원의 역할이나 기량 등에 대한 세심한 검토가 필요하다. 그런 이후에 CRM 역량들을 지원하는데 요구되는 프로세스들을 밝히고 현업에서의 비즈니스 요소들을 평가한다. 그리고 CRM 역량을 위해 요구되는 프로세스들이 현재 존재하는가, 그렇다면 그 프로세스들이 현재 비즈니스 요소들과 잘 부합되는가를 조사한다. 이러한 과정을 거쳐 CRM 프로세스를 위해 필요한 프로세스 재설계와 조직의 요건, 조직원의 재량 요건을 확정짓는다. 이러한 프로세스의 재설계가 궁극적으로 의미하는 바와 결과적으로 나타나는 변화를 상정하면 다음과 같다(최정환, 이유재, 2005).

첫째, 프로세스의 재설계를 통해 프로세스 초점이 늘 고객에 맞추어지게 된다.

둘째, 프로세스 재설계를 수행하면 CRM 작업을 진행하는 주체가 조직 내의 기능적인 부서로부터 프로세스 팀으로 옮겨가게 된다. 프로세스 팀들은 고객에 초점을 두는 데 비해, 기능적인 부서들은 서로 다른 목적을 가지고 있어 이로 인해 충돌이 일어날 수 있고 CRM 자체 성격상 작업이 다차원적이며 부서의 경계를 넘어 진행되기 때문이다.

셋째, 프로세스 재설계는 비즈니스 성과 측정이 비즈니스 활동 자체가 아닌, 활동 결과에 맞추어지는 결과를 가져온다.

넷째, 프로세스 재설계는 조직 내에서 가치 체계의 변화를 가져오게 되는데, 즉, 보상 체계가 부서의 성과에 기반하지 않고 고객만족 성과에 기반하여 생산성 위주의 환경 분위기를 조성한다.

다섯째, 프로세스의 재설계는 또한 조직의 구조 변화를 가져오는데, 계층적인 구조에서 수평적이며 중요성에 따른 조직 구조로의 변화를 가져온다.

(6) 정보시스템

오늘날과 같이 급속도로 기술이 발전하고 있는 상황에서 적합한 정보시스템 없이, 기업은 CRM을 위해 갖추어야 할 능력과 핵심 역량을 지닐 수 없기 때문에 어떤 정보시스템을 갖추었는가에 따라 기업의 비즈니스 성과가 달라질 수 있다. 정보시스템은 장기적인 면에서 보면 비즈니스 비용을 줄여 주고, 시장에 신제품을 출시할 수 있는 시간을 단축시켜 주며, 전반적인 CRM 활동의 효율과 효과를 높여주어 경쟁 우위를 제공한다. 요즘 추세를 보면, 모든 고객의 접점 시스템 통합을 지원하고 확장가능한, 즉 추가적인 성능이나 사용자 등을 감당할 수 있는 정보시스템은 필수적인 요건이라 할 수 있다. 기업의 CRM 경영을 전개하기 위해 필수적으로 갖추어야 하는 역량들이 정해지면, 이를 지원할 수 있는 전반적인 기술 인프라스트럭처 내에서 구출될 시스템은 어떤 구체적인 기능들을 가져야 하는가에 대한 해답이 바로 CRM을 위해 요구되는 시스템 기능들인데 이는 CRM 수행을 기술적으로 가능하게 해 주는 것으로, 도구나 시스템의 특성 또는 기능들을 말하는 것이다. 일단 이렇게 필요한 시스템의 기능 요건이 확정되면 정보시스템의 관점에서 어떤 기술을 선정할 것인지를 정해야 한다. 예를 들면, 어떠한 종류의 하드웨어, 데이터베이스, 또는 어떤 미들웨어(middle ware)가 필요한지, 또 통계 도구와 캠페인 관리 시스템 그리고 리포팅 도구(reporting tool)는 무엇이 적합한지, 또 개인화를 위한 도구는 어느 것이 좋은지 등 모든 구체적인 결정을 내려 필요한 시스템의 기능을 갖추어야 한다.

6 CRM 프로세스

CRM 프로세스는 체계적이고 종합적인 고객정보의 수집으로부터 시작하여 고객정보의 축적, 고객정보의 분석 및 가공, 마케팅 기획 및 실행과 반응분석의 단계를 거치면서 반복되는 피드백과정이 있어야 한다. 이를 통해 지속적으로 효율 및 효과성의 개선이 가능한 CRM의 닫힌 프로세스(closed loop process)가 완성된다.

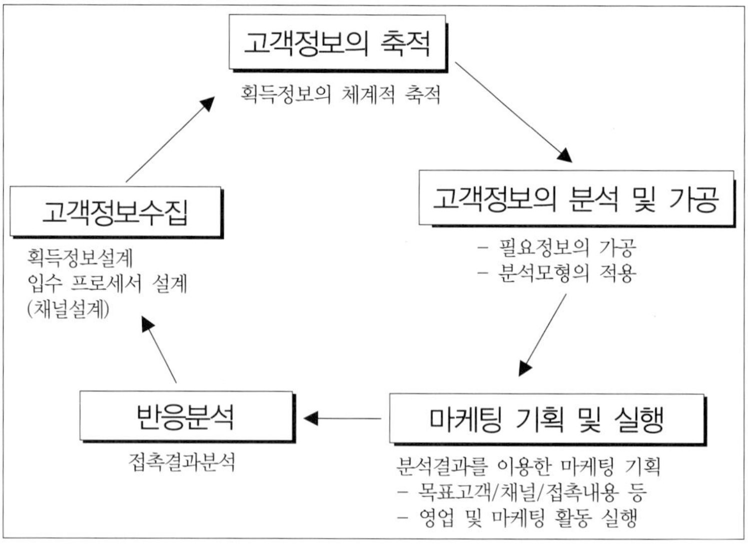

〈그림 3-11〉 CRM 프로세스

1) 고객정보의 수집

최근 기업의 채널에 급속한 변화가 일고 있다. 콜센터, 사이버 채널의 등장 및 활성화로 인해 기업을 크게 당황시키고 있다. 신 채널이 급속하게 성장하면서 빠른 속도로 기존채널이 약화되고 있는 반면 기업으로써는 미처 대비하고 있지 못하기 때문이다. 가령 전자상거래 시장의 등장은 새로운 질서에 의한 시장교환이 이루어지게 함으로써 기업이 전통적 방법으로 사업을 영위하는 데에 한계를 느끼게 하고 있다. 증권사의 경우, 사이버 채널은 기존 영업채널을 급속도로 잠식하면서 채널간 갈등이 빚어지고 있는 상황이며 또한 대규모 콜센터의 구축을 통한 Inbound/Outbound Call의 처리는 고객과의 접점을 확대함으로써 신속한 고객과의 교류를 가능하게 하고 있다.

이러한 가운데 채널 통합의 중요성이 부상하고 있다. 기업이 다양한 채널을 가지게 됨으로써 적정한 채널 포트폴리오를 통해 이익을 최대화하려는 노력이 시도되고 있는 것이다. 신 채널은 실시간 반응(real time response)을 가능하게 하고 있다. 사이버 채널이나 콜센터는 즉시성을 가지고 있어 이를 이용한 고객반응의 신속한 입수나 이에 대응한 outbound promotion을 가능하게 해준다. 이런 측면에서 신채널을 이용한 캠페인시스템의 도입은 매우 적절히 이용될 수 있을 것이다.

한편, 고객정보는 접촉채널에서 가장 쉽고 정확하게 얻을 수 있다. 대부분의 기업이 고객정보의 입수를 고객에 의존하는 경향이 있다. 가령 통신회사의 경우 고객이 가입할 때 적어내는 고객정보 외에는 추가적인 고객정보 입수활동이 빈약한 편이다. 그러나 고객을 가장 빈번히 접촉하게 되는 접점에서 고객정보를 확인하고 입수하는 체계를 구축하는 것이 더 바람직하다. 가입이후 일어나는 고객과의 접촉에서 추가적인 고객정보를 얻어낼 수 있는 체계의 구축이 필요한 것이다. 추가적인 고객정보의 획득을 위해 흔히 고객카드, 사은행사 등의 캠페인이 이용되고 있다.

다양한 채널을 통한 고객정보의 종합적 축적이 이루어져야 한다. 채널의 급속한 증가로 기업들은 채널별 정보시스템을 가지게 되는 경우가 많다. 이는 결국 전사적 고객통합의 장애요소가 된다. 어느 고객이 어떤 채널을 이용하고 있는지 알 수 없을 뿐 아니라, 자사 고객이 정확히 얼마나 되는지조차 알기 어려운 상황이 되는 것이다. 채널은 통합관점에서 재정립되어야 할 것이다.

고객정보의 입수에 있어 가장 유의할 점은 정확성에 있다. CRM 시스템에서 사용하게 될 정보의 근간이 되는 단계로써 잘못된 데이터가 입수될 경우 이후의 분석 및 활용은 오류를 범할 가능성이 높아지기 때문이다.

2) 고객정보의 축적

고객정보란 폭 넓은 개념으로 정의될 수 있는데 고객의 정보가 발생하는 경우를 구분해보면 고객자신, 고객-자사, 고객-경쟁사, 고객-환경간의 접촉에서 발생하는 정보로 분류할 수 있다. 고객정보는 이러한 영역별로 수집되고 분류되어야 한다. 현재 기업이 보유하고 있는 주요 정보는 고객의 프로화일과 거래정보에 한정되고 있다. 그러나 일반적으로 현재 국내기업에서는 고객의 프로화일이 제대로 구축되어 있는 경우는 드물다. 흔히 고객을 받아들일 때 취미, 직업 등 다양한 정보를 얻기 위한 기획을 하고 있지만, 이것이 고객확보에 악영향을 미칠 수도 있으므로 그렇게 신경을 쓰고 있지는 않다. 따라서 그만큼 부실한 정보가 입력되어 있는 것이다.

반면 거래관련 데이터는 비교적 정확히 입력되어 있다. 사업을 영위하기 위해 반드시 필요하기 때문에 잘 축적되어 있기는 하지만 축적의 관점이 상품, 채널중심적이기 때문에 고객관점으로 데이터를 추출하는 데에는 한계가 있는 경우가 많다.

고객은 기업에 있어 중요한 전략적 자산이다. 지금 당장 고객기준의 정보를 추출하기 어렵다고 해서 축적하지 않을 것이 아니라 가능한 부분부터 해나가야 한다는 것이다. 우선 사내에 있는 거래데이터를 고객관점에서 축적할 수 있는 기반을 마련하여야 할 것이며, 점차 고객 프로화일, 경쟁사, 기타 외부환경 정보까지 축적해 나갈 수 있어야 한다. 이는 물론 장기적인 기업 전략하에서 마련되어야 할 것이다.

3) 고객정보의 분석 및 유용한 정보의 발견

축적된 고객정보를 분석하여 원하는 정보를 얻기 위해서는 분석목표의 설정이 명확해야 한다. 가령 우량고객의 유지를 위해서는 고객가치 평가모형과 고객의 이탈가능성 평가모형이 필요하다. 이러한 모형의 구축은 충분한 현업부서의 의견수렴을 통한 구조분석이 선행되어야 한다.

다음으로 구조분석의 바탕 위에 적절한 분석기법을 선택해야 할 것이다. 현재 흔히 이용되고 있는 분석기법으로는 마이닝, 통계분석기법, 계량마케팅 모형을 들 수 있다. 일반적인 분석방법 기법으로는 neural network, logistic regression, decision tree, (sequential) association, clustering, discriminant analysis 등이 흔히 이용되고 있으며 판촉효과분석 등과 같이 보다 지식집약적인 분석에 있어서는 이를 위해 개발된 마케팅 모형들이 이용되고 있다.

4) 마케팅 기획 및 실행

분석된 결과를 바탕으로 하여 마케팅 활동이 필요한가를 결정하고 필요하다면 목표고객, 이용채널, 접촉시점, communication 내용 및 marketing offerings를 정의하는 것이 CRM의 마케팅 기획이다.

목표고객, 이용채널, 접촉시점, communication 내용 및 marking offerings의 선정이 임의로 이루어져서는 안될 것이다. 물론 현실적으로 객관적 분석결과 만에 의한 기획은 불가능하겠지만, 분석결과에 의해 목표고객이 선정되면 이 목표고객이 가장 선호하는 채널을 추출하고, 고객성향에 알맞은 communication 내용 및 marketing offerings의 선정이 뒤따라야 한다. 또한 가장 효과가 최대일 것으로 예상되는 시점에 실행이 이루어져야 한다.

마케팅 기획 및 실행을 위해서는 사내적으로 총괄부서가 필요하다. 개별 마케팅 활동이 상호 잠식적일 수 있으므로 전체적으로 조정해 줄 기능이 필요하기 때문이다.

마케팅 기획에서 활동에 이르기까지는 여러 부서가 개입될 수 있으므로 이의 조정도 필수적 요소이다.

5) 반응분석

모든 시스템이 공통적으로 가져야 할 특성은 진화성이다. 진화성이란 스스로 오류에 대한 수정능력을 가지고 있어야 가능한 것이다. CRM도 같은 개념을 가지고 있어야 한다. 정보의 입수, 축적, 분석, 활용에 이르기까지 일련의 체계가 처음부터 효율적, 효과적일 수 없다. 결과에 대한 지속적인 피드백을 통하여 개선되어지는 과정을 거침으로써 올바른 방향으로 변화해 갈 것이다.

반응분석은 올바른 정보가 이용되었는가, 분석결과가 타당한가, 적절한 마케팅 활동이 실행되었는가라는 측면에서 평가되어야 한다. 가장 기초적인 반응분석은 반응률이다. 반응률이 높지 않다는 것은 전체 프로세스의 어느 단계에 문제가 있다는 점을 의미한다. 그러나 단순히 반응률이 높지 않다는 점에 의해 어느 단계에 문제가 있는지를 알기는 어렵다. 고객의 반응과 관련된 정보는 접촉이유, 접촉채널, communication 내용, marketing offerings 등이다.

최선의 방법은 이러한 정보를 체계적으로 축적하여 분석단계에 반영하는 것이다. 이 정보가 누적되어감에 따라 이미 설정된 분석모형의 결과가 달라지면서 개선이 이루어질 것이다. 이에 따라 목표고객, 선호채널, 선호 communication 내용 및 marketing offerings 등의 수정이 이루어지면서 마케팅 기획의 개선이 이루어지게 된다. 이러한 과정이 반복되면서 CRM 체계 자체는 진화하게 되는 것이다.

6) CRM 프로세스 진화를 위한 고려사항

일단 CRM 프로세스가 구축되더라도 실질적으로 마케팅 성과로 연결되고 지속적으로 발전하기 위해서는 다음과 같은 사항을 함께 고려하여야 한다.

(1) 부서별 업무 정의 및 역할 분담

부서별로 발생하는 자료의 입력 책임 및 역할 분담에 대한 고려가 필요하다.

(2) 시스템 진화 계획 수립

시스템에 대한 사용자의 추가적인 요구가 있을 경우, 시스템 변화를 누가 주도적으로 추진할 책임이 있는지, 그리고 누가 이러한 시스템변화요구에 대한 협조의 책임이 있는지에 대한 계획이 있어야만 한다. 이러한 진화계획이 없다면 CRM 시스템은 현업의 요구를 충분히 수용하지 못하게 되고, 결국은 사용되지 않는 시스템이 될 가능성이 크다.

(3) 시스템 사용 보안 계획

CRM을 위한 데이터 웨어하우스에는 고객의 신상정보, 거래내역 정보 등 개인의 프라이버시를 침해할 수 있는 정보가 많이 들어있으므로 정보의 보안에 유의하여야 한다. 뿐만 아니라 임원, 기획 및 마케팅 등의 실무분석가, 현장 실무자의 등급으로 나누어 보안기준을 마련하는 것이 필요하다.

(4) 교육 및 훈련

CRM을 위해서는 OLAP, 데이터 마이닝, 데이터 웨어하우스 등을 포함하는 정보기술과 CRM 관련 마케팅 이론 등에 대한 전문지식이 있어야만 시스템을 원활히 가동하고 효과적인 마케팅활동을 전개할 수가 있다.

(5) 조직 및 프로세스 정비

전산, 마케팅, 영업부문 등 다양한 부서의 협조가 절대적으로 필요하다. 때문에 선진국의 경우에는 CRM을 전담하는 부서와 전담관리자를 임명하는 것이 일반적인 현상이다.

7 CRM 도입을 위한 10대 원칙

Cap Gemini Ernst & Youn이 CRM 프로젝트를 수행하는 동안 겪었던 경험들을 바탕으로 만들어진 CGEY의 Solution model중의 하나로 효과적인 CRM구현을 위한 10

대 원칙은 아래와 같다.

첫째, **가치기반 고객 세분화**(value segmentation)이다. 고객세분화 작업은 고객의 요구, 기호, 행동 및 경제적인 잠재가치(customer profitability 또는 customer(lifetime) value)를 기반으로 수행되어야 하는데, 이런 고객의 수익성은 마케팅, 영업 및 서비스 부문에 기업의 자원을 할당하는 의사결정 문제의 주요 기준으로 작용한다. 고객이 경제적인 가치를 기반으로 고객 세분화 작업을 수행하는 것은 기업에게 많은 수익을 제공하는 고객과 낮은 가치를 지닌 고객 사이의 차이를 평가하고 이 고객들을 차별성 있게 관리해야 함을 의미한다.

둘째, **정보기술을 활용해 고객정보를 전사적으로 공유**(institutional memory)하는 것이다. 한 고객이 기업과 접촉하는 순간, 기업내의 모든 구성원들은 고객과의 과거 상호작용이력, 의사결정 현안들 및 현존 영업기회 등의 정보를 동일한 수준으로 일관성 있게 인지하고 있어야 한다. 이것은 고객이 두 번째 방문시 최초의 방문시점의 요구사항을 반복하지 않게끔 하여야 한다는 것이다. 고객이 기업과 접촉하는 시점에 기업은 고객이 지금까지 해 왔던 모든 것을 알고 있어야 한다. 결국 고객관계의 본질은 전사적인 관점에서 다루어야 함으로 해석할 수 있다.

셋째, **고객과 협업**(collaboration)하는 것이다. 고객이 요구하는 상품 및 서비스를 단순히 제공하는 것에 그치지 않고, 제품 구상 및 설계를 포함한 제품 개발 전과정에 걸쳐 고객의 의견을 반영한다. Collaboration은 제품구상, 설계 및 그 결과물의 제공에 이르기까지 고객을 참여시키는 것이다. 고객은 그들의 요구사항이 더 많이 받아들여질수록 충성도 또한 높아질 것이다.

넷째, **효과적인 고객별 채널관리**(touch-point alignment)이다. 고객들은 기업이 제공하는 다양한 채널들을 통하여 비즈니스를 수행한다. 이러한 다양한 채널들은 고객의 요구 및 기업관점에서 평가된 고객가치에 따라 고객별로 제공되어야 하며 고객에 대한 정보가 채널간에 일관성 있게 유지되어야 한다. 기업들은 일관된 서비스, 다양한 채널 확보, 채널간 통합 등을 원하고 있다. 효과적인 채널관리 정렬, 조정은 고객의 선호도를 고려함과 동시에 채널에 대한 비용대비수익 분석 cost benefit analysis을 적용한 다음, 각 채널을 고객별로 적절히 배치하여 고객과 비즈니스 활동을 하는 것을 의미한다.

다섯째, **요청시점에서 고객의 문제해결**(One & Done)로 고객의 요구사항은 요청시점에서 즉시 처리되어야 한다. One & Done은 그동안 비즈니스에서 아마 가장 많이 간과되었던 고객관리의 주요 요소중 하나이다. 기업의 20% 정도만이 One & Done을 측정하려고 한다. 이것은 고객만족의 주요결정 요소로서 고객만족은 고객태도에 영향을 미치고, 고객태도는 고객 충성도를, 고객 충성도는 고객행동을 유발하여 매출로 이어진다. 그러나 불행하게도 기업이 고객서비스에 대해 취하고 있는 대부분의 측정기준들은 효율성과 관련되어 있다. 즉, '얼마나 제대로'가 아니라 '얼마나 빨리' 처리하는가에 초점을 두고 있다. One & Done이야말로 진정한 고객만족도 예측기준이다. 고객 서비스 상담원과 전화통화하는 경우를 생각해 보자. 상담원이 문제를 이해할 때, 도움이 되는 유용한 정보를 가지고 있을 때, 상담원이 고객의 문제를 자신의 문제로 생각하며 처리해 줄 때 그리고 전화 통화를 마치기 전에 문제해결책을 제시해 줄 때 어떤 느낌을 받게 될 것인가? 아주 대단한 감동을 느낄 것이다. 이제 기업들이 이 원칙을 조직에 적용한다면 시장에서 선두에 나설 기회가 생길 것이다.

여섯째, **실시간 정보관리를 통한 의사결정**(real-time information management)이다. 기업의 모든 직원들은 고객을 기반으로 한 의사결정 및 현안들은 신속하게 처리하기 위해서 정확한 정보에 대한 실시간 접근이 가능해야 한다. 실시간 정보관리는 right customer에 대한 right decision making(의사결정)을 하기 위해 right hands에게 right information(정보)을 제공해야 한다는 것이다. 이것은 insitutional memory와 마찬가지로 정보기술의 발전에 힘입어 상당한 진전이 이루어졌던 부분이다.

일곱째, **고객성과 측정표 마련**(customer scorecard)으로 기업 내부 직원에 대한 성과 요구사항이나 측정기준은 직관적으로 측정될 수 있는 특정한 고객행동(만족도, 충성도) 등을 유발하도록 설계되어야 한다. 이것은 직원의 성과와 고객의 행동(충성도, 고객의 평균가치)을 연결하는 매트릭스를 만드는 것이다. 기업은 모든 부분에 scorecard와 측정기준을 갖고 있지만, 주로 재무적인 성과평가기준과 측정치가 대부분이다. 그렇다면 고객에게 영향을 미치는 측정치를 충분히 갖고 있는가? One & Done을 알고 있는가? 고객만족도는 얼마나 되는지 알고 있는가? 실제로 소수의 콜센터만이 고객만족도를 측정하고 있는데, 주로 IVR(interative voice response)을 통해 고객만족도 조사를 실시하고 있으며 고객의 기대치에 서비스하고 있는지에 대한 Scorecard를 가지고 있다.

여덟째, **응용정보 시스템간 정보의 통합확보**(closed-loop precesses)이다. 이는 통합된 프론트/백 오피스 시스템은 정보와 업무흐름이 기업전반에 걸쳐 원활히 흐르게 함으로써 지속적인 고객정보와 지식의 획득을 가능하게 하여 기업의 최종적인 목표에 도달하게 한다. 프론트 오피스와 백 오피스 시스템간의 정보의 통합뿐만 아니라 프론트 오피스내에서도 정보의 누수를 막을 수 있도록 정보의 통합을 유지해야 한다. 예를 들면, 제품주문에 대한 납품 상태 및 배달위치에 대한 정보를 얻고자 콜센터에 전화문의를 한 고객에게 요청건에 대해 백오피스 시스템을 실행시키기 않은 채 프론트 오피스에서 직접 조회하여 응답해 줄 수 있다. 결국 기업내 원활한 고객정보의 흐름은 가치 누수를 막고 고객에 대한 일관성 있는 인지를 가능케 한다.

아홉째, **고객의 의견수렴 및 반영**(listening & learning posts)이다. 콜센터 및 고객서비스 상담원뿐만 아니라 기업내의 모든 직원들이 기업활동 전반에 대해 고객의 의견을 수렴하고 이를 비즈니스 프로세스의 운영활동에 반영한다. listening & learning posts는 품질, 성과, 가치에 대한 고객의 의견을 받아들이고 이를 적용한다는 취지이다. 요즘 콜센터가 없는 기업들은 거의 없다. 또한 고객에 대해 많은 지식을 갖고 있는 고객 상담원을 대부분 갖추고 있다. 그러나 고객과 기업에게 이익을 제공하기 위해 이러한 자원들의 지식을 얼마나 활용하고 있는가? 고객과 가장 많이 접촉을 하는 고객서비스 상담원으로부터 여러 가지 의견을 수렴하여 이를 신제품개발 및 각종 운영활동에 반영해야 한다.

열번째는 **라이프 사이클에서 형성된 고객의 경험관리**(customer experience management)이다. 기업은 고객에 대한 모든 채널을 구성한 다음, 단순한 제품 및 서비스 전달로 그치는 것이 아니라 고객이 일관되게 느끼고 있는 고품질의 경험까지 전달하려 하여야 한다. 이것은 기업과 고객 사이에 가능한 모든 접점을 연결하고 고객이 고객의 라이프 사이클에서 인지한 대로 일관되고 품질 높은 경험을 제공하려는 시도로 이해하면 된다.

오랫동안 비즈니스 프로세스 재설계 등과 같이 기업관점에서 기업의 내부 최적화를 진행해 왔다. 그러나 고객관점에서 또는 고객과의 상호작용 관점에서 고객이 기업과 어떻게 상호작용하고 있는지에 대해서는 관심을 갖지 않았다. 즉, 고객입장에서 제품에 대한 관심 및 구매의도에서 구매와 서비스 및 재구매에 이르기까지 고객이 기업과 상호작용하는 모든 단계와 그 접점을 찾아내고 그 속에서 나타나는 고객의 요구, 선호도를 파악하여 고객별 적절한 채널과 비즈니스 프로세스를 마련하는 것이다.

이러한 CRM도입을 위한 10대 원칙을 지켜가면서 일반적으로 CRM프로젝트를 성공적으로 이끌기 위해서는 다음과 같은 요소들을 가지고 있어야 한다.

▷ 단위 및 기능조직 전반에 걸쳐 서로 CRM에 대한 비전을 나누고 협동하며 필요에 따라 힘을 위임해야 한다.
▷ CRM지원을 위한 운영적 요구사항들을 정의해야 한다.
▷ 자원과 이니셔티브를 조화하여 최적화해야 한다.
▷ 고객중심의 인프라스트럭처, 퍼포먼스 관리/측정 그리고 보상에 대하여 강조해야 한다.
▷ 단기 재무목표에 대한 중요성을 감소시킨다.
▷ 변화에 대한 기획 및 관리를 강조해야 한다(Orade Korea Magazine 2000. 9월호).

8 CRM 구현 조건

1) CRM의 성공요인 2)

CRM을 도입하는 기업은 기업마인드, 기업특성, 유사산업의 동향 등을 분석하여 도입 가능성을 검토하고 다음 몇 가지를 고려하여 전략을 수립하여야 한다.

(1) 기업의 근본적 자세변화

CRM을 성공적으로 도입하기 위해서는 명확한 전략부터 설정해야 한다. CRM은 정보시스템 구축이 아닌 전사적 전략과 마케팅 부문 재설계에서 접근하여야 한다. 단순히 업무 프로세스나 관행의 변화 없이 단순히 정보 시스템을 도입하게 되면 CRM 도

2) 박상민, 고객의 생애가치증대를 위한 CRM마케팅 방안에 관한 연구, 한남대 경영산업대학원, 2008. pp.25-28.

입은 실패로 끝나게 된다.

CRM고객 데이터 축적과 관리도 중요하지만 "분석된 데이터를 어떻게 해석하고 활용할 것인가"에 보다 많은 관심을 기울여야 한다. CRM의 성공을 위해서는 일부 부서만이 아닌 전사적 지원으로 협력하여야 하며 조직과 프로세스 그리고 IT가 모두 고객중심으로 전환되어야 한다.

CRM의 핵심기반이 데이터웨어하우스인 관계로 IT부서의 역할이 크기는 하지만 프로젝트를 이끌어 가는 주체는 마케팅 부서여야 한다. IT부서가 주체가 되면 비즈니스 요건 보다는 데이터 정리에 더 신경을 쓰게 된다.

(2) 기업의 특성에 맞는 차별적 접근

CRM을 도입하려는 기업은 고객이 어떠한 특성을 가지고 있는가를 파악하여 고객정보의 확보방법이나 고객의 접점 등 기업별로 자신의 업종과 능력에 맞는 CRM을 도입하여야 한다.

금융이나 통신업처럼 고객과 직접 접점을 만들며 풍부한 정보를 확보 할 수 있는 산업의 경우 고객의 데이터웨어하우스가 확보된 상태에서 CRM을 구축하는 것이 가능하나 전자제품이나 의류품의 경우 대리점이나 백화점에서 많이 발생하기 때문에 본사 중심의 CRM 구축은 실패 가능성이 높다.

(3) 결과의 성급한 기대 금물

CRM의 도입은 아직 국내기업이나 고객들 모두 의식과 관행에서 벽을 넘어야 한다. 고객이 정보공개를 꺼려하거나 종업원에 의한 고객정보 유출을 우려 등 신뢰 정착에 시간이 걸리고 CEO의 CRM에 대한 인식도 부족하며, 노하우와 역량을 가진 전문인력 풀(Pool)도 많지 않다. CRM이 반드시 대규모 데이터베이스와 첨단 IT기술을 필요로 하는 것은 아니다. CRM은 자료의 축적과 시행착오가 필요하므로 장기적으로 꾸준히 추진하되 이익창출을 감안, 초기부터 기업성과로 연결하는 실용적 자세를 견지하는 것이 필요하다.

(4) 지속적인 고객관계 유지

CRM 도입을 고객의 중요성을 재인식하는 계기로 활용하여야 한다. CRM의 도입은 효율적인 고객관리, 매출증대 등의 표면적 성과 외에 기업이미지 제고, 프로세스 혁신, 종업원의 의식변화 등이 가능하며 기업은 고객의 의도까지도 만족시켜야 하며 이는 CRM을 통해서만 가능하다.

기업은 실시간으로 다양한 채널을 통하여 고객과의 대화를 계속함으로써 최신의 고객 및 시장정보를 획득할 수 있다.

그러나 지나친 고객선별과 차별 대우는 일반고객에게 소외감을 느끼게 하므로 역차별을 받는다는 인식을 갖지 않도록 채널구분, 전반적 서비스 개선 등에 중점을 두어야 한다.

2) CRM 계획에 있어서의 8가지 핵심성공요소[3)]

(1) 구조적인 프로세스는 CRM의 모든 단계를 이행하는데 핵심이 된다.

이는 외부 컨설턴트를 요구하는 것과 같다. 이럴 경우는 비용이 너무 많이 드는 단점이 있다.

(2) 기업의 비즈니스 프로세스의 변화는 새로운 도전이다.

특히 많은 조직들은 현존하는 프로세스가 부족함을 인지하게 된다. 새로운 프로세스는 고객에 대한 가치를 향상시키게 된다.

(3) 문화는 CRM의 중심원칙으로 알려져 있다.

많은 회사는 이미 그들의 고객에 대해서 알고 구매패턴과 행동을 알 수 있다. 역으로 고객을 잘 아는 것은 현재의 문화를 잘 파악하는 것이라고도 할 수 있다.

(4) 고객 중심주의로의 변화는 고객의 이익과 LTV를 추정할 수 있게 한다.

고객정의는 이러한 퍼포먼스 지표가 포함되어지길 요구한다. 이러한 LTV를 높임으로써 평생고객 확보가 가능하게 된다.

(5) 정보기술은 CRM 요소들을 지원하는 데 중요한 역할을 한다.

CRM을 성공적으로 이끌기 위해서는 비즈니스 문제를 해결하기 위한 비즈니스 계획과 이를 구체적으로 시행하기 위한 IT시스템이 중요하게 작용한다. 이러한 IT시스템에서는 CRM전략을 효과적으로 수행하기 위해서 필요한 데이터를 정

3) 자료 : Developing and Implementing a CRM Strategy, Business Intelligence

의, 이를 통한 정보의 제공 및 분석을 위한 통합 고객 데이터베이스 구성방안과 분석 툴의 적용방안을 제시하며, 각 영역별로 도출된 개선과제의 효과적인 실행을 수행하게 된다.

(6) 세분화 마케팅은 모든 마케팅 캠페인이나 상품들이 각각의 개별 고객에게 가장 적합하도록 이루어진다는 면에서 이상적인 마케팅 캠페인이라고 할 수 있다. 따라서 대게 개별 고객과의 관계 형성이 용이한 산업분야에 적용되며, 상품이 특정 고객을 보다 만족시킬 수 있도록 차별화가 가능할 경우에 언제든지 활용가능하며 고객은 상대적으로 개별화된 서비스를 얻을 수 있게 된다.

(7) 전사적인 통합 프로세스는 성공적인 CRM을 이루는 데 중심이 된다. 새로운 고객중심 문화에서 상품을 구매하고 전달하는 것은 사람이며, 프로세스의 수행과 실행은 통합된 팀을 만드는 데 있다는 것 또한 강조할 점이다.

(8) CRM실패의 일반적인 원인은 고객중심의 프로세스와 기존 문화와의 충돌, 실행의 부족, 외부 벤더와 내부적인 IT환경의 어려움, 잘못된 가정을 이용하는 데 있다. 따라서 이러한 문제들을 고려하여 CRM을 기획, 실행한다면 성공적인 효과를 얻을 수 있게 될 것이다.

3) CRM의 실패요인

CRM을 도입하기 위해서는 성공적 필요한 요건 외에 실패요인에 대해서도 검토해 볼 필요가 있다. 조직구성원이 CRM에 대한 전략을 각각 저마다 다르게 정의하고 있다면 성공적인 CRM 도입은 어렵다고 볼 수 있다. 또한 내부 조직 구성원들을 초기부터 프로젝트에 참여시키지 못하는 것도 CRM의 실패요인 중 하나다.

고객에 대한 수익성, 충성도, 가치 중에서 어느 것이 중요한지 구별하고 명확히 정의 내리는 것도 중요하다. 어디에 초점을 맞추느냐에 따라 고객이 다르게 구분되기 때문이다.

CRM시스템을 자체적으로 구축하지 않고 아웃소싱 하는 경우도 있다. 그러나 CRM의 아웃소싱은 전사적인 CRM 전략에 대한 명확한 정의가 없고 직원들을 동참시키지 못하며 수익, 충성도, 가치 중 어떤 것이 중요한지 정의 내리지 못한다. 또한 비즈니스 프로세스를 변화 시키지 못하고 고객정보가 분산되는 등 기업의 중요한 사항을 간과하기 쉬우므로 이에대한 충분한 검토가 필요하다.

9 CRM의 기대효과와 제한점

1) CRM의 기대 효과

CRM활동을 통해 기업들이 얻을 수 있는 기대 효과는 고객점유율 증대를 통한 수익성 향상, 효과적 DM, TM을 통한 마케팅 효율성 제고 및 지속적 고객 커뮤니케이션을 통한 만족도 향상 등을 들 수 있다. 이러한 CRM의 기대 효과는 기존사업의 성과 향상과 신규 사업의 진출시의 유리함으로 나누어 볼 수 있다.

(1) 기존 사업의 수익 향상

CRM을 통한 장기적 관점의 기존 사업 성과 향상은 매출 증대와 비용 감소에 의해 달성된다. 매출 증대는 다시 고객 수 증대와 고객 생애 가치 제고로 나누어 볼 수 있고, 비용 감소는 고객 확보 비용 감소와 유지 비용 감소로 나누어 볼 수 있다.

① 고객 수 증대

고객 수 증대는 바로 CRM의 고객 확보 활동에 의해 달성 가능하다. 즉, 잠재적 고객에 대해 일대일로 접근하여 신규 고객화함으로써 고객 수를 증대시킬 수 있다. 이때 외부의 잠재 고객 데이터베이스를 직접 취득하는 것은 법적으로 금지되어 있기 때문에, 잠재 고객 데이터베이스를 보유한 기업과의 제휴를 통한 고객 확보가 현실적으로 가능한 대안일 것이다.

한편, 기존 고객의 권유를 통한 신규 고객 확보도 생각해 볼 수 있다. 신규 고객을 추천하는 기존 고객에게 특별한 보상을 한다면 신규 고객 확보가 보다 용이해질 수 있다. 또 그렇게 하지 않더라도 자사에 대해 로열티가 높은 고객이라면 주위 사람들에게 자사 상품을 권유할 가능성이 높을 것이다. 즉, 효과적인 기존 고객 관리는 신규 고객 확보로 이어질 수 있다.

또한 고객 수를 늘리기 위해서는 적극적으로 고객을 확보하는 활동도 필요하지만, 기존의 고객을 잃지 않고 잘 관리하는 활동도 중요하다.

② 고객 생애 가치(LTV) 제고

기존 사업의 성과 향상에 가장 큰 영향을 미치는 것은 고객의 생애 가치(LTV : life time value)이다. 고객 생애 가치라는 것은 고객 한 사람이 죽을 때까지 자사의 상품만을 구매한다고 했을 때의 매출액 혹은 이익을 의미한다. 이러한 고객의 생애 가치를 높이기 위한 구체적 방법으로 교차 판매, 추가 판매, 고객 유지의 3가지 핵심활동이 필요하다.

첫째로, 고객의 거래 건수를 늘리기 위해서 교차 판매 활동이 필요하다. 교차 판매는 고객이 기존에 구매한 품목 이외의 새로운 상품을 구매하도록 유도하는 활동이다. 따라서 교차 판매가 성공하게 되면, 고객은 자사의 상품 구매 빈도가 높아지게 된다. 예를 들어 자사의 인터넷 사이트 혹은 오프라인 매장에서 비누 같은 생활용품만 구입하던 고객에게 야채 같은 식품도 구매하게 하면 고객 1인당 생애 가치는 늘어날 것이다.

둘째로, 거래 단가를 높이기 위한 추가 판매 활동이 필요하다. 추가 판매는 특정 카테고리 내에서 상품 구매액을 늘리도록 유도하는 활동이다. 예를 들어 5000원짜리 돈까스를 즐겨 먹는 고객에게 3만원짜리 스테이크를 먹게 하면, 레스토랑 입장에서 고객 1인당 생애 가치는 늘어날 것이다.

셋째로, 거래기간을 늘리기 위해서 고객 유지 활동이 필요하다.

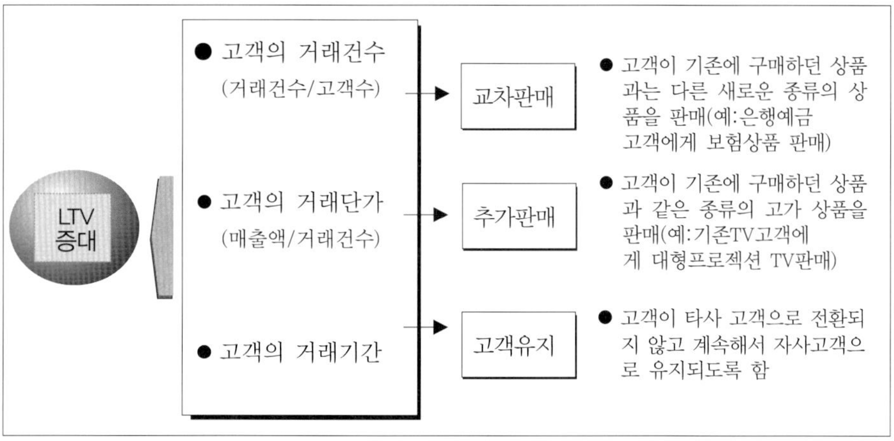

〈그림 3-12〉 LTV제고를 위한 핵심적 활동

③ 고객 확보 비용 감소

CRM을 실행하게 되면 고객 확보 비용이 감소하는 이유는 3가지이다.

먼저, CRM은 수익 창출의 패러다임을 고객의 양적 증대가 아니라 질적 성장으로 본다. 따라서 과다한 경품이나 광고를 통해서 신규 고객을 확보하려는 움직임에 제동이 걸리게 되며, 그에 소요되는 비용도 감소하게 된다.

다음으로 신규 고객을 확보한다고 하더라도, CRM은 e-메일이나 제휴 마케팅과 같은 방법을 이용하여 고객에게 일대일로 접근하게 되므로, 불특정 다수를 대상으로 광고하는 것에 비해 고객 1명을 확보하는 데 소요되는 비용이 줄어들게 된다. 물론 이는 일대일 마케팅이 효율적으로 실행되었을 때의 얘기다. 목표 고객 선정이나 고객별 니즈 대응이 적합치 않을 경우 일대일 마케팅은 매스 마케팅에 비해 비효율적일 수도 있다.

마지막으로 잠재 고객 데이터를 분석해 우량 고객이 될 만한 성향을 지닌 잠재 고객을 찾아낼 수 있는 경우, 엉뚱한 고객에게 접근할 때 발생할 수 있는 마케팅 자원의 낭비를 예방할 수 있다.

④ 고객 유지 비용 감소

CRM은 모든 고객이 평등하지 않다는 생각에서 출발한다. 따라서 돈이 되거나 될 가능성이 있는 고객에게는 더 많은 혜택을, 그렇지 않은 고객에게는 적은 혜택을 주게 된다. 그 결과 수익성이 낮은 고객의 유지 비용을 절감하게 됨으로써 매출액당 유지 비용이 낮아지게 된다.

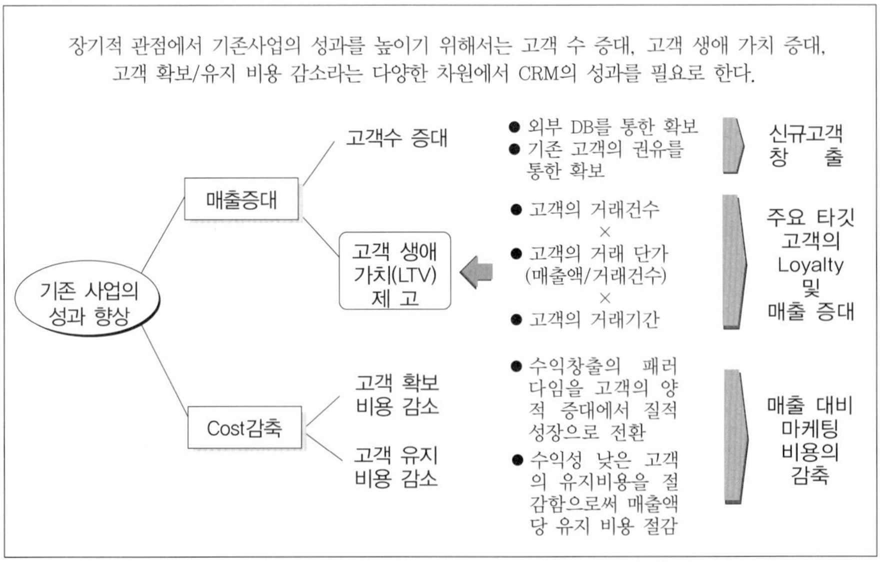

〈그림 3-13〉 기존 사업에서 CRM 도입의 기대 효과

(2) CRM을 통한 신규 사업 진출

CRM의 기대 효과 중 또 다른 하나는 신규 사업 진출이 용이하다는 점이다. 신규 사업 진출도 CRM의 범위 중 고객 개발 차원에서 생각해 볼 수 있다. 이전까지 신규 사업 진출이라면 기존 사업과 기술 혹은 생산 공정의 연관성이 있는 사업으로 수평적으로 진출하거나, 산업의 계열화를 축으로 수직적으로 진출하는 것이 대부분이었다. 그러나 CRM을 통한 신규 사업 진출은 고객의 로열티 및 고객의 니즈에 기반을 둔다.

〈그림 3-14〉 CRM을 통한 신규 사업 진출의 개념도

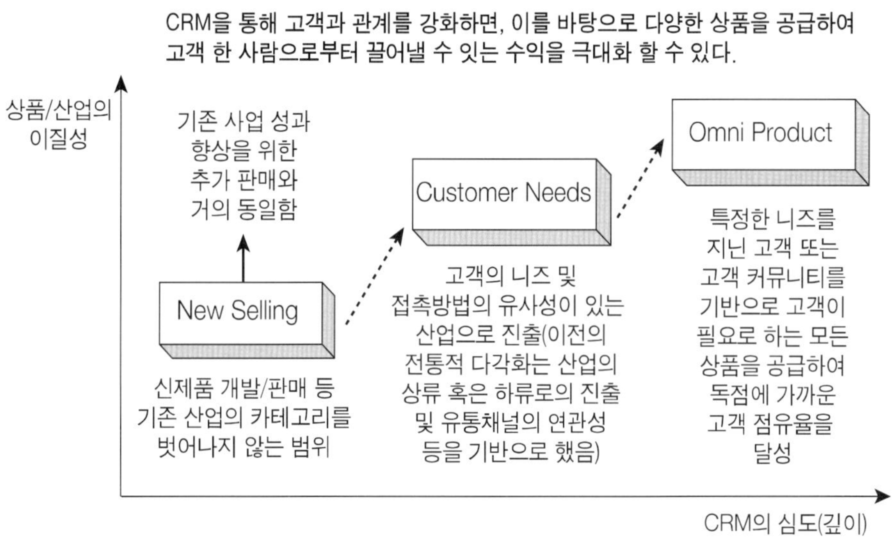

이 외의 기대효과를 정리해보면 다음과 같이 요약될 수 있다.

① 우량 고객의 충성도 제고 및 이탈 방지를 통한 수익성 제고

② 휴면 고객의 활성화를 통한 수익성 제고

③ 가망 고객 관리를 통한 신규 판매 증대

④ 교차 판매, 연계 판매를 통한 추가적 판매 기회의 발견

⑤ 고객 세분화를 통한 고객별 타겟 마케팅 실시로 반응율 제고 및 DM, TM 비용 절감

⑥ 고객 유형별로 최적의 제품, 서비스 제공 및 차별화된 커뮤니케이션 실시

⑦ 고객별 수익 기여도 측정 및 위험도, 신용도 평가

⑧ 이탈 고객의 예측 및 대응
⑨ 적자 고객의 발견 및 대응
⑩ 콜센터를 통한 고객 불만 처리 및 고객 서비스 개선

2) CRM의 제한점

CRM 활동을 통해 기업들이 얻을 수 있는 긍정적인 기대효과는 앞 절에서 설명한 것처럼 많은 효과를 얻을 수 있다. 그러나 이에 반해서 CRM투자에 대한 부정적인 견해도 많이 있다. 이러한 CRM투자의 제한점을 설명하면 다음과 같다.

첫째로, **CRM에 투자되는 비용이 방대하다**는 점이다. 이렇게 CRM투자에 드는 비용이 커다란 걸림돌이 된다는 것은 바꾸어 생각하면 그만큼 그 투자대비 효과에 대한 불확실성이 크다는 것을 말한다. 왜냐하면 만일 투자대비 효과가 확실하다면 기업은 CRM에 드는 투자비용이 아무리 많다 하여도 이를 기꺼이 감당하고도 남을 것이다. 그러나 여러 가지 변수가 많고 설사 모든 외형적, 기술적 준비를 다 갖추었다 하더라도 실행상의 문제점이 CRM투자 대비 효과를 저하시킬 수도 있기 때문에 기업의 최고 경영진의 결정이 쉽지 않은 것은 당연하다. 더욱이, CRM실행이 기대에 못 미치는 결과를 가져온 경우도 관찰되기 때문에 CRM투자비용에 관련한 회임투자 효과가 자주 거론되고 있다.

둘째로, **데이터 통합의 어려움**이다. 많은 기업들이 과거에 데이터베이스, 또는 데이터웨어하우스를 구축할 때 장기적 안목으로, 또는 CRM을 염두에 두고 만든 것이 아니었다. 그러므로 단기간 동안 CRM을 위한 시스템으로의 전환을 꾀한다는 것은 사실상 불가능한 일이다. 많은 기업의 경우, 기존에 있던 레거시 시스템(legacy system)은 여러 형태나 모습으로 어떤 기준이나 호환성이 없이 편재되어 있는 실정이다. 그런데 데이터의 통합은 여러 가지 현존하는 데이터 원천으로부터 이동시켜야 하고, 비관계형 데이터베이스(flat database) 구조로 인한 여러 가지 제약을 새로운 기준이나 형태로 변화시켜야 한다. 그러므로 이러한 데이터의 통합을 위해 필요한 모든 일들은 많은 시간, 인력, 그리고 비용이 소요되므로 만만치 않은 작업으로 커다란 어려움이 되고 있는 실정이다.

셋째로, **고객 데이터의 질에 대한 우려**이다. CRM을 위한 하드웨어, 소프트웨어, 그

리고 필요한 시스템이 모두 갖추어졌다고 하더라도 거기서 얻는 데이터가 형편없다면 유용한 영업정보를 얻기는 거의 불가능하다. 훌륭한 기술적인 인프라스트럭처에 아무리 좋은 계량적 기법을 사용한다 하더라도, 질이 좋지 않은 데이터를 투입하면 무의미한 결과를 가져올 것은 뻔한 일이다. 또한, 실제로 데이터가 존재한다 하더라도 데이터 현재성의 문제도 중요하다. 많은 개별 고객 데이터가 오래되어 현재의 사실을 반영하지 못하는 경우도 많다. 예를 들면, 고객의 거주 지역이나 주소, 결혼상태, 자녀수, 소득 수준, 직업 등 고객의 인구통계 데이터는 자주 바뀌므로 데이터가 쉽게 현재성을 잃게 되어 관련성을 잃은 데이터가 될 수 있다. 이런 면에서도 데이터의 질을 평가해야 하므로 사실 데이터의 질에 대한 염려는 생각보다 더욱 심각할 수 있다. 여하튼, 유용한 고객정보를 얻기 위해 엄청난 투자를 하는데, 이러한 데이터의 질에 대한 회의가 CRM추진에 큰 걸림돌이 되는 경우가 적지 않다.

넷째로, **CRM과 관련하여 새로이 도입되는 실천 프로그램에 대한 내부저항이 또 하나의 걸림돌이 될 수 있다.** 이러한 내부저항은 여러 가지 모습으로 나타날 수 있다. CRM은 분명 급속히 진행되는 패러다임 변천으로 볼 수 있지만, 아무리 좋은 장점이 있다고 하더라도 자신에게 익숙한 모든 시스템이나 프로그램을 포기하고 새로운 것을 받아들여 단기간 동안 익힌다는 것은 쉬운 일이 아니다. 특히 컴퓨터나 기술적인 응용이 익숙하지 않은 사람의 경우에는 기술 주도의 CRM이 가져오는 변화가 두려움으로 다가올 수 있다. 이러한 CRM 추진에 대한 내부저항은 계몽적인 교육과 적절한 훈련을 통해 극복되어야 할 문제이다. 하지만, 이보다 더 극복하기 어려운 내부저항 요인은 기업 내부의 정치적인 갈등이다. 엄청난 비용을 들여 새로운 시스템을 운영하는 사람이나 부서는 기업 전체의 이목이 집중되지만, 그 외의 부서는 상대적으로 위축되거나 심지어는 축소되어 반목을 사는 경우를 종종 볼 수 있다. 이러한 기업 내부의 여러 저항 요소들은 CRM 도입 추진의 발목을 잡는 큰 걸림돌이 될 수 있다.

다섯째로, 위의 모든 것을 포함하여 가장 중요한 문제는 다름 아닌 **CRM이 의미하는 것에 대한 혼동**이다. 이미 우리는 CRM의 정의를 내린 바 있다. 그러나 여기서 내린 CRM에 대한 정의가 모든 기업에서 각 부서에 동일하게 적용될 수는 없다. CRM은 기업의 내부 상황과 시장의 환경에 따라 기업마다 다르게 적용시켜야 하기 때문이다. 어느 기업에게는 CRM이 고객을 계속 추적하여 상품을 팔고 개인화된 다이렉트 메일을 보내는 것 등을 의미할 수도 있다. 또 다른 기업에게는 CRM이 더욱 넓은 의미로 판매, 고객 서비스, 그리고 여러 마케팅 활동을 포함하는 고객 접촉관리를 의미하기도 한다. 때론 판매, 서비스, 마케팅 등 고객과의 상호작용뿐 아니라 상호작용을 지원하는 데이터분석, 영업프로세스, 조직의 관리, 기술과 인프라스트럭처 등의 분야를 포함하는 광범위한 의미로 받아들여질 수도 있다.

그러므로 많은 기업들은 자사의 상황에서 CRM이란 무엇인가를 질문하고 상황에 맞는 정의와 목적을 찾아야 한다. 더욱이 CRM이 기술에 의해 주도되는 한, 기술의 발전에 따라 CRM의 정의가 진화할 수 있고 시간에 걸쳐 동적으로 변화할 것이라고 예상된다. 이 같이 다양한 사람이, 다양한 의미로 CRM을 혼용하고 있는 현 상황에서 CRM에 대한 투자 결정을 놓고 세부 사항을 계획하려는 기업에게는 커다란 혼돈이 야기될 수 있다.

마지막으로, 이 외에도 CRM 투자나 추진에 걸림돌이 되는 것들은 다음과 같다. 전사적으로 연결하여 정보를 공유하려는 것이 얼마나 실현될 수 있는가의 문제, 정보공유에 대해 조직이 가지고 있는 부정적인 시각, 조직 내부의 숙련 정도나 역량 문제, 마케터의 분석 능력이나 전략적 활용 능력 부족에 대한 우려, CRM에 대한 비현실적인 기대감, 최고경영진의 미래를 내다보는 직관이나 비전의 결여 등을 들 수 있다.

Chapter 4

CRM의 고객분석

1. 고객분석
2. 신규고객의 획득
3. 기존고객의 유지
4. 고객이탈
5. 고객세분화
6. 고객만족
7. 신뢰
8. 고객충성도

1 고객분석[1)]

1) 고객데이터

고객 데이터는 먼저 내부 데이터와 외부 데이터로 나눌 수 있다. 내부 데이터는 다시 기초 인적 데이터와 접촉/거래 데이터, 조사 데이터 등으로 나눌 수 있다. 기초 인적 데이터의 대표적 사례는 가입신청서에 기재된 데이터이다. 오프라인 기업의 경우 상거래 모델은 회원가입을 거래의 전제조건으로 하는 경우도 많다. 기초 인적 데이터는 매우 중요하지만, 쉽게 확보하기는 어려우며 기초적인 데이터만으로 고객의 행동을 설명하거나 예측하기는 쉽지 않다. 접촉/거래 데이터는 고객과 기업이 거래하거나 그밖의 접촉을 했던 기록을 의미한다. e-비즈니스의 경우 고객이 언제 자사 인터넷 사이트에 접촉했는지, 사이트 내에서 어떤 웹 페이지나 항목에 관심이 있었는지, 어떤 불만이나 문의를 제기했는지 등의 정보를 쉽게 얻을 수 있다. 오프라인 사업인 경우 고객의 주문이력, 금융거래내역, 매장에서의 POS(Point of Sale)자료 등의 접촉/반응 데이터가 있다. 또 콜센터를 통해 문의/불만 데이터를 입수할 수 있으며, 애프터서비스(After service) 활동을 통한 데이터의 수집도 가능하다.

조사데이터는 소비자의 성향과 추세를 파악하는 등의 특정 목적을 위하여 설문지 방법을 통한 데이터를 의미하며 패널을 통한 데이터 역시 이에 포함된다.

직접 입수 데이터란 고객의 동의를 얻은 전문 고객 데이터 공급업체로부터 구입한 데이터를 의미한다. 제휴활용 데이터란 다른 회사가 보유하고 있는 고객 데이터를 간접적으로 활용할 수 있는 경우를 말한다.

다양한 경로를 통하여 수집되는 고객 데이터를 통합하여 유지하는 것은 매우 어려우면서 중요한 사항이다. 데이터의 원천에 따라 포함하고 있는 고객 정보의 특성이 다르므로 통합된 데이터베이스를 활용한 고객 행동 분석 및 예측은 CRM의 필수적 요소이다.

1) 김재경, e-비즈니스 시스템, 율곡출판사, 2004, pp.216~224.

〈표 4-1〉 고객정보

고객정보 분류		개요	데이터 항목의 예
개인정보	신상정보	다른 사람과 구별되는 개인의 기본 신상 정보	주민등록번호, 성명, 주소, 전화번호, 취미, 종교, 학력, 우편물 수령지, 결혼여부 등
	재정정보	고객의 경제적 상황을 파악할 수 있는 정보	연소득, 직장, 직위, 종합소득세, 주거년수, 직무, 직업군, 평수, 차량소유여부 및 보유종류 등
	접촉정보	다양한 접점을 통한 회사와 고객과의 접촉 이력 정보(상품 오퍼(offer) 혹은 캠페인에 대한 응답 정보 포함)	접촉일자, 접촉방법, 불만 및 문의사항, 캠페인 응답정보, 연체사유, 이탈사유, 예납사유
	선호정보	고객의 선호도를 파악할 수 있는 정보	선호채널, 선호 시간대, 선호상품, 상품사용 이유, 상품/채널관련 만족도
	신용정보	내·외부적으로 일정 기준에 의해 산정된 고객의 신용정보	행동평가점수, 외부신용등급 등
	거래정보	고객과 회사와의 거래와 관련된 정보	최소 거래일, 거래내역, 금액 등
세대정보	세대정보	고객의 가족사항과 관련된 정보	가족 수, 맞벌이 여부, 배우자 주민등록번호, 가계소득, 가계생활비, 세대부, 취학아동수 등

자료 : 김재경, "실시간 경영을 위한 e-비즈니스 시스템", 율곡출판사, 2004, p.216.

2) 고객 평가

기업에서 CRM을 수행하기 위해 우선적으로 이행되어야 하는 작업 중 하나가 기업에 수익성이 높은 고객을 선별하는 작업이다. 유한한 자원을 가지고 최대의 이익을 추구해야 하는 기업의 입장에서 볼 때, 모든 고객의 요구에 대응하는 것은 불가능하다. 따라서 각 고객의 가치를 평가하고, 이에 따라 기업에 많은 가치를 주는 고객에게 우선적으로 자원을 할당하는 자원 할당의 요구에 대응하는 것은 불가능하다. 따라서 각 고객의 가치를 평가하고, 이에 따라 기업에 많은 가치를 주는 고객에게 우선적으로 자원을 할당하는 자원 할당의 최적화가 필요하다. 이러한 관점에서 기업이 우선적으로 추진해야 할 과제 중 하나로 과연 우리의 고객 중 어느 고객이 수익성이 크고, 자원의 집중과 차별화를 꾀해야 할 고객인가 판단해야 한다. 이러한 원리에 근거하여 기업들은 고객을 정기적으로 가치 평가하고 마케팅, 영업자원을 차별적으로 배분하여 효율을 높이고 있는지, 또한 기존의 전략 거래선 및 우수 고객일지라도 장기적인 수익성을 보장할 수 있는 고객지원체계를 지원하고 있는지 재검토해 볼 필요가 있다.

우선적으로 고객가치 평가체계의 재정립이 선행되어야 한다. 고객을 평가할 수 있는 관점은 다양하다. 따라서 고객 평가를 어떠한 관점에서 어떠한 척도로 평가할 것인지에 대한 판단이 내려져야 한다. 과거 기업과 거래했던, 잠재적 수익가능성, 성장가능성 등의 현재와 미래의 수익성과 기업과의 장기적 관계 형성 및 유지 가능성의 관점을 두루 고려하여 평가된다.

흔히 쓰이는 평가척도 중 특정고객의 매출액이나 순이익, 거래기간 등을 고려하여 기업에 얼마나 많은 수익을 가져다주는지를 나타내는 수익성 점수(Profitability Score)가 있다. 그리고 고객에게 투자된 자산에 대해 고객으로부터의 이익을 계산하는 CRA(Customer Return on Asset)가 있다. CRA는 높은 이익을 제공하는 고객군 또는 서비스에 대한 관리를 통해 효율적인 고객 관리비용의 분배를 가능하게 한다.

한편 불량고객을 판별하기 위한 척도인 리스크 점수(Risk Store)가 있다. 이는 은행의 대출 고객 중 연체 및 채무 불이행율이 높은 고객과 통신업체 고객 중 상습적으로 요금을 체납하는 고객, 인터넷 서비스 업체의 회원 아이디(ID)를 중복 사용하는 고객, 온라인 판매상품에 대하여 상습적으로 반품하는 고객 등이 여기서 말하는 불량고객에 해당한다. 이들 고객은 기업에 부당하게 손해를 줄 가능성이 높은 고객으로 수익성 높은 고객으로 특별히 관리하듯이 다른 고객들과 차별적인 관리가 필요하다.

2 신규고객의 획득

1) 가망고객의 개념

기업의 고객은 특정시점에서 거래관계가 있느냐 없느냐에 따라 기존고객과 가망고객으로 구분되어질 수 있다. 기존고객은 기업에 있어 현재 거래상태에 있는 고객으로서 유지 및 가치증진의 대상이며, 가망고객은 현재 거래상태에 있지는 않으나 기업의 지속적 성장을 위해 확보해 나가야 할 대상이다.

가망고객은 폭넓은 정의를 가질 수 있다. 지구상의 인류전체가 가망고객일 수도 있고, 단지 기업이 현재 제공하고 있는 상품 또는 서비스의 목표고객 중 기존고객이 아닌 고객들로 정의될 수도 있다. 기업으로서는 고객의 개념에 대해 단계적 접근이 필요할 것이다. 단기적으로는 보다 명확한 대상을 가망고객으로 정의하여야 현실적인 영업 및 마케팅 계획의 수립 및 실행이 가능할 것이며, 장기적으로는 회사가 지향하는 바와 부합되는 고객에 대한 정의를 가지고 있어야 보다 전략적인 마케팅을 추진함으로써 지속적인 성장이 확보될 것이기 때문이다.

가망고객에 대한 정의는 기업의 입장에서 볼 때 매우 중요하다. 가망고객을 현재까지 자사와 어떤 형태의 접촉도 없었던 고객으로 정의할 경우 기업이 이 가망고객을 확보할 수 있는 방안은 통상적인 방법인 매스마케팅이다. 광고, 불특정 다수를 향한 캠페인 등 고객 개개인을 지향하기보다는 특정 그룹 또는 전체 고객을 대상으로 한 마케팅 자원이 투입될 수밖에 없다. 고객 개개인에의 대응이 중요해지고 있는 현실여건에서 기업이 가지고 있는 자원을 비효율적으로 사용하게 되는 것이다. 이러한 접근이 과거의 방법이었다. 그러나 기업이 보유하고 있는 기존고객의 성향정보를 체계적으로 분석하여 반응률이 가장 높을 것 같은 목표고객을 설정하고 가장 적절한 채널을 통한 고객확보 캠페인의 실시가 이루어진다면 보다 효율적이고 효과적인 결과를 줄 것이다.

한편 최근에는 가망고객정보를 직접적으로 확보하는 마케팅이 부상하고 있다. 과거 영업사원들이 수첩에 가지고 있던 가망고객정보와 같이 기업 전체적으로 체계적인 가망고객정보의 수집 및 관리를 통하여 효과적인 영업 및 마케팅 활동을 하기 위해서이다. 현재 가망고객정보의 확보를 위해 이용되고 있는 방법으로 사업제휴를 통한 고객정보 공유, 고객리스트 확보를 위한 캠페인의 실시, 고객정보 확보를 위한 고객우대 마케팅 프로그램의 실시 등이 있다. 물론 보다 음성적으로는 고객리스트의 구매 등으로 나타나기도 한다.

제휴를 통한 고객정보의 획득은 중요하다. 가령 카드회사, 은행, 증권사 등이 서로 고객정보에 대한 제휴가 가능한 경우 참여기업은 새로운 고객에 대한 정보를 입수할 수 있을 뿐만 아니라 각 고객의 금융거래 형태에 대한 정보를 추가적으로 입수하게 됨으로써 보다 더 정확한 고객정보의 분석이 가능하게 된다. 단지 현실적으로는 고객정보의 공유나 획득에 법적인 제약이 많은 편이다.

가망고객이 과거에 전혀 거래가 없었던 고객일 필요는 없다. 가망고객을 기존고객

중 이탈고객으로 정의하면 이미 기존고객이었으므로 이 고객에 대한 정보는 어느 정도 기업내부에서 가지고 있다. 즉, 개별고객에 대해 접촉할 방법 및 정보가 있기 때문에 보다 세분화된 마케팅의 전개가 가능한 것이다. 이탈고객의 재확보가 경우에 따라서는 중요한 고객관리의 주제영역이 될 수 있다. 가령 통신업체에 있어 이탈고객 재확보(Win-Back)는 중요한 마케팅의 대상이다.

2) 신규고객의 확보

기업이 나름의 가망고객에 대한 정의를 가지고 있다고 했을 때, 가망고객을 신규고객으로 확보할 수 있는 방법은 두 가지 경우로 나누어 생각할 수 있다. 첫 번째는 목표고객은 있지만 개별고객에 대한 정보는 없는 경우이고, 두 번째는 개별고객에 대한 정보를 가지고 있는 경우이다.

첫 번째 목표고객이 설정되어 있지만 개별고객에 대한 정보가 없는 경우에는 다음과 같은 접근이 가능하다. 사내에 기존고객에 대한 정보가 축적되어 있다고 가정한다면 기존고객 중 목표고객에 해당되는 고객을 추출하고 이들의 성향을 분석하는 것이 가능할 것이다. 그 다음 이들의 성향에 가장 적절한 매스 마케팅 수단을 선정함으로써 단순한 광고, 판촉에 비해서는 더 효과적일 수 있을 것이다. 물론 이를 위해서는 기존고객의 정보가 고객관점에서 체계적으로 축적되어 있어야 할 것이다.

두 번째는 개별고객에 대한 정보를 가지고 있는 경우로 첫 번째 경우와 유사한 과정을 거쳐 목표고객의 성향을 분석하되 더 세분화된 마케팅 계획을 세울 수 있다. 개별고객에 대한 접촉방법의 설계가 가능하기 때문에 직접적인 영업 및 마케팅 활동을 할 수 있기 때문이다. 가령 이탈고객 재확보를 생각해 보자. 과거에 이용했던 고객이기 때문에 접촉채널 즉, DM/TM 등을 이용할 수 있는 상태일 가능성이 높다. 이를 이용해 목표고객에 직접적인 접촉을 함으로써 고객 반응률을 높이는 것이다.

3) 고객획득과정

첫째, 고객선별의 단계로, 현재의 시장환경에서는 모든 사람을 기업의 고객으로 획득하고 유지할 수 없다. 우리 기업에 도움을 주는 고객을 유지하는 것이 기업의 입장에서는 훨씬 이득이 되는 것이다. 따라서 우리는 고객을 세밀히 분류해 내야 한다.

우리의 제품과 서비스를 통해 최고의 수익성을 얻을 수 있는가? 우리 기업과 지속적인 관계를 원하고 있는가? 기업에 최고의 평생가치(lifetime value)를 제공할 수 있는가? 라는 질문에 대한 해답을 통해 가치 있는 고객정보를 획득한다.

둘째, 고객획득의 단계로 고객관계에서 최고의 잠재적 수익성과 영향력을 지닌 고객군에 기업자원을 할당한다. 예를 들면, 판매 및 서비스에 대한 정확한 채널을 설정한다. 또 신규 고객유치, 고객 재유치, 교차판매, 고객유지 등을 위한 캠페인을 창출한다.

셋째, 고객 개발의 단계로, 기업은 고객이 원하는 것을, 원하는 방법으로, 원하는 때에 제공할 수 있어야 한다. 이를 위해서는 고객의 요구사항 및 기대수준에 대해 정확히 알고 있어야 한다. 또한 자신의 제품, 서비스 기업에 대한 고객의 접촉경험에 대해서도 정확히 이해해야 한다.

넷째, 고객 유지의 단계로, 고객은 자신이 원하는 제품과 서비스를 지속적으로 제공받을 수 있어야 그 기업의 고객으로 계속 남아 있게 된다. 이를 위해서는 고객에 대한 피드백 관리(feedback management)가 필수적이다. 기업은 매일 고객과 다양한 채널을 통해 계속적으로 대화를 해야 하며 최신의 고객 및 시장정보를 획득하여야 한다. 고객의 기호, 가치, 요구사항, 문제점에 적절하고도 차별화 된 서비스를 지속적으로 제공받은 고객은 고객만족(customer satifaction)을 넘어 기업의 충실한 고객(loyal customer)이 되고, 이 고객은 시간이 지남에 따라 더 많은 이익을 기업에 제공한다.

3 기존고객의 유지

1) 기존고객 유지의 개념

기업의 관심사중 가장 기초적인 것은 상품 및 서비스의 판매기반을 유지 확대하는 것에 있다. 상품 및 서비스 판매기반의 유지 및 확대는 곧 고객의 유지 및 신규고객의 확보와 연결된다. 기존고객의 유지와 관련된 관심은 우량고객 유지, 고객의 이탈방지, 불량고객의 이탈유도 등이다.

소수의 우량고객이 기업전체이익의 상당부분에 영향을 미친다는 것은 주지의 사실이다. 그러나 모든 고객에게 동일한 대응을 하고 있다면, 즉, 다시 말해서 우량고객이 자사의 다른 고객에 비해 특별한 혜택을 받고 있지 못하다고 느낀다면 우량고객은 보다 쉽게 이탈할 것이다. 기존고객의 유지란 기존고객에게 차별적 대우를 실행함으로써 우량고객이 자신의 가치를 인식할 수 있도록 함으로써 자사고객으로 남아 있으려는 즉, 충성도를 높이려는 데에 있다.

이를 위해서는 고객가치를 추출하고, 이중 우량고객이 누구인지를 알아내야 하며, 우량고객 중 이탈하고자 하는 고객이 누구인지를 알아내야 한다. 이탈하고자 하는 우량고객이 누구인가를 알게 되면 그의 성향에 맞는 적절한 마케팅 활동에 의해 이탈 가능성을 낮추는 활동이 필요할 것이다. 고객유지를 위해서는 고객에게 일어나고 있는 변화를 알아야 한다.

따라서 현재의 기업들은 고객의 이탈을 방지하여 기존고객을 유지하는 것이 더욱 중요하다는 사실을 인식하고 있다. 여기서는 고객 이탈방지의 중요성을 기업의 수익측면과 비용절감측면, 그리고 구전효과 측면에서 살펴보고자 한다(송지연, 2004).

첫째, 기업의 수익측면에서의 이탈방지의 중요성은 Reichheld & Sasser(1990)의 연구결과에서 잘 보여주고 있다. 고객 이탈률을 5% 감소시킬 때 고객생애가치가 얼마나 증가하는지를 산업별로 비교 분석하였는데, 최대 95%까지 고객가치의 증폭효과를 가져오고 있다. 고객생애가치(customer lifetime value)란 고객이 특정 기업과 거래하는 동안 평균적으로 기업에 기여하는 미래수익의 현재가치이므로, 고객 이탈은 기업의 수익의 증감에 직접적으로 영향을 미침을 알 수 있다.

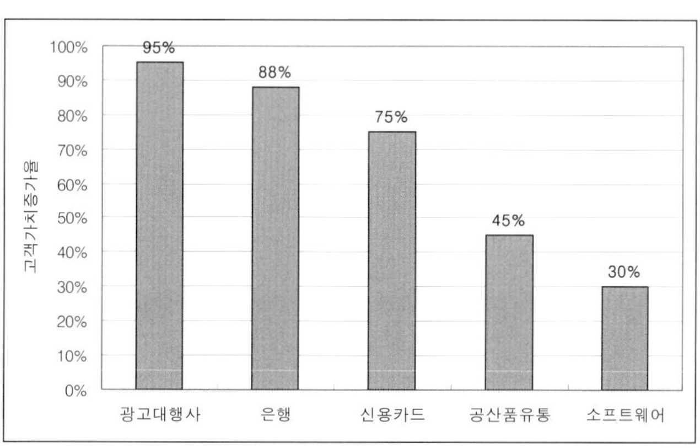

〈그림 4-1〉 고객 이탈률 5% 감소가 고객가치에 미치는 영향

고객이 기업과 관계를 유지하는 동안 고객은 기업에게 수익을 가져다주는데, 고객과의 관계기간에 따른 수익성을 살펴보면 기업이 고객을 유치한 해에는 수익보다 고객 유치비용이 더 크나, 관계기간이 증가할수록 유지비용은 감소하고 고객의 수익성은 점점 높아진다. 이는 관계기간이 길어지면 고객에 대한 지식을 더 많이 갖게 되고 고객을 더 잘 알게 되어 효과적으로 고객과의 관계를 유지해 갈 수 있기 때문이다.

자동차 서비스 기업의 경우, 관계를 맺은 지 4년된 고객으로부터의 기대이익은 같은 고객이 첫해에 남긴 수익보다 3배 이상이 된다고 한다(Reichheld & Sasser, 1990). 비록 신규고객을 유치할 때 비용이 발생하기는 하나, 이들 고객과의 관계기간을 늘려나갈수록 기업의 수익성은 지속적으로 향상될 것이다.

또한 신용카드사 MBNA에 의하면 고객유지율이 5%만 증가해도 인당 이윤이 125% 이상 증가하며, 보험회사 스테이트 팜(State Farm)은 고객유지율을 1% 증가시키면 기업의 자본잉여가 10억달러 이상 증가한다고 하니 그 수치가 결코 적지 않다(최정환, 이유재, 2001).

이렇듯 고객 이탈은 기업 경영에 있어 규모, 시장점유율, 단위당 비용, 그 밖의 경제적 우위와 관련된 다른 요인들보다도 기업의 수익과 직접적으로 관련되어 있으므로, 기존 고객을 오랫동안 유지할수록 고객 가치가 증가됨에 따라 이익의 증대를 가져올 수 있다. 충성스런 고객은 관계가 지속되고 시간이 흐름에 따라 기업에 꾸준한 수익의 증가를 가져다준다. 즉, 이들로부터의 기본 수익과 재구매로 인한 수익증대, 이미 제품이나 서비스에 익숙해져 있어서 추가적인 운영비 절감효과, 충성 고객이 타인에게 추천하거나 소개함으로써 신규고객이 창출되는 효과, 제품이나 서비스에 대한 적극적 구매의사나 경쟁사의 가격전술에 휘말릴 위험이 줄어드는 가격 프리미엄에 의한 효과가 점차 증대하기 때문이다.

둘째, 비용절감 측면에서 기존고객을 유지시키는 것은 신규고객을 유치하는 데 소요되는 비용을 절감하게 해준다. 미국의 TARP보고서에 의하면(최정한, 2001), 일반적으로 신규고객을 얻는데 드는 비용은 기존고객을 유지하는게 드는 비용에 비해 5배나 더 든다고 한다. 또 5년 이상 거래관계를 유지하는 고정고객의 경우 신규고객에 비해 수익공헌도가 5배 이상이 되는 것으로 분석되고 있다. 이것은 그만큼 기업이 기존고객을 유지할수록 비용은 훨씬 덜 들면서도 기업의 수익을 향상시키는데 효과적이라는 것을 보여주고 있다. 반면에, 경쟁 기업들은 신규고객 확보 및 우리 기업 고객의 전환을 유도하기 위한 마케팅 비용이 상대적으로 증대될 것이다.

셋째, 고객 이탈방지의 또 다른 중요성은 이탈고객의 부정적 구전효과 때문이다. 일반적으로 만족한 고객은 제품에 대한 좋은 경험을 3명의 타인에게 전하는 반면 불만족한 고객은 11명에게 전한다. 특히 구전은 대면 커뮤니케이션으로 문서나 매스커뮤니케티션에 비해 더욱 효과가 크며, 부정적 내용이 긍정적 내용보다 더욱 빨리 많은 사람들에게 전달되기 때문에 기업에 해로울 수 있다. 반면 만족한 고객의 긍정적 구전효과는 단순한 매체광고보다 효과적이며 고객들이 제공하는 무료광고라고 할 수 있다.

따라서 기업은 기존고객의 이탈을 방지하고 긍정적 관계를 유지함으로써 긍정적 구전효과를 획득할 수 있도록 해야 한며, 이탈하지 않고 장기적으로 관계가 유지되는 고객을 기업의 경쟁적 자산으로 여기고 지속적으로 증대시켜야 할 것이다(송지연, 2004).

2) 고객유지전략[2)]

고객 유지차원에서 데이터베이스 마케팅의 기본전략을 수립할 수 있는데 그 기본적인 전략은 크게 기존고객을 대상으로 한 전략과 잠재고객을 대상으로 한 전략으로 나누어 볼 수 있다. 그러나 기존고객이 잠재고객에 비해 마케팅 비용도 적게 들 뿐만 아니라 구매량도 많기 때문에 대부분의 전략은 기존고객을 대상으로 펼쳐진다. 기존고객이란 일정 기간 내 자사의 상품을 구매한 적이 있거나 현재 이용하고 있는 고객을 말한다. 이렇듯 기존고객을 대상으로 하는 마케팅의 기본전략은 다음의 〈표 4-2〉와 같이 정리할 수 있다. 고객 유지에서 가장 기본이 되는 전략은 관계의 모니터링과 평가이다. 관계마케팅을 위한 준비단계가 끝나고 고객과의 관계를 구축하게 되면 반드시 시간이 흐름에 따라 관계의 질을 모니터링 하고 평가해야 한다(이유재, 1999).

2) 최용선, 지각된 가치와 고객만족을 통한 고객 유지전략에 관한 연구, 연세대학교, 1999, p25-35에서 요약 발췌하였음.

〈표 4-2〉 데이터베이스 마케팅의 기본전략

대 상	기 본 전 략
기존고객	고객 활성화(customer activation)
	고객 충성도 재고(customer loyalty enhancement)
	고객 유지(customer retention)
	교차 판매(cross-selling)
	고객 확보(customer acquisition)
	재활성화(reactivation)

매년 대 고객관계 서베이를 시행하거나, 정기적으로 전화나 대면으로 우량고객과 접촉을 하거나, 트레일러 콜(trailer call), 불평 모니터링(complaint monitoring), 이탈 고객조사(lost-customer survey) 등을 실시하여 계속 모니터링하고 그 결과를 고객 데이터베이스에 추가, 갱신해야 한다. 잘 설계된 고객 데이터베이스는 고객유지전략을 위한 기초로 사용될 수 있다. 아메리칸 익스프레스는 이와 같은 상세한 고객데이터베이스를 이용해 고객의 기호와 니즈에 따라 1,349개의 버전에 달하는 뉴스레터를 제작 발송할 수 있었다(이유재, 1999). 소비자와의 장기적인 관계의 기초적인 측면은 고객의 유지이다. 고객을 유지하는 것이 새로운 고객을 얻는 것보다 훨씬 비용이 덜 소요된다는 사실이 증명되어 왔다(Reichheld & Sasser, 1990).

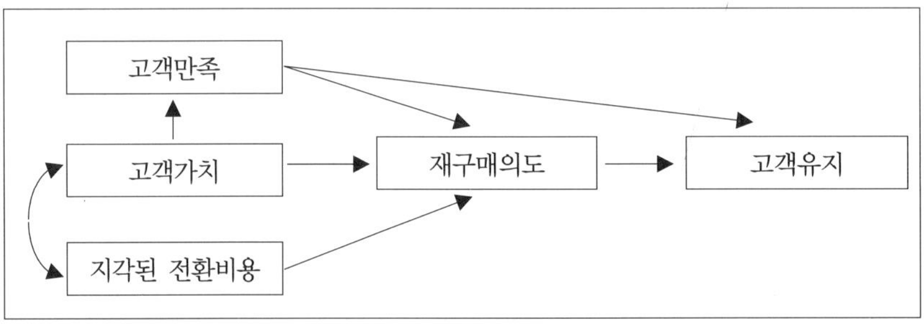

〈그림 4-2〉 고객유지 모형

(1) 재구매 의도와 고객유지와의 관계

고객유지(customer retention)는 기업성공의 가장 궁극적인 목표로서 오랫동안 연구되어 왔다. 고객유지에 관한 연구들은 시장점유율의 질(quality of market share)로써 소비자충성도로 측정되어 왔으며, 시장 점유율의 질보다는 기업의 수익성이 보다 근원적이다. 따라서 고객의 재구매 의도의 이해는 보다 중요하게 된다.

재구매 의도의 개념은 사회심리학과 마케팅 문헌에서 많이 채택되고 수정되어져 오고 있다. 사회심리학에서는 사회적 교환이론(Thibaut & Kelley, 1959), 독립이론(Kelley & Thibaut, 1978)과 투자모델(Rusbult, 1980)에 의한 위임과 같은 관계유지와 관련되어 관계를 지속하거나 멈추는 의도를 말한다. 관계유지는 Thibaut & Keeley(1959)와 Kelley & Thibaut(1978)에 의해 측정되었는데 관계의 지속을 위한 행동적인 경향에 중점을 두었다. 반면, Rusbult(1980)는 행동적 경향과 감정적인 연결장치를 포함하여 측정되었다.

마케팅에서는 재구매 의도가 고객만족, 충성도, 고객유지의 범위에서 연구되어 왔으며, 실제 구매행동이나 고객유지에 대한 지표로 사용되고 있다. 재구매 의도의 측정은 일반적으로 현재의 소비자가 같은 브랜드, 같은 상품 혹은 서비스의 구매경향 혹은 같은 회사나 같은 판매원으로부터의 구매경향을 평가하는 설문조사로 이루어진다.

(2) 고객가치와 고객유지와의 관계

Reichheld는 고객유지율(retention rate)을 반영한 고객가치를 기업의 이익 관점에서 분석한다. 즉, 고객충성도의 중요한 경제적 효과는 고객유치비용, 수익성장, 비용절감, 타인추천 및 프리미엄가격 등인데, 이러한 효과들은 고객의 유지기간이 길수록 고객가치를 높게 만든다. 게다가 고객유지의 결과는 시간이 지남에 따라 복합적 상승작용을 일으킨다. 약간의 고객유지율 변화로 인해 장기적 이익과 성장에 대한 효과는 매우 거대해진다.

종합해 보면, 기업관점에서의 고객가치는 고객이 기업에 공헌하는 경제적 효익(economic benefit)으로 직접적인 금전적 기여와 간접적인 효과로 구성된다고 볼 수 있다. 이러한 고객가치는 고객유지 기간이 길어질수록 증가하며, 시간이 지남에 따라 복합적 상승작용을 일으킨다.

지금까지 연구되어온 고객가치 측정에 관한 모형들은 여러 가지가 있으나 크게 개별 고객의 가치를 측정하려는 노력과 전체고객의 가치를 측정하려는 노력으로 나누어 볼 수 있다. 전자는 대부분이 평생고객가치(LTV)모형에 기초를 하고 있고, 후자는 회계학적 관점에서의 연구라고 할 수 있다. 또 하나의 새로운 연구경향은 고객기반을 자산(asset)으로 인식하여 이 관점에서 고객가치를 측정하려 한다.

평생가치(Life Time Value ; LTV) 측정모형중 하나로 Reichheld는 한 고객의 가치를 측정하기 위하여 4단계의 계산절차를 제시한다. 첫째 단계는 한 기업내 고객의 라이프사이클 이익유형(profit pattern)을 정립하는 단계로, 이를 구성하는 주요요인들은 유치비용, 기초이익, 수익증가, 유지비용, 타인추천 및 프리미엄 가격 등이다. 두 번째 단계는 고객의 라이프사이클 이익유형에서 얻어진 미래이익을 현재 가치로 할인을 해야 한다. 세 번째 단계는 신규고객의 예상존속기간(expected duration)을 알아내야 개별고객의 가치를 측정할 수 있다. 즉, 첫 번째 단계와 두 번째 단계의 계산은 한 기업의 평균 고객의 가치를 측정한 것으로 이를 개별고객의 가치 측정에 적용하기 위해서는 개별고객의 존속기간을 알아야 한다. 그러나 대부분의 기업들은 고객의 존속기간에 대한 정보를 가지고 있지 않기 때문에 이를 추정해야만 한다. 이를 위한 가장 단순하고 효과적인 방법은 한 기업의 전체적인 이탈률(defection rate)를 계산해서 이를 역산하여 존속기간을 구하는 방법이다. 예컨대, 한 기업이 연간 1,000명의 고객중 100명을 잃는다면 이탈률은 10%, 즉 1/10이 된다. 즉 매년 한 고객의 이탈확률을 10%로 보면, 한 고객이 존속하는 기간은 10년이 된다(1/10의 역수임).

세 번째 단계까지 과정을 마치면, 한 기업은 고정이탈유형(constant defection pattern)을 고려한 현가로 할인된 고객가치를 구할 수 있다. 대부분의 기업은 이 단계까지를 거친 고객 가치 측정을 통하여 유효한 마케팅 전략을 수립하고 수행할 수 있을 것이다. 그러나 좀 더 정교한 고객가치 측정을 위해서는 네 번째 단계가 요구된다.

(3) 고객만족과 고객유지와의 관계

전통적으로 고객만족은 구매/재구매 의도를 이끄는 가장 주요한 요소로서 살펴졌다. 고객만족에 관한 영역의 연구는 지금까지 이전구매의 만족이 재구매의 의도에 긍정적인 효과를 준다고 나타내지고 있으며 고객충성도(customer loyalty)에도 긍정적인 영향을 주는 것으로 밝혀졌다. 이러한 결과를 통해 고객만족의 측정에 중점을 둔 기존 연구가 많았다. 오늘날 많은 기업들이 고객만족을 측정하기 위해 여러 시스템과 과정에 투자를 하고 있지만 이러한 기업중 대다수는 고객만족과 고객유지간의 존속하지 않는 연결고리 또는 취약점을 찾는 프로그램의 효능에 대한 질문에서 시작하였다.

고객만족에 관한 연구는 문헌 등을 통해 상당히 논의되어 왔다. 지금까지 꾸준히 논쟁이 되고 있는 한 가지 이슈는 고객만족이 특별한 서비스와 관련되는지 아니면 특정서비스 제공자와 함께 전반적인 모든 서비스의 평가에 관련이 있는지이다.

Jones(1998)는 전반적인 만족도가 높으면 재구매 의도가 높아진다고 하였다. 또한 강한 상호관계는 보다 높은 재구매 의도를 나타내고, 상호관계가 강할수록 만족과 재구매 의도간의 관계는 약해진다고 하였다(Jones, 1998). 높은 전환비용과 대체품들의 낮은 매력도는 재구매 의도를 높여준다(Jones, 1998).

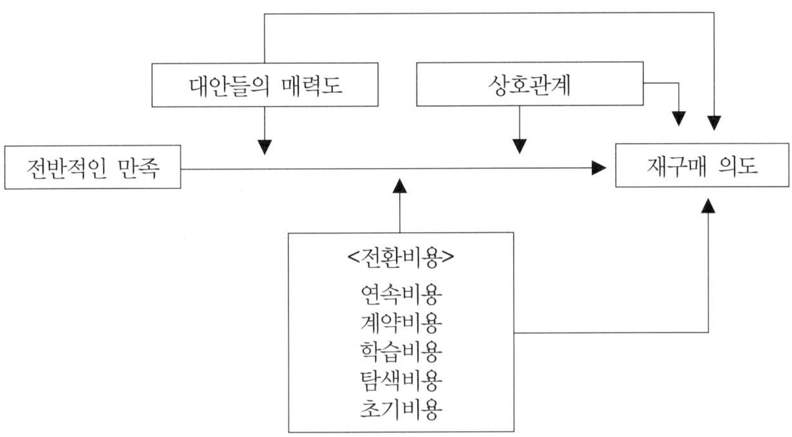

자료: Jones, 1998.

〈그림 4-3〉 만족, 전환, 재구매 의도의 상호관련 모델

(4) 전환비용(switching costs)과 고객유지와의 관계

많은 수의 커플들이 별거하거나 이혼에 관련된 엄청난 비용을 이유로 같이 지내고 있다. 이러한 비용은 오래된 친구의 상실, 이혼의 실제적 비용과 재산의 손실, 그리고 부모와 친구들에 의한 부정적인 행동의 예측, 자녀와 보내는 시간의 감소 등이 포함될 것이다. 사회심리학과 경영학에 나타나듯이 많은 수의 고객들이 제품전환에 소요되는 높은 비용으로 인해 기존의 제품 혹은 서비스 제공자를 전환하지 않고 있다. 전환비용은 제품 혹은 서비스 제공업자를 바꾸는 것과 관련하여 정의되어질 수 있다. 이러한 비용은 실제비용, 지각된 비용, 화폐비용 등으로 나뉘어진다. 비록 전환비용이 경제학과 마케팅전략, 유통전략 등에 있어서 주목을 받았다고 하더라도 소비자 조사에 있어서는 덜 주목 받았다.

마케팅 전략과 유통의 문헌들에 의하면, Porter(1980)는 전환비용의 제공에 의해 진입장벽이 생성된다고 하였다. Jackson(1985)은 산업부분의 공급자·구매자 관계에 있어서의 전환비용을 연구하였고, Aaker(1988)는 전환비용을 생성하는데 있어서 초기진입자의 중요성을 고려하였다. Ping(1993)은 도매상·공급업자의 충성도에 있어서 전환비용의 영향에 대한 경험적인 지원을 제공하였다. 최근에는 Morgen & Hunt(1994)가 공급업자-도매상의 관계를 증가시키는데 관련이 있는 종점비용(termination costs)에 대한 개념을 제공하였다. 이러한 연구의 흐름은 연구자들이 마케팅 전략과 유통장소에 있어서의 전환비용의 사용에 관한 중요함을 제시하고 있다.

전통적으로 고객전환비용은 충성도의 영향에 의한 관점에서 조사되어 왔다. 전환비용의 강조는 충성도의 효과없이 고객유지를 증가시킬 수 있다. Guiltinan(1989)은 전환비용은 연속적이고 반복적인 교환을 증가하기 위한 하나의 방법이라고 주장하고 있다. Anderson & sullivan(1990)은 만족과 재구매 의도간의 관계를 조사하였다. 비록 긍정적인 영향이 발견되었음에도 불구하고 그들은 크고 작은 간섭은 재구매 의도에 영향을 미치는 전환비용 혹은 전환이익과 같은 다른 요소들을 암시한다고 하였다. Fornell(1992)은 만족과 관련하여 전환비용은 고객유지를 증가시키는 수단이라고 하였다. 따라서 전환비용은 고객 재구매 의도를 관찰하는데 있어서 중요한 변수로서 고려되어져야 한다.

전환비용의 여러 가지 형태가 문헌에 의해 제시되었다. 전환비용에 대한 논쟁은 전통적으로 여섯 가지 특정비용으로 제시되었으며 이는 다음과 같다. 전환비용으로는 연속비용(continuity costs), 거래비용(contractual costs), 학습비용(learning costs), 탐색비용(search costs), 초기비용(setup costs), 매몰비용(sunk costs) 등이 있다.

4 고객이탈

1) 고객이탈의 개념

고객의 이탈이란 자발적 또는 비자발적으로 현재의 서비스를 중단하는 것을 의미한다. 고객 관계 관리에 있어서 고객의 충성도를 높이고, 고객의 이탈을 방지하는 것은 기업의 경쟁력과 직결된다고 할 수 있다.

기업의 수익증대라는 목표 달성 차원에서 볼 때, 이미 획득한 고객과의 관계를 지속적으로 유지시키기 위한 일련의 활동 및 이탈 고객 관리에 대한 관심이 백화점, 은행, 보험 및 인터넷 서비스, 이동통신 서비스 등의 산업을 중심으로 증가하고 있다.

인터넷 쇼핑몰 산업에서는 고객의 이탈이 기업의 수익과 연결되어 있는 주요한 요인이 되고 있으나, 인터넷이라는 특성 때문에 고객의 전입과 이탈이 매우 쉽게 일어나며 장기적으로 고객을 유지하는데 어려움이 있다. 따라서 고객이 이탈하는 원인을 파악하여 마케팅 전략에 활용함으로써 이탈 고객을 방지하는데 노력을 다하고 있다.

기존의 고객이탈의 영향요인에 관한 연구들은 주로 다양한 데이터 마이닝 기법을 이용하여 금융, 이동통신 산업을 중심으로 다루어져 왔다. 그러나 대부분의 연구들은 고객관계관리를 기반으로 하여 고객이탈의 영향요인을 밝히고 이를 전략적으로 다루는 것이 아니라 고객을 이탈고객과 유지고객으로 정확하게 세분화하여 고객의 이탈을 예측하는데 초점을 두고 있다.

고객이탈 원인에 대한 연구는 특히 이동통신 산업을 중심으로 활발하게 진행이 되었다. 고객의 이탈에 영향을 주는 요인은 사용되는 표본이나 연구자에 따라 조금씩 다르게 나타나고 있다. 김희수(2000)는 경제적 특성, 사용특성, 만족도 등으로 원인을 구분하여 Binominal 프로빗 모델을 통해 중요도를 측정하였는데 통화품질과 단말기에 대한 만족도가 가장 큰 중요성을 보이고 있었다. 윤충한 등(2002)의 연구에서는 요금사용액, 연령, 소득 성별 등과 같은 사용자 특성변수와 통화만족, 요금만족, 브랜드 만족, 단말기 만족 등의 만족도 변수가 고객이탈에 영향을 주고 있음을 알 수 있다. Lapersonne, Laurent and Gof(1995)의 연구에서는, 소비자 만족, 인구 통계적 특성, 제품 구매 특성이 고객의 이탈 행동에 영향을 미치는 요인이라고 주장하고 있다. 이처럼 고객의 이탈은 고객의 개인적인 특성이나 만족도와 밀접한 관계를 갖고 있음을 알 수 있다.

또한 고객이 이탈하는 원인에 대한 이전의 연구를 살펴보면 대부분의 연구에서 서비스 품질, 고객만족, 서비스 접점에 초점을 두고 진행이 되었으며, 서비스 품질 실패 및 불만족이 고객들의 이탈의 한 원인이 될 수 있으나, 그것들의 모든 이탈의 이유들을 설명하지 못한다는 연구결과들이 제시되고 있다. 기업을 떠나려는 고객의 의사결정에 영향을 미치는 원인들에 대해 알아보는 것은 고객의 이탈의도를 잘 이해하는데 중요한 단계라고 할 수 있다(Reichheld & Sasser, 1990).

이탈고객을 방지하는 데는 크게 두 가지 이슈가 존재한다.[3] 첫째, 누구를 이탈고객으로 정의할 것인가와 둘째, 이들이 이탈한 사유는 무엇인가라는 점이다. 우선 자사에 맞는 이탈에 대한 조작적인 정의가 내려져야 누가 이탈한 것인지 정확하게 파악할 수 있다. 그리고 이탈고객들이 이탈한 사유를 파악해야 향후 잠재 이탈고객들에게 관련된 이탈방지활동을 수행해줄 수 있을 것이다. 〈그림 4-4〉는 이탈방지활동을 위해 기업이 취해야 할 단계적 업무에 대해 개략적으로 표현해 주고 있다.

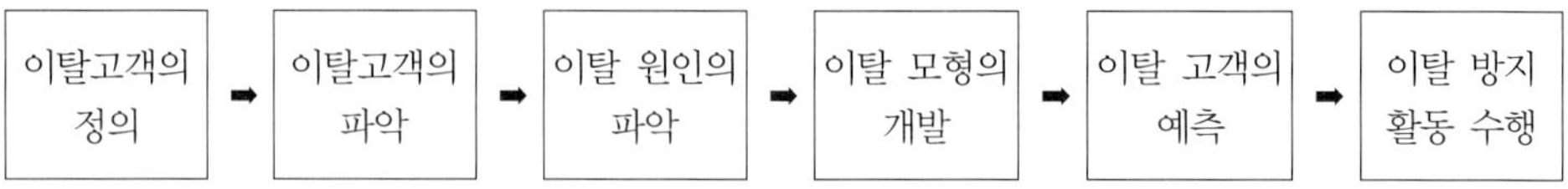

〈그림 4-4〉 이탈예측을 통한 이탈 방지 프로세스

2) 고객이탈의 정의

기업의 고객이탈 방지를 위해 가장 중요하면서 가장 먼저 수행해야 할 임무는 과연 누구를 이탈고객으로 정의할 것이냐라는 것을 사전에 미리 결정해야 한다는 점이다. 관계의 시작과 종료가 명백한 계약성(contractual) 거래의 경우는 비교적 이탈의 정의가 용이하지만, 다양한 공급자로부터 제품이나 서비스를 구매할 수 있는 대부분의 산업에서는 이탈고객의 정의가 그리 간단하지는 않다. 이탈고객을 정의하는 기준은 단순히 고객의 재무적 가치만으로 평가하는 방법과 RFM의 부분 혹은 전체 변수를 활용하는 방식으로 나누어질 수 있다. 최근에는 단순히 재무적 가치만을 기준으로 이탈고객을 정의하기보다 RFM과 같이 고객의 구매 패턴까지 고려하는 것이 일반적이다. 그런데 RFM 분석과 같이 고객 구매패턴을 고려하며 이탈고객을 정의하는 데에도 주의해야 할 사항이 있다. 이탈을 정의하는 데에 있어서도 고객의 관점을 고려해야지, 기업만의 관점을 고려해서는 안 된다는 것이다. 이는 구매주기나 구매액과 같은 변수는 고객마다 상이한 패턴으로 나타나기 때문에 기업 차원에서 결정한 특정 이탈 기준점을 모든 고객에게 동일하게 적용하는 것이 적절하지 않을 수도 있다는 것이다.

3) 김형수, 김영걸, 박찬욱, 고객관계관리전략 원리와 응용, 사이텍미디어, 2009, pp.169-173.

3) 이탈 고객의 파악

이탈고객에 대해 측정 가능한 변수 수준으로 정의가 되었다면 이 이탈정의 모형을 바탕으로 이탈된 고객들을 파악해야 한다. 이때 앞서 거론된 이탈 기준에 대한 일률적인 적용의 문제점을 생각해 보자. 가령 어떤 기업이 최근 3개월 동안 거래 실적이 없는 고객들을 이탈고객으로 간주한다면 이 기준에 부합되는 모든 고객들은 명시적으로 이탈한 고객으로 분류될 것이다. 이 경우에 물론 매주 한 번씩 거래를 했던 고객들이 이 기준에 부합된다면 그들은 이탈고객으로 분류되는 것이 적절할 것이다. 하지만 만약 한 번의 대량구매를 분기에 한 번씩 하는 고객들의 경우는 어떠한가? 이 고객이 상기 이탈 기준에 의해 이탈고객으로 분류되었다면 이는 적절한 것일까? 즉 이탈고객에 대한 이탈기준점을 설정할 때에는 고객의 거래 패턴별로 상대적인 기준이 적용되어야 한다는 것이다. 이러한 문제점을 해결하기 위하여 고객별 구매 패턴을 분석하여 고객의 다음 구매시까지의 예상기간(E, expected time)과 최근 구매일로부터의 경과시간(L, elapsed time since the last purchase)을 도출하여 E-L이 0보다 클 경우 아직 이탈이 아니라고 보고, E-L이 0보다 작을 경우에만 이탈로 간주하는 방식을 활용할 수 있다.

4) 이탈 원인의 파악

이미 이탈한 고객들에게 이탈 방지 활동을 수행하는 것은 무의미한 일이다. 그럼에도 불구하고 이탈 고객들의 이탈 원인을 파악해야 하는 이유는 첫째, 이탈 고객들이 지적한 이탈 원인에 관련된 문제점을 적극적으로 해결하여 수익성이 높은 이탈 고객들을 대상으로 재탈환(win back) 활동을 수행할 수 있고, 둘째, 이들의 이탈 원인을 분석하면 향후 잠재 이탈 고객들을 미연에 파악할 수 있는 이탈 예측 모형을 개발할 수 있기 때문이다. 이탈 원인을 파악하기 위해서는 이탈한 고객들에게 접촉하여 설문조사나 인터뷰 등을 통해 직접적인 이탈원인을 수집하는 방법과 고객 데이터베이스의 고객활동 이력을 분석하여 간접적으로 이탈원인을 추정하는 방법이 있을 수 있다. 후자가 실행의 용이성 측면에서 장점을 가지고 있으나, 데이터베이스에 기록된 고객들의 활동 정보는 일반적으로 표면적인 현상만을 나타내고 있기 때문에 이 활동 이력에 연계되는 근본적인 원인을 파악하려는 부수적인 노력이 필요하다. 한편 고객들의 다양한 이탈 원인들을 체계적으로 분류함으로써 기업의 어느 영역에 특히 문제가 많은지를 파악하는 것도 중요하다. 이탈 원인을 분류할 수 있는 체계로는 고객순자산가치의 세 가지 운용요소인 가치 자산, 브랜드 자산, 그리고 관계 자산에 포함되어 있는 세부 요인들을 사용할 수 있다. 고객순자산가치의 윤영요소가 고객이 기업과 거래하는 모든 이유를 분류할 수 있는 체계인 만큼 거꾸로 고객이 기업과의 관계를 단절하려는 모든 이유도 여기에서 나오기 때문이다.

5) 이탈 모형의 개발

고객들의 이탈 원인이 파악되면 1차적으로 해당 이탈 원인에 관련된 문제점을 적극적으로 해결하려는 노력이 필요하다. 아무리 이탈 원인을 잘 파악하여 예측을 잘해도 근본적인 문제점들이 해소되지 않는 한 이탈 고객들은 계속해서 발생할 것이기 때문이다. 이와 병행해서 파악된 이탈 원인들은 향후 잠재 이탈 고객을 예측할 수 있는 측정 변수로 전환하려는 노력이 필요하다. 이에 관련된 유용한 방법론이 이벤트 기반 마케팅(event-based marketing)이다. 이벤트 기반 마케팅은 고객이 발생시키는 다양한 상태의 변화나 사건(event)을 기반으로 미리 규정된 마케팅 활동을 수행할 수 있는 전략적 체계이다. 가령, 한 이동통신사의 고객이 홈페이지에서 자신에게 누적된 휴대폰 보상금을 조회한다면 이것은 고객의 중요한 이벤트(event)로 감지될 수 있고, 이 고객은 곧 신규폰 구매나 기기변경을 위한 이탈이 감지된다고 판단할 수 있다. 또한 이 기업에서 내부 고객 데이터베이스 분석을 통해 이 고객이 보유중인 휴대폰이 오래되었고, 동시에 잦은 통신사 변경의 가능성을 가지고 있는 젊은 층의 고객이라는 정보를 알게 된다면 이 역시 중요한 이벤트(event)로 처리될 수 있는데, 이벤트 기반 마케팅의 체계는 이러한 모든 정황을 통해 이 고객이 잠재 이탈 고객이라고 결론지을 수 있게 된다. 즉, 이탈 예측 모형은 이탈의 원인 혹은 유관한 고객의 행동을 변수로써 측정할 수 있는 수리적인 모형으로 개발되어야 한다.

6) 이탈 방지 활동 수행

이탈 예측 모형을 통해 개인별 이탈 확률이 산출되면 잠재적인 이탈고객에 대해 이탈 방지 활동이 수행되어야 한다. 단, 효과적인 이탈 방지 활동을 수행하기 위해서는 다음의 두 가지가 고려되어야 한다. 첫째, 이탈 확률이 아무리 높다 하더라도 그 고객과의 관계 유지가 자사에 의미있는 결과를 가져오지 못할 고객으로 판단될 경우 이탈 방지 활동을 수행하지 않는다는 것이다. 상습적인 제품 교환이나 끊임없는 불만 제기를 통해 반복적인 보상을 받는 고객, 할인행사와 같은 제품 프로모션에만 반응하는 고객들은 일종의 체리피커(cherry picker)로써 기업의 수익에 오히려 마이너스가 되는 집단이라고 할 수 있다. 따라서 이탈 예측 모형을 통한 잠재 이탈 고객의 선별은 기본적으로 고객유지가 필요한 세그먼트를 중심으로 진행하는 것이 바람직하다. 둘째, 이탈 방지 활동은 고객의 니즈나 잠재 이탈 원인에 따라 차별화 되어야 한다는 것이다. 이는 다시 말해 이탈 방지를 위한 가격 할인이나 무료 서비스의 제공과 같은 활동이 모든 고객에게 적중할 것이라는 기대를 하지 말아야 한다는 것이다. 불만 고객에 있어서 많은 경우 고객의 목소리를 충분히 들어주는 것만으로도 고객불만이 완화되는 것처럼, 개인화된 무형의 혜택이 잠재 이탈 고객을 다시 활성화시키는 주요 원인으로 작용할 수 있다는 점을 이해하는 것이 필요하다.

5 고객세분화[4)]

1) 고객세분화(Segmentation)의 개념

시장은 서로 다른 특성을 지닌 소비자들로 구성되어 있다. 소득, 나이, 직업 등의 개인적 특성뿐만 아니라 제품을 구매할 때 고려하는 속성, 구매행동에 있어서도 각기 다른 모습을 보인다. 소비자 개개인의 특성간 차이를 무시하고 오직 하나의 마케팅 전략을 가지고 시장을 공략하는 것은 매우 위험하며, 소비자들을 일정한 기준에 따라 크게 몇 개의 세분시장(Segment)으로 나누어 각각의 시장에 차별적인 마케팅 전략을 구사하는 방법이 세분화 마케팅이다.

전략 과정으로서의 세분화는 동질적인 수요함수를 갖는 소비자들의 집단, 즉 하위 세분시장을 발견하는 것이다. 특정 세분화를 기준과 방법을 사용해 도출해 낸 세분화 시장이 실제 소비자들의 수요함수와 일치하게 하기 위해서는 기업의 마케팅 노력에 대해 동일한 반응을 보이는 집단으로 소비자를 세분화할 필요가 있는 것이다.

4) 최민숙, 고객분석의 정교화 수준이 CRM성과에 미치는 영향, 동국대학교 대학원, 2007, pp.15-20.

오늘날 통신산업은 고객의 구매, 행동패턴의 변화, 국내 통신산업의 경쟁격화 등의 시장변화에 따라 동일고객에 대한 동일 마케팅이 아닌 고객 가치에 기반을 둔 고객 세분화, 이를 통한 Target Marketing이 중요한 이슈가 되고 있다. Reichheld & Sasser (1990) 연구에 의하면 몇몇 기업들은 고객의 단지 5% 정도를 유지함으로써 100%에 다다르는 수익을 증대시키는 것으로 나타났다.

세분화는 단지 목표 고객을 선정하기 위한 기초가 된다는 점 뿐만이 아니라 고객 가치 몰입(commitment)을 구축하는 고객 가치에 대한 이해를 조직화한다는 점에서 중요한 단계가 된다. 기업은 세분화를 통해 타겟킹을 개선하고, 올바른 가치의 고객들, 고객당 더 높은 수익 및 고객유지의 개선 등을 확보할 수 있도록 하는 고객 니즈 충족을 더 용이하게 한다. 또한 고객 가치에 제공 비용(cost-to-serve)을 연계할 수 있도록 하고, 총체적인 마케팅, 세일즈 및 서비스 비용을 감소할 수 있도록 한다. 많은 기업들에서 고객을 파악하는 것은 다양한 기능들에 사용되고 다양한 목적들을 위한 다른 수준에서의 세분화가 일상화되었다.

그러나 고객 데이터베이스와 고객의 태도(attitudinal)에 대한 리서치를 혼합하고, 고객들이 시간에 따라 어떻게 변화하는지를 파악하는 분야는 여전히 취약하다. 게다가 세분화를 개발하는 것은 단지 분석의 문제가 아니다. 가장 진보화된 기업만이 개별 고객들과의 상호작용(interaction)에서 세분화를 전개하기 위해 최신 기술과 분석적인 진화(advances) 기법을 성공적으로 결합한다.

2) 고객 세분화에 필요한 고객 정보

① **인구통계학적 정보 및 상품정보** : 성별, 생일, 연령, 수입, 주소 등의 고객신상 정보와 상품가격과 상품 특성 및 재고량 같은 상품정보는 기본적이지만 매우 구체적인 고객세분화 기준을 제시해준다. 대체로 데이터웨어하우스 같은 저장 시스템이 구축되는 경우는 이러한 고객정보는 어느 정도 획득/보유하고 있는 것이 보통이나 문제는 주기적인 갱신을 통해 정보의 정확도를 높여야 한다.

② **장기적인 고객행동 정보** : 고객의 기대, 채널선호도, 채널사용이력, 거래이력 등과 같은 행동 및 이력관련 정보를 세분화 수행, OLAP(On Line Analytical Processing) 분석 혹은 고객 설문조사 등으로 정보수집이 가능하다. 또한 데이터 마이닝으로 다양한 고객행동 예측모델 구축 후 그에 따른 세분화 또한 가능하다.

③ 심리학적 정보 : 고객의 심리적 관심사, 라이프스타일, 성격정보 등을 기초로 세분화를 수행할 수 있다. 고객의 잠재적, 심리적 요구에 접근할 수 있다는 장점은 있으나 실제 사용 가능하지 않는 경우가 발생할 가능성이 있다.

④ 파생정보 : 가장 효과적인 정보로서 고객 세분화의 기준은 고객에 대한 본원적인 특성, 즉 고객생애가치(LTV)나 수익성, 충성도, 구매유형 등의 다양한 고객 가치 지표로서 분석 또는 활용되고 있다.

3) 고객세분화 방법

① 세분화 기준

〈표 4-3〉 세분화 기준

<table>
<tr><td rowspan="4">Kotler의 분류</td><td>지리적 기준</td><td colspan="2">문화, 기후, 풍습</td></tr>
<tr><td>인구통계적 기준</td><td colspan="2">연령, 성, 가족규모, 가족생활주기, 소득, 직업, 교육, 종교, 인종, 세대, 국적, 사회계층</td></tr>
<tr><td>심리도식적 기준</td><td colspan="2">라이프스타일, 개성, 사회계층</td></tr>
<tr><td>행동적 기준</td><td colspan="2">지식, 편익, 사용자 지위, 사용율, 충성도의 정도, 구매준비태세 단계, 제품에 대한 태도</td></tr>
<tr><td rowspan="3">Frank, Massy, and Wind의 분류</td><td></td><td>일반적 소비자 특성</td><td>상황-특수 소비자 특성</td></tr>
<tr><td>객관적 측정</td><td>인구통계적 요인(연령, 생활주기, 성, 거주지 등), 사회경제적 요인</td><td>소비패턴(사용량), 상표 충성도 패턴, 구매상황</td></tr>
<tr><td>주관적 측정</td><td>개성, 생활스타일</td><td>태도, 인식 및 선호</td></tr>
<tr><td rowspan="4">Joseph T. Plummer의 분류 : AIO 차원</td><td>활동</td><td colspan="2">일, 취미, 사회적 사건, 휴가, 오락, 클럽, 공동사회, 쇼핑, 스포츠</td></tr>
<tr><td>관심</td><td colspan="2">가족, 가정, 직업, 공동사회, 오락, 유행, 음식, 매체, 성취감</td></tr>
<tr><td>의견</td><td colspan="2">자기자신, 사회적 쟁점, 정치, 기업, 경제, 교육, 제품, 미래, 문화</td></tr>
<tr><td>인구통계적 변수</td><td colspan="2">연령, 교육, 소득, 직업, 가족규모, 거주지, 지역, 도시규모, 라이프스타일 단계</td></tr>
</table>

시장 세분화는 오래 기간 동안 수행되어 온 마케팅의 이론이자 실천방법으로서 시장 세분화의 기준으로는 많은 예가 있다. 또한 기술의 발달에 따라 그 방식 또한 다양화되고 있다. 기본적인 세분화 기준의 유형은 다음의 〈표 4-3〉과 같다.

② 세분화 방법론

고객 관계 관리에서는 고객 가치에 따라 차별화된 고객 관리를 유지하고자 하며, 고객가치에 의해 기업을 평가하는 방식으로 변화해 가고 있다. 기업들은 기업의 가치가 현재의 고객 수에 기초하여 계산한 미래 수익의 현재가치에 비추어 적정한가를 따져보고자 한다. 예컨대 활동 고객(active customer)은 모두 몇 명인가, 고객 1인당 수익은 얼마인가, 고객유지 비율은 얼마나 되는가, 고객 1인당 수익의 증가율은 얼마인가, 신규 고객 증가율은 얼마인가 등을 파악하며, 그에 따라 고객 가치를 알 수 있게 된다.

고객의 가치를 파악함으로써, 기업은 가장 중요한 고객 관리를 어떻게 생성, 확장 및 성장시킬 것인지에 대한 고민을 시작할 수 있다. 고객가치는 고객의 수익성과 충성도를 고려하여 현재 가치와 잠재 가치에 대해 평가할 수 있는 총체적 고객가치를 산출해야 한다. 기존 연구에서는 고객가치를 제고하기 위해 추가 판매, 교차 판매, 고객 유지의 3가지 핵심활동이 필요하다고 설명한다. 추가 판매는 고객이 기존에 구매하던 상품과 같은 종류의 상품을 판매하는 것을 의미하고, 교차 판매는 고객이 기존에 구매하던 상품과는 다른 새로운 종류의 상품을 판매하는 것, 고객 유지는 고객이 타사 고객으로 전환되지 않고 계속해서 자사의 고객으로 유지되도록 하는 것을 의미한다.

글로벌 컨설팅 기업에서 제시하는 이동통신서비스의 고객 세분화의 접근방법은 고객 가치를 기준으로 가치 기반 세분화(value based segmentation)를 수행하고, 고객의 니즈를 기준으로 한 니즈 기반 세분화(needs based segmentation)를 수행한다. 가치 기반 세분화는 기업에 가치가 있는 고객군은 누구인가를 파악하는 것으로 현재 가치와 미래 가치를 기여 수익(profitability), 고객만족과 share of wallet 기준의 고객 로열티와 상품 구매 경향을 기준으로 수행한다. 니즈 기반 세분화는 고객의 생애 관련 정보(life stage), 선호(preference), 고객 행동(behavior) 및 인구 통계 정보(demographic)를 기준으로 고객을 세분화한다.

③ 세분화 패턴 변화 추적

기업이 세분화로부터 가치를 획득하고 그것을 정확하게 적용하기 위해 세분 집단에서의 고객의 움직임을 추적해야만 한다. 그러나 많은 기업들은 적절한 시간에 고객과 접촉할 수 있도록 하는 시간 기반의 다차원의 사용에 익숙하지 못하지만 선도 기업들은 고객과의 접촉을 통해 시간을 파악하며, 시간 변수는 시간에 따라 고객들의 구매 단계 변화를 파악할 수 있기 때문에 중요하다. 즉, 변화의 패턴 분석은 예측 모델을 포함하고 왜 패턴이 변화하는지를 설명한다.

〈표 4-4〉 세분화 주기에 따른 목적 및 특성

	일-월 단위 (Nearly real-time)	월-분기 단위	연간 단위
세분화 목적	• 고객의 share of wallet 증가 • 보다 높은 가치의 고객으로 전환	• 매력적인 새로운 오퍼링 파악 • 고객 유지 • 더 높은 가치의 고객으로 전환	• 최적의 포지셔닝 결정 • 다른 고객집단을 위한 새로운 오퍼링 파악 • 성장 고객집단 내에서의 share of wallet 증가
고객 상호작용의 속성	다양한 접점에 걸쳐 정기적이고 빈번하게 고객과 상호작용함	점포와 온라인을 통해 상호작용함	고객 서베이를 통해 상호작용함
수집 데이터 유형	• 각각의 고객 상호작용에서 수집된 개별 고객 데이터 • 제3의 관계자로부터 구매한 인구통계 데이터	• 로열티 카드를 보유한 개별 고객 데이터 • 판매자 또는 제3의 관계자로부터 구매한 인구통계 데이터 및 고객 관련 데이터	• 고객 서베이를 통해 수집된 고객 데이터 • 판매자 또는 제3의 관계자로부터 구매한 인구통계 데이터 및 고객 관련 데이터

4) 고객 세분화 종류 5)

① 가치기반 세분화(Value Based Segmentation : VBS)

고객가치를 기반으로 한 세분화는 고객가치 분포를 통한 분류와 고객가치와 다른 변수를 이용한 분류로 나누어진다. 고개세분화 단계에서도 고객가치와 수익성을 활용할 수 있다. 〈그림 4-5〉와 같이 Y축은 고객가치로, X축은 수익성으로 두어 고객을 네 개의 군으로 나눌 수 있다.

5) 박상민, 고객의 생애가치 증대를 위한 CRM 마케팅 방안에 관한 연구, 한남대 경영산업대학원, 2008, pp.25~32.

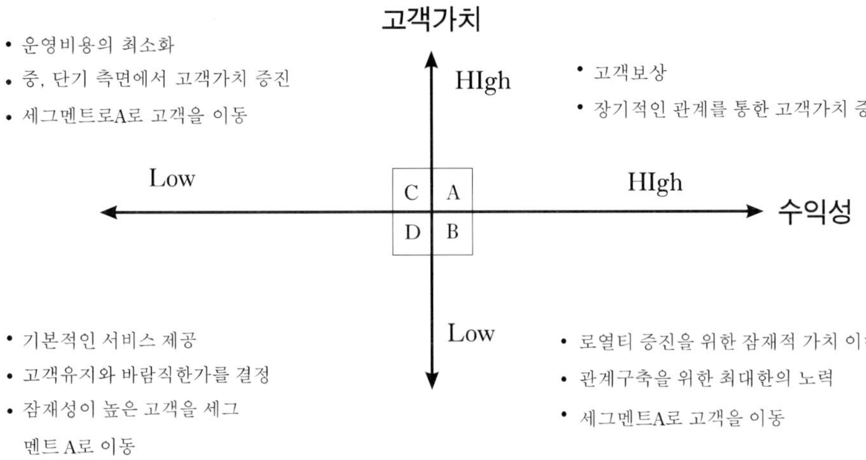

자료 : 김재경, "실시간 경영을 위한 e-비즈니스 시스템", 율곡출판사, 2004, p.221.

〈그림 4-5〉 VBS 활용전략

- 고객가치와 수익성이 모두 높은 경우(A) : 가장 가치 있는 고객군(most valuable)으로 기업은 이들 고객과의 관계를 심화시키고, 적절한 보상을 통해 충성도를 강화시키며, 교차판매 및 상향판매를 통해 수익을 최대화해야 한다.
- 고객의 수익성은 높으나 고객가치가 낮은 경우(B) : 현재 기업의 사업 구조 하에서 성장 잠재력이 가장 높은 고객군(most growable customer)이다. 이 경우 기업은 관계강화와 충성도 구축에 주력하여 A군으로 고객이 이동할 수 있도록 해야 한다.
- 고객가치는 높으나 수익성이 낮은 경우(C) : 기업은 이들과의 관계를 지속하고 충성도를 확보해야 하는데, 이는 교차판매만 상향판매를 통해 수익을 향상시킬 수 있기 때문이다. 그렇지 않은 경우에는 고객과의 관계 청산이 해결책이다.
- 고객가치와 수익성이 모두 낮은 경우(D) : 수익성 증가가 요구되는 고객군이지만 고객유지가 기업에 유리한지에 대한 결정이 필요하다. 일부 잠재성이 높은 고객에 대한 투자를 하되 이런 경우에는 일부 고객을 포기하는 것이 바람직한 결정이 될 수 있다.

전체 CRM 과정에서 각 축을 형성하는 것이 바로 고객가치와 수익성이다. 하지만 고객가치와 수익성은 기업이 선택하는 전략적 방향으로 변화하기 마련이다. 처음 고객을 획득한 단계에서는 일반적으로 고객은 D군에 속하게 된다. 이들 고객은 충성도가 낮은 군이기 때문에 가격에 민감하고, 광고와 마케팅, 판매촉진에 의해 크게 좌우된다. 그러나 관계가 점차 성숙해지면서 충성도가 개발되고 부가가치가 창출된다. 그리고 고객과 기업 모두에게 이익이 발생되어 B나 C군으로 점차 이동하게 된다. B나 C군의 고객은 기업과의 관계가 강화되면서 1사분면으로 나아갈 수 있다.

② 고객요구기반 세분화(Needs Based Segmentation: NBS)

고객요구기반 세분화는 유사한 니즈 또는 행동특성으로 인하여 유사한 구매행동을 보일 것으로 예측되는 고객군을 추출하는 것이다. 이때 한 고객군 내부의 고객은 동질적인 특성을 가지고 있어야 하며 고객군과 고객 특성은 이질적이어야 한다. 또한 고객군은 요구구조 마케팅 프로그램이 적용될 만큼 충분한 크기로 나누어지도록 해야 한다. 또한 고객의 요구구조(needs structure)는 비교적 장기간에 걸쳐서 안정적으로 유지되어야 고객요구기반 세분화의 효과를 기대할 수 있다.

요구구조가 안정적인 기간에 따라 고객요구기반 세분화는 3단계로 구분될 수 있다. 세분화가 이루어지는 첫 단계에서는 5~10년간 안정적인 요구구조가 반영된 단계로 경영 및 사업구조 전반에 영향을 고려한다. 다음은 보다 자세한 세분화 단계로 상품 및 서비스라인에 영향을 주는 2~3년간 안정적인 고객의 요구구조가 고려된다. 마지막 단계는 표적군에 판매 활동에 직접적인 영향을 주는 세분화가 이루어진다.

고객의 요구를 구분할 수 있는 기준은 매우 다양하다. 고객의 요구는 고객의 특성에 따라 달라진다. 따라서 고객의 특성별로 이해하는 것이 필요하다. 계절별로 신상품정보에 대한 요구와 다른 상품이나 서비스와의 비교정보를 타 고객군에 비하여 많이 요구하는 판매정보지향형의 고객, 상품주문의 편리성이나 구매시간을 매우 중시하는 편리성 추구형의 고객, 가격을 중시하는 고객, 처해있는 상황에 민감한 고객, 위험회피형의 고객 등 다양한 기준에 의해서 고객의 특성과 이에 따른 요구를 도출할 수 있다. 기업의 상품과 서비스 구성 등을 고려하여 자사에 적합한 기준에 따라 고객 세분화가 이루어져야 한다.

③ 채널기반 세분화(Channel Based Segmentation : CBS)

여러 개의 채널을 보유한 기업의 경우, 고객이 인터넷을 통해 구매하는 것을 좋아하거나 전화주문을 좋아하는지, 아니면 일반매장에서 구매하는 것을 선호하는지 등에 따라 고객을 세분화 할 수 있다.

채널기반 세분화가 이루어지기 위해서는 우선 채널특성 분석을 통해 채널 최적화에 대한 기준을 도출해야 한다. 다음에 도출된 기준에 따라 고객군별 채널 활용 현황과 고객군별 채널 최적화 방향 등을 설정한다. 다음 단계는 고객 응대 활동별로 접촉 전략을 수립하는 우량고객에 대한 채널 적합화 단계이다. 마지막으로 채널이동대상을 파악하고 채널 비용을 측정하여 적합한 채널 이동 프로그램을 계발하여 실행하게 된다.

채널기반의 세분화를 통하여 운용중인 채널을 고객별로 최적화하여 고객에게 보다 높은 가치의 채널을 제안하고, 이를 통해 기업은 각 채널을 보다 효과적으로 활용하고, 수익구조를 개선할 수 있다. 기업마다 고려할 수 있는 매체별 채널 특성은 〈표 4-5〉와 같이 풍부성과 신뢰성, 편의성, 비용 측면에서 측정될 수 있다.

〈표 4-5〉 채널별 특성

사용가능한 매체	채널특성	풍부성	신뢰성	편의성	비용
• 전화/팩스 • 대면 접촉, 메일링	• 1:1의 대면접촉을 통한 강한 신뢰구축 • 직접적인 실시간 응대서비스 가능 • 지점/영업직원마다 편차 심함(표준화/자동화가 난이) • 시간적, 공간적 측면의 제약이 과다	상	상	하	상
• 전화/팩스 • 웹 • e-메일	• 고객 응대 활동의 표준화/자동화를 통한 저비용과 효율성 추구 • 고도의 훈련된 상담원과의 접촉을 통한 신뢰 구축 • 장소에 구애되지 않는 공간적 편의성 제공	하	중	중	중
• ARS • 웹 • e-메일	• 고객 셀프서비스를 통한 저비용과 효율성 • 24시간 측면에서의 편의성과 장소에 구애되지 않은 공간적 편의성 제공 • 고객들의 기술 적용 정도에 대한 의존 심화	중	하	상	하
• SMS (Simple Messaging Service) • Handheld	• 고객 셀프서비스와 첨단기술을 통한 저비용 및 효율성 추구 • 온라인 채널의 편의성, 공간전달 편의성 • 고객들의 기술 적용 정도에 대한 의존 과다	하	하	상	하

자료 : 김재경, "실시간 경영을 위한 e-비즈니스 시스템", 율곡출판사, 2004, p.223.

고객을 분류하는 기준이 여러 가지가 있겠지만 기업의 입장에서 우수고객이라는 것은 바로 그 고객의 수익성이 되는 것이다. CRM은 기업의 모든 마인드를 고객을 위해서 준비하자는 것이지만 궁극적으로는 기업을 위해서 실시하는 것이다. 기업의 경쟁력 확보는 바로 고객을 이해하는 것에서 시작되고, 고객과의 관계를 우호적으로 유지하는 순간 기업은 성공에 이르게 된다. 따라서 고객에 대한 철저하고 정확한 분석이 이루어져야 한다.

6 고객만족

1) 고객만족의 의의

오늘날 기업활동중 고객만족 관련활동은 매우 중요한 역할을 하고 있으며 점차 그 중요성이 더해 가고 있다. 고객만족은 여러 분야에서 주요 연구 주제가 되어 왔으며 마케팅 분야에서도 예외는 아니다. 서비스 마케팅에서는 고객만족과 서비스 품질과의 구별 및 인과관계에 관한 많은 연구들이 있다.

고객만족과 관련된 개념들을 살펴보면 소비경험으로부터 얻어진 결과물로서 고객만족의 개념을 살펴보면 "고객자신이 지불한 희생의 대가가 적절한 것이었는지 혹은 부적절한 것이었는지에 대한 인지한 상태", "불일치한 기대와 관련한 감정이 고객의 소비경험과 이전의 느낌이 결부될 때 나타나는 전체적인 심리상태", "제공받은 경험에 대한 감정적 반응, 구매한 특정상표나 서비스에 대한 감정적 반응"으로 정의할 수 있다.

반면에 만족의 평가과정을 중시하는 입장에서 보면 "소비경험이 적어도 기대했던 것만큼 좋았다는 평가되는 것", "선택했던 대안이 선택이전에 가지고 있던 그 대안에 대한 신념과 일치한다고 평가하는 것", "제품을 소비한 후에 지각한 제품의 실제 성과와 이전의 기대 사이에 지각된 차이에 대한 고객의 평가적 반응"이 해당될 수 있다.

위의 두 가지 접근방법 중에서 과정의 면으로 정의를 내리는 편이 결과의 면에서 결론을 내리는 것보다 여러 가지 면에서 유리하다. 왜냐하면 고객만족은 소비자가 느끼는 전체적인 소비경험을 다루기 때문에 소비의 각 단계에서 중요한 역할을 하는 요소들을 개별적으로 측정하여 과정을 확인시켜 줄 수도 있고 고객만족을 형성하는 지각적, 평가적, 심리적 과정에 대한 모든 검토를 가능하게 하기 때문이다(이우재, 1995).

〈표 4-6〉 고객만족의 개념에 대한 선행연구

연 구 자	정 의	만족의 속성
Howard & Sheth (1969)	구매자가 치른 대가에 대해 보상받았다고 느끼는 인지적 상태	인지적 상태
Czepial & Rosenberg (1976)	고객의 욕구 및 요구를 충족시키는 정도에 대한 소비자의 주관적 평가	인지과정 이후 형성되는 소비자의 평가
Hunt(1977)	사전기대와 실제 소비경험의 일치여부에 대한 평가	
Engel & Blackwell (1982)	사전신념과 선택대안의 일치여부에 대한 평가	
Westbrook(1981)	구매 후 유발되는 정서적 반응	정서적 반응
Westbrook & Reilly (1983)	구매 경험에 대한 정서적 반응	
Tse & Wilton(1988)	사전기대와 제품의 실제 성과 사이의 차이에 대한 반응	
Babin & Griffin(1998)	일련의 경험에 대한 평가 결과 유발되는 정서적 반응	
Oliver(1997)	충족상태에 대한 반응: 제품/서비스의 특성 또는 제품/서비스 자체가 소비에 대한 충족상태를 미 충족 또는 과 충족수준을 포함하여, 유쾌한 수준에서 제공하거나, 제공하였는가에 대한 판단	인지적/정서적 반응이 결합된 만족에 대한 판단

출처 : 박명호, 조형지, "고객만족개념의 재정립", 한국마케팅저널, 제 1권 제 4호 1999, p130.

한편 박명호, 조형지(1999)는 선행연구를 검토한 결과 소비경험에서의 만족개념에 대한 속성은 인지적 상태, 평가, 정서적 반응, 인지적 판단과 정서적 반응이 결합된 만족에 대한 판단 등 크게 네 가지로 정의되고 있다고 했다. 또한 그 외 연구자들의 고객만족에 관한 개념적 정의를 〈표 4-6〉과 같이 연도별로 제시하고 있다.

첫째, 고객만족을 인지적 상태(cognitive states)로 보는 관점으로 '고객만족은 구매자가 치른 대가의 보상에 대한 소비자의 판단이다'고 한 Howard and Sheth(1999)의 정의가 대표적인 관점으로, 즉 고객만족이란 '구매자가 치른 대가에 대해 적절하게 혹은 부적절하게 보상되었다고 느끼는 소비자의 인지적 상태'를 말한다.

둘째, 고객만족을 평가(evaluation)로 보는 관점으로 '고객만족은 고객의 욕구 및 요구를 충족시키는 정도에 대한 평가, 고객의 구매전 기대와 제품의 실제 성능 또는 소비 경험에서 판단되는 성과와의 일치 · 불일치 정도 등 소비자의 인지적 과정에 대한 일련의 평가'로 정의되고 있다. Czepiel and Resenberg(1976)는 고객만족이란 '제공된 제품이나 서비스의 획득이나 소비를 통해 유발되는 욕구 및 요구를 충족시키는 정도에 대한 소비자의 주관적인 평가'로 정의하고 있다. 또 '만족을 소비경험이 최소한 소비자가 기대했던 만큼 훌륭하다고 명시적으로 나타낸 평가'(Hunt, 1977, p.459)라고 정의하기도 하고, '선택된 대안이 그 대안에 대한 사전 신념과 일치되었는가에 대한 평가(Engel and Blackwell, 1982)'라고 정의한 이도 있다.

셋째, 고객만족을 정서적 반응(emotional response)이라고 보는 관점이다. 즉, 고객만족은 '고객의 기대와의 일치/불일치와 같은 고객의 다양한 인지적 처리과정 후 형성되는 정서적 반응'이라고 보는 것으로 Westbrook(1981)은 '특정제품 또는 서비스를 사용, 소비 및 소유함으로써 얻는 경험의 평가에 대한 소비자의 정서적 반응'이라고 하였으며, 이후 Reilly(1983)와의 공동연구를 통해 '구매한 특정제품/서비스 쇼핑/구매행동 및 시장에서 발생되는 전반적인 행동과 관련된 경험에 대한 정서적 반응'이라고 정의하였다. 이후 Babin and Griff(1998)는 '불일치와 지각된 성과 등을 포함한 일련의 경험에 대한 평가 결과에 따라 유발되는 정서'라고 정의한다.

넷째, 고객만족을 인지적 판단과 정서적 반응의 결합으로 보는 관점으로, Oliver(1997)의 정의를 들고 있는데 이는 '고객만족이란 제품/서비스에 대한 성과의 처리과정, 불일치 형성과정, 또는 단순한 감정 상태인 행복감과는 다른 것으로, 만족이란 소비자의 충족상태에 대한 반응으로써 제품/서비스의 특성(features) 또는 소비에 대한 충족상태를 유쾌한 수준에서 제공하거나 제공하였는가에 대한 판단'으로 정의하는 관점이다.

2) 고객만족의 구성요인

고객만족은 고객자산의 가치를 증식시키고 기업의 성과를 높이고자 하는 모든 기업에 있어서 중요한 문제가 된다. 고객자산의 가치를 증대시키기 위해, 고객만족은 측정되고 관리되어야 한다. 고객만족의 극대화를 통하여 이익을 증대하기 위해서는 고객만족이 형성되는 과정에 대한 이해가 필요하다. 즉, 고객만족의 결정변수나 선행요인을 명확히 이해하는 것이 필요하다.

고객만족의 형성과정에 대한 연구는 크게 기대불일치 모형(disconfirmation of expectations model), 성과 모형(performance model), 공평성 모형(equity model), 귀인 모형(attribution model) 등 네 가지 연구의 흐름이 있다. 〈그림 4-6〉은 Oliver가 제시한 고객만족의 구성요인들이다.6)

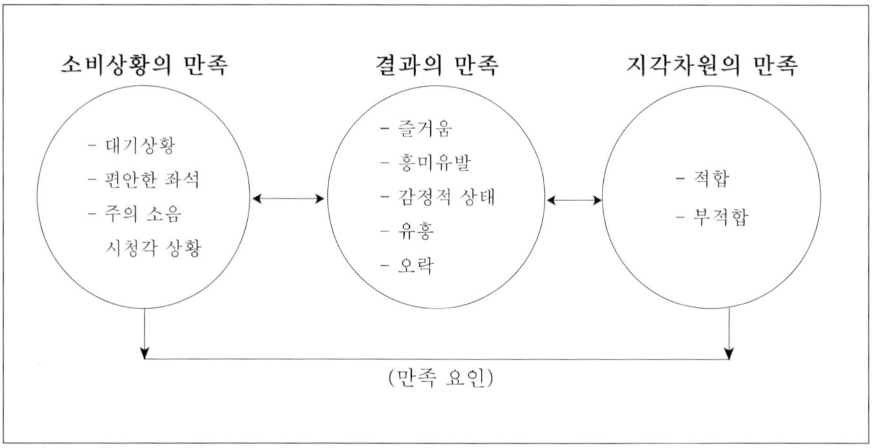

자료 : Oliver (1906). "Satisfaction: A Behavioral Perspective on the consumer".

〈그림 4-6〉 고객만족의 구성요인

(1) 기대 불일치 이론(disconfirmation theory)

기대-불일치 이론(expectation-disconfirmation paradigm)은 1970년대 초 연구분야로 등장하여 고객만족/불만족 연구의 중심이 되어 그 결과 만일 실제 성과가 기대했던 것보다 나으면 정의 불일치가 발생하며, 반대로 실제 성과가 기대한 것보다 못하면 부의 불일치가 발생하게 된다는 것이다.

기대-불일치 패러다임을 위한 이론적 지지는 Helson(1964)의 순응수준이론(adaptation level theory)으로부터 기인한다. 여기서 순응이란 개념은 여러 종의 생물들이 자기가 살고 있는 환경에 적응하는 것을 말하며, 순응수준이론에서는 사람이 자

6) 장경숙, 한식체인레스토랑서비스 품질이 고객만족과 재방문 의도, 구전효과에 미치는 영향, 동의대학교 대학원, 2008, pp.27~31.

신이 가지고 있는 순응된 기준(adapted standard)에 따라서만 외부의 자극을 지각하는 것으로 가정하는 것이다. Oliver(1980)는 제품 성과에 대한 기대가 하나의 순응수준으로 작용한다고 주장하면서 순응수준이론을 고객만족 연구에 적용하였다.

이 이론에서 만족은 개인이 느끼는 실제 성과와 기대된 성과수준과의 차이에 의해 결정된다고 주장하고 있다. 이 이론에 대하여 학자에 따라서 5가지 혹은 4가지의 구성요소를 주장하고 있는데, 비교기준(기대), 인지된 성과, 불일치, 그리고 만족의 네 가지 요소를 적용하고자 한다.

① 비교기준(기대)

만족 측정에서는 제품에 대한 기대가 비교기준으로 사용되는데, 비교기준으로 쓰이는 기대에는 여러 가지가 있을 수 있다. 기대는 보통 고객의 사전경험에 근거해서 형성된 것을 사용하고 있는데 고객과 친밀한 다른 사람들 즉 친구, 친지 등의 경험, 광고, 구전 등에 근거해 형성된 것도 사용될 수 있다. 비교기준으로써 가장 빈번히 사용되는 기대는 향후 이용과 경험에 대하여 예상되는 상품 또는 서비스의 효용을 나타낸다고 할 수 있다.

② 제품의 성과

제품의 성과는 구매 후 제품 혹은 서비스에 대한 개개인의 실제 사용과 경험에 근거한 주관적 인지를 의미한다. 여기에서 강조되는 점은 인지된 성과는 객관적으로 인정되는 제품 또는 서비스에 대한 성과가 아니라 그것을 직접 경험하는 개인이 생각하는 성과에 대한 평가라는 것이다.

③ 불일치

불일치는 만족에 있어서 아주 중요한 역할을 담당하는 요소이다. 이 요소는 비교기준, 즉 기대와 실제 성과 사이에서의 인지된 차이를 나타낸다. 만약 성과수준이 기대했던 것과 같지 않다면 불일치 정도는 그것들이 서로 어느 정도 차이가 나는지를 나타내게 된다.

④ 만족

만족이란 소비자가 제품 또는 서비스의 결과를 예상하고 지불한 비용과 그 대가를 소비자가 사후에 비교하는 데에서 발생하는 결과라고 할 수 있다. 즉 만족은 제품 혹은 서비스의 여러 특성들에 대한 만족의 합이라고 간주할 수 있다. 따라서 만족은 개인의 주관적 판단으로써 구성된다고 할 수 있다. 이러한 태도는 예상한 성과와 실제 성과를 서로 비교한 결과에서 나오는 경험에 근거를 두고 있고, 이 경험은 구매 후 소비자의 태도와 재구매 의도에 영향을 미친다. 만족은 불일치와 인지된 성과 두 가지 요소에 직접적으로 영향을 받고 또 비교기준과 인지된 성과 요소에 간접적으로 영향을 받는다고 할 수 있다.

〈그림 4-7〉 고객만족형성의 기대불일치모형

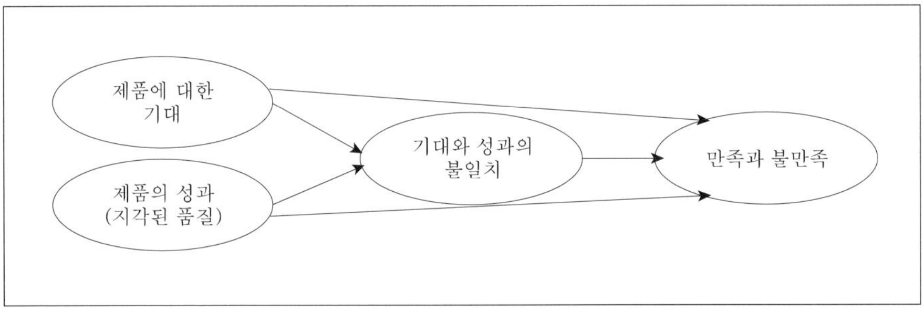

자료원 : 이유재, 소비자학연구, 제8권 제1호, 1997년 5월

(2) 귀인이론 (attribution theory)

귀인이론은 불평행동의 대안을 설명하기 위하여 도입된 것으로, 인간을 인과관계의 추론에 의해 행동을 결정하는 합리적인 정보처리자로 보고, 불만족을 느낀 이용고객은 불만족의 원인을 찾아 책임소재를 밝히려는 시도를 한다는 이론이다. 이 이론에 의하면, 소비자의 불만족에 대한 반응을 결정하는 것은 제품에 대한 평가만이 아니라는 것이다. 즉 소비자들은 불만족이 발생한 원인을 알기 원하고 그 원인에 대한 책임소재를 밝히고자 한다는 것이다. Valle & Wallendorf(1977)는 제품 성과에 대한 책임소재를 소비자를 중심으로 한 심리적 거리로 설명하고 있다. 그 거리의 한쪽 끝은 자기 자신이고 다른 쪽 끝은 제조업자들을 지나 더 큰 사회적 조직이라고 주장했다. 이는 내적귀인과 외적귀인으로 통제 차원을 구성한 연구의 확장이라고도 평가된다.

Krishanam & Valle(1979)는 소비자의 책임 소재에 관한 위의 가설들을 지지하는 결과를 보고하고 있으며 이 책임 소재가 바로 불평 행동의 중요한 예측 변수임을 보였다. Landon(1977)는 귀인이론이 불평 행동에 갖는 시사점들을 검토했다. 내적, 외적 통제 차원을 이용하여 응답자들에게 불평을 하게 만든 불만족의 책임이 어디에 있는가를 질문하였다. 이 질문들에 대한 응답들은 내적인 책임과 외적인 책임으로 구분되었고 분석 결과, 내적인 책임을 응답한 사람들은 불평을 하지 않는 반면, 외적인 책임을 느낀 사람들은 불평을 한다는 사실을 알아냈다.

정리하면, 소비자가 느끼는 불만족이 구매자와 관련된 것이며 자기 자신에 관련된 경우에 비해 소비자들이 불평을 할 가능성이 높다는 것이다.

폴크스(Folkes, 1984)는 위의 귀인이론의 틀을 확장하였다. 즉, 제품성과가 불만족을 야기 시키는 이유를 안정성(stability), 책임소재(locus), 통제가능성(controllability)의 차원에서 구분하였다. 그 결과, 안정성이 높은 경우 교환보다는 환급에 더 많은 욕구를 보인다는 것을 알아냈다. 또, 불만족의 원인이 구매자와 관련된 경우에는 환급과 더불어 사과를 요구한다는 것도 확인했다.

(3) 공평성 이론 (equity theory)

고객만족의 공평성 패러다임은 개인이 교환에 지출하는 비용과 예상된 보상간의 관계에 근거하고 있다는 점에서 고객만족에 관한 다른 패러다임들과 다르다. 공평성 패러다임은 Adams(1963)의 공평성 이론(equity theory)에서 기인하며, 투입과 산출이 만족판단을 초래하는 공평성을 설명한다는 개념에 기초한다(Oliver & Swan, 1989). 이 이론에 따르면, 만일 그들 마음속에서 투입에 대한 산출의 비율이 "공정"한 것으로 생각된다면 교환당사자는 공평하게 거래되었다고 느낄 것이다. 한사람이 공평하게 거래된 것으로 느낄지 어떨지의 여부는 지불가격, 취득이익, 거래에 소비된 시간과 노력, 그리고 과거 거래 경험들을 포함하는 다양한 요인들에 달려있을 것이다. 소비자 만족의 공평성 모델은 만족이 교환상의 다른 당사자와 관련되어 평가되며 또한 모든 당사자들의 산출이 고려된다는 점에서 다른 모델들과 서로 다르다. 공평성이론을 사용함으로서 인간상호간 현상들이 모형화 될 수 있고 또한 이것은 소비자 만족/불만족에 대한 과거연구에 새로운 차원을 첨가하는 것이다.

(4) 성과 이론(Performance theory)

상품이나 점포의 성과가 이용고객의 만족에 영향을 미친다는 것이 공리적인 것으로 인식되어서인지, 일반적으로 고객만족의 주요 구성개념으로 포함시키지 않았다. 제품성과를 고객만족에 포함시킨 이는 Swan과 Combs 그리고 Churchill과 Superenant였다. Swan과 Combs는 실증연구를 하지는 않았지만 이론적으로 제품성과를 표현적 성과와 도구적 성과의 두 가지 종류를 설명하였다. 표현적 성과는 만족, 그리고 도구적 성과는 불만족과 관계가 있으며, 도구적 성과는 어떤 목적을 위한 수단이며, 표현적 성과는 그 자체가 목적인 성과라고 하였다 예를 들어 의류의 경우, 도구적 성과는 물질적 상품 자체의 성과를 가리키며, 표현적 성과는 심리적 측면과 관련이 있다. 또한 의류의 내구성은 도구적 성과이며, 의류 스타일은 표현적 성과라는 것이다.

7 신뢰[7)]

1) 신뢰의 개념

신뢰에 대한 연구는 그동안 사회과학 분야에서 많이 이루어져 왔다. 신뢰에 대한 정의는 다양한 관점이 존재하지만 일반적으로 다른 당사자의 행위에 대한 믿음이나 기대로 정의 된다. 관계적 계약에 있어서 신뢰는 협동이나 계획에 대한 기대와 관련한 중요한 개념이 되었으며, '교환 관계에서 한 당사자가 상대방이 그의 의무를 수행할 것이고 상대방과의 약속은 믿을 만한 것이라고 생각하는 것'이라 정의되었다. 신뢰에 대한 학자들의 다양한 정의는 〈표4-7〉와 같다.

Pruitt(1981)는 신뢰가 상대방과의 협력을 원하는 것과 밀접하게 관련이 있다고 보고 신뢰를 가진 한쪽의 협력은 다른 한쪽에게도 보답, 타협이나 양보 등의 협력적 태도를 발생시킨다고 하였다. 상대방에게 신뢰를 가진다는 것은 파워 갈등, 낮은 수익률, 또는 그 외의 것과 같은 어려움에도 함께 하려는 것으로, Sullivan et al(1981)에 의해 척도가 개발되어 쌍방 상호작용의 결과물을 측정, 판매자-구매자 관계, 특히 기

7) 이용일, 서비스 품질이 고객만족, 고객신뢰및 고객충성도에 미치는 영향에 관한연구 한양대학교 대학원, 2008, pp.32-33.

업 상호간의 관계에 적용되었다.

Mogan and Hunt(1994)는 신뢰는 한 당사자가 교환 파트너의 신뢰성과 성실성에 확신을 가질 때 존재할 수 있는 것으로 교환관계에 있어서 신뢰와 결속을 바탕으로 관계가 형성된다고 하였다. Doney and Cannon(1997)은 신뢰형성에 영향을 미치는 요인과 형성된 신뢰가 구매행동에 영향을 미치는지에 관하여 검증하였는데, 고객화 의지, 판매원의 특성, 판매원과의 관계 특성이 신뢰 형성에 영향을 미치며 공급회사와 판매원에 대한 신뢰가 구매행동에 영향을 미치는 것으로 나타났다.

〈표4-7〉 신뢰의 다양한 정의

연구자	정 의
Johnson-George & Swap(1982)	신뢰상황에 일반적으로 적용될 수 있는 위험들을 기꺼이 감수하고자 하는 자발적인 의지
Anderson and Narus(1990)	다른 기업이 그 기업의 성과에 긍정적인 영향을 주는 행동을 취할 뿐 아니라 그 기업에 부정적 결과를 주는 예측되지 않은 행동 등을 취하지 않을 것이라는 기업의 신념
Bromily and Cummings(1992)	거래파트너를 착취하면서까지 자신의 이익을 추구하지는 않을 것이라고 믿는 정도
Sabel(1993)	서로의 행위와 기대에 따른 지각된 의무들의 수행에 대한 일종의 상호적인 기대들이나 예상들을 의미
Moorman, Zaltman & Hunt(1994)	거래 상대방의 신뢰성과 성실성에 대하여 자신감을 가질 때 존재하는 것
Salmond(194)	관계파트너 간의 과거의 경험과 미래의 예측을 연결
Schemwell, Donald, Cronin & Bullard (1994)	고객과의 상호지향성의 기반으로 관계의 지속성과 관계에 대한 몰입을 증가시키는 것
Madhok(1995)	관계파트너의 보완성 등의 구조적 요소와 관계의 지속성, 시너지 효과의 기반이 되는 사회적 요소를 가져야 하는것
Mayer, Davis& Schoorman(1995)	다른 파트너를 모니터하거나 통제할 능력에 상관없이 다른 파트너가 신뢰를 하는 당사자에게 중요한 특정 활동을 할 것이라는 기대 하에서 다른 파트너의 행위들로부터 공격받기 쉬운 상태에 있는 자발성을 의미
Doney and Cannon(1997)	고객과 판매자와의 관계에서 지각된 진실성과 호의성

자료 : 이준엽, 김성필(2007), "항공사 서비스 품질에 대한 고객신뢰가 고객만족과 재구매에 미치는 영향." 한국항공경영학회지, Vol.5(2), pp.19-35.

서비스와 관련한 연구에서도 신뢰는 서비스 제공자와 고객간의 성공적인 관계를 형성하는데 매우 중요한 역할을 한다고 밝혀져 왔다. Tam과 Wong(2001)은 신뢰를 '서비스 제공자가 미래에도 꾸준한 이익을 가져다 줄 것이라는 믿음'으로 정의하고 사람들은 불확실성과 미래에 닥칠 수 있는 위험을 피하기 위하여 서비스 제공자와 장기적인 관계를 가지려고 한다고 하였다. 이와 같은 정의들에서 발견할 수 있는 공통점은 신뢰가 거래의 상대방이 다른 상대방에 대한 최선의 이익에 입각하여 행동할 것이라는 믿음에 근거하고 있다는 것이다.

3) 고객가치와 고객만족의 관계

고객만족의 선행변수에 대한 연구들은 지각된 성과, 비교기준 패러다임, 공정성 이론, 가치-지각 부동성 이론, 품질, 가격 등 다양한 변수들이 있지만 Oliver(1980)의 연구에서 기대-불일치 패러다임을 제시한 이래 소비자의 지각된 가치와 기대된 가치의 함수가 고객만족을 결정한다는 논리가 최근의 연구에서는 지배적이라고 언급하였다.

Sweeney과 Sourtan(2001)는 고객가치와 고객만족을 동일한 개념으로 보는 기존의 다른 연구자들과는 달리 고객만족과 고객가치를 구분하여 설명하고 있다. 즉, 고객만족은 소비자들이 제품(서비스)을 구매 후(post purchase) 혹은 사용 후(post use)에 그 제품(서비스)을 평가하는 것이지만, 고객가치는 소비자들이 제품(서비스)에 대한 경험에 의존하지 않는다는 것이다. 이러한 선행연구를 바탕으로 Sweeney, Sourtar은 고객가치를 고객만족의 선행요인으로 제시하고 있다.

권순홍, 김태웅 및 이용기의 연구에서는 기존의 마케팅 이론에서 제시하고 있는 고객가치, 고객만족, 신뢰, 충성도와 관련된 지식을 바탕으로 인터넷 마케팅에 대한 이론 및 실증연구를 비교, 분석, 정리하여 온라인 환경에서 어떻게 충성고객을 만들 것인지에 대한 개념을 도출하였다.

이러한 연구모형을 가지고 권순홍, 김태웅 및 이용기는 다음 〈그림 4-8〉과 같이 실증분석을 하여 고객만족에 비치는 고객가치의 구성요소인 시각적 가치, 여유가치, 고객편의가치, 탁월한 투자가치가 선행요인임을 확인하였다.

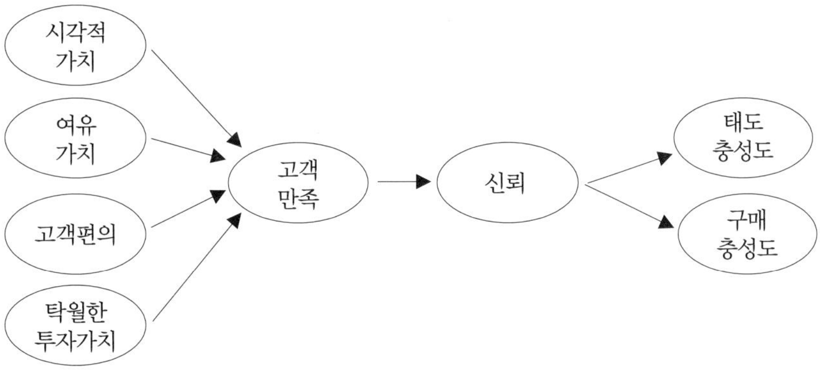

출처 : 권순홍, 김태웅, 이용기, "인터넷 쇼핑몰의 지각된 가치가 고객만족과 신뢰, 충성도에 미치는 영향에 관한 연구", 경영과학, 제20권 제1호, 2003, p.1158.

〈그림 4-8〉 권순홍, 김태웅, 이용기의 연구모형

8 고객충성도

세 번째 단계는 평생고객 개념으로의 확장 단계이다. 은행의 예를 연장시켜 보자. 거래은행과 관계가 최대한 확장되므로 고객의 로열티가 제고되어 고객은 평생고객 또는 동반자 관계로 발전되어 간다. 이렇게 관계가 강화된 고객들은 그 은행과의 깊어진 관계로 다른 은행으로 옮겨가기에는 희생비용이 크므로, 이 은행과 평생 파트너가 된다. 이 단계에 접어들면 심화된 거래 관계로 고객의 로열티가 높아지게 되고 이 은행의 옹호자가 되어 새로운 고객을 데려오기도 한다. 또한 오랜 기간 동안의 거래로 인해서 받는 많은 혜택 때문에, 고객은 보통 그 은행과의 거래에 드는 비용이나 가격에 대한 민감성(price sensitivity)도 낮아지기 마련이다. 이런 평생고객으로부터 얻는 은행의 혜택도 더욱 늘어나게 된다. 은행 입장에서는 장기간 은행과 거래해 온 고객의 거래 종류나 형태는 이미 잘 알고 있으므로 그 고객과의 거래를 자동화시킴으로써 거래비용을 절감시킬 수도 있다.

1) 고객충성도의 의의

고객만족에 대한 많은 연구가 고객만족과 기업성과의 관계에 대하여 이루어졌다. 그 중 대표적인 연구들은 고객만족과 기업의 생산성 그리고 고객만족과 기업의 이익간의 관계에 대한 연구들이다.

고객만족과 생산성에 관한 연구는 두 가지 대립되는 결과를 보여주고 있다. 즉, 고객만족의 향상은 사후적 비용(A/S비용. 불만족처리 비용 등)을 줄임으로써 조직의 시간과 노력을 감소시키고 미래적 거래비용을 줄이므로 고객만족과 생산성은 양립한다는 입장과, 고객만족의 증가는 제품의 속성과 전체제품 디자인을 개선시키는 노력을 요구함으로써 비용증가를 초래하므로 고객만족과 생산성간의 관계는 희박하다는 입장이 있다. 한편, PIMS 데이터를 이용한 실증적 연구는 양쪽 입장 어느 쪽에 대하여도 관계성이 입증되지 않음을 보여주고 있다.

고객만족과 기업의 경제적 이익에 대한 많은 연구는 양 요소간의 관계가 희박하다는 결과를 보여주고 있다. 특히 전체품질관리(TQM)와 같은 프로그램의 실행을 통하여 고객만족과 품질을 개선하려는 노력들은 경제적 이익이나 경쟁력을 제고하지 못했음을 보여주고 있다.

고객만족도는 기업의 이익에 결정적인 영향을 미치는 고객유지율에 대하여 분명한 답을 제시하지 못하고 있다. 직관적으로 고객만족의 증가는 고객유지율을 증가시켜 기업의 순이익을 증가시킬 듯 하지만 실제로는 그렇지 못하다는 연구가 있다. Reichheld는 이탈고객 중 65%~85%는 기존 제공자에게 만족하거나 매우 만족하는 것으로 답하였고, 자동차 산업에서 만족도 점수는 85%~95%에 이르나 재구매율은 평균 40%에 머물고 있음을 보고하고 있다(Reichheld, 1993). 또한 Fay에 따르면 고객만족의 점수와 그 제공자에 대한 고객의 소비비율은 일치하지 않고 있다.

반면 고객충성도는 기업의 재무적 이익과 고객유지를 보다 직접적으로 설명하고 있다. 고객의 충성도가 높을수록 고객은 같은 제공자로부터 계속적으로 장기간 구매할 가능성이 높아지므로 한 충성고객의 누적가치는 매우 높아진다. 또한 제고된 충성도는 미래거래의 비용을 낮추고, 우호적인 구전효과 및 가격 프리미엄을 통하여 더 나은 생산성을 유도한다(Reichheld, 1990). 그리고 만족한 고객은 쉽게 경쟁자로 전환하지만 완전히 만족한 고객은 충성자(Loyalist)로 남으므로 완전히 만족한 고객만이 고객충성도를 보장하고 우월한 장기적인 재정적 성과를 낳는다.

2) 고객충성도의 개념적 정의

Webster사전에 의하면 '충성스럽다(loyal)'는 말은 '신의에 있어서 확고하다(unseweving in allegiance)'는 것으로 그 의미는 세 가지 차원 즉, 법적 통치권이나 정부에 대한 충실성, 사적개인에 대한 충실성, 그리고 이상이나 관습에 대한 충실성의 맥락에서 볼 수 있다. 그리고 '충성(loyalty)'은 '충성스러움의 상태(the quality or state of being loyal)'로 정의하고 있다.

충성도에 대한 학문적 영역에서의 연구는 Josiah Royce의 The Phiilosophy of Loyalty(1908)에서 이루어졌는데, 그는 충성도가 세 가지 계층으로 이루어져 있다고 보고 있다. 가장 낮은 단계는 개인에 대한 충성도이고, 다음은 집단에 대한 충성도이고, 마지막 단계는 가치관이나 원칙의 집합에 대한 헌신이다(Reichheld, 1996).

기업이나 산업에 있어서 충성도는 어떤 기업 또는 특정 브랜드에 대한 고객의 결속력, 기업에 대한 종사원이나 투자자들의 결속력 등에서 찾아볼 수 있다. 특히 특정 브랜드에 대한 고객의 충성도는 브랜드 충성도(brand loyalty)라 불리며 경영학 분야에서 많은 연구가 이루어져 왔다.

고객충성도(customer loyalty)는 '한 기업의 사람, 제품 또는 서비스에 대한 애착(attachment) 또는 애정(affection)의 감정상태'로 정의할 수 있는데(Jones & Sassers 1995) 이러한 감정들은 여러 가지 고객형태로 발현된다. 다시 말하면, 고객충성도는 기업의 우월한 가치전달로 고객이 장기간에 걸쳐 그 기업의 제품이나 서비스를 재구매하고, 타인에게 추천하고, 프리미엄 가격을 지불하는 행태로 나타난다.

일반적으로 고객충성도에 관한 정의는 크게 행동적(behavioral) 접근방법, 태도적(attitudinal) 접근방법, 그리고 통합적(composite) 접근방법의 세 가지로 나누어 볼 수 있다.

첫째, 행동적 접근방법에 의하면 고객충성도는 특정점포에 대해 일정기간 동안 소비자가 반복적으로 구매하는 경향으로 정의된다. 행동적 접근법이 가지고 있는 한 가지 문제는 반복구매가 항상 브랜드를 향한 심리적인 전념의 결과가 아니라는 것이다. 예를 들어, 여행객들은 가장 편리한 위치에 있기 때문에 호텔에 머무를지도 모른다. 새로운 호텔이 길거리를 가로질러서 세워져졌을 때 새로운 호텔이 더 좋은 가치를 제공한다면 여행객들은 새로운 호텔로 옮긴다. 따라서 반복구매가 항상 전념을 의미하지 않는다. 전통적으로 고객충성도, 구매가능성, 재구매가능성, 구매빈도, 반복구매행동, 구매순서, 구매행동의 다양한 측면 등이 있다.

둘째, 태도적 접근방법은 충성도를 선호 또는 심리적 몰입으로 고려한다. 따라서 충성도를 특정한 것에 대한 호의적인 태도로 보며 구매의도 즉 미래의 구매가능성으로 파악한다.

셋째, 행동적 접근방법과 태도적 접근방법을 종합하여 충성도를 고객의 호의적 태도 및 반복구매행동으로 정의하는 것이다. 즉 충성도는 반복구매행동 또는 호의적인 태도만으로는 충분치 않으며 호의적인 태도와 반복구매행동이 모두 충족되어야 한다는 것이다.

3) 소비자행동과 고객충성도

Hirschman(1970)은 만족/불만족에 대한 고객의 반응결과로써, 불만족고객은 이탈(exit : 상표전환), 표현행동(voice), 충성도(loyalty)와 같은 반응을 보인다고 주장했으며, Day(1980), Krapfel(1985) 그리고 Richins 등에 의하며 고객불만족에 대한 반응으로서 상표전환 또는 상표애호의 감소, 판매자 또는 제 3자에게 불평, 다른 사람에게 부정적 구전전달, 아무런 조치를 취하지 않음 등의 행동을 보이는 것으로 나타났다.

이것은 고객만족/불만족이 불평행동, 구전행동, 재구매행동, 상표애호 등에 영향을 미침을 알 수 있으며 이러한 행동 및 태도는 고객충성도를 형성하는 변수들이므로 결국 고객 충성도는 고객만족의 결과변수임을 추론할 수 있겠다.

따라서 고객만족의 결과, 나타날 수 있는 여러 가지 유형의 소비자 반응을 살펴봄으로써 궁극적으로 고객충성도를 소비자의 만족이나 불만족 정도에 따라 결정된다.[8)]

(1) 불평행동

소비자들은 제품을 사용해보고 만족할 경우에는 재구매 의도로 연결되나 불만족일 경우에는 다양한 형태의 불평행동을 보일 것이다.

이러한 불평행동은 기업에 미치는 영향이 매우 커질 수 있는데 유형별 강도를 보면

8) 최유경, 고객만족경영과 고객충성도와의 상관성 연구, 연세대 교육대학원, 1998, pp.49-56에서 재인용.

〈그림 4-9〉와 같다.

심 각 성 →				
1 아무일도 하지 않음	2 미래에는 동일상표나 동일판매자를 회피함	3 친구나 아는 사람에게 부정적 구전활동	4 판매자로부터 문제해결 방안모색	5 외부 공공기관에 불만호소

출처 : 이학식, 안광호, 하영원 공저, 소비자행동, 법문사, 1997, p134.

〈그림 4-9〉 소비자 불평행동의 유형별 강도

위의 그림에서 불평행동의 유형은 심각성이 오른쪽 방향으로 진행함을 나타낸다. 이러한 불평행동 정도에 영향을 주는 요인을 살펴보면 다음과 같다.

① **불만의 정도** : 불만의 정도가 적을 경우에는 소비자들은 말하지 않는 경우가 대부분이며 문제발생이 안되나 불만이 커질수록 반응을 보일 가능성이 높다.

② **제품의 중요성** : 제품이나 서비스의 중요성의 정도에 따라 불평행동의 심각성이 나타나는데 예를 들면 이동전화를 이용하는데 있어서 소비자가 사업상 중요한 통화를 하는 중 자주 끊겨서 계약에 실패를 하는 경험을 했다는 매우 강한 불평행동을 보일 것이다.

③ **비용/이익** : 소비자들은 자신의 불평행동으로부터 기대되는 이익과 비용을 고려하여 불평행동의 유형을 선택한다.

④ **개인적 특성** : 예를 들어 성격이 급한 사람일수록 불평행동 유형이 강해질 수 있으며 여유시간이 많을수록 더 많은 불평행동의 빈도를 보인다.

⑤ **책임에 대한 귀인** : 불만족의 책임소재가 누구에게 있는가에 따라 불평행동의 유형이 달라질 수 있다.

(2) 구전

준거집단 구성원들(친구, 친척 등)간의 구전 커뮤니케팅션은 소비자 구매행동에 강력한 영향을 미친다. 구매 결정시 실패를 하지 않기 위해 다른 경험자의 의견을 의존하는 경우가 흔히 있다.

구전(word-of-mouth)이라는 말은 1954년 fortune지에 소개된 William H. Whyte, Jr.의 마케팅 연구에서 사용되기 시작했다.9) Whyte는 당시 에어컨이라는 제품이 소비시장에 나온 지 얼마 안 되었을 때 재미있는 현상을 발견하였다.

아파트의 한 동에 이웃한 몇 가구에 나란히 에어컨을 가지고 있었으며 건너편 동에는 에어컨을 가지고 있지 않았다. 에어컨 구매가 이웃간의 커뮤니케이션을 통해서 이루어졌다는 것을 말해주고 있는 것이다.

즉, 그 제품에 대해 이야기를 들은 사람들이 그 제품을 구매한 것이다. 이것은 소비자간의 구전이 얼마나 제품고매에 영향을 미치는지를 말해주는 한 예이다.

Katz와 Lazarsfeld는 구전 커뮤니케이션의 중요성에 대해 역설하였는데 소비자의 상표전환에 영향을 미치는 원천들을 비교한 결과 구전의 영향이 라디오 광고보다 2배, 인적판매보다 4배, 신문과 잡지보다 7배 더 효과적임을 발견하였다.10)

즉, 소비자 반응중에서 구전(word of mouth)이 중요시 되는 이유는,

첫째, 구전은 직접 대면 커뮤니케이션이므로 문서자료나 매스커뮤니케이션에 비해 생생한 경험을 통해서 정보를 주변사람들에게 전달하기 때문에 그 효과는 더욱 크며 둘째, 구전은 기업이나 마케팅과 관련되지 않는 정보원천에 기초함으로써 기업의 마케팅 담당자에 의한 커뮤니케이션보다 믿을 만하다고 인식되기 때문이다. 셋째, 기업에 대한 고객의 불평은 단지 한 명의 고객과 관련되지만 구전 커뮤니케이션은 많은 사람들에게 전달되기 때문에 더욱 해로울 수 있기 때문이다.

Richins(1983)는 불만족한 고객에 의한 부정적 구전(자신의 불만족한 경험을 다른 사람에게 말하는 것)을 조사하여 상표전환, 단골의 중단, 불평과 같은 다른 반응들과 구전반응의 차이점을 구분시켜 주는 변수가 무엇인지를 검토한 결과, 부정적 구전은 문제가 심각할 때, 판매업자의 불평에 대한 반응이 즉각적이지 않으리라고 인지될 때 나타난다는 주장이 제시되었다. 소비자들에 대한 부정적 정보의 영향을 조사한 또 다

9) William H Whyte, Jr., "The Web of Mouth", Fortune, Nov 1954, pp.140-143.
10) 이학식, 안광호, 하영원 공저, 소비자행동, 법문사, 1997, pp.418-419.

른 연구결과, 고객들은 평가에 있어서 부정적 정보와 마케팅 외에 원천에서 나온 정보에 더 많은 가중치를 두는 것으로 확인되고 있다.

그렇다면 과연 불만족한 고객과 만족한 고객 중 어떤 고객부류가 구전활동에 더 많이 참가하는가?

한 연구에서는 소비자들은 부정적인 것은 말하지 않으려는 경향이 있다고 하였고(Tesser and Rosen, 1975), 또 다른 연구에서 만족한 고객이 구전활동에 더 많이 참여한다는 발견도 있었다(Holmes and Lett, 1977).

Rechins(1984)는 이러한 상반된 견해에 대해 제품에 대한 고객의 관여도가 높을수록 더 많이 불평하거나 다른 사람에게 부정적 구전을 전파할 가능성이 높을 것이라고 주장하였다.

Richins의 주장을 적용해 볼 때 관여집단의 불평에 대한 신속한 처리와 응대는 다른 고객에게 전해질 부정적 영향에 대비를 위해 절대적으로 필요하다.

(3) 반복구매행동

Newman과 Werbel(1973)은 불만족 고객이 만족한 고객보다 재구매할 가능성이 적다는 연구결과를 제시하였으며 또 다른 연구는 불만족한 소비자의 30% ~90%가 그 상표를 재구매할 의향이 없음을 보여 주었다.

Oliver(1980)는 고객만족이 태도에 영향을 미치고 이 태도에 대한 영향은 계속해서 재구입 의도에 영향을 미친다는 가설을 세워 분석한 결과 이 같은 가설이 입증되어 결국 고객만족은 태도에 긍정적인 효과를 가지며 이러한 긍정적 태도는 구매의도를 증가시킨다는 사실도 확인되었다.

이렇게 고객만족이 구매 후 태도뿐 아니라 구매의도에도 영향을 미친다는 사실은 이미 많은 연구에서 발표된 바 있다.

또한 반복구매행동과 상표충성도가 긍정적 태도를 포함한다고 믿고 있는데, 이것은 고객만족이 반복구매행동과 기타의 상표충성도를 증가시킬수 있고 줄일 수 있다는 것을 의미한다.

한편 불만족고객 가운데 그 불만족이 적절하게 처리되었을 때는 상표를 전환하는 고객의 수가 적어진다.

한 연구에서 불만족 고객의 재구매율을 조사한 결과 불평을 전혀 토로하지 않은 불만족 고객은 단지 9%만이 제품을 다시 구매했지만 불평을 토로하여 해결이 될 경우 재구매 율은 564%로 6배나 되었고 설사 해결이 되지 않았을지라도 불평을 토로한 고객들의 재구매율이 19%로 전혀 불평하지 않은 고객보다 재구매율이 높았다.

즉, 고객불만이 발생했을 경우 그러한 계기가 고객의도확보를 할 수 있는 중요한 계기가 되므로 불평고객응대를 어떻게 신속하게 처리하고 고객에게 신뢰감을 줄 수 있는냐 하는 문제가 해결되어야 함을 잊어서는 안 될 것이다.

고객불만처리가 고객로열티에 미치는 영향에 관한 연구가 있었는데 TARP(technical assistance research programs, John Goodman)사는 1974~1979년 및 1985~1986년 2차례에 걸쳐 미국 산업의 경쟁력 향상 방안 연구의 일환으로, 민간 및 공공부문의 불만처리 행태 및 효과에 관한 연구를 실시하였는데 효과적인 불만처리와 불만예상 시스템을 통하여 고객유지, 수익증대, 품질 및 효율개선의 결과를 얻을 수 있다는 것을 발견하였다. 즉 불만을 말하는 고객이 그렇지 않은 고객보다 로열티가 강하며 불만 내용을 제대로 처리해 주면 재구매 의향률은 문제가 없었던 경우 보다 더욱 강화된다고 하였다.

〈표 4-7〉 불만처리와 고객로열티

고 객 구 분	고객 로열티
문제를 경험하지 않은 고객	87%
불만을 제기했으나 만족하게 처리된 고객	92%
불만을 제기했으나 어느정도 만족한 고객	43%
문제가 있으나 불만을 제기하지 않은 고객	41%

출처 : TARP사 연구자료, 효과적인 고객불만처리가 기업경영성과에 미치는 영향

또한 고객불만처리가 즉각 이루어지지 않거나 고객불만처리에 관한 긍정적 답변을 얻지 못하는 경우 고객 로열티는 급격히 감소한다.

〈표 4-8〉 불만해결과정과 고객로열티

고객이 문제해결을 위해 접촉한 사람들의 숫자	고객로열티	고객로열티 감소분
1명	68%	-
2명	55%	13% 감소
3명 이상	33%	35% 감소

출처 : TARP사 연구자료, 효과적인 고객불만처리가 기업경영성과에 미치는 영향

4) 고객충성도 유형

소비자들이 충성도를 내재하여 할 수 있는 선택은 제품선택, 상표선택, 점포선택으로 대별할 수 있기에 이를 근거로 고객충성도는 상표충성, 점포충성, 제품의 품질이나 서비스를 대상으로 분류되어 연구되었다.

이 연구들의 연구방법이나 목적은 같은 맥락이지만 고객충성도의 개념과 영향요인에 대한 관점에서는 차이를 보이며, 이를 살펴보면 다음과 같다.

(1) 상표충성도(Brand Loyalty)

많은 마케팅연구에서 고객충성도의 연구는 유형제품에 대한 충성도에 주로 집중되었고, 일반적으로 이를 '상표충성도'라고 명명하였다. 상표는 식별, 출처, 신용이라는 3대 기능을 지님으로서 일단 광고 · 선전된 상품은 그 품질에 대해서 기업이 전적으로 책임지고 보증해야 한다는 의미를 함축하고 있다. 따라서 소비자는 그 품질의 양을 주로 상표의 신용도에 의존해서 선택하는 경향이 짙다고 할 수 있다. 이때 소비자가 특정의 상품을 일관해서 선호하는 경향을 상표충성도라고 한다. 즉, '상표충성도란 일반적인 개념에서 볼 때 소비자가 상당한 정동의 일관성을 가지고 특정상표를 구입하는 경향'을 의미한다.

어느 상품에 대해서든지 그 시장은 서로 다른 충성도를 보이는 소비자들로 구성된다. 소비자 중에서 상표충성도가 높아서 한 가지 상표만을 일관성 잇게 고집하는 사람이 있고, 이보다 낮으나 어느 정도의 충성도가 있어 2~3가지의 상표만을 사용하는 삶도 잇다. 반면 상표에 관계없이 싼 상품을 찾거나 매번 새로운 상표를 구입하는 사람도 잇다. 반면 상표에 관계없이 싼 상품을 찾거나 매번 새로운 상표를 구입하는 사람도 있다. 기업의 입장에서는 충성도가 높은 소비자들을 우선적으로 분석할 필요가

잇다. 왜냐하면 이들의 인구통계적, 심리분석적 특징을 파악함으로서 주요 고객의 욕구를 더 잘 이해하고, 이들에 보다 적합한 마케팅믹스를 개발할 수 있기 때문이다. 다음으로 2~3가지의 상표만을 사용하는 소비자들을 분석하면 경쟁회사가 누구인지 알 수 있다. 따라서 경쟁회사에 대해 효과적인 대응전략을 세움으로서 시장 점유율 확대를 도모할 수 있다. 상표충성도에 의해 시장세분화를 할 대 주의할 점은 소비자가 어떤 상표를 일관되게 구입한다고 해서 무조건 상표충성도가 높다고 보아서는 안 된다는 것이다. 그러한 구매행동은 습관이나 무관심, 혹은 상품가격이 싸거나 다른 상품이 없기 때문에 나타날 수도 있다. 상표충성도는 다소 모호한 개념으로 세분화에 이용할 때는 세심한 주의가 요구된다.

Jacoby and Chestnut은 상표충성도를 하나 또는 그 이상의 대체상표와 관련하여 몇몇 의사결정단위에 의해 시간이 경과함에 따라 나타나는 편견을 가진 행동반응이며, 심리적인 과정이라고 정의하였다. 따라서 상표충성도를 행동의 형태로 나타내며, 어느 정도 시간적인 지속성이 있고, 소비자들은 하나 이상의 상표에 충성할 수도 있다.

Engel. Kollat, Blackwell은 상표충서도란 소비자가 어떤 기간 동안에 특정제품 범주에서 하나 EH는 그 이상의 상표에 대한 선호적인 태도반응과 행동반응이라는 확대 정의를 내릴 수 있다며, 상표충성도 측정시 행동적 요소와 태도적 요소를 같이 고려할 것을 시사하고 있다. 또한 여러 연구에서도 상표충성도 측정에 행동적 요소와 태도적 요소를 같이 고려할 것을 시사하고 있다.

이상의 연구들을 종합하여 볼 때, 상표충성도란 소비자가 상품을 선택할 때 특정 상표를 일정기간동안 선호하며 그리고 이후로도 일관된 의향을 지니는 정도라고 말할 수 있다.

(2) 점포충성도

점포 충성도는 소매업자에게 단일개념으로는 가장 중요한 개념일 것이다. 만약 소매업자가 충성도의 본질과 정도를 결정할 수 있다면, 그들은 만족할 만한 수준의 판매실적유지와 증가를 위한 보다 나은 소매전략을 개발하려고 할 것이다. 진정한 점포충성도의 측정은 소매점 마케팅전략의 인지에 매우 중요하다. 일반적으로 점포충성도의 측정은 소매점 마케팅전략의 인지에 매우 중요하다. 일반적으로 점포충성도와 점포선호도는 동의어로 혼돈되기 쉽다. 그러나 점포충성도란 비교적 높은 선호도(어떤 사람이 특정점포에서 구매하려는 의도된 노력을 할 정도의 신호)를 말한다. 만약 어떤 사람이 점포충성적이라면 그 점포에서 취급되는 상표에 대한 욕구가 생길 때는 언제나 그곳에서 구매하게 될 것이다. 이러한 점포충성도는 점포선호도와 구별되며 그 개념은 상표충성도와는 달리 연구가 부족한 탓으로 개념이 통일되어 있지 않다. 점포충성도에 대한 연구를 하는 학자들마다 혹은 연구의 목적에 따라 조작적 정의를 내려 사용하고 있는 실정이다.

Enis and Paul(1986)은 점포충성도를 특정기간동안 정해진 점포를 선호하는 소비자들의 특별한 경향이라고 하고 점포충성도는 일반적으로 랜덤선출로서 얻어진 특정점포에 대한 더 큰 선호의 정도라고 하였다. Walters(1974)는 점포충성도를 소비자가 특정기간동안 가지는 각 점포에 대한 선호의 일관성 정도라고 정의하였으며, 이는 어느 의미에서 점포를 이탈하려는 의사가 소비자측에 없음을 나타낸다.

Reynolds, Dardon and Martin(1989)에 의하면, 소비자충성도는 '소비자가 이전에 우연히 만났던 유사한 상황에서 유사한 행위를 나타내기 위해 시간을 초월하여 계속하려고 하는 인간의 경향'이라고 하고, '동일한 혹은 유사한 항목을 필요로 하든지 원하든지 각 시간에 같은 점포에서 같은 상표와 상품을 구매하는 행위'라고 하였다. 특정점포를 선호하는 소비자들은 한 점포에서 구매를 집중하는 그들의 경향 때문에 점포에서는 이익 가능한 고객이 된다.

(3) 서비스충성도

소비자들의 생활의 질에 대한 관심의 증가와 소득의 향상, 라이프스타일의 다양화 등으로 서비스에 대한 관심이 증가하고 있으며 이러한 소비자들의 경향은 1980년대 이후 20년간 서비스산업에 중요한 환경적 변화를 주고 있다. 또한 서비스의 역할이 사회 · 경제에서 차지하는 비중이 전반적으로 높아져 서비스산업에 대한 관심이 증가함에 따라 서비스의 여러 가지 특성으로 인한 일반 제조기업과는 다른 마케팅개념이 필요하게 되었다.

그럼에도 불구하고 국내에서 수행된 충성도에 관한 기존연구들은 대부분이 유형재(tangibles goods)에 대해 이루어졌고, 서비스의 충성도에 관한 연구는 상대적으로 미비한 상태이다.

Jayanty는 서비스충성도를 특수한 상황에서 역동적인 심리적 과정의 결과로 나타나는 태도로 보고, 몰입, 긍정적 태도, 사전지식, 일치감, 믿음에 대해 뒷받침되는 성향이라고 한 Czepiel and Gilmore(1987)의 충성도 정의에서 거래에 대한 미래의 기대를 고려하지 않고 단지 과거 경험만을 바탕으로 하였다는 점을 지적하며 서비스 충성도의 형성에 있어 미래에 대한 중요성을 강조하였다. 즉, 서비스충성도는 소비자들이 서비스의 구매상황에서 지각하는 높은 불확실성과 위험의 감소전략으로 이용된다.

따라서 서비스충성도란 과거의 경험과 미래의 기대를 바탕으로 현재의 서비스 제공자 또는 기업을 지속적으로 이용하려는 소비자의 의도라고 정의하였다.

Dick and Basu(1994)는 서비스충성도를 태도와 행동의 복합적인 관점에서 정의하였는데, 서비스충성도란 서비스에 대한 상대적 태도와 재구매 행위간 관계의 강도라고 하였다. 서비스 충성도란 서비스에 대한 상대적 태도와 재구매 행위간 관계의 강도라고 하였다. 서비스충성도는 유형재의 충성도에 비해 충성도의 대상이 명확하지 않다. 그러나 서비스충성도는 다른 유형재보다 충성도의 범위와 확산성은 높다고 평가되는데 그 이유는 다음과 같다.

첫째, 지각된 위험이다. 서비스는 그 특성들로 인해 구매상황에서 제품보다 소비자들이 지각하는 위험이 높고, 소비자들은 지각된 위험을 감소시키기 위한 방법의 하나로서 충성도를 이용한다.

둘째, 서비스 인카운터(service encounter), 즉 서비스의 전달과정에서 발생하는 밀접한 상호작용이다. 이 과정에서는 고객의 몰입과 참여가 야기되며, 이로 인해 유형재의 거래에서보다 높은 충성도가 형성된다.

셋째, 높은 전환비용이다. 상표전화보다 서비스제공자 전환과 관련된 비용 즉, 금전적 비용보다 비금전적 비용이 훨씬 높다. 소비자들은 특정 서비스 제공자나 해당 서비스에 대한 정보를 획득하기 어렵고, 가능대안이나 대체안에 대해 파악하는 것이 어렵다. 그리고 현재 이용 중인 서비스 제공자와 다른 제공자들간의 우위를 평가하기가 어렵기 때문에 충성도가 높게 형성된다. 또한 회원가입비나 초기비용 등으로 인한 금전적 전환비용도 높게 발생한다.

5) 고객충성도와 만족도와의 관계

Xerox사의 만족도 조사를 수행한 Jones & Sassers(1995)는 단순히 만족한 고객과 완전히 만족한 고객간의 현격한 충성도 차이를 발견하고, 만족도와 충성도간의 관계에 대한 연구를 특징적인 다섯 산업으로 확대하였다. 다섯 산업에 대한 만족도와 충성도간의 관계를 〈그림 4-10〉과 같이 나타냈다.

그림에서 볼 수 있듯이 고도로 경쟁적인 시장에서는 완전히 만족한 고객만이 충성스럽고, 반면 경쟁이 제한적이거나 거의 독점적인 시장에서는 고객들의 충성도가 상대적으로 높다.

이들은 경쟁 제한적인 산업의 충성도와 만족도간의 관계를 설명하기 위하여 진실된 충성도(true long-term loyalty)와 거짓 충성도(false loyalty)를 구분한다.

진실된 충성도는 기업의 우월한 가치전달로 인하여 완전히 만족한 고객이 갖는 충성도이다. 이러한 충성도를 갖는 고객은 고도로 경쟁적인 환경에서도 한 기업의 충성고객으로 남는다.

반면, 거짓 충성도는 정부규제, 높은 전환비용, 독점적 기술, 그리고 마일리지 프로그램과 같은 매우 강력한 충성도 제고 프로그램 등에 기인하는 충성도이다. 이러한 거짓 충성도는 그 제한 조건이 완화되거나 철폐되면 급속히 사라지므로 고객이탈도 급속히 일어난다. 특히, 경쟁이 제한적이라 하더라도 선택 가능성이 생기면 고객들은 마치 강한 경쟁시장의 고객들과 같이 행동을 한다. 따라서 이러한 환경에 놓인 기업이라 할지라도 가치가 높은 고객에 대하여는 우월한 가치를 제공하도록 노력해야 한다.

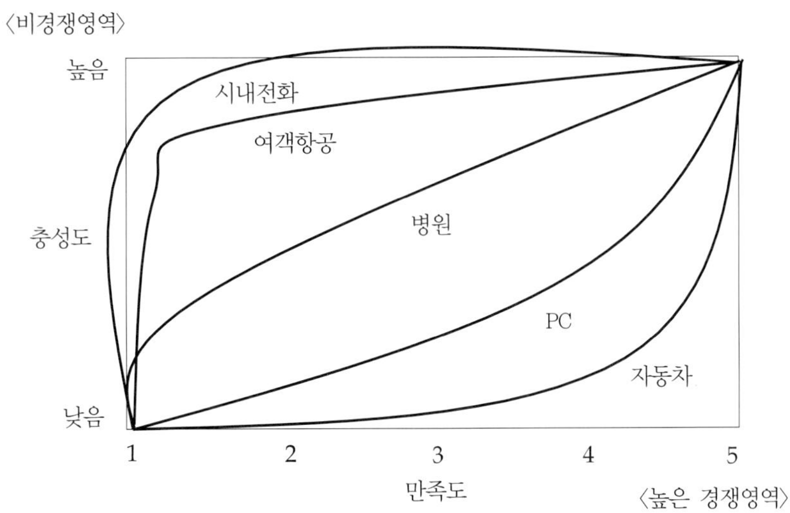

출처 : Jone & Sassers, 1995

〈그림 4-10〉 만족도와 충성도간의 관계

6) 고객충성도의 형태와 단계

고객충성도는 관점과 단계에 따라 다양한 형태로 분류할 수 있다. 충성도를 구분하는 이유는 고객가치 분석을 위한 세분화 전략과 마찬가지로 충성도의 형태에 따라 적적할 CRM 전략을 수립해야 하기 때문이다.

충성도가 가진 특성이 행동적(behavioral)이나 태도적(attitudinal)이냐에 EK라 다음과 같이 충성도 형태 구분을 위한 두 가지 축이 존재한다.

- 반복 구매의 정도 : 행동적 충성도에 의해 나타나는 특성으로서 잦은 반복 구매와 낮은 반복 구매로 구분된다.
- 심리적 애착 : 태도적 충성도에 의해 나타나는 특성으로서 강한 애착심과 약한 애착심으로 구분될 수 있다.

이러한 형태 구분의 기준에 따라 고객 충성도는 네 가지 형태로 구분될 수 있다(〈그림 4-11〉 참조).

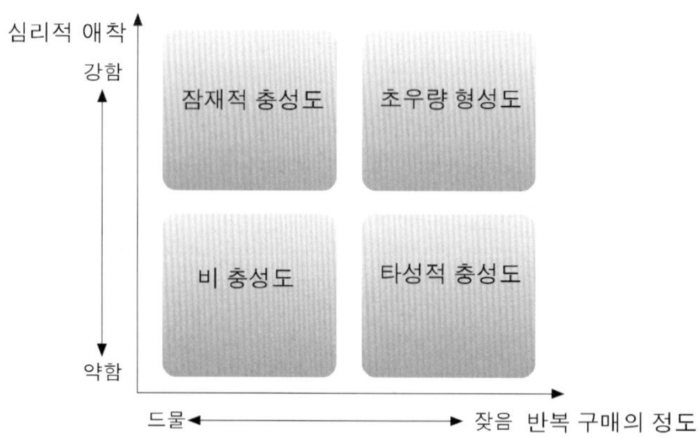

〈그림 4-11〉 반복 구매와 심리적 애착 상태에 따른 로열티 구분

① 비충성도(no loyalty)

반복 구매가 거의 없고, 심리적 애착도 거의 없는 경우이며, 로열티 자체가 형성되었다고 보기 어려운 영역이다. 이러한 특성을 보이는 고객들에게는 일단 반복 구매를 유도하거나 심리적 애착을 유도하는 전략을 수행해 다른 인근 충성도 단계로 이끌어

나가야 한다.

② 잠재적 충성도(latent loyalty)

심리적 애착은 강하지만, 반복 구매의 정도는 약한 경우에 잠재적 충성도가 형성되었다고 할 수 있다. 이러한 고객들 중에 실제로 구매력이 존재함에도 불구하고 반복 구매가 낮다면 그 원인을 명확히 파악하려 하는 것이 관건이다.

③ 타성적 충성도(spurious loyalty)

타성적 충성도는 잠재적 로열티와는 반대로 반복 구매는 강하지만, 심리적 애착은 매우 약한 고객들이 보이는 특성이라고 볼 수 있다. 즉 거래 관계만 강하고, 태도적 관계는 약한 고객들인데, 이런 고객들은 관계의 질(quality)이 약하기 때문에 언제든지 이탈 가능성이 있는 고객들이므로 제품 구매 이외의 영역을 강화시켜 줄 수 있는 마케팅 전략이 필요하다.

④ 초우량 충성도(ultimate loyalty)

끝으로 초우량 충성도는 고객의 반복 구매도 자주 나타나고 심리적 애착도 매우 강한 고객들이 보이는 특성이라고 할 수 있다. 이 충성도의 유형은 모든 기업이 궁극적으로 추구하고자 하는 충성도의 형태이므로 먼저 이 단계에 속한 고객들이 어떤 고객인지 알아내고 이들의 초우량 충성도를 유지하는 것이 중요하다. 또한, 이들의 다양한 특성을 분석함으로써 다른 그룹에 속해있는 고객들의 등급 이동 전략을 위한 기반을 제공할 수 있다.

7) 고객충성도 측정

Reichheld는 고객충성도는 고객유지율이나 구매비율 또는 두 가지 모두에 의해 가장 잘 측정될 수 있다고 한다.

또한 Jones & Sassers는 충성도의 궁극적인 측정치는 동일 범주의 제품이나 서비스에 대한 고객의 구매비율로 보고 있다. 예컨대, 자동차 산업의 경우 한 개인(집단)의 소유차량 중 특정 브랜드의 비율로, 의류산업의 경우 한 개인의 옷장속의 특정 브랜드의 점유비가 가장 궁극적인 충성도 측정치이다.

Fader & Schmittlein은 시장 점유율이 높은 브랜드의 우월성은 기존에 연구된 다음의 것들로 보고 있다. 첫 번째 더 많은 고객이 그 브랜드를 구매하는 경향, 둘째, 그 브랜드 제품이나 서비스를 더 많이 구매하는 경향 셋째 지극히 높은 행태적 충성도(unusually high behanior loyalty)를 추가적으로 제시하고 있다. 이들은 행태적 충성도를 반복구매의 정도(degree of repear purchase)로 보고 있다(Fader & Schmittlein, 1993).

그러나 이러한 측정치는 현실적으로 개별고객 수준에서 자료를 구하기가 매우 어려우므로 대체적인 측정 수단을 흔히 쓴다. 이것들 중 대표적인 세 가지 범주로 나누어 보면 다음과 같다.

첫째, 주어진 제품이나 서비스를 재구매하려는 미래의향으로 실제 조사시 과장되는 경향이 있지만, 상당한 신뢰성을 갖는다. 실례로 미국의 자동차 산업의 경우 재구매 의향을 밝힌 고객중 90일 후 60%~80%가 재구매의향을 그대로 나타냈고, 이들 고객 중 3~4년후 실제 재구매비율은 35%~40%에 이르렀다.

둘째, 실제 구매행태에 관한 측정치로 최근성, 빈도, 구매량, 유지율, 구매기간 등을 들 수 있으나, 측정이 어렵거나 실질적인 도움이 되지 않는 등의 문제로 종종 최근성, 구매빈도, 구매량을 많이 이용한다.

셋째, 타인추천이나 구전효과 등에 대한 의향을 측정한다.

실제 측정사례를 보면, Sassers가 Xerox의 고객만족도와 충성도 조사시 충성도 측정치로 재구매의향을 쓰고 있으며, Lexis회사는 자사의 대리점들이 판매한 차들이 어느 정도 자사의 서비스를 받는지를 추정하여 충성도를 측정하고 있다.

8) 고객충성도 유형별 측정

(1) 진실된 충성도의 측정

진실된 충성은 완벽한 고객만족도로부터 비롯된다(Jones & Sassers 1995). 고객만족도는 고객충성도의 선행요인으로서, 고객만족의 증가는 고객충성도를 증가시켜 기업의 이익을 높여준다. Formell 등에 의해 개발된 미국 소비자 만족도 지수(american customer satisfation index) 모형을 보면 이를 더 명확히 이해할 수 있다.

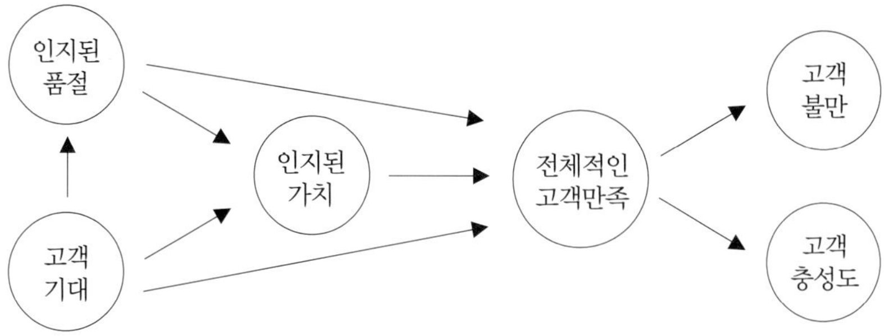

〈그림 4-12〉 미국 소비자 만족도지수모형

이들은 고객 기대 측정치로서 사전 평가항목으로 ① 전체적 기대, ② 맞춤성 관련 기대, ③ 신뢰성관련 기대를 쓰고 있다. 그리고 고객들의 ① 전체적인 인지된 품질, ② 인지된 맞춤성, ③ 인지된 신뢰성을 평가한다. 전체적인 고객만족도는 ① 전체적인 만족도 점수, ② 성능과 기대의 불일치 정도, ③ 동일범주의 이상적인 서비스나 제공비교한 성능의 점수로 평가된다.

한편, 한국통신의 고객만족도는 조사에서는 전화관련 고객만족도 항목으로써 일반고객에게는 ① 통화품질, ② 전화요금, ③ 전화국 창구, ④ 전화가설, ⑤ 고장수리를 이용하고 있고, 기업고객을 대상으로는 ① 전화품질, ② 전화요금, ③ 기업고객담당 영업활동, ④ 텔레마케팅, ⑤ 가설/이전/증설, ⑥ 고장신고/수리를 이용하고 있다(한국통신 1996).

최지희는 국내 PC통신 서비스 산업의 고객이탈에 관한 연구에서 PC통신 서비스 산업의 고객만족의 재차원을 ① 시스템 및 통신품질, ② 서비스 요금, ③ 서비스 상품, ④ 서비스 이용지원, ⑤ 요금 청구 및 납부, ⑥ 전화상담으로 보고 있다(최지희 1998).

(2) 거짓 충성도 측정 연구

거짓 충성도를 직접 측정한 연구는 아직 찾아보기 어려운 실정이다. 다만, Jones & Sassers의 정의에 의하여 고객들의 전환장벽의 요인들 즉, 정보 등의 규제, 독점적 기술, 높은 전환 비용, 인위적인 강력한 충성도 제고 프로그램 등을 연구하려는 산업 환경에 맞게 적절히 정의하여 이용할 수 있을 것이다.

Chapter 5

CRM 정보시스템의 구축

1. CRM 정보시스템의 개념
2. CRM의 구축
3. CRM시스템 구성요소
4. CRM 정보기술
5. CRM 구축방법론
6. CRM 솔루션

1 CRM 정보시스템의 개념

1) CRM 추천시 주요 고려사항

다른 여러 새로운 시스템과 마찬가지로 기업이 CRM을 도입할 때에는 기존 조직의 현재 상황과 여러 문제점들을 고려하여야 하는데 이 중 주요 고려 사항들을 조직, 경영상의 변화, 판매 및 마케팅, 기술 등의 측면과 고객 중심 데이터 통합이 이루어져야 성공적으로 CRM을 구축할 수 있으리라 본다.

첫째, **조직적인 측면에서 고객을 중심으로 한 조직을 설계하여야 한다.** 이를 위해 '고객'을 기업의 계획주기에 편입시키는 것이 중요하고 제품관련 목적뿐만 아니라 고객관련 목적을 설정하여야 한다(홍성태, 2000). 고객과 원활한 커뮤니케이션을 수행할 수 있는 복합 기능 팀이 요구된다. 특히 다양한 매체를 통해 고객과의 접촉이 이루어지고 정보가 기업으로 유입되고 있는데 정보의 누수를 방지하고 이를 통합적으로 관리할 수 있는 조직을 설계하여야 할 것이다.

둘째, **전체 기업을 통합적으로 관리하고 고객을 위주로 한 경영상의 변화를 가져와야 한**다. 기존에 기업의 일부분으로 인식되어 왔던 마케팅, 판매 및 유통경로 활동의 경계를 전사적인 관점에서 변화시키고 제품 보다는 고객 중심적 기업문화를 정착하여야 할 것이다. 또한 '꾸준한 변화'의 프로세스를 실행해 옮기는 것이 필요하다.

셋째, 판매 및 마케팅의 관점에서도 **고객중심적**이고 전체의 흐름을 **중앙에서 관리할 수 있는 시스템**이 필요하고 전 조직에서 CRM에 기초한 마케팅에 대한 **인식과 활용도를 높여야** 할 것이다.

넷째, 기술적인 측면에서는 **점진적이면서 유연하고 사용자 신축적인 시스템을 구축**하여야 하고 **기존의 업무 또는 전래 시스템**(legacy systems)**에 산재해 있는 자료를 놓치지 않고 CRM 자료로 구축**하여야 한다. 또한 높은 성과를 달성할 수 있는 **비용효과적 환경을 제공**할 수 있어야 한다.

다섯째, **고객을 중심으로 모든 거래 데이터가 통합**되어야 한다.

여섯째, **고객 분석을 위한 고객의 상세정보가 수집**되어야 한다.

일곱째, **고객의 정의와 고객그룹별 관리 방침이 수립**되어야 한다.

여덟째, **고객데이터의 분석 모형 개발 및 모형의 유효성 검증 체제**가 갖추어져야 한다.

아홉째, **고객 분석결과를 활용할 수 있도록, 제반 업무절차가 정립되고 시행**되어야 한다.

열 번째, 고객 분석결과를 마케팅에 활용하기 위하여, **보유 상품과 서비스의 분류기준이 수립**되고, 고객분류기준과 대응시킬 수 있어야 한다.

열한 번째, **거래에서 발생한 고객데이터 및 외부에서 입수하는 고객데이터를 정련하고, 적시성 있게 활용할 수 있도록 데이터의 전송시스템이 제공**되어야 한다.

이상의 요인들 중 상당부분은 데이터 웨어하우징을 통해서 해결될 수 있다. CRM시스템은 데이터전송체계의 확보, 고객중심의 통합데이터베이스 구축, 고객데이터의 분석 등을 필요로 한다. 이러한 기능은 데이터 웨어하우스를 통해서 제공할 수 있다.

〈표 5-1〉 CRM적용 성공요인과 데이터 웨어하우스

성 공 요 인	구 현 방 안	DW	업무
고객중심 데이터 통합	전사 데이터 웨어하우스	○	·
고객 상세정보 획득	캠페인	·	○
고객 정의 및 관리 기준 설정	마케팅관점에서 고객 정의	/	○
고객 분석 모형 개발 및 개선	데이터마이닝	○	/
고객중심 업무절차 확립	영업프로세스 혁신	·	○
상품분류기준 설정 및 대응	상품정의 및 데이터마이닝	○	○
고객데이터 전송 체제 구축	데이터전송시스템	○	·

출처 : 컴퓨터월드, 2001. 10

데이터 웨어하우스는 전사 데이터를 통합하여 보관함으로써 다양한 분석 목적에 적합한 형태로 데이터를 제공하는 기능을 수행한다. CRM 시스템이 데이터 웨어하우스의 유일한 적용업무는 아니다. 데이터 웨어하우스가 구축되면 수익성분석, 통합 리스크 관리, 전략경영관리(strategic enterprise management) 등을 수행할 수 있다.

2 CRM의 구축

1) CRM의 구조

CRM 시스템은 프런트오피스와 백오피스의 프로세스가 유기적으로 통합된 시스템을 의미하며 일반적으로는 DBM 시스템에 마케팅, 판매, 서비스 프로세스를 지원하는 어플리케이션과 고객접점관리를 지원하는 통합채널 시스템(콜센터, 인터넷 등)으로 구성된 시스템을 의미한다.

CRM 시스템에 대한 분류방식은 CRM의 발전과정과 시스템 구축에 대한 접근방법을 기준으로 분류한 meta group의 분석 CRM(analytical CRM), 운영 CRM(operational CRM), 협업 CRM(collaborative CRM)으로 구분하는 방식과 통합 고객정보시스템, 캠페인관리 시스템, SFA, 고객서비스 시스템, 채널시스템 등의 CRM의 각 구성요소를 기준으로 구분하는 방식, 그리고 전방조직(call center, SFA, service-customer interaction), 중간조직(campaign management, DB marketing - planning), 후방조직(DW/data mart, OLAP/mining-analyzing) 등으로 구분하는 방식 등 여러 형태로 분류해 볼 수 있다. 여기에서는 비즈니스 목적에 따라 meta group에서 정의한 세 가지 CRM의 유형에 대해서 설명하기로 한다.

(1) 운영 CRM

운영 CRM(operational CRM)은 전방조직의 고객 접점 즉 영업, 마케팅 및 고객서비스(콜센터, 필드서비스 등)를 연계한 거래 업무 지원과 통합 비즈니스 프로세스의 자동화를 의미한다. 이는 다양하고 상호연계된 고객채널 그리고 전방조직(front office)과 후방조직(back office)의 통합으로 이루어지게 된다. 운영 CRM을 구성하는 애플리케이션들로는 영업자동화, 마케팅 자동화, 고객 상호작용센터를 위한 애플리케이션 등이 있다.

고객 접점에 있는 프로세스를 지원하므로 협업 CRM과의 효과적인 인터페이스가 필수적이다. 각 채널별 프로세스가 통합되어 고객 접촉이력 관리가 단일화 되어야 하기 때문이다. 대부분의 상용 운영 CRM 솔루션은 채널 기능 자체를 가지고 있지 않고 업계 표준으로 자리잡고 있는 상용채널 시스템과의 인터페이스를 위한 기능을 가지고 있다. 또한 후방조직이 ERP 시스템이 아닌 전통적인 레거시(legacy) 시스템일 경우 후방조직과의 거래처리 연계(transaction interface)가 핵심적인 관건이다. CRM 패키지가 자체개발 방식의 후방조직 시스템과의 인터페이스를 고려할 수 없으므로 패키지 자체의 인터페이스 요건에 따라 레거시(legacy) 시스템과의 연결부분을 개발해야 하며 이를 위한 다양한 기술적 방법이 있다.

(2) 분석 CRM

분석 CRM(analytical CRM)은 기업의 레거시(legacy) 시스템 및 개인정보를 비롯하여 모든 고객 채널을 통해 입수된 정보를 통합하고 이를 분석하여 마케팅 기획과 응용에 활용하고 실제 마케팅에 응용된 정보를 피드백하는 전 과정을 의미한다.

정책결정을 하는 비즈니스 이용자들이 운영계에서부터 광범위하게 얻어진 지식을 바탕으로 하여 의사결정을 하도록 한다든가 운영 CRM, 협업 CRM 부분에 고객 지향적인 비즈니스 전환을 가능하게 한다는 것이 분석 CRM에서 기업들이 얻을 수 있는 효과라고 볼 수 있다.

보통 분석 CRM은 DW, data mining, OLAP 도구를 통해 좀더 정교한 마케팅 의사결정을 지원하고 고객의 행동을 예측할 수 있는 애플리케이션을 활용한 데이터베이스 마케팅을 전개하는 것이라고 볼 수 있다.

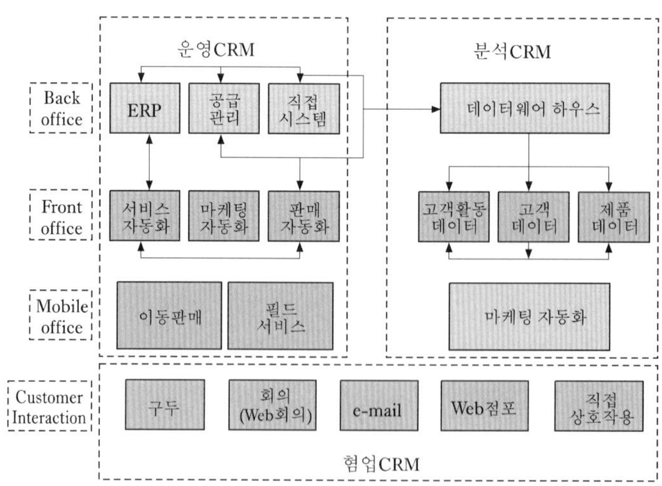

〈그림 5-1〉 CRM의 분류

즉 DW, data mining, OLAP들은 단순한 도구이고 유효한 데이터를 DW에 축적하고 이를 잘 활용하기 위해 통계적 분석방법, 다차원 분석, 데이터마이닝 애플리케이션을 통한 숨겨진 정보획득 등 다양한 분석방법 및 기술을 동원하여야 하고 일반 사용자가 쉽게 정보를 접근할 수 있는 시스템을 구축하여야 한다. 또한 정보를 활용하기 위해 분석 CRM과의 원활한 연계가 필수적이다.

(3) 협업 CRM

협업 CRM(collaborative CRM)은 고객의 라이프 사이클을 통해 기업의 여러 채널들과 고객접점들 간에서 이루어지는 관계의 배치와 커뮤니케이션에 관한 모델로 정의내릴 수 있다. 협업 CRM은 고객과의 관계를 증진하기 위해 기업 내부의 조직과 공급망이 고객과 지속적으로 협력하고 정보를 나누는 것에 중점을 둔다. 따라서 협업 CRM과 협업적 전략의 목적은 고객친밀도 증대, 고객 유치율 확장(enhance customer re-tention) 그리고 신규고객 창출을 지원하는데 있다.

고객과 상호작용하고 고객과의 관계를 증진하기 위해 협업 CRM에서 다루는 영역은 상품과 조직에 대한 고객 접촉과 이러한 접촉점, 상호작용점, 협업점등의 상호 작용 접점들이다.

최근 온라인으로만 비즈니스를 하는 닷컴기업이 확산되고, 오프라인 기업의 온라인 진출이 급속히 진행되면서 CRM의 신조류를 이루고 있고, 향후 mobile 매체인 PDA, IMT2000 등 데이터통신이 가능한 개인휴대통신의 보급과 함께 가장 많은 변화와 발전이 예상된다.

협업 CRM은 웹 개인화(Web Personalization)와 콜센터(최근에는 customer inter-action center라고 함) 기술이 핵심구성요소이고, 복수의 채널이 일관성 있고 개인화된 서비스를 제공하여야 하며 채널간 고객정보가 통합되고 공유되어야 한다.

(4) 운영 CRM과 분석 CRM과의 관계의 예

각 채널로부터 수집된 데이터는 운영 CRM으로 적재된 후 데이터웨어하우스로 보내지며 그 데이터 중 고객데이터, 거래내역, 캠페인관련 데이터는 캠페인 관리 및 마이닝 분석을 위하여 분석 CRM 서버로 전달되는 순방향의 데이터흐름이 이루어지며, 역방향 데이터흐름으로 마이닝 결과 및 캠페인 결과 데이터는 분석 CRM mart로 적재된 후 운영 CRM으로 전달되어 각 채널별 마케팅 정보로 이용되고 또한 데이터웨어하우스로 전달되어 OLAP 또는 report tool로 분석할 수 있다.

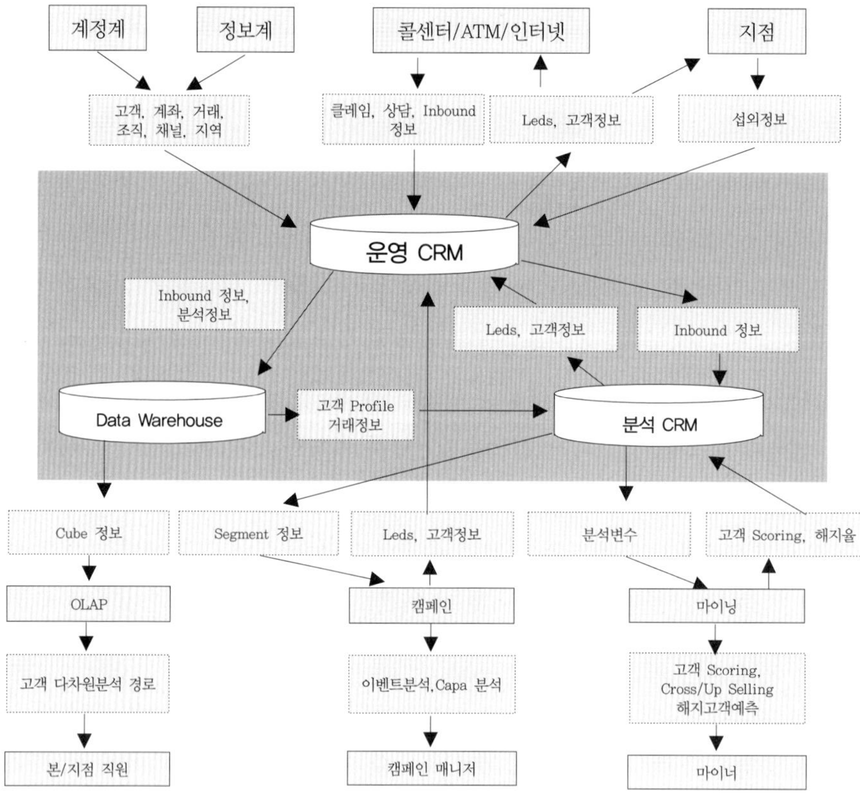

〈그림 5-2〉 자료의 흐름

5) 운영 CRM과의 연계

운영 CRM은 분석 CRM과 결코 분리될 수 없을 정도로 〈그림 4-8〉과 같이 긴밀한 관계를 유지하고 있다. 대 고객 접점에서 발생되는 데이터는 DW로 집계되어야 하며 집계된 데이터는 분석을 통하여 다시 접점에서 활용할 수 있도록 되어야 한다.

분석 CRM에서는 마케팅에 관한 분석자료, 시장과 고객에 대한 이해를 돕고 지원할 수 있는 자료, 영업전략 수립 및 방향제시 등에 필요한 데이터를 제공하게 되고 이러한 데이터는 콜센터, 영업점, 영업 지원 부서 등에 전달되어 적시, 적소에 사용되게 될 것이다.

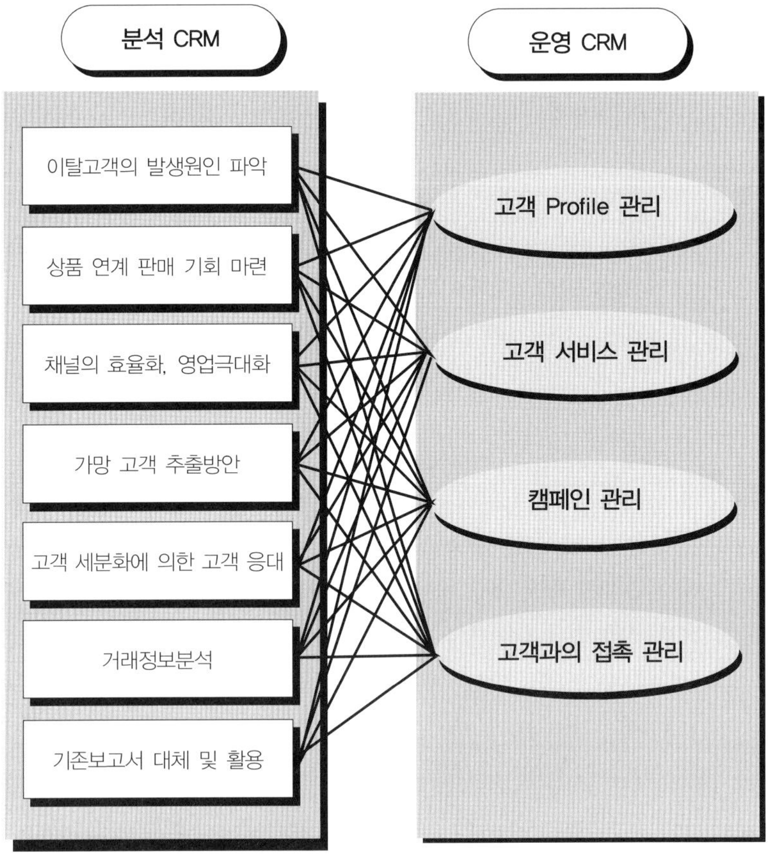

〈그림 5-3〉 분석 CRM과 운영 CRM

(1) 운영 CRM의 주요기능

〈표 5-2〉 운영 CRM의 주요기능

기 능	내 용
고객 등록, 고객 조회, 고객 유지보수	ㅇ잠재고객을 포함하는 고객에 대한 인구통계학적, 재무적 데이터를 생성하고 저장한다. ㅇ고객 프로필 및 가계에 대한 조회 ㅇ고객 등록 후의 유지보수
약정 등록, 약정 조회, 약정 유지보수	ㅇ계정계 내에서 보관 및 유지되는 계좌 정보의 반영 ㅇ계좌에 대한 상세 정보 조회 ㅇ계좌 유지보수에 필요한 정보의 전달

기 능	내 용
관계	○우체국이 고객의 업무, 가족, 가계 및 직업적 관계와 기업 위계 구조에 대한 정보를 저장 및 검색 ○고객과 고객, 고객과 직원, 고객과 계좌, 계좌와 계좌 등의 관계 관리
섭외(접촉)	○고객에 대해 이루어진 섭외(접촉) 이력을 제공
서비스요청	○고객의 민원 또는 서비스나 정보요청의 추적을 위해 조직이 정의한 활동에 대해 등록, 직원할당, 기일설정 등에 대한 관리
코멘트	○선택된 고객, 계좌, 조직, 간부, 직원, 상품 또는 명세서에 대한 경고 혹은 특별지시를 기록하기 위해 사용자가 설정하는 자유형식의 정보에 대한 관리
제약	○CRM 주체의 프로세스에 대한 시스템의 통제
캠페인	○기존고객이나 잠재고객에 대한 제안된 상품/서비스에 대한 기록 ○파라미터에 의해 캠페인 정의 ○고객의 반응에 대한 추적, follow-up 메시지 생성
고객 통합	○중복된 고객에 대한 통합
비재무 이력	○조직이 정의한 주어진 기간에 고객과 계좌에 대한 비 재무적 이력에 대한 조회
리포팅	○매일 운영 CRM 운영을 지원하기 위해 일련의 핵심 리포트들을 생성
파라미터	○운영 CRM 구현을 커스트마이징하는 기능 ○비즈니스 기능에 대한 프로세스 요건의 정의
서류관리	○서명 카드, 기업 결의서와 같은 조직이 정의한 지원서류에 대한 기록을 생성, 유지보수하는 기능
리뷰	○조직의 인원들에게 선정된 고객들에 대해 수행되어야 할 행동을 알려주는 작업에 사용될 데이터를 생성, 유지
누락데이터	○조직이 중요하다고 판단한 누락 정보를 추적하고 그 정보에 대한 리포팅 데이터를 제공

운영 CRM은 〈표 5-2〉와 같이 주요 기능을 정의하고 이를 구현하고자 한다. 주요 기능들은 모든 고객 접점에서 CRM 활용을 극대화하기 위해서 작성된다.

(2) 운영 CRM의 주요기능과 분석 CRM의 연계

운영 CRM의 주요기능은 분석 CRM으로부터 제공된 데이터와 자체 시스템의 데이터를 모두 활용함으로써 CRM 목적을 달성한다.

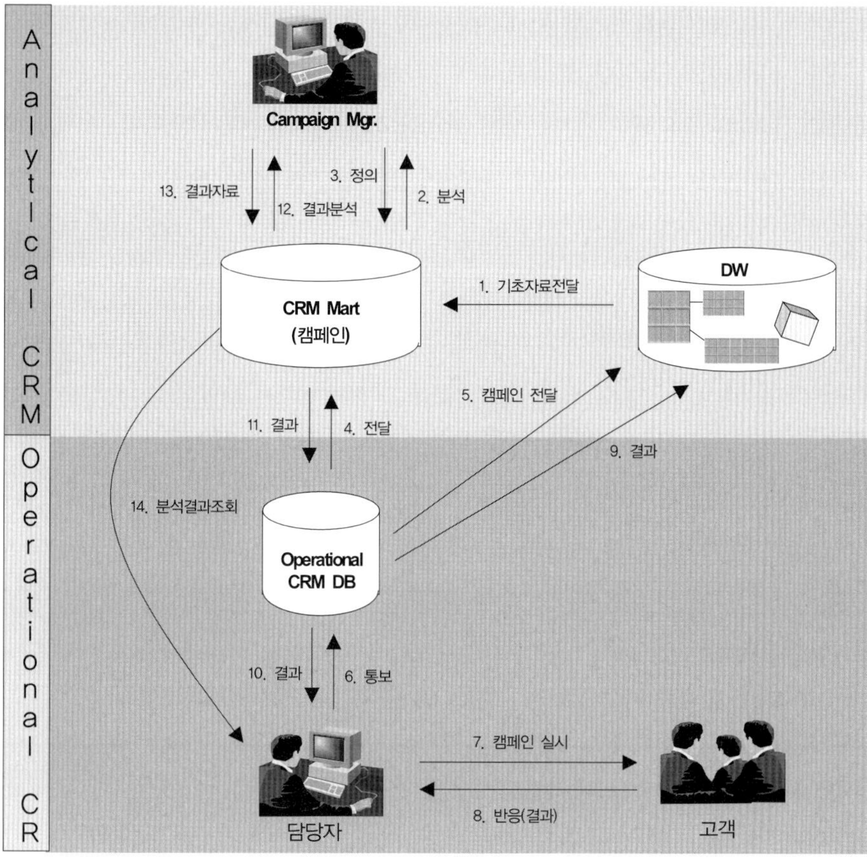

〈그림 5-4〉 캠페인 업무흐름

3 CRM시스템 구성요소[1)]

CRM시스템의 구성요소는 기업의 경영 환경 및 CRM 패키지에 따라 큰 차이를 나타낸다. 경영 환경 측면에서는 기업의 업종, 경영 전략, 기존 정보 인프라, 제한 요소 등에 따라서 영향을 받는다. 기업의 업종에 따라 시스템의 전체적인 구성이 달라질 것이며, 같은 업종에 있더라도 기업이 추구하는 가치에 따라 구축되는 CRM시스템의 구성요소는 다를 것이며, 기업에게 존재하는 제한 요소에 따라 차이를 나타낼 것이다.

1) 송승섭, 금융권 CRM시스템 구축사례 분석 및 구축방안, 한남대 경영대학원, 2006, pp.8-10.

최근에 구축되는 CRM시스템의 대부분은 자체적으로 설계되어 구축되기보다 CRM 패키지를 사용하여 구축된다. CRM 패키지는 벤더별로 많은 차이를 나타내기 때문에 이의 선택은 매우 중요하다. 고객 정보 분석에 강점을 나타내는 패키지, 서비스 부문에 강점을 나타내는 패키지, 커머스 부문에 강점을 나타내는 패키지 등 패키지별로 특성이 다르기 때문에 기업의 경영 환경을 면밀히 분석하고, 각 패키지의 특징을 고려한 후에 CRM 시스템을 구축할 필요가 있다.

일반적으로 CRM시스템의 구성요소는 고객 정보 분석 부문, 실행 부문, 공통 부문으로 나누어진다. 고객 정보 분석 부문에는 분석 도구, 의사결정 지원도구, 계획 도구가 있으며, 효과적인 고객 정보 관리를 위한 고객 세분화, 고객요구사항 파악, 마케팅 방안에 대한 분석이 이루어진다. 실행 부문에는 채널 관리자, 로직 저장소, 캠페인 관리자, 플로 관리자가 있으며 실제 고객과의 상호 작용을 위한 요소로 구성되어 있다. 공통 부문은 고객 정보 분석, 실행에서 공통적으로 사용되는 고객 정보 저장소, 지식 관리자가 있다.

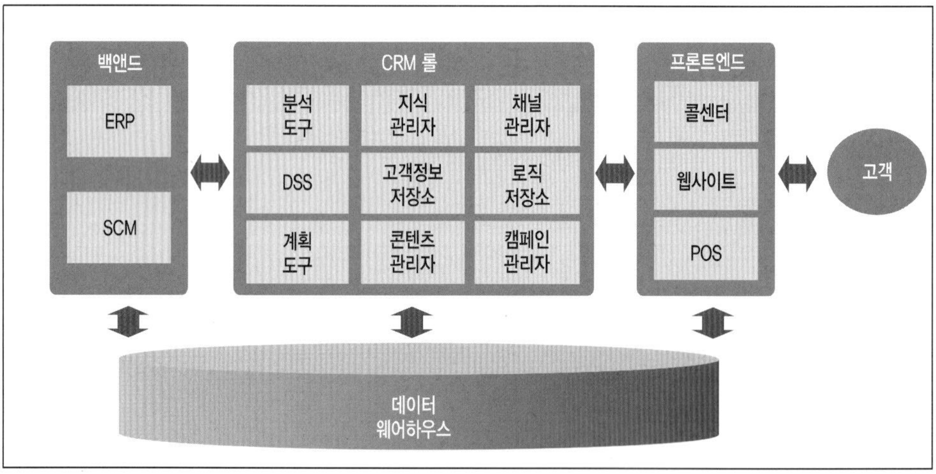

자료 : EtRi, CRM의 정의 및 구성요소, 주간기술동향, VOL1001, 2001

〈그림 5-5〉 CRM 시스템 구성요소

① 채널관리자(Channel Manager)

채널 관리자는 판매자동화, 콜센터, POS(Point of Sales), 인터넷 등의 외부 시스템과 인터페이스 하는 부분을 관리하여 CRM시스템에게 채널 독립성을 제공한다.

② 로직 저장소(Event Triggers/Business logic)

시스템 측면에서 CRM시스템과 관련된 고객정보는 자동적으로 필요한 곳에 제공되어야 한다. 이에 따라 정보의 종류, 형식 등에 따라 정보를 자동적이고 효과적으로 관리하기 위한 로직이 이 곳에 저장된다.

③ 캠페인 관리자(Campaign Manager)

캠페인 관리자는 기업이 다양한 채널을 이용하여 마케팅을 하는 과정에서 일어나는 이벤트들의 실행 과정을 관리하고, 이벤트의 효과를 정확하게 파악할 수 있도록 고객 정보 저장소와 연동하여 관련 고객 정보를 관리한다.

④ 컨텐츠 관리자(Contents Manager)

컨텐츠 관리자는 고개정보, 고객정보의 저장 방법, 고객정보의 구성 등 CRM 시스템의 컨텐츠 관련 부분을 관리한다. 또한 기존에 사용된 마케팅 자료를 관리하여 관련자에게 필요에 따라 해당 정보를 제공한다.

⑤ 고객 정보 저장소(Customer Information Repository)

고객 정보 저장소는 CRM 시스템의 데이터베이스로 모든 고객관련정보가 이곳에 저장된다. 고객정보 저장소는 또한 데이터웨어하우스와 연동하여 고객정보의 분석이 효과적으로 이루어질 수 있도록 시스템적으로 지원한다.

⑥ 지식관리자(Workflow and Knowledge Manager)

지식관리자는 CRM 시스템의 워크플로우와 관련된 전체 프로세스를 관리하는 부분으로 CRM시스템의 다양한 구성요소가 효과적으로 연동되도록 시스템적으로 지원한다.

⑦ DSS(Decision Support Systems) 도구

DSS 도구는 의사결정을 실제로 지원 가능하도록 데이터에 대한 다양한 뷰(View)를 제공한다. 데이터웨어하우스 및 자체 정보 저장소로부터 정보를 받아 기업의 의사결정을 지원하기 위한 통합된 정보를 제공한다.

⑧ 분석도구(Analytical/Data Mining tools)

CRM의 다양한 분석도구는 데이터웨어하우스와 연동하여 데이터마이닝, 통계적 기법 등 다양한 분석기법을 이용하여 고객관련 정보를 분석한다. 분석된 정보는 기업의 고객 관련 전략 수립, 향후 마케팅 계획 등 다양한 부문에서 사용된다.

⑨ 계획도구(Forecasting/Planning tools)

데이터웨어하우스 및 고객채널로부터 인터페이스 된 데이터는 분석되어 기업에서 유용한 정보가 된다. 계획도구는 현재의 데이터를 분석하여 현 상황에 대한 데이터를 제공하는 동시에 다양한 통계적인 기법 및 데이터마이닝 기법을 사용하여 계획 데이터를 생성한다.

4 CRM 정보기술[2)]

CRM을 가능하게 한 정보기술을 살펴보면 첫째, 기업이 보유하고 있는 원천데이터 또는 외부데이터를 주제별로 체계화하여 사용자 중심의 데이터로 접근할 수 있도록 만든 데이터웨어하우스와 둘째, 고객 수익성 측정 및 계산, 고객 프로파일링과 세분화 정의, 세분화된 고객별로 적절한 행동을 적용하기 위해 선정된 고객행동예측 등과 같은 데이터마이닝 기법, 그리고 마지막으로 기업 전체가 전사적으로 고객의 요구에 더 긴밀하고 더 잘 반응하기 위해 데이터마이닝 프로세스로부터 나온 결과의 정보공유를 위한 OLAP, Query & Report, 웹 등의 정보기술을 활용할 수 있다.

CRM을 위해 필요한 정보기술은 Operational(운영계)과 DSS(Decision Support System)로 나누어볼 수 있다. 고객들과의 접점을 이루는 환경을 운영계 시스템으로 표현을 하는데, 이러한 운영계 시스템 환경에는 콜센터, 전자상거래(웹), SFA, 캠페인 관리도구 등이 있으며, 운영계 시스템 환경에서 고객들과의 접점을 통해 발생한 데이터들을 DSS를 활용하여 분석할 수 있게 된다. 이러한 분석내용에는 수익성분석, 리스크분석, 세분화, 프로파일링, 고객가치, 캠페인 분석, 콜형태 분석, 모니터링, 행동 모

2) 송승섭, 전게서 pp.20-23.

델링 등이 있는데 의사결정지원시스템과 데이터웨어하우징 환경에서 분석이 가능하다.

1) 운영계 시스템

실질적으로 많은 의사결정은 운영계 시스템 데이터를 기반으로 해서 이루어지고 있다. 운영계 시스템 데이터는 콜센터 데이터와 캠페인관리도구 데이터, SFA 등 실질적인 고객접점으로 발생하는 거의 모든 종류의 데이터를 의미한다.

CRM을 이미 실시하고 있는 기업들은 대고객서비스 활동을 위해 판매 데이터베이스와 마케팅데이터를 이미 사용하고 있고, 이들 기업들은 지속적으로 데이터 관리에 많은 투자를 할 예정이다. 이처럼 운영계 시스템은 CRM을 위한 기반으로 철저한 관리가 요구된다. 운영계 시스템 데이터에 대한 관리여부 및 활용여부가 CRM을 위한 최적의 기반이 되는 것이다. 이러한 데이터들은 운영계 시스템에 저장되며 이들 데이터에 자유롭게 접근할 수 있는 기능은 CRM을 위한 필수적인 요소 중 하나가 된다.

최근 운영계 시스템에서 가장 각광을 받는 것이 콜센터를 활용한 텔레마케팅이라고 할 수 있다. 텔레마케팅은 Outbound Call과 Inbound Call로 구분할 수 있는데 최근 사용 빈도는 아웃바운드 콜이 압도적으로 많다. 아웃바운드 콜은 기존 고객에 대한 서비스 및 판매촉진을 위한 판촉활동을 위해 사용되고 있다. 콜센터를 활용하기 위해서는 고도의 CTI(Computer Telephony Integration)기능이 필요하며, Call Traffic 분석, Call 모니터링, Call Transfer 등을 실시할 수 있는 분석도구와 이 외에 하드웨어적인 기술적인 내용이 집약되어 있다.

SFA(Sales Force Automation)는 영업에 대한 관리를 제공해주는 시스템으로 SFA시스템에는 다음과 같은 기능이 있다. 다양한 고객정보, 영업담당자의 고객접촉현황 정보, 영업담당자를 지원할 수 있는 기능(스케줄링, DM발송, 영업보고서, 제품정보, 경쟁사정보, 지원정보)을 지원하고 영업매니저에게 영업담당자들의 전반적인 현황에 대해 정보를 제공한다. 영업지원시스템의 일종이라고 할 수 있는 SFA는 영업사원이 퇴사하더라도 각 영업현황에 대한 정보를 그대로 이용할 수 있으며, 관리자로 하여금 현재 진행되고 있는 영업현황에 대한 정보를 지속적으로 확인할 수 있게 하는 기능을 제공한다.

끝으로 캠페인 관리도구가 있다. 메일, 콜센터, 인터넷 등 다양한 고객접점을 활용하여 캠페인을 실시하였을 경우에는 캠페인에 대한 목적, 형태, 전략을 제시하여 대상고객에 대한 캠페인을 실시한 이후 고객의 반응까지 확인할 수 있는 전과정을 한눈에 볼 수 있는 프로세스를 제공하는 관리도구라고 할 수 있다.

2) DSS에서의 활용

데이터 통합에 의하여 데이터웨어하우스의 구축은 CRM의 현실적인 장벽을 극복하는 주요기술이 되며 OLAP, 데이터마이닝 기술은 고객세분화, 고객유지, 고객분석 등 다양한 용도로 활용되어 CRM의 목적과 방향을 제시할 수 있는 기준역할을 하고 있다. 이러한 DSS를 좀더 자세히 설명하면 다음과 같다.

첫째, 고객 통합 데이터베이스의 구축이다. 기업이 보유하고 있는 고객, 상품, 거래 등에 관련된 데이터를 데이터웨어하우스 관점에 기초하여 통합한다. 통합을 위해서는 우선 다양한 운영계 원천데이터에 접근을 해서 일관성있게 관리할 수 있는 기술을 갖추어야 하며, 사용자의 요구에 따라 지속적으로 변화하는 메타데이터를 일관되게 관리할 수 있어야 한다. 또한 한국적 상황에 맞는 운영계 시스템의 한글데이터를 처리할 수 있는 능력을 갖추어 관리자나 사용자 모두에게 편리한 기술을 제공해야 한다. 뿐만 아니라 운영계 시스템으로부터 데이터웨어하우스 서버로 데이터를 고속 전송하여 데이터 전달의 신뢰성을 높일 수 있어야 하며 변경 데이터 관리를 통해 변경된 부분에 대한 효과적이고 빠른 검색 기법들을 갖추고 있어야 한다.

둘째, 고객 특성을 분석하기 위한 데이터마이닝 도구가 필요하다. 최적의 데이터마이닝을 위해서라면 구축된 고객 통합 데이터베이스를 대상으로 마이닝 작업을 통해 고객의 특성을 분석해야 한다. 고객 개개인의 행동을 예측하기 위한 모형을 구축하기 위해서 신경망, 의사결정지원 나무기법 등 다양한 통계기법을 활용할 수 있어야 한다. 또한 대용량 데이터를 분석하여 차별화된 정보를 획득하는 것은 기업의 경쟁우위를 차지하는데 큰 효과를 갖게 된다. 이외에 대용량 데이터 모델링의 원격지 수행이 가능하며, 다양한 DB와 데이터웨어하우스에 직접 접근하여 데이터를 추출하고 숨겨진 정보를 발견할 수 있어야 한다. 더불어 데이터 처리작업의 성공요소는 다양한 데이터베이스에 대한 엑세스 및 손쉬운 파생데이터의 생성여부에 판단하며 이러한 작업의 용이성 여부가 마이닝 도구를 결정하는 주요요인이라고 할 수 있다. 마이닝 도구를 통해 얻어진 결과물을 리포팅 도구나 각종 그래프툴, EIS, OLAP와 같은 시스템을 사용하여 이해하기 쉬운 의사결정에 필요한 정보로 다시 표현할 수 있는 기능도 필수적이라 할 수 있다.

셋째, 다차원 데이터를 분석하고 리포팅할 수 있는 도구가 필요하다. OLAP 기술의 경우는 다차원 데이터베이스에 있는 데이터보다 더 상세한 데이터가 필요한 경우 사용자는 원천 데이터베이스의 거래레코드, 콜 데이터, 캠페인 데이터에 접근할 수 있어야 하는데 원천데이터 클라이언트/서버 네트워크상 어느 곳에 존재하든지 상관없이 접근할 수 있어야 한다. 또한 사용자들은 다양한 원천데이터에 자유로이 다른 사용자들과 상세 데이터를 서로 공유할 수 있어야 한다. 기존 운영시스템의 데이터를 이용하여 손쉽게 원하는 형태의 보고서를 작성할 수 있는 사용자 위주의 리포팅 전용도구를 보유하여야 하는데 OLAP과 리포팅 도구는 현업 사용자에게 사용이 쉬운 리포팅 기능과 다차원분석 기능의 제공을 통해 사용자의 편리성을 제공하는 것이 주목적이다.

이 같은 내용들은 CRM에서 정보기술역할의 중요성을 대변해주는 것이다. CRM에서 정보기술의 역할은 정확한 데이터와 고객의 니즈를 더욱 잘 이해하는 데 초점이 맞추어져 있다. 기업이 고객에 대한 정보와 고객의 니즈를 파악할 수 있는 다양한 기술적인 해법인 것이다. 이처럼 기업이 정보기술의 가치를 인식하게 된다면 지속적으로 최적의 기술에 대한 투자를 해야 한다. 한 예로 갑기업이 인터넷과 PC통신망을 이용한 마케팅을 실시하였다면 이후 갑 기업은 제품을 구매한 고객에게 콜센터를 통해 고객에 대해 만족도 여부에 관한 전화를 걸 수 있다. 여기서 나온 고객의 만족도 여부와 기타 정보는 다시 내부데이터로 수집되어 이를 다른 데이터와 통합하여 데이터웨어하우징과 데이터마이닝으로 발전되게 된다. 이후 고객에 대한 세분화 작업을 실시하거나 차별화된 마케팅을 실시하게 되고 마케팅 캠페인에 대한 효과를 분석할 수 있게 된다. 이러한 프로세스는 계속해서 반복되는 것이다. CRM은 정보기술의 활용을 통하여 더욱 정확하고 신뢰할 수 있게 정보를 제공해주는 것이다.

5 CRM 구축방법론[3)]

이러한 정보기술을 바탕으로 한 SAS의 CRM 구축방법론을 살펴보자. SAS CRM 방법론은 SAS CRM 솔루션이 어떻게 CRM 프로그램들을 정의하고 계획하고 실행시키는지를 정의할 수 있는 구조화된 프로세스이다. 이 방법론은 6 과정의 단계로 나누어진다. 각 단계들은 즉각적인 비즈니스 이익을 창출해 내거나 프로젝트의 다음 과정 계획수립을 가능하게 하는 일종의 이정표와 논리적인 작업그룹의 역할을 한다. 즉 성공적인 CRM 프로젝트 수행을 위해서는 실제 규모는 이보다 훨씬 클 것으로 예상된다. CRM시장은 솔루션 공급업체 뿐만 아니라 CRM 전략 컨설팅, 고객관리 대행 서비스, CRM관련 교육서비스 사업도 확대되고 있는 추세이므로 CRM 관련 산업도 포함되어야 한다.

국내 CRM 관련 주요 공급업체는 〈표 5-3〉과 같다. 주요 솔루션 업체의 동향은 NCR과 Oracle은 자체 솔루션을 직접 공급하고, SAP는 PwC, 앤더슨컨설팅과 같은 대형 컨설팅 회사와 같이 구축서비스를 제공하며, Siebel, Broadvision, Vignette 등은 국내 Reseller를 통해 솔루션을 공급한다.

콜센터 시스템, 인터넷 마케팅 시스템과 같이 Collaborative CRM 영역에 속하는 솔루션은 국내 업체들이 많이 진출하고 있다. 콜센터 분야에서는 넥스트웨이브와 엔써 등이 패키지 형태의 솔루션으로 상당한 시장을 점유하고 있으며 eCRM 분야에서는 외산 소프트웨어의 강력한 도전에 대응하기 위해 유비즈시스템, 씨엔엠테크놀로지, 아이마스, 이씨마이너 등의 국내 솔루션 개발 업체들이 상호간의 제휴를 통해 경쟁력을 키우고 있다. 국내 대형 SI 업체들은 독자적인 솔루션을 개발하지 않고 외산 제품을 공급계약을 통하거나 솔루션 업체를 협력사로 지정하여 솔루션을 구축하는 SI 사업을 하고 있다.

CRM 구축 프로세스는 단계적(Stepwise), 점진적(Incremental), 진화적(Evolutionary), 반복적(Iterative) 접근방식으로 CRM에 필요한 솔루션과 프로세스에 대한 구조화된 프로세스이다. CRM의 구현은 복잡한 프로세스를 통하여 이루어지기 때문에 비즈니스 목표를 달성하기 위해서는 증명된 접근방법이 필요한데 이에 대한 내용은 다음과 같다.

---

3) 송승섭, 전게서 pp.23~27.

〈표 5-3〉 국내 주요 CRM 솔루션 공급업체 구분

구분	외국계 업체	국내 업체
Operational CRM (CRM 패키지 솔루션)	Oracle, SAP, Siebel	
Analytical CRM (DW, OLAP, Mining)	IBM, NCR, SAS	DMS, DNI, 유니보스
Collaborative CRM (콜센터, E-mail, Web)	Broadvision, Vantive Vignette	넥스트웨이브, 브리지텍, 앤써커뮤니티, 예스테크놀로지
시스템 통합 업계	한국HP, 한국Unisys, 한국후지쯔	동부정보기술, 동양시스템, DST, LG-EDS, 삼성SDS, 현대정보기술

자료원 : 한국통신 국내 SAS 소개 및 도입사례분석 KRNET, 2001.

CRM 프로젝트에 관한 명확하고 간결한 목적을 수립하고, 분석을 위한 시스템을 구축한다(DW, OLAP, Data Mining Model). 초기 데이터를 정의하고 적재하고, 데이터 분석을 통해 고객군에 따라 차별화된 전략을 수립해야 하고, 각 전략에 따른 구체적 마케팅 프로그램을 설계한다. 마지막으로 각 마케팅 프로그램에 따라 실행하고 그에 대한 반응 분석 및 피드백의 반복적인 과정을 진행한다.

이러한 접근방법을 기반으로 하여 각 단계마다 가치있는 정보, 경험, 전략을 제공함으로써 기업은 비즈니스 문제를 해결하기 위한 실질적이고, 체계적인 해답을 전달하게 된다.

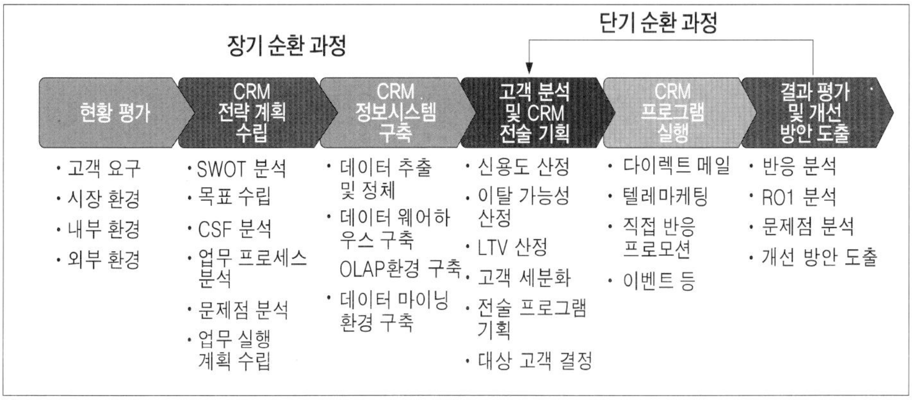

〈그림 5-6〉 CRM 도입 프로세스

CRM 구축 프로세스는 일반적으로 계획, 분석, 설계, 구축, 실행, 결과평가의 6단계(phase)의 과정으로 이루어진다. 각 단계들은 즉각적인 비즈니스 이익을 창출해 내거나 프로젝트의 다음 과정 계획수립을 가능하게 하는 일종의 이정표와 논리적인 작업 그룹의 역할을 한다.

결국 성공적인 CRM 프로젝트 수행을 위해서는 실제 현업의 업무요건과 정의, 그리고 그 요건을 수행하는 프로젝트팀, IT환경 등의 관계가 원활하게 이루어져야만 가능하다. 각 단계별 주요활동은 다음과 같다.

1단계 : **계획**

첫 번째 단계로서 기업의 비즈니스 목적을 달성할 수 있는 최적의 CRM 전략 계획을 수립하는 단계로서, 기업 특성에 적합한 고객 전략 수립과 CRM 시스템을 구축하는 목적과 그에 따른 기업의 이익 증대의 내용을 구체적으로 파악해야 한다. 그리고 프로젝트를 수행할 팀을 구성하고, 프로젝트 범위를 결정해야 한다.

2단계 : **분석**

다양한 채널을 통해 인구통계학적 데이터, 심리적, 형태적 데이터를 확보하여 데이터 분석을 통해 개별 고객에 대한 이해하는 단계로서 주제별 다차원 모델링&통합, 데이터마이닝 정의, 신규 통합 DB 모델링 등을 정의하고 CRM 업무 통합 프로세스를 정의한다. 그리고 여러 가지 방법을 이용하여 고객을 세분화하고 프로파일링 후 각각의 고객 세분화에 대하여 기업 목표에 맞는 전략을 수립한다. 이러한 고객 세분화를 통해 고객집단별로 차별화된 비즈니스 활동을 수행할 수 있다.

예를 들어, 고객정보를 분석하고 세분화해 본 결과 이탈율은 변화가 없고 신규로 발생하는 고객수가 줄어드는 경향이 나타났다면 사전적인 행동전략 중의 하나인 신규 고객 창출을 위한 행동 전략을 수립하고, 반대의 경우라면 이탈을 방지하기 위해 사후적인 행동전략을 선택하면 된다.

3단계 : **설계**

3단계에서는 분석 단계에서 작성된 업무 요건을 기반으로 CRM시스템의 구성요소를 정의하는 단계로 비즈니스 계획과 IT계획을 수립하고 구성요소별로 적용 제품을 선정하고, 선정된 제품의 기술적인 요건을 반영해야 한다.

CRM 전략을 효과적으로 수행하기 위해 필요한 데이터를 정의하고 이를 통한 정보의 제공 및 분석을 위한 통합 고객 데이터베이스 구성방안과 분석툴 등의 적용방안을 제시한다. 각 영역별로 도출된 개선과제의 효과적인 실행을 위한 이행계획을 수립한다.

4단계 : **구축**

이번 단계에서는 가망 고객층을 선택하기 위해 데이터마이닝 방법론을 적용시켜 가장 가치 있는 고객을 선택, 시장의 채널을 확보하고 프로그램 효과를 극대화할 수 있는 고객평가모델과 고객예측모델을 구축한다.

예측모델 개발에서는 비즈니스 주제에 따라 모델링이 수행되고 모델 유형에 따라 고객의 속성이 평가되며 속성에 따라 고객의 점수가 매겨진다.

비즈니스 주제가 이탈고객 방지라면 이탈 방지를 위한 모델링이 구축되고 그 모델에 의해 각 고객에게 이탈확률 점수가 부여되게 된다.

5단계 : **실행**

이 단계는 구축된 모델링을 실제 실행하는 단계이다. 전 단계의 결과인 예측모델에서 선별한 고객을 대상으로 비즈니스 활동을 수행하는 것이다. 시험 운용을 통하여 사용자 검증과 시스템의 적합성 및 안정성 검증을 수행하고, 실제 운용을 위한 교육훈련을 실시한다.

대상고객에게 적용한 이벤트에 대한 자세한 기록과 수행결과 나타난 고객의 직/간접 반응을 데이터웨어하우스에 기록한다. 이런 과정을 통해 향후의 예측이나 고객 행동변화에 대처가 가능하게 된다.

6단계 : **결과 평가**

마지막 단계는 프로그램 결과와 효과를 평가하는 과정이다. 즉 기업의 목적에 어느 정도 기여했는가와 함께 프로그램이 고객의 행동에 미친 영향도 고려한다. 또한 프로그램의 성과와 결과를 조직 전체에 알림으로써 전사적인 정보로의 공유가 가능하도록 한다.

위에 내용을 간략하게 정리하면, CRM 프로젝트 수행할 때 성공요인으로 작용하는 것은 비즈니스 문제에 대한 정확한 정의와 그에 따른 필요데이터 구축, 대량의 데이터를 처리할 수 있는 IT 시스템, 그리고 효율성 있는 모델 수립을 위한 분석도구라 할 수 있다. 하지만 무엇보다도 중요한 건 비즈니스 문제를 해결하기 위한 현업 사용자와 CRM 프로젝트를 수행하는 분석가와의 원활한 의사소통, 그리고 활용방안이 고려된 프로세스의 정립이라 할 수 있다.

5 CRM 솔루션

운영, 분석, 협업 등의 세 가지로 구분한 CRM 시스템의 분류는 상용 CRM 솔루션의 일반적인 분류이기 보다는 CRM 시스템 구현 방식의 유형에 따른 분류이므로 상용 CRM 솔루션은 보통 위의 세 가지 분류를 보다 세분화하여 마케팅 인텔리전시(marketing intelligence), 마케팅 자동화(marketing automation), 영업조직 자동화(sales force automation), 고객서비스(customer service), 통합고객센터(customer interaction center), e-CRM 솔루션 등 구체적인 역할과 기능을 중심으로 구분하여 상용 제품 또는 솔루션으로 공급된다.

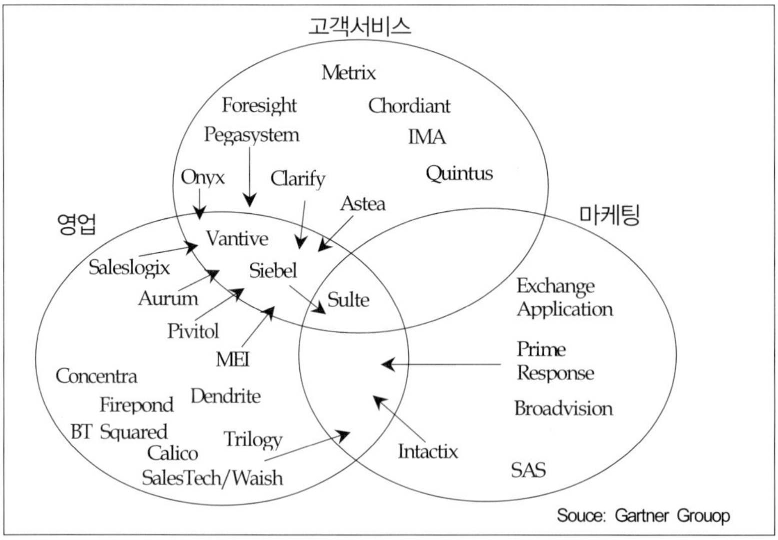

〈그림 5-7〉 전방조직 application vendor

〈그림 5-7〉에서 보는 바와 같이 각각의 CRM 솔루션 영역은 하나의 영역에 특화된 시장이 존재하고 그에 따른 전문 솔루션 공급 업체들이 경쟁하고 있다. 범용 솔루션 업체들이 이 중에서 몇 가지 이상의 영역을 지원하는 솔루션을 공급하고 있으며 모든 영역에서 가장 경쟁력이 있는 total solution을 공급하는 업체는 없다. 따라서 CRM 프로젝트는 여러 개의 솔루션을 통합하여 구축하는 시스템 통합 업체의 역할과 영역이 존재한다. 실제로 많은 CRM 솔루션 공급업체들은 다른 영역의 타사 제품과 같이 사용할 수 있도록 상호간의 인터페이스 요건을 설정하거나 업계의 표준 인터페이스 방식에 따르거나 하는 형태로 출시된다.

CRM 솔루션 중에서 패키지 형태의 솔루션에 대해서는 다음 절에서 검토하고 여기에서는 DW와 마이닝 솔루션과 콜센터 솔루션 미 e-CRM 솔루션에 대해 알아본다.

1) 데이터 웨어하우스(data warehouse)

(1) 데이터 웨어하우스의 개념과 특징

데이터 웨어하우스는 1980년대 중반 미국의 컴퓨터업체인 IBM이 자신의 하드웨어를 판매하기 위해 처음 도입했다. 이후 이 기술적 개념은 많은 하드웨어, 소프트웨어 업체들에 의해 성장하였으며 1980년대 후반 데이터 접근 전략으로 데이터 웨어하우스 개념이 이론적으로 전개되기 시작했다. 우선 Inmon(1996)은 데이터 웨어하우스를 기업의 의사결정 과정을 지원하기 위한 주제 중심적이고 통합적이며 시간성을 갖는 비휘발성 자료의 집합으로 정의했다. 또한 Kelly(1994)는 전사적 데이터 웨어하우스를 기업내의 의사결정 지원 어플리케이션들을 위한 정보기반을 제공하는 하나의 통합된 데이터 저장공간으로 정의하고 있다. 한편 Poe(1994)는 데이터 웨어하우스를 운영시스템과 연계하여 의사결정에 효과적으로 사용될 수 있도록 다양한 운영시스템으로부터 추출·변환·통합되고 요약된 읽기 전용 데이터베이스로 정의하고 있다.

이와 같은 학자들의 정의를 종합하여 보면 **데이터 웨어하우스의 특징**을 다음과 같이 크게 네 가지로 나누어 볼 수 있다.

첫째, 전통적인 응용 프로그램에서는 기능 중심인 반면 **데이터 웨어하우스는 주제 중심**(subject-oriented)**으로 구성되어 있다**는 점이다. 주제 위주로 데이터를 조정함으로써 의사결정 과정에 쉽게 데이터를 활용할 수 있게 된다. 예를 들면, 은행 시스템의 운영 데이터베이스가 대부, 저축, 은행 카드, 신용 등으로 구성된 반면, 데이터 웨어하우스는 고객, 상품 등에 관한 추세를 분석할 수 있도록 고객, 상품, 활동 등 주제 중심으로 구성된다. 업무 처리 중심과 주제 중심의 차이는 데이터의 내용의 차이로 나타난다. 운영 데이터베이스는 의사 결정에는 필요하지 않더라도 업무 처리에 필요한 데이터는 모두 관리의 대상이 되지만, 데이터 웨어하우스는 의사 결정에 필요한 데이터만을 유지한다. 운영 데이터베이스와 데이터 웨어하우스는 데이터간의 관계에서도 큰 차이가 난다. 운영 데이터베이스에서 데이터간의 관계는 업무 처리상의 상관관계에 의해서 테이블간의 관계가 유지되지만, 데이터 웨어하우스에서는 시간을 비롯한 여러 분석 관점에 따른다.

둘째, **데이터 웨어하우스에 데이터를 모으는 과정에서 통합**된다. 각 시스템에 서로 다른 기준으로 분산되어 있는 데이터를 데이터 웨어하우스에 구축하는 과정에서 기업 전반에 걸쳐 하나의 기준으로 데이터가 통합(intergrated)된다. 여기서 통합이란 속성의 이름, 자료의 표현, 도량형의 단위 등이 일관성이 있음을 뜻한다. 예를 들어 길이를 cm, inck, feet 등 여러 단위로 나타낼 수 있고, 날짜도 yymmdd, mmddyy 등 다양할 것이다. 이와 같이 필요에 따라 다른 표현, 단위 등이 데이터 웨어하우스에서는 분석 및 비교를 위해 일관적이다.

셋째, **시간에 따라 변화되는**(time-variant) **값을 유지**한다. 운영 데이터베이스는 접근하는 현재 시간을 기준하여 최신의 값을 유지하지만, 데이터 웨어하우스는 시간에 따라 모든 순간의 값을 유지한다. 따라서 운영 데이터베이스는 필요할 때마다 갱신되지만 데이터 웨어하우스는 일단 일련의 스냅 샷(snapshot)으로 올바르게 기록되면 갱신되지 않는다.

넷째, **비갱신성**(non-volatile)이 있다. 운영 데이터베이스에서는 레코드별 갱신이 자주 발생하지만 데이터 웨어하우스에서의 데이터 갱신은 초기 적재 이후에는 발생하지 않고 검색만이 있을 뿐이다. 따라서 데이터 웨어하우스를 설계할 때는 갱신 이상(update anomaly)을 염려할 필요가 없기 때문에 정규화와 비정규화에 관한 문제는 접근의 효율성만을 고려하여 자유롭게 선택된다. 또한 장애 발생에 대한 데이터의 복구, 트랜잭션과 데이터의 무결성 유지, 교착 상태의 탐지와 처치 등이 매우 간단하다.

(2) 데이터 웨어하우스의 구조 4)

데이터 웨어하우스 아키텍처는 정보계 데이터의 중앙 저장소로써 기능하는 관계형 데이터베이스 서버에 기초한다. 이러한 데이터 웨어하우스 아키텍처에서 운영계 데이터의 처리는 데이터 웨어하우스 처리와는 완전히 별도로 수행된다. 이 중앙 정보 저장소는 수많은 요소로 구성되는데 이러한 구성요소는 전체 환경이 기능을 제대로 발휘할 수 있도록, 관리 기능하도록, 웨어하우스 데이터의 원천인 운영계 시스템 그리고 최종 사용자의 질의와 분석 도구에 의해 접근 가능하도록 설계된다(〈그림 5-8〉 참조).

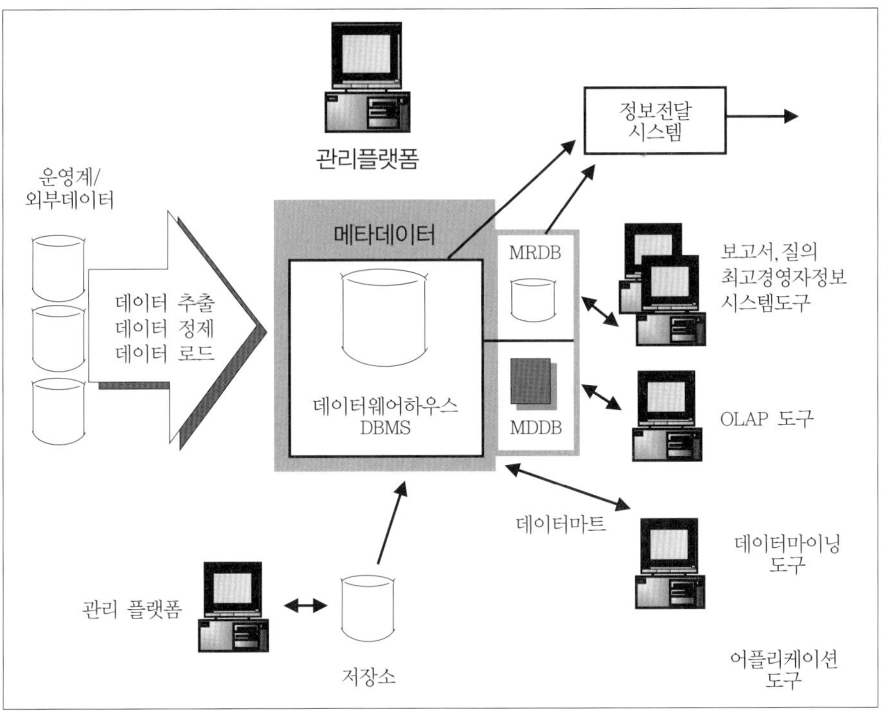

〈그림 5-8〉 데이터 웨어하우스 아키텍쳐

전형적으로 웨어하우스의 원천데이터는 운영계 애플리케이션, 운영계 데이터 저장소 또는 운영계 데이터 스토어(ODS : operational data store)로부터 온다. 데이터는 데이터 웨어하우스로 입력될 때, 통합된 구조와 형태로 변환된다. 이 변환 프로세스는

4) 홍성완외 번역, CRM을 위한 데이터마이닝, 대청, 2001. p.74.

변환, 요약, 정제, 압축 과정으로 이루어진다. 데이터 웨어하우스 내의 데이터는 거대한 연대기적 구성요소(주로 5년에서 10년 동안)를 포함하기 때문에 데이터 웨어하우스는 시간을 축으로 같은 데이터베이스에 대한 다른 데이터 구조 뿐 아니라 상당한 양의 데이터를 유지하고 관리할 수 있어야 한다.

(3) 기술 구현 5)

데이터웨어하우스를 구축함에 있어서 CRM과 관련하여 고려되어야 할 부분은 우선 고객 데이터 모델링 측면이다. 새로운 주제 영역의 하나로서 웹 정보를 파악할 것인지, 아니면 기존의 주제 영역에 맞추어 추가적인 작업 정도로 그칠 것인지는 충분한 고려를 거쳐서 결정해야 할 것이다. 기존 고객정보와 로그 및 컨텐츠 등을 연결해 줄 수 있는 논리적, 물리적 모델링이 이루어져야 할 것이고, DW 내 기타 다른 정보들과도 연계될 수 있도록 설계가 되어져야 한다. 물론 유연성이 아주 중요한 역할을 함은 언급할 필요도 없을 것이다.

On/off-line의 통합 데이터웨어하우스 구축은 크게 두 가지 관점으로 나누어 볼 수 있다. 하나는 방대한 양의 웹 정보를 기존의 다른 정보들과 분리하여 따로 관리하는 방법이고(이 경우 웨어하우스라는 개념 대신에 웹하우스라는 개념을 씀), 다른 하나는 하나의 데이터 웨어하우스 개념에 웹정보를 통합관리하는 방법이다. 어느 형태로 갈 것인지는 회사의 주어진 여건에 맞게 잘 선택하여야 할 것 이다.

고객 데이터 웨어하우스를 만드는 작업은 크게 두 가지 과정으로 이루어진다.

1단계 : 웹 로그 데이터를 정보화하는 로그 데이터 추출 및 분석 과정

웹사이트 방문자가 사이트를 방문하여 움직인 모든 행태는 로그 데이터에 쌓이게 된다. 로그 데이터는 방문자가 페이지를 옮겨 다닌 기록뿐만 아니라 에러 발생에 대한 정보, 구매와 관련된 정보 등이 포함되어 있어 인터넷 고객분석을 위한 근간 데이터로서의 활용이 필수적이라고 볼 수 있다. 그러나 웹 로그 데이터 그 자체로는 정보로 사용하기는 매우 힘들다. 각 고객별 클릭스트림을 추적할 수 있도록 별도의 프로세스에 의하여 데이터베이스화 시켜 주는 작업이 필요하다.

5) 오윤경, CRM을 이끄는 세계적 기업 21, 서울대학교출판부, 2001, pp.270~271.

2단계 : **웹 하우스 구축 과정**

웹상의 행태를 모은 웹 로그 데이터의 추출/통합 및 마케팅 채널을 통한 정보. 기존에 오프라인 비즈니스를 보유한 기업인 경우 오프라인 고객 데이터와의 연계를 가능하게 하는 웹 하우스의 구축이 향후 고객분석의 기반구조로서 요구된다. 온라인 비즈니스에서도 실시간으로 고객에게 마케팅 메시지를 전달하는 실시간 마케팅이 필요하겠지만 대상 고객군을 선별하여 배치성 타깃 마케팅을 실행할 필요가 있다. 이러한 양자의 마케팅 방법을 실행하기 위해서는 필수적으로 고객에 대한 분석이 선행되어야 하는데 이 고객분석을 위한 데이터 기반이 바로 웹하우스가 된다.

2) OLAP(on line analytical processing)

OLAP은 최종 정보사용자가 다차원 정보에 직접 접근하여 대화식으로 정보를 분석하고 의사결정에 활용하는 과정이다. 이는 온라인 거래처리인 OLTP(on line transaction processing)에 상대되는 개념으로써 〈그림 5-9〉와 같이 비교해 볼 수 있다.

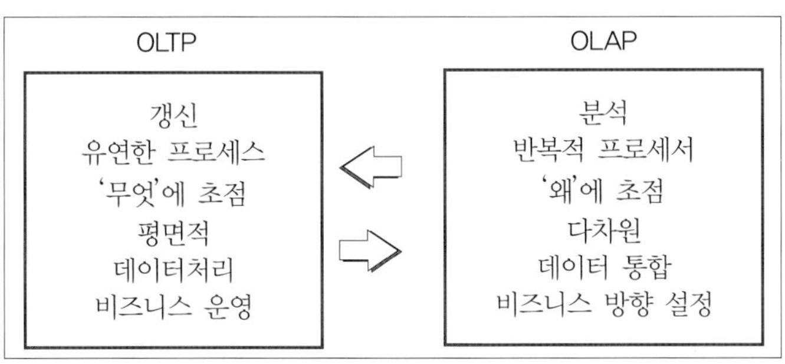

〈그림 5-9〉 OLTP와 OLAP 차이점

Codd(1993)는 기업의 데이터 모델을 정적 모델과 동적 모델로 구분하고 OLAP을 동적 모델로부터 정보를 생성, 조작, 활성화, 종합하는 데 필요한 데이터 분석으로 정의하고 있다. 또 Pendse와 Creeth(1995)는 최종 사용자가 다차원 정보에 직접 접근하여 대화식으로 정보를 분석하고 의사결정에 활용하는 과정이라고 정의하고 있다. 이와 같이 학자들의 정의를 종합하면 **OLAP의 특징**을 다음과 같이 요약해 볼 수 있다.

첫째, **데이터 분석을 위해 다차원적 정보를 활용**한다. 다차원정보는 사용자들에 의해 이해되는 기업의 실제 차원(기간, 상품, 부서, 지역 등)을 반영하는 정보구조를 갖고 있다. 이러한 다차원정보 구조를 생성하기 위해서는 업무 분석을 통해 정보를 차원들의 집합으로 개념화하는 다차원 모델링 작업을 필요로 한다.

둘째, **최종 사용자는 전산 부서의 도움 없이 온라인 상에서 직접 데이터에 접근**한다. 과거에는 사용자가 특정한 정보를 필요로 하는 경우 전산부서에 의뢰하면 프로그램 작성을 통해 정보를 추출하여 제공하는 일련의 개발과정을 거쳤다. 따라서 이러한 과정은 많은 시간을 필요로 했고 의사소통의 장애로 인해 사용자가 원하는 정보를 얻기가 쉽지 않았다. 그러나 OLAP의 다차원 정보 검색기능을 활용하면 사용자가 직접 필요한 데이터를 획득할 수 있다.

셋째, **최종 사용자는 대화식으로 정보를 분석**한다. 대화식 질의를 통해 시스템으로부터 신속하게 결과를 얻을 수 있다. 즉, 질의를 통해 얻어진 결과를 토대로 또 다른 질의를 반복적으로 수행함으로써 사용자가 원하는 정보를 획득할 수 있다.

넷째, **OLAP의 목적은 최종사용자가 기업의 전반적인 상황을 이해할 수 있게 하고 의사결정을 지원**하는 데 있다. OLTP는 기업이 수행하는 일상적인 업무를 거래형태로 처리하는 반면 OLAP는 기업이 나아가야 할 방향을 설정할 수 있도록 다양한 분석 데이터를 제공한다.

3) 캠페인관리 솔루션

캠페인관리 솔루션은 마케팅 자동화(marketing automation) 솔루션으로도 불리며 캠페인에 대한 목적, 일정, 메체, 소구방법 등을 기획하여 대상고객에 대해 콜센터, 우편, e-mail, 팩스, 웹 등 다양한 고객접점을 활용하여 캠페인을 전개하는 전과정을 관리하는 시스템이라고 할 수 있다. 캠페인 관리의 프로세스는 〈그림 5-10〉에서 보는 바와 같이 캠페인 기획, 준비, 실행, 결과분석의 과정을 거친다. 일반적으로 캠페인 관리 시스템에서 제공하는 기능은 캠페인 기획 부분에 주로 초점이 맞추어져 있고 실행 부분은 채널시스템에서 담당하고 분석 부분은 마케팅 인텔리전시 시스템이 담당한다.

캠페인 관리 시스템의 기능은 캠페인 기획 및 관리, 고객 리스트관리, 다채널 캠페인 수행 지원, 세일지 리드 생성 및 관리, 이벤트 계획 및 관리 등의 기능과 실행 및 분석을 담당하는 시스템과의 인터페이스 기능 등이 있다.

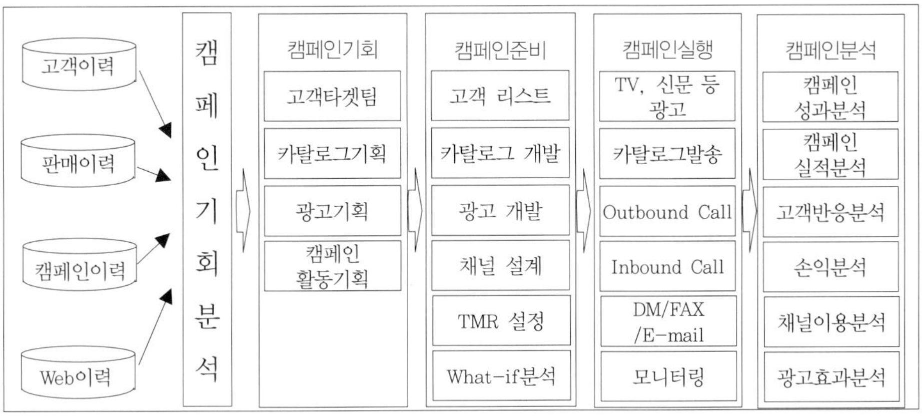

〈그림 5-10〉 캠페인 관리 프로세스

캠페인 관리 시스템을 이용하여 실제로 기업에서 실시할 수 있는 활동은 매스 마케팅에서의 프로모션 활동과 차이가 있다. 고객 데이터베이스로부터 캠페인이 가능한 고객을 여러 조건으로 추출하여 다양한 채널을 이용하여 캠페인을 실시한다.

〈표 5-4〉 금융기관의 캠페인 관리 항목

구 분	내 용	사 례
마케팅 캠페인	고객분석을 통해 DB에서 추출한 목표고객을 대상으로 캠페인을 기획	고수익 투자상품 유치 캠페인 고객추천 캠페인 휴면고객활성화 캠페인 카드사용 촉진 캠페인
이벤트 탐지	고객과의 거래 또는 커뮤니케이션 과정에서 탐지한 이벤트를 토대로 마케팅 기회를 포착하여 대상고객에게 캠페인을 전개	고액거래, 신규계좌 개성, 계좌 해지 정기예금 만기, 마이너스 통장 개설 급여이체 개시, 급여이체 중단 고객등급 변화, 주소변경 불만사항 접수
안내 서비스	고객과의 관계를 강화하고 고객 편의성을 증진시켜 고객 만족을 이끌어 낼 수 있는 서비스 활동을 전개	대출만기일 도래 안내 연체안내 기념일 축하 서비스 VIP 신규 진입 고객 감사안내

Chapter 6

e-CRM

1. e-비즈니스
2. 전자상거래의 동기요인들
3. e-비즈니스와 CRM 관계
4. e-CRM
5. 웹 로그 분석
6. e-CRM 솔루션

1 e-비즈니스

1) e-비즈니스의 개념

인터넷을 사용하거나 이에 기반을 둔 비즈니스를 보통 e-비즈니스(인터넷 비즈니스, 또는 온라인 비즈니스)라고 부른다. 인터넷상에서 구현되는 전자상거래는 무형의 서비스와 재화로서 금융, 신용, 소프트웨어, 영상 산업의 글로벌 거래를 가능하게 하였을 뿐만 아니라, 서적과 같은 유형의 상품까지도 국경을 초월한 세계적 시장으로 변화시켜 가고 있다.

〈표 6-1〉 전자거래의 개념 변화

	Internet business	Electronic Commerce	e-business
대 상	제품, 서비스, 정보	제품, 서비스, 정보	비즈니스적 프로세스
개 방 성	개방형	개방형+폐쇄형	개방형+폐쇄형
사업유형	기업과 소비자간 기업과 기업간	기업과 소비자간 기업과 기업간	기업내, 기업간 기업과 소비자간

전자상거래는 비즈니스에의 적용개념으로 변화되면서 인터넷 비즈니스(internet business), 전자상거래(e-commerce), e-비즈니스(e-business) 등의 개념으로 분류되고 확대, 발전되었다. 특히 최근 전자상거래의 무게 중심이 기업과 소비자간(B2C) 전자상거래에서 기업간(B2B) 전자상거래로 전이되면서 e-Marketplace, e-CRM, 전자조달(e-proceurement) 등 새로운 유형의 e-비즈니스 형태도 속속 등장하고 있다.

e-비즈니스 모델은 거래방향이나 시장 주도자, 가치사슬 및 시장 등에 따라 여러가지 유형으로 구분할 수 있다. 이러한 다양한 유형의 모델들은 단일의 e-비즈니스 전략만으로 추진할 수는 없다. 이와 같이 e-비즈니스 모델의 실행에 있어서는 기존의 전략과의 차이나 인터넷 환경의 특성에 따라 다양한 전략을 선택해야 하는 전략 유연성의 문제가 대두된다.

따라서 디지털 환경에 적합한 방향을 설정하고, 핵심역량을 기반으로 한 경쟁우위의 전략을 수립해야 한다. 이를 기초로 다양한 환경의 속성에 따라 e-비즈니스 모델이 달라지게 되며, 사업전략도 수정되어야만 한다. 이러한 환경에 적합한 전략들을 e-비즈니스 모델과 접목하면 e-비즈니스 추진을 통한 모델을 도출해 낼 수 있다. 따라서 e-비즈니스에 있어서의 CRM, 즉 e-CRM은 인터넷상에서의 고객관계관리를 의미하므로 오프라인의 CRM, 또는 기존의 CRM과는 차이가 있는 것이 사실이다. 여기서 한 가지 언급하고 싶은 것은 CRM과 e-CRM이 고객관계를 구축하여 수익을 극대화한다는 근본적인 목적에서는 차이가 없으며, e-CRM이 CRM과 전혀 다른 새로운 것은 아니라는 것이다.

2) e-비즈니스의 사이버 트랜드 전략

e-비즈니스 환경 하에서의 인터넷 사이버 트랜드[1] 전략은 다음과 같이 7가지로 제시할 수 있다.

(1) 모든 비즈니스는 인터넷을 통한다.

인터넷 경제가 세상을 이끈다. 단지 경제의 일부로서가 아니라 주류를 형성하며 생산, 유통, 소비 등 경제 전반의 물줄기를 선도하게 된다. 경제가 사이버주도로 형성되면, 공간의 제약이 사라진다. 슈퍼마켓에서 은행일, 증권투자, 쇼핑을 동시에 할 수 있다. 산업의 경제가 사라진다. 특히 웹 기반이 확고히 구축된 기업일수록 보험, 증권, 자동차산업 등을 통합시키고 자유자재로 사업영역을 넘나들 수 있다. 유통업체 또한 변한다. 중간상인은 물론 도·소매업, 대행업체 등 생산자와 소비자의 중간지대는 극히 좁아지거나 아예 사라지고 있다.

(2) 네티즌 노동력으로 대체된다.

회사 전용 인트라넷이라는 작은 촉수가 전 세계 모든 곳의 직원들과 관리자들을 연결시켜 나갈 것이다. 정보의 신속한 공급과 새로운 상호연결 방식은 기업에게 진정한 경쟁우위를 제공하고 사원들에게는 자신의 길을 스스로 개척해 나갈 수 있는 권한을 줄 것이다. 모든 사원들을 네티즌화 하는 것, 이것은 또 하나의 중요한 기업목표가 되어야 한다.

---

1) 척 마틴, e비즈니스.com, 2007, pp.20~26.

(3) 정보를 완전 공개하는 오픈북 경영이 대두된다.

전통적인 비즈니스 세계에서는 지식의 소유가 힘이었다. 인터넷 미래에서는 지식의 공개가 힘이다. 권력은 지식의 수집이 아니라 지식의 공개에서 나온다. 예전에는 외부의 자유로운 참여를 보장하는 오픈 시스템(open system)을 높이 평가했지만 앞으로는 자발적으로 정보를 완전히 공개하는 오픈 북 기업(open-book corporation)을 높이 평가하게 될 것이다.

(4) 소비자가 가격을 결정한다.

지금까지는 제조업자가 상황을 주도해왔다. 그러나 지금부터는 소비자가 새로운 상황을 주도한다. 인터넷 환경에서 소비자가 하나의 핵심 세력으로 등장한다는 사실을 인식할 기업만이 생존을 위한 변화를 준비할 수 있을 것이다.

(5) 모든 기업 활동이 고객 데이터로부터 시작된다.

인터넷 미래의 고객은 단지 제품을 구매하여 수익을 가져다주는 존재 이상의 가치를 갖게 될 것이다. 이러한 모든 데이터베이스로부터 입수된 정보는 기업이 어떤 제품을 생산하고 어떻게 광고할 것인가를 결정하는 중요한 기준으로 자리 잡을 것이다.

(6) 경험 공동체가 부상한다.

인터넷 미래에는 글로벌 커뮤니케이션의 비용이 저렴해지기 때문에 사적인 영역과 직업적인 영역에서 사람들 간의 상호작용이 가속화될 것이다. 사람들이 모여들거나 혹은 사람들을 모을 수 있는 지식의 통합 공간을 경험 공동체라고 부른다. 인터넷 그 자체처럼 글로벌할 수도 있다.

(7) 학교가 당신을 찾아간다.

인터넷 미래에는 학습의 장애물이 거의 사라질 것이다. 인터넷으로 강의가 어느 곳에서나 이루어질 수 있기 때문이다. 인터넷 미래에는 시간과 장소에 구애 받지 않는 교육으로 배움의 길에 장애물이 없어질 것이다.

2 전자상거래의 동기요인들[2)]

1) 전자상거래 동기

전자상거래 쇼핑의 동기는 인터넷 매체의 이용 동기와 관련한 기존 연구의 검토를 통해 추정할 수 있다. 최근 인터넷 이용인구가 확대되면서 인터넷 이용자들의 이용 행태와 관련된 다양한 연구가 진행되고 있다. 초기에는 주로 정보추구 동기가 가장 중요한 변수로 규정되었지만, 그 밖의 주요변수들이 여러 연구결과들을 통해 밝혀졌다.

전자상거래 인터넷 동기 및 태도 관련 연구들은, 다음 두 가지로 정리할 수 있다.

첫째, **인터넷 이용은 즐거움과 사회화를 위해서** 이루어진다. 즉 인터넷 이용이 이용자들의 정보학습, 즐거움, 개인정체성, 상호작용 등과 같은 특정한 인지 및 애정적 욕구 충족에서 기인한다는 것이다.

둘째, **인터넷 이용은 호기심을 충족하는데 필요한 메시지나 유용한 정보 순수한 즐거움을 추구하는 동기를 말한다.** 이러한 동기요인이 새로운 정보기술의 채택여부에 영향을 준다면, 인터넷을 기반으로 한 전자상거래 커뮤니티에 대한 태도 및 행동에도 영향을 줄 것이다.

2) 정보 접근성

소비자정보는 비배타성과 비경합성을 가지고 있다. 비배타성은 공공재의 사용에 따른 비용을 지불하지 않은 경제주체를 공공재의 소비로부터 배제하기 어렵거나 불가능한 것을 말한다. 비경합성은 공공재가 생산된 후 다른 경제주체가 추가로 소비하여도 이미 소비하고 있던 경제주체들의 소비기능성이 감소하지 않음을 의미한다(조순, 정운찬, 1998). 또한 소비자정보의 비귀속성은 정보제공에 따른 부담은 크지만 자신이 제공한 제품정보를 소비자가 어떻게 이용할 것인지 알지 못하므로, 충분한 정보를 제공하지 않게 되는 것이다(최병선, 1997). 이러한 특성으로 인해 전자상거래 시장에서 사업자의 적극적인 정보제공을 방해하고, 이것은 소비자정보의 소비자문제 발생의 중요한 요인이다. 따라서 소비자가 스스로 합리적인 판단을 내릴 수 있도록 최대한의

2) 서동효, B2C 전자상거래 동기가 구매가치와 의도에 미치는 영향, 계명대 대학원, 2008, pp.7~22.

정보를 소비자에게 제공한다면 소비자 문제를 해결할 수 있을 것이다. 전자상거래 시장에서 소비자에게 제공되는 제품과 서비스에 관한 소비자정보는 정확성, 접근용이성, 충분성 및 보관성의 네 가지를 갖추어야 한다. 정확성이란 소비자정보의 내용이 정확해야 한다는 것이다. 전자상거래 시장은 사업자가 인터페이스에 정보를 쉽게 첨가, 삭제, 수정할 수 있기 때문에 일반 거래에 비해 소비자를 기만할 가능성이 높다고 할 수 있다.

특히 허위, 과장 광고 문제와 관련된다. 접근용이성이란 인터넷 쇼핑몰에서 제공되는 소비자정보들은 소비자가 쉽게 탐색하고 획득할 수 있어야 한다는 것이다. 충분성은 소비자 의사결정에 유용하고 가치있게 사용될 수 있을 만큼 소비자 정보가 충분히 제공되어야 한다는 것이다. 보관성이란 소비자가 정보에 관한 기록을 유지하고 보관할 수 있는 형태로 소비자 정보가 제공되어야 한다는 것이다.

3) 검색 용이성

전자상거래의 검색용이성은 인터넷 사용이 어렵지 않고 배우기 쉬울 것이라는 믿음으로 정의되었고(Davis, 1989), 웹사이트에 대한 사용 용이성은 웹사이트 연결이 쉽고 정보검색이 쉽다는 믿음으로 정의되었다.

전자상거래 인터넷 정보탐색은 소비자에게 원하는 정보를 빠르게 효율적으로 찾아주는 기능과 함께 인터넷 탐색 자체의 행위에 몰두하여 재미와 흥미를 안겨주는 기능을 함께 제공하고 있어, 소비자에게 인터넷은 중요한 쇼핑경로로 인식하고 있고 인터넷 정보탐색활동은 구매결정을 위한 지속적인 탐색활동으로 간주되고 있다.

전자상거래 상에서의 정보탐색 활동은 상품정보를 찾기 위해 소비자가 인터넷과의 상호작용을 하면서 시공간을 초월하는 역동적인 작업이다. 이때 인지하게 되는 즐거움은 마치 놀이를 하고 있을 때와 같이 활동 자체에서 재미와 즐거움을 느끼는 것, 혹은 어떤 대상이 마음에 들어 기쁘거나 만족스러운 느낌 또는 어떤 일이 주는 유쾌하고 즐거운 느낌이나 기분의 정도를 말하는 것으로 인터넷 상품구매를 함에 있어 본질적인 동기를 충족시켜 줄 수 있다는 믿음의 정도를 뜻한다. 특히 상업적 웹사이트에 대해 전자상거래 인터넷 사용자들이 흥미로운 맥락 안에 존재하는 정보를 얻기 좋아함을 밝혀냄으로써 쾌락 및 흥미주의로 탐색가치의 중요성이 강조되고 있다.

인터넷 탐색과정에서 인지되는 용이성은 사용자의 웹사이트 탐색 또는 컨텐츠 검색이 얼마나 용이한가 하는 정도로서 사용자가 스스로 손쉽게 해당 컨텐츠를 찾을 수 있는 정도를 말하며, 탐색의 용이성과 구조의 간결성 등 인터페이스 항목을 인터넷 쇼핑몰의 평가요인으로 포함시키고 있다. 박현지(1999)는 탐색의 편리성을 가장 중요한 평가요인으로 제시하고 있으며, 박한식, 엄서호(2001)는 정보검색의 편리성을 결정적인 구매결정요인으로 제시하고 있다.

정보탐색이란 선택된 환경에서 여행할 경로를 결정하는 과정을 말하며 웹에서의 정보탐색이란, 사용자가 자신이 원하는 정보를 찾아나가는 일련의 과정이라 할 수 있다. 박현지(1999)는 정보탐색의 편리성을 가장 중요한 평가요인으로 제시하고 있으며, 박한식, 엄서호(2001)는 전자상거래에서 정보검색의 편리성을 결정적인 구매결정요인으로 제시하고 있다.

4) 정보유용성

정보유용성은 전자상거래의 해당 인터넷 쇼핑몰이 가지고 있는 정보가 이용목적의 성과를 향상시킬 수 있고, 고객에게 얼마나 유용한가에 대한 믿음의 정도를 말한다. 전자상거래 쇼핑몰에서 제공되어지는 다양한 제품의 구색과 정보는 소비자 욕구를 충족시키고 만족시킬 수 있는 기회를 증가시킬 수 있다. 또한 전자상거래 쇼핑몰에서 유용한 정보를 제공하거나 제품 정보를 갱신의 신속성은 전자상거래에 쇼핑몰에 대한 소비자의 만족을 유도할 수 있을 것이다.

전자상거래 이용에 있어서 정보유용성은 자신의 과업에 유용할 것이라고 믿음으로 정의되었고, 웹사이트에 대한 정보유용성은 웹사이트에서 유용하고 흥미로운 정보를 신속하게 얻을 수 있을 것이라는 믿음으로 정의되었다.

고덕곤(1982)은 의사결정자의 입장에서 평가되는 정보의 유용성은 형태적 유용성(form utility)과 시간적 유용성(time utility)으로 구분하면서 정보가 소비자의 욕구에 적합할수록 그 가치가 증대되며, 소비자가 필요로 하는 즉시 제공되어야 한다고 했다.

이시환, 정세현, 김용겸(2001)은 정보유용성은 정보에 대한 사용자의 주관적인 태도를 말하는 것으로 사용자의 지각된 효과 정도로 보고 있다.

5) 구매용이성

전자상거래에 대한 구매용이성은 웹사이트 연결이 쉽고 정보검색이 쉽다는 믿음과 사용자가 가상공동체의 웹사이트가 사용하기 쉽고, 배우기 쉬울 것이라고 믿는 정도라고 정의된다.

전자상거래의 정보탐색은 구매의사결정 과정의 일부로서 의사결정을 용이하게 하기 위한 활동과정이며, 제품 및 대안에 관한 정보를 얻기 위해 소비자가 행하는 모든 노력이다(안주아, 2008, p.169).

전자상거래의 정보탐색은 웹서핑, 웹브라우징, 인터넷 항해라고 불리며, 익스플로러나 넷스케이프, 네비게이터 등의 웹브라우저 프로그램을 통해 웹사이트를 방문하여 웹컨텐츠를 읽거나 보는 행위를 의미한다. 또한 어떤 행위에 대한 가치란 그 행위를 통하여 얻을 수 있는 중요하고 원하는 최종목표를 나타낸 것이라고 할 수 있다.

6) 사회적 관계

Berger, Calabrese(1975)는 대인관계에서의 사회적 교류를 이해하기 위한 불확실성 감소이론을 주장하였다. 불확실성이란 예측하기 힘들거나 충분히 이해하기 어려운 상황의 정도에 따라 존재하게 되는 것으로, 이러한 경우가 타인과의 첫 대면시 나타난다고 하였다. 따라서 인간은 자신과 다른 사람들과의 관계에서 발생하게 되는 불확실성을 낮추기 위한 노력을 기울이게 된다는 것이다. 그러므로 불확실성 정도가 높아질수록 불확실성을 감소하기 위한 행동도 증가하게 된다. 결국 불확실성을 감소시키기 위해 다양한 정보교환을 하게 되고 타인과의 관계를 개선시킨다는 것이다.

인터넷이 발달하면서 커뮤니티가 웹사이트(Web site)을 발전시키는 원동력이 되고 있다. 인터넷 기술의 괄목할 만한 발전과 사회 각 분야에서 활발한 사용은 인터넷의 폭발적인 확산에 기여하였고 현재 많은 사용자들이 인터넷상의 다양한 커뮤니티 클럽에 가입하고 있다. 인터넷 사용자들은 커뮤니티를 통해서 채팅을 하고, 아이디어를 교환하고 침목을 도모하기 위한 집단을 이룬다. e-커뮤니티는 현재 사용되고 있는 인터넷 기술을 이용하여 구성된 커뮤니티를 말한다. 즉 e-커뮤니티는 온라인을 통해서 다수가 공통의 관심사에 대하여 상호 정보 교류하는 사람들의 집단을 의미한다고 하겠다.

Armstrong, Hagel(1996)에 의하면, e-커뮤니티는 같은 부류의 사람들이 의사소통을 하고 관심주제에 대하여 정보를 주고받으며, 온라인 인격체를 통해서 사이버 세계를 즐길 수 있도록 커뮤니티 제공자에 의해서 마련된 사이트라고 할 수 있다. e-커뮤니티의 전형은 1985년 미국 북부 캘리포니아 하이테크 광신자들로부터 시작된 'The Well(whole earth electronic link)'의 탄생으로 알려져 있다. 이를 통해서 고객들은 스포츠, 게임, 정치, 주식투자, 당뇨병 등 다양한 관심에 대하여 토론하고 정보를 공유하였다. 초기의 커뮤니티는 마니아적인 성격과 반상업성을 표방하는 것이 특징이었다. 커뮤니티 사이트에서 중요한 요소는 지식의 폭과 너비인 인터넷 서비스 품질이다. 또한 탁월한 서비스 품질 제공과 커뮤니티 사이트 제공자의 많은 경험은 사이트 발전에 기본적인 요소라고 할 수 있다.

7) 구매 경제성

전자상거래에 쇼핑 가치에 대한 개념은 소비자들이 쇼핑경험을 쓸모 있다고, 즉 가치가 있다고 지각할 때 발생하는 것으로 정의되어지며 이에는 상품의 획득, 과업수행, 가격과 실용적 편익과 함께 쇼핑에 대한 주관적 측면인 쾌락적 편익을 포함한다. 실용적 쇼핑 가치는 경제성 및 편의성 측면에서 구매활동의 효율성을 추구하는 것으로 목적달성 즉 특정 소비욕구의 충족여부를 달성하기 위하여 신중하고 효율적인 방법으로 상품을 구매할 때 나타난다. 반면에 쾌락적 쇼핑 가치는 보다 객관적인 구매활동의 결과라기보다는 주관적이고 개인적인 측면으로 쇼핑의 즐거움, 재미 등의 형태로 나타난다. 이러한 쇼핑 가치 형태는 소비자의 쇼핑목적에 따라 중요도가 달라지는 것으로 어떤 소비자에게는 구매효율성 측면의 실용적 쇼핑가치가 더 중요할 수 있으며, 어떤 소비자에게는 쇼핑과정에서 느낄 수 있는 즐거움 등과 같은 측면의 쾌락적 쇼핑가치가 더 중요할 수 있다. 전자상거래 인터넷 쇼핑가치의 경제성은 보다 저렴하게 상품을 구입하고, 계획적 상품의 구매, 기존보다 할인된 가격구입으로 본다.

구매경제성 동기와 관련된 전자상거래는 제품구매나 구매를 위한 정보탐색과 같은 동기를 갖으며 과업 중심적이다. 따라서 이 경우 사용자들은 쇼핑의 가치와 효율성 및 편리성을 추구하는 것으로 나타났고, 이와 관련된 활동은 가격 및 제품비교, 종업원과의 상담, 제품구매 등을 포함한다. 또한 당장 제품을 구매하지는 않더라도 미래

구매나 관심있는 제품에 대한 지식향상을 위한 정보탐색도 경제성동기로 구분될 수 있다.

8) 구매태도

태도의 정의에 대해서는 학자들마다 이견이 있지만 일반적으로 "어떤 대상에 일관성 있게 호의적 또는 비호의적으로 반응하려는 학습된 경향"으로 정의할 수 있다. 따라서 태도를 어떤 대상에 대해 전반적이고 지속적으로 갖게 되는 긍정적 또는 부정적인 느낌으로 정리할 수 있겠다.

태도는 어떤 대상물에 대한 신념들의 집합체이며, 시간과 상황에 따라 쉽게 변하지 않는 비교적 안정적인 개념으로 정의된다. 이러한 태도는 '가치'라고 불리는 신념 체계로부터 직접 영향을 받는다. 즉 태도는 개인의 핵심가치를 직접 반영한다.

사회심리학적 관점에서 태도는 정서적 태도, 인식적 태도가 있다고 지적하였고 이러한 정서적, 인식적 태도들은 매우 다른 심리적 구조를 통해 작용한다고 제시하고 있다. 그리고 행동적 태도로 구성되어 있다는 연구가 있었다.

태도는 3가지 요소, 즉 정서적, 인지적, 행동적 태도로 나누어 볼 수 있다는 점에서 대체로 견해들이 일치하고 있다(차배근, 1990, p.117).

첫째, 정서적 태도는 얼마나 많이 그 대상을 선호하는지를 의미하며(McGuire, 1995) 대상에 대한 감정적인 선호도를(Bagozzi & Burnkrant, 1979) 측정하는 것이다. 태도, 대상과 관련한 느낌이나 반응을 일컫는 것이다. 정서적 태도는 어떤 태도 대상물에 대하여 개인들이 지니고 있는 느낌이나 감정에 관련된 태도로서, '나는 관광이 좋다', 또는 '나는 관광이 싫다' 등으로 표현되는 태도들이 이에 해당된다.

둘째, 인지적 태도는 어떤 대상물에 대하여 개인들이 지니고 있는 신념이나 지식 등에 관련된 태도로서 '옳다' 또는 '그르다' 등으로 표현되는 태도들을 말한다. 인지적 태도는 대상과 관련된 개인의 특정 믿음을 의미하며(Bagozzi & Burnkrant, 1979), 가치(value)를 기반으로 한 대상에 대한 평가, 판단, 이해 등을 측정하는 것이다(Chaiken & Stangor, 1987).

셋째, 행동적 태도는 태도 대상에 대한 사람들의 명확한 행동과 관련된 진술 등 행동경향을 의미한다(Eagly &Cjiken, 1993). 행동적 태도는 주어진 태도 대상물에 대하여 어떤 행동을 하고자 하는 개인들의 의지에 관계된 태도로서, '무엇 무엇을 할 용의가 있다' 식으로 표현되는 태도를 말한다. 즉 태도의 행동적 차원은 특정 대상물에 대하여 사람들의 내적 의지이기 결코 개인들의 외적 행동 그 자체는 아니다(조진희, 2006, pp.67~68).

9) 구매의도

전자상거래에서 구매의도란 소비자의 예기된 혹은 계획된 미래행동을 의미하는 것으로, 신념과 태도가 행위로 옮겨지고자 하는 정도이다.

전자상거래 상에서 제공하는 제품이나 서비스들은 전통적인 상거래와는 달리 소비자들이 직접 확인할 수 없기 때문에 웹사이트에서 제공하는 제품이나 서비스에 대한 설명 그리고 그래픽에 의존하여 구매결정을 해야만 한다. 따라서 전자상거래에서는 전통적 상거래에서의 제품에 비해 가격이 저렴하거나 품질이 좀더 우수해야 소비자의 시선을 끌 수 있으며 그 외에 제품의 독특한 차별성이 있어야 소비자들의 제품 구매 의욕을 돋을 수 있다.

구매의도에 관한 연구들을 보면, Hoffman, Novak(1996)은 웹사이트의 반복적인 방문과 인터넷에서의 구매의도 증대를 위해 플로우를 용이하게 해야 한다고 주장하였다. 즉, 웹사이트를 탐색하는 동안 즐거움을 느끼게 되면 그 사이트에 대하여 반복적으로 방문하게 되고, 이는 인터넷에서의 구매 의도를 증대시킬 수 있다고 하였다.

3 e-비즈니스와 CRM 관계

1) e-비즈니스와 CRM 관계

e-비즈니스는 기업의 모든 비즈니스 과정이 인터넷과 접목되는 경영활동을 뜻하는데 반해, 전자상거래는 제품, 정보, 서비스 등을 인터넷상에서 사고파는 하위개념으로서 e-비즈니스의 변모는 단순한 경영 패러다임의 변화이기보다는 향후 인류 전체의 모습을 바꾸게 될 대혁명이다. 혁신성과 비전을 갖춘 최고경영자를 e-CEO, 전사

적인 가치창출 능력을 보유한 기업을 e-Company, 경쟁우위를 확보하기 위한 전사적인 사업방식을 e-Business, 디지털경제 및 지식경제 기반의 경제를 e-Economy라는 계층적 구조로 파악하고 있다.

e-비즈니스 모델은 거래방향이나 시장 주도자, 가치사슬 및 시장 등에 따라 여러 가지 유형으로 구분할 수 있다. 이러한 다양한 유형의 모델들은 단일의 e-비즈니스 전략만으로 추진할 수는 없다. 이와 같이 e-비즈니스 모델의 실행에 있어서는 기존의 전략과는 차이나 인터넷 환경의 특성에 따라 다양한 전략을 선택해야 하는 전략 유연성의 문제가 대두된다.

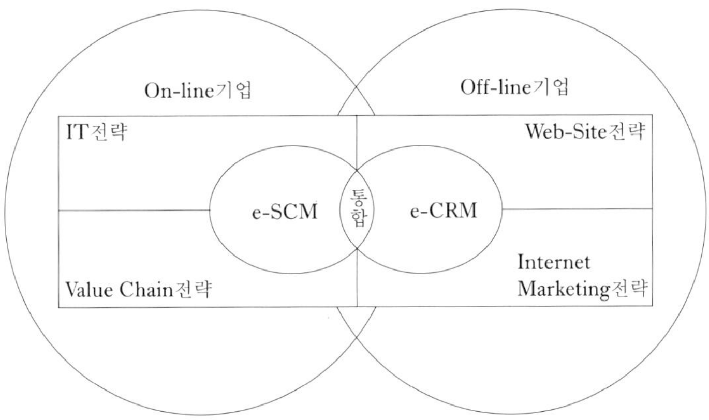

〈그림 6-1〉 e-비즈니스의 추진을 위한 전략적 통합요청

따라서 디지털 환경에 적합한 방향을 설정하고, 핵심역량을 기반으로 한 경쟁우위의 전략을 수립해야 한다. 이를 기초로 다양한 환경의 속성에 따라 e-비즈니스 모델이 달라지게 되며, 사업전략도 수정되어야만 한다. 이러한 환경에 적합한 전략들을 e-비즈니스 추진을 위한 통합 모델을 도출해낼 수 있다.

여기서는 e-비즈니스의 추진전략을 기본전략과 연계전략으로 구분하여 고찰함으로써 e-비즈니스 모델의 선택과 실행의 극대화를 유도할 수 있다. 기본적인 전략으로는 정보기술 전략, 웹사이트 전략, 인터넷 마케팅 전략 및 가치사슬 전략으로 그리고 연계전략은 디지털 시대의 불확실한 환경에 대응하기 위한 외부와의 유연하고 신속한 연계를 위한 전략으로 공급자와의 e-SCM(Supply Chain Management) 전략, 고객과의 e-CRM(Customer Relationship Management) 전략 및 온라인 기업과 오프라인 기업과의 전략적 제휴 등 외부와의 공존과 관계에 관한 전략을 들 수 있다.

전술한 바와 같이 e-비즈니스의 실행을 위한 다양한 전략을 살펴보았으나, 닷컴 몰락으로 인하여 오프라인 기업의 중요성이 부각되고 있다. 따라서 e-비즈니스를 추진하기 위해서는 온라인 기업과 오프라인 기업의 제휴를 기반으로 〈그림 6-1〉과 같이 세분화된 전략의 통합이 e-비즈니스의 추진에 시너지 효과와 효율성을 극대화시킬 수 있을 것이다.

특히 e-비즈니스는 공급망관리(SCM), 전사적 자원관리(ERP), 고객관계관리(CRM) 등 기업 내부 및 외부 협력업체와 고객을 하나로 연결하는 통합적인 가치사슬의 구축을 통해 시장 변화에 민첩하게 대응하고 경쟁력을 확보하기 위한 비즈니스 패러다임이라고 말할 수 있다.

따라서 e-CRM은 e-비즈니스 환경 속에서 전개되는 CRM을 의미하며 e-CRM은 기존의 CRM에 비해 인터넷을 통해 고객 Data를 수집하고, 고객과 커뮤니케이션할 수 있다는 특징이 있다. 또 e-Business의 특징인 실시간 반응(real time reaction), 실시간 가격 책정(real time pricing) 등을 CRM에 도입할 수 있다는 장점이 있다.

그리고 e-CRM은 Data를 바탕으로 고객을 보다 가치 있는 고객과 그렇지 않은 고객으로 나누고, 가치 있는 고객에 대해 고객이 좋아할 만한 혜택을 제공한다. 그렇게 함으로써 고객이 이탈되지 않고, 더 많은 상품을 구매하고, 다른 사람에게 자사에 대해 우호적인 이야기를 하도록 유도한다. 이때, 결정적 역할을 하는 것은 현재 가치 있는 고객 혹은 미래에 가치 있을 것으로 예상되는 고객을 잘 찾아내는 것과 그 고객이 좋아할 만한 혜택을 제시하는 것이다.

2) e-비즈니스에서 e-CRM의 중요성

마케팅 혹은 사업의 패러다임을 매스마케팅과 CRM으로 나누어 본다면, 사업의 전개공간은 오프라인과 온라인으로 나누어볼 수 있다. 이렇게 보면 오프라인에서 매스마케팅과 CRM이 가능한 것처럼 e-비즈니스에서도 매스마케팅과 CRM이 모두 가능하다. 현재 대부분의 e-비즈니스 업체도 그 수준은 매스마케팅 수준에 머물고 있다. 그러나 e-비즈니스는 기본적으로 네트워크 사업이다. e-비즈니스에서 가치를 창출하는 중요 네트워크로는 고객 네트워크, 공급자 네트워크, 파트너 네트워크가 있다. 이 중 가장 중요한 것이 역시 고객 네트워크이며, 이 고객 네트워크를 효과적으로 관리하기 위해서는 e-CRM이 필요하다. 또, e-비즈니스는 오프라인 비즈니스에 비해 고객과 직접적으로 접촉하므로 많은 고객 데이터를 수집할 수 있다. 이런 특성 때문에 e-비즈니스에서는 e-CRM을 도입하기가 용이하고, 그만큼 많은 기업들이 더 정교한 e-CRM을 전개하고자 하는 것이다. 때문에 e-비즈니스에서는 경쟁사에 대한 방어적 입장에서도 e-CRM을 도입하지 않을 수 없다.

4 e-CRM[3]

1) e-CRM 기본개념

현재에 이르러서는 많은 고객들이 앉은 자리에서 웹을 통해 마음에 드는 상품을 직접 고르고 구매하기도 한다. 뿐만 아니라 구매 이후의 질문, 불만 처리나 사후 서비스 등을 신속히 받을 수 있다.

e-CRM은 EC(전자상거래)에서의 CRM을 말하는데 EC에서 웹은 상거래를 위한 매체와 시장으로 사용되며, 이를 통해 공급업체와 고객간의 물리적인 시간과 거리의 장벽이 최소화되었다. 따라서 EC는 구매자와 판매자간의 상호작용을 근본적으로 바꾼 것이다. 웹이 존재하기 이전에는 구매자들과 시장 전망은 사람에 의존했다. 사람들이 주문을 받는 것 뿐만 아니라 질문에 응답하고 조언해 주고 정보를 제공하며 문제를 해결해 주었다. 그러나 EC에서는 고객들이 적극적으로 사이트를 탐색하기 때문에 사람이 아닌 웹사이트들이 고객들과 직접 대면하고 있다. 바로 이런 웹사이트들이 고객들의 문제나 질문에 귀를 기울이고 조언, 안내, 추천 및 다른 자료들에 대답하는 것이다.

고객중심의 세계에 내재된 주된 의미는 CRM이 EC의 핵심 비즈니스 활동이 된다는 것이다. 기능적으로 이러한 변화는 고객과 관련된 기업부서와 프로세스가 이전에는 마케팅 판매 및 고객 서비스에 국한되었는데 이제는 엔지니어링, 제조와 유통도 포함되도록 확장할 필요가 있음을 의미한다.

이와 같은 관점에서 e-CRM이란, 고객 각각의 요구사항에 대해 전자기술(electronic

---

3) 김승욱 외 4인, 고객관계관리, 형설출판사, 2004.

technology)에 기반을 둔 전자채널(e-channel)을 이용해 고객과 접촉을 갖고 고객의 요구사항을 처리하며 마케팅, 판매, 서비스의 3가지 기업활동을 할 수 있는 환경을 갖추는 것이라고 할 수 있다.

기업에 e-CRM이 중요한 이유는, 기업이 기존고객의 불만사항이나 요구사항을 접하고 있는 콜센터 비용을 획기적으로 절감할 수 있기 때문이다. 예를 들면, Sprint PCS는 콜센터로 질의하는 고객의 10%만 웹으로 전환한다면 전자상거래 시스템 구축 비용을 절감할 수 있다고 자체적으로 평가했다.

두 번째는 고객들의 전자채널에 대한 기대가 매우 커졌다는 것이다. 컴퓨터 제조업체인 델(Dell)사의 경우, 새로운 비즈니스의 80%가 웹을 통해 이뤄지고 있는데 이들 중 40%가 Dell이 Web channel을 가지고 있지 않았다면 거래하지 않았을 것이라는 반응을 보였다.

마지막으로 새로운 경쟁기업들이 전자채널을 크게 강화하고 있고 전자채널을 이용해 빠르게 시장 점유율을 확보하고 있다는 것이다. 이처럼 기업의 성패를 좌우하는 수단으로 전자채널의 가치가 높아지고 있는 것이 현재의 두드러진 현상이라고 볼 수 있다.

2) e-CRM의 가치 및 구성요소

e-CRM은 기업과 고객에게 제공할 수 있는 가치와 이를 기반으로 e-CRM이 갖추어야 할 프레임워크를 설명해주고 있다. e-CRM은 마케팅, 판매, 서비스의 기업활동이 다시 e-Marketing, e-Selling, e-Service의 3가지 활용분야로 발전하게 된다.

e-Marketing은 웹을 활용해 전통적인 마케팅기능 및 새로운 마케팅 기능을 구현하는 것이다. 예를 들어, 온라인을 이용한 광고, 판매촉진, PR 및 Direct Marketing을 포함해 시장조사, 고객참여, 가격정보 획득 등이 e-Marketing에 해당한다.

e-Selling은 초기에 고객을 인식하는 것에서부터 상품·서비스 전달과정에 이르기까지 고객의 전 구매과정을 웹상에서 처리할 수 있도록 하는 것이다. 전 구매과정의 셀프서비스화든지 고객의 구매의사 및 지불능력을 파악하고 고객이 원하는 제품을 추천할 수 있고 인터넷에서 주문을 생성할 수도 있다.

e-Service는 고객서비스 및 지원을 하는 용도로 전자채널을 활용하는 것이다. 즉 고객이 스스로 고객정보를 입력 및 수정하고 서비스 오더 및 고장신고 처리현황을 검

색할 수 있으며 고객교육 및 사용설명서를 제공하고 EBPP(electronic billing presentation & payment : 고객이 요금청구서 및 사용내역서를 e-Mail을 통해서 받아볼 수 있고 또한 이를 이용하여 요금을 납부할 수 있도록 하는 서비스) 등을 제공할 수 있다.

앞에서 설명한 바와 같이 e-CRM은 단순히 웹 사이트를 만드는 개념은 아니다. e-CRM을 성공적으로 수행하기 위해서는 네 가지 중요한 구성요소를 갖추어야 한다.

① 전문기술 및 인력을 확보해야 한다. 기술적인 노하우뿐만이 아니다. e-Economy 시대의 도래로 업무처리도 변화되고 새로운 비즈니스 환경을 이해하고 이에 적응할 수 있는 조직이나 인력을 갖추어야 실패할 확률을 줄일 수 있다.

② end-to-end 솔루션을 갖추어야 한다. 고객이 웹을 통하여 상품을 주문할 경우, 주문뿐만 아니라 배달과정, 사후관리 및 만족도 등을 추적하여 항상 고객이 무엇을 원하고 있는지를 파악해야 한다. 그러한 서비스 제공을 위해서는 Front-end 뿐만 아니라 Back-end 프로세스도 제대로 갖추어져야 한다.

③ 채널간의 통합이 이뤄져야 한다. 다시 말하면 고객이 어느 채널을 이용하든 단일화된 혹은 통합된 업무처리로 고객의 가치를 최적화 할 수 있는 전체적인 채널 전략이 수립되어야 한다는 것이다.

④ 고객과의 관계를 강화할 수 있는 고객의 어떠한 정보라도 소홀히 다뤄서는 안된다는 것이다. 물론 고객의 개인적인 정보를 획득하기란 그리 쉬운 일이 아니다. 먼저 현재 소유하고 있는 고객의 거래정보(transaction data)를 응용하여, 고객이 기업의 이윤에 영향을 미치는 행동의 유형을 파악하고, 그것을 이용하여 고객의 개인정보(privacy) 및 개인 선호정보(preference) 등 고객과의 관계를 긴밀하게 할 수 있는 정보를 획득할 수 있는 기반을 닦는 것이 e-CRM의 중요한 성공요소가 될 것이다.

3) e-CRM 구축 프로세스

e-CRM의 구축은 전사적인 고객지향적 경영실천을 위한 e-business 중심 환경에서의 '고객정보통합시스템 구축 프로젝트'라고 볼 수 있다. 따라서 정보시스템 아웃소싱 개념보다는 기업의 경영철학과 고객관리 종합 프로세스를 새로이 설정하고 재정립하되 컨설팅 영역과 시스템 구축 영역을 차별화하여 접근하는 것이 바람직하다. 그러기 위해서는 e-CRM 솔루션 구축의 명확한 프로세스를 정립하여 이것을 토대로 프로

젝트를 진행해야 한다. 이것은 'e-CRM의 핵심적인 아키텍처'를 보다 시스템 솔루션적 환경으로 구체화하는 작업을 말한다. 프로세스를 전개할 때는 경영전략, 목표시장과 주고객층, 커뮤니케이션 경로, 데이터베이스 접근범위, 고객등급과 고객생애가치 도출, 고객 캠페인과 마케팅 활동, 분석과 리마케팅 측면을 중심으로 〈표 6-2〉를 활용하여 체계적으로 활용한다.

e-CRM은 기업이 추구하고자 하는 비즈니스 모델과 전략적 컨셉이 일치하고 동시에 온·오프라인 고객정보와 고객접점 경로 정보의 데이터 처리가 통합되어야 한다. 대부분의 기업은 기업활동과 비즈니스 영역이 확장되고 다양화되면서 고객접점별로 고객과 관련되는 데이터를 개별적으로 관리해왔으며, 분석과 마케팅 활동도 따로 해왔다. 영업조직이나 서비스조직 따로, 고객관리나 캠페인 및 이벤트도 따로 하는 경우가 많았다. 그러나 인터넷 중심의 e-business가 보편화 되면서 기존 고객접점 경로는 대립 및 분리가 아니라 상호통합과 보완관계라는 인식이 e-CRM 구축의 중요한 과제로 대두되고 있다(이창근, 2004).

〈표 6-2〉 e-CRM 솔루션 구축의 프로세스 전개방안 (이창근, 2004)

e-CRM 구축의 프로세스 전개방안
1. e-CRM의 경영전략 수립과 시장 상황 분석
2. e-커뮤니케이션 접점경로의 발굴과 수용
3. 목표고객 설정과 고객관리 목표 설정
4. 고객관리 방법의 개선
5. 고객데이터와 거래데이터의 정비
6. 고객등급, RFM, MCIF 등의 모델화
7. 고객생애가치 분석과 실시간 분석
8. Data Mining과 데이터 분석도구
9. 데이터베이스 통합 및 구축과 활용
10. 고객세분화와 캠페인, 리마케팅 프로그램화
11. 성과분석, 반응분석, 의사결정, 경영평가

4) e-CRM 도입의 효과

e-CRM의 성공여부는 결국 고객의 입장에서 보다 편리하고 저렴한 비용의 거래가 가능해졌느냐에 달려 있다. e-CRM의 효과는 고객만족 수준의 증가, 기업 운용비용의 감소, 기업 영업수익의 증가의 세 가지 측면에서 살펴볼 수 있다.

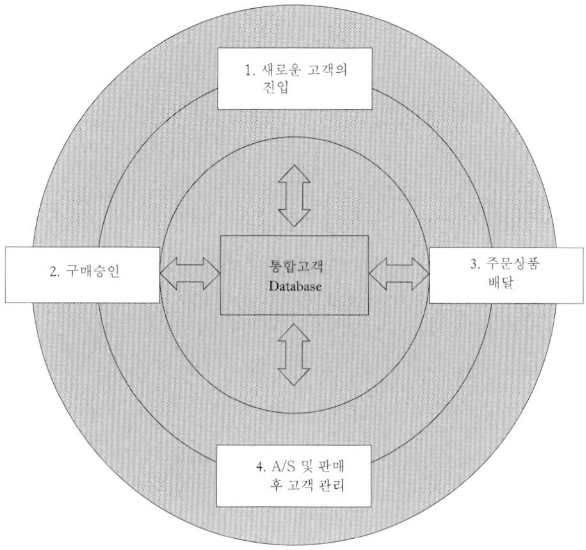

〈그림 6-2〉 판매 흐름과정에서 e-CRM의 활용 (이창근 2004)

(1) 고객만족 수준의 증가

① 전자상거래 서비스를 고객 자신의 스케줄에 맞추어 시간과 공간의 제약없이 이용이 가능해진다.

② 고객주문의 처리속도가 빨라지고 주문절차가 단순하고 명확하여 편리성이 증가된다.

③ 고객의 불만이나 추가적인 서비스의 요구 등이 즉각적으로 접수되고 이를 처리하는 과정 또한 통일되고 신속한 대응으로 고객만족도가 증가한다.

④ 기업과 고객간의 계약체결 이후의 추가적인 고지사항이나 요구사항의 전달이 적시에 보완되어 전달된다.

(2) 기업 운영비용의 감소

① 사람의 노동력을 필요로 하지 않는 자동화시스템으로 거래 가능 시간은 하루 24 시간으로 확대되더라도 이에 따른 운영비용은 오히려 감소하게 된다.

② 자동화 판매 시스템으로 거래당 판매비용이 감소한다.

③ 기업 내의 여러 부서간 통합된 정보를 공유함으로 정확한 업무처리가 가능해지고 처리과정이 단순해진다.

④ 고객관련 정보에 대한 접근이 수월해짐으로 이를 기반으로 하여 보다 효과적인 의사결정이 가능해진다.

(3) 기업 영업수익의 증가

① 고객만족도의 증가는 결국 고객 유지율의 증가를 가져와 고객이탈에 따른 손실을 막아준다.

② 인터넷을 이용한 거래는 기업영업의 시간적, 공간적 범위를 확대시킴으로 수익창출의 폭을 넓혀준다.

③ 고객과의 접촉에서 발생하는 정보는 즉각적인 분석이 가능, 시장상황의 변화에 따른 대응을 효과적으로 할 수 있다.

④ 인터넷을 이용한 보다 다양한 서비스의 제공은 결국 새로운 판매기회를 창출한다.

5) e-CRM 적용의 제한

(1) e-CRM 적합성의 제한

e-business 전개의 핵심수단인 e-CRM의 적합성 역시 산업특성에 따라 상이하다. 따라서 CRM 시스템을 구축하기 앞서 고객 접촉방법, 고객 접촉 빈도, 고객 생애 가치 등의 관점에서 각 산업을 분석, CRM을 통해 얻을 수 있는 효과를 파악한 후 CRM전략을 수립해야 한다.

① 고객 접촉 방법

e-CRM은 고객과의 직접적인 접촉 채널을 보유하고 있는 산업에 유리하다. 즉, 금융업처럼 지점이나 영업망을 통해 실명화된 고객 데이터 입수가 용이한 경우에는

e-CRM 적용이 용이하나, 가전과 같이 양판점, 대리점 등과 같은 간접 유통 채널을 통해 고객 데이터를 확보해야 하는 경우에는 정확한 정보를 획득하기 어렵기 때문에 실행이 어렵게 된다.

② 고객 접촉 빈도

e-CRM은 고객과의 접촉 빈도가 높아 고객 행위 패턴 분석 및 데이터 갱신이 용이한 산업에 유리하다. 즉, 자동차나 가전의 경우, 구매 후 사용기간이 길기 때문에 최신 데이터의 확보가 용이하지 않다. 반대로 주유소의 경우에는 고객접촉 빈도가 높아 포인트 제공 등의 유인을 통해 고객에게 친근감을 제공하는 것이 가능해 e-CRM 적용에 보다 유리하다.

③ 고객생애가치

e-CRM은 고객의 생애가치가 큰 산업, 즉 CRM을 통해 고객으로부터 얻을 수 있는 가치가 투입된 비용에 비해 상대적으로 높은 산업에 유리하다. 자동차의 경우에는 고객 1인을 잃을 때의 기회손실이 매우 크나, 학용품의 경우에는 고객의 생애가치가 작다.

(2) 추진과정의 제한

e-CRM은 추진 과정에서도 데이터 확보 및 분석 스킬 문제, 새로운 가치창출 가능성 문제 등 현실적인 제약요인이 산재해 있으며, 이것이 해결되지 않으면 그 효과를 기대할 수 없다.

① 데이터 확보/분석면에서는 고객이 개인정보노출에 대해 거부감을 지니고 있어 신뢰성 높은 데이터를 확보하기가 곤란하며, 데이터를 확보하였다 하더라도 이에 대한 분석 스킬 축적이 미흡하여 의미있는 정보 도출에 한계가 있을 수 있다. 또한 방대한 고객 log-on 데이터의 보관 및 분석을 위한 H/W. S/W 확보도 현실적인 문제점으로 작용할 가능성이 있다.

② 서비스 제공면에서는 고객이 원하는 것을 원하는 시간에 제공할 수 있는 일대일 맞춤 서비스 제공 능력 특히, 제조업체의 경우에는 mass-customization 능력 부족이 e-CRM 추진의 장애요인으로 작용한다.

③ 따라서 고객 로열티 확보를 위해서는 앞 단계에서 비롯되는 한계를 해결함으로써 차별적인 가치를 창출할 수 있는 기반을 마련하는 것이 무엇보다 중요하다.

	고객데이터 확보/분석	개인화/맞춤서비스제공	고객 로열티 확보
주요 내용	- 고객 프로파일 구축 고객의 제품 구매 행태 및 서비스 이용 실태파악 - 고객 및 제품 데이터의 축적 및 통합적 활용	- 고객의 요구사항 및 기대수준 이해 - 고객이 원하는 것을 원하는 시간에 제공	- 고객에게 제공하는 가치의 문제점 파악/개선 - 고객 유지를 위한 새로운 가치창출 및 제공
제약 요인	- 온라인 고객의 개인정보 노출에 대한 거부감 - 고객을 세분화할 수 있는 신뢰성 높은 데이터 확보 곤란 - 의미있는 정보도출을 위한 분석스킬 부족 - 고객의 log on 데이터 보관 및 분석을 위한 H/W, S/W 확보문제	- 제조업체의 경우 일대일 맞춤 서비스 제공능력, mass-customization 능력 부족 - 모듈화를 통한 부품 호환성 증대 등 필요 - 접촉 빈도가 낮은 산업의 경우, 차별화된 정보의 지속적 제공 곤란	- 실질적인 가치창출 가능성 한계 - 앞단계에서 비롯되는 한계로 인해 지속적 차별화가 가능한 가치창출 곤란

〈그림 6-3〉 e-CRM의 추진 과정상 제약요인

5 웹 로그분석

1) 웹 마이닝

(1) 웹 마이닝의 정의

웹 마이닝(web mining)이란 웹 서버 로그(web server log)는 물론 웹 상에서 존재하는 모든 데이터(고객 신상정보, 구매기록, 장바구니 정보 등)를 대상으로 웹 데이터간의 상관관계를 자공적으로 밝혀내고, 웹 사용자의 의미 있는 접속행위 패턴을 발견하는 과정이라 말할 수 있다.

웹 마이닝은 고객이 웹사이트에서 무엇을 찾고, 무엇을 하기를 원하는지 등에 관한 분석을 통하여, 고객의 성향 및 행동을 예측할 수 있는 내용을 제공함으로써 고객대응전략에 맞는 비즈니스 방향을 제시해주며, 개별 고객의 욕구에 맞게 제공하는 비즈니스를 일반화하는 기회를 제공한다. 이러한 이유로 웹 마이닝은 최근에 기업에서 지대한 관심을 갖고 있는 고객관계관리의 중요한 과정이기도 하다. 웹 마이닝의 프로세스 과정은 〈그림 6-4〉와 같다.

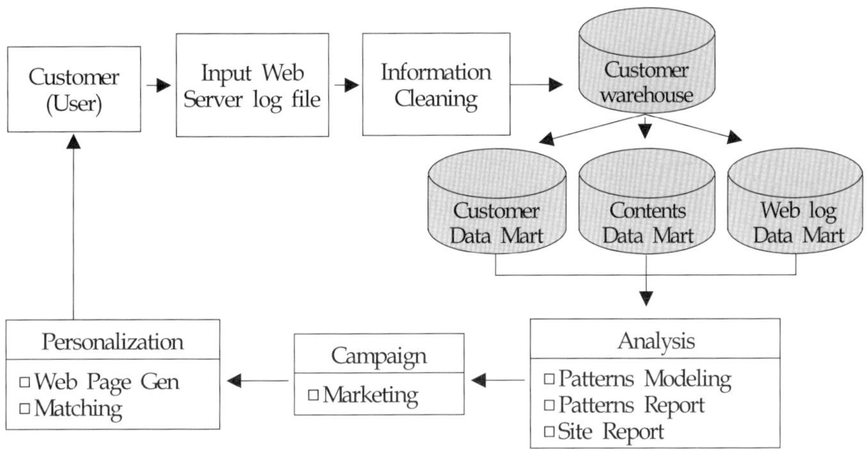

〈그림 6-4〉 Web Mining Process

(2) 웹 마이닝의 분류

웹 마이닝은 데이터의 종류 및 마이닝 목적에 따라 크게 웹 콘텐츠 마이닝(web content mining), 웹 구조 마이닝(web structure mining), 웹 사용 마이닝(web usage mining) 세 가지로 분류(srivastava et al, 2000)하여 설명할 수 있다.

① 웹 콘텐츠 마이닝(web content mining)

웹 사이트를 구성하는 페이지의 내용 중에서 유용한 정보를 추출하기 위한 기법으로 텍스트, 이미지, 오디오, 동영상과 같은 다양한 데이터가 사용된다. 멀티미디어 데이터 마이닝 또한, 웹 콘텐츠 마이닝(web content mining)에 포함되어질 수 있으나, 현재까지 주된 흐름은 텍스트 문서 데이터에 연구가 집중되고 있다.

② 웹 구조 마이닝(web structure mining)

웹 상에 존재하는 하이퍼텍스트로 구성된 문서들의 구조에 대하여 마이닝 하는 것으로, 기본 개념은 social network 연구에서 시작되었다. 상호 연결(link)된 하이퍼텍스트 문서들 중에서 특정문서들을 포함하고 있어서 많이 참조되는 사이트(authority site)와 이런 문서들을 많이 연결(link)해 놓은 사이트(hub site)를 찾는 작업을 수행한다.

③ 웹 사용 마이닝(web usage mining)

방문자들이 웹 페이지 사용패턴을 설명하기 위한 마이닝으로서 사용자가 서핑하면서 발생되는 로그 데이터와 사용자가 직접 작성한 등록 정보, 설문 조사 등과 같은 표출적인 데이터를 사용하여 웹 사용 마이닝(web usage mining)을 수행하게 된다. 웹 사용 마이닝(web usage mining)은 엑세스 패턴을 찾는 작업과 개별사용자의 사용 패턴을 분석하여 차별화된 서비스를 제공하기 위해 연구되었다. 최근 개인화라고 하여, 웹에 접속하는 사용자별 서비스를 제공하거나, 사이트 개선, 마케팅에 사용되고 있으며 웹 로그분석 또한 웹 사용 마이닝(web usage mining)의 한 부분이다.

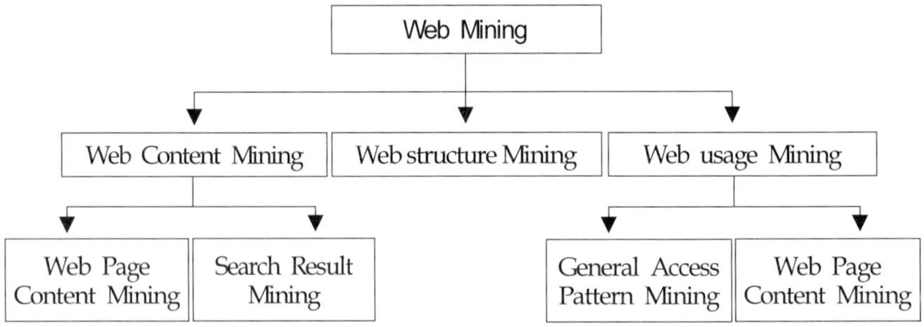

〈그림 6-5〉 웹 마이닝의 분류

2) 웹 로그파일

(1) 로그파일이란

로그파일이란 웹 서버를 통해 이루어지는 내용이나 활동 사항을 시간의 흐름에 따라 기록하고 있는 파일이다. 이러한 기록들은 웹 서버를 설치할 때 로그파일의 위치와 기록방법 등을 지정할 수 있으며, 웹 서버는 Access Log, Referrer Log, Agent Log, Error Log라고 불리는 로그파일을 텍스트 파일로 저장한다.

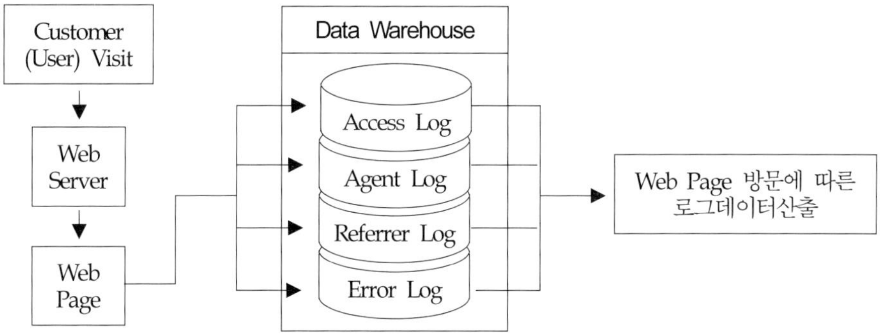

〈그림 6-6〉 로그파일 생성

(2) 로그파일의 종류

로그파일에는 Access Log, Referrer Log, Agent Log, Error Log 등이 있다.

① Access Log

웹사이트 방문자는 웹 브라우저를 통해 해당 사이트를 방문하게 되는데 이때 브라우저가 웹 서버에 파일을 요청한 기록을 시간과 IP 등의 정보와 함께 남기는데 이것을 Access Log라고 한다. Access Log는 웹사이트의 트래픽에 대한 가장 기초적인 정보를 제공하며 서버로부터 브라우저에 파일이 전송된 기록이므로 Transfer Log라고도 한다. 현재 Access Log를 기록하는 표준은 NCSA(National Center for Supercomputing Applications)의 CLF(Common Logfile Format)를 따르며 구성방식은 〈표 6-3〉과 같다.

〈표 6-3〉 Access Log 구성방식

202.31.243.33 – [06/05/2003:00:10:00-0500] "GET/abc.html HTTP/1.1"200 36055		
필드이름	필드내용	예
Host	IP address or DNS	202.31.243.33
Identification (RFC931)	The remote logname of the user.	-
AuthUser	The username as which the user has authenticated himself.	-
Data(Time)	Data, time and GMT	[06/05/2003:00:10:00-0500]
Http Request	Http Request	GET/abc.html HTTP/1.1
Status Code	The HTTP status code returned to the client.	200
Volume(byte)	The content-length of the document transferred.	36055

가. Host(IP address or DNS)

사이트 방문자의 방문경로를 알려주는 정보를 제공하는 단서로, 서로 다른 IP를 통하여 얼마나 많은 사람들이 방문했는지를 파악할 수 있게 해주며 DNS(Domain Name Server) 또는 IP 주소 등으로 기록할 수 있다. 그러나 DNS로 기록할 경우 웹 서버는 매 접속 때마다 DNS를 역 추적해야 하기 때문에 웹 서버에 상당한 부하를 주게 되므로 대부분 IP로 기록한다. 호스트의 추적을 통해 방문자의 방문정보를 알 수 있으나 변동 IP를 사용하거나 사람들이 많이 사용하는 장소에서 접속하는 경우 방문자 정보를 파악하는데 어려움이 있기 때문에 정확한 정보를 파악하려면 쿠키나 이용자 인증 등을 거쳐야만 하는 한계가 있다.

나. Identification(RFC931)

이용자의 이름을 표시하는 곳으로 거의 사용되지 않는 편이며 하이픈(-)으로 보이는 경우가 많다.

다. AuthUser

웹서버에 의해 보호된 디렉토리에 패스워드로 접근했을 때 남는 기록으로써 보통 때는 하이픈(-)으로 보여진다.

라. Data(Time)

방문자가 서버에 접속한 날자와 시간을 기록하는 것으로 방문자의 시간대를 알 수 있으며 날짜형식은 'DD/MON/YYYY'로 , 시간형식은 'HH:MM:SS'로 표현한다. GMT는 +, -를 써서 표준 GMT(Greenwhich Mean Time)와의 시간차를 나타낸다.

마. Http Request

Request는 크게 정보의 요청방식에 의해 GET, POST, HEAD 등의 명령어, 실제 명령 대상의 파일이름, 전송 프로토콜 이름/버전(0.9/1.0/1.1)의 세 개의 세부필드를 기록한다. 예를 들어 'GET/abc.html HTTP/1.1'은 브라우저가 GET이라는 Method를 이용해 파일을 요청했으며, 이때 요청된 파일의 url은 abc.html이고, HTTP Protocol의 버전은 1.1임을 뜻한다.

바. Status Code

접속상태와 데이터 이동상태의 현황을 나타내는 것으로 1xx, 2xx, 3xx, 4xx, 5xx의 5개의 카테고리로 구분되며 그에 따른 내용은 〈표 6-4〉와 같다.

〈표 6-4〉 Status Code

상태코드	코드의 의미	적용 예
1**	Continue / Protocol Change	
2**	Success	200 - 정상적 파일 전송(Successful Transfer) 204 - 파일은 발견되나 내용이 없음.
3**	Redirection	웹사이트가 이동되거나 자동 슬라이드 효과 시
4**	Client Error / Failure	404 - 파일이 발견되지 않음(File Not Found)
5**	Server Error	500 - 내부적 서버 에러(Internal Server Error)

사. Volume(byte)

사용자가 접속한 파일 용량의 크기를 기록한 것으로 실제 전송된 데이터 양이기 때문에 상태 코드(Status Code)가 200인 경우에만 기록되며, 전송된 데이터의 양이 0인 경우에는 '–'으로 기록된다.

② Referrer Log

사용중인 웹 서버를 소개해 준 사이트와 소개받은 페이지를 화살표로 기록함으로써 해당 웹사이트를 보기 위해서 어떤 페이지를 거쳐왔는지에 대한 기록이 남아 있다. 이 로그를 살펴보면 방문자가 해당 사이트를 방문하기 위해 어떤 검색엔진을 활용했으며 사이트에 접속하기 위해 어떤 키워드를 검색했는지, 또는 URL 경로는 어떠한지 등에 대한 정보가 수록된다. Referrer Log 구성방식은 〈그림 6-7〉과 같다.

http://www.jeonju.ac.kr/link.sap → /index.html

〈그림 6-7〉 Referrer Log 구성방식

③ Agent Log

사이트 방문자의 웹 브라우저 및 버전, 운영체제의 종류, 화면해상도, 프로그램의 종류 등에 관한 정보를 제공해 최적화된 웹사이트를 구성할 수 있는 단서를 제공하며, Agent Log 구성방식은 〈그림 6-8〉과 같다.

Mozilla/4.0 (compatible; MSIE 6.0; Windows NT 5.0)

〈그림 6-8〉 Agent Log 구성방식

④ Error Log

웹 서버에서 발생하는 모든 에러와 접속실패를 시간과 에러내용의 두 가지로 기록한다. 에러 로그가 발생하는 경우는 파일이나 이미지를 잘못 링크해 존재하지 않는 파일인 경우, CGI 프로그램이 정상적으로 작동하지 않는 경우, 서버의 퍼미션(permission) 설정을 제대로 부여하지 못해 서버가 정상적으로 기록되지 못한 경우 등이다. 예를 들어 파일이 발견되지 않는 경우는 404 File Not Found라는 문장이 나오고, 내부 서버의 에러가 발생한 경우는 500 Internal Server Error라는 메시지가 나오는 경우가 있다. Error Log 구성방식은 〈그림 6-9〉와 같다.

[Fri Jun 06 13:20:2003][error][client 202.31.243.34] no acceptable valiant: c;/program file/apache/index.html

〈그림 6-9〉 Error Log 구성방식

3) 로그파일의 수집 및 방법

로그는 웹 사이트에서 수집되는 웹서버 로그 데이터(web server log)와 개별 사용자에게 수집되는 사용자 트래킹 로그 데이터(user tracking log)로 구분할 수 있다. 웹서버 로그(web server log)는 인터넷 사용자가 자사의 웹사이트에 접속하면 자동적으로 방문횟수, 페이지 뷰 등에 관한 데이터를 저장한다. 방문자의 IP주소를 통해 개별 방문자를 식별하며, 접속경로를 유추할 수 있다. 그리고 방문자가 웹사이트의 내부를 탐색할 경우 페이지별 방문 수 및 페이지에서의 체류시간 등을 알 수 있게 해준다.

그와 반면에 사용자 트래킹 로그는 개별 사용자의 승인 하에 웹 서핑활동에 따라 발생하는 로그를 수집하게 된다.

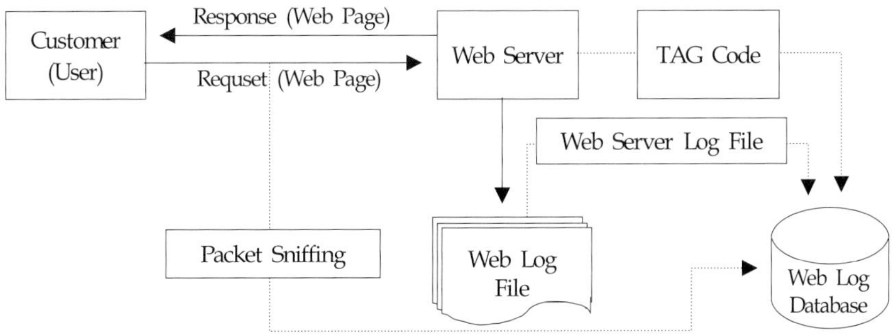

〈그림 6-10〉 웹 로그 추출방법

웹 사이트 접속승인과정에서 개별사용자는 패널이나 회원의 형태로 자신의 성별/ 연령별/ 직업별/ 거주지별/ 소득별 분포현황, 주 관심정보 등에 관한 정보를 기입하게 된다. 따라서 웹서버 로그와는 달리 사용자의 로그정보와 고객정보를 통합하여 분석할 수 있다. 또한 웹 로그를 추출하는 방법은 여러 가지가 있으나 대표적으로 사용하는 방법으로 패킷 스니핑 방식, 웹 서버 로그파일 방식, TAG 방식이 있다.

(1) 패킷 스니핑 방식(packet sniffing)

클라이언트의 브라우저에서 웹 서버로 request할 때 발생하는 패킷을 필터링하여 웹 로그를 추출하는 방식이다. 이 방식은 실시간으로 처리가 가능하며 멀티 서버인 경우에도 손쉽게 처리할 수 있으며 지속적인 로그 데이터베이스를 업데이트 할 수 있다는 장점이 있다. 그러나 부가적인 시스템이 필요하며 웹사이트가 대규모가 될수록 높은 사양의 설비가 필요하다.

(2) 웹 서버 로그 파일 방식

웹 서버에 생성되어 저장되는 로그파일을 일정한 시간마다 추출하는 방식으로 웹 서버에 자체적으로 생성되는 로그파일을 배치처리 방식으로 추출하기 때문에 안정적인 처리 방식과 다양한 데이터 추출이 가능하다는 장점이 있다. 하지만 실시간으로 할 수 없다는 단점과 로그파일이 대용량인 경우는 로그파일 전송 시 문제와 분석시간이 길어진다는 단점이 있다. 또 여러 다중 웹 서버를 분석하기 위해서는 로그 정보를 취합해야 하는 어려움도 따른다.

(3) TAG 방식

모든 웹 페이지마다 태그코드를 삽입하여 사용자가 웹 페이지를 요청할 때 실시간으로 로그 데이터를 처리하는 방식이다. 실시간 처리가 가능하며 대부분의 경우 ASP(application service provider)방식으로 서비스가 제공되기 때문에 사용자의 서버에 분석을 위한 별도의 프로그램을 설치할 필요 없이 분석을 원하는 웹페이지에 태그코드를 추가하는 것만으로 서비스를 이용할 수 있고, 웹 서버의 부담을 줄일 수 있다. 그러나 모든 페이지마다 일일이 태그코드를 삽입하여야 하기 때문에 태그코드를 유지하고 관리하는 많은 시간과 노력이 든다.

〈표 6-5〉 웹 로그 추출방법에 따른 특징

방식	TAG 방식	패킷 스니핑 방식	웹 서버 로그파일 방식
특징	○ 웹 서버의 부담을 줄임 ○ 트랜잭션 데이터 실시간 수집 ○ 비용 저렴	○ 실시간 정보수집 가능 ○ 분산된 웹 서버 로그 자동수집 용이 ○ 지속적인 데이터웨어하우스 업데이트 가능	○ Online Behavior Data 일반적인 원천 ○ 실시간 분석이 불가능
방법	○ 웹 문서에 사용자가 주고받는 정보를 인식하는 TAG 코드를 삽입하여 방문자 정보수집	○ 네트워크에서 주고받는 패킷데이터에 담긴 사용자의 로그인 정보를 빼내는 방법을 응용하여 방문자의 트랜잭션 수집	○ 서버에 쌓인 로그정보를 로그분석 프로그램으로 분석

4) 로그데이터 측정 단위와 이해

서버에 기록된 웹사이트 방문자에 대한 자료는 고객이 회원에 가입할 때 작성한 정보와 함께 인터넷 마케팅의 유용한 정보가 된다. 특히 로그파일 분석을 통한 웹 트래킹 측정은 웹사이트 방문자들의 다양한 사이트 방문유형을 보여줘 사이트 관리 개선을 통한 전략적인 사업 수행의 지침이 된다. 이러한 웹 로그 트래킹을 하기 위해서는 기본적인 히트 수(hit), 페이지뷰(page view), 체류시간(duration time), 세션(session), 방문자(visitor) 등의 개념이 사용된다.

(1) 히트(hit)

히트는 방문자가 웹사이트에 접속할 때 접하게 되는 파이의 숫자로서 한 페이지를 전송했을 때 그 안에 포함된 그래픽, HTML, 파일 등 모든 파일들이 하나의 히트로 계산된다. 그러나 해당 페이지의 히트 수와 방문자 수가 일치하지 않는다는 단점을 가지고 있다. 예를 들어, 한 웹 문서 내에 5개 그림 파일이 포함된 경우 히트 수는 6개이다. 왜냐하면 5개의 그림 파일과 1개의 HTML 파일이 있기 때문이다.

(2) 페이지뷰(page view)

페이지뷰는 하나의 HTML, ASP, PHP 등 문서를 보는 것을 말한다. 예를 들면, CRM에 관련 내용이 들어 있는 CRM.html 페이지를 열어본 경우 한 번의 페이지뷰로 인정하여 기록하게 된다.

(3) 체류시간(duration time)

체류시간은 한 방문자가 특정 웹 페이지에 얼마나 오래 머물렀는가를 시간을 기준으로 기록하는 것을 말한다. 체류시간이 길다는 것은 그 페이지에 대한 관심이 많기 때문에 콘텐츠 분석과 관리 등에 효과적이다. 그러나 인터넷 이용자들이 여러 개의 브라우저를 동시에 띄워놓은 상태에서 작업을 하는 경우가 많기 때문에 이러한 측정 방식을 통한 결과분석이 정확하다고 보긴 어렵다.

(4) 세션(session)

세션은 해당 웹 사이트에 접속해서 해당 웹 사이트를 빠져나갈 때까지를 의미하며 IP address를 통해 파악한다. 그러나 변동 IP주소를 사용하는 접속방법에 의하여 서로 다른 방문자를 동일한 세션으로 인식할 우려가 있다.

(5) 방문자(visitor)

방문자는 특정 웹사이트에 한 번 이상 접속한 사용자 수를 파악하는 방법으로 방문자의 증가추이 및 충성고객 등을 파악하는 중요한 요소이다. 이러한 방문자 측정은 쿠키나 사용자 인증을 통해 방문자의 방문 경로 및 웹사이트 방문행태를 분석해 웹사이트의 콘텐츠 관리 및 전략수립에 이용할 수 있다.

5) 로그분석 단계

(1) 로그분석 항목선정 및 설정

웹 로그분석을 하기 전에 웹사이트를 효과적으로 운영하기 위해 어떤 분석이 필요한지를 미리 정해두어야 한다. 이에 분석항목 선정은 중요한 작업이다. 이를테면 쇼핑몰 같은 사이트에서는 사용자별 분석이 필요하나 어느 사이트에서는 사용자별 분석이 불필요할 수도 있다. 분석항목이 선정되면 분석에 필요한 항목들만 로그에 저장되도록 해야 한다. 아무런 설정 없이 로그데이터를 받게 되면 분석 자체를 할 수 없을 만큼 데이터가 쌓여 분석이 불가능해 질 수 있다.

(2) 웹 로그 데이터 정제 및 변환

필요한 데이터가 로그파일에 저장되었다면 다음 과정으로 분석 가능한 데이터로 변환하는 작업이 필요하다. 웹 로그는 일반적으로 원시적인 형태의 데이터인 동시에, 그 크기가 매우 크며 고객의 행동 양식 파악에 무관한 장식 데이터인 경우가 대부분이고, 그 분량은 전체 데이터의 75%에 이른다. 데이터의 질을 높이기 위해서는 분석에 적절한 형태로 정제 및 변환을 하여야 한다.

① 데이터의 정제(data cleaning)

분석에 필요하지 않은 item의 정제 과정으로, 일반적으로 광고 효과 분석에 필요한 부분을 제외한 gif, jpeg, jpg, map 등의 로그파일은 정제하게 된다.

② 사용자 식별(user identification)

웹 사용자를 식별하는 과정으로 일반적으로 IP address와 Browser의 종류를 이용하여 개별 사용자를 식별하게 된다. 예를 들어 IP주소, 에이전트 로그의 브라우저와 운영체제가 모두 같다면 동일한 사용자로, IP 주소는 같지만 에이전트 로그에 저장된 브라우저나 운영체제가 다르다면 서로 다른 사용자로 구별하게 된다. 그러나 프록시 서버의 경우 웹사이트에 접속한 사용자의 IP주소가 동일하기 때문에 IP주소와 에이전트 로그가 같다고 해서 동일한 사용자로 받아들이는 것은 문제가 있다. 이러한 문제를 해결하기 위해 쿠키의 이용과 사용자 등록이 있지만 쿠키의 경우 사용자에 의해 지워지거나 조작될 수 있으며, 사용자등록은 웹 서버로그를 통해 얻을 수 없는 사용자의 인구통계학적 데이터를 얻을 수 있지만 사용자의 프라이버시 때문에 이를 거부하거나 거짓정보를 제공할 수 있다.

③ 사용자 세션 식별(user session identification)

사용자 식별 후 사용자 세션을 식별해야 한다. 사용자 세션 식별은 각각의 사용자가 엑세스한 페이지들을 개별적인 세션으로 나누는 과정이다. 가장 간단한 사용자 세션 식별 방법 중 하나는 시간 스탬프를 이용하는 것이다. 이것은 어떤 페이지를 요청하고, 다음 페이지를 요청할 때까지의 시간 간격에 제한을 두고 문서들 간의 요청시간 간격이 제한된 시간을 초과하면, 비록 동일한 웹 사용자라 하더라도 서로 다른 세션으로 구분하는 것이다. 보통 30분을 기준으로 사용자 세션을 구분한다.

④ 경로 완성(path completion)

"경로 완성"은 로그에 기록되지 않은 궤적 정보를 연결하는 과정이다. 이와 같은 경로완성 과정이 필요한 이유는 브라우저 캐시(cache)에 원인이 있다. 대부분의 브라우저는 PC의 파일 시스템의 로컬 객체 캐시에 퇴근에 불러온 모든 파일을 저장해 놓고, 웹 사용자가 이미 자신의 로컬 브라우저 캐시에 있는 브라우저로 돌아오면(back 또는 forward 버튼) 웹 서버에 페이지 요청을 하지 않고 캐시(cache) 안에 저장되어 있는 해당 파일을 불러온다. 따라서 웹 서버로그에는 이 사건에 대한 아무런 기록도 저장되지 않는다.

⑤ 포맷 전환(formatting)

통계 분석이나 데이터 마이닝분석에 필요한 데이터 포맷으로 전환하는 과정이다. 사전에 정의된 필요정보와 기법에 적합하도록 데이터의 항목과 기간을 선택해야 한다.

(3) 로그분석

분석한 준비가 되어있는 데이터에 적절한 알고리즘을 적용하여 분석하는 과정으로써, 기간별 분석, 시스템 분석, 에러 분석, 사용자 분석, 페이지 분석, 메뉴 분석, 디렉토리 분석 등을 실시할 수 있다.

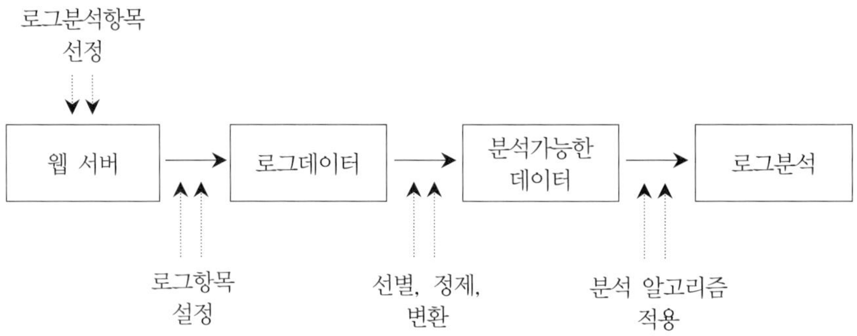

〈그림 6-11〉 로그분석 단계

6) 웹로그 분석 분야

로그 파일의 분석은 어떠한 것을 얻어낼 것인가를 미리 결정하여야 하고, 이를 통해 홈페이지 방문자의 방문기간, 참조 사이트, 시스템 환경, 홈페이지 에러 등을 분석해 낼 수 있다.

(1) 기간별 분석

엑세스 로그 데이터 정보를 바탕으로 방문객의 접속 상태를 일별 평균과 최대 접속으로 나누어 월별, 요일별, 일별 및 시간대별로 분류하여 접속이 가장 집중되는 상황을 한눈에 파악할 수 있으며, 이러한 정보는 웹 서버의 효과적인 관리와 이벤트나 홍보 광고 등을 집행한 시점의 방문자의 기간별 접속 실태를 파악하여 효과적인 매체 집행과 사이트 운영 전략에 관한 정책을 수립하는데 도움을 준다.

(2) 시스템 분석

레퍼럴로그와 에이전트로그 파일에 기록된 데이터를 바탕으로 웹 서버가 접속하기 전의 방문객의 위치 정보와 방문객의 시스템 환경정보를 파악할 수 있다. 이러한 정보를 토대로 타겟 고객들을 파악할 수 있으며 광고 및 프로모션을 집행할 때 평가 자료로서 사용할 수 있다.

(3) 에러 분석

웹 서버에서 발생하는 모든 에러는 월별, 요일별 및 시간대 별로 분석하여 에러가 발생하는 원인과 시간을 분석해 낼 수 있다. 이러한 에러 분석은 웹사이트를 관리할 때 사용자들이 불편함을 느끼지 않고 사이트에서 필요한 정보를 빠르고 쉽게 찾을 수 있도록 제공해 줄 수 있다.

(4) 사용자 분석

사용자 분석은 일반적인 방문자의 ID와 Password를 통하여 회원 인증이 필요한 경우 등을 분리하여 분석하는 사용자 등록 여부 분석과, 모뎀 사용자와 전용선 사용자로 분리하여 분석하는 접속방법 분석이 있다. 이러한 사용자 분석은 고객 서비스 차원에서 등록 사용자가 즐겨 찾는 페이지 또는 카테고리에 대한 데이터베이스를 구축할 수 있다.

(5) 페이지 분석

페이지 분석은 디렉토리별과 메뉴별 두 가지로 분류할 수 있으며, 사용자가 가장 많이 찾는 페이지, 가장 최근에 방문한 페이지, 가장 먼저 또는 끝으로 즐겨 찾는 페이지 등을 보여줄 수 있다. 이러한 페이지 분석 데이터를 토대로 사이트 메뉴를 사용자들이 많이 이용하는 메뉴로 우선 설정할 수 있으며, 웹사이트의 디자인을 설계할 때 사용자의 페이지 이용형태에 맞는 인터페이스를 설계할 때 유용하게 활용할 수 있다.

마케팅을 수행하는데 있어서 고객의 요구에 철저히 대응하기 위해서는 고객을 철저히 파악해야 하는데 이러한 고객을 파악할 수 있는 툴이 바로 로그 파일이다.

로그 파일 분석은 자신이 걸어온 길에 발자국이 남듯이 사용자가 자신의 사이트에 방문한 경우 정확히 방문한 흔적들을 남기기 때문에 이러한 방문자의 정확한 데이터를 기반으로 고객 분석을 통하여 마케팅 피드백을 할 수 있는 고객 분석 방법이다. 이러한 로그 파일 분석을 통하여 주요 고객층, 고객 구매 패턴, 주 구매시간, 구매 탐색 경로 등의 데이터를 추출할 수 있으며 이러한 데이터를 기반으로 인터페이스 설계나 상품 레이아웃 등의 설계, 고객 서비스의 강화 등의 다양한 대 고객 마케팅을 펼칠 수 있다.

7) 웹 로그분석에 따른 고객분류와 관계 발전 파악

(1) 웹 로그 파일을 활용한 고객 분류와 명칭

자신의 웹사이트로의 트래픽이 어떠한 경로를 통하여 발생했는지를 알려주고 자신의 사이트로 어떤 사이트가 링크를 제공하고 있는지를 알 수 있는 방법이 바로 레퍼럴 로그이다.

레퍼럴로그는 서치엔진으로부터 접속에 대한 정보를 제공하면서 어떤 키워드를 이용하여 자신의 사이트로 방문하는지에 대한 정보를 알려주고 또한 배너 광고의 효과에 대한 분석도 가능하다. 이런 레퍼럴로그를 활용하여 자신의 웹사이트에 잇는 상품에 관심을 가지고 있으나 어떤 상호 작용도 시도하지 않은 고객을 분류해 낼 수 있으며 이를 『잠재고객』이라고 명명한다.[4)]

쿠키는 방문자가 따로 정보를 제공하지 않을 경우 방문자에 대한 정보를 가장 정확히 확보할 수 있는 방안이며 사용자에 대한 정보를 웹사이트에 제공함으로써 특정한 사용자가 웹사이트에서 어떤 페이지에서 어떤 페이지로 이동했는지를 파악할 수 있도록 도와준다.

또한 쿠키에 있는 사용자 정보를 이용하여 특정한 사용자가 관심 있는 페이지, 평균적으로 웹사이트에 머문 시간, 재방문 여부 및 재방문 사이의 시간 등에 관한 기초정보를 알 수 있는데 이런 쿠키 데이터를 활용하여 자신의 웹사이트와 초보적인 상호 작용이 이루어진 고객을 분류해 낼 수 있으며 이를 『정보고객』이라고 명명한다.

웹사이트 내에서 클릭 흐름에 대한 분석은 쿠키 데이터와 엑세스 로그 파일을 기반으로 가능하다. 쿠키 데이터는 웹사이트를 방문하는 사람들을 정의할 수 있도록 하므로 이 데이터를 같은 시간을 지닌 엑세스 로그 데이터와 연계시킴으로써 고객들이 웹사이트 내에서 자신의 상품과 서비스를 구매했는지의 여부를 파악할 수 있다. 이런 쿠키 데이터와 엑세스 로그 파일의 연계를 통해 자사 웹사이트의 상품을 시험적으로

---

4) 백승, e-CRM 환경에서의 최적 고객관리를 위한 고객지원시스템 도입 방안에 관한 연구. 건국대학교 대학원, pp.39-46.

구매한 고객과 반복구매를 하는 고객으로 분류할 수 있으며 전자를 『육성고객』 이라 하고, 후자를 『우수고객』이라고 명명한다.

〈표 6-6〉 고객분류와 특성

고객 구분	고객 특성
잠재고객	특정 웹사이트의 상품에 관심을 가지고 있으나 어떤 상호작용도 시도하지 않은 고객 (예 : 단순한 인터넷 사용자)
정보고객	자사의 웹사이트와 초보적 상호작용이 이루어진 고객 (예 : 웹사이트 방문, 설문 응답, 의견제시)
육성고객	시험적 구매를 한 현재 고객 (예 : 인터넷에서 상품이나 서비스 구매 고객)
우수고객	반복 구매를 하는 고객 (예 : 애호도가 높은 고객, 구전 효과 기대 고객)

위와 같은 고객의 분류와 관리는 고객의 평생가치를 고려한 극대화에 초점이 맞추어진, 장기적인 관점에서의 전략적 접근이 요구된다. 단기적으로는 이익에 별 영향을 미치지 못하는 고객군이라도, 장기적인 관점에서의 분석을 통한 평생가치가 높은 잠재 고객들을 발굴, 이들에 대한 지속적인 관리와 유지는 무엇보다도 중요하다.

(2) 고객유형과 단계적 발전 전략

고객 관계 발전 전략은 다음과 같이 4단계로 구성된다. 먼저 『잠재고객』은 웹사이트와의 상호작용이 이루어지도록 하여 『정보고객』으로 이끌어야 한다. 따라서 특정 분야에 관심 있는 사용자들의 뉴스 그룹이나, 특정 설문 조사에 응한 이용자 또는 다른 웹사이트에서 자사상품과 관련있는 상품 정보를 열람한 고객 등을 파악하고 이들을 상대로 전자우편(e-mail)을 보내거나 해당 사이트에 웹 광고, 설문 조사, 경품 행사 등을 실시하는 것이 효과적이다.

이 단계에 있는 고객의 존재를 파악하기 위해서는 기업 자신의 웹사이트나 외부에서 시행한 광고의 열람자 자료, 전문 검색 사이트나 웹이용자 통계분석 사이트, 여론조사 사이트의 결과를 이용할 수 있으며 『정보고객』으로 발전시키기 위해서는 표적

고객을 향한 광고, 전자 우편 푸쉬(push) 등 일방향 일대다 전달 방식의 커뮤니케이션 수단을 구사할 수 있다.

둘째, 『정보고객』은 기업의 웹사이트를 이용하기 시작한 고객이다. 기업은 이러한 고객의 정보 탐색에 조력하고 이를 통해 브랜드와 기업에 대한 신뢰를 조성함으로써 시험적 구매를 유도하여야 한다. 이 단계 고객은 최초의 구매를 위한 정보를 탐색하는 단계에 있기 때문에 상품 정보 및 고객 서비스 정보를 세분화하여 제공하는 것이 좋다. 세분화된 정보란 고객의 유형이나 선호에 따라 분류된 정보를 말하며, 적절한 정보를 통해 고객의 의사결정을 돕고 이를 통해 기업이 고객의 필요를 충분히 충족시켜줄 수 있을 것이라는 기대감을 심어줄 수 있다.

이러한 대응은 시의 적절한 정보와 커뮤니케이션으로서 고객의 신뢰를 형성할 수 있으며, 이 과정에서는 고객의 정보 탐색을 도와줄 수 있도록 이용하기 쉬운 검색 기능을 제공하거나 전자 우편, 전화 등에 의해 기업의 마케터와 일대일로 대화할 수 있게 하는 것이 효과적일 것이다. 또한 상품 정보 등 다양한 웹 콘텐츠를 웹서버에 저장하고 이 정보를 고객의 요구에 의해 밀어주는 푸쉬 기능을 이용할 수도 있다.

셋째, 『육성고객』은 신로와 만족을 증가시켜 『우수고객』 즉, 단골 고객으로 이끌어야 한다. 이 단계의 고객은 최초 구매 고객에게 제품 만족도를 조사하거나, 고객이 요구한 상품 사용 방법에 관련된 정보를 제공하고, 고객이 요구한 정보 또는 웹사이트 이용 행위를 토대로 추천된 정보를 보내주면 신뢰를 높일 수 있을 것이다. 고객에게 제공된 정보에 대한 반응은 다시 기업에게 피드백되어 불필요한 정보를 최소화시켜야 한다. 그리고 신뢰 제고는 정보 제공만으로 이루어지는 것이 아니기 때문에 고객의 소리를 청취하고 제품이나 서비스에 대한 반응을 관찰하고 응답하는 등 계속적인 커뮤니케이션이 이루어져야 한다. 적기에 이루어지는 커뮤니케이션이 상호간의 불화를 해소하고 인식과 기대를 조절하여 신뢰를 조성하기 때문에 『육성고객』의 고객에게 매우 중요한 요소이다.

마지막으로 『우수고객』은 상품 및 웹사이트에 대한 충성도(Loyalty)가 형성된 고객이며 이들은 상품을 반복하여 구매하거나 장기적 이용 관계를 유지하게 된다. 이 고객은 만족도와 신뢰도가 높기 때문에 다른 구매자에 대해 구전효과(Word of Month Effect)를 발휘할 가능성이 높다. 따라서 『우수고객』에게는 장기 고객 우대 프로그램, 신규 고객 소개에 대한 특별한 혜택 부여 등의 방법으로 새로운 고객을 유인하도록 이끌어야 한다. 즉 단골 고객은 웹사이트의 고객 데이터베이스를 확충할 수 있는 비즈니스 자산으로 활용하여야 한다. 이러한 단계별 전략을 도식화하면 〈그림 6-12〉와 같다.

인터넷과 같은 하이퍼미디어 매개 환경에서는 기본적으로 설득이나 정보 전달보다 고객-웹사이트의 상호작용적 커뮤니케이션이 요구되며 따라서 어느 단계에 속하는 고객이든 항상 고객과 상호작용할 수 있는 커뮤니케이션 수단을 갖추는 것이 관계발전을 위해 중요하다.

고객 관계 발전 전략의 궁극적인 목표는 잠재고객을 단골 고객으로 만드는 것인데 이를 위해서는 신뢰 형성이 요구되며, 신뢰형성을 위해서는 원활한 커뮤니케이션이 요구된다.

다음의 〈표 6-7〉은 웹사이트를 통해 직접 마케팅 활동을 전개할 때 구체적으로 적용할 수 있는 고객 유형에 따른 관계 발전 전략과 정보 시스템의 역할을 구체적으로 예시한 것이다.

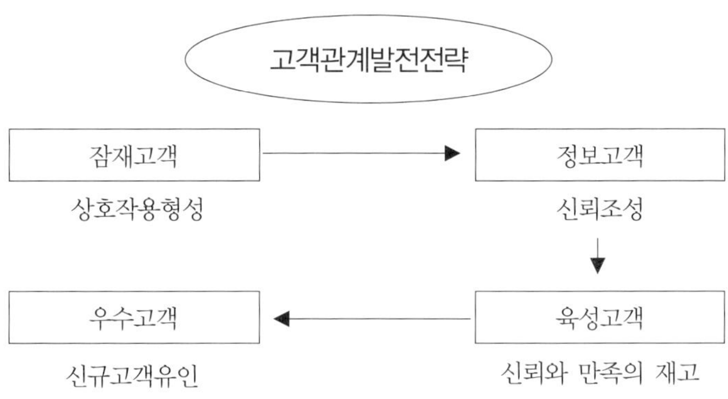

〈그림 6-12〉 인터넷에서의 고객 관계발전 전략

〈표 6-7〉 고객유형별 관계 발전 전략

고객유형	해당 고객의 예	관계 발전 전략	시스템의 역할
잠재 고객	- 자사 웹사이트를 처음 방문한 고객 - 자사 광고를 클릭한 고객	상호 작용 생성 - 웹사이트 광고 - 설문 조사 - 경품행사 등 이벤트	- 고객을 자사의 웹사이트로 유도하기
정보 고객	- 웹사이트 반복 방문 고객 - 이용자 게시판 의견제시 고객 - 상품에 관한 정보를 문의한 고객	신뢰 조성 - 풍부한 상품 정보 제공 - 상품 효용 정보 제공	- 정보를 고객에게 밀어주기
육성 고객	- 웹사이트에서 구매한 고객 - 구매 후 회원에 가입한 고객	신뢰와 만족도 제고 - 주문된 정보 푸쉬 - 회원 가입 유도 - 상품 평가 정보 제공	- 고객 요구 정보 푸쉬 - 불만 처리 자동화(피드백)
우수 고객	- 구매가 반복된 고객 - 불만처리에 만족한 고객	신규 고객 유인 - 장기 고객 우대 - 신규 고객 유치 혜택 제공	- 장기 고객 우대 관리 - 고객 자신에 대한 정보 제공

(3) 관계 발전 단계별 정보 교환

고객별 관계 발전을 위한 정보는 크게 사이트가 고객한테서 필요한 정보와 고객이 해당 사이트에서 필요한 정보로 나눌 수 있는데 먼저 웹사이트가 고객한테서 필요한 정보를 알아보도록 한다.

잠재 고객인 단순한 웹 이용자를 단골 고객으로 발전시키기 위해서는 먼저 웹사이트와 고객 사이에 상호작용이 일어나야 하며, 이 상호작용은 서로 필요한 정보를 주고받음으로써 이루어질 수 있다.

단순한 웹 이용자는 사이트의 잠재 고객 베이스이다. 잠재 고객의 행위에 관련된 데이터 즉, 웹 광고 열람을 위한 마우스 클릭이나 검색어 입력 등 시스템에 기록되는 정보나 설문 응답, 전자 우편을 위해 이용자가 입력한 정보가 획득되면 비로써 인지된다.

즉, 반복 입력된 검색어, 주문된 정보를 받거나 이벤트에 참여하기 위해 이용자가 제공하는 정보 등이 추가로 발생하면 웹사이트는 이 정보를 활용하여 고객의 필요에 대한 정보를 파악할 수 있다.

이 정보는 정보고객을 육성고객으로 발전시키는 자원으로 활용될 수 있으며, 이 단계의 고객이 최초의 구매를 하면 고객이 제공하는 정보가 추가된다. 즉, 구매를 위해 고객이 주문처리 페이지에서 입력하는 정보, 제품의 불만 처리 과정에서 제시하는 정보, 반복된 마우스 클릭(click stream) 및 검색어 등 더 풍부하고 상세한 정보가 기업에게 제공될 수 있고, 이 정보를 토대로 육성고객을 우수고객으로 발전시킬 수 있다. 또한, 우수고객은 이전 단계의 상호 작용을 통해 확보된 정보 외에 반복된 거래나 불만 제기, A/S 요청 등을 통해 추가로 정보를 제공하게 되며 기업은 이러한 정보를 통해 고객의 구매 습관, 선호도를 발견하고 이탈 가능성을 예견할 수 있다.

관계 발전 단계에 따라 고객이 기업에게 기대하는 정보는 다음과 같다.

잠재 고객은 교환 가능한 상품거래나 교환 상대자의 존재에 대한 정보를 필요로 하는데 이 정보는 웹사이트의 광고나 신문 기사 열람 등 이용자의 정보 탐색이나 뉴스 그룹을 통한 이용자들 사이의 정보 교환을 통해 획득될 수 있다.

정보고객은 최초의 구매를 위해 상품의 가격, 품질, 사용 편의성 등 상품의 효용(benefits)을 가늠할 수 있는 정보를 필요로 하고, 이 정보는 구매자의 필요를 충족시켜 줄 것으로 기대되는 상품 제공자 즉, 사이트가 제공하는 정보를 자신의 기대와 비교하기 위해 필요한 정보로서 비교적 단기간에 취득되는 것을 말한다.

육성고객은 전 단계에서 이루어진 구매 경험을 토대로 계속 거래 여부를 판단하기 위해 상품의 평가에 관한 정보를 필요로 하며, 이 정보는 주로 다른 구매자의 평가, 상품 평가기관이나 소비자 단체 등 제 3자에 의한 정보가 중심이 될 것이다.

우수고객은 자신이 받을 수 있는 장기 고객 우대 정보 등 상품의 거래 실적에 관련된 정보를 필요로 할 것이며, 이러한 정보는 거래 웹사이트에서 제공되어야 한다.

고객의 웹사이트 입장에서 각각 필요한 정보는 상대방에 의해 공급될 수 있다. 앞에서 설명한 양자간에 발생하는 정보들은 고객의 관계 발전 단계별로 일정한 계층을 이루고 있는데 이것은 〈표 6-8〉과 같다.

〈표 6-8〉 관계 발전 단계별 정보의 계층

웹사이트의 필요 정보	고객의 유형	고객의 필요 정보
고객의 존재에 관한 정보	잠재 고객	상품의 존재에 관한 정보
고객의 필요에 관한 정보	정보 고객	상품의 효용에 관한 정보
고객의 만족에 관한 정보	육성 고객	상품의 평가에 관한 정보
고객의 이탈에 관한 정보	우수 고객	상품의 거래에 관한 정보

인터넷에서 구매자인 고객에게는 거래 기업, 경쟁 기업, 언론 매체나 소비자 보호 단체 등 다양한 개체들에 의해 풍부한 정보가 제공되고 이 정보들은 여러 구매자들 사이에 쉽게 공유된다. 따라서 인터넷의 커뮤니케이션은 판매자가 구매자를 설득하는 방식이 아닌 웹사이트와 고객 사이의 정보 교환을 기본으로 할 때 보다 더 효과적이다. 여기서 교환되어야 하는 정보에는 정보시스템이 추적한 정보와 고객이 자발적으로 제공하는 정보, 웹사이트에서 고객을 위해 준비한 정보가 포함되어야 한다.

구체적으로 말하자면, 고객에게는 상품의 존재, 효용, 가치, 거래에 관한 정보가 필요하고 웹사이트는 고객의 존재, 필요, 만족, 이탈에 관한 정보가 필요하다.

이 정보들은 고객과 웹사이트 모두에게 필요하기 때문에 자발적으로 교환될 수 있고, 어느 쪽에서나 먼저 시작될 수 있으며 상호 관계의 진전에 따라 다음 단계로 나아가면서 계속될 것이다.

6 e-CRM 솔루션

인터넷 비즈니스(e-Business)에서는 정보시스템을 이용한 고객관리가 필요하다. 웹사이트에서는 모든 활동이 정보시스템을 통해 이루어져야 하므로 고객관리도 오프라인에서의 고객관리와는 차이가 있다. 고객관리가 이루어지지 않을 경우 고객을 장기적으로 유지하기가 어렵고 고객을 통한 수익활동을 전개하기도 어렵다. 〈그림 6-13〉와 같이 실제 의미 있는 고객은 전체 가입 회원 고객의 극히 일부분일 가능성이 매우 높다. 회원고객을 유지하고 확대하기 위해 웹사이트에서의 고객관리와 마케팅을 지원하기 위한 시스템이 e-CRM 솔루션이다.

웹사이트에서의 고객관리는 고객 프로파일 관리, 트래픽 및 거래관리, 고객 서비스 및 마케팅 활동관리 등을 통하여 이루어진다. 이 세 가지 요소를 살펴보면 다음과 같다. 첫째, 고객 프로파일 관리는 고객에 대한 기본적인 특성에 대한 정보를 관리하는 것으로 사이트에 방문한 고객이 스스로 정보를 입력하고 갱신할 수 있도록 해야 한다. 둘째, 트래픽 및 거래관리는 고객이 웹사이트에 방문하여 일으키는 트래픽과 거래에 대해 실시간으로 기록하여 효과적인 마케팅 활동을 할 수 있도록 하는 분석 정보로 활용한다. 셋째, 가장 중요한 고객관리 기능은 개인화된 서비스와 일대일 마케팅이 가능한 솔루션을 통해 이루어진다. 이런 솔루션이 가지고 있는 핵심적인 내용은 다음과 같이 구성된다.

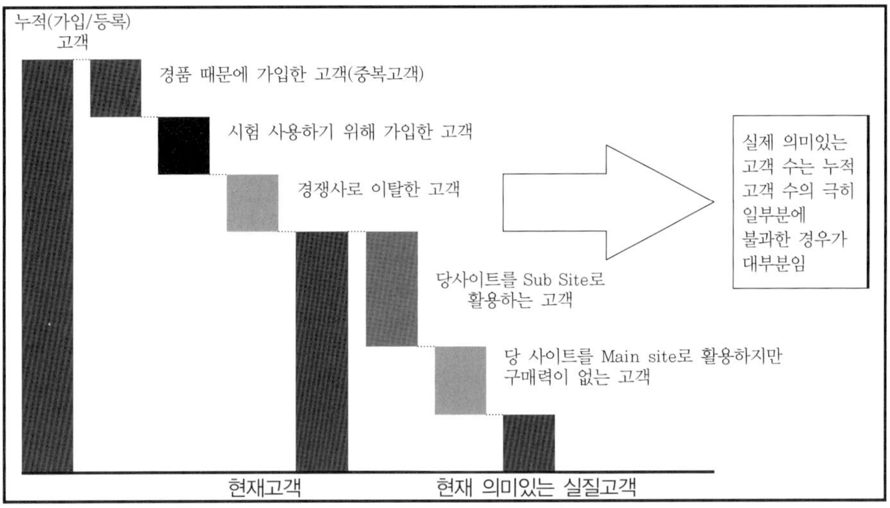

〈그림 6-13〉 전자상거래 사이트에서의 회원고객 구성 예

1) 웹사이트 개인화(personalized contents)

웹사이트의 개인화는 방문한 고객의 관심사와 취향에 따라 내용을 구성하여 줌으로써 효율적인 사용을 가능하게 하여 고객 로열티를 향상시킨다. 이에 따라 장기적인 고객관계를 유지하게 되면 웹사이트의 마케팅 비용을 절감하고 수익성 높은 고객에 집중할 수 있게 되며 고객의 요구와 취향을 보다 정확히 파악하여 제품 및 서비스 개선을 유도할 수 있다. 이런 개인화의 유형은 웹사이트의 컨텐츠를 개인적인 취향에 따라 조립하여 자기만의 홈페이지처럼 꾸며주는 맞춤형 홈페이지 작성, 개인적인 관심 정보를 제공하는 뉴스 서비스, 관심사가 유사한 고객을 묶어주는 개인화 된 커뮤니티 구성, 쇼핑 에이전트를 이용한 개인화 된 쇼핑지원, 채팅을 할 때 자신의 화신이나 사이버 캐릭터를 만들어 사용할 수 있도록 하는 채팅서비스 등 다양한 방법이 사용되고 있다. 이러한 고객의 행동을 정의할 수 있는 속성들의 예는 아래와 같다.

- 온라인상에서 보낸 시간(웹사이트에 방문하여 떠나기까지 고객이 소비한 시간)

- 구매량
- 주로 관심 있는 컨텐츠
- 구매 빈도
- 선호도를 공유하는 데 있어서의 자발성(willingness)
- 금번 방문과 다음 방문 간의 시차
- 주로 검색했던 물품
- 개인신상 정보를 갱신하는 데 있어서의 자발성
- 오프라인 행태와의 차이

고객분석을 통하여 만들어진 마케팅 룰을 바탕으로 고객별 개인화된 서비스를 제공하기 위한 기술들이 최종 사용자 인터페이스를 통하여 적용된다. 웹페이지상에 표현되는 컨텐츠의 중앙집중식 관리를 위한 주제별, 형태별 분류체계와 마케팅 룰 입력기가 연계되어 통합된 맞춤형 페이지를 고객에게 제공할 수 있다.

이러한 개인화를 지원하는 IT 솔루션들이 제공하는 기능을 요약하면 1:1 마케팅 로직의 생성 및 관리, 마케팅 오퍼에 대한 ROI 분석, 광고 기간별, 행사별 실적 리포트, 배포수, 클릭수, 신청수별 리포트, 타깃군별 참여율 분석 리포트 등을 제공하는 광고 스케쥴 관리 기능 등이다.

e-CRM 솔루션에서 적용하고 있는 개인화 기술은 고객에 대한 각종 정보를 기반으로 고객이 원하는 서비스가 무엇인지를 찾아내는 메커니즘을 시스템화한 것이다. 이에 대한 구현 방식은 고객 데이터베이스를 기반으로 한 것, 고객에 대한 프로파일과 고객반응에 대한 정보를 기반으로 비슷한 유형의 사용자들의 선호도와 관심사를 추정하여 서비스를 하는 공동 필터링 방식, 인공지능 기술을 인용한 지능형 에이전트, 학습 또는 기존의 경험을 기반으로 한 전문가 또는 룰 기반의 방식 등이 있다.

2) 웹 타겟팅

매스미디어 매체는 누가 광고를 보는지 알 수 없는 일방적인 메시지 전달이지만 웹에서는 누가 지금 웹사이트에 접속하여 어느 페이지를 보고 있는지 알 수 있고 그 사람의 특성과 선호도에 대한 정보를 가지고 광고를 내보낼 수 있어 광고의 타겟팅이 매우 우수하다. 웹은 웹 브라우저와 웹 사이트가 있는 웹 서버와 HTTP 프로토콜을 통해 통신하는 클라이언트 서버구조로 되어 있으며 사용자가 알지 못하는 사이에 내부적으로 별도의 정보를 주고 받는다. 이것은 웹 사이트의 회원으로 로그인 하지 않은 사용자도 쿠키를 이용하여 기본적인 사용자 정보를 파악할 수 있다.

웹에서의 타겟팅 방법은 고객이 웹 사이트에 방문했을 때 도메인 네임, 쿠키정보, 조회한 페이지, 이 페이지에 방문한 경로 등과 같은 정보를 파악하여 특정한 광고주가 타겟으로 설정한 사람인지 판단한다. 타겟의 범주에 해당하는 고객에게는 고객의 브라우저에 광고나 특정 컨텐츠를 제공하게 된다.

3) 캠페인 관리 및 고객서비스

타겟팅이 이루어지면 웹에서 어떤 식으로 수익을 올릴 것인지를 기획한다. 개인화된 컨텐츠나 타겟팅 된 광고에 반응한 고객을 대상으로 수익을 창출하기 위한 활동을 전개하는 과정이다. 이 과정은 모두 웹상에서 지원되어야 한다. 최근에는 웹 콜센터 기능을 통해 상담원과 상담이 가능해야 하고 고객이 보낸 e-mail에 대해 자동으로 회신할 수 있는 기능을 가진 솔루션이 선보이고 있다.

4) SAS사의 구조

SAS만의 기술력으로 만들어진 솔루션들은 CRM 전체의 로드맵의 각 부분에서 중요한 역할을 하고 있다. 다음 그림은 CRM의 설계도를 크게 클릭&모타르 기업과 e-Business 기업으로 나누어 보았을 때 SAS 솔루션들의 위치를 나타내고 있다.

계정계 데이터나 외부 데이터가 일차적으로 오프라인의 서버에서 고객 데이터 웨어하우스로 통합된다. 이를 마케팅 캠페인에 보다 시기 적절하고 유용하게 사용하기 위해 고객에 대한 점수, 고객 세분화, 캠페인 history 등으로 미리 구분해 둔다. 이 정보들은 온라인 서버에서 온라인으로 수집한 정보들과 통합된다. 이 모든 고객반응 정보들은 SAS의 Intelligence 솔루션들에 의해서, 고객 세분화, 구매 확률 모형 등으로 세분화하여 마케팅 캠페인에 의미있게 사용되어질 수 있도록 가공된다. 이 정보들을 이용하여 E-Marketing Engine에서 프로모션 계획, 타킷성, 개인화된 룰을 실행에 옮겨 본 후 캠페인 효과 분석을 한다. 그 결과를 토대로 실제 고객등록 정보, 웹로그 데이터들로 고객과의 접점에서의 실행에 옮겨지게 된다. 물론 고객과의 접점에서 들어온 정보들은 보다 생생한 기록들로써 다시 다음 캠페인을 위한 고객 데이터 웨어하우스에 축적된다.

인터넷 기업에서의 eCRM 설계도 역시 기본적으로 오프라인 기업의 구조와 유사하지만, 웹상에서 보다 개인화된 마케팅 룰을 지원하기 위해서 SAS의 eCRM 제품들이 대부분의 역할을 담당하게 된다.

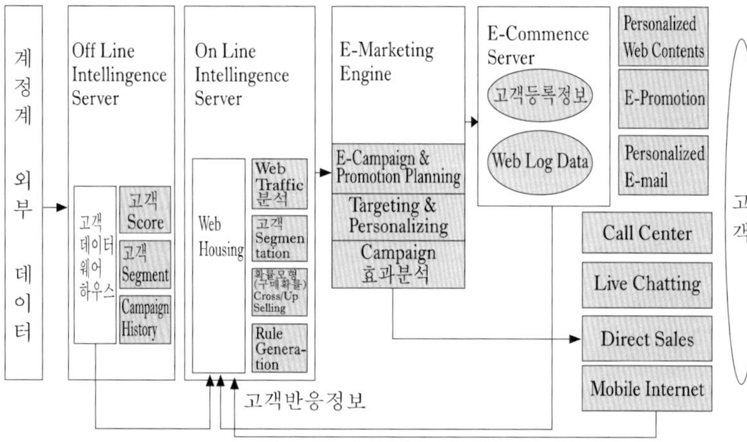

〈그림 6-14〉 on&off-line business를 위한 개념적 설계 (클릭&모타르 기업 대상)

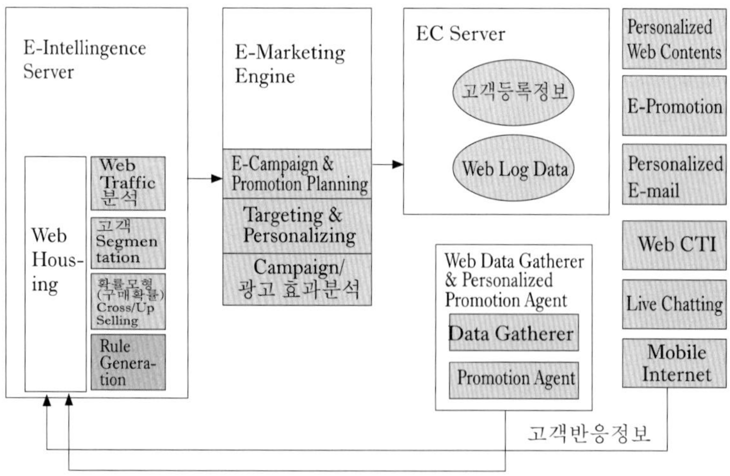

〈그림 6-15〉 On-line Business를 위한 개념적 설계

/사./례./연./구./

(1) 예제 데이터 소개

C 이동통신사의 2006년 9월 무선광고 집행 후 고객들의 행동들을 살펴보기 위하여 Log분석을 실시하였다. 시스템에 Log는 페이지마다 고유의 값으로 표현되며 수집된 원시데이타의 표현은 다음과 같다. 이를 분석하려면 우선 개별 Log의 Index값으로 재 표현해야 된다.

시스템상의 원시 Log 데이터

0000010	102FDE	N	B	null	http://ims.nat.com/up.jsp?SU=0000105344&SM=0000010&PC=null	2006-09-27 10:00:53.623
0000010	102FDE	N	B	null	http://ims.ate.com/up.jsp?SU=0000105344&SM=0000010&PC=null	2006-09-27 10:00:55.077
0000010	102FDE	N	B	null	http://ims.nate.com/up.jsp?SU=0000105344&SM=0000010&PC=null	2006-09-27 10:01:01.637
0000000	102FE0	N	B	null	default.jsp?SID=0004&C=N&P=102FDF&S=B&SU=0000105344&SM=0004500	2006-09-27 10:01:02.137
0000010	102FDF	N	B	null	default.jsp?SID=0004&C=N&P=102FDE&S=B&SU=0000105344&SM=0000010	2006-09-27 10:01:02.840
0000010	102FDF	N	B	null	default.jsp?SID=0004&C=N&P=102FDE&S=B&SU=0000105344&SM=0000011	2006-09-27 10:01:07.810
0000T00	102FDF	N	B	null	default.jsp?SID=0004&C=N&P=102FDE&S=B&SU=0000105344&SM=0000T00	2006-09-27 10:01:11.683
0000000	102FDF	Y	P	null	default.jsp?SID=0004&C=Y&P=102FDE&S=P&SU=0000105344&SM=0030000	2006-09-27 10:01:11.793
0000010	102FE2	N	B	null	default.jsp?SID=0004&C=N&P=102FDF&S=B&SU=0000105344&SM=0000010	2006-09-27 10:01:12.153
0000010	102FE2	N	B	null	default.jsp?SID=0004&C=N&P=102FDF&S=B&SU=0000105344&SM=0003310	2006-09-27 10:01:16.467
0000000	102FDF	N	B	null	default.jsp?SID=0004&C=N&P=102FDE&S=B&SU=0000105344&SM=0000700	2006-09-27 10:01:17.967
0000010	102FDE	N	B	null	http://ims.com/up.jsp?SU=0000105344&SM=0000010&PC=null	2006-09-27 10:01:20.543
0000B10	102FE1	N	B	null	default.jsp?SID=0004&C=N&P=102FDF&S=B&SU=0000105344&SM=0000B10	2006-09-27 10:01:21.107
0000010	102FE4	N	B	null	default.jsp?SID=0004&C=N&P=102FDE&S=B&SU=0000105344&SM=0000010	2006-09-27 10:01:23.873
0000000	102FE2	Y	P	null	default.jsp?SID=0004&C=Y&P=102FDF&S=P&SU=0000105344&SM=0000700	2006-09-27 10:01:26.653
0000000	102FE1	N	B	null	default.jsp?SID=0004&C=N&P=102FDF&S=B&SU=0000105344&SM=0000009	2006-09-27 10:01:28.623
0000010	102FDF	N	B	null	default.jsp?SID=0004&C=N&P=102FDE&S=B&SU=0000105344&SM=00S0010	2006-09-27 10:01:31.187
0000000	102FDF	N	B	null	default.jsp?SID=0004&C=N&P=102FDE&S=B&SU=0000105344&SM=0000660	2006-09-27 10:01:35.060
0000010	102FDF	N	B	null	default.jsp?SID=0004&C=N&P=102FDE&S=B&SU=0000105344&SM=0007010	2006-09-27 10:01:35.653
0000010	102FE1	N	B	null	default.jsp?SID=0004&C=N&P=102FDF&S=B&SU=0000105344&SM=0000010	2006-09-27 10:01:39.310
0000000	10300B	N	B	null	default.jsp?SID=0004&C=N&P=102FE3&S=B&SU=0000105344&SM=0000000	2006-09-27 10:01:41.793
0000000	102FE4	N	B	null	default.jsp?SID=0004&C=N&P=102FDE&S=B&SU=0000105344&SM=0000000	2006-09-27 10:01:54.497
0000010	102FE1	N	B	null	default.jsp?SID=0004&C=N&P=102FDF&S=B&SU=0000105344&SM=0000010	2006-09-27 10:01:58.560
0000010	102FE1	Y	P	null	default.jsp?SID=0004&C=Y&P=102FDF&S=P&SU=0000105344&SM=0000010	2006-09-27 10:02:00.543

가. 산업군 분류별 현황 분석

Data Mart에 있는 원시 데이터를 가공하여 고객 현황을 분석하고자 고객에 대한 회원정보, 산업군 분류명, 그리고 수신과 반응에 대한 정보를 사용하였으며, 변수는 다음과 같다.

변수	설명	내용
creative_id	광고 집행 id	고유번호
Sex	성별	M : 남성, F : 여성
Age	연령	
agegg	연령대	
m_div	대분류	
s_div	중분류	
rec_cnt	수신여부	1 : 수신
response	반응여부	1 : 반응, 2 : 미반응

산업군 분류별 반응률은 유/무선 통신서비스(콘텐츠) 분류내에 게임과 화장품의 광고에서 반응률이 높게 나타나고 있다. 게임의 경우 지하철의 수단으로 이동시 짜투리 시간에 활용에 있어서 무선의 강점을 반영하고 있으며, 화장품의 경우 오프라인 행사의 직·간접요인이 작용한 듯 하다.

대분류	중분류	Create_name	수신 건수	반응 건수	반응률
건설/부동산/금융	은행	so1그라비아_060830	53,432	691	1.3%
문화/예술/엔터테인먼트	영화	제로원_060912	9,368	242	2.6%
식/음료	주류	국순당(별)_060908	30,000	216	0.7%
유/무선 통신 서비스(콘텐츠)	게임	픽토소프트(게임)_060901	1,643	299	18.2%
	기타	T(두즐)_060911	27,926	160	0.6%
		컨스미르_060816	53,179	802	1.5%
	캐릭터/대기화면	포토_060816	108,316	1,124	1.0%
	포탈(인터넷)	MR천재영어_060830	18,370	83	0.5%
유통/외식업	대형할인매장	뉴코아아울렛_060905	12,170	156	1.3%
패션/의류/잡화	화장품	랑콤(이벤트)_060918	11,523	2,495	21.7%

화장품의 경우 성별과 연령대를 기준으로 반응률을 분석한 결과 남자의 경우 30대에서, 여자의 경우 10대~20대에서 반응률이 높게 나타나고 있다.

대분류	중분류	성별	연령대	수신건수	반응건수	반응률
패션/의류/잡화	화장품	남	01.10대미만	1	-	0.00%
			02.10대	4	-	0.00%
			03.20대	69	13	18.84%
			04.30대	30	8	26.67%
			05.40대	11	2	18.18%
			06.50대	9	2	22.22%
			07.60대이상	2	1	50.00%
		여	01.10대미만	3	2	66.67%
			02.10대	241	63	26.14%
			03.20대	8,527	1,995	23.40%
			04.30대	2,556	395	15.45%
			05.40대	36	10	27.78%
			06.50대	24	2	8.33%
			07.60대이상	7	1	14.29%

*다른 콘텐츠의 분석결과는 지면상 할애하지 않음

산업군 분류별 분석을 위한 SAS 프로그램

```
data one;
set test.mobil_log1; run;

/* 산업군별 수신/반응 */
proc tabulate data=one;
 class m_div s_div; var rec_cnt response;
 tables s_div*m_div, n (sum*f=12.0)*(rec_cnt response); run;

data two; set one;  format agegg $24.;
 if age='-7993' then age='';
 if 0<=age<=9 then agegg='01.10대미만';
 if 10<=age<=19 then agegg='02.10대';
 if 20<=age<=29 then agegg='03.20대';
 if 30<=age<=39 then agegg='04.30대';
 if 40<=age<=49 then agegg='05.40대';
 if 50<=age<=59 then agegg='06.50대';
 if age>=60 then agegg='07.60대이상'; run;

/* 산업군별 성별/ 연령 분포 */
proc tabulate data=two;
 class m_div s_div sex agegg;
 var rec_cnt response;
 tables s_div*m_div*sex*agegg, n (sum*f=12.0 mean*f=12.1)*(rec_cnt response);
run;
```

나. 고객 등급별 분석

광고수신과 반응률을 가지고 고객에 대한 고객 등급 지표화, 반응율 기준대상 설정, 시간의 경과에 따른 고객 등급 이동형태 파악과 함께 향후 고객 이동형태를 바탕으로 한 마케팅 전략 수립을 위하여 고객을 세분화 한다. 고객을 세분화한 조건은 다음과 같다.

수신회수	반응률	SEG
수신 3회 이상	반응률 75% ~ 100%	VIP
	~ 75%	GOLD
	~ 50%	SILVER
	반응률 ~ 25%	BRONZE
	반응하지 않음	잠재고객
수신 2회 이하	반응(1회 이상)	일반고객
	반응하지 않음	잠재고객

① 사용변수 목록

변 수	설 명	내 용
id	고객 id	고유번호
Bell	음원	1:Beep, 2:4poly, 4:16poly, 5:40poly, 6:64poly
color	컬러	1:단색, 2:4Gray, 4:4Gray SIS, 8:256color, M:4,096color, H:65,536color, K:262,144color
Sex	성별	M: 남성, F: 여성
Married	결혼여부	Y: 기혼, N: 미혼
sido	지역	5대 광역시 포함 지역
job_nm	직업	
agegg	연령대	
ss_rcnt	수신회수	
ss_resp	반응회수	

② 분석 결과

각 등급내에 성별 분포는 남자(65%) : 여자(35%)로 남자의 비중이 상대적으로 높은 편이나 특히 BRONZE 그룹내의 비중은 특히 높게 나타나고 있다.

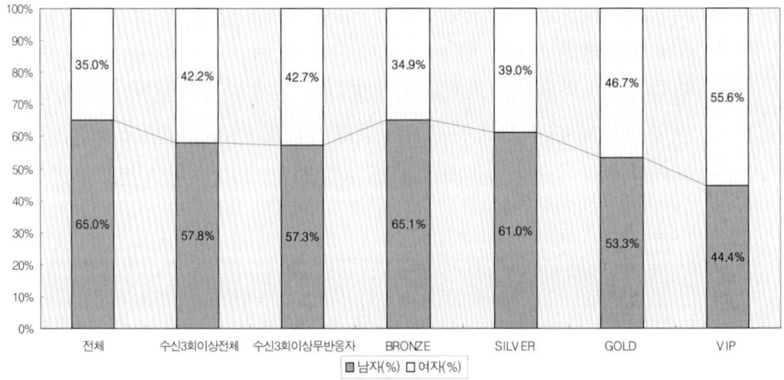

주 연령층인 10~30대까지의 각 등급내에 분포는 20대 연령에서는 BRONZE 그룹, 10대의 경우는 GOLD, VIP 그룹에서, 30대의 경우는 SILVER 그룹에서 상대적으로 비중이 높게 나타나고 있다. 향후 마케팅 전개시 각 그룹간 특징을 고려하여 연령대에 맞춘 광고 집행을 유도할 수 있을 것이다.(기타 분석사항은 SAS프로그램 Output에서 확인할 수 있다)

	01.10대미만	02.10대	03.20대	04.30대	05.40대	06.50대	07.60대이상
전체	0.1%	9.7%	35.8%	28.3%	15.8%	7.5%	2.8%
수신3회이상 전체	0.1%	12.1%	57.1%	26.8%	2.6%	0.9%	0.4%
수신3회이상 무반응자	0.1%	11.9%	57.4%	27.0%	2.4%	0.8%	0.4%
BRONZE	0.0%	10.8%	64.9%	23.1%	0.7%	0.4%	0.1%
SILVER	0.1%	16.9%	42.4%	28.4%	8.7%	2.4%	1.1%
GOLD	0.4%	20.3%	39.4%	23.2%	10.6%	4.1%	2.0%
VIP	0.0%	17.8%	56.7%	20.0%	2.2%	1.1%	2.2%

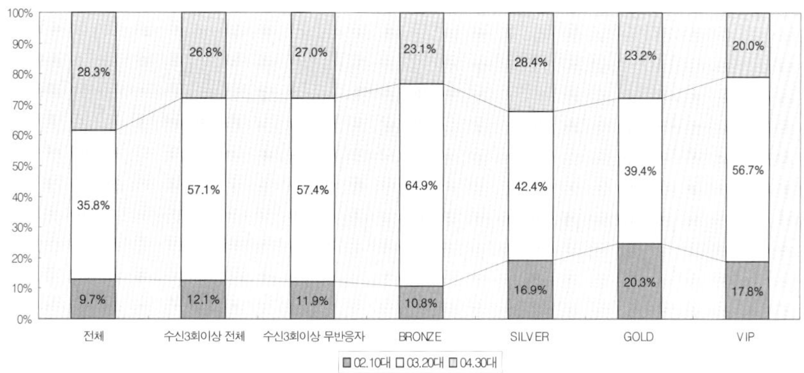

③ 분석을 위한 SAS 프로그램

```
data one; set test.mobil_prelog2; run;

/* 수신 2회와 3회를 구분 */
data one1; set one; format m $12.;
          if 2<ss_rcnt then m="3회이상수신";
                    else m="2회이하수신"; run;

/* 반응률 */
data one2; set one1;r_ra=(ss_resp/ss_rcnt); run;

/* 일반 고객과 잠재고객 구분 */
data one3; set one2; format r_ra_1 $32.;
          if ss_rcnt<=2 & r_ra=0 then r_ra_1='잠재고객';
          if ss_rcnt<=2 & r_ra>0 then r_ra_1='일반고객'; run;

/* 고객 등급 구분 */
data one4; set one3; format r_ra_1 $32.;
          if ss_rcnt>2 & r_ra=0 then r_ra_1_10='A';
          if ss_rcnt>2 & 0<r_ra<0.25 then r_ra_1_10='BRONZE';
          if ss_rcnt>2 & 0.25<=r_ra<0.5 then r_ra_1_10='SILVER';
          if ss_rcnt>2 & 0.5<=r_ra<0.75 then r_ra_1_10='GOLD';
          if ss_rcnt>2 & r_ra>=0.75 then r_ra_1_10='VIP'; run;
proc freq data=one4;
 tables (bell color sex sido job_nm agegg)* r_ra_1 /nocol norow nopercent
;
run;

/*고객등급 작업내용 파일 */
data test.mobil_log2; set one4; run;
```

다. 고객 등급 이동 추이 분석

고객 등급을 설정하여 매월 등급 이동 추이를 살펴보고 지속적으로 등급이 하향하는 고객들과 등급이 상향/유지하는 고객들을 구별하고, 지속적인 등급 하락이 있는 고객들을 선별하여 Churn방지 프로그램을 진행할 수 있다. 또한 고객 등급에 따른 마일리지 정책도 수립할 수 있다.

① 사용변수 목록

변수	설명	내용	변수	설명	내용
id	고객 id	고유번호	s_rcnt_0609	9월 수신회수	
s_rcnt_0608	8월 수신회수	8월중 개인당 수신회수	s_resp_0609	9월 반응회수	
s_resp_0608	8월 반응회수		r_ra_0609	9월 반응률	
r_ra_0608	8월 반응률		r_ra_1_0609	9월 고객등급	
r_ra_1_0608	8월 고객등급		m_0609	9월 수신구분	
m_0608	8월 수신구분				

② 분석 결과

		N	s_rcnt_0609	s_resp_0609	s_rcnt_0608	s_resp_0608	고객유입비중
			Sum	Sum	Sum	Sum	
r_ra_1_0608	r_ra_1_0609						
미수신자	VIP	57	219	194	.	.	
	GOLD	375	1303	796	.	.	
	SILVER	2407	8148	2536	.	.	
	BRONZE	470	2751	478	.	.	
VIP	무등급고객	141	.	.	764	657	4.9%
	VIP	1551	14589	13132	18436	16841	53.7%
	GOLD	722	6027	3745	7555	6446	25.0%
	SILVER	389	2682	966	3268	2729	13.5%
	BRONZE	87	613	103	619	509	3.0%
GOLD	무등급고객	507	.	.	2286	1323	10.4%
	VIP	461	3502	2948	4733	2973	9.4%
	GOLD	1195	9458	5584	12403	7506	24.4%
	SILVER	1799	13310	4610	16774	9680	36.8%
	BRONZE	932	7625	1263	8565	4805	19.0%
SILVER	무등급고객	3880	.	.	15403	4725	21.0%
	VIP	308	1481	1249	2464	877	1.7%
	GOLD	1690	9971	5677	14404	4967	9.1%
	SILVER	6568	41801	13572	54683	18176	35.6%
	BRONZE	6026	51543	7784	58058	18510	32.6%
BRONZE	무등급고객	3133	.	.	22976	3376	7.8%
	VIP	203	867	720	1769	278	0.5%
	GOLD	1473	7188	4032	12946	1927	3.7%
	SILVER	10399	62729	19313	96466	13671	26.0%
	BRONZE	24723	227581	30020	272878	33262	61.9%

위의 결과에서 보면 8월에 VIP등급 고객이 9월에 VIP등급을 유지한 비중이 53.7%(141/2,890)으로 상당히 높게 나타나고 있음을 알 수 있다. 또한 전달의 고객등급을 유지한 비중이 GOLD등급 24.4%, SILVER등급 35.6%, BRONZE 61.9%로 나타나고 있어 GOLD등급을 제외한 나머지 등급에서의 동일등급 유지율은 높게 나타나고 있음을 알 수 있다.

③ 분석을 위한 SAS 프로그램

```
/* 0609 고객 현황 */
proc tabulate data=test.mobil_prelog3;
 class r_ra_1_0609; var s_rcnt_0609 s_resp_0609;
 tables r_ra_1_0609, n (sum*f=12.0)*(s_rcnt_0609 s_resp_0609); run;

/* 0608 고객 현황 */
proc tabulate data=test.mobil_prelog3;
 class r_ra_1_0608; var s_rcnt_0608 s_resp_0608;
 tables r_ra_1_0608, n (sum*f=12.0)*(s_rcnt_0608 s_resp_0608); run;

/* 등급이동현황 */
proc tabulate data=test.mobil_prelog3 missing;
 class r_ra_1_0608 r_ra_1_0609;
 var s_rcnt_0609 s_resp_0609 s_rcnt_0608 s_resp_0608;
 tables r_ra_1_0608*r_ra_1_0609, n (s_rcnt_0609 s_resp_0609 s_rcnt_0608
s_resp_0608)*(sum*f=12.0); run;
```

Chapter 7

CRM 마케팅 전략

1. 관계 마케팅
2. CRM 마케팅
3. 마케팅전략의 기본개념
4. 인터넷 마케팅
5. CRM 마케팅 캠페인

1 관계 마케팅

1) 관계 마케팅의 개념

'관계'란 양자 또는 양 집단이 서로 영향력을 갖는 것이라 할 수 있는데 관계마케팅은 이러한 '관계' 개념을 마케팅에 도입한 접근 방법이다.

1983년 관계마케팅이란 용어를 가장 먼저 도입한 Berry는 관계마케팅을 소비자와 관계를 형성(attaracting), 유지(maintaining), 강화(enhancing)하는 마케팅활동이라고 정의하면서, 새로운 고객을 유치하는 것은 마케팅과정에 있어서 중간단계로 인식되어져야 하며, 관계를 강화하고 고객을 단골화하는 것이야말로 진정한 의미의 마케팅임을 주장하고 있다. 이는 전통적인 마케팅믹스 관리 패러다임에서 강조해 온 신규고객보다 기존 고객의 관리에 마케팅활동이 보다 집중되어야 한다는 견해이다.[1)]

학자들의 관계마케팅에 대한 연구가 증가되는 가운데 마케팅의 관심은 초기의 산업마케팅이나 조직간의 거래관계의 중요성에 대한 강조에서 고객과 기업에 대한 관계에서도 관계 개념을 도입한 마케팅의 시행으로 기업의 목표가 달성될 수 있다는 주장이 대두되고 있다 그 외의 관계마케팅에 대한 학자들의 정의는 〈표 7-1〉과 같다.

〈표 7-1〉의 의견들을 종합해보면 관계마케팅은 장기적인 기업목적을 위해 지속적인 상호작용을 유지, 확립함으로써 상호 신뢰하는 관계를 성립시키기 위한 마케팅적 노력이며, 이는 평상시 고객과의 긴밀한 관계를 유지함으로써 자연스럽게 자회사의 제품을 이용하도록 유도하여 지금처럼 신규고객의 확보가 어려운 불황기에 특히 효력을 발휘할 것이다.

〈표 7-1〉 관계마케팅의 정의

학자	정 의
Shani and Chalasani (1992)	관계마케팅이란 개인고객을 파악하고, 유지하고, 네트워크를 구축하여 쌍방 간의 이윤을 충족시키도록 지속적으로 강화하는 것을 말한다.
Bickert (1994)	데이터베이스 마케팅이 곧 관계마케팅이다.

1) 김영철, CRM의 효과적 활용방안에 관한 연구, 국민대 비즈니스 IT전문대학원, 2009, pp.18-19.

학자	정 의
Morgan and Hunt (1985)	성공적인 관계교환을 확립, 개발, 유지하기 위한 모든 관계마케팅 활동을 의미한다.
Jackson (1985)	산업재 구매자의 거래(Transaction)와 반대의 개념으로 반복구매(Repeat Purchase)를 의미한다.
Berry and Parasuraman (1991)	서비스마케팅에서 관계마케팅이 선호된다.
Christopher et al (1991)	마케팅, 고객서비스, 품질관리 등의 총합으로 관계마케팅을 정의할 수 있다.
Blomquist et al (1993)	Direct Marketing에서부터 개념이 확장된 것이다.
Sheth (1994)	구매자와 판매자 사이의 지속적인 협동 과정의 이해와 설명, 경영을 의미한다.
Poter (1993)	구매자와 판매자간의 효과적, 효율적, 유쾌하고 열정적인 관계를 통해 쌍방 간의 보상을 획득하는 것이다.

출처 : 권준희, "고객만족과 거래성향이 관계지향에 미치는 영향에 관한연구", 연세대학교 대학원 박사학위논문, 1999, p20

2) 고객관계의 형성과정

관계마케팅의 첫 단계는 고객의 창출이며, 두 번째 단계가 고객과의 관계를 유지, 개선하여 나가는 대고객 관계마케팅이다.

먼저 관계마케팅을 이해하기 위해서는 고객을 유인하고 유지하는데 관련되는 과정을 조사하여야 한다. 그러므로 대고객 관계의 형성을 이해하기 위해서는 고객개발의 과정을 이해하여야 한다.[2)]

고객개발 과정의 시발점은 가정되는 고객으로서, 그 제품이나 서비스를 구입할 가능성이 있는 사람이다. 가능성이 있는 사람들 중에서 제품에 강한 관심을 보이거나 구입할 능력이 있는 사람들은 예상잠재고객이 된다.

기업은 상당수의 예상잠재고객을 첫 번째 고객으로 전환시키고자 하며 그 후 만족한 첫 번째 고객을 반복고객으로 전환시키고자 한다. 다음으로 기업은 반복고객을 단골고객(clients) 즉, 관련이 되는 제품범주에 있어서 당기업으로 부터만 구입하는 사람

2) 강순옥, "은행의 대고객 관계의지의 영향 요인에 관한연구", 대구카톨릭대학교 대학원 석사학위논문, 2001, p.8-9.

으로 전환하도록 조치한 후 단골고객을 옹호자(avocates)로 전향시키는 것인데, 이는 당기업을 자랑하고 또한 다른 사람들로 하여금 당기업의 제품을 구입하도록 고무하는 고객이다. 마지막으로 기업은 옹호자를 동반자로 변환시키고자 하고 동반자는 당기업과 고객이 능동적으로 협동하는 경우에 이루어진다.[3] 이와 같이 고객개발과정에서 예상잠재고객을 반복고객으로, 단골고객으로, 옹호자로, 동반자로 개발시켜 나가는 것은 기업이 고객 유지로 얻어지는 구전효과와 여러 가지 비용의 절감으로 오는 수익의 증대를 위한 것이다.

대고객 관계마케팅의 형성과정은 기업이 새로운 고객을 창조하고 그들과의 관계를 발전시켜서 상호 협력적이며 동반자적인 관계로 발전해 가는 과정으로 고객개발과정과 유사하며 다음의 4단계로 나타낼 수 있다.[4]

(1) 관계대상의 인지단계

판매자가 관계대상인 고객을 인지하거나, 고객이 제품을 구매할 만하다고 생각하고 있는 판매자를 인지하는 단계이며, 이단계에서는 잠재파트너의 선정시에 잠재파트너의 상황적 유사성, 장소적 접근성, 상호영역의 가능성, 거래관계의 매력성 등이 주요 요인이 된다.

(2) 관계의 형성단계

교환에 따른 선택, 의무, 비용 등을 고려하여 시험구매가 일어나는 단계로 이 단계에서는 구매에 따른 수익과 비용의 비교, 관계당사자간의 수익 조건의 협상, 기초적 교환의 틀로서 행동규범과 기준 형성이 관계관리의 결정요인이 된다.

(3) 관계의 확장단계

관계의 각 당사자가 상대방의 역할수행과 그 결과에 만족하여 기존의 관계가 확장되고 거래가 발전하는 단계로서 이 단계에서는 상호작용의 과거 경험에 대한 평가, 거래상호작용에 대한 신뢰도, 상호의존성의 증가, 재구매의 발생 등이 연결관리의 결

3) 윤운현 역, "마케팅 관리론" 석정, 1997, p.68-69.
4) Dwyer, F. Rober, paul H. Schurr, and Sejo Oh, "Developing Buyer-Seller Relationships", Journal of Marketing, Vol.51(April), 1987, p.21.

정요인이 된다.

(4) 관계의 심화단계

이 단계에 이르면 고객과 판매자간의 충성심이 강화되고 결속력이 높아지며, 거래 당사자 간의 연결의 결속력은 강화되어 잠재대상자를 배제하는 단계이다. 이때 거래의 정형화가 이루어지며 구매자 만족의 증가에 따라 호의적인 구전효과가 나타나고 반복구매가 발생한다. 이 단계에서는 관계몰입도, 관계지속성, 관계일원성의 주요 결정요인이 된다.

이와 같이 대고객 관계마케팅은 고객의 만족을 통해서 고객과의 장기적이고 지속적인 관계를 모색하고자 하는 연속적인 노력의 과정이다.

3) 관계마케팅의 구성요소

(1) 장기적인 고객관계의 형성

관계마케팅의 핵심 이념은 단기적이며 거래 지향적인 고객관계가 아니라 장기적인 고객관계의 형성이다. 따라서 고객을 성취해야 할 목표가 아니라 사업에서의 동반자로 인식하는 것이다. 물론 어떤 경우에는 거래마케팅이라 하는 단기적인 판매가 수익이 더 클 수도 있다. 그러나 일반적으로 장기적인 관계가 수익적인 마케팅의 요체이다.

이러한 고객과의 장기적인 관계구축을 위해서는 세 가지 실무적인 문제해결이 필요하다. 첫째, 현고객 및 잠재고객에 대한 철저한 데이터베이스의 구축이다. 여기에는 구매량 및 주문사항, 고객의 요구, 고객개인의 신상정보 등이 포함된다. 둘째, 목표고객 개인별로 차별화 된 개인 대 개인의 마케팅 프로그램이 수립되어야 한다. 셋째, 고객의 점포 충성도를 지속적으로 감시하고 분석하여야 한다.

(2) 고객과의 관계강화를 위한 일반고개의 단골화

관계마케팅은 고객과의 관계를 교환의 주요 수단으로 하여 고객과 장기적인 유대관계를 강화하고 일반고객을 단골고객으로 전환시키기 위한 것으로서 고객관계 그 자체가 바로 경쟁적 우위가 되는 것이다. 이와 같이 관계 마케팅에 있어서 고객관계의 수립, 유지, 강화의 의미는 신규고객을 획득하면 이들 고객을 유지하며 단골고객으로 만드는 고객유지 마케팅의 개념을 포함하고 있다.

(3) 관계마케팅의 포괄적 의미

고객과의 관계를 수립하고 유지하는데 있어서 판매자는 일종의 약속을 구매자에게 하는 것이다. 여기에는 제품-서비스, 이와 관련된 시스템, 재정적인 문제, 정보의 제공, 그리고 향후 지원범위 등 판매자가 제공하는 모든 서비스의 요소가 포함된다. 반면에 구매자는 휴면고객이 아니라 지속적인 거래관계를 맺는데 참여 및 협조하겠다는 다른 종류의 약속을 구매자에게 하는 것을 포함한다. 즉, 진정으로 관계가 유지되고 강화되기 위해서는 양쪽 모두 이 약속을 지켜야 할 의무가 있다.[5)]

이상의 관점에서 고객관계의 수립, 유지, 강화라는 관계마케팅의 세 요소는 〈그림 7-2〉에서 보는 것처럼 고객과의 관계의 진정정도에 따라 각기 다른 마케팅상황을 함축하고 있다.

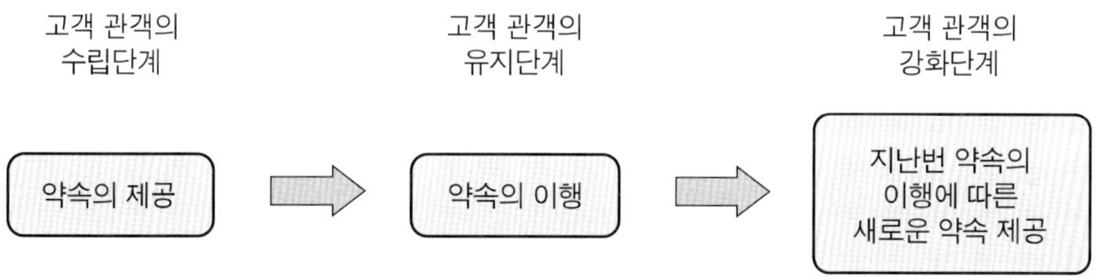

〈그림 7-2〉 고객관계진전에 따른 마케팅 상황

자료 : 이상환, 이제철, "서비스 마케팅" (서울 : 삼영사, 1998), p.167

〈그림 7-2〉에서처럼 관계수립 단계에서 약속이 제공되고 관계를 유지하기 위해서는 이 약속이 이행되어야 하며 관계강화를 위해서는 지난번 약속의 이행을 전제조건으로 새로운 약속을 제공해야 하는 마케팅상황이 전개된다.

(4) 고객의 믿음

종업원의 능력, 기술, 시스템과 같은 판매자의 자원은 고객들의 믿음을 전제로 사

5) 이상환, 이재철, '서비스 마케팅' (서울 ; 삼영사, 1998), p.167

용되어져야 한다. 따라서 판매자의 자원에는 고객의 믿음이 포함되어 있고 판매자가 스스로 이를 유지, 강화해야 한다. 고객과의 관계수립이 고객과의 약속의 제공인 만큼 고객과의 관계수립에 고객의 믿음이 전제된 기업의 자원이 제공되어야 한다. 고객과의 관계수립시에 직면하는 판매자의 다양한 자원은 판매자의 입장에서는 사업기능의 일부분 일 수 있다. 그러나 이러한 자원과 행위는 미리 결정될 수 없으며 일반적인 개념 속에서 명시적으로 분류 될 수 없다.

즉, 기존은 4P's 이외에 새로운 경쟁수단으로서 관계개념을 도입하여 고객과의 장기적인 유대관계가 곧 기업성장의 열쇠라는 사실을 일깨워주고 있다.[6)]

그렇다고 하여 기존의 마케팅믹스의 요소가 이전보다 덜 중요하다는 것을 의미하는 것은 아니다. 다만 마케팅에서의 이 관계의 개념은 마케팅을 위하여 어떠한 의사결정을 내려야 하는가 보다는 어떻게 하면 훌륭한 마케팅 성과를 수행할 수 있겠는가에 그 기초를 두고 있다.[7)]

4) 관계마케팅의 전개조건[8)]

(1) 내부마케팅 실시

고객만족을 위해서는 제품의 질, 가격 등의 외부 마케팅을 고객 지향적으로 하는 것도 중요하지만 외부고객과 직접 접촉하는 영업사원이나 현장종업원을 만족시켜 이들이 고객과 가지는 상호관계의 질을 높이는 것이 무엇보다 중요하다. 왜냐하면 조직에 만족하지 않는 종업원이 고객과 접촉하였을 때 만족한 서비스를 제공하여 고객과의 관계를 향상시킬 리가 없기 때문이다.

내부마케팅은 기업의 인적자원을 마케팅 관점에서 취급하는 관리이념을 말한다. 내부마케팅의 본질은 고객이 조직 내에 있다는 신념하에 고객을 종업원으로 보고 제품을 이들의 직업으로 보는 것이다. 그래서 구매자들이 특정기업의 제품과 서비스를 구매하는 것은 자기의 업무태도를 고객에게 판매하는 만큼 이들을 만족시키기 위한 내부적인 마케팅활동이 곧 내부마케팅이며 이의 결과로 내부고객이 훌륭한 업무태도

6) 이상환, 관계마케팅 : "성공적인 전개를 위한 조건", 대경논총, 1998, p.119-125
7) 오종현, "은행영업점 주거래고객의 관계마케팅 활용방안에 관한 연구", 홍익대학교 대학원 석사학위논문, 1998, p5-7
8) 김영철, 전게서, pp27-31

를 보이면 외부고객이 지속적으로 구매하게 된다는 것이다.

〈그림 7-3〉에서 보는 것처럼 내부마케팅이 성공하면 종업원이 만족하게 되고, 종업원이 만족하게 되면 자사의 제품을 잘 판매하여 고객이 만족하게 되고 고객이 만족하면 이탈률이 적어지고, 이탈률이 적어지면 그만큼 고객과의 관계가 강화되고 고객과의 관계가 강화되면 재구매가 늘어나서 궁극적으로 이익의 증대를 가져온다는 것이 기본전제이다.

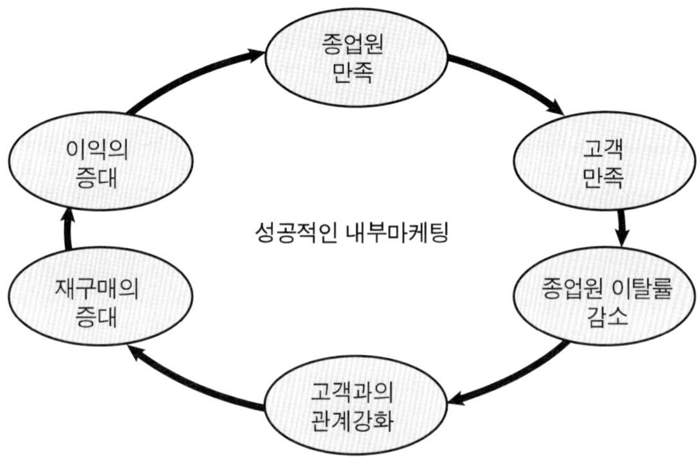

〈그림 7-3〉 성공적인 내부마케팅 결과의 순환과정

자료 : 이상환, "서비스 산업의 장기적인 고객관계 유지 : 관계마케팅적 관점" 경북대학교 교육연구지, 1994, p.146

(2) 교육훈련시스템 구축

이제 공급자 위주의 시대에서 고객위주의 시대로 전환되고 있다. 관계마케팅은 전사적으로 마케팅 지향적인 행위가 이루어져야만 가능하다고 하였다. 특히 마케팅 부서원뿐만 아니라 다른 부서원들의 직무도 고객의 접촉과 마케팅 활동을 포함한다고 할 수 있어야 한다. 따라서 교육훈련시스템은 마케팅부서 이외의 종업원들이 자신들의 역할이 "시간제 마케터"라는 것을 수용하고 이해하는 시스템이어야 한다.

관계마케팅의 교육훈련의 목표는 ① 종업원들이 조직의 사명과 전략을 이해하고 ② 마케팅에 대한 태도를 호의적으로 갖게 하고, ③ 고객관계 수립과 고객만족에 대한 모든 종업원의 책임을 이해하고, ④ 기능적인 품질(관계적 품질, 교환적 품질)과, ⑤ 내부 커뮤니케이션 및 이러한 교육훈련시스템은 경영자의 전폭적인 지원 하에 이루어져야 하며 소규모 집단 토론 방법이 가장 중요한 방법이다.

(3) 고객정보시스템의 구축

흔히 은행은 고객의 정보가 계층별로 구축되어 있지만 고객이 갖고 있는 모든 계정들에 대한 자료를 쉽게 얻을 수 없다면 효과적인 마케팅 자료로 쓰일 수 없을 것이다.

고객과의 관계수립 및 강화는 그 성격상 목표시장 전체를 대상으로 관계마케팅 프로그램을 수행하여야 한다. 이를 위해서는 현재의 고객 및 잠재고객에 대한 철저한 데이터베이스를 구축하여 이들의 과거 구매활동 및 주문 상황, 이들의 구체적인 욕구, 그리고 개인신상에 대하여 철저한 정보를 수집하여 관리 하여야 한다.

또한 지속적으로 고객의 현 제품/서비스에 대한 만족 정보를 측정하여야 하며 이탈고객도 추적, 분석하여 그 원인을 찾아 고객과의 관계강화를 위한 계획의 기초로 삼아야 한다.

2 CRM 마케팅

1) CRM 마케팅의 특징

고객의 생애가치를 분석하고 이를 효과적인 마케팅전략에 활용하기 위해서는 고객의 다양한 데이터베이스와 분석적 툴(Tool), 그리고 이를 토대로 한 적절한 마케팅 전략이 필수적이다.

데이터베이스를 활용한 CRM 마케팅은 고객의 욕구를 파악하고 이에 부응하기 위해 마케팅 믹스 전략의 적절한 활용이라는 면에서는 전통적인 마케팅과 동일하지만, 구체적인 방법적 측면에서는 매우 다른 양상을 보인다. 이러한 CRM 마케팅의 특성 및 다른 마케팅과 기법의 차이를 보면 다음과 같다.

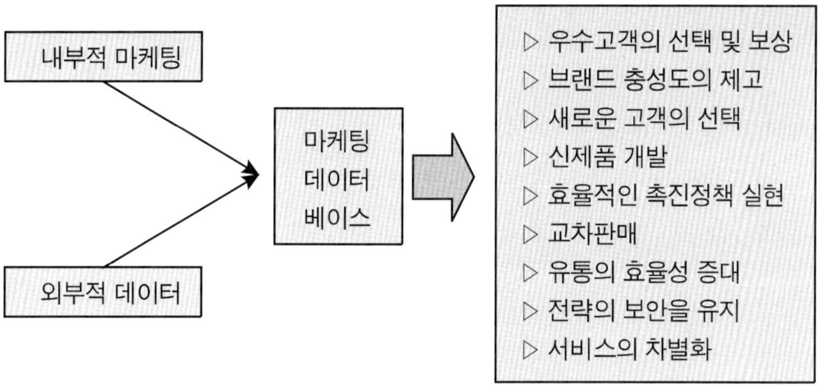

자료 : 박찬우, "고객의 생애가치 증대를 위한 CRM마케팅 기법의 고찰"
경희대 석사학위 논문, 2006, p.28

〈그림 7-4〉 CRM 마케팅의 활용

(1) 고객자산화

기업들은 시장점유율 확대전략을 전개하면서 치열한 경쟁을 벌여왔는데, 신규고객 창출이 바로 이윤 극대화를 위한 최선의 방법으로 인식되던 시기에는 신규고객을 빠른 시간 내에 확보, 유지시키는데 모든 역량을 기울였다. 그러나 이 같은 경영전략은 고객확보가 매우 절실한 신설법인이나 새로운 신규사업을 전개하여 고객자산이 전무한 기업을 제외하고는 사실상 적용하기 어려웠다.

시장점유율을 확대하면 고객층은 넓어지지만 깊이는 없어지는, 즉 다양한 고객욕구를 반영하기 어려워지며 충성도고객을 확보하는데도 부정적인 영향을 미치게 된다. 이는 분명 고객중심이 아닌 생산자중심의 마케팅인 것이다. 이런 방식으로 마케팅 활동을 전개해 나간다면 잠재력이 높은 고객에게만 서비스를 집중할 때보다 고객에 대한 관심도가 떨어지는 것은 지극히 당연하다. 이때 충성도고객 관리를 잘 하는 경쟁회사가 나타난다면 그 기업의 운명은 위태로울 수밖에 없다. 따라서 CRM 마케팅의 첫 번째 특징은 고객의 자산화라 할 수 있다.

(2) 고객의 충성도 중시

CRM 마케팅의 두 번째 특징은 충성도 경영(Loyalty Management)이라고 할 수 있다. 마케팅의 초점이 교환 주체인 고객으로 옮겨가며, 고객을 기업의 동반자로 인식하게 되었으며, 마케팅전략의 초점이 제품차별화에서 고객차별화의 방향으로 전환되었다.

1990년대가 '고객만족경영' 시대였다면 2000년대는 '충성도경영'시대라고 할 수 있다. 충성도 경영이란 고정 고객 중 기여도나 수익적으로 회사에 기여를 한 핵심 주 고객층을 특화 관리하는 경영체제로서 고객의 가치와 참여를 중시하며, 고객의 애용과 자발적인 욕구가 강한 고객층을 집적으로 발굴한다.

고객의 충성도를 중요시하는 것은 고객으로부터 발굴한 데이터를 근거로 DB마케팅을 전략화시킴으로써 'Best Loyalty Member'를 집중화하려는 의도적이고 전략적인 CRM 마케팅 기법이다.

(3) 일대일 마케팅과 데이터베이스마케팅의 전략적 활용

CRM은 컴퓨터에 의한 데이터베이스의 구축을 전제로 하고 있다. 기업은 컴퓨터를 이용하여 고객의 지리적, 인구통계적, 심리적 특성이나 구매기록을 수록해 두었다가 CRM 마케팅 캠페인의 적합한 대상을 추출해내는 데는 물론 시장세분화나 포지셔닝을 위한 기초자료로도 활용한다. 이를 토대로 마케팅목표는 단기적인 거래의 성과보다 장기적인 고객과의 일대일 관계형성 및 유지, 강화에 둔다. 결국 고객 데이터베이스를 구축하고 이를 전략적으로 활용하는 DB마케팅은 CRM 마케팅을 실현하기 위한 실천 도구로서 반드시 필요한 것이다. 따라서 CRM 마케팅에서 데이터베이스는 CRM 마케팅의 기획(Planning)에서 집행(Execution) 및 효과의 측정에 이르기까지 모든 CRM 마케팅 분야의 근간이 된다.

(4) 고객행동 분석과 리마케팅

CRM 마케팅을 위해서는 정보의 통합적 관리가 전제되어야 함은 앞에서 강조 하였다. CRM은 철저한 고객행동 분석이 이루어져야 하는데, 이는 RFM, FRAT(Frequency, Recency, Amount, Type), 데이터마이닝 기법 등을 활용하여 분석이 가능하다.

예를 들어 인터넷상에서 사이버증권 채널을 통해 고객이 직접 투자 상담을 시도할 경우 사이버라는 한정된 공간에서 실시간 고객응대가 가능해야 하는데 고객의 추가적인 질문이나 요구에 대해서도 신속한 전환 응대가 가능해야 한다. 물론 기업은 축적된 고객 데이터베이스를 통해 고객의 투자성향, 투자관심도, 투자기록 관리조회, 투자정보 활용 등 필요한 정보를 얻어 고객행동을 예측할 수 있다.

이렇게 해당 고객의 성향 정보가 실시간으로 계속 축적됨으로써 고객관리가 더욱 용이해지는 것이다.

2) CRM 마케팅의 유용성

(1) 경영전략 발굴

오늘날 경영활동에서 '무한경쟁시대에 어떻게 살아남을 것이며 이에 대한 강력하고 구체적인 대안은 무엇인가'에 초점을 맞추어 역량을 집중화 하는데 많은 관심이 모아지고 있는데 이를 경쟁우위전략이라 한다. 언제, 어디서, 어떻게, 누구와 경쟁할 것인지 전략적인 과제를 해결하기 위해서는 구체적인 대안이 필요하다. 즉, 시장에 즉각 반응할 수 있는 조직구조를 구축하여 경쟁우위를 확보하고 고객 개개인을 대상으로 차별화된 개별 마케팅을 전개해야 한다. 이러한 경쟁 환경에서 이기는 가장 현실적인 대안이 바로 CRM 마케팅이다.

(2) 고객관계가치의 경영자산화

① 고객관계가치의 발굴

고객관계가치(Customer Relation Value)란 기업이 고객과의 다양한 접촉 및 커뮤니케이션 경로를 통해 일정기간 동안 형성된 결과물로서 '고객자산(Customer Equity)' 또는 '고객 충성도자산'이라고 한다.

고객과의 관계는 기업이미지, 제품 및 서비스의 질과 신뢰성, 판촉활동, 여러 고객접점 과정에서 발생하는 친밀감, 욕구 충족과 만족, 감동, 기대, 동질감, 정보제공 등을 통해 지속적으로 연결되는 속성이 있다.

② 고객 재발견

CRM은 자사 고객의 실체와 중요함을 인식할 수 있는 도구의 역할도 가지고 있으므로 '고객 재발견'이라는 다음과 같이 기업 인식의 변화를 수반한다.

- 우리 회사의 고객은 누구이며, 핵심고객층은 어떤 사람들인가?
- 고객이 우리 회사와 계속 거래하면서 장차 요구하게 되는 혜택이나 서비스는 무엇인가?

- 고객을 오래 유지시키고 고객의 생애가치를 극대화할 수 있는 방안은 무엇인가?
- 고객의 생애가치를 극대화하여 수익성을 높일 수 있는 방안은 무엇인가?

상기한 항목들은 CRM을 전개하는 절차를 의미하기도 하지만 궁극적으로 고객의 가치창출을 통해 또 하나의 고객자산 가치를 증진시키는 일종의 전략적 프로그램이라는 것을 알 수 있다.

③ 고객충성도의 자산화

최근 고객의 자산을 수치화하려는 기업들이 늘고 있다. 고객을 자산으로서 관리하기 위해서는 고객의 가치를 적정하게 평가할 수 있어야 한다. 이 중에서 고객충성도를 자산화 하는 작업은 기업경영에 큰 영향을 미칠 수 있다.

고객충성도 자산은 수학적 공식에 의거하여 고정시킬 수 있지만 그보다는 고객의 구매량, 구매기간, 마진 등의 총량적 가치는 물론 주주의 가치, 종업원의 가치를 내부 의사결정이나 합의에 따라 최적화시킨 가중데이터를 기준으로 삼아야 한다.

(3) 고객중심경영과 고객마케팅의 강화

오늘날 기업의 경영활동은 고객을 만족시키고 삶의 질을 향상시키기 위해 건전한 소비문화와 생활문화를 창조하고 보급하는 대고객 지향적인 활동에 큰 비중을 두고 있다. CRM은 목표고객 설정, 고객의 형태분석, 고객의 서열 및 등급분류, 고객과의 1대1관계 개선활동, 고객기여도에 따른 혜택 부여 또는 이익환원 등 데이터베이스 마케팅 기법을 토대로 하되 고객을 대상으로 하는 인간적인 요소를 중시하여 고객지향성이 매우 강하다.

지금까지 살펴본 바와 같이 CRM 마케팅은 기업에 다양한 유용성을 제공하며, 이와 같은 CRM 마케팅 활동을 통해, 고객 LTV(Life Time Value)의 수익적 요소를 구성하는 고객의 구매를 지속적으로 유지 및 활성화하고, 비용 요소를 구성하는 고객에 대한 지출 비용을 고객 세분화를 통해 보다 효율적으로 절감하며, 지속적인 고객 보상과 관계 강화를 통한 고객 이탈을 극소화하고 거래 기간의 장가화 등의 각 구성요소들을 관리하여 궁극적으로 고객의 생애가치를 극대화하고 기업의 장기적이고 안정적인 수익의 확보를 달성할 수 있을 것이다.

3 마케팅전략의 기본개념

1) SWOT 분석

시장세분화를 통해 마케팅 표적이 정해지면 구체적인 마케팅전략을 수립하기 위해 먼저 자사 사업이나 상품의 강약점과 시장환경변화를 면밀히 분석하여야 한다. 여기서는 이러한 분석을 위해 보편적으로 활용되고 있는 SWOT분석 기법을 살펴보기로 한다.

먼저 SWOT분석을 하기 위해서는 다음의 네 가지 단계를 거쳐야한다.

첫째, 예상되는 소비자들의 구매형태 변화, 경쟁사의 동향, 새로운 업체의 출현 등 기업의 마케팅활동에 영향을 미칠 수 있는 시장환경의 변화를 객관적으로 파악하여 위협과 기회요인으로 나누어 분석하여야 한다.

둘째, 경쟁사에 비해 상대적인 자사의 핵심역량, 즉 부동산, 인재, 회사이미지, 브랜드 가치, 정보력, 국제화 수준 등 유무형의 내부적 자원과 능력에 대한 강·약점을 파악하여야 한다.

셋째, 시장의 변화요인과 핵심역량을 기준으로 다음의 도표 〈표2-1〉를 작성하여 자사의 현재 상태와 위치를 정한다.

〈표 7-2〉 SWOT 분석 도표

환경 / 내부자원과 능력		위협(Threats)			기회(Opportunities)		
강점 (Strengths)							
약점 (Weaknesses)							

마지막으로 이를 근거로 구체적인 마케팅 전략을 수립하는 단계를 거쳐야 한다. 위의 도표를 기준으로 선택할 수 있는 마케팅전략 대안으로는 다음 그림에서 보는바와 같은 것들이 있다.

TS	시장침투전략 제품확충전략	OS	시장기회선점전략 시장/제품 다각화전략
TW	철수전략 제품/시장 집중화전략	OW	핵심역량강화전략 전략적 제휴

〈그림 7-5〉 SWOT분석에 따른 마케팅전략

〈그림 7-5〉에서 자사의 위치가 TS영역에 있는 경유, 시장의 위협요인은 있으나 자사가 상대적으로 강점을 가지고 있으므로, 강점을 충분히 발휘하여 공격적으로 시장에 진입하거나 제품계열을 확대하는 전략을 강구하는 것이 좋다.

다음, TW영역은 환경의 위협요인이 많은데도 자사의 핵심역량이 부족한 경우이므로 비교적 경쟁력이 있는 특정제품으로 핵심역량을 집중하는 집중화전략이 필요하며 이것도 곤란한 경우에는 시장에서 철수하는 것을 고려하는 것이 바람직하다.

또한, OS영역에 있는 경우 시장기회가 있고, 자사의 전략적 강점이 많은 매우 좋은 상황이기 때문에 기업은 시장의 기회를 선점하거나 시장/제품의 다각화 전략을 수립하여 추진하는 것이 유리하다.

끝으로 OW영역은 시장의 기회는 존재하나 자사의 핵심역량이 부족하므로 기업은 핵심역량을 강화하거나 보완하는 전략들을 구사해야 한다.

그러나 여기서 주의해야 할 것은 자사의 위치가 파악되어 이러한 전략들을 구사하더라도 앞으로 어느 영역으로 진입할 것인가를 사전에 고려하는 전략을 수립하여 추진해야 한다는 것이다. 말하자면 TW영역에서 가장 기업에 유리한 조건인 OS영역으로 가기 위해 먼저 TS영역으로 갈 것인지, 아니면 OW영역으로 갈 것인지 등을 경쟁사의 전략과 자사의 경쟁력을 고려하여 전략적으로 접근할 필요가 있다는 것이다.

대부분의 기업이 일반적으로 자사의 역량을 먼저 강화시키고 TS방향으로 가는 전략을 선택하고 있으나, 반드시 이를 따를 필요는 없으며 오히려 위기를 기회로 전환하는 창조적 전략이 성공을 하는 경우도 많음에 유의할 필요가 있다. 이상과 같이 현재의 자사의 위치를 파악하고 이에 맞는 전략을 구사함과 동시에 향후 나아갈 전략적 위치를 선정하는 방법을 SWOT분석에 의한 동태적 마케팅전략이라 한다.

2) 마케팅전략의 기본단계

(1) 전략의 의미

전략은 목표달성을 위한 기본노선으로서 수행할 행동과 이에 필요한 자원의 분배를 핵심내용으로 하며 미래의 목표에 현재의 자신을 적용해나가는 하나의 지침이 된다. 따라서 전략은 미래의 불확실성에 대비한 창조적 비전제시라고 말할 수 있다. 그러므로 전략에는 항상 위험성이 내포되어 있는데 다음은 전략을 수립할 때 이러한 위험성을 다소나마 줄이기 위한 기본적 원리들에 대하여 살펴본 것이다.

① 집중의 원리

절대분리의 원칙(Lanchester's Law)에 따라 경쟁력이 약한 기업은 절대적으로 불리하므로 경쟁력이 강한 기업이 진출한 시장을 피하여 동질적 특정 세분 시장에 집중적으로 진출하는 것이 바람직하다는 원리이다.

② 선제의 원리

특정지점과 시점의 사전점유를 의미하며 예를 들어 특허권·상표권 등의 사전 취득이나 우수한 기술의 사전 확보, 특정시장의 선점 등이 유리하다는 원리이다.

③ 연계의 원리

공생적 · 호혜적 활동을 말하며 경쟁기업끼리 유통구조를 공동 이용하는 등 서로의 강점을 협력하여 시장을 분할 점유 하는 것이 유리하다는 원리이다.

④ 적자생존의 원리

같은 속도, 같은 방향의 원자는 존재할 수 없으므로 적자만이 생존하게 된다는 원리로 이를 위해 혁신적 제품 개발이 필요하다는 원리이다.

⑤ 지피(知彼)연계의 원리

경쟁자를 알아야 한다는 원리로 정보의 중요성과 정보의 보유정도에 따라 경쟁에서 성패가 좌우된다는 원리이다.

⑥ 인식의 원리

자사제품의 강점에 대한 소비자의 인식이 시장에서 경쟁우위로 나타나야 한다는 원리이다.

⑦ 반대의 원리

선두기업의 제품보다 더 좋은 제품을 생산하기보다는 전혀 다른 제품을 개발 · 생산하는 것이 좋다는 원리이다.

⑧ 이원성의 원리

전체시장은 아니더라도 특정세분 시장에서 2등까지는 점해야 유리하다는 원리로 어떤 제품시장이든 나중에는 쌍두마차가 주도하고 3·4위 업체는 군소업체로 전락하게 된다는 원리이다.

⑨ 전략지향의 원리

변화하는 시장환경에 적응할 수 있기 위해서는 전술이 아닌 전략 지향적으로 적응해 나가야만 마케팅에 성공할 수 있다는 원리이다.

⑩ 수익성지향의 원리

매출이 아닌 이익 지향적으로 전략을 수립해야 한다는 원리로 부가가치가 높은 상품을 지속적으로 개발할 필요가 있다는 원리이다.

⑪ 고객감동의 원리

제품을 시장에 출시할 때 고객으로 하여금 감동할 수 있도록 해야 한다는 것으로 고객의 필요나 욕구를 충족시킴으로서 자사제품에 매력을 느끼도록 해야 한다는 원리이다.

3) 마케팅 전략의 개념

마케팅전략이란 사업부에 할당된 제품시장에서 매출과 이익목표를 달성하기 위한 대안을 준비하고 이를 실행하는 것이다. 즉, 조직의 마케팅 목표를 달성하기 위한 전략이 바로 마케팅전략이다.

마케팅전략은 어떤 고객과 상품을 대상으로 할 것이냐를 결정하는 것에 의하여 마케팅 방식과 마케팅 영역의 두 가지 내용으로 구성된다. 마케팅 영역의 경우에는 시장을 세분화(Segmentation)하고, 목표시장을 결정(Targeting)하고, 포지셔닝(Positioning)하는 이 세 가지의 결정요소가 있고, 마케팅방식의 경우에는 상품(Product), 가격(Price), 유통(Place), 촉진(Promotion)이 주 내용이 되는 4P의 마케팅믹스(marketing mix)가 있다.

① 시장세분화(market segmentation)

② 표적시장의 선정 (targeting)

③ 제품포지셔닝(product positioning)

〈그림7-6〉 STP 전략의 진행단계

또한, 마케팅은 목표, 방식, 입장을 기준으로 여러 가지로 나누어진다. 목표를 기준으로 성장, 수익증대, 현상유지, 사업의 축소전략이 있으며, 마케팅 방식을 기준으로 하면 저비용, 차별화, 특화전략 등이 있다. 또한, 회사의 입장을 기준으로 할 때 마케팅을 하고자 하는 기업이 어떤 위치에 있느냐에 따라서 Leader, 틈새시장을 노리는 Nicher, 도전하는 Challenger, 단순히 다른 회사의 전략을 따라가는 Follower로 구분할 수도 있다.

마케팅전략 수립을 위한 기획단계에서 마케팅환경 분석, 소비자행동분석을 포함한 시장분석의 결과에 의한 시장분할과 목표시장 선정이 이루어지며, 이를 토대로 기업의 내부분석과 경쟁자분석을 통한 차별화전력과 포지셔닝 전략이 사용될 수 있다.

(1) 시장세분화

① 시장세분화의 의의

시장을 구성하는 소비자들의 저마다 다양한 욕구를 충족시키기 위해서는 전체시장을 일정한 기준에 따라 시장을 세분하여 각 세분시장의 욕구에 적합한 마케팅 믹스를 개발하는 것이 시장세분화이다. 다시 말하면, 시장세분화는 하나의 전체시장을 보다 작은 세분시장으로 세분하다 보면 그 가운데 충족되지 않은 매력적인 시장(세분시장)을 발견하게 되고, 그 시장을 표적시장으로 삼아 그들의 욕구를 충족시켜 줄 수 있는 상품을 제공하는 것이다.

이러한 시장세분화는 표적시장을 선정하기 위하여 시장을 세분화하게 되는데, 세분된 여러 시장 가운데 마케팅 기회를 제공해주는 매력적인 시장이 표적시장으로 선정된다. 선정된 표적시장에는 그들의 욕구에 적합한 마케팅 믹스를 개발하게 된다. 여기에서 세분된 각각의 세분시장은 저마다 동질적인 욕구를 가진 소비자 집단으로 구성되며, 세분시장마다 다른 차별적 마케팅(diffeentiated marketing)의 수행이 가능하게 된다.

이처럼, 시장세분화는 시장의 이질성 즉, 고객욕구가 이질적인 전체시장을 대상으로 동질적인 욕구를 가진 여러 개의 세분시장으로 나누고, 세분시장 가운데 마케팅 기회를 제공하여 기업목표를 달성할 수 있는 매력적인 시장을 표적시장으로 선정하고, 선정된 표적시장에는 다른 세분시장과는 다른 차별화된 특정 상품을 제공하게 된다. 각각의 세분시장마다 다른 차별적 마케팅의 적용이 가능하여 타사와의 경쟁에서 경쟁우위를 유지할 수 있고 나아가서 고객만족을 통하여 수익을 극대화할 수 있다.

그리고 시장세분화는 일정한 기준에 따라 전체시장을 세분하게 된다. 이때 사용되는 일정한 기준으로 여러 변수들 – 인구통계적 변수, 지리적 변수, 심리묘사적 변수, 행동분석적 변수 – 이 사용된다. 서로 다른 변수들을 이용하여 가장 유력한 마케팅 기회를 제공해주는 표적시장을 선정하게 된다.

시장세분화의 기준으로 사용되는 변수는 매우 다양하다. 이들 가운데 편익과 심리묘사적 변수가 시장세분화의 기준으로 널리 이용된다. 하지만 일반적으로 변수들이 단독으로 사용되기 보다는 여러 변수들을 혼합하여 사용하는 게 바람직하다. 분명한 사실은 시장을 세분화하는 하나의 올바른 방법은 결코 없다는 것이다.

② 시장세분화의 과정

기업의 목표는 차별적 마케팅을 통하여 경쟁우위를 유지하는데 있다. 이를 위해서는 전체시장을 보다 작은 세분시장으로 세분(segmenting)하게 되고, 시장을 세분하는 과정에서 목표달성에 유리하고 마케팅 기회를 제공해주는 표적시장을 선정(targeting)하게 되고, 선정된 표적시장에서 소비자의 마음속에 자리를 잡을 수 있는 포지셔닝(positioning) 마케팅믹스를 개발하게 되는 것이다.

이러한 일련의 과정을 시장세분화 과정이라고 하며, 시장세분화, 표적화, 포지셔닝의 과정을 거친다고 하여 STP 과정이라고도 한다. STP 과정은 〈그림 7-7〉에서 보는 바와 같이, 6단계를 거치게 된다. 시장을 세분화하기 위한 기준파악에서 시작하여,

1. 시장을 세분화하기 위한 속성(기준)파악(segmentation)
↓
2. 세분시장의 윤곽을 묘사 (segmentation)
↓
3. 세분시장의 매력유인을 위한 척도개발(segmentation)
↓
4. 표적시장을 선택(targeting)
↓
5. 표적시장을 포지셔닝(positioning)
↓
6. 표적시장의 마케팅믹스 개발 (marketing mix)

[그림7-7] STP 과정

세분시장의 윤곽을 그리고 세분시장의 매력을 유인할 수 있는 척도를 개발하고, 표적시장을 선정하고, 표적시장을 포지셔닝하고, 표적시장에 적합한 마케팅 믹스를 개발하게 된다.

③ 시장세분화의 조건 및 효과

어떤 하나의 전체시장이 있을 때, 그 시장이 크다고 하여 시장을 분할 할 수는 없는 것이다. 즉 시장을 나누어 가질 때, 나에게 돌아오는 몫(pies)이 있을 정도로 규모가 커야하고, 또한 그 세분시장에 메시지를 전달 할 수 있는 매체가 있어야 한다. 이를 위해 시장세분화를 하기 위해서는 적어도 다음의 조건은 충족되어야 한다.

첫째로, **규모성**(size)이다.

시장을 세분해도 나에게 돌아 올 몫이 있을 정도로 시장의 규모가 커야한다. 만일 그렇지 못하면 시장을 세분할 필요도 없는 것이다. 왜냐하면 시장을 세분할 때는 상당한 비용이 드는데 그 비용을 커버하고도 남는 이익이 있을 정도로 시장의 규모가 커야하기 때문이다.

둘째로, **측정가능성**(measurability)이다.

시장을 세분하여 여럿으로 분할하였을 때, 세분시장의 규모가 얼마나 되는지 측정할 수 있어야 한다. 예를 들어 어떤 출판사에서 책의 내용에는 관계없이 장식용으로 책을 사는 사람을 세분시장으로 삼는다면 이 세분시장의 인구와 구매력을 측정하기는 매우 어려울 것이다.

이들 각 세분시장의 규모를 측정할 수 있어야 한다. 만일 그렇지 못하면 시장세분화를 할 수가 없다. 왜냐하면 그 세분시장에 알맞은 상품계획을 세울 수 없기 때문이다.

셋째로, **접근가능성**(accessibility)이다.

세분시장의 규모가 크고 그것의 측정이 가능하다 하여도 그 세분시장에 도달할 수 있는 매체가 없다면 시장세분화의 의미도 없어지게 된다. 어떤 세분시장이 있으면 그 세분시장에 메시지를 전달할 수 있는 메시지가 있을 때 시장세분화의 효과를 거둘 수 있다. 가령, 병원선정에서 의사와 지속적이고 전문적인 관계를 유지하면서도 그들의 역할을 최소화하는 선정집단에 접근하기 위해서는, 그 집단의 소비자들이 즐겨 보거나 듣는 매체가 있어야 한다.

기업이 새로이 진출하고자 하는 표적시장이 선정되었으면, 표적시장이 하나의 시장으로서의 매력도를 평가하여야 한다. 세분시장의 매력도를 평가하는 기준(요인)으로서는 앞에서 설명한 바와 같다. 첫째는 세분시장의 조건이 충족되었느냐의 문제이다. 세분시장의 진출시 비용을 제하고도 이익이 산출될 정도로 적정규모 이상이어야 하고 또한 성장가능성이 있어야 한다. 둘째는 세분시장에서의 경쟁사와의 경쟁에서 이길 수 있는 풍부한 자원의 보유, 그리고 현재와 미래의 경쟁자에 대하여 경쟁우위를 확보할 수 있어야 한다. 표적시장의 선정은 세분시장이 시장으로서 매력성이 있는가의 평가를 통하여 그 시장에의 진입여부가 결정된다〈표 7-3〉.

〈표 7-3〉 세분시장의 평가기준

평가기준	내 용
시 장	시장으로서 적정규모와 성장가능성을 평가한다.
경쟁사	현재의 경쟁자가 시장의 리더로서 얼마나 강하며 그들의 마케팅 전략은 무엇이며, 미래의 잠재적 경쟁자는 시장진입의 가능성이 어느 정도인가를 평가한다.
자 원	경쟁사와의 경쟁에서 우위에 설 수 있는 자원은 무엇이며, 충분한 양이 확보되어 있는가를 평가한다.
목 표	세분시장이 기업의 목표와 일치하는지를 평가한다.
마케팅 믹스	자원의 효율적 이용과 시너지효과를 위해 기존의 세분시장과 동일한 마케팅전략의 적용여부를 평가한다.

세분시장이 매력적인 표적시장으로 선정이 되면 비로소 시장세분화가 이루어지는 것이다. 시장세분화를 하면 다음과 같은 효과를 얻을 수 있다.

첫째, 시장수용의 변화에 신속히 대처할 수 있다. 고객의 욕구가 동질적인 시장을 대상으로 함으로써 수요 변화에 신속히 대응할 수 있다.

둘째, 기업의 경쟁적 강점과 약점을 평가하여 유리한 시장을 선정할 수 있다. 기업은 시장세분화를 통하여 경쟁적 우위의 효과를 얻을 수 있다.

셋째, 마케팅 기회를 보다 쉽게 찾아낼 수 있다.

넷째, 기업의 한정된 마케팅 자원을 효율적으로 배분할 수 있다.

다섯째, 시장세분화를 통해 표적시장을 쉽게 찾을 수 있다.

(2) 표적시장

① 표적시장의 선정

마케팅전략이란 표적시장을 선정하고 그곳에 적합한 마케팅수단을 개발하는 일이라고 전술한 바와 같다. 따라서 마케팅 전략개발의 매우 중요한 단계는 표적시장을 선정하는 일이다. 아무리 우수한 마케팅계획이 수립되었다 하더라도, 마케팅계획이 성공을 거둘 수 있는 하나의 세분시장을 표적시장으로 선정하지 않으면 안된다.

그 표적시장은 미충족된 소비자의 욕구가 있고, 기업의 한정된 보유자원을 효율적으로 배분하여 욕구충족을 위한 상품을 제공할 수 있는 곳이어야 한다.

표적시장을 선정하지 않으면 안되는 이유는 기업의 보유자원이 한정되어 있어 전체시장을 상대로 마케팅 활동을 전개할 수 없으므로, 한정된 보유자원을 효율적 운영을 통하여 시장에서 성공을 거둘 수 있는 세분시장을 필요로 하게 되며, 그 세분시장에는 미충족된 욕구가 존재하기 때문이다.

일반적으로 표적시장을 선정하기 위해서는 일련의 STP(Segmentation, Targeting, Positioning) 과정을 거치게 된다. 이는 시장을 세분화하다 보면 다수의 세분시장을 발견하게 되고, 그 세분시장 가운데 하나를 표적시장으로 선정하여, 그 표적시장에서 소비자의 마음속에 자리를 잡을 수 있는 마케팅전략을 개발하게 된다. 세분된 표적시장에 대하여 기업은 차별적 마케팅전략을 실행할 수도 있고, 동질적인 시장으로 간주하여 비차별적 마케팅전략을 실행할 수도 있다.

여러 개의 세분시장들 중에서 표적시장을 선택하는 기준은 우리가 진입할 시장을 선택하는 기준과 동일하다. 즉, 표적시장은 다음과 같은 세 가지 조건을 충족시켜야 한다.

첫째, 그 세분시장이 높은 매력도를 갖고 있어야 한다.

둘째, 우리가 그 세분시장에서 높은 경쟁우위를 갖고 있어야 한다.

셋째, 그 세분시장이 우리 회사와 높은 적합성을 갖고 있어야 한다.

즉, 기업은 효과적인 CRM을 활용하여 높은 시장점유율을 달성할 수 있을 것이다. 다만 기업은 CRM전략을 활용하여야만 하고 기업은 표적시장 마케팅전략을 활용하여야만 한다는 것을 의미하지는 않는다. 그 보다도 목표는 각 요인의 가치가 표적시장에 대한 의사결정에 있어 유효한가를 밝히는 것이다.

② 표적시장선정 전략

시장세분화에 따라 나누어진 다수의 세분시장 중 한 개, 혹은 몇 개의 세분시장을 표적으로 선정할 수 있는데 표적시장을 결정하기 위해서는 각 세분시장의 크기와 성장성, 수익성, 기업의 목표와 자원, 그리고 접근 용이성을 분석하여 결정하여야 한다. 이 때 최적의 표적시장을 결정하는 전략으로 비차별적 표적시장 선정 전략, 집중적(단일) 표적시장 선정 전략, 다수의 표적시장 선정 절략, 역세분화 표적시장 선정 전략이 있다.

비차별적 표적시장전략(mass marketing strategy)은 전체시장을 표적시장으로 삼는 것을 말한다. 기업의 자원을 기준으로 볼 때 제품이 동질적인 경우, 시장이 독립적인 경우, 제품의 수명주기 중 도입기에는 이 전략을 사용한다.

단일표적시장전략(single target market approach)은 여러 세분시장 중 자사에게 가장 적합한 하나의 세분시장을 표적으로 정하는 전략이며, 제품이 이질적이든가, 제품 수명주기중 성장기와 성숙기에 이 전략을 사용한다.

다수표적시장전략(multiple target market approach)은 둘 혹은 그 이상의 세분시장을 표적으로 정하는 전략으로서 차별적 마케팅전략이라고도 한다. 이 전략은 제품이 이질적이든가, 제품수명주기 중 성장기와 성숙기에는 이 전략을 사용한다.

역세분화전략(counter segmentation strategy)은 두 개 혹은 그 이상의 세분시장을 통합하여 하나의 표적시장으로 정하는 것으로 통합표적시장전략을 말한다. 이는 각 세분시장의 규모가 작은 경우 한 가지 제품으로 각각 다른 욕구를 갖는 세분시장들을 동시에 충족시키고자 할 때 구사하는 전략이다.

(3) 포지셔닝 (positioning)

① 포지셔닝의 의의

포지셔닝은 시장을 세분화하고 표적시장을 선정한 다음에는 편익시장에서 자사의 상품을 소비자의 마음속에 자리 잡을 수 있도록 하는 일이다. 소비자의 마음속에 자리를 잡는 일은 다른 상품과 차별화될 수 있도록 표적고객들의 마음속에 명확하게 가치있는 자리를 잡도록 하는 것이다. 이를 하기위해서는 상품(기업)이 무엇으로 지각되기 보다는 어떤 편익을 주는 상품(어떤 일을 하는 기업)으로 지각되게 하느냐가 중요하다.

컨셉(concept)이란 기업이 고객들에게 어떠한 상품을 제공하겠다는 약속내지 의사 표명이다. 컨셉은 보통 슬로건을 통하여 고객에 대한 약속을 하고 있다. 그러므로 기업이 의도하는 대로 컨셉을 소비자들이 제공되는 상품의 질에서 인식할 수 있어야 한다.

즉, 포지셔닝이란 시장에 대한 기업의 종합적인 커뮤니케이션 조직적 활동이다. 우리 기업의 고객은 누구(표적고개)이며, 그들에게 어떤 이미지(컨셉)를, 어떻게 전달하여(커뮤니케이션) 고객의 마음속에 명확하게 자리를 잡을 수 있도록 하는 커뮤니케이션전략이다. 기업이 자사의 의도대로 소비자의 마음속에 명확하게 자리를 잡게 하기 위해서는 시장분석, 기업내부 분석, 경쟁분석 등을 토대로 명확하게 차별적인 지각이 되도록 하여야 한다.

② 포지셔닝전략의 개발

기업이 조직의 의도대로 시장에서 포지션을 정하여, 그것에 대한 소비자의 지각의 변화를 목적으로 하는 포지셔닝전략을 개발하기 위해서는 〈그림 7-8〉과 같이 기본적인 3가지 분석-시장부석, 기업내부분석, 경쟁분석이 이루어져야 한다.

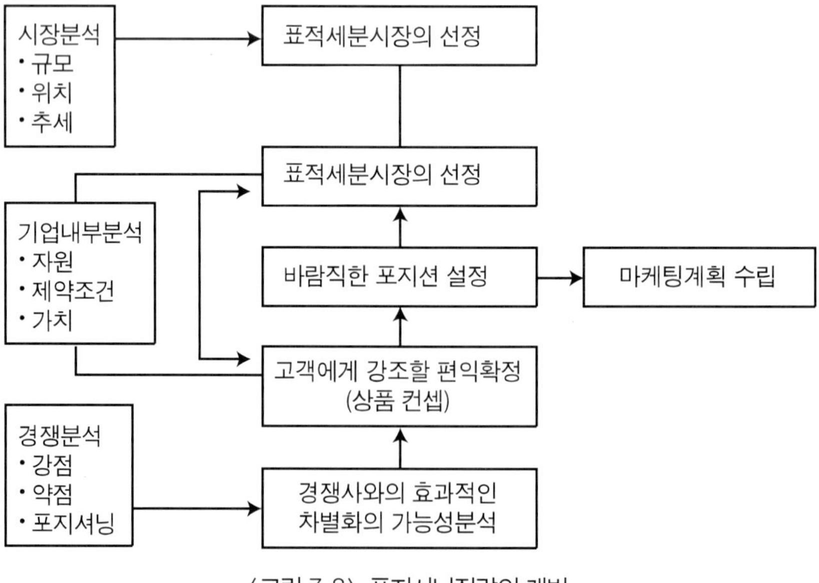

〈그림 7-8〉 포지셔닝전략의 개발

시장분석은 수요와 관련된 표적시장을 선정하는데 필요한 정보-수요의 전반적인 수준과 추세, 그리고 지리적 위치-를 얻는데 필요하다. 이를 통하여 세분시장(표적시장)의 규모와 잠재력을 결정하게 된다. 조사하는 세분시장을 구성하는 그들의 욕구와 선호도에 대한 통찰력을 가져야 한다.

기업 내부분석은 조직의 자원(재무, 인력, 노하우, 물적자산), 그것에 대한 한계와 제약조건, 그리고 경영의 가치와 목표들(수익성, 안정성, 성장성 등)을 파악하는데 필요하다. 이러한 분석을 통하여 조직은 기존의 상품 내지 새로운 상품을 기꺼이 제공하고 봉사할 수 있는 표적세분시장을 선정하게 된다.

경쟁분석은 경쟁사들에 대한 분석이다. 이 분석을 통하여 경쟁사의 강점과 약점을 파악하는 한편, 그들과 차별화할 수 잇는 기회를 포착할 수 있다. 그 결과 표적시장이 고객들에게 제공될 편익(benefit)이 결정 된다.

이상의 3가지 분석을 통하여 기업은 시장에서의 바람직한(이상적인)자리(포지션)를 선정하게 된다. 이렇게 하여 선정된 표적시장에 대하여 마케팅 계획을 수립하게 된다. 마케팅 계획의 실시에 따른 비용은 예상되는 기대수익과 관련하여 결정된다.

③ 포지션의 설정

시장분석, 기업내부 분석, 경쟁분석 등을 통하여 표적시장에서 이상적인 자리를 선정하게 된다. 이를 위해서는 자사상품과 경쟁상품이 현재 소비자들에게 어떻게 지각되고 평가되고 있는 가를 분석하게 된다. 기업은 표적시장에서 고객들이 이용하는 상품의 평가기준을 파악하여, 그것을 기준으로 경쟁관계에 있는 타사의 상품이 자리잡고 있는 위치를 확인하여 지각도(perceptual map)를 작성하게 되는 것이다. 지각도는 상품의 여러 평가기준들을 요인분석하거나 다차원 척도법 등을 이용하여 작성할 수 있다. 이 지각도상에 자리를 정하는 과정이 포지션의 설정이다.

4) 마케팅믹스의 구성요소

마케터가 통제할 수 있는 마케팅 제 수단의 주된 것은 제품계획, 판매정책, 판매경로 정책, 광고, 인적판매활동, 판매촉진 등이나 그 구성요소에 대하여는 각기 다른 견해가 있다. 특히 E. J. MacCarthy는 마케팅믹스에 있어서의 “4P's”로서 다음과 같은 요소를 들고 있다. 제품(Product), 가격(Price), 판매촉진(Promotion), 유통(Place)을 이른바 4P's로 개념화하고 전체를 소비자 중심의 이념에서 마케팅 체계를 형성하고 있다. 일반적인 제조업에서는 위와 같은 "4P's"로 형성되고 재화와 인적 상품의 결합인 서비스산업에서는 사람(People), 물리적 증거(Physical evidence), 프로세스(Process)를 덧붙여 마케팅믹스를 하고 있다.

(1) 제품 (Product)

제품과 직접 관련되는 과정으로는 제품계획, 상표선택, 포장, 서비스 등이 포함된다. 제품은 4P's 중의 하나에 불과하지만 잠재고객이 그 제품을 어떻게 생각하느냐에 따라 나머지 요소의 방향이 결정되기 때문에 가장 중요하고 제일 먼저 고려되어야 한다.

첫째, 제품계획(Product Planning)은 새로운 제품의 개발, 기존제품의 개량, 기존제품의 신용도의 발견 등과 현재 취급하고 있는 상품의 구색에 변화를 가져오게 하는 조치와 관련된 것이며, 또 새로운 상품을 개발하기 위한 연구와 제품의 특징이나 스타일 개발도 포함된다.

둘째, 상표선택(Branding)은 개별상표와 통일 상표의 선택에 대한 결정과 표찰의 결정에 대한 것이다.

셋째, 포장(Packing)은 제품의 포장과 표찰의 디자인 등이 포함된다. 최근에는 포장과 상표명도 소비자의 구매동기를 유탈하는 중요한 요인으로 작용하기 때문에 제품의 일부로 본다.

넷째, 서비스(Service)는 제품의 운반수단과 애프터서비스에 관련된 것이다. 제품은 Kotler에 의해 3가지 차원으로 분류되는데 핵심제품(Core product), 실제제품(Actual product), 확장제품(Augmented Product)의 3가지 수준으로 구성되어 있다는 것이다. 핵심제품은 제품이 제공하는 가장 기본적인 편익내지는 서비스를 말하는 것이며, 실제제품은 구매자들이 실제적으로 느끼고, 파악하고, 인식할 수 있는 수준의 제품을 의미하며 상표, 포장, 품질 등의 제품속성들이 포함 될 수 있다. 확장제품은 실제제품에 추가하여 제공하는 서비스나 편익을 의미하는 것으로 품질보증, 배달 서비스 등이 그 예가 될 수 있다.

(2) 가격 (Price)

가격은 교환과정을 통해 소비자가 비용을 지불하고 제공되는 제품에 대해 갖게 되는 가치의 인식이다.

① 가격결정의 목적

㉠ 이윤의 극대화

기업에서 이윤은 기업의 생존과 성장에 결정적 영향을 준다. 영리기관과 마찬가지로 비영리기관도 이윤을 추구하고 있으며 이윤을 추구할 필요가 있다. 사실 비영리기관은 영리위주는 아니었지만 영업손실의 방지를 위해 이윤추구를 해오고 있다. 가격과 수익성과의 관계는 영리성 여부에 관계없이 중요하다. 특히 영리행위를 비난받아온 의료기관들이 "환자들을 대상으로 돈을 번다는 것은 나쁘다" 고 생각하기 보다는 미래의 자본투자를 위한 적립금을 형성하기 위하여 잉여금을 남길 필요성을 인식하고 있다.

㉡ 이용의 극대화

기업들은 그들의 인적 물적 자원의 낭비없이 효율적인 운영을 위해 이용의 극대화를 추구해야 한다. 호텔이나 병원에 객실(병실)이 남아돈다면 생산시설의 낭비를 초래하여, 이의 이용을 극대화하여야 한다. 생산시설의 낭비가 없도록 기업들은 이윤의 극대화를 위해 상품의 가격을 인하하거나 할인해줌으로서 재이용의 증대를 기할 수 있다.

특정상품에 대한 일정비율의 가격변화는 동일한 비용의 광고지출로 인한 변화보다 매출액에 10~20배 더 강한 영향을 미칠 수 있다.

㉢ 고객의 단골화

모든 기업들과 마찬가지로, 신설 기업의 경우 경쟁의 극심화로 고객의 유치 및 확보가 사실상 어렵게 되었다. 고객들이 손쉽게 상품을 구매하고, 구매를 자극하기 위하여 판촉활동과 가격할인이 자주 이용된다. 한번 이용한 고객이 다시 이용할 수 있도록 고객의 지불능력에 맞는 가격 결정과 다양한 지불방법에 적합하도록 가격의 결정이 이루어져야 한다.

㉣ 공중관계의 증진

어떤 기업이던지 공중관계의 증진에 목적을 두고 가격을 결정한다. 보건, 교육, 예술, 도심교통 등과 같은 공공이나 비영리조직에 의해 서비스가 제공되는 경우와 생활필수품의 경우에 보편적으로 이용된다.

② 가격결정의 고려사항

상품의 가격은 상품의 수요에 영향을 미칠 뿐 아니라, 기업이 고객에게 어떠한 상품을 판매하고 있는가를 알려주는 기능도 담당한다. 왜냐하면 고객에게 제시해 보일 수 있는 유형의 대상이 아니어서, 고객은 가격과 같은 부차적 근거를 기초로 자신들의 상품에 대한 기대수준을 결정하기 때문이다. 만일, 기업이 그들이 제공하는 상품의 가격을 소비자들에게 알린다면, 그들의 기대수준을 통하여 소비자들은 자신들이 어느 수준의 상품을 기대해야 되는 가를 결정하게 되는 것이다.

이러한 점에서, 기업의 상품에 대한 가격결정은 매우 중요하다. 가격수준이 수요에 영향을 미침은 물론, 상품에 대한 기대수준을 형성하기 때문에, 상품의 가격이 광고의 허용범위에서 중요한 역할을 하고 있다. 기업이 상품의 가격결정에 관련된 중요한 이슈들은 다음과 같다.

- 표적고객은 누구인가?
- 고객이 바라는 편익은 무엇인가?
- 편익에 대한 고객의 부가가치는 어느 정도인가?

㉠ 표적고객은 누구인가?

표적고객에 적합한 상품의 개발도 중요하지만 가격결정 또한 중요하다. 가령, 표적고객의 소득수준에 따라 동일한 상품이라도 가격이 다르게 책정되어야 한다. 아무리 우수한 상품이라고 하더라도 그들이 지불 할 수 없는 가격수준이라면 그것의 구매는 불가능하기 때문이다. 표적 고객의 특성에 따라 가격결정이 이루어 질 필요가 있다.

㉡ 고객이 바라는 편익은 무엇인가?

바람직한 표적고객이 선정되었으면 그들이 원하는 편익이 무엇인가를 알아야 한다. 그들이 원하는 편익을 충족시켜 줄 때 높은 수준의 상품 가격을 책정할 수 있다. 고객의 편익요소에 따라 상품 가격범위가 달라진다. 고객이 필요로 하고 원하는 편익요소를 충족시켜 주는 상품의 개발을 통하여 상품의 부가가치를 높일 수 있다.

ⓒ 편익에 대한 고객의 부가가치는 어느 정도인가?

고객이 원하는 편익요소의 충족은 상품의 부가가치를 높여준다. 하지만 상품의 가치에 대한 고객의 인식은 고객의 만족여하에 따라 다를 수 있다. 동일한 상품에 대하여 기업은 그 가치를 높게 인식하더라도, 고객은 상대적으로 그 만큼 인식을 하지 않을 수 있다. 기업은 고객으로 하여금 높은 가치를 인식할 수 있도록 상품의 편익요소를 강조할 필요가 있다. 상품에 대하여 고객이 인식하는 가치의 정도를 파악하여 그것을 높일 때 상품의 부가가치는 증대된다.

(3) 촉진 (Promotion)

기업의 제품, 서비스를 주어진 가격에 구매하거나 구매를 유치하고 유도할 목적으로 해당 제품, 서비스의 효율에 대해서 실제 및 잠재 고객을 대상으로 정보를 제공하거나 구매 설득하는 활동을 말한다. 즉, 기업이 그들의 상품, 서비스의 효능을 실제 잠재적 고객에게 정보를 제공하고 구매를 설득하는 모든 활동을 말한다. 여기에는 광고, 인적판매, 판매촉진 및 홍보가 있다.

① 광고

이름을 명시한 광고주가 상품이나 서비스의 판매를 촉진할 목적으로 어떤 아이디어를 납득시키기 위하여 일반 대중에게 유료매체를 통해서 비인적으로 제시하는 촉진활동이다. 광고의 방법으로는 신문, 잡지 등으로 하는 인쇄광고, TV와 라디오 같은 매체광고, 옥외광고(전광판, 버스광고) 그리고 사이버 광고, 핸드폰 등 통신기기를 이용한 광고 등이 있다.

② 인적 판매

판매를 성립시킬 목적으로 1인이나 2인 이상의 예상 구매자들과 직접 면접하여 상품구입을 도와주거나 또는 구입을 권장, 설득하는 활동이다. 이는 동적인 성격과 신축성으로 인하여 고객 관계를 수립하고 관리하는데 탁월한 커뮤니케이션 수단이다. 제품이 복잡하거나 고가일 때 인적 판매의 중요성이 높다. 이는 제품의 상세한 내용을 잘 설명해 줄 수 있는 판매원 없이는 판매가 사실상 불가능하기 때문이다.

③ 판매촉진

광고나 인적판매의 활동을 측면에서 지원, 보강하는 일련의 활동으로서, 소비자의 소비활동을 자극하고, 판매점의 활동을 효과 있게 하는 비반복적이고 비교적 단기적인 판매보조 활동이다. 판매촉진의 수단으로는 쿠폰, 샘플, 경품, 구매시점 전시, 추첨행사, 판매경연회, 리베이트, 박람회 등이 있다. 판매촉진은 보통 타 마케팅 커뮤니케이션 수단들과 병행하여 사용된다. 예를 들어 추첨 행사나 경연회에선 이 사실을 대중들에게 알리기 위해서 광고와 함께 실시된다. 판매촉진 활동의 효과는 광고효과보다 빨리 나타나고, 측정이 수월하고, 주로 가격에 민감한 소비계층에 효과가 있다.

④ 홍보

기업이 자사, 자사의 상품, 서비스를 널리 알릴 목적으로 이에 관한 정보나 자료를 매스미디어, 특히 뉴스와 같은 매체에 제공하여 그것의 해설이나 평론으로 선정, 보도케 하는 활동으로써 비용을 지불하지 않는 커뮤니케이션이다. 특정 기업의 입장에서 보도되는 메시지를 완전히 통제하는 것이 불가능하기 때문에 홍보는 광고와 같은 비용지불에 의한 커뮤니케이션보다 신뢰성이 높다. 그렇기 때문에 많은 기업들이 외부 전문기관을 고용하여 자사의 PR과 홍보를 관리한다.

(4) 유통 (Place)

유통경로는 제품과 서비스가 생산자로부터 소비자 및 최종소비자에게 옮겨가는 과정에 참여하는 모든 개인 및 회사를 말한다. 유통경로 구성원들은 제조업체로부터 공급받은 제품을 그대로 소비자에게 전달하는 단순한 역할을 수행하는 것이 아니라 제품이 지닌 가치에 새로운 가치를 추가하는 역할을 한다. 만일, 각 기업들이 효율적인 유통경로를 가지고 있지 않다면, 기업의 상품배달은 지연될 것이고, 각 기업들은 고객 불만으로 인한 판매기회의 상실을 경험하게 될 것이다.

유통경로를 통한 상품과정에 참여하는 경로구성원에는 제조업자, 중간상(intermediaries), 그리고 구매자들이 포함된다. 여기서 중간상은 유통경로상에서 제조업자와 소비자 사이에서 활동하는 조직체이다. 중간상의 역할은 도매상이나 소매상에 의해 수행될 수 있다. 도매상(wholesalers)은 최종소비자에게 판매하지 않고, 주로 도매상이나 다른 도매상, 소매상에게 판매하는 중간상을 말한다.

소매상(retailers)은 주로 최종소비자들에게 상품을 판매하는 중간상이다. 요약하면 유통경로란 표적시장에 제품을 공급하는 방법, 즉 기업이 제품을 소비자가 이용 가능하도록 만들어 주는 수단으로서 생산자와 소비자 사이를 연결해 주는 유통경로의 결정, 도매상과 소매상의결정, 그리고 중간 상인들의 통합 조정에 관한 상항의 결정과 물적 유통관리도 포함된다.

4 인터넷 마케팅

1) 인터넷 마케팅의 개념과 특징

(1) 인터넷 마케팅의개념

인터넷마케팅은 기업의 제품이나 서비스를 소비자에게 판매하기 위한 마케팅 채널로 인터넷이라는 Network를 활용하는 것을 말한다. 인터넷마케팅은 기존 전통적인 마케팅을 확장하여 인터넷이라는 가상공간을 이용하는 것이다. 문자, 음성, 영상, 그래픽 등 다양한 형태의 그래픽을 제공하면서 멀티미디어 정보를 교환 할 수 있는 거대한 커뮤니케이션 미디어의 역할을 담당하고 있다.

(2) 인터넷 마케팅의 특징

일반(TV나 신문) 광고와는 다르게 양방향 의사소통이 가능하다. 과거의 마케팅은 기업에서 소비자로의 일방적인 의사전달이었던 반면 인터넷 마케팅은 기업과 소비자간의 양방향 의사소통이 가능하다. 기업의 웹사이트에 의견을 제시한다거나 댓글을 달 수 도 있고, 심지어는 고객 서비스나 판매직원과 실시간 채팅이 가능한 web2.0 시대가 도래 되었다. 인터넷 검색 결과의 키워드광고나 이메일로 전달된 광고를 보고 소비자는 즉시 물건을 주문한다거나 해당 기업이나 브랜드의 웹사이트로 이동하여 제품에 대해서 궁금한 점을 즉시 리서치 할 수 있다. 과거의 마케팅 매체들은 단순히 의사소통의 수단이었지만 인터넷을 단순한 의사소통수단을 넘어선 시장(Market)의 기능도 가지고 있기 때문에 의사소통과 상거래가 동시에 발생할 수 도 있다. 인터넷 회원가입을 통해서 개인정보들이 기업이나 포털사이트 등에 제공 되며 검색 등의 경우에는 개개인의 흥미나 라이프스타일에 따른 분류도 가능하다. 이처럼 기업은 표적 집단의 범위를 좁혀서 개인에게 보다 정확한 마케팅 타깃을 설정하고 맞춤형 마케팅 활동을 할 수 있다. 이처럼 세분화된 마케팅 타깃은 보다 저렴한 비용으로 더 큰 효과를 가져온다. 신문이나 TV광고는 모두 똑같은 것을 보게 되지만 인터넷에서는 마케팅활동을 펼치는 사이트나 매체에 따라서 그리고 소비자정보를 미리 가지고 있게 되면 지역별, 연령별, 성별, 혹은 선호도 따라서 맞춤형 마케팅방식을 달리 할 수도 있다. 또한 기업의 오프라인의 광고나 홍보 그리고 다른 소비자와의 접점에서 시행되고 있는 마케팅활동과 인터넷 마케팅을 통합함으로서 더 큰 시너지 효과를 만들어 낼 수 있다. 인터넷마케팅은 중소기업의 강력한 마케팅 수단이다. 인터넷의 등장으로 대기업과 중소기업 간에 상당한 차이의 폭을 줄여 놓았다. 전 세계의 고객을 상대로 저렴한 비용으로 기업을 홍보하고 판매도 할 수 있는 강력한 수단이다. 인터넷마케팅은 시간적 공간적 제약이 없다. 24시간 웹사이트에서 광고와 상거래를 할 수 있기 때문이다. 또한 인터넷마케팅은 광고 효과 측정이 용이하다.

2) 인터넷 마케팅 패러다임

인터넷 마케팅은 물리적 공간제약이 없다는 특징으로 컴퓨터 서버가 켜있는 한 시장은 24시간 가동한다는 특성이 있다. 소비자는 인터넷을 통하여 기업의 생산 활동에 참여하기도 한다. 제품에 대한 아이디어를 인터넷을 통하여 제공하거나, 게시판에 의견이나 자료를 올리고 있다. 소비자가 직접 생산활동에 참여하는 프로슈머(prosumer)의 역할을 하게 되는 것이다. 또한 소비자는 판매행위를 스스로 담당하는 세일슈머(salesumer)로서의 역할도 하고 있다. 인터넷 마케팅 4C란 고객 측의 비용(Cost to the Customer), 편리성(Convenience), 고객과의 커뮤니케이션(Communication), 소비자의 혜택(Customer Benefits)을 의미한다.

인터넷 마케팅믹스 관리에서의 콜레보레이션(Collaboration)은 네트워크를 구성하는 주체간에 상호의 이익을 위하여 상대를 관리하거나 힘을 합치는 방법을 의미한다.

인터넷 마케팅의 가장 큰 목표가 회원모집이다. 그래서 P2P(peer to peer)기술을 이용하여 소비자와 소비자간의 콜레보레이션은 기업의 마케팅 전략과 수익에 큰 영향을 미치는 요소로 부각하고 있다. 인터넷 환경에서 기업과 고객간 콜래보레이션의 관리방법은 컨텐트웨어의 개인화(personalization), 실시간 상품 추천(real-time recommendation), 캠페인 관리(campaign management) 등으로 구분할 수 있다. 컨텐트웨어의 개인화를 통해 고객이 가장 선호하는 내용만을 모아서 첫 화면에서 제공해 주는 것이다. 실시간 추천은 고객이 선호하는 상품을 실시간으로 추천해 주는 것이다.

기업과 기업간의 콜래보레이션은 각 기업 특유의 핵심역량을 바탕으로 부족한 경영자원을 상호 공유하거나 협력관계를 유지함으로써 경쟁력을 제고하고자 하는 것이다. 콜래보레이션을 위한 제휴를 추진할 때 필요한 것이 제휴 프로그램이다. 제휴프로그램(associate program)이란 자신의 사이트에서만 제품을 판매하기 위해 고객을 유치하는 것이 아니라 다른 웹사이트를 통해서 자사 사이트를 방문하여 제품을 구매하게 되면 수익을 함께 공유하는 장기적인 마케팅 프로그램이다. 고객과 고객간 콜래보레이션은 고객들끼리 서로 협력하게 하고 고객들이 스스로 가치창출을 할 수 있도록 도와주는 역할을 할 수 있도록 가상 커뮤니케이션 구축과 P2P의 활용을 적극 지원해야 한다.

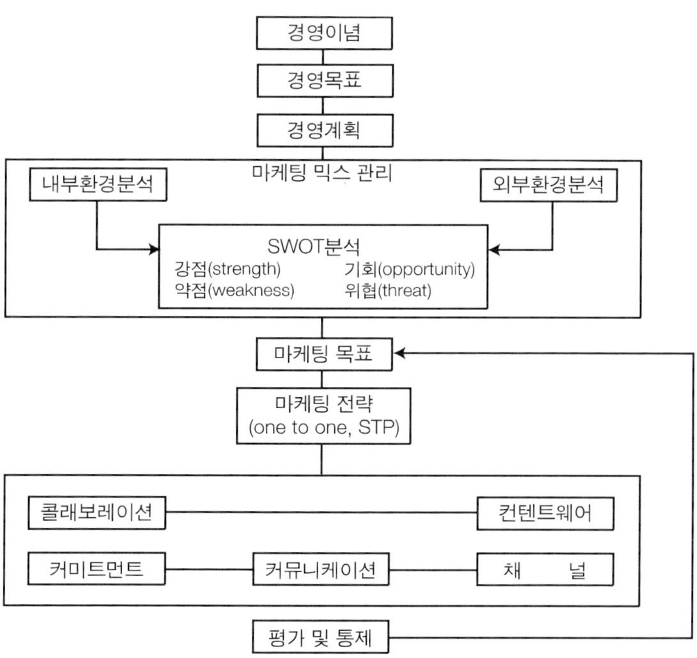

〈그림 7-9〉 인터넷 마케팅 전략 수립과정

3) 인터넷 마케팅 전략[9)]

인터넷 마케팅이란 현재 또는 잠재적인 최종소비자와의 필요와 요구를 충족시킬 수 있는 상품과 서비스를 제공하기 위해 인터넷을 통한 제품, 가격, 판매경로, 판촉 및 유통의 경활동을 수행하는 것을 말한다. 인터넷은 '동시 쌍방성', '개인화 된 상호작용' 등의 특징을 가지고 다른 면에서 기존 매체와는 전혀 다른 마케팅 환경을 제공하고 있다. 그러므로 기업은 인터넷의 새로운 틀 속에서 마케팅방식을 새롭게 도입해야 한다.

인터넷을 통한 마케팅의 수행에서 증장하는 기존의 마케팅 믹스는 기업에 따라 다를 수밖에 없다.

(1) 인터넷 제품 전략 특징

소비자가 제품을 선호하는데 있어서 가장 간단하면서 강력한 기준의 하나는 바로 상표(brand)이다. 상표는 자신의 제품이나 서비스를 확인하고 경쟁사들의 제품들과 구별하고 차별화시키기 위하여 사용되는 명칭, 말, 기호, 상징, 디자인, 또는 이들의 결합이다.

최근 들어 인터넷 기업 주가의 거품론이 확산되면서 강력한 브랜드파워의 중요성이 갈수록 커지고 있다. 하루에도 수십·수백 개의 사이트가 등장하고, 기존의 사이트들도 새로운 것을 추구하는 소비자들의 욕구를 만족시키기 위해 끊임없이 변화하고 있다. 사실상 인터넷상에 우리가 잘 모르는 브랜드들이 대부분이며, 그 중에는 소리도 없이 시장에서 사라지는 브랜드들도 매우 많다. 이와 같이 날로 경쟁이 치열해지고 있는 상황 속에서 결국 소비자의 마음을 사로잡는 강력한 인터넷 브랜드만이 시장에서 생존하게 될 것이다.

성공적인 브랜드는 구매자나 사용자의 니즈에 가장 밀접한 독특한 가치를 인식해 줄 수 있고 차별화 된 제품이나, 서비스이며 이러한 성공적인 브랜드는 경쟁자들과 비교하여 자신들의 차별화된 가치를 유지 가능케 한다. 이러한 브랜드의 개념은 고객서비스를 기반으로 차별화 된 가치를 제공하고 있는 웹사이트의 포지셔닝에도 밀접한 관련을 갖는다. 인터넷을 기반으로 한 브랜드는 제품의 특성보다 서비스를 강조한

9) 알렉산드라, E-mail 마케팅 활용 방안 연구, 배재대학교 대학원, 2008, pp.6-37

다고 말한다. 미국의 델 컴퓨터, 아마존 등의 인터넷기업들이 이러한 접근을 이용한 좋은 예이다. 또한 오프라인 시장에서의 상표 충성도(brand loyalty)를 그대로 인터넷에 사용하는 경우에는 교보문고나 롯데백화점 등이 있다.

일반적으로 오프라인에서 매장의 성공요인은 첫째도 위치(location), 둘째도 위치, 셋째도 위치라고 한다. 그러나 온라인에서 가장 중요한 성공요인은 첫째도 도메인명(domain name), 둘째도 도메인명, 셋째도 도메인명이라고 할 수 있다. 웹사이트의 도메인명은 사이트의 이름과 주소사이의 연결고리이다. 즉 웹상에서 다른 이름과 구분되는 브랜드이자, 웹사이트가 위치해 있는가를 알려주는 역할을 한다.

오프라인 브랜드와 마찬가지로 인터넷 브랜드도 이러한 브랜드 자산의 개념을 도입하여 브랜드 자산 관리를 통한 브랜드 관리에 힘을 쏟아야 한다. 오프라인처럼 온라인상에도 브랜드 자산 혹은 브랜드 파워가 강하게 구축되면 인터넷 브랜드의 경우 적은 마케팅비용을 들이고도 기존 고객을 유지하고 신규 고객을 계속 창출할 수 있다.

인터넷의 고유의 특성을 고려하면 사회 경제적으로 발전함에 따라 소비자들의 욕구도 변화한다. 즉 가격이 저렴하고 품질이 좋은 제품에서 자신의 개성을 표현할 수 있는 제품, 자신만을 위한 제품을 원하게 되는 것이다. 뿐만 아니라 인터넷의 도입은 고객의 욕구를 충족시키기 위한 기업의 제품전략을 다시 변화시키고 있다. 과거와 같은 단순히 고객의 욕구에 맞는 제품에 부가된 각종 서비스, 판매과정에서의 서비스, 판매 후 서비스를 제품과 함께 결합하여 개인적인 욕구를 충족시키고 있는 것이다.

인터넷은 정보를 유통시키는 매체라는 고유의 특성을 가지고 있으므로, 기업은 이러한 인터넷 특성에 맞는 제품전략을 개발해야 할 것이다. 기업은 인터넷 고유 특성을 고려하여 다음과 같은 제품 전략을 추구 할 수 있다.

첫째, 정보로 포장된 제품을 고객에게 제공한다. 인터넷에서 고객들은 자신들이 수집한 정보를 바탕으로 제품에 대한 구매 의사 결정을 내린다. 따라서 고객들로 하여금 자사의 사이트에서 제품을 구매하게 만들기 위해서는 충분한 정보가 제공되어야 한다. 아마존에서 모든 사람에게 동일한 책을 판매하지만, 나를 위해서 내가 좋아하는 책들을 E-Mail을 통해 알려주거나 웹사이트 방문하게 되면, 아마존의 추천시스템에 의하여 고객 관심분야의 책을 자동적으로 소개시켜 준다. 이런 추천시스템을 활용하면, 고객에 개별화된 경험을 제공해주어 책들이 자신만을 위한 것이라는 생각이 들 만큼 서비스에 관심을 갖고 있다.

둘째, 소비자 제품에 대한 가상적인 체험을 제공한다. 가상적 체험이란 소비자가 원하는 환경에서 제품을 가상적으로 소비할 수 있도록 하는 것인데, 제품에 대한 가상적 체험의 제공은 정보로 포장된 제품에 보다 생동감을 불러일으키는 역할을 한다. 예를 들어 의류를 판매하는 사이트에서는 자신의 체형을 입력하면 이 체형에 맞는 모델을 만들어주고, 판매되는 의류들을 이 모델에게 간접적으로 입어볼 수 있도록 지원하는 것은 물론, 옷을 입는 방법, 옷을 입었을 때의 이미지들에 대한 정보도 함 께 제공 하고 있다.

셋째, 디지털화 된 제품을 개발·판매한다. 디지털 제품은 온라인을 통해 전 세계 어디에서 빠른 속도로 전송할 수 있어 실물 세계에서 발생되는 유통상의 문제를 최소화할 수 있다. 소프트웨어, 사진, 음악, 비디오 등과 같은 소프트 제품이 디지털화 되어 인터넷을 통해 유통되는 경우가 이에 해당된다. 제품의 디지털화는 실물세계에서 제품의 유통과정에 발생하는 각종비용을 최소화함으로써 낮은 가격으로 최종 소비자에게 판매 할 수 있는 이점이 있다.

이처럼 인터넷에서 궁극적으로는 "고객 한 명을 위한 개인화된 제품"을 제공하기 위해 노력하고 있는데, 단지 제품을 개인적인 선호에 맞게 공급하는 것이 아니라, 서비스를 포함하는 총체적인 제품을 개인별로 차별화 시키고, 제품을 만드는 과정에서 개인이 직접 참여하여 스스로 만들어 가도록 하고 있다.

(2) 인터넷 가격 전략

① 가격전략의 정의

가격이란 "기업은 그들이 생산한 제품이나 서비스를 제공하고 일정한 대가를 받는데, 그 대가"가 바로 가격(Price)이다. 가격은 제품의 화폐가치, 화폐적으로 표현된 제품의 가치라고 할 수 있으며, 가격은 재화나 서비스에 대한 가치 평가를 의미할 수 있다.

기업의 입장에서 볼 때 제품, 유통, 촉진이 비용을 발생시키는 요소인 반면에 가격이 마케팅 믹스 중에서 유일한 수익을 창출하는 요인이 가격이다. 이 가격을 어떻게 정하느냐에 따라 기업의 미래가 결정되기도 한다. 구매자의 구매의사결정에 가장 큰 영향을 미치는 요인이 바로 가격이다.

② 인터넷에서 사용되는 가격 전략

인터넷에서도 가격 경쟁이 치열하다. 이미 인터넷 선진국이라고 할 수 있는 미국, 캐나다, 호주, 유럽 등에서는 인터넷에서 비즈니스를 전개하는 많은 기업들이 이 가격 파괴 전쟁에 대한 자신들의 가격전략을 나름대로 준비하고 있다. 국내기업에서도 가격차별화와 타 쇼핑몰의 가격 대 까지 비교 가능한 장점까지 내세워 광고하고 있다.

인터넷마케팅의 특징을 살리면서 가격 민감도를 줄일 수 있는 가격정책방법으로 크게 수요와 공급에 계속적으로 가격을 변화시키는 주문방식 가격제(order-based pricing)와 고객이나 제품의 특성에 따라 가격을 다르게 하는 차별화 전략(differentiated pricing)과 유인가격(loss leader)과 묶음 가격(price bundling)을 들 수 있다.

첫째, 주문방식 가격제는 거래당사자들이 제품에 대해서 느끼는 가격 민감도를 전적으로 수용해서 거래 당사자들이 원하는 가격을 직접 제시하게 되거나 제품을 조정할 뿐 아니라 거래당사자끼리 직접 매 거래마다 협상을 해주는 방법이다.

이러한 방법들을 동적가격제(dynamic pricing), 혹은 실시간가격제(real-time pricing)이라고 한다. 구체적으로는 경매, 역경매, 주문제품제, 협상가격제와 같은 가격 전략을 들 수 있다.

이외에도 실시간 가격제의 다른 형태로 사용량에 따라서 가격을 매기는 수확관리(field management) 가격제가 있다. 이 가격제는 항공사나 호텔처럼 고정 된 공급 능력을 최대한 활용하기 위해 수요 예측과 변동 가격제를 통해서 이익을 극대화시키는 것을 말한다.

둘째, 차별화 가격저략은 가격의 민감도에 영향을 주는 대체재 인식 효과를 줄이거나 독특한 가치 효과 등을 증대시킴으로써 고객의 가격에 대한 민감도를 줄여서 구매를 유도하는 전략이다. 차별화 가격전략은 동일제품이라 할지라도 고객에 따라 다른 가격을 책정하는 것을 가능하게 한다.

제품을 차별화 시켜서 가격을 다르게 책정하는 제품차별화 가격전략(versioning pricing)이다. 일대일 마케팅에서 하나의 시장으로 분리된 고객을 대상으로 고객을 유지함으로써 얻게 되는 고객별 총가치(customer lifetime value)를 기준으로 하여 고객별로 가격을 차별화 한다는 것이다. 소비자에 따라서 가격을 다르게 책정하는 세분화 가격전략(segmented pricing)이다.

셋째, 유인가격(loss leader)과 묶음가격(price bundling)을 적용시키는 것도 좋은 방법이다. 유인가격전략은 일부 품목을 매우 싼, 가격으로 판매하거나 원가 이하로 판매함으로써 고객의 수를 증가시킨 후 다른 품목은 정상가격에 구입하도록 유인하는 가격이다. 특히 책이나 컴퓨터 프로그램 옷의 경우에 자주 사용될 수 있다. 오래되었거나 이미 업그레이드 된 프로그램이 나왔거나, 혹은 별로 인가가 없는 책이나 컴퓨터 프로그램, 유행이 지난 옷을 원가 이하의 매우 싼값으로 파는 대신 다른 물건을 정상가격으로 판매하는 방법이다.

묶음 가격 역시 위와 비슷한 경우로 새 물건이나 인기 있는 제품을 그렇지 않은 제품과 한 묶음을 만들어 두 제품을 낱개로 구입할 때보다 싼 가격에 파는 것이다. 이때 물론 제품 각각의 가격을 비교 할 수 있어야 하고 따로 따로 살 수 있는 기회도 제공 하는 것이 좋다.

③ 인터넷 가격 전략의 특징

인터넷 환경은 기업의 비용구조에 커다란 변화를 가져오며, 기업의 비용구조를 개선할 수 있는 기회를 제공하기도 한다. 이는 인터넷이 원가를 절감시키고 제품 및 서비스의 가격을 저렴하게 하는 이유는 첫째, 간접비의 절감으로 기존 상거래에서 상품을 진열할 상점 구입에 소요되는 비용이 막대하다. 더욱이 물류를 위한 창고 등은 매장과는 달리 임대료나 임금이 저렴한 곳을 선택하는 것이 가능하다. 그러나 인터넷 쇼핑몰처럼 가상을 개설할 경우 웹페이지를 만드는 비용만 있으면 간단하게 상품을 전시하고 판매할 수 있다.

둘째, 기존 상거래에서는 종업원이 소비자에게 제품을 권유하거나 사용방법을 설명해야 한다. 인터넷 환경에서 고객의 셀프 서비스는 고객 지원과정에서도 나타나는데, 소비자가 제품에 대하여 의심나는 것이 있으면 전자 메일이나 FAQ(Frequently Asked Question)을 통해서 쉽게 해결할 수 있어 가상 쇼핑몰 운영비가 절약된다. 인터넷 상거래시 고객의 제품 주문, 주문 서류의 접수, 배달지시 등 모든 거래 활동이 서류 없이 이루어지기 때문에 적은 비용으로 운영할 수 있다. 그러므로 상점을 운영할

인원도 최소로 감소되며, 그에 따른 인적 비용 및 부대비용이 감소가 된다.

셋째, 인터넷 상거래는 오프라인 기업에 비해 적은 유통 단계로, 중간상이 개입하지 않은 직접 마케팅(direct marketing)으로 기존 상거래보다 훨씬 낮은 가격으로 제품이나 서비스를 고객에게 제공할 수 있다.

넷째, E-Mail이나 전자적 카탈로그와 마찬가지로, 소프트웨어나 이미지, 음악 파일등은 추가적인 비용이 거의 없어 무한정 재생산하여 유통시킬 수 있다. 이러한 전자적 제품의 특성은 매우 낮은 유통비용을 가져온다.

(3) 인터넷 유통 전략

① 유통 전략의 정의

일반적으로 유통이란 논리적인 개념으로 유통경로(distribution channel)와 물리적인 개념으로 물류(logistics)에 대한 관리로 크게 나누어 볼 수 있다.

유통 경로는 제품이나 서비스를 생산자로부터 최종 소비자에게 이동시키는 과정에 참여하는 기업과 개인들의 집합이다. 제조업자가 중간상을 거치지 않고 소비자를 사이로 직접 판매 한다면 제조업자는 본연의 업무인 제품 개발 및 생산 활동에 전력투구를 할 수 없을 뿐 아니라, 유통 과정에서 발생하는 많은 비용을 직접 부담하게 된다. 다시 말하면 제조업자는 제품 생산에 전념하고 중간상을 활동하여 소비자에게 유통시킴으로써 소비자는 편리하고 저렴하게 제품을 구매할 수 있다.

② 인터넷을 이용한 유통 전략

조직이나 기업이 자사의 홈페이지에서 상품이나 서비스를 직접판매, 기존 유통업자들의 반발을 고려해야 한다. 또한 각국의 언어, 시간, 수출입에 관한 법률, 문화적 차이, 환율 등을 고려해야 한다. 기업으로부터 제품이나 서비스를 제공받아 이를 고객에게 판매하는 형태로 수수료를 받는 간접 판매 형태가 있다. 다른 사이트와 협력을 통한 가상적 유통경로를 적극적으로 구축한다. 웹에서는 한 번의 클릭으로 사이트를 옮겨 다닐 수 있으며, 정보를 주고받을 수 있다는 특징이 있다. 따라서 자기가 갖지 못한 정보나 서비스를 제공하는 사이트와의 협력을 통해 강력한 유통 채널을 설립할 수 있는 계기를 마련할 수 있다.

인터넷은 하나의 시장이다. 따라서 기존에 생산자가 소비자에까지 도달하기 위해 필요했던 여러 유통 단계를 극단적으로 축소되었다. 인터넷의 장점은 바로 이러한 유통단계의 축소로 유통단계별로 부가되는 비용을 대폭 줄일 수 있어 보다 저렴한 가격으로 소비자에게 공급할 수 있는 기반을 갖출 수 있다.

또한 실물세계에서의 유통구조는 제품의 물리적인 흐름을 강조하는 반면 가상 세계인 인터넷에서는 정보의 흐름(information flow)을 가장 중시한다.

최근 인터넷의 발전으로 함께 성장하고 있는 산업중의 하나가 바로 택배산업일 것이다. 택배라는 개념은 집까지 배달한다는 것으로 매우 편리하다. 하지만 대형의 물건의 이동은 어렵고 주로 소형의 화물을 이동하는데 사용된다. 인터넷에서 소형의제품을 위주로 판매하는 전자상거래의 성장은 바로 택배산업의 발전을 가져다주었다. 대부분 인터넷 기업은 전속 택배회사를 두고 제품의 배달을 일임하고 있다.

인터넷 기업들에 있어서 물류 관리의 핵심은 바로 제품을 제공업체와 택배회사와 같은 운송업체와의 정보공유이다. 모든 거래의 주체는 인터넷기업이므로 소비자에게까지 완전하게 배달되는 전 과정에 대해 철저한 관리가 있어야 한다.

유통비용의 절감을 위해서는 빠르고 정확한 고객정보를 수집분석하고 고객의 욕구와 의견을 수렴하여 새로운 경쟁기회를 활용하는 효율적인 기업운영이 필요하다. 따라서 물류 창고 및 배송 체계를 공동운영하고, 해외 물류센터의 공동 운영으로 신속 정확한 배달 서비스를 고객의 주문 상품의 배달 과정의 실시간 추적 서비스 제공 및 반품 서비스, 품질 보증 등 신뢰할 수 있는 상품의 제공, 주문(order-processing), 판매 후 서비스까지의 고객서비스기준(customer service level)을 설정하여 고객 만족은 물론 유통경로의 효율화를 통한 유통비용을 절감할 수 있는 마케팅 전략이 필요하다. 또한 인터넷 유통경로에 대해 고객이 믿음을 가질 수 있도록 업무 지연이 없도록 해야 한다. 보이지 않은 것에 대해 믿음을 가질 수 있도록 하는 것은 신속한 후속처리임을 명심해야 한다.

(4) 인터넷 촉진 전략

① 촉진전략의 정의

기업이 소비자의 욕구에 맞는 제품을 개발하고, 그것을 적당한 가격으로, 소비자가 쉽게 접근할 수 있는 유통경로로 통해 시장에 투입한다 하더라도, 소비자에게 제품을 알리고 권유하여 1구매자를 자극하는 촉진활동 없이는 최종적인 판매가 이루어지지 않는다. 이처럼 촉진의 중요성은 특히 시장 경쟁이 치열해 짐에 따라 더욱 커지게 된다.

촉진(promotion)은 표적 소비자로부터 기업이나 제품에 대하여 호의적인 반응을 얻기 위해 행해지는 커뮤니케이션 활동이다.

촉진 믹스의 구성은 다음과 같이 광고(advertising), 인적판매(personal selling), 공중관계(public selling), 판매촉진(sales promotion)으로 되어 있다.

② 인터넷을 이용한 촉진 전략

인터넷의 쌍방향성이라는 특정에 기인하여 기업과 고객 간 관계에 있어서 획기적인 변화를 가져올 수 있을 것이다. 인터넷을 통한 고객 간 관계에 있어서 획기적인 변화를 가져왔다. E-Mail을 통한 잠재 고객과의 접촉은 쌍방향적으로 고객과 E-Mail로 정교한 정보 교환 및 규칙적인 의사소통 하게 되었다.

인터넷은 개별적인 대응으로 인해 기업과 개인이 일대일로 만나는 것을 가능하게 한다. 이런 직접적 접촉은 또 다른 고객 가치를 창조한다. 즉 고객과 기업 간의 접촉이 더 활발해짐에 따라 고객은 서비스를 더 자주 이용하게 되고, 더 많은 시간을 그 사이트에서 보낸다. 고객에게 더 개인화 된 서비스를 제공할 수도 있고, 은행에도 VIP 고객에 대하여는 특별한 서비스가 있듯이 온라인상에서도 우수 고객에게는 제공하는 서비스는 차별화 되어있다.

기존의 마케팅에 있어서 목표가 되는 존재나 그 대상이 불특정했고 마케팅의 목표는 통계자료나 설문 등의 조사를 통한 자료를 바탕으로 이루어졌으나, 고객 데이터베이스 구축기술, 데이터마이닝 활용 기술의 발전으로 점차 목표 대상이 구체화되고 특정화됨에 따라 마케팅 전략도 변화하게 되었다.

인터넷 광고는 기존 대중매체광고에 비해 다음과 같은 점에서 차이가 있다.

첫째, 인터넷 광고는 광고효과를 측정하는 것이 용이하다. 인터넷 광고는 어떤 이용자가 몇 번이나 광고를 보았고, 광고페이지에 얼마동안 머물렀는지 등의 소비자 반응을 즉시 알 수 있다. 소비자반응에 대한 데이터베이스의 축적은 광고 예산편성이 중요한 결정요인이 될 뿐 아니라 데이터베이스 마케팅을 할 수 있는 중요한 근거가

된다.

둘째, 특정의 표적소비자 층을 겨냥한 맞춤광고 (혹은 1대1 마케팅)를 가능하게 한다. 기업의 사이트에 가입한 회원의 연령, 성별, 소득, 거주지역, 직업, 취미 등에 관한 정보를 확보하고 있는 그 사이트를 방문하는 고객의 특성에 맞는 맞춤광고를 내보낼 수 있다. 예를 들어, 자동차를 바꿀 시기가 된 20대 남성소비자들을 표적으로 스포츠카 광고를 걸거나 대입수험생을 표적으로 하여 수능 학습지 광고를 내 보낼 수 있다.

셋째, 인터넷 광고는 기존매체에 비해 매우 저렴하다. 기존 대중매체광고는 불특정 다수를 대상으로 실시되므로 막대한 광고비가 드는 반면에 인터넷 광고는 구매력 있는 특정의 소비자 계층만을 표적으로 하여 적은 광고비용으로 높은 광고효과를 거들 수 있다. 예를 들어 일간지 전면광고나 9시 뉴스의 15초 광고에 지출되는 광고비를 가지고 유명사이트 15일에서 길게는 한 달 이상 동안 24시간 광고게재가 가능하다. 인터넷 광고비는 대체로 광고효과에 맞추어서 정해지는데, 예를 들어 광고비는 그 광고가 게재된 사이트에 들어오는 접속자 수의 증가에 따라 비례한다.

넷째, 광고의 신속한 갱신이 가능하다. 인터넷은 타 매체에 비해 거의 실시간으로 상품정보의 갱신이 가능하다. 일반적으로 신제품이 출시되어 이에 대한 대중 매체광고를 준비하거나 상품카탈로그를 새로 찍어 내는데 상당한 비용과 시간이 필요하다. 그러나 인터넷 광고는 쉽게 유연성을 갖는다.

(5) 브랜드 전략[10)]

① 브랜드자산(Brand equity)

브랜드(Brand)는 경쟁 제품과의 차별화를 위한 수단이며 인터넷은 시간적 · 공간적 제약이 없기 때문에 브랜드 확산에 중요한 역할을 한다. 유통업체는 이미지가 좋은 브랜드를 취급하려 하기 때문에 유통에서도 경쟁력을 확보할 수 있다.

브랜드자산이란 어떤 제품이나 서비스가 브랜드를 가졌기 때문에 발생된 바람직한

10) 지정근, 인터넷 마케팅의 전략에 대한 이론적 고찰, 경북외국어테크노대학, 논문집8집 2004, pp.150-157.

마케팅 효과(상표애호도, 시장점유율 또는 수익)를 의미하며 브랜드자산은 고객의 브랜드인지도(brand awareness)와 브랜드연상(brand association)으로부터 형성된다. 강력한 브랜드 자산을 형성하기 위해서는 먼저 소비자에게 브랜드를 인지시키고, 경쟁상표보다 호의적이고, 강력하며, 독특한 연상을 갖도록 해야 한다. 예로, "침대는 가구가 아닙니다. 침대는 과학입니다." 광고를 통해 에이스 침대는 강력한 브랜드 자산을 구축, 높은 시장 점유율과 수익을 유지할 수 있었다.

수많은 정보들의 홍수 속에서 나름의 선택을 강요당하고 있는 소비자들은 점차 자신이 알고 있는 좋아하는 '브랜드'를 그 선택의 기준으로 삼으려는 경향이 강해지고 있다. 그리고 기술의 발달과 스피드 경쟁으로 말미암아 컨텐츠나 기술 또는 서비스의 질 자체의 차별화가 점차 어려워지는 치열한 경쟁 속에서 장기간 누적되어 온 브랜드 자산은 경쟁사로부터 쉬운 모방을 허락하지 않는 거의 유일한 경쟁무기가 되어가고 있다.

② 브랜드 전략의 실행 단계

"브랜드는 기업의 생명과도 같은 것이어서 소중하게 보호되어야 한다."라고 소니의 전 회장 모리타아키오가 말했듯이, 브랜드의 중요성은 산업사회의 선진화가 가속되면서 점차 그 크기를 더해가고 있다. 특히 이미지 경쟁의 시대가 도래하면서 무형의 자산가치인 브랜드의 가치가 기업의 유형자산보다 훨씬 큰 덩치를 형성하고 있기도 하다.

브랜드 전략이란 브랜드의 이름을 짓고 시장에 선보여 판매를 높이는 데 도움을 주는 활동이다. 브랜드 전략은 대체로 다음과 같은 단계를 포함한다.

첫째는 브랜드 네이밍(Brand Naming)이다. 상품에 좋은 이름을 짓는 것으로서 소비자들에게 해당 제품의 이미지를 가장 잘 전달 할 수 있도록 짓는 것이 중요하다. 상표명은 제품 내용과 조화를 이루어야 하며, 경쟁 제품과 차별화 될 수 있어야 한다. 좋지 않은 의미를 내포하지 말아야 하고 제품의 기능 및 편익을 잘 전달할 수 있어야 하며 발음이 쉬워야 한다.

둘째는 브랜드 아이덴티티(Brand Identity)이다. 이는 상품 이름이 내재하고 있는 개념 또는 추구하는 성격인데, 브랜드가 현재 갖고 있는 이미지나 앞으로 부여할 이미지를 더욱 구체화하여 정체성(Identity)을 수립할 필요가 있다.

브랜드 아이덴티티 전략으로는 명확하고, 강력하고, 차별화 할 수 있는 브랜드를 만들고자 한다면 브랜드의 다양한 요소와 형태를 종합적으로 고려할 수 있는 체계를 제공해야 한다. 브랜드 이미지 전략(Brand Image Strategy)은 소비자의 욕구 충족을 심리적인 차별화에 기준을 두고 소비자들에게 상징적인 제품을 연상시킴으로써, 궁극적으로 자사 브랜드의 이미지를 높여 브랜드의 선호도를 증가시키는 것을 원칙으로 한다. 즉, 제품의 개성을 소비자에게 어떻게 심어 주느냐가 이 전략의 초점이 된다. 제품의 물리적인 차이에 있어서 개발이 어렵거나 빨리 대체될 수 있는 동질의 제품 전략에 가장 적합하다.

셋째는 브랜드 포지셔닝이다. 브랜드 포지셔닝이란 수립된 브랜드 아이덴티티를 표적고객들이 쉽고 분명하게 이해할 수 있는 형태로 전환하는 구체적인 작업이다. 브랜드 아이덴티티를 구성하는 여러 연상들 중에서 경쟁우위를 제공할 수 있는 부분만을 표적 고객에게 집중적으로 전달해야 한다. 기업이 원하는 브랜드 포지션을 창출하기 위해서는 먼저 브랜더 Identity와 브랜드 이미지를 비교하여 기존의 브랜드 이미지를 확장 또는 강화하거나 분산(부드럽게 하는 것)시킬 수 있는 방향으로 브랜드 포지션을 결정한다.

넷째는 브랜드 로열티이다. 브랜드 로열티(Loyalty)는 브랜드에 대한 소비자의 충성도 즉, 한 브랜드를 써본 결과 좋은 이미지를 갖게 되면 계속적으로 그 브랜드를 고집하는 소비자들의 성향이다.

다섯째는 브랜드 확장이다. 브랜드 확장(Extension)이란 성공한 기존 상품의 브랜드를 다른 상품에도 도입하여 사용하는 것을 말한다. 브랜드 확장은 바로 브랜드 로열티를 이용하는 브랜드 전개 전략 중 하나이다.

③ 브랜드 아이덴티티 (Brand Identity : BI) 요소

브랜드 아이덴티티는 기업이 고객들로부터 자사 브랜드에 대해 궁극적으로 갖기를 기대하는 이미지(또는 연상)를 말한다. 브랜드 아이덴티티(BI)의 수립은 고객들에게 자사 브랜드에 대해 궁극적으로 어떤 브랜드연상(또는 이미지)을 갖도록 할 것인가를 결정하는 과정이다. 이에 대한 요소는 다음과 같다.

첫째, 제품(Product)의 연상은 제품의 물리적 사용과 관련된 연상으로 브랜드의 선택과 사용 경험에 직접적으로 연결되는 요소이다.

둘째, 개성(Personality)의 연상은 제품의 특성에 기초를 두기보다는 더 흥미로운 브랜드 아이덴티티를 제공하는 요소이다.

셋째, 조직(Organization)의 연상은 제품이나 서비스의 특징보다 회사의 특징에 초점을 맞춘다. 혁신, 품질 향상, 환경에 대한 관심 같은 것이 특징이다.

넷째, 상징(Symbol)의 연상에서 강한 상징은 소비자의 브랜드에 대한 호감과 연상을 쉽게 얻는다는 특성이 있다. 종류로는 시각적 상징물, 은유, 브랜드의 전통 등이다.

다섯째, 관계(Relationship)의 연상은 브랜드와 소비자간의 관계 또는 소비자와 소비자간의 관계에 대한 연상을 말한다. 브랜드와 소비자와의 관계에 대한 연상은 주로 유통업 또는 서비스업에서 두드러지는 연상으로 소비자가 느낄 수 있는 브랜드와의 관계 형성에 대한 느낌이다.

(6) 도메인 전략

도메인이란 인터넷상에 표시되는 IP 주소를 문자로 표현하여 사용자가 쉽게 기억하고, 다른 컴퓨터와 편리하게 연결할 수 있도록 한 문자 주소를 의미한다. 도메인은 점(.)에 의하여 구분되는 도메인 네임의 구성요소를 말하며, 도메인 네임은 인터넷 상에서 숫자 및 문자와 하이픈(-)의 조합으로 표시한 컴퓨터의 주소이다.

인터넷 사이버 세계에서 훌륭한 도메인이 연일 무수한 발길로 들끓는 서울 도심의 핵심상가의 대형 백화점의 개념이라면, 이해하기 어렵고 잘 기억되지 않는 도메인은 아무도 눈길을 주지 않는 작은 구멍가게와 같다.

도메인 네이밍을 할 때 기본 원칙으로는 간단명료하게 짓고 가능하면 한 번의 노출로 완벽하게 암기할 수 있으면 좋다. 또한 인지도가 높고 재미있고 흥미를 유발시킬 수 있는 도메인을 사용한다.

기업의 도메인 전략은 브랜드 네이밍 전략과 같이 하는 것이 좋다. 도메인을 보통명사 혹은 인지도가 높은 고유명사나 형용사등을 사용하는 것 외에 충분히 자사의 도메인을 광고해서 인지도를 높일 수 있다면 자사의 도메인을 직접 사용하는 것도 좋은 방법이다. 이러한 예로는 Yahoo.com, Altavista.com, Microsoft.com 등이 있다.

도메인 등록 기관으로는 KRNIC(Korea Network Information Center)이 있는 데 인터넷 이용 기관에 IP주소 및 도메인을 서비스한다. 도메인은 유일해야 하기 때문에 강력한 권한을 가지고 중복되지 않도록 해야 한다. 이런 역할을 하며 중재를 하는 곳이 NIC(Network Infomation Center)이다. 국제적인 중재를 하는 곳이 InterNIC이고, 태평양지역에는 APNIC(Asia-Pacific NIC)가 있다.

5 CRM 마케팅 캠페인

1) CRM 마케팅 캠페인의 의의

CRM 마케팅 캠페인이란 고객생애 단계에 맞추어 적절한 제안을 하기 위해 계획하고 집행하는 기업의 모든 마케팅 활동이다. 이 활동은 4P를 포함한 모든 마케팅 요소들이 목표에 맞게 가장 효과적으로 통합·집행 되는 것으로, 고객에 맞추어 상품을 가장 적절한 가격정책과 가장 효과적인 촉진 매체를 이용하여 이메일이나 전화, 팩스, 영업사원들의 각종 유통경로 중 최적의 유통경로를 선택해 고객에게 전달하는 활동이다.

하지만 마케팅 캠페인은 단순한 판매촉진뿐 아니라, 많은 목적을 달성 할 수 있는 잠재력을 가진 마케팅 활동으로서 다이렉트 마케팅을 위하여 많이 쓰이고 있다. 예를 들면, 차세대 상품에 대한 정보를 전달하거나 브랜드인식을 심기 위해서 어느 정도의 광고도 하는 것이다.

무엇보다도 마케팅 캠페인이 CRM에서 중요성을 갖는 이유는 마케팅 캠페인이 고객의 로열티를 제고할 수 있고 업셀링, 교차판매, 재판매 등으로 고객과의 관계를 강화하여 평생고객으로 진화시킬 수 있기 때문이다. 또한 마케팅 캠페인은 축적된 고객 데이터를 활용하여 적절한 프로그램을 입안하고 실행해 나가는 과정에서 새로운 경험과 지식을 얻어 지속적으로 마케팅 효율을 높여 나갈 수 있는 좋은 실천방안이기 때문이다. 그리고 마케팅 캠페인이 CRM에서 중요성을 갖는 또 다른 이유는 다른 CRM 도입 프로그램과는 달리 경제적인 효과가 직접 측정될 수 있다는 점이다. 전술적으로

ROI 주도(ROI-driven)의 마케팅 캠페인을 통해 마케팅의 효율을 높이고 CRM 관련 목표를 구체적으로 가시화할 수 있다는 것이다.

이런 장점을 이용하여 담당 부서나 활동의 책임을 분명히 할 수 있어 조직의 생산성 제고를 추진하는데도 유용하게 쓰일 수 있다.

2) CRM 마케팅 캠페인의 개발과 실행과정

마케팅 캠페인의 과정은 마케팅전략에 맞는 계획, 실행, 측정 그리고 분석, 이 네 가지를 순서로 한다.

이러한 CRM 마케팅 캠페인 과정은 반복적이며 지속적인 비개방형 과정으로서 독립된 별개의 마케팅 활동이 아니라 전체 영업의 목적과 이를 달성하기 위한 마케팅전략과 일관성이 있는 관련마케팅 활동이다. 즉, 기업의 목적을 위해 장기적으로 정해진 기업의 행동 방향과 밀접하게 연결되고 일관성 있게 추진되는 특성이 있다.

첫째, 계획단계에서 하는 것은 보통 두 가지인데, 하나는 캠페인의 구체적인 목적을 세우는 것이고, 다른 하나는 구체화된 캠페인 계획을 수립하는 것이다.

둘째, 실행단계에서는 목표 고객을 선정하고, 그 목표 고객들에게 적합한 제안과 캠페인에서 사용할 유통경로를 선택하는 일들을 수행한다. 또한 제안의 효과를 테스트하고 전체 목표 고객을 대상으로 확산해서 실시하는 롤아웃(roll-out)까지의 작업도 이 단계에 속한다.

세 번째 단계에서는 이미 실행하고 있는 캠페인은 관측하고 주어진 제안에 대한 고객 반응을 측정하는 작업들이 진행된다.

마지막 단계는 실행된 마케팅 캠페인의 결과를 여러 가지로 분석하고, 과거의 캠페인과 비교도 하면서 미래 캠페인의 지속적인 개선점을 찾고 보완할 수 있는 방법들을 찾는다.

단계별 구체적인 활동들은 계획, 실행, 측정, 분석을 중심으로 이루어진다.

계 획	마케팅 캠페인의 구체적 목적설정 구체화된 캠페인의 계획 수립
실 행	목표고객선정 제안개발과 고객접촉 경로 설정 제안효과 테스트와 측정 전체 목표고객집단에 확산 실행(Rollout)
측 정	마케팅 캠페인 반응 관측과 측정
분 석	지속적인 개선을 위한 마케팅 캠페인 결과 분석

[그림 7-10] 마케팅 캠페인의 구체적인 활동

다음은 위에서 그림으로 가시화한 마케팅 캠페인의 전체 과정을 단계별로 고객의 현 단계에서 수익성을 더욱 증대하기 위한 업셀링 전략을 중심으로 살펴보면 다음과 같다.

(1) 마케팅 캠페인의 목적 달성

첫 번째 단계는 무엇보다도 마케팅 전략과 일관성 있는 마케팅 캠페인의 목적을 가능한 한 구체적으로 측정할 수 있는 형태로 설정하여야 한다. CRM의 중요한 부분이 되는 마케팅 캠페인은 그 결과가 구체적으로 측정될 수 있다는 것이 특징이다. 이는 실제로 나타나는 결과와 대조하여 설정된 목적과 실제 결과와 차이가 있으면 차이에 대한 갭 분석을 하고 개선점을 찾는 데 그 중요성이 있다.

(2) 구체적인 계획 수립

주어진 목적에 맞는 캠페인 계획 즉, 고객을 세분화하고, 표적고객을 선정하여 그 고객목록을 작성하는 작업의 흐름이다. 그리고 제안 개발, 매체선정, 크리에이티브 개발, 측정방법 개발, 제안 효과를 테스트하기 위한 실험 디자인, 차선책 개발과 준비, 전체 표적고객에게 롤아웃(roll-out), 고객반응의 관측과 측정, 결과 분석 등의 구체적인 활동 사항들의 흐름을 정리하면서 전체 계획을 수립한다.

(3) 표적고객의 선정

마케팅 캠페인의 성공은 여러 요인에 의해 영향을 받지만 중요한 것은 '표적고객을 누구로 정하느냐' 하는 것이다. 표적고객의 선정을 위한 고객 세분화 과정 중 어떤 세분화 변수를 사용하고 어떤 계량적인 기법을 사용하느냐가 중요한 결정 사안이다. 세분화 변수들은 거래에 관련된 변수, 인구통계 변수, 사이코그래픽 변수, 생애단계 관련변수, 추구하는 혜택 등이 있다. 세분화 변수를 정하는 것도 중요하지만 세분화 기법에 따라 선정되는 표적고객리스트가 달라지므로 세분화 기법을 신중히 선택하는 것도 중요하다.

(4) 제안의 개발과 고객 접촉경로 설정

고객세분화를 통해 표적고객을 확정한 후 단계에서는 크게 두 가지 작업을 해야 한다. 하나는 표적고객에게 제공할 제안을 개발해야 할 일이고, 다른 하나는 고객에게 그 제안을 제공하고 커뮤니케이션을 나눈 접촉경로를 설정하여야 한다. 이 두 가지 일에 관련되어 구체적으로 생각해 보아야 하는 사항이 있다.

① 표적고객들이 가치를 느끼는 또는 호소력 있는 제안이 되어야 한다. 무엇보다도 먼저 표적고객들이 필요해 찾는 제안들이 금전적인 제안 또는 비금전적인 제안이 어떤 것인지를 알아내야 한다.

② 제공하는 제안은 관련된 비용과 결과로 돌아오는 경제적인 혜택에 기반해서 비용대비 효과가 있어야 한다. 지나치게 비용이 많이 드는 제안을 선택하면 정해진 ROI 달성이 어렵기 때문이다.

③ 개발된 제안은 전체 기업전략이나 다른 영업전략과 상충되지 않아야 한다. 예를 들면, 최상급 호텔체인의 이미지를 갖고 있는 회사에서 할인쿠폰을 남발하여 누구든지 이용을 하게 되면 전반적인 호텔이미지를 흐릴 수 있어 기업브랜드의 전략과 충돌을 야기시킬 수도 있다.

④ 최적의 제안은 마케팅 캠페인의 예산에 의해 결정된다. 그러므로 제안을 선택할 때 비용에 대한 많은 정보를 모아 마케팅 비용의 효율을 극대화하는 것이 필요하다.

⑤ 매체별로 반응당 비용을 감안하여 매체를 선택해야 한다. 다이렉트 메일(DM), 전화, 이메일, 팩스, 웹 등에 대해 매체별 총비용과 매체별 반응률로 반응당 비용을 계산하여 비용대비 효과가 가장 큰고객 접촉경로를 찾아야 한다.

⑥ 캠페인을 통해 얻은 고객 반응을 어떻게 측정할 것인지 미리 충분히 생각하도록 해야 한다.

(5) 제안의 효과에 대한 테스트

제안의 효과에 대한 테스트는 제안과 관련된 위험과 시행착오를 줄이기 위한 과학적인 경영 절정을 하려는 의도로 시행된다. 제안이 목표반응율과 ROI를 달성하는데 효과적이 아니면, 제안이 효과적이 될 수 있도록 제안을 수정해야 한다. 여러 개의 제안을 사용할 때는 그 테스트 결과를 여러 제안들간의 자원을 효율적으로 배분하는데 적용시킬 수 있다.

이 테스트에는 보통 테스트 집단과 통제 집단을 사용하여 제안의 효과를 통계적으로 검증한다. 여러 개의 제안을 여러 개의 접촉경로로, 여러 집단을 사용할 때는 제안별로, 고객별로, 또는 접촉경로별로 다양하게 통계 검증을 할 수 있다.

(6) 전체 표적고객에 확산

개발된 제안이 유효하면 이제 이 제안을 전체 고객에게 확산해서 적용해야 하는데, 이를 보통 롤아웃(roll-out)이라고 한다. 이 확산적용은 세부적으로 짜여진 계획 하에 선정한 고객 접촉경로를 통해 조심스럽게 실행해 나가야 한다. 텔레마케팅의 경우, 사용할 스크립트(script)를 소수의 표적고객에게 먼저 시도하여 반응을 본 후 필요한 부분은 변형 또는 수정한 후 진행해야 할 것이다. 롤아웃을 실행할 때는 예기치 못했던 일들이 자주 생기게 되는데 이를 대비하기 위한 차선책의 계획 구상도 준비해 놓는 것도 필요하다.

(7) 고객반응 관측과 측정

일단 롤아웃이 시작되고 기술적으로 가능하면 지속적이면서 실시간으로 고객의 반응을 추적함으로써 캠페인의 진행상황을 관측해야 한다. 과거의 캠페인 결과와 비교해 볼 때 진행상황이 나쁠 수도 있다. 이때는 실행상의 문제가 있는지 살펴보고 필요하면 즉각적인 대책을 수립하여야 한다. 이를 대비해서 보통 차선책 계획을 준비하는 것이다. 또한 차후의 분석을 위해 예측했던 반응율과 실제의 반응률 간의 격차를 지속적으로 측정하는 것도 꼭 필요하다.

(8) 지속적인 개선을 위한 분석

캠페인을 위한 정해진 기간이 지나가면 계획되었던 것들과 실제 결과와 비교 분석을 해야 한다. 최종적으로 ROI를 계산하면 처음에 설정했던 목적과 비교해 보고 격차가 있는지를 검토해야 한다. 만약 목표했던 ROI 수준에 미달했을 때는 그 원인이 무엇인지를 파악해야 하는데 차이분석은 미래의 캠페인을 위해 특히 중요한 정보를 제공한다. 그리하여 미래의 마케팅 캠페인의 개선을 위한 정보를 정리하고 조직의 지식으로 관리하여 장기적으로 영업결과를 한층 개선하는 전사적인 자산으로 만들어 나가야 한다.

3) 마케팅 캠페인의 추세

위에서 단계별로 자세히 살펴본 마케팅 캠페인은 메일링을 통한 전형적인 마케팅 캠페인이라고 할 수 있다. 마케팅 캠페인의 관리와 운영에 대한 지식축적과 반복되는 마케팅 캠페인 과정의 자동화에 대한 필요성이 금융업계를 포함한 여러 업계에서 크게 부각됨에 따라 여러 캠페인 관리도구들이 등장하게 되었고 많은 업계에서 사용하고 있다.

이 도구들도 기능과 목적에 따라 날로 급변하고 있는데 이는 마케팅 캠페인 자체의 변화로서 이러한 캠페인 관리도구의 변화는 마케팅 캠페인의 실질적인 역할과 위상을 바꾸어 놓는다고 해도 과언이 아니다.

캠페인관리도구의 변화는 기술의 변화에 의해서도 많은 영향을 받고 마케팅 캠페인의 차원을 변화시키는데, 이 부분에서 뚜렷하게 관찰되는 몇 가지 중요한 변화를 살펴보면 다음과 같다.

첫째, 무엇보다도 마케팅 캠페인에서의 뚜렷한 변화는 개인화의 등장이다. 과거에는 마케팅 캠페인이 아무에게나 무차별적으로 실행되던 대중 마케팅에서 표적고객설정이란 개념이 확산되면서 특정 고객집단을 표적고객으로 선정하고 마케팅 캠페인을 실행하는 고객집단차원으로 변해갔다. 그리고 최근에는 기술의 급격한 진전으로 개별 고객의 데이터를 실시간으로 분석하고 그 고객에게 적합한 제안을 제공하는 개인화는 이른바 일대일 마케팅 캠페인의 시대를 열게 되었다. 이것이야말로 진정한 고객중심의 마케팅이 실현되고 있는 현상이라고 할 수 있겠다.

둘째, 고객의 입장에서가 아니라 기업에서 일방적으로 실행했던 마케팅 캠페인은 고객과 관련이 없는 것으로 기업의 기대에 부응하지 못하고, 심지어 관심 없는 제안과의 접촉으로 인해 실상 반응률이 많이 저하되어 가고 있다. 미국에서 신용카드 업계의 경우 다이렉트 메일 캠페인의 반응률이 2%정도면 큰 성공으로 간주하는 것이 현실이다. 이러한 관련 없는 메시지나 제안으로 사생활에 침해를 줄 수 있는 일방적인 마케팅 캠페인은 시간이 지남에 따라 반응률이 더욱 저하될 것으로 전망된다.

마지막으로, CRM에 있어서의 마케팅 캠페인의 기능이나 역할이 점차 다른 기능과 합쳐지고 통합되고 있어 앞으로는 마케팅 캠페인만의 유일한 영역은 없어질 것으로 보인다. 특히 고객과의 쌍방적인 커뮤니케이션, 고객접점ㄴ 통합으로 인한 고객과의 상호작용, SFA(Sales Force Automation : 영업조직자동화)에 의한 판매 등의 기능통합과 일대일 마케팅 캠페인의 결합으로 고객서비스, 고객 돌보기, 고객과의 커뮤니케이션, 개별고객에게 직접판매 등을 구분하는 경계가 허물어지고 있다. 이렇게 DB마케팅에서 핵심적인 역학을 수행하던 마케팅 캠페인이 CRM에서도 그 역할과 중요성이 주요한 위치를 차지하고 있으며, 따라서 마케팅 캠페인은 여전히 전반적인 영업결과를 향상시킬 수 있는 많은 잠재력을 갖고 있는 중요한 CRM의 실천 방안이다.

4) 마케팅의 효율화를 위한 캠페인매니지먼트 시스템

(1) 캠페인매니지먼트의 정의

"캠페인매니지먼트(Campaign Management)"란 데이터웨어하우스나 데이터마이닝에 의해 유용한 마케팅 관련 부가가치 자료가 산출되면 이를 전략적으로 접근하는 솔루션이다. "전략적인 접근"이란 고객 관리의 효율성을 제고하면서 계획을 세워 각 채널(전화, 우편, 인터넷....)별로 원활하게 실행할 수 있도록 지원하는 것을 말한다. 또한 이로 인해 전략 구축의 자동화로 마케팅 캠페인의 라이프 사이클을 단축시키기도 한다. 그리고 마케팅의 모든 캠페인을 통합하여 관리하므로 한 고객에게 중복된 캠페인을 하지 않을 뿐만 아니라 일관된 서비스를 제공할 수 있다.

캠페인매니지먼트 솔루션은 그 자체로서 역량을 발휘하지는 못한다.

이 솔루션은 단지 유용한 부가가치 데이터와 여러 가지의 고객 접점의 채널 사이에서 전략을 만들어 주고, 이를 최적으로 조정해 줄 뿐이다. 때문에 부가가치 자료를 만들어 줄 데이터웨어하우스나 훌륭한 분석 틀이 없다면 이 시스템은 의미가 없으며, 또 고객 위주의 편리하고 완벽한 채널이 없다면 아무리 훌륭한 전략이라도 그 효력이 크게 감소될 것이다.

그러므로 기업의 마케팅 캠페인이 최적화를 이루려면 다음 3가지 환경을 반드시 갖춰야 한다.

① 고객 정보의 통합 데이터베이스 구축

기업이 보유하고 있는 고객과의 거래 데이터와 고객 서비스, 웹사이트, 콜센터, 캠페인 반응 들을 통해 생성된 고객 반응 정보, 그리고 인구통계학 데이터를 데이터하우스관점에 기초하여 통합, 즉 CRM을 위해서는 고객과 관련된 전사적인 정보의 공유체제가 반드시 확립되어야만 한다.

고객이 생각하고 표현하는 말 한마디를 사내 정보망을 통해 공유하고, 이러한 정보가 충분히 분석된다면, 향후 고객에 대한 마케팅을 실시할 때에 고객에 대해 훨씬 다양하고 의미있는 분석을 실시할 수 있게 된다.

② 전략적 의사결정을 도울 수 있는 시스템

구축된 고객 통합데이터베이스를 대상으로 평생고객가치(Life Time Value), 행동 평점(Behavioral Scoring)할 수 있는 시스템을 갖춰야 하며, 이를 바탕으로 차별화된 전략을 구사할 수 있는 전략적 의사결정 시스템 구축이 필요하다.

③ 마케팅 활동을 통합할 수 있는 시스템

전략적 의사결정 시스템에서 제안된 평점과 시나리오를 검증하여 바로 마케팅 활동을 "계획·실행·평가"할 수 있는 통합 캠페인 관리 시스템이 필요하다.

(2) 캠페인매니지먼트의 솔루션의 개요

캠페인매니지먼트 솔루션은 기업의 마케팅 실행, 즉 의사결정 시스템을 통한 마케팅 캠페인 전략에 따라 선정된 회원을 대상으로 전략 시나리오를 각 채널별로 실행하고 진행 경과 및 반응률을 추적관리하며, 분석시스템에 그 자료를 제공하여 향후의 캠페인 세련화의 기반을 제공하는 일련의 마케팅 사이클을 자동화하는 시스템이다.

오늘날의 기업들은 고객관리(CRM)을 위한 도구 즉, 통합고객 데이터베이스, 고객별 점수 생성을 위한 데이터마이닝, 마케팅 목표 수립을 위한 의사결정 시스템, 다양한 고객 접촉 채널 등을 이미 갖추고 있어 이를 전략적으로 활용해야 한다.

그러나 이러한 구성 요소들을 유기적으로 결합시켜 캠페인 전략을 실행하고 체계적으로 관리할 수 있는 캠페인 관리시스템의 부재로 인해 기존의 구성 요소들이 지닌 능력을 십분 활용하지 못하고 있으며, 마케팅에서 변수로 작용하는 "타이밍"을 놓침으로써 기존의 구성 요소 등에 의해 창출된 효과를 반감시키고 있다. 또한, 실행한 캠페인의 반응정보 및 고객별 캠페인 이력이 제대로 관리하지 못하여, 좀더 세련된 전략결정 기회를 획득하지 못하고 있다.

바로 이러한 문제를 해결하기 위해 캠페인매니지먼트 솔루션의 도입이 필요한 것이다.

☑ 캠페인매니지먼트 솔루션의 주요 기능 ☑

- 캠페인 고객을 발췌하기 위한 비교 값 생성 및 추출
- 판단을 정확하게 하기 위한 캠페인 설계 및 조회의 시각화된 인터페이스
- 캠페인 수행 소요비용 및 ROI 예측
- 각종 채널 시스템과의 연계를 위한 채널 이관 정보 형식 정의
- 정해진 캠페인 수행일정에 따른 각 채널에의 정보 전송
- 응답정의 및 응답 일정 정의에 다른 응답 자동 수집
- 캠페인 진행 및 중간 정의에 따른 응답 자동 수집
- 캠페인 진행 및 중간 실적 감독관리
- 각 고객별 수행 캠페인 이력의 완벽한 추적
- 수집된 응답에 기인한 캠페인 효과분석

(3) 캠페인매니지먼트 솔루션의 운영절차

캠페인매니지먼트 솔루션에 의한 마케팅 캠페인 관리는 다음 5가지 단계를 거치게 된다.

① 기회 탐색 단계 (Opportunity Identification)

(언제쯤 서비스 아이디어를 고객에게 실행할까?)

의사결정 시스템, 데이터마이닝, 분석틀 등을 이용하여, 고객·잠재 고객 데이터에 대해 데이터웨어하우징 및 CRM 데이터베이스 등에서 검색하여 마케팅의 기회 가능성을 착안하는 단계이다.

② 계획 단계 (Planning)

(실행 계획을 구체적으로 생각한다.)

선정된 고객에게, 정확한 서비스 품목을, 정확한 일정에 따라, 정확한 채널을 통해 제공하기 위해, 기회 탐색 단계에서 착안된 자료를 등록하여 캠페인을 설계하고 일정을 정의하는 단계이다.

③ 실행 단계 (Execution)

(실행 직전 계획서를 확인한다.)

설계된 캠페인에 대해, 일정에 따라 자동적으로 각 채널에 대해 적합한 형식으로 미리 정해진 정보(대상 고객리스트, 캠페인 정보 등) 등을 추출하여 변환, 전송하는 단계이다.

④ 반응 수집 단계 (Response Acquisition)

(고객들의 반응을 본다.)

실행된 캠페인에 대해 고객의 반응을, 캠페인별로 캠페인 데이터베이스에 자동적으로 획득하는 단계로서 정의된 응답 스크립트에 다라 자동적으로 획득하는 단계이다.

⑤ 효과 분석 단계 (Assessment)

(고객들의 반응에 따라 서비스를 수정 보완한다.)

캠페인의 실행 결과에 수량화하고, 수량화된 결과 및 다양한 효과 분석을 통해 향후 캠페인의 세련화 및 마이닝 모델을 검증하는 단계이다.

(4) 캠페인매니지먼트 솔루션의 강력한 기능

① 마케팅 기획 탐색 도구의 등록 및 인터페이스 기능

마케팅의 기회 탐색을 위한 도구들이 원활한 수행을 돕는다. 또 필요한 경우 각 분석 시스템의 전송 정보를 해석하기 위한 모듈이 탑재되어 있어 분석 시스템을 실행할 때 특정 작업 수행을 위해 제공한다.

② 대상 고객군 정의를 위한 시각화된 표적시장 정의 도구

고객 데이터웨어하우징 및 등록된 고객 관련 데이터베이스(예를 들어, 데이터마이닝 시스템)에 대해 대상 군집을 정의하여 향후 캠페인의 대상군집으로 선택할 수 있도록 한다. 각 군집 정의에 대한 편의성 및 판독 용이성을 향상시키기 위해 대상 고객군의 정의를 그림 형태로 제공한다.

③ 질의어 정의를 위한 시각화된 질의 작성 도구

표적시장을 정의하는 대상 데이터베이스에 대해, 각 테이블 간의 관계를 보면서 질의어를 편하게 작성할 수 있도록 하기 위해 제공한다.

④ 시각화된 캠페인 설계 도구

캠페인 설계의 용이성 및 판독성을 증대시키기 위해 제공한다.

⑤ 예산을 기준으로 한 Offer별 비용 및 수익, ROI예측 및 조정

캠페인 제한 비용 및 목표 수익에 따라 Offer제공 그룹 비율 및 응답률을 조정하면서, ROI를 사전 예측하고, 캠페인을 세련화하기 위해 제공한다.

⑥ 각 채널과의 정보 전달을 위한 팸플릿 작성 및 사용

각 채널에 캠페인 정보를 전송하기 위해 각 채널에서 수용 가능한 형식을 정의할 수 있도록 제공하며, 각 채널은 이 형식에 맞추어 캠페인 정보를 활용한다.

⑦ 캠페인 일정의 정의 및 일정에 다른 수행 자동화

캠페인 실행의 전체 일정의 정의, 편의성 및 판독 용이성을 목적으로 하며, 정해진 일정에 따른 자동 수행으로 캠페인 유지 부담을 해결하기 위해 제공한다.

⑧ 응답 자동 수집 및 응답 상황 감독 기능

캠페인 반응의 수집 부담을 최소화하고, 반응 수집에 의해 캠페인 실행 효과의 정확한 기반 자료를 마련하기 위해 제공한다.

⑨ 캠페인 효과 분석

캠페인 실행 결과를 기반으로 각 요소별 효과 분석 및 분석 결과에 따른 향후 캠페인의 세련화 적용된 모델, 그리고 표적시장의 유용성을 검증하기 위해 제공한다.

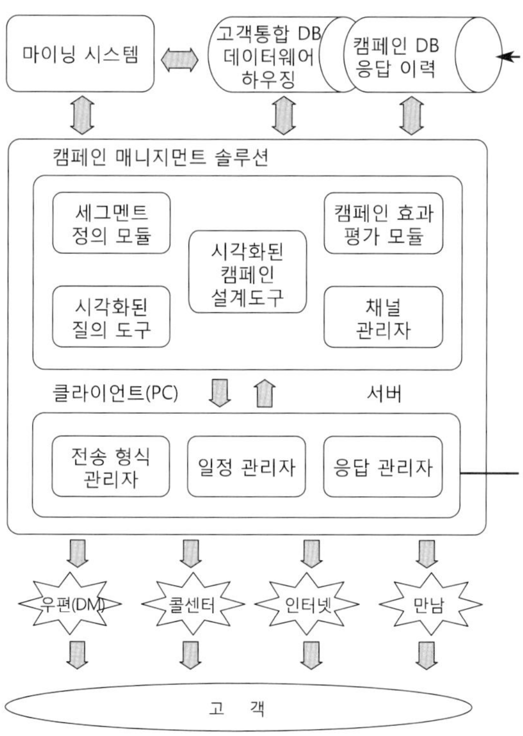

자료 : 박성수, CRM과 짜장면 배달, 시대의 창 2000, p.262.

〈그림 7-11〉 캠페인매니지먼트 솔루션 구성도

Chapter 8

CRM과 콜센터

1. 콜센터의 개념과 발전과정
2. 콜센터의 구성
3. 콜센터의 구분
4. 콜센터와 고객만족
5. 콜센터 주요 성공 요인
6. 국내 콜센터 산업의 현황

1 콜센터의 개념과 발전과정

1) 콜센터의 개념 및 정의

콜센터(call center)는 서비스, 텔레마케팅, 기술지원 등을 목적으로 상담사들이 고객에게 전화를 하거나, 고객의 전화를 받는 조직 또는 그러한 업무를 수행하는 장소를 말하며, 기업과 고객 간에 정보통신 수단을 통한 커뮤니케이션적인 접촉이 이루어지는 곳이다. 따라서 콜센터는 고객과 전화고객 상담사를 연결 매개로 하되 텔레마케팅 기능과 커뮤니케이션이 결합해 다양한 고객 접점 채널과 체계화된 시스템, 고객응대 업무 프로세스를 접목해 전문적인 상담을 해주는 고객 접촉 지향적인 조직의 집합체라고 볼 수 있다.

콜센터의 개념을 살펴보면 Madeline Bodin & Keith Dawsom(1999)은 "콜센터를 판매, 마케팅, 고객서비스, 텔레마케팅, 기술지원이나 그 밖에 특정 비즈니스 활동을 수행하기 위한 목적으로 많은 양의 전화를 걸고 받는 장소"라고 정의하였다. Anton(2000)은 "콜센터는 기업의 고객들을 대상으로 상품이나 서비스에 관해 필요한 정보를 제공하고 판매를 실시하는 기업의 대 고객 마케팅 커뮤니케이션 채널이며 성공적인 고객관계관리 전략전개의 핵심 센터이다"라고 하였다. META Group(200)은 "CRM을 분석(analytical) CRM, 운영(operatinona)CRM, 협업(collaborative) CRM의 세 가지 형태로 분류하고, 콜센터는 CRM 구성에서 다양한 접촉 채널중의 하나"로서 설명하고 있다. Koole & Mandelbaum(2002)은 "콜센터는 전통적인 전화서비스에 이메일, 팩스, 인터넷, 채팅과 같은 부가적인 멀티미디어 고객접촉채널이 강화된 CRM의 핵심 센터"로 정의하고 있다.[1]

콜센터의 정의도 시대와 기업의 요구 및 고객의 요구에 의하여 변화하여 왔다. 콜센터를 단순히 용어적 정의로 바볼 수 없는 것이 기업에서 요구하는 콜센터의 역할이 변화하면서 용어적 정의도 변화하였다. 초기 콜센터, 고객만족센터 개념의 콜센터는 고객만족 혹은 고객서비스에 콜센터의 역할에 집중하였고, 그러한 역할을 하는 센터가 우리나라 콜센터의 효시였으며, 초창기의 콜센터는 고객서비스센터로 명명되어져 왔다.[2]

1) 곽상종, 콜센터 내부 마케팅이 상담사의 고객지향성, 직무만족 및 이직의도에 미치는 영향, 전남대 대학원, 2008. p9

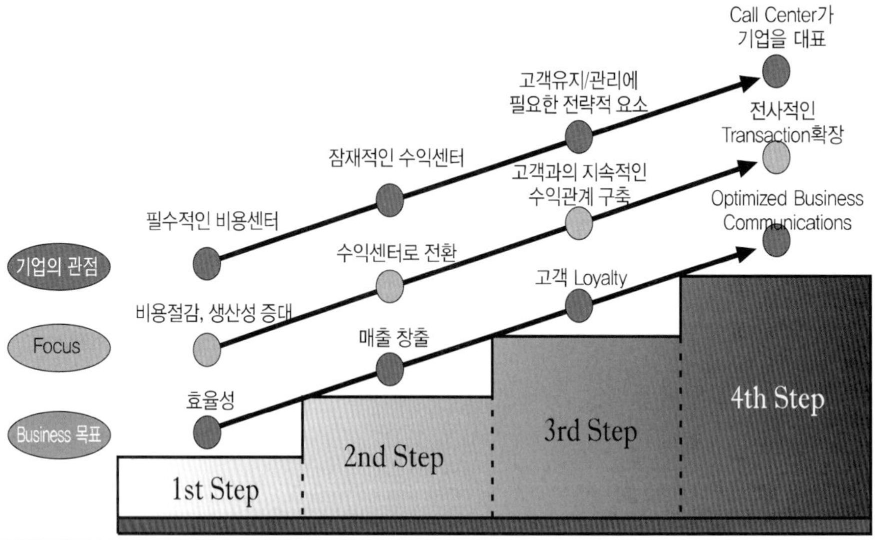

〈그림 8-1〉 단계별 콜센터의 역할 변화

초기 콜센터에서는 고객 상담 기능이 주 기능이었고, 이러한 기능을 수행하는 콜센터는 고객의 소리를 처리하기 위한 신속성이 가장 중시 되었다. 기업의 입장에서 콜센터는 고객에게 신속한 서비스를 제공하기 위하여 비용을 지출하는 비용 부서였고, 콜센터의 비용을 절감하면서, 동시에 생산성을 증대시킬 수 있는 과업이 중요시 되어 왔다. 최근 시대의 변화에 맞춰, 콜센터 역할도 변화되었고, 과거 비용을 지출하는 부서에서 매출을 창출하고 잠재적인 수익을 창출하는 수익 센터로의 발전하였다. 현재 콜센터는 수익을 창출하고, 고객과의 지속적인 관계유지를 통하여 고객을 유지하고, 또 다른 매출을 발생시켜 기업의 전략적 부서로써 콜센터의 역할이 발전되었고, 콜센터의 용어적 정의도 바뀌게 되었다.

콜센터는 기업에서 요구되는 기능에 의하여 다양한 개념으로 발전되어져 왔고, 그 역할 또한 변화되어져 왔으며 앞으로도 변화가 될 것이다. 〈그림 8-1〉은 단계별 콜센터 역할의 변화를 나타내고 있다.

2) 이백규, 콜센터 아웃바운드 정보시스템의 성과의 미치는 요인에 관한 연구 전남대학교 대학원, 2008, pp.8-9.

2) CRM 전략센터로서의 콜센터

정보기술의 발달로 개별고객 단위로 고객의 정보와 가치측정이 가능해졌으며, 어떻게 충성도 높은 고객과의 관계를 구축하고, 이를 지속적으로 유지할 것인가하는 점을 이해하고, 가장 효율적인 방법을 찾을 수 있는 방안을 알 수 있게 되었다.[3)]

CRM은 이러한 다양한 채널을 통한 고객과의 커뮤니케이션으로부터 수집된 정보를 기반으로 고객과의 관계를 유지 발전하는 과정이다. 즉 신규 고객 획득, 우수 고객 유치, 고객가치 증진, 잠재고객 활성화 및 평생 고객확보를 목표로 고객분석을 통해 고객을 이해하고 이를 통해 고객과 지속적인 관계를 유지함으로써 고객가치를 극대화하기 위한 일련의 과정이라 할 수 있다. CRM은 궁극적으로 고객 충성도 향상을 통한 고객의 평생가치 증대를 목적으로 한다.

콜센터는 CRM 구성에서 다양한 접촉 채널 중의 하나로서 제시되고 있다. 이에 대해 Meta Group(The Customer Relationship Management Ecosystem, 2000)에서는 프로세스 관점에 따라, CRM을 분석(analytical) CRM, 운영(operational) CRM, 협업(collaborative)이라는 CRM의 세 가지 형태로 분류하고, 콜센터를 IVR/CTI/ACD 등을 이용한 하나의 접촉 채널로서 설명한다.

따라서 콜센터 관리자는 서비스 품질 측정체계를 각기 다른 상황과 시간, 특히 내부 측정기준과 외부 측정기준에 따른 업무의 내용에 따라 각기 다르게 적용시켜야 할 것이다. 각 기업의 고객 서비스 전략에 맞춘 콜센터 업무에 따라 다양한 관리 방식이 도입되어야 한다.

콜센터의 CRM 실천 전략을 위해서 콜센터 관리자는 마케팅/CRM의중요성을 강조하고, 고객의 필요/욕구를 이해하면서, 고객의 또는 고객과의 비즈니스 과정을 파악하여야한다. 그리고 고객의 만족/불만족 또는 욕구 충족/불충족의 경우에는 결과까지도 이해하는 것이 중요하다.

CRM은 고객의 잠재적인 욕구 및 필요를 자극한다는 점이 고객의 평가에 기초하여 제품/서비스의 개선을 통한 충성도(Loyalty) 향상 및 매출증가를 추구하는 고객만족 전략과 큰 차이점이라 할 수 있다.

또한 고객의 세분화에 기초한 고객만족을 추구한다는 점에서 고객차별화 고객만족

3) 김형수, 콜센터 서비스 품질이 충성도에 미치는 영향, 전남대학교 대학원, 2006.pp15-16

전략이 라 할 수 있다. 더욱이, CRM은 공격적 마케팅전략이며, 고객만족은 방어적 마케팅전략으로 볼 수 있다. 콜센터는 CRM을 실천하는 전술적인 한 축을 구성하며, 마케팅의 핵심센터로서 독립채산 형식의 사업부 조직으로 운영하는 경우도 있다.

3) 콜센터의 발전과정 4)

콜센터의 발전과정은 콜센터를 정의하는 용어의 변천으로도 한눈에 알 수 있다. 초기 콜센터는 전화 접수 기능의 센터였다. 전화 접수 센터의 주요 업무는 고객 불만 처리 혹은 A/S 접수 처리 기능으로 대부분의 초기 콜센터 모습이었다. 이러한 콜센터는 고객만족 경영이 기업에 자리 잡으면서 CS(Customer Satisfaction)에 초점이 맞추어 콜센터의 기능과 업무 범위가 확대 되었다. 우리나라의 경우, 1980년대 콜센터의 모습은 전화 접수 센터의 기능이었지만, 1990년 한국능률협회컨설팅(KMAC)의 주관으로 고객만족 경영이 확산되면서 고객만족센터 개념으로 발전되었다.

2000년대에 들어서면서, 콜센터 관련 기술의 획기적인 발전으로 콜센터의 기능은 IT에 기반한 기능으로 발전하게 된다. 콜센터 관련 IT의 발전으로 콜센터 기능과 업무 범위도 같이 확대 및 발전되었는데, 대표적으로 콜센터의 위치가 비용센터에서 수익센터화 되어 가는 것이었다. 90년대의 콜센터는 고객만족 경영의 슬로건에 콜센터 비용은 무소불위의 투자를 하였으나, 2000년대에 들어서면서 콜센터도 투자대비 효과, 손익개념으로 전환되었고, IT기술로 생산성이 향상 되었고, 상담원의 인건비를 절감하는 개념의 콜센터로 발전하게 된다.

콜센터의 발전을 기술과 기능적인 측면에서 고찰하면, PABX 기반 콜센터 → CTI 기반 콜센터 → CRM 콜센터 → Profit Call Center 발전하였으며, 개념적인 측면에서는 단순 고객문의 처리 센터 → Back Office 처리 → CRM마케팅센터 → Proactive Sales 센터로 발전하게 될것이다. 콜센터는 초기에는 시스템의 발전과정에 현업의 업무를 적용하는 시스템 지향적인 발전을 하였으나, 2000년 이후 CRM이 도입되면서 사용자의 요구에 시스템을 적요하는 사용자 주도로 변화, 발전되었다.

콜센터 발전과정에서 가장 괄목할만한 변화는 4단계 콜센터인 Proactive Sales 콜센터로의 발전을 들 수 있다. 예전의 인바운드 고객 상담 콜센터에서도 Proactive

4) 이백규, 전개서, pp9-11

Sales 업무를 병행하는 경우가 있었지만, Proactive Sales 콜센터는 기업 내에서 운용된 산발적인 텔레마케팅 기능을 하나의 통합 콜센터 모델인 "텔레세일즈센터"로 발전시켜, 전문적으로 기업 내 Proactive Sales를 담당하고 있다.

향후 5년~10년 후의 콜센터의 발전모습은 기술에 의존되지 않고, 운영 방법론에 기반하여, 콜센터가 기업 내 종합적인 고객관련 채널로 발전하여, 인/아웃바운드, 서비스/세일즈 구분 없이 지금보다 더욱 적극적인 Proactive Customer Channel로 발전되어질 것으로 예상된다. 〈그림 8-2〉는 콜센터의 발전과정을 보여주고 있다.

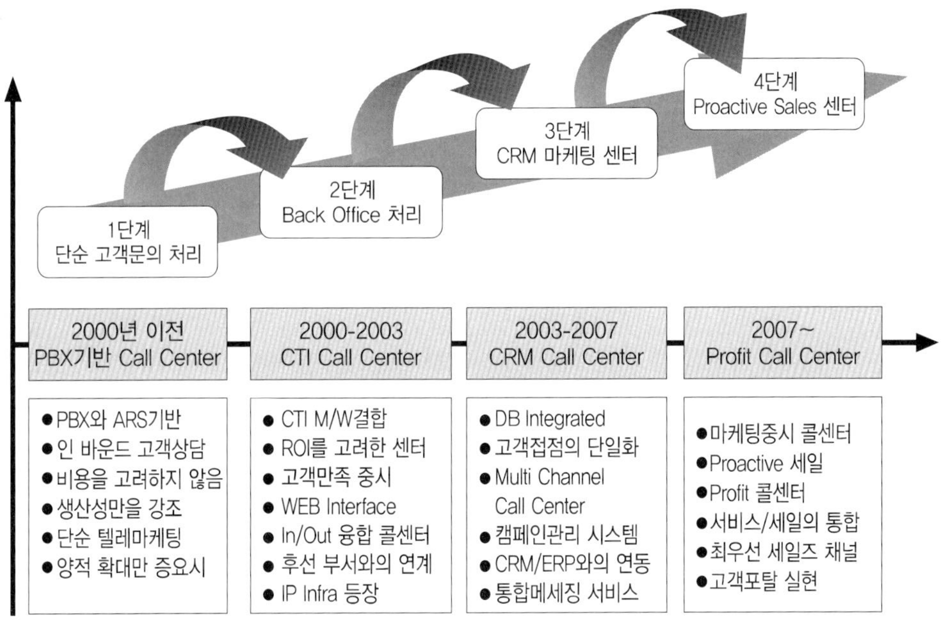

〈그림 8-2〉 콜센터 발전과정

콜센터 발전과정에서 현재의 콜센터는 IP기반의 멀티 컨택센터(Multi Contact Center : 이하 MCC)라고 한다. MCC는 예전 콜센터의 전통적인 기반인 TDM(Time Division Multiplexing) 방식에서 모든 매체가 IP(Internet Protocol)로 통합화 되면서 IP네트워크를 통하여 음성, 데이터가 통합된 통합 콜센터를 의미한다.

예전에는 음성과 데이터는 별개의 망을 통하여 콜센터에 전달되기 때문에, 상담원 애플리케이션도 이에 따라 음성과 데이터를 집적하여 주는 별도의 CTI 기술이 필요하였으나, MCC는 모든 채널을 통합 관리하여 주는 통합 패키지 개념으로 발전되어,

상담원 입장에서는 한 화면을 보면서 웹정보, 고객이력정보 등을 한 번에 처리하여, 상담원 처리 속도 미치 고객만족 서비스를 한 차원 높게 제공하게 되었다.

기술적으로 콜센터가 MCC로 발전되었다면, 운영적인 측면에서의 발전은 시스템이 IP화 되면서 기업 내 존재하는 모든 운영 기술이 각종 시스템(KM, CRM, ERP, SCM) 등과 연동이 가능하게 되었다는 것이다.

4) 콜센터의 주요기술 변화

콜센터의 시스템 측면에서 각종 정보기술이 활용되는 첨단 IT산업기술의 집합체라고 할 수 있는데, 자동화시스템(기계적 상호작용 시스템)의 구성요소는 ACD, CTI 시스템, IVR, ANI, VoIP, VRS 등 기술시스템과 DB 연결시스템 등이 있다.

이러한 자동화시스템(기계적 상호작용 시스템)은 기록된 프로세스에 따라 고객 콜(Call)을 처리하고, 최후적으로 상담원과 연결시켜주는 중요한 수단이 된다.[5)]

(1) ACD

ACD는 단순히 하드웨어 중의 하나라고 설명하기 보다는 실제로 콜센터에 이르는 모든 연결 수단의 초기 기본 기능을 수행한다. 우리가 보통 말하는 자동 콜 분배기(Automatic Call Distribution)로써 일정한 논리적 패턴으로 인입 콜(incoming calls)을 처리하고, 올바른 위치, 상담원의 자리(agent's desk)까지 연결해 준다.

ACD 시스템의 기능을 보면, ① 다량의 인입콜(Incoming calls)의 처리, ② 적절한 수신자(혹은 수신장치)에 콜을 연결, ③ 전체 전화 시스템을 관리하고 콜처리를 수요에 따라 조정하는 역할 등을 수행한다.

다량의 콜을 효율적으로 처리한다는 것은 가용자원을 최대한으로 활용하여, 자동화 시스템의 서비스 품질을 높여 신속한 고객응대 및 고객만족(CS)을 도모하는 것으로 해석될 수 있다.

(2) CTI 시스템

CTI는 (통화)고객의 전화에 응답하기 위하여 콜센터의 상담원이 필요로 하는 고객

5) 김형수, 전개서, pp22-24

서비스 애플리케이션을 배치하도록 돕는 기능을 하는 컴퓨터 전화 통합시스템(Computer Telephony Integration)을 말한다. CTI Software는 모든 애플리케이션과 기술(Technology)을 통합하는 틀(framework)을 제공한다. 이 시스템은 통화에 필요한 모든 (고객)정보를 상담원의 컴퓨터상에 표시한다.

CTI는 콜센터에서 사용하는 많은 데이터 시스템(고객정보, 제품정보, 접촉이력 등)및 음성시스템(교환기, IVR, FAX, Volp 등)들을 통합할 수 있는 솔루션으로써 핵심시스템이며, 콜센터의 생산성 및 효율성을 향상시킬 수 있는 근원이라고 할 수 있다.

이러한 CTI 시스템은 컴퓨터의 지능을 전화기에 추가하여, 상담원에게 구내로 들어오는 전화(Incoming Calls)에 대해 더 많은 정보를 제공하고, 전화에 대한 지능화된 통제(Control)를 통해 고객은 가장 편리하게 상담원에게 접근 할 수 있는 것이다. 이에 상담원이 고객에 대한 일련의 상담업무를 가장 편리하게 수행할 수 있도록 해주는 도와주는 시스템이다. 사실 CTI는 상담원이 통화를 하기 전에 고객 접속정보를 종합하고 CSR Applications의 개시(開始)를 조정한다. 즉, 고객의 요구사항에 대한 자동화 시스템의 품질 제고 및 고객을 만족시키는 데 보다 초점을 맞추는 것이다.

다시 말해서 'CTI의 핵심(核心)은 교환기나 IVR에서 제공되는 고객정보를 사용해서, 적합한 상담원을 지정하고, 상담원이 사용하는 프로그램으로 고객의 정보를 정확하게 전달하는 것'이라고 할 수 있다.

(3) IVR 장치

IVR 장치는 전화를 거는 사람이 푸시버튼식(touch-tone) 전화기를 통해 자동적으로 컴퓨터의 데이터베이스에 저장된 정보와 직접적으로 연결, 대화할 수 있도록 하는 기술의 통칭인 음성자동응답장치(Interactive Voice Response)를 말한다.

IVR은 고객들에게 결코 인기가 좋은 것은 아니지만, 기업으로서는 절대 무시 할 수 없을 정도로 많은 예산을 절감해 주는 시스템 기술이어서 중요한 비중을 차지하고 있다.

IVR 장치 그 자체로는 고객에게 문제되는 것은 아니며, 정확히는 수행의 문제이고, 고객이 스스로 수행하도록 도와주는 기술(self-service applications)은 고객의 민원처리과정을 신속하게 해 줄 뿐만 아니라, 상담원의 시간을 절약시켜 준다.

전형적인 IVR 장치(Touch-tone Interactive Voice Response)는 사전 정의된 일련의 음성 프롬프트를 제시하여 전화를 거는 사람에게 옵션과 지시사항을 제공한다. 이를 통해 전화를 건 고객은 마치 컴퓨터 터미널의 키보드를 누르는 것처럼 푸시버튼식 전화기 키를 누름으로써 음성 프롬프트와 지시사항에 응답할 수있다.

전화업무의 자동화에 적용되는 IVR 장치는 사전 녹음된 메시지가 통화자로 하여금 서비스 메뉴 옵션, 패스워드, 계좌번호 등의 자료를 입력하도록 도와주며, 이를 통하여 고객은 굳이 상담원의 개입없이 혹은 터미털 인터페이스 없이 직접적으로 정보문의(Information Inquiries)와 거래를 수행할 수 있다.

(4) ANI / CLI

ANI는 동시에 걸려 온 전화에 대하여 통화자(고객)와 번호를 확인해 주고, 고객의 데이터베이스를 검색하여 고객상담원에게 편의를 제공하는 번호자동인식장치(Automatic Number Identification)로써, 다른 용어로 CLI라도도 한다.

CLI(Caller Line Identification)는 상담원이 확인된 전화번호와 관련하여, 회사의 정보사항에 단번에 접근할 수 있도록 함으로써 해당 전화번호 관련 정보에 보다 용이하게 접근하도록 하여 고객의 요구사항을 보다 신속하게 해결하도록 한다.

ANI/CLI(혹은 CLID)는 전화를 건 통화자의 번호를 확인할 수 있게 해주는 네트워크 기능(telephone network feature)을 수행하며, 미국에서는 ANI를 장거리 전화국(Long-distance companies)에서 제공하는 것을 지칭하는 반면, CLID는 ANI의 지역전화국(Local phone company's version)에서 제공하고 있는 것을 말한다.

이 시스템은 상담원이 전화를 받기 전에 자동으로 고객의 전화번호 확인을 통한 상세한 정보사항을 알려준다. 때문에 고객들은 불필요한 질문에 답할 필요가 없어진다.

이 외에도 콜센터의 자동화 시스템에는 VRS(Voice Recognition System, 음성인식시스템), TTS(Text To Speech, 음성합성), SVS(Speaker Verification System, 화자검증), VMS(Voice mail service, 음성메일), FMS(Fax mail service, 팩스메일), UMS(Unified Message service, 통합메시지서비스), ERMS(E-Mail Response Management Solution, 이메일자동응대솔루션), VoIP(Voice over Internet Protocol, 음성신호를 데이터 신호로 변환하는 장치) 등 다양한 기술(Technology)이 사용되고 있다.

5) 콜센터의 특성

콜센터는 서비스와 성과지향이 매우 뚜렷한 전략경영의 실행 조직체이다. 즉 목표로 하는 고객층을 중점 대상으로 고객의 기대와 요구 및 욕구까지 명확하게 반영하고 대응하는 합목적성이 뚜렷한 서비스 조직체이다. 콜센터에서 제공하는 서비스는 새로운 고객을 유치하거나 기존 고객을 유지시키는데 있어서 매우 중요한 커뮤니케이션 수단으로서 다양한 산업에서 고객과 기업 간의 관계를 유지, 관리하는 최일선 기지의 성격을 띠고 있다. 콜센터의 특성은 다음과 같이 설명될 수 있다.[6]

첫째, 기능적으로 콜센터는 헬프데스크와 같은 기술지원 서비스, 사후 처리 서비스, 시장조사, 주문 접수, 안내, 전문상담, 홍보 등 오프라인에서 이뤄지는 많은 업무를 온라인상에서 구현할 수 있는 곳으로 적용할 수 있는 사업 분야는 무궁무진하다고 볼 수 있다.

둘째 콜센터의 업무진행 방향은 콜센터의 상담원이 고객에게 전화를 하는 아웃바운드와 고객에게 걸려온 전화를 받는 인바운드가 있다. 인바운드 업무는 서비스, 아웃바운드 업무는 세일즈와 마케팅으로 구분되지만, 최근에는 인바운드와 아웃바운드를 병행하여 업무를 수행하는 영역이 점차 늘어가고 있다.

셋째 콜센터의 규모는 상담석의 수로 산출하는데, 독일 같은 경우 중소형의 규모로서 50석이 채 되지 않는 콜센터가 70% 이상이다. 한 조사에 의하면 우리나라 콜센터는 평균 259석이며, 50석 미만은 39%, 50석~100석 미만은 16%, 100석~200석 미만은 17%, 200~500석 미만은 16%, 500석 이상은 11%로 나타났다. 이러한 결과는 국내 콜센터의 경우 중소기업보다 대기업을 중심으로 운영되고 있기 때문으로 보인다(한국콜센터 산업정보연구소, 2005).

넷째, 지리적으로 보면 집중화된 하나의 콜센터로 운영되고 있는 곳이 있는 반면 멀리 떨어진 여러 곳에서 동일한 서비스를 제공하고 있는 콜센터도 있다. 국내 콜센터의 경우 단일 콜센터를 운영하는 형태는 50%, 2개 이상의 분산된 콜센터를 운영하는 기업은 43%이었다(한국콜센터산업정보연구소, 2005).

다섯째, 사용하고 있는 채널별로 보면 팩스, 이메일, 인터넷 채팅 등이 전화와 더불

---

6) 전승욱, 콜센터 아웃소싱업체와 고객간의 장기거래지향성 결정요인에 관한연구, 광운대학교 대학원, 2007, pp.32-34.

어 사용되고 잇다. 콜센터에서 이렇게 다양한 채널을 통하여 고객과 접촉하고 있기 때문에 콜센터를 컨택센터(Contact Center)라고 부르기도 한다. 1999년 퍼듀 대학교의 벤치마킹 자료에 이하면 11%의 콜센터에서 이메일을 사용하고 있었으며, 75%의 콜센터는 전화만을 사용하고 있었다. 우리나라도 정보산업의 발달과 더불어 웹콜 시스템을 갖추고 고객에 대한 정보를 바탕으로 다양한 채널로 고객과 접촉하는 방향으로 발달하고 있기 때문에 콜센터는 컨택센터로 진화하고 있다.

마지막으로 콜센터는 통신회선을 사용하고 일반적으로 ACD(Automatic call Distributor)라고 불리는 스위치보드를 사용한다. ACD 장비는 전화가 걸려올 경우 자동으로 쉬고 있는 상담원에게 연결되거나 모든 상담원이 통화 중일 때 녹음된 음성으로 통화하여 고객이 전화를 기다리게 하는 것이다. 또한 IVR(Interactive Voice Response)를 대부분 사용하고 있다.

6) 콜센터 서비스의 특성

일반적으로 서비스는 유형 제품과 다른 4가지 특징을 갖는다. 서비스는 직접 보거나 만질 수 없어 무형적 특성을 보이며, 동일 서비스에도 고객마다 다른 경험을 할 수 있어 표준화가 어려운 이질성을 갖으며, 유형의 제품과 달리 제공 받은 후 즉시 없어지는 소멸성을 갖고 있고, 생산과 소비가 동시에 발생하는 비분리성의 특징을 갖는다.

콜센터는 전화 등 통신 수단을 통해 고객 접촉이 이루어지는 만큼 일반적인 서비스 산업이 갖고 있는 특성을 포함하면서도 직접 고객을 대면하는 서비스와는 달리 여러 가지 독특한 특성을 보인다.[7)]

첫째, 직접 대면이 아닌 통신을 통해 제공되는 상담서비스는 무형적이기 때문에 실체를 만질 수 없으며, 사전에 보여 줄 수 없다. 또한 특허권 보호가 곤란하고 가격결정 기준이 불명확하다. 따라서 일부의 콜센터는 고도의 기술적 지식이나 분야별 전문지식이 요구되는 상담이 제공되고 있으나 이를 유료화하기가 쉽지 않다. 또한 보이지

7) 정미경, 콜센터의 기계적 및 인적상호작용 품질이 고객만족과 고객충성도에 미치는 영향, 고려대학교, 경영대학원, 2008. p30-31

않는 만큼 서비스 표준화가 쉽지 않으며, 바람직한 서비스 모델을 구축하기가 어렵다. 이를 위해 콜센터에서는 상담시 표준화된 응대를 위한 준비 작업으로 스크립트라는 상담대본을 작성하여 응대하도록 상담원을 훈련하고 있으며, 끊임없이 변화하는 고객니즈를 만족시키기 위해서는 체계적이고 전문적인 서비스품질관리가 무엇보다 중요하다.

둘째, 상담원의 서비스가 고객에게 제공되는 순간은 저장할 수 없고 소멸된다. 이는 서비스는 재고로 저장해 둘 수 없기 때문에 콜센터가 감당할 수 있는 능력 이상의 고객전화가 오는 경우에는 일부의 고객은 서비스를 받지 못하고 떠나야 한다. 그러므로 콜센터서비스 관리에 있어서 중요한 과제는 정확한 콜예측을 통해 적절한 인력의 배치로 수요를 관리하는 것이다.

셋째, 상담원의 서비스 제공시 고객이 서비스 생산과정에 참여하기 때문에 생산과 소비가 동시에 발생 되어 품질의 통제가 어렵다. 제품의 경우는 고객이 제품을 접하기 전에 품질 수준을 체크할 수 있으나, 서비스는 생산과 소비가 동시에 일어나므로 미리 품질을 통제하기가 어렵다. 단, 다른 서비스와는 달리 콜센터의 경우 일정 규모를 갖춘 콜센터는 녹취시스템을 갖추어 실시간 또는 사후 모니터링을 통한 품질관리가 이루어지고 있다. 그러나 실시간으로 녹취가 이루어진다 해도 고객에게 이미 서비스가 제공된 후에 사후 피드백이 이루어지는 만큼 철저한 사전 준비를 통한 최상의 서비스를 제공하지 못한다면 서비스 회복을 위한 많은 시간과 비용이 투입되어야 한다.

넷째, 이질성으로 콜센터에 전화한 고객의 유형에 따라 동일한 서비스 품질이라 해도 경험의 결과는 차이를 보일 수 있다. 또한 제공하는 상담원의 서비스 수준 역시 차이가 발생하여 서비스 품질 관리가 어렵다. 따라서 다양한 고객요구를 만족시키기 위해서는 고객에 대한 충분한 분석과 그에 따른 구체적인 응대 전략 수립이 필요하다.

다섯째, 인적 자원의 의존성으로서 콜센터에서 제공되는 서비스는 대부분이 고객접점을 맡고 있는 상담원에 의하여 제공된다. 인적 서비스는 고객과 상담원과의 접촉하는 과정에서 이루어지는 서비스의 총체로서 상담원의 서비스 특성이 중요한 영향을 미치게 된다. Burgers 등(2000)는 상담원이 소유해야하는 잠재적 서비스 특성들을 13개의 속성으로 도출하였다. 이는 자기효능감(self-efficacy)을 비롯하여, 적응성(adaptability), 공감성(empathy)과 시간(time), 통화스타일(communication style), 신뢰성(reliability), 서비스품질과 고객만족에 대한 지각몰입, 권한위임(empowerment), 스태프 태도(staff attitude), 설명(explanation), 능력(competence), 안전성(security), 고객이해 등이다. 이러한 특성을 갖춘 우수 인적 자원을 확보 및 육성하기 위한 체계적인 인력선발 및 육성 시스템 구축은 콜센터 운영 시 핵심과제라 할 수 있다.

여섯째, 복합성으로서 상담원의 전문성과 함께 앞에서 언급한 자동응답시스템의 편리성, 상담 시 필요한 상담애플리케이션의 효과성, 타 부서와 연계된 문제해결시스템등 기술적 지원 및 프로세스를 포함한 다양한 요인이 서비스 제공에 영향을 미친다. 따라서 최적의 고객접점을 위해서는 콜센터를 중심으로 한 전사적 지원 시스템이 효과적으로 운영되어야 한다.

2 콜센터의 구성

콜센터는 전화, 인터넷과 같은 통신매체를 활용하여 전문 인력으로 구성된 조직과 서비스 활동을 위한 시스템 및 제반 자원을 필요로하는 고객에게 상업 또는 공공 부문(public sector)의 업무를 처리하는 장소이다. 성공적인 콜센터 운영을 위해서는 전문인력(Professional Employees), 콜센터 시스템(Call Center System)이 필요하다.

1) 전문인력

콜센터에서 수행하는 업무의 중심에 고객과의 상담을 수행하는 상담원이 있다. 콜센터에는 상담원과 상담원이 상담업무를 잘할 수 있도록 지원하는 관리자와 교육강사, 품질 관리자(QAA), 지원파트의 인력이 각자 전문적인 역할을 수행하고 있다.

상담원은 고객상담원, 텔레마케터, CSR(Customer Service Representative), TSR(Telephone Service Representative) 등으로 불린다. 콜센터에서 고객을 대상으로 각종

문의나 상담, 주문 접수처리, 전문분야의 특수 상담 등의 업무를 한다.

상담원의 업무유형은 인바운드, 아웃바운드, 블랜딩 3가지기가 있다. 인바운드는 고객으로부터 걸려온 콜을 처리하는 것으로 업무흐름, 매뉴얼, 스크립트 등이 정형화되어 있기 때문에 상담원은 짧은 기간 동안 업무교육 및 프로그램 교육을 받은 후에 일정 기간 동안 일하게 되면 숙련도가 높아진다.

아웃바운드는 상담원이 고객에게 전화를 걸어 고객과 연결되면 제품 및 회사소개, 처리 결과 안내, 시장 조사, 가입 권유 등을 하는 업무이다. 아웃바운드는 업무가 정형화되어 있지 않기 때문에 상담원 능력이 훌륭해야 한다. 또한 실행 하고자 하는 아웃바운드 업무에 대한 지식을 숙지하고 있어야 한다. 능력있는 상담원은 고객과 대화할 때 적절한 단어를 사용해서 고객의 호감을 얻고, 고객과의 대화를 이끌어가기 위해 대화 중단이나 소재 전환을 적시에 구사한다.

블랜딩은 인바운드 콜과 아웃바운드 콜을 동시에 처리하는 업무로 인바운드 콜이 많을 때는 인바운드 콜을 처리하고 인바운드 콜을 적을 때는 고객에게 아웃바운드를 한다. 블랜딩의 장점은 콜센터의 생산성을 극대화시키는 것이다.

(1) 주문/문의/안내 응대 상담

주문/문의/안내 업무는 고객의 불만이나 클레임이 없기 때문에 스트레스를 불만/클레임 응대보다는 덜 받는다. 간혹 불온한 고객의 콜이 걸려오는 경우도 있지만, 심한 모멸감을 느끼는 욕을 하거나, 목소리를 높여 횡설수설하는 고객을 응대하는 것이 아니기 때문에, 업무에 대한 정신적 부담이 적은 편이다.

오늘날에는 고객의 주문/문의/안내 등에 대한 콜을 상담원의 근무기간이 짧아도 사용할 수 있을 정도로 프로그램이 잘 되어 있으며, 간혹 문의가 어려워 혼자서 처리할 수 없을 경우에는 주위의 상담원으로부터 도움을 받아서 처리할 수 있다. 그래서 콜센터 관리자가 주문/문의/안내 등을 처리하는 상담원을 별로 중요하지 않게 생각할 수 도 있다.

인바운드(Inbound) 상담원의 급여는 불만/클레임을 수행하는 아웃바운드(Outbound) 상담원보다 적을 수 있고, 인바운드 콜(Inbound Call)은 비교적 단순해서 오랫동안 근무하면 업무를 지루하게 느낄 수도 있다.

즉, 고객과의 상담태도가 불성실해지거나 태만해질 수 있는 것이다. 이러한 상담원의 불성실한 태도를 없애려면 인센티브 제도나 업무성과에 대해 보상할 수 있는 제도를 만들고, 상담원이 자신의 능력을 지속적으로 향상시키고 발전할 수 있도록 동기를 부여해야 한다.

2) 불만/클레임 응대 상담

불만(Complaint)/클레임(Claim) 콜(Call)을 처리하다 보면 고객과 옥신각신하는 경우가 자주 발생한다. 이것은 콜센터에 걸려오는 반품(返品)/교환(交換)/취소(取消)/해약(解約)/변경(變更) 등의 전화(電話)일 것이며, 고객이나 기업 중에서 어느 한쪽이 일을 잘못 처리했기 때문에 발생한 것이다.

고객은 자신의 잘못을 인정하기보다는 상담원을 설득(說得)하거나, 부탁(付託)하거나, 위협(威脅)하려는 성향이 있어서 상담원이 고객과 통화하다보면 순간 언성이 높아지고, 감정을 자극해서 서로 충돌(衝突)이 생길 수 있다.

이런 경우에 상담원이 고객과의 통화를 빨리 처리하지 못하면, 통화시간이 길어져서 처리 의욕이 떨어질 수 있다. 또한 도미노(domino) 현상이 발생해서 주위에 있는 상담원의 심리 상태에도 영향을 미친다. 더욱이 이런 불만(Complaint)/클레임(Claim) 고객은 통화 중인 상담원으로부터 만족스러운 결과를 얻지 못하면 다른 상담원이나 관리자와 통화하기를 원하며, 고객이 일방적으로 전화를 끊었다가 다시 전화해서 조금 전에 통화했던 상담원을 끝까지 찾는 경우가 발생해서 상담원들에게 심리적인 영향을 준다.

콜센터에서는 이런 불만(Complaint)/클레임(Claim) 콜(Call)을 중재하고 처리하기 위해 슈퍼바이저(Supervisor)나 관리자가 있는데 이들도 규정에 따라 생각하고 움직이는 직원이기 때문에 해결할 수 없는 문제가 발생할 수도 있다.

이런 경우, 상담원이 문제를 처리할 수 없고 고객과의 응대시간이 길어질 것 같으면, 한 템포 쉬었다 문제를 처리하는 지혜가 필요하다. 즉, 상담원은 고객과 통화한 내용을 데이터베이스에 일단 저장하고 나서, 고객에게 잠시 후에 전화 걸겠다고 양해를 구하고 나서 전화를 끊는다. 잠시 후에 고객에게 전화를 걸어 회사의 입장이 정리된 내용을 전달하면 고객이 수긍할 수도 있는 것이다.

(2) 콜센터 시스템

콜센터 시스템은 전화시스템과 고객 정보를 관리하는 데이터베이스 시스템으로 구성된다. 전화 시스템은 사설 교환기를 비롯하여 회사 내의 모든 전화회선망과 자동전화분재기(ACD), 대화식 음성응답기(IVR), 자동번호인식기(ANI)를 포함한다. 고객의 전화가 일반전화 회선망(PSTN)을 통하여 연결되는 곳이 사설구내교환기(PBX : private branch exchange)로 회사 내의 전화 회선망으로 연결되고 모든 통화는 자동전화분배기(ACD)로 분배된다. 그리고 대부분의 고객전화는 상담원이 직접 받아 응대하기보다는 표준화되고 반복적인 질문을 처리하기 위하여 먼저 대화식 자동음성응답기(IVR)를 이용하는 것이 일반적이다.

콜센터에서는 고객 접점 관리를 위한 공중망인 PSTN(Public Switched Telephone Network)을 통해 접속하는 모든 전화회선을 교환기로 수용하고, 교환기와 연결된 모든 전화기와 내부 장비를 CTI Server를 활용하여 모니터링 및 통제 작업을 수행할 수 있다. 이러한 모니터링 및 통제 작업은 교환기와 CTI Server 시스템 간에 제어 상태, 처리 현황, 라우팅 등의 정보를 표준화된 인터페이스 사양에 의해 주고받으며 이루어진다.

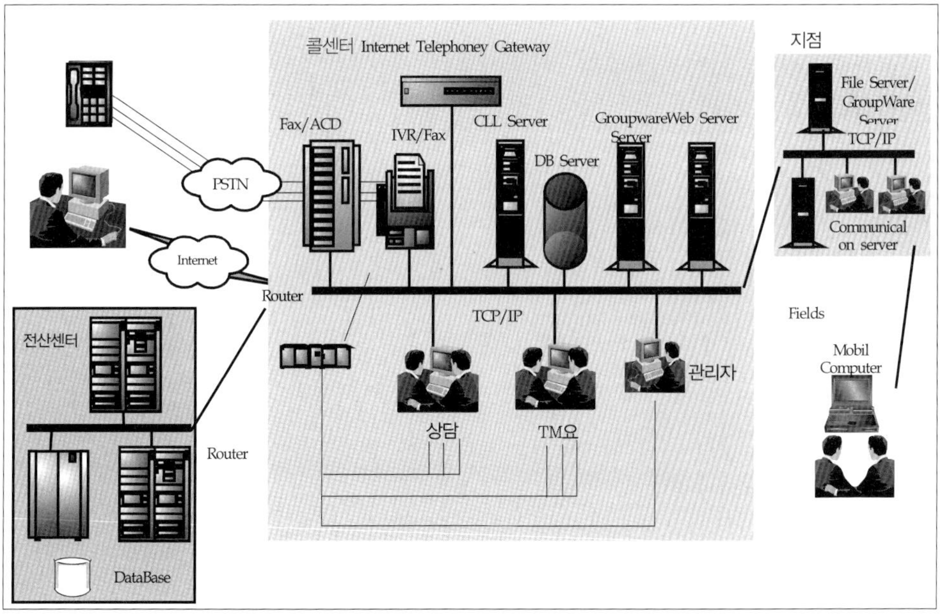

〈그림 8-3〉 Customer interaction center의 시스템 구성

데이터베이스 시스템은 상담원이 필요로하는 고객정보를 제공하고, 상담원의 통화 내용에 대한 기록을 보관하고, 보관된 자료를 분석하여 향후 고객응대 및 여러 가지 마케팅 활동에 활용한다.

최근 선보이고 있는 새로운 고객접점으로 인터넷 콜센터와 통합 메시징 시스템(UMS)이 주목 받고 있다. 인터넷 콜센터는 고객이 기업의 웹사이트를 검색하는 도중 브라우저 화면상에 있는 콜 버튼을 클릭하면 전화를 사용하지 않고 VoIP를 이용하여 콜센터의 상담원과 통화를 할 수 있는 시스템이다. 또한 통합 메시징 시스템은 음성 합성, 조합기술, 팩스인지처리 기술, 사서함 기술 등을 통합하는 정보기술로 메시지를 전달하고자 하는 이용자가 전화, 팩스, PC 등 단말매체의 종류나 장소에 구애 받지 않고 음성메시지나, e-mail, 팩스정보 등을 주고받을 수 있도록 한 첨단 메시지 전달 시스템이다.

3 콜센터의 구분[8)]

1) 콜센터 업무유형별 구분

콜센터의 분류를 보면 인바운드, 아웃바운드, 인바운드와 아웃바운드를 함께 처리하는 혼합형 콜센터로 나뉘고 조직구성원에 따라 직영 콜센터로서 기업내부의 조직원들이 고객정보보호, 지속적인 업무 진행, 고객관리의 질을 지속적으로 향상시키기 위해 직접 운영하는 방식이 있고, 콜센터 운영에 따른 리스크 등을 방지하고 효율성, 생산성, 전문성을 고려하여 시설, 시스템, 인력 등을 외부 전문 콜센터 운영업체에서 조달하는 방식의 아웃소싱형 콜센터가 있다. 콜센터 운영의 장점과 전문성을 지닌 업체가 제휴하여 시스템 인력, 업무 노하우를 결합 또는 공유하여 운영하는 방식의 제휴형 콜센터도 늘어나는 추세이다.

8) 전승욱, 전개서, pp.36-39.

2) 센터 업무유형별 구분

콜센터는 수행 주체에 따라 자체운영, 아웃소싱, ASP로 나눠진다. 자체운영 콜센터는 직원의 통제, 관리, 업무 몰입, 업무 숙달에 대하여 장점이 있다. 자체운영의 한 방식으로 상담인력을 외부에 위탁하는 파견이 있다. 특히 2007년 파견법이 네거티브(negative)에서 포스티브(positive)로 바뀌면서 콜센터 상담인력이 파견대상이 됨에 따라 상담인력만을 아웃소싱하는 경우가 증가할 것으로 예측되고 있다.

토탈 아웃소싱은 기존의 전문 인력을 필요치 않으면서 전문적인 구축, 운영능력을 가짐으로서 전문성, 비용 절감, 신속성 등에 있어 장점을 가지고 있다. 아웃소싱의 한 방식인 인소싱은 콜센터를 자체운영하나 상담인력을 외부에서 아웃소싱 하는 것으로 인력에 대한 관리, 교육 훈련등을 전문업체에 위탁함으로서 자체운영의 장점과 아웃소싱의 장점을 접목시킨 형태이다.

ASP는 아웃소싱의 한 형태로 시설만을 아웃소싱하고 운영을 직접 하는 경우로 초기투자 부담은 없으면서 자체운영의 효과가 있다. ASP는 주로 콜센터 시스템을 빌려 쓰는 형태가 있으며 콜센터 시스템과 건물을 동시에 빌려 쓰는 형태로 구분된다.

(1) 자체운영 콜센터 (In-House Call Center)

콜센터 운영주체가 자신의 비용과 인력으로 콜센터를 설치하여 기업의 모든마케팅 활동을 계획 실행 통제하는 콜센터를 의미한다. 기업에서 자체적으로 운영하므로 고객의 소리를 바로 들을 수 있어 고객에게 융통성 있게 대응할 수 있다는 것이 최대의 장점이다. 단기적으로는 비용부담이 크지만 장기적인 측면에서는 오히려 비용 절감 효과가 있고, 서비스의 통제, 고객 서비스 노하우와 정보의 축적 등과 같은 무형의 이익을 가져다주는 장점이 있다.

(2) 토탈 아웃소싱 (Total Outsourcing)

콜센터의 운영을 전문용역업체에 위탁하는 것으로 이 방법의 가장 큰 장점은 아웃소싱 기업의 전문성을 최대한 이용할 수 있다는 것이다. 비용 측면에서도 기 구축되어 있는 시스템 및 인프라를 사용함으로써 초기 투자비가 상대적으로 적게 들고, 구축 기간이 짧고 구축 초기에 안정화가 가능하다. 기업 내에 콜센터 운영 전문 부서가 존재하지 않거나 짧은 기간에 많은 고객을 접촉해야 하는 기업과 판매 후 지원 시스템을 운용해야 하는 기업도 이 방법을 채택하는 것이 유리하다.

또한 전문적인 인력에 의한 효율적인 운영, 관리가 가능하고, 상황 변화에 따른 탄력적인 인력 운영과 시스템 및 각종 Infra의 유연한 대처, 다양한 경험을 바탕으로 안정적인 운영 가능, 최신 기술의 빠른 도입 등을 장점이라 할 수 있다. 현재 국내 콜센터 운영의 약 25%가 아웃소싱을 하고 있고 아웃소싱 비율이 지속적으로 증가하고 있는 추세이다.

(3) ASP (Application Service Provider)

Application 및 전산 자원 임대방식인 HOsted Service(ASP)는 TCO(총 소유비용)를 최소화하는 전산환경이 가능하도록 하며 최신 기술을 이용하여 비즈니스 환경 변화에 유기적으로 대응할 수 있으며 별도의 IT 관리가 불필요하여 핵심 업무에만 역량을 집중할 수 있도록 하는 서비스와 부동산, 시스템을 완비하고 좌석을 일정기간 단위로 임

〈표 8-1〉 콜센터 운영 장단점 비교표

구분		자체운영	아웃소싱	ASP
비용측면	장점	• ROI 시점 도래 후 운영비용 회수 • 관리비용의 저렴 • 연간 아웃소싱 운영비가 비용으로 간주	• 초기 투자비용 적음 • 자금 운용성 확보 • 구축기간 절감 • 인력관리 비용 절감	• 초기투자비 절감 • 자금 운용성 확보 • 구축기간 절감
	단점	• 초기 투자자본 부담 • 운영 미숙 시 지속적인 비용발생 • 시스템관리비용부담	• ROI 시점의 미도래로 운영비의 가중 • 지출되는 비용이 단순 지급비로 자산효과 없음	• ROI 시점의 미도래로 운영비의 가중 • 지출되는 비용이 단순 지급비로 자산효과 없음
효율성측면	장점	• 시스템 구축 및 확장시 유연성 부담 • 고용 관계 일원화로 명령 지휘체계 확립 • 체계적인 교육 및 운영관리 습득 가능	• 구축기간 단축 • 기업 환경의 변화에 대한 신속성 및 유연성 확보 • 인력 운영 유연성 및 용이성	• 독립적 콜센터 구성 • 통합운영 가능 • 관리의 편리성 • 기간의 최단화 • 시스템 확장용이
	단점	• 인력관리 비효율성 • 관리부담	• Client와의 업무분장 불명확시 업무 혼선 초래	• 인력관리의 비효율성 • 관리부담

대하여 사용하는 방식이다. 그러나 기업이 건물을 소유하고 있을 경우에는 단순히 콜센터 시스템, 네트워크, 상담원 어플리케이션 등 제공되고 있는 서비스를 선택적으로 사용할 수 있는 정보시스템 아웃소싱(ITO : Information Technology Outsourcing)으로 설명된다.

4 콜센터와 고객만족

콜센터에서 고객만족은 통화고객을 만족시켜 기업에 좋은 이미지를 갖도록 서비스하는 것이다. 고객만족 및 불만고객 관리는 기업의 장기적 차원에서 매우 중요한 요소이며, 매우 만족한 고객만이 충성고객이 되며, 기업에 수익을 준다고 알려져 있다.[9]

1) Feinberg 모형

Feinberg 등(2000)이 콜센터를 이용한 경험이 있는 고객들을 대상으로 한 연구에서 고객만족에 영향을 미치는 요인을 분석한 연구에 따르면, 〈그림 8-4〉에 표시한 것처럼 콜센터의 운영과 관련한 지표들이 대체로 고객만족과 유의한 영향 관계를 보인다

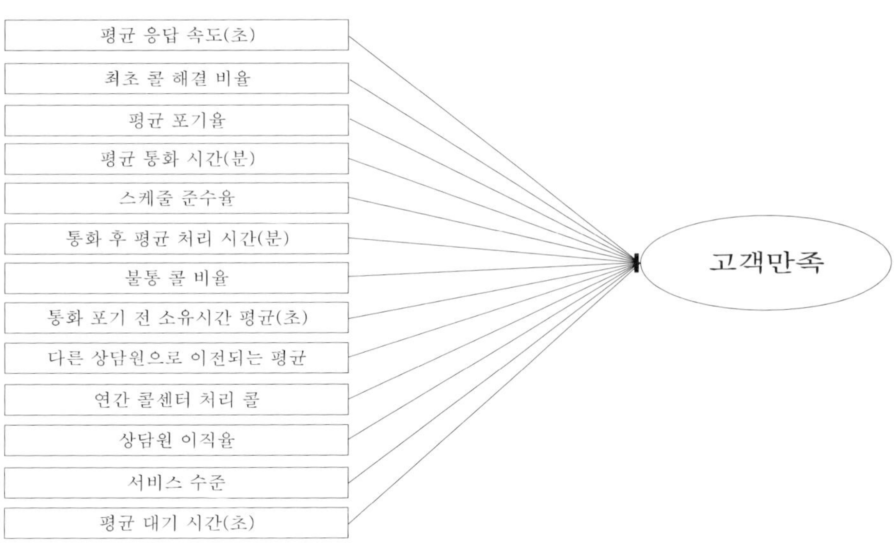

〈그림 8-4〉 Feinberg 등(2000)의 고객만족에 영향을 미치는 결정요인 모형

9) 곽상종, 전게서, pp16-19

고 했다. 그러나 13개의 핵심 변수들 중에서 7개의 변수(최초 콜해결 비율, 평균 응답속도, 평균 포기율, 통화 후 작업, 불통 콜 비율, 서비스 수준, 평균 대기시간)만이 유의하게 고객만족에 영향을 미치는 것으로 나타났다.

또한, Feinberg 등(2002)은 그들이 제안한 모형을 은행/금융 서비스 콜센터에 적용했는데, 결과적으로 그들이 제안한 13개의 변수들은 은행/금융서비스 콜센터를 이용하는 고객들의 만족과는 관련이 없는 것으로 나타났다.

이것은 은행/금융 서비스를 이용하는 고객들에게 응답 속도나 평균 통화 시간과 같은 운영적 지표는 중요하지 않다는 것을 의미한다. 그러나 전체 산업의 고객만족에 영향을 미치는 요인들의 서비스 수준, 응답 속도, 평균 포기율, 대기 시간, 최초 콜해결 등 운영 요인들은 매우 중요한 요인인 것으로 나타났다.

2) Burgers 모형

Burgers 등(2000)은 전통적인 면대면(face-to-face) 접점분야에서는 광범위한 연구가 이루어져 왔지만, 음성대음성(voice-to-voice) 접점에서의 콜센터상담사의 행동을 고려한 고객의 기대를 범주화하려는 시도가 부족하다고 보고, 콜센터상담사(Customer Center Representative : CCR) 행동을 고려한 핵심고객 기대측면을 확실시 하는 측정도구를 개발하고자 했다.

이들은 서비스마케팅 문헌을 기초로 4개의 차원-적응성(adaptiveness), 보장성(assurance), 공감성(empathy), 권한성(authority)-과 13개의 척도들을 가진 모형을 도출했다.

이 연구결과는 상담사들에 대해 고객들은 상담사들이 대인(對人)상황을 취급하고, 다양한 상황들에 적응할 수 있도록 고객들에 대한 행동을 조절하기를 기대한다고 한다. 뿐만 아니라, 고객과의 접점에 있는 동안에 다양한 상황들을 취급하는데 있어서도 상담사들이 두려워해서는 안 되고, 고객의 매우 복잡한 수준에서 조차 고객의 상황과 언어를 평가할 수 있어야 한다는 것이다.

또한, 상담사들이 고객들에게 편안함을 주고 불확실성을 없애고 나아가서 회사는 고객정보를 사려 깊게 취급할 뿐 아니라, 그 정보는 신뢰할 수 있게 취급될 것이라는 것을 상담사들이 보장할 것을 기대한다는 것을 보여준다. 그리고 음성대음성 서비스 접점에서 상담사들은 고객들의 정서(emotion)에 공감하고, 회사에 대해 가벼운 존재가 아니라는 느낌을 고객들에게 줄 수 있고, 여러 가지 문제들과 질문들을 다룰 때

처리 권한을 가지기를 기대한다는 것을 보여준다.

3) Bennington, Cummane and Conn 모형

Bennington, Cummane and Conn(2000)은 콜센터와 고객만족 연구에서, '콜센터가 큰 폭의 비율로 성장하지만, 상대적으로 콜센터가 고객만족을 수행하기 위해 어떤 서비스를 전달하는 것이 바람직한가' 하는 방법 면에서는 거의 알려져 있지 않다고 생각했다. 그래서 고객만족을 위한 콜센터의 수행 방법을 제시하기 위해 먼저 콜센터의 장점/단점을 고찰해보고, 그 다음에 대규모의 인적서비스를 가진 콜센터 네트워크의 사용자들에게서 수행된 고객들이 어떤 점에 더 만족을 느끼는가에 대한 워크숍과 설문을 통한 연구결과를 제시했다.

이 연구를 위해 고객만족과 지각(Perception)된 콜센터의 품질에 대해 8개의 워크숍을 통해 데이터를 추출하고, Centrelink의 서비스센터 관리의 연구에서 사용된 것(Bennington, Cummane 1998a)들을 기초로 품질기대, 서비스센터 운영만족, 서비스 제공자 지각, 산출변수와 충성도도 포함되도록 확장해 설문을 수행했다. 연구결과는 품질기대, 상담사 비율, 서비스센터에 대한 만족 순으로 고객만족에 유의한 관계를 가지며, 고객에게 가치 있는 것들과 고객이 상담사에 대해 불만족스러운 것들이 있는 것으로 나타났다. 이들 연구는 고객들이 콜센터 서비스에 대해서보다는 정서적(in-person) 서비스에 대해서 약간 더 높은 수준의 만족을 가진다는 것을 지적할 뿐만 아니라, 세계 최상의 콜센터 관리 속성들을 제시함으로써 콜센터 서비스를 설계하고 관리하는 사람들에게 좋은 지침서가 될 수 있도록 도움을 준다.

4) Miciak and Desmarais 모형

Miciak and Desmarais(2001)는 B2B와 B2C 콜센터에서의 서비스품질 연구에서, 서비스 품질 성과를 B2B와 B2C 콜센터에 벤치마킹했다. 이 연구에서 콜센터 유형은 관리 특성, 서비스 품질 성과의 고객 평가, 작업장의 종업원 평가를 포함한 이슈에 의해 달라진다고 했다. 또한, B2B 콜센터들은 서비스 성과에 대한 높은 기대를 나타내고, 조직의 서비스 성과에 대해 중요한 평가자들인 고객들에 의해 평가된다고 했다. 그리고 고객과 종업원 만족 그리고 충성도에 대한 관계들을 논의했다.

이 연구는 소비자 마케터와 B2B 마케터들을 위한 콜센터 관리와 성과의 벤치마크들을 소개하고, 문헌 조사를 통해 소비자 마케터와 B2C 마케터가 다르다는 것을 제시했으며, 마케터들이 고객의 서비스 요구와 니즈와 기대를 만족시키기 위해서 어떻게 회사에서 콜센터 솔루션들을 구현하는가 하는점을 관찰하고자 했다.

이 문제를 해결하기 위해 첫째, 조언과 훈련, 콜 매트릭스, 고객 실무와 같은 콜센터 관리 특성들이 소비자 콜센터와 B2B 콜센터의 종류에 따라 어떻게 달라지는가? 둘째, 종업원 만족과 충성도에 영향을 미치는 점에서 B2B와 소비자 콜센터 사이의 유사점과 차이점은 무엇인가? 셋째, 고객의 서비스 품질 평가에 기초해, 진실의 순간에서 B2B 콜센터와 소비자 콜센터가 어떻게 고객만족과 충성도를 유도하는가? 하는 점에 초점을 두고 연구했다.

5 콜센터 주요 성공 요인

콜센터의 성공요인에 대해서는 CRM분야에서 많은 접근이 이루어져 왔으며, 학자들에 따라 다양하게 정의되고 있다. Nederlof & Anton(2002)은 콜센터를 CRM의 핵심센터로 정의하고, CRM 센터의 세 가지 핵심구성요소로서 프로세스(process), 인적자원(people), 기술(technology)을 강조하였다. 기업이 성공적인 CRM을 구현하기 위해서는 프로세스, 문화, 기술에 대한 조직전체의 참여와 후원이 필요하고, 고객정보를 공유하기 위하여 부서간의 재구조화가 필요하다(Arthu, 2000).

성공적인 CRM 구현에 대해 Flanagan & Safdie(1998)는 아키텍쳐, 분석/프로필링, 캠페인 계획과 관리, 고객과의 상호작용, 방법론의 역할 등의 요인은 지적하였고, 솔루션 접근에 대한 계획, 모듈접근에 대한 구현이 중요하다고 하였다.

Ryan(1999)은 CRM의 주요성공요인으로 상호작용과 성과과정을 통합시키는 능력, 어떠한 장소·시간·방법에도 가능한 고객서비스, 지능형 작업관리, 손쉬운 정보접근성, 신속한 어플리케이션 설계·개발·구현, 프로세스 규정에 대해 고객화(customization)가 가능할 것, 유연성과 민첩성, 확장 가능성 등을 주장하였고, Bodolori(2000)는 강력한 CRM 비전의 공식화, CRM 프로젝트에 대한 임원진의 참여, 비즈니스 프로세스가 CRM 구현의 동인이 되게 하는 것, 기술파트너의 폭넓은 선택,

탁월한 구현 팀의 구성, 조직변화의 효과적 관리 등을 주장하였다.

Raaen(2000)은 마케팅역량, 세일즈 역량, 고객서비스 역량 등 세 가지 역량을 CRM의 성공요인으로 제시하고, 세 가지 역량에 대해 세부적으로 고객정보의 효과적 배분, 효과적인 파트너십과 전략적 제휴, 효과적인 마케팅 계획, 인력자원의 효과적인 스킬 개발, 공정한 보상, 인재의 유인 및 보유, 효과적인 시스템의 구축, 고객서비스에 대한 효과 측정 등 11가지 능력이 기업성과에 영향을 미친다고 강조하였다.

Kalakota & Robinson(2000)은 최고경영층의 지원, 통합된 CRM의 비전의 정의, CRM전략의 구추과 목적의 명확화, 고객에 대한 이해, 변모해야 할 문화적 이슈, 비즈니스 사례의 개발, 현재의 준비상태 평가, 적합한 어플리케이션 평가, 전면적인 프로젝트 오너십 부여, 구체적으로 측정가능한 목표설정 등을 CRM 성공요인으로 주장하였다.

Rayls & Know(2001)는 CRM을 효과적으로 실행하기 위해서는 CEO의 몰입, 고객지향적인 조직문화, 사원에 대한 교육 및 평가, 부서간의 통합적인 요인을 고려해야 한다고 주장하였고, Ronald(2001)는 계획과 방향의 설정, 서비스와 커뮤니케이션의 관리, 관계기술 전략, 직원의 능력개발과 전사적 자원관리, 정보자산 보호, 자원의 투입과 어플리케이션 전략, 공헌에 따른 보상, 각종 시스템(CRM/DW 어플리케이션, 고객상호작용 시스템, 고객분석시스템)의 보유 및 활용이 CRM 실행에 있어 중요하다고 하였다.

Mankoff(2001)는 CRM 구현의 성공요소로써 비즈니스 목표설정, 비즈니스와 IT 운영기능의 통합, 최고경영진의 지원, 비즈니스 목표에 따른 CRM 구현, 커스터마이즈의 최소화, 경험있는 컨설턴트 활용, 솔루션 설계에 있어 최종사용자의 활발한 참여, 최종사용자를 위한 교육투자, 단계적인 역할별 스케줄활용, 시스템 효과성 측정 및 모니터링 등을 제시하였다.

Marcus(2002)는 비록 기술은 CRM을 위해 주요한 요인이지만, 효과적인 고객관계관리를 구현하기 위해서는 기술과 함께 고객지향적인 문화와 비즈니스 프로세스의 변화가 필요하다고 지적하였고, Hansotia(2002)는 CRM을 성공적으로 이끌기 위해서는 환경, 문화, 프로세스가 중요하며, 이에 대한 최고경영진의 참여가 중요하다고 하였다. 〈표9-2〉은 CRM 구현의 성공요인에 관한 선행연구를 정리한 것이다.

〈표 8-2〉 CRM 구현의 성공요인

연구자	전략과 계획	기술/ 시스템	데이터 통합	부서간 통합	사용자 참여	인적/ 물적 자원	고객 지향	프로 세스	경영자 지원	전문가 참여
Flanagan & Safdie(1998)	●	●					●			
Ryan(1999)		●		●			●	●		
Bordolori(2000)				●				●	●	
Raaen(2000)	●	●				●	●			●
Kalakota & Robinson(2000)	●						●	●	●	
Mankoff(2001)	●	●	●		●	●			●	●
Rayls & Konx(2001)				●			●		●	
Ronald(2001)	●	●				●	●			
Arthur(2002)		●		●						
Hansotia(2002)								●	●	
Marcus(2002)		●					●	●		
Nederlof & Anton(2002)		●				●		●		

자료 : 박득(2004), "고객서비스 조직의 성과모형에 관한 연구 : 콜센터를 중심으로", 박사학위논문, 전남대학교 대학원, p.11

6 국내 콜센터 산업의 현황

1) CRM 콜센터의 적용분야

CRM 콜센터의 적용 업무는 상담센터와 텔레마케팅센터로 구분할 수 있다. 상담센터에서는 정보안내/지원, 고객 불만 접수, 고객유지관리업무를 주로 담당하고 있으며, 시스템 내부적으로는 ACD(automatic call distributor), ARS(automatic respose system), Caller-ID, 녹취장비, 팩스(Fax) 등의 기능을 수행하게 되며, 취득된 정보는 DB화 되어 서버에 저장되어 다양한 용도에 맞게 통계분석처리 되고 있다. TM센터에서는 주로 인바운드 업무와 아웃바운드 업무를 처리하고 있으며, 전자는 주로 상품문의 안내와 상품 모니터링, 상품주문접수 등을 수행하며, 후자는 신규고객을 창출하고 영업조직을 지원하고 기존 고객의 이탈을 방지하는 등의 업무를 수행한다. 과거의 CRM 콜센터는 주로 고객 상담실이나 고객 창구 담당에서 고객의 문의나 궁금증 해결, 주문, 불만 접수, 본 지점 위치 확인 등 걸려오는 전화를 응대하는 업무였으나, 최근에는 잠재고객이나 유망 고객을 정확하게 포착하여 제품 및 서비스 이용을 공격적으로 판촉활동을 하거나 기존 고객에게 감사의 전화 또는 고정 고객화를 유도하는 적극적인 마케팅 기법으로 발전하고 있다. 다음 〈표8-3〉는 CRM 콜센터의 대표적인 적용 분야를 정리한 것이다.

〈표 8-3〉 CRM 콜센터의 적용분야

구분	적용 분야
신용카드회사	신용 카드 회원 모집, 신규 회원 대상으로 카드 수령 확인 및 해피콜(Happy Call)실시, 카드 사용 촉진 전화, 각종 정보 서비스, 카드 사용 대금 연체 관리, 휴면고객 활성화, 상담 및 고객 불만/클레임 처리
보험 회사	상품 판매, 사고 처리 및 부가 서비스
금융 기관	각종 금융 정보 서비스 제공 및 불만 접수, 휴면 고객 활성화 및 고액 투자자 유지, 폰뱅킹(Phone Banking)실시
통신 판매	케이블 TV 홈쇼핑 채널/ 신용카드 회사 통신 판매 등의 주문, 접수 또는 휴면 고객 활성화, 080 서비스를 통한 상품 주문 접수
증권	주식 매매 / 체결 관리(주문/안내), 주식정보 안내, 주요 고객 관리
이동 통신	고객 불만 및 사무 처리, 소비자 정보 서비스 제공, 요금 연체 관리, 통신 서비스 이용자 확보
유흥/쇼핑	상품정보, 고객 정보 관리, 할부 연체자 관리, 우수 고객 유치관리, 매장 방문 유도
여론 조사	시장 조사, 상품 조사, 광고 효과 조사, 소비자 의식 조사, 유권자 여론 조사
교육 사업	회원 유치 및 관리, 구독 연장, 할부 미수 회원 관리, 계약/갱신, 데이터베이스 구축
행정 관청	각종 행정 정보 제공, 민원 처리

2) 국내 콜센터 산업현황

현재 콜센터 도입이 가장 활성화된 산업군은 금융·보험 업계이며 통신분야도 매우 큰 시장을 형성하고 있다. 먼저 도입된 업종별로 보면 금융·보험업이 47%로 전체의 약 절반을 차지하고 있으며 통신이나 유통 서비스가 25%, 제조 및 도소매업도 19%이며 IT 분야에서와 공공기관이 각각 7%, 1%의 비율을 보이고 있다.[10)]

우리나라 은행은 수출입은행을 제외한 모든 은행이 CTI 콜센터를 운영하고 있다. 최근에는 전화를 매체로 고객과 일대일로 상대하는 마케팅 영업을 확대하고 있어 주목받고 있다. 그러나 아직 적극적으로 텔레마케팅에 이용할 수 있는 데이터베이스의 구축 및 활용이 활발한 것은 아니고 대부분 조회업무를 집중처리하는 데 그치고 있다. 현재까지 콜센터를 통해 이용되는 서비스는 대부분 조회 및 이체서비스로 2002년 3/4분기 이용실적을 살펴보면 조회와 이체서비스가 전체의 87.0%를 차지하고 있다.

보험회사의 콜센터에서는 전화를 통하여 보험 상품을 소비자에게 판매하는 아웃바운드 세일즈와 보험관련 인바운드 서비스 업무를 수행한다. 1980년대 ARS서비스가 시작되면서 단순한 정보제공에 서비스가 제한되었었으나 콜센터 설립이 활발해지면서 현재는 보험판매, 고객 상담 등 다양한 서비스가 제공되고 있다.

한편 통신업에서는 기간통신사업자와 이동통신사업자는 모두 콜센터를 설치, 운영하고 있다. 이들은 직접 운영하기 보다는 100% 아웃소싱을 하고 있으며 그 규모는 20,000여석이 초과되는 것으로 추정되며 향후 보다 더 확장할 계획을 가지고 있다.

이처럼 우리나의 콜센터는 금융업과 통신, 유통 등을 중심으로 전개되었으며, 최근 제조업 분야도 내구성 소비재를 중심으로 많은 관심을 가지고 도입과 운영을 적극 추진하고 있다. 제조업의 경우에는 신규고객의 확보보다는 해피콜과 같은 수단을 통해서 고객에 대한 서비스 품질을 제고하기 위해 많이 사용하고 있다.

통신회사, 케이블 TV 회사, 호텔, 언론출판 등과 같은 서비스 기업에서도 콜센터를 많이 운영하고 있으며 2004년 이후 공공부문에서의 콜센터 도입이 정부 정책의 하나로 시행되어 빠르게 증가하고 있으며 최근에는 병원 등 공공서비스 분야에도 콜센터를 구축·운영 중에 있다.

콜센터의 산업 전망은 2000년도의 한국텔레마케팅 총람에 따르면 '02년도 약 5조

10) 전승욱, 전게서, pp39-41

〈표 8-4〉 주요 업종별 콜센터 활용 현황

업 종	활용 현황
신용카드회사	- 회원가입·신용조사 - 휴면 고객 활성화 - 연체 관리
케이블 TV	- 전화를 통한 가입자 유치
은행/증권/상호신용금고/종합금융사	- 고객서비스(잔고조회, 송금안내, 수수료안내, 증시정보) - 고객 이탈방지 - 신규고객 발굴 : 고액 예금주 유치 - 휴면고객 활성화
통신판매 회사	- 케이블 TV 쇼핑채널, 신용카드 통신판매 등 주문접수 센터 운영 - 카탈로그 홈쇼핑 회사
정보통신회사	- 고객 서비스(A/S, 고충처리 등), 고객 관리 - 판촉 이벤트, 판매지원 - 연체관리
보험회사	- 보험갱신 및 미납관리 - 자동차 보험 : 대부분 텔레마케팅으로 가입 및 유지 - 상해보험·손해보험의 신규 고객 유치
제조업/자동차/가전	- 해피콜을 실시하면서 직판을 위한 고객 DB 구축 - 차량 점검상태, 구입조건 확인, 할부 안내, 차량관리요령 안내 등을 통해 고객에게 편의를 제공하는 해피콜센터 운영
백화점/유통업	- 멤버십 카드 회원 모집 및 고객 관리 - 타겟 고객에게 텔레마케팅에 의한 판촉 : 통신판매, 이벤트, 행사안내
건설회사	- 아파트, 상가, 오피스텔 분양을 위한 텔레마케팅 운영
호텔	- VIP 멤버십 유치 및 고객관리 - 객실 예약 및 판촉
언론 출판	- 정기 구독자 확보·계약 갱신 - 광고 접수 - 미수금 관리
정부/학교/사회단체	- 기부금 모집·후원회 관리 - 선거 홍보 - 민원 안내
항공사/여행사	- 예약·고객관리

2천억원, 2003년도 약 6조 7천억원으로 향후 3~5년간 매우 높은 성장을 기록하다가 약 2007년 10조원을 기점으로 안정적인 성장세를 보일 것으로 예상된다. 특히, 콜센터 아웃소싱 시장은 기업체들이 자체 운영노하우가 없고 콜센터 구축에 따른 위험(risk)을 줄이기 위해 직접투자보다 전문 대행업체를 선택하는 경향이 있는 만큼, 기

존 대행업체와 대기업의 대행업 진출로 국내 콜센터 아웃소싱 시장의 규모는 2000년부터 2004년간 연평균 250%의 성장률을 보이고 있으며 이후에도 높은 성장세를 보일 전망이다. 또한 한국의 콜센터 상담원 종사자 규모는 약 30만 명으로 추산하고 있으며 업종별 이용현황은 통신, 금융(은행, 카드, 보험), 전자가 주를 이루고 있다.

〈표 8-5〉 국내 콜센터 시장규모

구분	2000년	2001년	2002년	2003년	2007년
콜센터시장	–	3조 800억	5조 2,000억	6조 7,000억	10조
아웃소싱시장	800억	2,500억	6,000억	1조	3조 5,000억
솔루션시장	3,000억	2,500억	5,500억	6,800억	1조 5,000억

Chapter 9 데이터마이닝

1. 데이터마이닝의 개념과 특징
2. 데이터마이닝 프로세스
3. 연관성 분석
4. 회귀분석과 로지스틱 회귀분석
5. RFM 모형
6. 군집분석
7. 의사결정 나무 분석
8. 신경망
9. 모형의 평가 및 예측

1 데이터마이닝의 개념과 특징

1) 데이터마이닝의 정의

현대사회에서는 정보기술의 지속적인 발전으로 기업들이 사업운영에 필요한 많은 양의 자료를 모아 데이터베이스 시스템에 넣어 두는 것이 가능하게 되었고, 축적되는 자료의 양은 해마다 끊임없이 증가하고 있다. 또한 인터넷과 전자상거래가 급속하게 보급되면서 소비자와 구매에 관련된 엄청난 양의 자료가 자동으로 컴퓨터에 모이게 되어 과거에는 상상할 수 없을 정도의 방대한 양의 자료를 우리 주변에서 쉽게 찾아 볼 수 있게 되었다.

"Mine"이란 "채굴 및 채광하다"의 뜻에서 출발된 "채굴"의 의미이며, 데이터마이닝이란 그 대상이 방대한 양의 데이터라는 의미로 해석하면 될 것이다. 즉, 데이터마이닝(data mining)이란 많은 거래 데이터 중에서 여러 계량적인 기법 또는 기계학습(machine learning)의 알고리즘들을 사용하여 고객에 대한 지식을 찾아내는 과정을 말한다. 다시 말해 대용량의 데이터에 숨겨져 있는 데이터간의 관계, 패턴을 탐색하고 이를 모형화하여 업무에 적용할 수 있는 의미있는 정보로 변환함으로써 기업의 의사결정에 적용하는 일련의 과정으로 단순히 분석기법을 의미하는 것이 아닌 여러 기법과 방법들의 적절한 조합으로 이루어진 일련의 과정이다.

보통 데이터마이닝은 크게 두 가지 목적을 위해 활용된다. 하나는 특정 변수나 사건을 예측하는 것이다. 많은 기업들은 데이터마이닝을 이용하여 수백만의 고객들 중에서 기업의 마케팅 활동에 반응을 보일 확률이 높은 고객들을 예측, 선별하여 우편, 전화 또는 이메일을 통해 구체적으로 마케팅 캠페인을 전개한다. 무차별적인 메일 보내기는 반응률이 매우 낮고 비용이 많이 들지만 데이터마이닝을 이용하면 반응확률이 높을 뿐 아니라 총 비용도 훨씬 적게 들어 전반적인 마케팅의 효율을 증진시킬 수 있다.

데이터마이닝의 또 다른 사용 목적은 비즈니스 규칙을 세우기 위해 여러 가지 변수들 사이에서 존재하는 패턴이나 관계를 발견하여 고객의 형태에 대해 알려지지 않은 정보나 지식을 찾아내는 것이다. 이렇게 고객들의 실제 거래에 대한 데이터를 이용하여 유용한 정보를 유도하고 이를 이용하여 기업의 경영성과를 높이는 등 전략적 우위를 점유하는데 데이터마이닝은 중요한 일익을 담당하고 있다.

그러므로 대부분의 조직은 다음을 위해 데이터마이닝을 하게 된다.

첫째, 지식 발견의 목적은 기업의 데이터베이스에 저장되어 있는 데이터로부터 감추어진 뚜렷한 관계, 패턴, 혹은 상관관계를 찾아내는 것이다.

둘째, 분석가는 기업 데이터베이스에 저장되어 있는 거대한 양의 데이터로부터 뭔가 의미 있는 정보를 만들어 내야만 한다. 모든 분석에 앞서 분석의 목적은 분석가가 다루어야만 하는 데이터를 이해하고 데이터를 시각화할 수 있는 현명한 방법을 찾는 것이다.

셋째, 거대한 데이터베이스를 통합하는 동안 많은 기업들은 데이터가 완벽하지 않으며 잘못되고 모순된 정보를 포함하고 있다는 것을 발견하게 된다. 데이터마이닝 기술은 이러한 문제를 찾고 교정하는 데 있어 가능한 가장 일관된 방법으로 도움을 줄 수 있다.

2) 데이터마이닝의 특징

① 데이터마이닝은 대용량의 관측 가능한 자료를 다룬다. 실험자료는 가설검정 등의 구체적인 문제에 답하기 위해 여러 요인들이 통제되고 조작된 가운데 만들어진다. 그러나 관측자료는 시간의 흐름에 따라서 비계획적으로 축적되며, 자료분석을 염두에 두고 수집되지 않는 것이 일반적이다.

② 데이터마이닝은 컴퓨터 중심적 기법(computer-intensive method)이다. 컴퓨터 중심적 기법들은 기존의 기법들로는 해결하기 곤란한 경우에 있어, 이를 해결하기 위하여 컴퓨터의 강력한 처리속도와 능력을 활용할 수 있도록 해주고 있다.

③ 데이터마이닝은 경험적 방법에 근거하고 있다. 많은 데이터마이닝 기법들은 이론적 원리에 기초하여 개발되었다기 보다는 경험에 기초하여 개발되었다.

④ 데이터마이닝은 일반화(generalization)에 초점을 두고 있다. 일반화는 예측모형이 새로운 자료에 얼마나 잘 적용되도록 하는 것인가를 의미한다. 따라서 일반화는 데이터마이닝 기법의 비정형성을 어느 정도 해결 또는 보완하여 주는데 도움을 주고 있다. 추론(inference)이 통계적 모형들의 초점이라고 하면, 일반화는 데이터마이닝의 초점이라 할 수 있다.

⑤ 데이터마이닝은 기업의 다양한 경영상황 하에서 경쟁력 확보를 위한 의사결정

을 지원하기 위해서 활용될 수 있다.

⑥ 데이터마이닝 기법들은 통계학(statistics), 컴퓨터과학(computer science), 인공지능(artficial intelligence : AI), 공학(engineering)과 같은 분야에서 개발된 특징을 가지고 있다. 그러나 실제로 이를 활용하는 전문가들은 경영, 경제, 정보기술 분야에 있는 사람들이다.

2 데이터마이닝 프로세스

SAS Enterprise Miner 또는 SAS E-Miner는 대용량의 데이터에 숨겨져 있는 데이터간의 관계, 패턴을 탐색하고 이를 모형화하여 업무에 적용할 수 있는 의미 있는 정보로 변환함으로써 기업의 의사결정에 적용하는 일련의 과정인 데이터마이닝을 GUI(graphic user interface) 환경에서 수행하도록 지원하는 제품이다. 사용자는 기능별 노드(node)를 Drag & Drop 방식에 의하여 작업의 순서와 동일하게 늘어놓음으로써 작업의 전 과정을 한 화면에서 관리하고 이들을 하나의 프로젝트에 담아서 의미 있는 정보를 얻을 수 있다.

SAS E-Miner는 자료를 잘 처리하고 분석하여 유용한 정보의 창출을 얻는 전 과정을 SEMMA라는 과정의 방법론에 의하여 지원하는데, SEMMA의 단계는 데이터표본추출(sampling), 데이터탐색(exploration), 데이터변형(modification), 데이터모형화(modeling), 모형평가(assessment)의 5단계로 이루어진다.

1) 모델 개발과정

모델개발 및 평가 방법은 SAS SEMMA 방법론을 기초로 하였으며 SAS와 E-miner를 분석 도구로 다양한 모델 개발과 평가를 통해 최종 모델을 선정하게 되며 모델 개발과정은 다음과 같다.

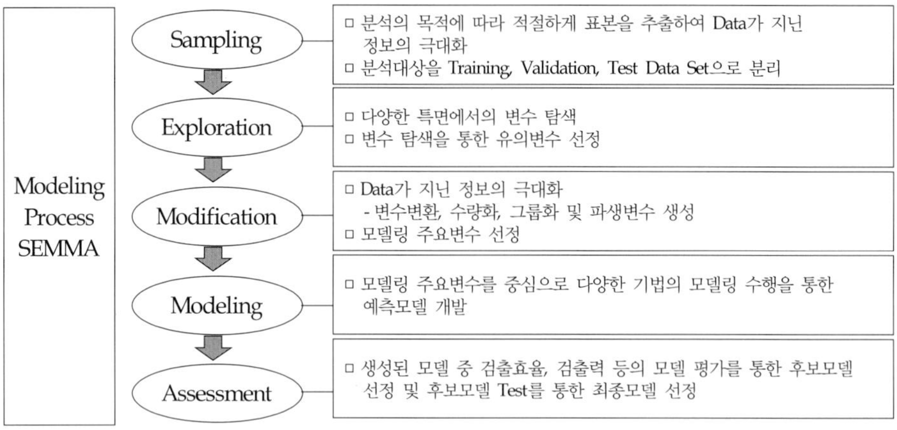

(1) 데이터 표본추출 (sampling)

분석의 목적에 따라 적절하게 추출된 표본의 활용은 비용과 시간의 절약, 보다 효율적인 모형화 작업을 위해서 매우 중요하다. E-Miner는 전체를 잘 대표할 수 있는 표본을 추출하기 위해서 단순임의추출로부터 복잡한 층화추출에 이르기까지 다양한 표본추출 방법을 제공한다.

샘플고객 추출방법은 다음과 같다.

① Sampling단계에서는 분석의 목적에 따라 모집단을 대표할 수 있는 표본을 추출하는 단계로 모델개발을 위한 Traning, 모델의 적합도를 평가하는 모델평가용 Validation, 모델의 결과를 적용하여 검증하는 모델 검증용 TEST Data Set으로 분할하여 추출한다.

② 분석의 목적에 따라 적절하게 추출된 표본의 활용은 비용, 시간의 절약과 효율적인 모형화 작업을 위해서 매우 중요하다.

③ 샘플고객 추출방법

샘플추출방법	내 용
단순임의추출 (Simple Random)	크기 N인 전체 집단으로부터 크기 n인 표본을 뽑을 경우, 모든 가능한 크기 n인 표본이 동일하게 추출될 기회를 갖는 표본추출 절차를 단순임의추출이라 한다.
층화추출 (Stratified)	전체 자료를 동질적인 몇 개의 집단이나 층으로 나눈 다음, 각 층에서 표본을 추출하는 방법. 일반적으로 서로 다른 층에 속한 관찰자는 동일한 추출확률을 갖고 있지 않으며, 동일한 층에 속한 관찰자는 표본으로 선택될 확률이 동일하다.

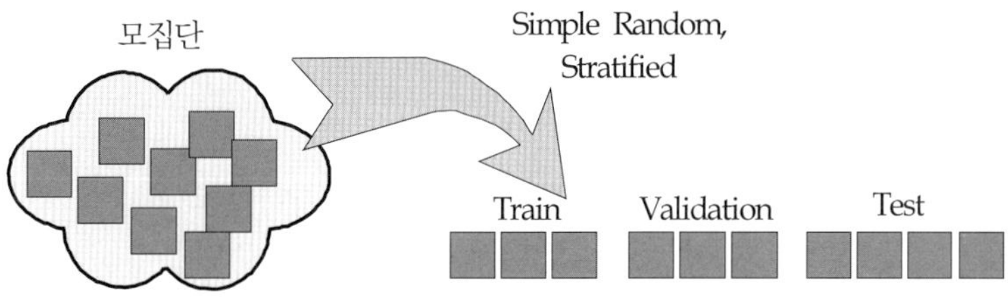

(2) 데이터 탐색과 데이터 변형 단계 (exploration/modification)

① 데이터탐색(exploration) 단계

여러 측면에서 데이터탐색을 통해서 기본적인 정보를 검색하고 유용한 정보를 추출하는 기법들을 제공한다. 데이터 분포의 시각화 최대 3차원까지 지원하고 이상치 판단 및 상호작용한 데이터 탐색과 분석이 가능하다.

② 데이터변형(modification) 단계

원천 데이터는 분석에 적합한 형태로 존재하지 않으므로 데이터의 변형작업이 필요하다. 탐색단계에서 얻어진 정보를 기반으로 모형화 단계에서 모형의 성능을 향상시키기 위해 데이터가 가지고 있는 정보를 효율적으로 사용할 수 있도록 변수변환, 수량화, 그룹화 같은 방법을 통해서 데이터를 변형하고 조정한다.

③ 변수선정 방법

데이터 탐색과 변형 단계는 각 변수들의 분포를 확인하고 보다 유용한 정보로 극대화하는 단계로 그룹화 및 추가 파생변수를 생성하는 작업과 변수들과 타겟(target)과의 유의성을 검증하고 이에 따라 모델링 투입(input) 변수를 선정하는 단계를 의미한다.

(3) 데이터모형화 (modeling) 단계

데이터마이닝의 핵심이라고 할 수 있는 모형화 단계는 이전 단계에서의 결과들을 토대로 하여 분석목적에 따라 적절한 기법을 통해서 예측모형을 찾아내는 방법들을 제공한다.

주요 모델 분석기법을 중심으로 모델링을 수행하여 다양한 예측모델을 개발하는 단계로 모델링 결과에 따라 투입(input)변수 중 특정 변수를 제외 또는 추가하여 알고

리즘별 옵션 등을 이용하여 다양한 예측모델을 개발한다.

① 개발 시 고려사항

○ 모델 개발 시 사용된 변수는 타겟에 영향력이 큰 변수 위주로 사용
○ 기존모델의 결과를 통해 산출된 변수와 현업의 경험에 의해 결정된 변수로 사용
○ 모델의 예측력과 안정성을 고려한 변수 선정 및 모델 개발

② 후보 모델 선정 기준

○ 여러 개 생성된 모델 중에서 모델평가용 Validation Data Set, 모델 검증용 TEST Data Set에 모델을 적용 했을 때 우수한 예측력과 안정성 측면을 고려하여 후보모델로 선정한다.

(4) 모형평가(assessment) 단계

모형화를 통해 얻어진 결과의 신뢰성, 타당성, 유용성 등을 평가할 수 있다. 얼마나 효과적인 변수를 사용했는지와 다른 데이터에 적용하는 경우 얼마나 안정적인 결과를 제공하는가를 평가하는 측도로 %Response, %Captured Response, Lift 등이 있으며 이들 중 각각의 상황에 적합한 기준을 고려하여 모델을 결정한다.

① 모델 평가 방법

○ 개발 모델을 적용하여 다음 분기에 등급 상승 가망 스코어를 계산
○ '스코어가 높은 집단은 타겟의 성공 가능성이 높다'라는 가정하에 스코어를 내림차순으로 정렬한 후 균일하게 N등분함(예를 들어 상위 5% 이내 집단, 상위 10% 이내 집단, 상위 90% 이내 집단, 상위 100% 이내 집단)
○ N등분의 각 집단에서 실제 등급 상승 고객이 얼마나 포함되어 있는가를 확인 후 3가지 측도에 의해 모델을 평가

② 모델 측도

실제 예측기간에 성공한 고객

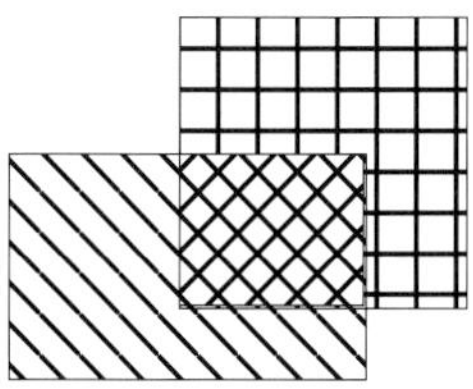

모델에 의해 다음 분기에 성공할 가능성이 높다라고 선정된 집단(N등분 상위 집단)

- %Response : 모델에 의해 성공 가능성이 높다고 추천된 고객 중 실제 성공한 고객이 포함된 비율

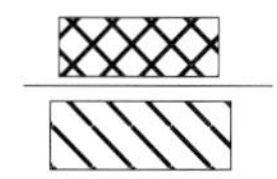

- %Captured Response : 실제 성공한 고객 중 추천된 고객군에 포함된 비율

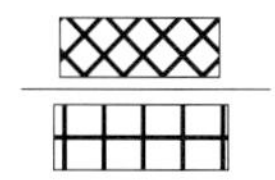

- Lift : 랜덤하게 관리한 경우와 비교해서 모델에 의해 관리했을 경우의 효과

3 연관성 분석

연관성분석(association analysis)은 데이터 안에 존재하는 품목간의 연관성 규칙(association rule)을 발견하는 과정이다. 연관성 규칙은 상품을 구매하거나 서비스를 받는 등의 일련의 거래나 사건들의 연관성에 대한 규칙이다.

데이터로부터 특정한 연관성 규칙을 찾아내는 것은 데이터마이닝의 주요 작업으로 자율학습을 기반으로 하는 지식발견시스템의 핵심이라 할 수 있다. 연관성 규칙을 발견하는 작업이란 데이터 안에 존재하는 항목간의 종속관계를 찾아내는 작업을 말하는데, 어떤 특정 문제에 아직은 일어나지 않은 답을 얻고자 하는 예측의 문제나 고객들을 특정 목적에 따라 분류하는 문제가 아니라, 상품 혹은 서비스의 거래기록데이터로부터 상품간의 연관성 정도를 측정하여 연관성이 많은 상품들을 그룹화 하는 클러스터링의 일종으로 마케팅에서는 손님의 장바구니에 들어있는 품목간의 관계를 알아본다는 의미에서 장바구니분석(market basket analysis)이라고 한다.

분석의 대상이 되는 데이터는 두 개의 변수, 즉 거래와 품목으로 구성되며, 각각의 거래에 대한 한 개 이상의 품목들이 존재한다. 일반적으로 하나의 거래는 한 고객에 의한 구매를 의미하며, 품목은 그 구매를 통해 구입된 물건이다. 연관성 규칙은 확률을 이용하여 연관규칙을 제공하는데 먼저 하나의 품목에 대해, 다음으로 두 품목간의 연관규칙을 생성하며 계속해서 세 품목간, 네 품목간 등으로 이어진다.

(Item Set A) ⇨ (Item Set B)
(if A then B : 만일 A가 일어나면 B가 일어난다.)

연관성측정에서 연관규칙은 "상품 A가 구매되어진 경우는 상품 B도 구매된다."라고 해석된다. 연관규칙기법을 이용할 수 있는 데이터는 판매시점에서 기록되어진 거래와 품목에 관한 정보를 담고 있어야 한다. 데이터의 형태는 특별히 각 고객들이 누구인지에 대한 구분이나 고객들에 관한 성별, 나이 등의 인구통계학적인 자료를 비롯한 기타 정보들을 필요로 하지 않는다.

1) 연관성 규칙의 평가 기준

데이터마이닝에서 연관성의 측정은 대체로 1차 연관성(기초연관성: support), 2차 연관성(연관성 신뢰도: confidence), 3차 연관성(상대적 연관성: lift) 등으로 나누어 볼 수 있다.

(1) 지지도(support)

두 개의 아이템(itemset A 와 itemset B)이 동시에 발생한 거래의 비율을 의미하며, 전체 거래(transaction)수로 아이템 A와 아이템 B가 동시에 발생한 거래의 수를 나누어서 구한다. 지지도는 전체 거래 중에서 그 숫자만큼 규칙(if-then rule)을 지지한다는 의미이다. 1차 연관성은 아이템의 구매가 동시에 이루어진 거래의 비율이 어느 정도인가를 확인하는 기준이 된다. 1차 관련성이 반드시 둘 이상의 아이템 조합으로만 이루어지는 것은 아니다.

개별 아이템의 1차 관련성을 구할 수도 있으며, 이것은 개별 아이템이 포함되어 있는 거래의 수나 비율을 의미한다. 즉 관련성이 있다고 판단되는 품목들을 포함하고 있는 거래나 사건의 확률 $P(A \cap B)$, 즉 (두 개의 항목이 동시에 일어날 확률)의 의미이다.

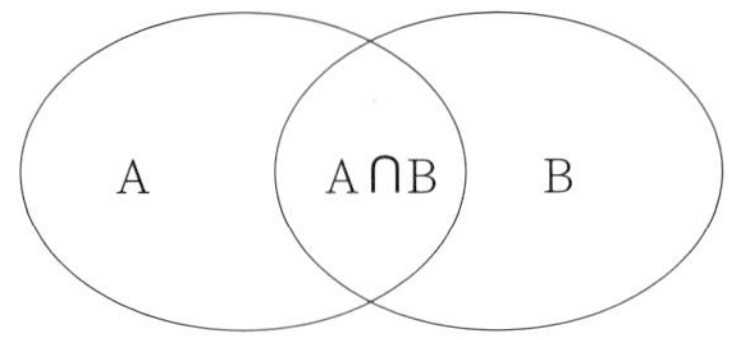

$$\text{지지도} = P(A \cap B) = \frac{\text{품목 }A\text{와 }B\text{를 동시에 포함하는 거래수}}{\text{전체거래수}(N)}$$

규칙 'A ⇨ B'의 지지도는 규칙 'B ⇨ A'의 지지도와 같다.

(2) 신뢰도 (confidence)

항목 A를 포함하는 거래 중에서 항목 B가 포함될 확률은 어느 정도인가를 나타내주며 연관성의 정도를 파악할 수 있다. 즉, 품목 A를 구매하였을 경우 품목 B를 구매하는 가능성을 의미하며, 조건부 확률 $P(B \mid A)$로 나타낼 수 있고 상호 대칭적이지 않다.

$$\text{신뢰도} = P(B \mid A) = \frac{P(A \cap B)}{P(A)} = \frac{\text{품목 }A\text{와 }B\text{를 동시에 포함하는 거래수}}{\text{품목 }A\text{를 포함하는 거래수}}$$

(3) 향상도 (lift)

만약, 규칙 'A ⇨ B'가 의미가 있다면 전체 거래의 내역에서 품목 B를 포함하고 있는 거래의 비율보다는 품목 A가 구매된 거래 내에서 품목 B를 포함하고 있는 거래의 비율이 더 클 것이다. 따라서 품목 A와 B의 구매가 상호관련이 없다면 $P(B \mid A)$는 $P(B)$와 같게 된다. 이를 상대적으로 표현하기 위해서 규칙 'A ⇨ B'의 향상도(lift)는 실제의 신뢰도를 독립 가정 하에서의 신뢰도로 나눈 값, 즉

$$\frac{P(B \mid A)}{P(B)} = \frac{P(A \cap B)}{P(A)P(B)}$$

로 정의되며, 이는 실제의 지지도를 독립가정 하에서의 지지도로 나눈 값과 동일하다. 이를 풀어보면 아래의 비율로 표현되며, 상호 대칭적으로 향상도(A ⇨ B) = 향상도(B ⇨ A)이다.

$$\text{향상도} = \frac{\text{품목 } A\text{와 } B\text{를 동시에 포함하는 거래수}}{\text{품목 } A\text{를 포함하는 거래수} \times \text{품목 } B\text{를 포함하는 거래수}}$$

따라서 P(B | A)의 값은 P(B)의 값보다 향상도의 배수만큼 크다. 따라서 이 값이 1에 가까우면 독립에 가까운 사건, 1보다 크면 두 품목이 양의 연관관계, 1보다 작으면 두 품목이 음의 연관관계로 판단하면 된다. 따라서 의미있는 연관성 규칙이 되려면 향상도 값이 1 이상이 되어야 한다.

2) 연관성 분석의 기준 설정

(1) 연관성 분석의 수(number)와 실행 효율성 문제

연관성 분석은 사전에 분석대상과 조합을 미리 지정할 수도 있고(확정적 마이닝, directed mining), 한꺼번에 분석대상을 투입하여 적절한 관련성을 실행사후에 발견하고자하는 경우(사후적 마이닝, undirected mining)에도 적절히 사용될 수 있다. 그러나 일반 소매점의 경우에는 매우 많은 수의 아이템을 가지고 있으므로 모든 조합을 분석에 투입하여 결과를 얻고자하는 것은 분석의 효율성이나 결과의 이용측면에서 바람직한 것은 아니다. 즉, 다음의 표와 같이 아이템의 수가 100개 정도인 경우 모든 분석의 조합을 계산하면 그 수는 기하급수적으로 증가하여, 시간과 분석결과의 유용성 문제에 부딪히게 된다.

〈표 9-1〉 대형데이터의 문제(아이템의 수가 100개인 경우)

# in combination	# of combination
1	100
2	4,950
3	161,700
4	3,921,225
5	75,287,520
6	1,192,052,400
7	16,007,560,800

(2) 분석을 위한 기준설정 - 가지치기(pruning the tree)

연관성이 있는 규칙을 발견하기 위해서 모든 아이템을 분석에 투입할 수는 없다. 그 이유는 모든 아이템을 분석에 투입할 경우 필요 없는(redundant)분석을 행할 수도 있기 때문이다. 때로는 상위수준의 아이템을 하위수준의 아이템과 결합하여 분석하는 우를 범할 수도 있는데, 이를 위해서는 사전에 분석에 투입해서는 안 될 조합들을 결정하는 것이 바람직하다. 필요없는 분석을 실행하지 않기 위해서는 먼저 적절한 아이템의 수준을 결정하는 것이 좋고, 의미 있는 조건을 만족시키는 분석만을 실행하는 것이 좋다. 이를 위해 다음과 같은 몇 가지 방법들이 그 기준으로 사용될 수 있을 것이다.

i. 최소 1차 연관성기준 가지치기(minimum support : minsup)
ii. 최소 2차 연관성기준 가지치기(minimum confidence : minconf)
iii. 기대확률의 이용
- 흥미가 없음 → 지지도 (X → Y) = 지지도(X) * 지지도(Y) (piatetsky - shapiro)
iv. 지지도와 신뢰도의 동시이용
- milk → Cereal(8% 지지도, 70% 신뢰도)
- skim milk → Cereal(2% 지지도, 70% 신뢰도)
(skim milk가 milk 카테고리에서 25%의 판매비중을 가지고 있을 때)

3) 연관성 분석의 장점과 단점

(1) 장점

① 탐색적 기법 : 일반적으로 조건 → 반응으로 표현되는 연관성 분석을 이해하기 쉽고 적용이 용이하다.

② 강력한 비목적성 분석기법 : 분석방향이나 목적이 특별히 없는 경우, 비목적성 데이터마이닝 분석기법으로써 연관성 분석은 매우 유용하다.

③ 사용 편리한 분석데이터의 형태 : 거래내용에 대한 데이터를 변환 없이 그 자체로 이용할 수 있는 간단한 자료구조를 갖는 분석방법이다.

④ 계산의 용이성 : 분석을 위한 계산은 상당히 간단하기 때문에 단순한 결과만

을 위해서는 기초적인 방법만으로도 분석이 가능하다.

(2) 단점

① 상당한 수의 계산과정 : 물품 수의 증가와 여러 품목을 포함하는 연관성 관찰의 경우 계산이 기하급수적으로 증가함.

② 적절한 품목의 결정 : 적절히 구분되는 큰 범주로 구분해 전체분석에 포함시킨 후, 세부적으로 연관을 찾는 작업을 수행해야 함.

③ 품목의 비율차이 : 거래량이 적은 품목의 경우 유사한 품목들과 함께 범주로 구성하는 방법 등을 통해 연관성 규칙의 과정에 포함시킬 수 있다.

4 회귀분석과 로지스틱 회귀분석

1) 회귀분석 모형

하나의 종속변수가 설명(독립)변수들에 의해서 어떻게 설명 또는 예측되는지를 알아보기 위해 변수들간의 관계를 적절한 함수식으로 표현하는 통계적 방법을 회귀분석이라 한다. 이러한 회귀분석은 추정해야 될 종속변수의 유형에 따라 두 가지 모형으로 분류할 수 있는데, 종속변수가 연속형이면 일반적인 회귀분석 모형이 되고, 이항형 또는 순서형의 범주형자료 형태로 주어져 있으면 로지스틱 회귀모형이 된다.

실제로 이러한 회귀분석은 고객세분화 기법중 하나인 RFM 모형의 가중치를 구하는데 사용되고 있으며, 로지스틱 회귀분석은 최근 '고객관계관리' 수행에 있어서 고객의 구매력 및 수익률을 예측하는데 주로 사용되고 있다.

또한 이와 같은 회귀분석에서 $y = a + bx$ 의 선형방정식의 형태에 의해 자료를 표현하는 것을 선형회귀분석이라 하고, 연속형 종속변수를 설명하는 독립변수가 하나인 경우 두 변수간의 관계는 $y_i = \alpha + \beta x_i + e_i$ 의 단순선형회귀모형이 된다. 여기서 y_i는 종속변수이고, α와 β는 표본으로부터 추정되어야 될 모수(parameter)들로써, 회귀계수라고 부른다. 즉 회귀계수를 추정하여 x 와 y 사이의 관계를 규명하는 것이 곧 회귀분석을 수행한다는 의미이며, 주어진 표본측정값으로부터 회귀계수의 추정값, $\hat{\alpha}$와 $\hat{\beta}$를 추정하기 위해서 일반적으로 최소제곱법(least square method)을 사용한다. 여기서 최소제곱법은 실제값 y_i와 측정값 $\hat{y_i}$간의 차이를 잔차라고 표현할 때, 이러한 잔차들의 제곱합이 최소가 되도록 회귀계수를 추정하는 방법이다.

$$\mathrm{Min}(\sum e_i^2) = \mathrm{Min}[\sum (y_i - \hat{y_i})^2] = \mathrm{Min}[\sum (y_i - \hat{\alpha} - \hat{\beta} x_i)^2]$$

위의 식에서도 볼 수 있듯이, 최소제곱법 계산과정은, 먼저 추정값 $\hat{y_i}$의 선형방정식을 대입한 뒤, $\hat{\alpha}$와 $\hat{\beta}$에 대해서 각각 편미분한 값을 0으로 놓고 계산, 산출된 두 개의 식을 연립방정식에 의해 풀어가는 과정을 수행하면 다음과 같은 회귀계수의 추정값 $\hat{\alpha}$와 $\hat{\beta}$가 구해진다.

$$\hat{\beta} = \frac{\sum (x_i - \bar{x})(y_i - \bar{y})}{\sum (x_i - \bar{x})^2}$$

$$\hat{\alpha} = \bar{y} - \hat{\beta}\bar{x}$$

지금까지 단순선형회귀모형에 대한 회귀계수와 회귀식의 추정에 관해 살펴보았지만, 실제로 사회적, 자연적 현상에 있어서의 정확한 예측을 고려할 때 하나의 종속변수에 대하여 여러 개의 설명변수가 존재하는 다중선형회귀모형(다중회귀모형)을 일반적인 회귀모형이라고 할 수 있다.

이러한 다중회귀모형은 $y_i = \alpha + \beta_1 x_{1i} + \beta_2 x_{2i} + \cdots + \beta_k x_{ki} + e_i$의 형태로 표현되며, 추정되어야 할 모수의 개수가 많다는 것을 제외하고는 단순선형회귀모형과 같은 최소제곱법에 의해 회귀식을 추정할 수 있다.

2) 설명변수의 선택

회귀분석이란 앞에서 언급한 것처럼 종속변수에 영향을 미칠 수 있는 몇 개의 설명변수로 종속변수를 설명 또는 예측하는 통계적 방법이다. 따라서 주어진 자료에 적절한 모형을 잘 구축하는 것도 중요하지만 설명변수를 어떻게 선택하느냐가 매우 중요한 일이다. 여기에는 중요한 2가지 원칙이 있다.

① 종속변수에 영향을 미칠 수 있는 설명변수를 가능한 충분히 포함시킨다.

② 너무 많은 설명변수가 관련되어 있으면 데이터를 획득, 분석하고 변수들의 변화

를 탐지하고, 관리하는데 많은 노력과 비용이 요구된다.

위의 두 가지 원칙은 서로 이율배반적이므로 적절한 타협점을 찾아야 한다. 따라서 적절한 변수선택방법을 사용하여 의미가 없는 설명변수는 제거하고 필요한 설명변수로 구성된 최적의 회귀모형을 구축하여야 한다. 이때에 변수선택의 판정기준을 사용하게 되는데 SAS에서는 몇 가지 방법을 옵션으로 제공하고 있다. 설명변수의 수가 과다하게 많아지면 상기와 같은 문제 이외에도 소위 다중공선성(multicollinearity)과 같은 문제가 발생하게 되어 일부 회귀계수 추정치의 분산과 예측값의 분산이 매우 커지게 되어 이를 신뢰할 수 없게 된다.

SAS E-Miner에서는 탐색과 변형 단계에서 사전에 종속변수에 영향을 주는 변수를 탐색하는 다양한 방법들이 제공되고 있다. 선형회귀분석의 장점 중의 하나는 모형화 과정에서 필요한 설명변수를 선택하는 작업을 포함시킬 수 있다는 것이다. SAS E-Miner의 회귀분석 노드를 열어서 'Selection Method'를 클릭하여 아래와 같은 Forward, Backward, Stepwise, None 4가지의 변수선택 방법을 지정할 수 있다.

(1) 앞으로부터 선택법(forward)

종속변수에 대한 설명변수의 설명력이 높은 변수부터 하나씩 추가하면서 선택하는 방법이다. 물론 이 경우에 변수 선택기준을 만족하는 유의한 설명력을 갖는 변수만 선택되어진다. 앞으로부터 선택법의 특징은 계산시간이 빠르다는 장점도 있지만, 한 번 선택된 변수는 다른 변수가 추가됨으로 중요성을 잃게 되더라도 절대로 제거되지 않는다는 단점이 있다.

(2) 뒤로부터 제거법(backward)

모든 변수를 포함하는 모형(saturated model)으로부터 시작하여 가장 설명력이 낮은 변수부터 하나씩 제거해 나가는 방법이다 물론 이때도 변수선택 판정기준에 따라 유의한 설명력을 갖지 않는 경우에만 제거된다. 여기서도 한 번 제외된 변수는 다시 선택되지 못한다는 단점이 있다.

(3) 단계적 선택법(stepwise)

앞으로부터 선택법을 보완한 방법으로 진행과정은 앞으로부터 선택법과 거의 유사하다. 즉 앞으로부터 선택법에서 한 번 선택된 변수는 제거되지 않는다는 점을 보완한 방법으로 매 단계마다 선택과 제거를 반복하면서 중요한 변수를 찾아내는 방법이다. 이 방법은 중요한 변수를 하나씩 추가로 선택하면서 이미 선택된 변수들이 제거될 수 있는지를 매 단계마다 검토하는 방법이다. 따라서 단계적 선택법은 변수선택과 제거를 위한 판정기준에 대한 유의수준을 설정하여야 한다. 물론 SAS 프로그램은 디폴트로 특정한 값을 지정하고 있다.

(4) 모든 설명변수를 포함하는 회귀(none)

모든 설명변수들을 포함하는 모형을 말한다. 즉 변수선택을 하지 않는 경우를 말하는 것으로 SAS E-Miner의 'Selection Method'에서 None을 선택하면 모든 Input 변수를 설명변수로 처리하여 회귀분석을 실시하여 준다.

상기의 변수선택 방법을 적용하기 위해서는 변수선택의 판정기준(model selection criterion)이 필요하다. 주로 사용되는 판정기준으로 결정계수(coefficient of determination), 수정결정계수(adjusted coefficient of determination), 맬로우스(Mallows)의 C_p, 아카이케(Akaike)의 정보기준(information criterion, AIC) 등이 있다. 모형선택기준은 변수선택의 절대적인 판단기준이라기 보다는 하나의 참고사항이라고 할 수 있다. 연구자는 상기의 기준에 따라 적절한 설명변수를 찾았다 하더라도 이것으로 모형구축이 완료되는 것은 아니다. 다음으로 이러한 변수들로 구축된 모형에 대한 잔차(residual) 및 영향력 검토, 다중공선성, 이상치의 존재 여부, 자료해석 상의 실제적인 의미 등을 종합적으로 고려하여 최종적인 모형을 선택하는 것이 바람직하다.

3) 로지스틱 회귀모형

종속변수(목표변수)가 "성공"과 "실패", 동전의 "앞면", "뒷면"과 같이 결과가 두 가지로 측정되는 이항형 자료는 범주형 자료의 가장 흔한 형태로써, 이러한 반응변수에 대한 설명변수의 관계를 설명하기 위한 회귀모형을 로지스틱(Logistic) 회귀모형이라고 한다. 이와 같은 로지스틱 회귀모형에 있어서 이항형의 반응변수인 Y(성공=1, 실패=2)와 하나의 설명변수인 X에 대해 $\pi(x)$를 $X=x$일 때 "성공" 확률 ($\pi(x) = P(Y=1 \mid X=x)$)이라고 정의하면, 확률 $\pi(x)$는 이항분포의 모수가 되며, 로지스틱 회귀모형은 $\pi(x)$의 로짓(Logit)에 대해 아래의 식과 같은 선형식으로 정의된다.

$$\log[\pi(x)] = \log\left[\frac{\pi(x)}{1-\pi(x)}\right] = \log\left[\frac{P(Y=1 \mid X=x)}{1-P(Y=1 \mid X=x)}\right]$$

$$= \log\left[\frac{P(Y=1 \mid X=x)}{P(Y=2 \mid X=x)}\right] = \alpha + \beta x$$

이와 같은 방법으로, 다중 로지스틱 회귀모형에 있어서도, 로짓모형을 일반화 할 수 있는데, 이는 다음 식과 같이 표현할 수 있다.

$$\log[\pi(x)] = \log\left[\frac{P(Y=1 \mid X=x_1,\ x_2,\ \cdots,\ x_k)}{1-P(Y=1 \mid X=x_1,\ x_2,\ \cdots,\ x_k)}\right]$$

$$= \alpha + \beta_1 x_1 + \beta_2 x_2 + \cdots + \beta_k x_k$$

따라서 위의 식으로부터 구하고자 하는 모수인 $\pi(x)$ 즉 $P(Y=1 \mid X=x_1,$ $x_2,\ \cdots,\ x_k)$의 값은 다음의 식에 의해 추정되어진다.

$$\hat{\pi}(x) = \frac{\exp(\hat{\alpha} + \hat{\beta}_1 x_1 + \hat{\beta}_2 x_2 + \cdots\ \hat{\beta}_k x_k)}{1 + \exp(\hat{\alpha} + \hat{\beta}_1 x_1 + \hat{\beta}_2 x_2 + \cdots\ \hat{\beta}_k x_k)}$$

그리고 여기서 추정한 $\hat{\pi}(x)$는 확률값으로 0과 1 사이에 오게 되며, 따라서 $\hat{\pi}(x)$에 대해 적절한 절단값 C를 정하여,

"$\hat{\pi}(x) \geq$ C이면 그룹 1로 분류"

"$\hat{\pi}(x) <$ C이면 그룹 2로 분류" 등과 같은 판별규칙을 정하여 활용할 수 있다.

4) 오즈(odds)와 오즈비(odds ratio)

이와 같은 로지스틱 회귀모형의 다른 해석 방법으로는 오즈(odds)와 오즈비(odds ratio)가 있는데, 오즈는 어떤 사건이 발생할 확률이 발생하지 않을 확률에서 차지하는 정도라고 할 수 있다.

$$Odds = \frac{p(\text{성공확률})}{1-p(\text{성공확률})}$$

이러한 오즈는 로지스틱 회귀모형에서는 $\frac{\pi(x)}{1-\pi(x)}$의 형태로 계산되어지며, 이때 구해진 오즈가 1보다 크다는 것은 성공확률 $\pi(x)$가 실패확률보다 크다는 뜻이 되고, 반대로 1보다 작다는 것은 실패확률이 성공확률보다 크다는 것을 의미한다. 예를 들어 로지스틱 회귀모형에 있어서 $X=a$에서의 추정값을 π_a, $X=a+b$에서의 추정값을 π_{a+b}라고 정의한다면, 각각에 대한 오즈는 다음과 같이 표현할 수 있다.

○ $Odds(X=a) = \frac{\pi_a}{1-\pi_a}$

○ $Odds(X=a+b) = \frac{\pi_{a+b}}{1-\pi_{a+b}}$

이때 오즈비(승수비)는 이러한 두 개의 오즈들간의 상대적 비율을 나타낸 것으로, X의 값이 b만큼 증가했을 때 오즈비는 다음의 식과 같이 계산되며, 산출된 오즈비 값들은 1을 기준으로 하여 해석할 수 있다.

○ $Odds\ \ ratio = \frac{Odds(X=a+b)}{Odds(X=a)} = \frac{\frac{\pi_{a+b}}{1-\pi_{a+b}}}{\frac{\pi_a}{1-\pi_a}}$

○ $Odds\ \ ratio\ > 1$: 성공확률의 증가

○ $Odds\ \ ratio\ < 1$: 성공확률의 감소

○ $Odds\ \ ratio\ = 1$: 성공확률에 변화가 없음

5 RFM 모형

1) RFM의 개념

RFM은 최근성(recency), 구매빈도(frequency), 구매금액(monetary) 등 고객의 수익 기여도를 나타내는 세 가지 지표들의 선형결합으로 구한 점수(score)이다. 즉 가장 최

근에, 얼마나 자주, 상품 구매에 많은 비용을 들였는가에 대한 개별정보를 수치화 시켜 각각의 요인(R, F, M)에 가중치를 부여한 후 합산하여 구하는 방법으로 가장 일반적인 RFM 모형은 다음과 같다.

$$RFM = A \cdot Recency + B \cdot Frequency + C \cdot Monetary$$

여기서 A, B, C는 각 요인에 대한 가중치가 되고, RFM은 각 요인들과 가중치의 선형결합에 의한 점수가 되는 것이다. 따라서 RFM 분석에서 가장 중요한 부분은 가중치(A, B, C)를 구하는 것이며, 일반적으로 통계적 기법 중 하나인 다중회귀분석을 통해 추정되어진다.[1)]

특히 RFM의 세 가지 지표 중 구매금액은 수익성과 직결된다는 점에서 가장 중요한 평가기준이 될 수 있으며, 실질적으로 가중치 중에서 가장 큰 비중을 차지하고 있다.

또한 이러한 RFM 모형은 계산방법이 간단하면서도 높은 반응률을 이끌어 낼 수 있다는 특징을 가지고 있어 마케팅 실무자들 사이에서는 지금까지도 널리 사용되고 있으며, 이와 같은 장점을 바탕으로 '고객관계관리' 수행에 있어서 RFM 모형은 고객의 평생가치 극대화, 우수고객 차별화, 고객의 거래형태에 대한 이해 제고로 효율적인 고객관리를 위해서 도입되고 있다. 그리고 이러한 RFM 모형은 데이터베이스 내에 존재하는 모든 고객을 대상으로 마케팅을 하는 것이 아니라 고객을 세분화하고 채산성이 있는 고객만을 대상으로 마케팅을 하는 것이 바람직하다는 사고에 기초하고 있다. 즉 RFM 분석은 구매가능성이 높은 우수고객에게 집중한 마케팅 전략을 실행하고 불필요한 자원낭비를 방지함으로써 근본적으로 매출액 증대보다는 수익을 창출하기 위한 모형이라고 할 수 있다.

실제로 '고객관계관리'에 있어서 RFM 분석은 기존의 데이터베이스 마케팅에서와 같이 고객데이터베이스(데이터웨어하우스)를 RFM 점수에 의해 등급화하고 세분화하는 방법으로 진행되며 도출된 결과를 이용하여 차별화 되고, 효과적인 고객관리를 목적으로 실시한다. 다음의 〈그림 9-1〉은 RFM을 이용한 고객데이터베이스 세분화의 간단한 예를 보여주고 있다. 우선 R 값에 의해 5개의 세그먼트가 나누어지게 되고,

1) 김승아, "DB마케팅 분석법", 「경영과 컴퓨터」 (1998), pp.212-214.

생성된 5개의 세그먼트는 F 값에 의해 다시 5개로 나누어지며, 마지막으로 M 값에 의해 각각의 세그먼트들은 5등분되어진다. 따라서 전체 고객데이터베이스는 결국 5×5×5 = 125개의 세그먼트로 분할되며, 이렇게 분할된 세그먼트들은 곧바로 마케팅 활동에 적용될 수도 있지만, 일반적으로 분석의 용이함을 위하여 더 작은 그룹으로 나누어 활용되어진다.

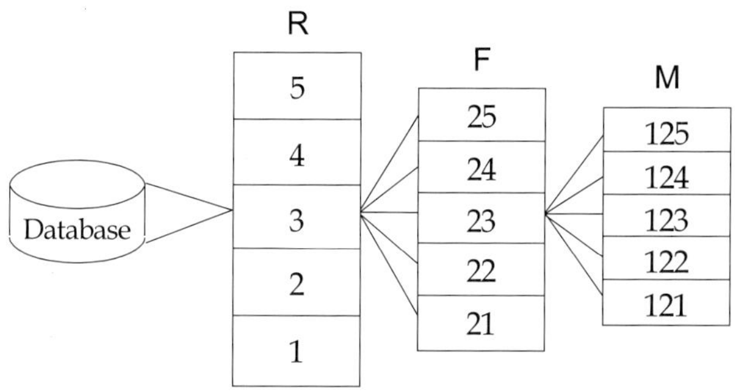

〈그림 9-1〉 RFM을 이용한 고객 세분화

2) 최근성, 구매빈도, 구매금액

(1) 최근성

다음 표는 최근 시점에서부터 구입한 고객에 대한 광고 카탈로그 메일 응답확률간에 관계를 나타내 주고 있다.

최 근 성	메일보낸 고객수	응 답 자	응 답 율
1	1,000	100	10%
2	1,000	80	8%
3	1,000	60	6%
4	1,000	40	4%
5	1,000	30	3%
6	1,000	20	2%
7	1,000	10	1%
8	1,000	5	0.5%
9	1,000	4	0.4%
10+	1,000	1	0.1%
Total	10,000	350	3.5%

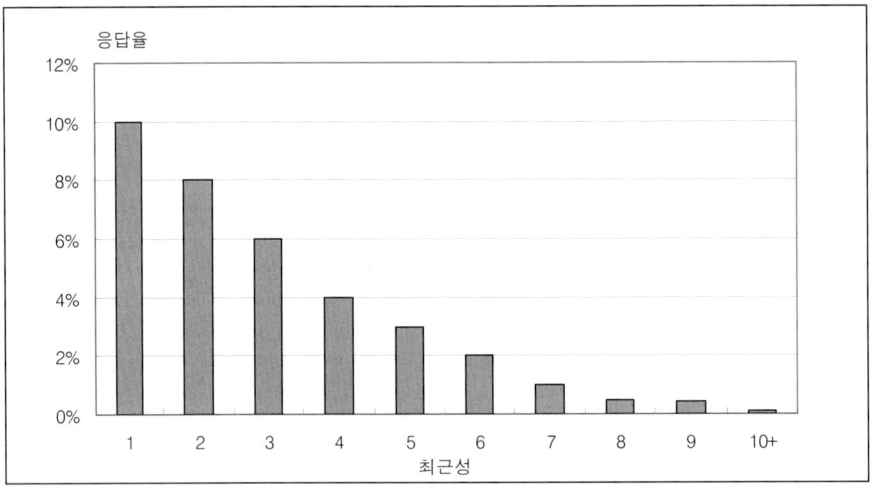

이 표에서도 나타내 주고 있듯이 최근 시점(recency−1)에서 물건을 구입한 고객일수록 광고 카탈로그 메일에 높은 응답률(10%)을 보이며 구입시점이 멀어질수록(recency=10+) 응답확률이 낮은(0.1%) 것을 알 수 있다.

이러한 원리를 이용하여 현재에서 물건 구입시점이 가까운 고객일수록 Recency의 점수를 높게 선정할 수 있겠다.

ex) 거래의 최근성(Recency)	지난 3개월 내에 거래가 있었다. 5점 지난 6개월 내에 거래가 있었다. 4점 지난 12개월 내에 거래가 있었다. 3점 지난 18개월 내에 거래가 있었다. 2점 지난 24개월 내에 거래가 있었다. 1점

(2) 구매빈도

어느 일정한 기간 동안 고객이 얼마나 빈번하게 구매를 했는가를 점수화하여 표시한다.

ex) 거래의 빈도성(Frequency) : 지난 24개월 내에 거래가 있었으며 각 거래마다 0.5점씩 할당(최고 총 점수는 5점을 넣지 못함)

(3) 구매금액

구매금액에 따른 점수는 화폐단위로 1점씩 주어 계산하되 상한점을 선정해야 한다. 그 이유는 비정상적으로 높은 금액들이 이 공식에서 나올 결과치를 왜곡할 우려가 있기 때문이다.

3) RFM 점수산출

고객 응답률은 산출해내기 위해서는 RFM에 각각 점수를 부여하고 이들 세 변수를 조합하여 단일지표로 나타내는 방법이 이용된다. 예를 들어 Recency를 기준으로 전체고객을 정렬한 뒤, 상위 20%의 고객에게는 5점을 다음 20%의 고객에게는 4점을 부여하는 식으로 점수를 나열한다. 즉, 고객들은 5, 4, 3, 2, 1 중 하나의 Recency 점수를 가지게 되며 같은 방식으로 Frequency와 Monetary 점수도 가지게 된다. 결과적으로 전체고객은 125(5*5*5)개의 집단으로 세분화되며 각 집단은 555, 554, …, 111 등의 RFM 점수로 대표된다.

R	F	M	메일 보낸 수	응답자	응답율
5	5	5	100	15	15.0%
5	5	4	90	13	14.4%
5	5	3	100	13	13.0%
5	5	2	80	10	12.5%
5	5	1	70	7	10.0%
4	5	1	100	8	8.0%
	⋮		⋮	⋮	⋮
1	1	2	70	1	0.01%
1	1	1	90	0	0.00%
계			10,000	350	3.50%

위 표에서 알 수 있듯이 고객 응답률은 RFM이라는 세 개의 변수의 함수로 모형화될 수 있다. 예를 들어 위 테이블에서 R.F.M이 5인 고객들은 응답확률이 15%라는 것을 예언할 수 있다.

4) RFM모형의 통계적 해석

(1) 다중회귀분석을 이용한 모형 (R.F.M 5그룹)

다중회귀분석은 다이렉트 마케팅에서 가장 흔히 쓰이는 통계기법이며 최선의 기법으로 간주되고 있다. RFM 모형은 고객의 과거 구매 행동을 나타내는 R.F.M을 각각 독립변수로 하고 고객응답률을 종속변수로 하여 미래의 고객응답률을 예측하는 다중회귀모형으로 해석할 수 있다.

$$Y_i = \alpha + w_1 R_{ij} + w_2 F_{ij} + w_3 M_{ij}$$

여기서 이 수식에서 사용된 기호들을 보면 i=고객, R_{ij}=Recency 변수, F_{ij} = Frequency 변수, M_{ij}=Monetary 변수, 그리고 w_1, w_2, w_3는 각 변수들에게 주어지는 가중치를 나타낸다. 회귀분석을 통해 각 변수의 회귀계수 α, w_1, w_2, w_3가 구해지면 고객 개개인의 대해 사용될 회귀식을 결정한 뒤, 모든 고객의 응답률 Y_i를 구할 수 있다. 일단 모든 고객들의 응답률이 구해지면 응답률이 큰 순서대로 나열한 후 목표고객을 선정할 수 있다.

RFM 분석결과를 통한 고객 세분화($\alpha = 3$, $w_1 = 10$, $w_2 = 8$, $w_3 = 5$일 때)

고객 번호	R점수	w_1 가중치	F점수	w_2 가중치	M점수	w_3 가중치	총점	순위	고객 세분화
001	5	10	4	8	3	5	100	13	우량
002	5	10	4	8	4	5	105	10	우량
003	1	10	4	8	5	5	70	39	불량
004	3	10	5	8	5	5	98	16	우량
⋮	⋮	⋮	⋮	⋮	⋮	⋮	⋮	⋮	⋮
100	1	10	2	8	1	5	31	90	휴면

6 군집분석

군집분석(cluster analysis)이란 N개의 개체들을 대상으로 P개의 변수를 측정하였을 때 관측한 P개의 변수값을 이용하여 N개 개체들 사이의 유사성(similarity) 또는 비유사성(dissimilarity)의 정도를 측정하여 개체들을 가까운 순서대로 군집화하는 통계적 분석방법으로, 주어진 많은 수의 관측개체를 몇 개의 그룹(군집)으로 나눔(세분화)으로써 대상집단을 이해하고 군집을 효율적으로 활용하고자 하는 것에 목적을 두고 있으며, 경제학, 사회학, 의학, 생물학 등 다양한 분야에서 이용된다.

군집분석의 역사를 간단히 살펴보면, Ward가 군집분석의 각 단계에서 개체들을 하나의 군집으로 묶음으로써 생기는 정보의 손실을 평균과 개체들 사이의 편차들의 제곱합(최소분산방법)으로 측정하였으며, Fogy(1965)는 군집에 재할당하는 일을 더 이상 소속군집의 변화가 없을 때까지 반복하는 처리 절차를 제안했으며, Edward, Cavalli-Sforza (1965)[2]는 tr(W)최소화 기준을 제시했으며, Friedman & Rubin(1967)은 log(max|T|/|W|)를 분리기준으로 제안tr(BW^{-1})이 최대가 되도록 주어진 개체들을 재할당하는 기준을 제시했으며, jardine & Sibson(1968)은 중복군집 방법을 제시하였다.

P개

ID	성별	직업	……	나이
1	2	3	……	23
2	1	2	……	32
: :	: :	: :	……	: :
N	2	2	……	30

N개

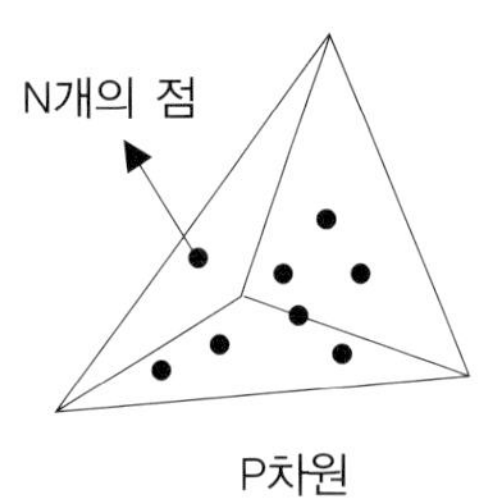

1) 유사성의 측정

두 개체 사이의 유사성의 측정은 측정 방법에 따라 거리(distance)와 유사성(similarity)으로 구분할 수 있다. 거리(distance)는 값이 작을수록 두 개체가 서로 유사한 것을

2) 전체 산포행렬 T, 군집내 산포행렬 W, 군집간 산포행렬 B
tr(T)=tr(w)+tr(B)

의미하며 유사성(similarity)은 값이 클수록 두 개체가 서로 유사한 것을 의미한다.

두 개체 X, Y에서 다음과 같이 P개의 변수를 관측하였다고 할 때 두 개체 사이의 유사성을 측정하는 방법들은 다음과 같다.

두 개체 사이의 유사성을 측정하는 방법은 위에 설명한 것과 같이 많지만 그 중에서 가장 일반적으로 이용되는 방법은 두 개체 사이의 거리를 측정하는 Squared Euclidean Distance와 Pearson's correlation이다. 그러나 이와 같은 개체들 사이의 거리를 측정 방법들은 각 변수들의 측정단위의 영향을 받는다. 예를 들어 변수 A는 키를 측정하고 변수 B는 몸무게를 측정하였을 때, 키를 cm, 몸무게를 kg으로 측정한 경우와 키를 m, 몸무게를 g으로 측정한 경우 각 개체 사이의 거리 또는 유사성의 정도가 다르게 관측된다. 이와 같이 거리 또는 유사성의 측정에서 측정 단위의 영향력을 없애기 위하여 각 변수를 표준화하는 방법을 이용한다.

변수 / 개체	1	2	3	…	P
X	X_1	X_2	X_3	…	X_P
Y	Y_1	Y_2	Y_3	…	Y_P

Method	Distance
Euclidean Distance	$D(X, Y) = \sqrt{\sum_{i=1}^{P}(X_i - Y_i)^2}$
Square Euclidean Distance	$D(X, Y) = \sum_{i=1}^{P}(X_i - Y_i)^2$
Pearson's correlation	$S(X, Y) = \dfrac{\sum_{i=1}^{P}(X_i - \overline{X})(Y_i - \overline{Y})}{\sqrt{\sum_{i=1}^{P}(X_i - \overline{X})^2 \sum_{i=1}^{P}(Y_i - \overline{Y})^2}}$
Chebyshev Distance	$D(X, Y) = \max_i \mid X_i - Y_i \mid$
Block Distance	$D(X, Y) = \sum_{i=1}^{P} \mid X_i - Y_i \mid$
Minkowski Distance	$D(X, Y) = (\sum_{i=1}^{P} \mid X_i - Y_i \mid ^m)^{1/m}$ 단, m은 양의 정수값으로 디폴드한 값은 2이다.

예제

A, B 맥주를 대상으로 측정한 4변수(calories, sodium, alchol, cost)가 다음과 같이 주어졌다.

BEER	Calories	Sodium	Alchol	Cost
A	144	15	4.7	0.43
B	151	19	4.9	0.43
평균	132.4	14.95	4.44	0.5
표준편차	30.26	6.58	0.76	0.14

① Euclidean Distance

$$D(A,\ B) = \sqrt{\sum_{i=1}^{4}(Z_{1i} - Z_{2i})^2}$$

$$= [(0.3833 - 0.6147)^2 + (0.0076 - 0.6155)^2 + (0.3421 - 0.6053)^2 + (-0.5 - (-0.5))^2]^{1/2}$$

$$= \sqrt{0.4922}$$

$$= 0.7016$$

② Square Euclidean Distance

$$D(A,\ B) = \sum_{i=1}^{4}(Z_{1i} - Z_{2i})^2 = 0.4922$$

2) 군집화 방법

거리척도를 이용하여 군집분석의 수행하는 방법은 크게 계층적 군집방법(hierarchical clustering method)과 비 계층적 군집방법(non-hierarchical clustering method)으로 나눌 수 있다. 계층적 군집방법은 작은 것부터 큰 것으로 군집을 만들어내는 방법이며, 비 계층적 군집방법은 임의적으로 결정한 군집의 수에 따라 반복적인 실행을 통해, 군집을 만들어 내는 기법이다.

(1) 군집의 개수 및 분석 방법의 선택

① 군집의 개수

- 일반적으로 덴드로그램(dendrogram)의 검토.
- 어떤 판정기준의 최적화를 따르는 군집방법들에 있어서는 군집의 개수에 대응되는 판정기준의 값을 플롯하여 그 값에서 급격한 증가가 발생하는 곳에서 개수를 결정.
- 일단 선택된 군집의 수를 가지고 시작하여 군집의 수와 구조를 동시에 결정.

② 군집 분석 방법의 선택

- 계보적 군집방법은 자료자체가 어떤 계보를 지니고 있을 때 유용하다.
  (예 : 생물표본들의 분류에 있어서 종-류-과-목과 같은 계층들이 있음)
- 최적분리방법들은 여러 가지 이점들이 있지만 비교적 큰 자료를 처리하는데 좋은 계산 능력이 있는 컴퓨터를 필요로 한다.
- 대부분의 군집방법은 특이값에 민감하므로 특이값들은 세밀히 검토하여 제거한다.
- 자료에 관한 개괄적인 구조가 명백하지 못할 경우, 다른 종류의 군집분석 기법을 적용함은 곧 상이한 결과를 얻게 된다. 일단 발견된 군집의 타당성 검토가 필요하다.

3) 군집 분석 시 유의사항

① 집단들 사이에 상당한 차이가 없다면 분석에서 매우 명확한 결과를 기대할 수 없다. 특히 개체들이 비선형 형태로 분포되어 있다면 명확한 군집들을 찾아내는 것은 어렵다.

② 군집 분석은 이상치에 대하여 상당히 민감한 결과를 갖는다

③ 변수들의 측정 정도가 서로 다른 경우에는 표준화 한다.

④ 군집의 타당성을 검토 - 자료에 대하여 여러 가지 군집 방법을 적용한 후 결과들이 유사한가를 검토 - 자료를 랜덤하게 이등분하고 각각에 대하여 여러 가지 군집 방법을 실시한 후 두 개의 결과가 유사한지 여부를 검토하여 일치

도가 높은 군집 방법을 선택한다.

4) 군집 분석의 장점과 단점

① 장점

가. 탐색적기법 - 주어진 데이터의 내부구조에 대한 사전 정보없이 의미있는 자료구조를 찾아낼 수 있다.

나. 다양한 형태의 데이터에 적용가능 - 기본적으로 관찰치의 거리를 데이터 형태에 맞게만 정의하면, 거의 모든 형태의 데이터에 대하여 적용이 가능하다.

다. 적용용이성 - 분석대상 데이터에 대한 사전정보를 거의 요구하지 않으므로 적용하는 데에 큰 어려움이 없다.

② 단점

가. 가중치와 거리 정의 - 여러 가지(예를 들어 연속형, 범주형)을 포함하는 데이터의 경우, 관찰자들 사이의 거리를 정의하고 각 변수에 대한 가중치를 결정하는 것은 매우 어려운 문제다.

나. 초기 군집수의 설정 - K - 평균 군집분석에서는 사전에 정의된 군집수를 기준으로 동일한 수의 군집을 찾게 되므로 만일 군집수 K가 원 데이터구조에 적합하지 않으면 좋은 결과를 얻을 수 없다.

다. 결과해석의 어려움 - 사전에 주어진 목적이 없으므로 결과를 해석하는 데 있어서 어려움이 있다.

7 의사결정 나무 분석

의사결정나무(decision tree)는 의사결정규칙(decision rule)을 나무구조로 도표화하여 분류(classification)와 예측(prediction)을 수행하는 분석 방법이다. 이 방법은 분류 또는 예측의 과정이 나무구조에 의한 추론규칙(induction rule)에 의해서 표현되기 때문에, 다른 방법들(신경망, 판별분석, 회귀분석 등)에 비해서 분석자가 그 과정을 쉽게 이해하고 설명할 수 있다는 장점을 가지고 있다.

데이터마이닝에서의 의사결정나무는 탐색과 모형화라는 두 가지 특성을 모두 가지고 있다고 할 수 있다. 즉, 의사결정나무는 판별분석 또는 회귀분석등과 같은 모수적 모형을 분석하기 위해서 사전에 이상치를 검색하거나 분석에 필요한 변수를 찾아내고 모형에 포함되어야 할 교호효과를 찾아내는 데에 사용 될 수도 있고, 그 자체가 분류 또는 예측 모형으로 사용될 수도 있다.

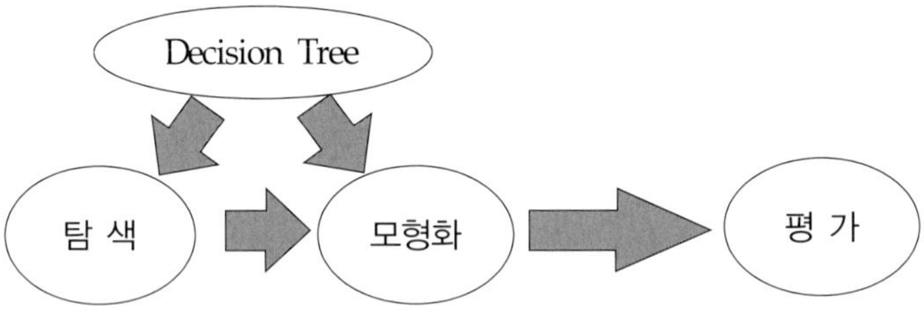

의사결정나무분석을 위해서 CHAID(Kass, 1980), CART(Breman et. 1984), C4.5 (Quinlan, 1993)와 같은 다양한 알고리즘이 제안되어 있으며, 최근에는 이들의 장점을 결합하여 보다 개선된 알고리즘들이 제안되고 상용화되고 있다. 사실, 많은 연구자들과 소프트웨어들에 의해서 이들 알고리즘들이 개선되었고 장점이 서로 결합하고 확장하여 Decision Tree Node에서 다양한 의사결정 나무 분석을 수행할 수 있도록 하고 있다.

예제

변 수	변 수 설 명
job	1=무직, 2=자영, 3=회사원
gender	1=남, 2=여
residence	1=강북, 2=강남
response	1=예, 0=아니오
age	

no	job	gender	residence	age	reponse
1	1	1	1	35	0
2	1	2	1	51	0
3	2	2	1	31	1
4	3	1	1	38	1
5	3	2	2	33	1
6	3	1	2	54	0
7	2	2	2	49	1
8	1	2	1	32	0
9	1	1	2	32	1
10	3	1	2	35	1
11	1	2	2	54	1
12	2	1	1	50	1
13	2	2	2	36	1
14	3	1	2	49	0

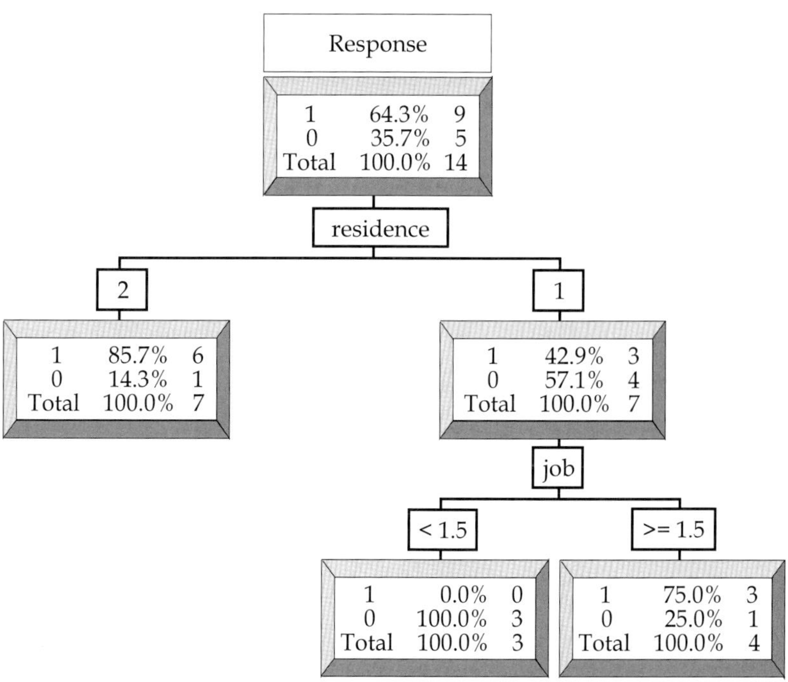

1) 의사결정나무의 구성요소

의사결정나무(decision tree)의 구성요소는 다음과 같다.

○ **뿌리마디**(root node) : 나무구조가 시작되는 마디로써 전체 자료로 전체 현황을 포함한다.(그림 ①마디)

○ **자식마디**(child node) : 뿌리마디 또는 부모마디로부터 2개 이상 분리된 마디들을 의미한다.(그림 ②와 ③번 마디는 ①마디의 자식마디이다)

○ **부모마디**(parent node) : 자식마디의 상위마디이다.(그림 ①마디는 ②와 ③번 마디의 부모 마디이다.)

○ **끝마디**(terminal node) 또는 잎(leaf) : 각 나무 줄기의 마지막에 위치하고 있는 마디로써 분류 규칙상 맨 하단을 의미하며 더 이상의 분류규칙이 일어나지 않는다.(그림 ⑤, ⑦, ⑧, ⑨, ⑩, ⑪ 마디)

○ **중간마디**(internal node) : 나무구조의 중간에 있는 모든 마디(그림 ②, ③, ④, ⑥)

○ **가지**(branch) : 하나의 마디로부터 끝마디까지 연결된 일련의 마디들을 의미한다.(그림 ③, ⑥, ⑦, ⑩, ⑪) 이때 가지를 이루고 있는 개수를 깊이(depth)라고 한다.(3depth)

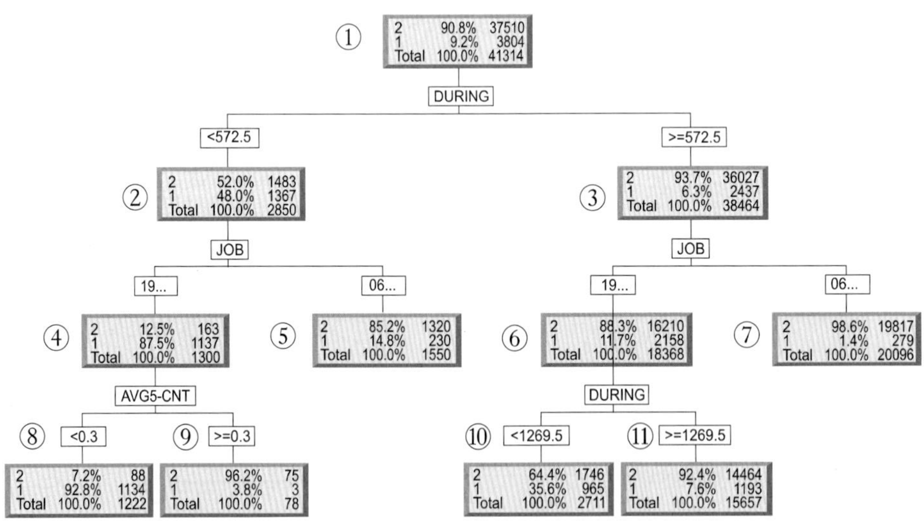

2) 의사결정나무의 형성

일반적으로 의사결정나무 분석은 다음과 같은 단계를 거치게 된다.

[의사결정나무의 형성]
분석의 목적과 자료구조에 따라서 적절한 분리기준(split criterion)과 정지규칙(stopping rule)을 지정하여 의사결정 나무를 얻는다.

↓

[가지치기]
분류오류(classification error)를 크게 할 위험(risk)이 높거나 부적절한 추론규칙(induction rule)을 가지고 있는 가지(branch)를 제거한다.

↓

[타당성 평가]
이익도표(gains chart)나 위험도표(risk chart) 또는 검정용 자료(test data)에 의한 교차타당성(cross validation) 등을 이용하여 의사결정나무를 평가한다.

↓

[해석 및 예측]
의사결정나무를 해석하고 예측 모형을 설정한다.

이상과 같은 과정에서 정지규칙, 분리기준, 평가기준 등을 어떻게 지정하느냐에 따라서 서로 다른 의사결정나무가 형성된다.

3) 분리기준(splitting criterion)

하나의 부모마디(parent node)로부터 자식마디(child node)들이 형성될 때, 설명변수(predictor)의 선택과 범주(category)의 병합이 이루어 질 기준을 의미한다. 즉, 어떤 설명변수를 이용하여 어떻게 분리하는 것이 목표변수의 분포를 가장 잘 구별하는지를 파악하여 자식마디가 형성되는데, 목표변수의 분포를 구별하는 정도를 순수도(purity) 또는 분리기준에 의해서 측정하는 것이다.

(1) 이산형 목적변수에 대한 분리기준

① **카이제곱 통계량**(chi-square statistic)의 p-값 : p-값이 가장 작은 예측 변수와 그 때의 최적 분리에 의해서 자식마디를 형성

② **지니 지수**(gini index) : 불순도를 측정하는 하나의 지수로써 지니지수를 가장 감소시켜 주는 예측변수와 그 때의 최적분리에 의해서 자식마디를 선택

③ **엔트로피 지수**(entropy index) : 다항분포에서의 우도비 검정통계량을 사용하는 것과 같은 것으로 알려져 있음. 이 지수가 가장 작은 예측 변수와 그 때의 최적분리에 의해서 자식마디를 형성

(2) 연속형 목적변수에 대한 분리 기준

① **F 통계량** : 목표변수가 연속형인 경우에는 두 개 이상의 그룹에 대해서 평균의 차이를 검정하는 ANOVA(analysis of variance) F 통계량을 분리기준으로 사용할 수 있다. F 통계량은 평균과 분산을 기초로 한 분산분석표로부터 계산된다. p-값이 가장 작은 예측변수와 그 때의 최적분리에 의해서 자식마디가 형성된다.

② **분산의 감소량** : 목표변수가 연속형일 때는 각 마디의 다양도의 측도로써 다음과 같은 분산을 고려할 수 있다.

$$V = \frac{1}{n}\sum_{i=1}^{n}(y_i - \overline{y})^2$$

이는 마디의 목표변수의 평균을 그 마디에 속하는 모든 개체의 예측값으로 사용하는 것을 고려한다면, 예측오차를 최소화하는 것과 같다. 예측오차를 최소화하는 것과 동일한 기준으로 분산의 감소량을 최대화하는 기준의 최적분리에 의해서 자식마디가 형성된다.

4) 의사결정나무의 장점과 단점

① 의사결정나무의 장점

○ **해석의 용이성** : 나무구조에 의해서 모형이 표현되기 때문에 모형을 사용자가 쉽게 이해할 수 있다. 또한 새로운 개체에 대한 판별 또는 예측을 하기 위해서

뿌리마디로부터 끝마디까지를 단순히 따라가면 되기 때문에 새로운 자료에 모형을 적합시키기가 매우 쉽다.

○ **교호효과의 해석** : 두 개 이상의 변수가 결합하여 목표변수에 어떻게 영향을 주는지를 쉽게 알 수 있다. 의사 결정나무는 유용한 예측변수나 비선형성을 자동적으로 찾아내는 알고리즘이라고 할 수 있으며, 사실 CHAID의 AID는 'automatic interaction detection'의 약어이다. 회귀분석이나 로지스틱 판별분석과 같은 모수적모형에서 모든 가능한 교호효과를 모형에 포함시켜 분석한 다는 것은 거의 불가능한 일이라는 것을 생각해 보면 의사결정나무의 매력을 보다 크게 느낄 수 있을 것이다.

○ **비모수적 모형** : 의사결정나무는 선형성이나 정규성 또는 등분산성등의 가정을 필요로 하지 않는 비모수적인 방법이다. 또한 의사결정나무에서는 순서형 또는 연속형 변수는 단지 순위만 분석에 영향을 주기 때문에 이상치에 민감하지 않은 장점을 가지고 있다.

② 의사결정나무의 단점

○ **비연속성** : 실제로 의사결정나무에서는 연속형 변수를 비연속적인 값으로 취급하기 때문에 분리의 경계점 근방에서는 예측오류가 클 가능성이 있다. 예를 들어, 연령이라는 변수가 연속형 변수로써 1에서 100 사이의 값을 가질 수 있다 하더라도 실제자료에는 40에서 50 사이의 값을 가지는 자료가 거의 없을 수가 있는 것이다. 이러한 경우에 연령에 의한 자식마디의 분리는 40보다 작은 값 또는 50보다 큰 값을 기준으로 분리규칙이 생성될 가능성이 많은데, 이 규칙을 새로운 자료에 적용하는데 있어서 40에서 50 사이의 연령을 가지는 개체에 대해서는 이 개체를 어느 마디에 포함시켜야 할지가 분명하지 않게 된다. 최근에 이러한 단점을 극복하기 위하여 장점을 해치지 않고 모수적 모형이나 신경망 등을 의사결정나무와 결합하는 방법들이 연구되고 있다.

○ **선형성 또는 주효과의 결여** : 예를 들어 선형회귀분석으로부터 다음과 같은 회귀식을 얻었다면

$$고객신용점수 = 50 + 0.3 \times 연령 + 0.8 \times 소득$$

소득이 1단위 증가하면, 고객신용점수가 0.8 증가한다는 해석을 할 수 있다. 또한 로지스틱 판별분석으로부터 다음과 같은 판별식을 얻었다면,

$$\text{Logit}(P(신용상태 = 좋음)) = 0.5 + 0.3 \times 연령 + 0.8 \times 소득$$

오즈비를 이용하여 소득이 10만원 증가하면, 신용상태가 좋을 상대확률이 exp(0.8)=2.225배만큼 증가한다는 해석을 할 수 있다. 이러한 선형모형에서 주효과는 다른 예측변수와 관련시키지 않고서도 각 변수의 영향을 해석할 수 있다는 장점을 가지고 있는데 의사결정나무에서는 선형 또는 주효과 모형에서와 같은 결과를 얻을 없다는 한계점이 있다.

○ **비안정성** : 분석용 자료에만 의존하는 의사결정나무는 새로운 자료의 예측에서는 불안정할 가능성이 높다. 이와 같은 현상은 분석용 자료의 크기가 너무 작은 경우와 너무 많은 가지를 가지는 의사결정나무를 얻는 경우에 빈번히 발생한다. 따라서 검증용 자료에 의한 교차타당성 평가나 가지치기에 의해서 안정성 있는 의사결정나무를 얻는 것이 바람직하다고 여겨진다.

8 신경망

1) 신경망의 개념

신경망 또는 인공신경망(artificial neural networks)에 관한 연구는 뇌 신경생리학(neurophysiology)으로부터 영감을 얻어 시작되었다. 학습이란 생명체가 가지는 중요한 특성으로 다양한 분야에서 살아있는 것을 연구하는 과정에서 필연적으로 제기되어 학습행동 연구에 적절한 모형을 제공한다. 인간의 두뇌는 10^{11}개의 뉴런이 매우 큰 개수의 스냅스에 의해 연결된다. 하나의 뉴런은 다시 다른 뉴런과 수천 개의 스냅스에 의해 연결된다.

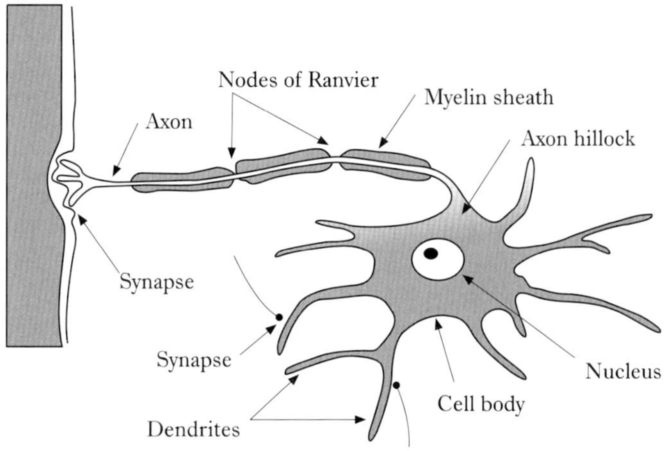

위의 그림을 통하여 뉴런간의 정보교환을 설명할 수 있는데, 다른 여러 개의 뉴런의 축색돌기(axon)를 통하여 입력된 신호들이 특정 뉴런의 수상돌기(dendrites)에 도착하여 입력된 신호는 모두 펄스 신호로 바뀌고 이 신호들의 합계치가 어떤 임계값에 도달하게 되면 하나의 신호만을 축색돌기를 통하여 다른 뉴런으로 전달하게 된다. 이러한 모델을 제공으로 인공 신경망(arificial neural networks)을 탄생시키게 되었다.

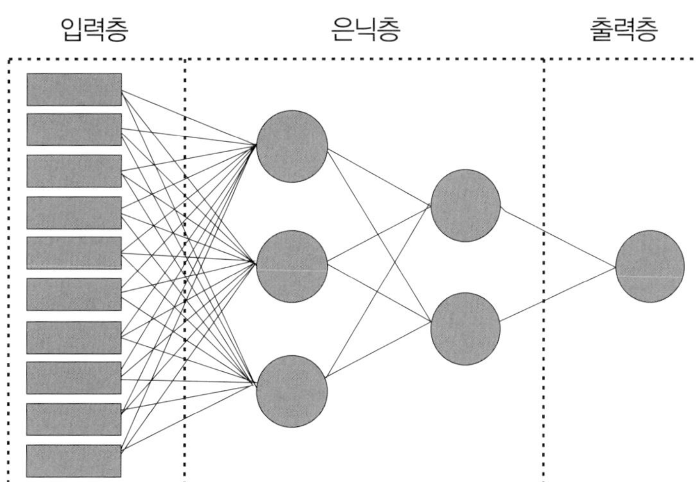

자료분석 분야에서 신경망은 복잡한 구조를 가진 자료에서의 예측(prediction) 문제를 해결하기 위해서 사용되는 유연한 비선형모형(nonlinear models)의 하나로 분류될 수 있다. 그러나 신경생리학과의 유사성 때문에 일반적으로 다른 통계적 예측모형에

비해 보다 흥미롭게 받아들여지고 있다. 신경망은 은닉마디(hidden units)라고 불리는 독특한 구성요소에 의해서 일반적인 통계모형과 구별되어 진다. 은닉마디는 인간의 신경세포를 모형화한 것으로써, 각 은닉마디는 입력변수들의 결합(combination)을 수신하여 목표변수에 전달한다. 이때 결합에 사용되는 계수(coefficient)들을 연결강도(synaptic weights)라고 부르며, 활성함수는 입력값을 변환하고 이를 입력으로 사용하는 다른 마디로 출력하게 된다.

2) 신경망의 특성

(1) 병렬처리(parallel processing)

기존의 컴퓨터는 하나의 CPU로 모든 행동에 대해 순차적으로 명령하는 직렬 형태였다. 이와는 대조적으로 신경망은 다수의 뉴런이 모여서 동시에 서로 다른 처리를 한다. 이 때 뉴런 각각은 그 처리 속도가 느리지만 여러 개에 의한 병렬 분산 처리로 직렬처리 보다 빠른 정보처리를 할 수 있다.

(2) 학습과 훈련을 통한 적응성(adaptive by learning & training)

신경망은 인간의 두뇌처럼 경험을 통하여 학습하는 기능이 있는데 이것이 신경망의 핵심적인 점이다. 학습방법으로는 관리학습과 비관리학습의 두 가지가 있다. 우선 관리학습은 모형의 분석에서 입력자료와 출력결과에 대한 정보를 가지고 있을 때 선호되는 방법이다. 얻어진 자료를 가지고 입력층에서 마지막으로 출력층에 이를 때까지 다음 층에 가중치를 부과하는 과정을 반복해 가면서, 모형을 만들어 분석을 한다. 즉 관리학습은 실제 값의 차이로 발생하는 값을 이용하여 학습하고 새로운 모형을 구축하게 된다. 관리학습에 대표적인 방법으로는 다층인식모형(MLP)가 있다. 비관리학습은 주로 자료의 유사성을 측정하여 같은 군집으로 분류하는데 사용되며, 관리학습처럼 사전에 어떠한 정보를 요구하거나 처리요소들을 그 중요도에 따라 가중치를 주지 않는다. 대표적인 모델로는 투에보 코호넨의 자가구성지도(self-organizing map)가 있다.

(3) 뉴런간의 고도의 상호 연결성

신경망은 정보를 기억장치의 정해진 장소에 일괄 저장해 두지 않고, 노드(혹은 뉴런)이라 불리는 많은 처리장치에 저장한다. 이는 노드간에 고도의 연결성을 의미한다. 예를 들어 '아기'라는 음성을 인식할 때, 전통적인 음성인식 시스템에서는 음성의 한 단어나 음절을 저장한 뒤, 탐색표를 가지고 있어 입력된 음성을 이 표와 일일이 대응시켜 비교하여 결국에는 '아가'라는 음성을 인식하게 된다. 하지만 신경망에서는 여러 개의 처리장치들을 동시에 사용하여 그와 같은 음성을 인식하게 된다. 그러므로 하나의 정보가 네트워크 전체나 어느 부분에 걸쳐 분산되어 있을 수도 있으며, 여러 개의 정보가 하나의 네트워크에 동시에 저장될 수도 있다. 이러한 분산저장법은 정보의 표현이 풍부하며 일부정보가 파손된다 하더라고, 작업을 계속 수행할 수 있다. 이러한 점에서 신경망은 결함 허용 시스템(fault-tolerant system)이라고 할 수 있다.

4) 신경망의 장점과 단점

(1) 장점

① 다각도의 문제점 처리에 용이하다. 신경망은 문제점에 접근하여 일반적인 방법을 제시한다. 출력된 데이터의 값들이 연속형인 변수일 때는 신경망은 예측을 실행하며, 이산형인 변수일 때는 판별분석을 실행한다. 간단한 뉴런의 재배열을 통해서, 신경망은 각 군집들을 탐지하는데 숙달될 수 있다.

② 복잡한 도메인의 자료에서도 좋은 결과 도출 가능하다. 신경망은 결과 값을 직교 블록 범위 안에 제한시키지 않고, 결과 값을 비선형 모형에 적응 시킨다. 이로써, 신경망은 모든 가능한 결과 값의 조합으로부터 최선 값을 선택할 수 있다.

③ 연속형과 범주형 자료 모두 처리 가능하다. 비록, 자료들은 신경망에서 사용되기 전에 일련의 훈련과정을 통하여, 적응되어 변환되지만 범주형과 연속형 자료 모두 신경망에서 사용될 수 있다. 특히, 범주형 자료 분석에서는 신경망은 다음의 두 가지 방법을 사용한다. 첫째, 1과 0의 범위 안에서 부여된 각 범주를 하나의 객체로 인식하여 사용하는 방법이다. 둘째, 각 범주를 각

기 다른 범주로 인식하여 사용하는 방법이 그것이다. 연속형 자료 분석에서는 각 자료의 인식에 별다른 문제점이 없다.

(2) 단점

① 모든 입력값과 출력값이 0과 1범위에서 정의되어야 한다. 신경망에서 사용되는 입력 값은 특정범위(대개의 경우 0과 1사이)로 변환되어야 한다. 이러한 제약은 입력 자료에 대한 추가적인 변환작업과 조작적업을 필요로 한다. 여기서, 파생되는 문제점은 자료의 변환/조작작업은 많은 시간, 빠른 cpu의 속도 그리고 무엇보다도 방대한 디스크 공간이 요구된다는 것이다. 한 가지 주의할 점은 자료의 변환 방법의 선택이 신경망의 결과 값에 영향을 미친다는 것이다. 그러나 대부분의 신경망 응용프로그램들은 자료의 변환을 가능한 간단히 하고, 찾고자 하는 범주의 값에 해당하는 히스토그램들과 수치의 값들을 자동적으로 범주의 값으로 변환한다. 그러나 여전히 몇몇 이상치를 가지는 한쪽으로 치우친 분포의 자료는 신경망에서 좋은 결과를 기대하기 어렵다.

② 결과의 도출 과정이 명확하지 않다. 결과의 도출과정을 명확하게 설명할 수 없는 것이야 말로 신경망이 가지는 최대의 취약점일 것이다. 신경망은 결과 값이 결과의 도출과정보다 중요한 경우 사용될 수 있는 자료 분석 기법인 것이다.

③ 바람직하지 못한 결과 값으로 수렴할 수 있다. 보편적으로, 신경망은 주어진 훈련집합에 대하여 임의의 결과 값에 수렴한다. 그러나 이렇게 얻어진 결과 값이 최선의 자료 모형을 제시한다는 보장은 없다. 이런 의미에서 신경망의 훈련을 수행할 때 주의를 기울여야 한다.

9 모형의 평가 및 예측

1) 평가(assessment)

자료를 분석할 때 여러 가지 통계적인 모형들을 이용하여 분석해 보는 것이 바람직하다. 모형을 평가하는 주된 목적은 지금까지 해 온 모든 분석과정이 올바르게 진행되어 왔는지 올바르게 진행되었다면 여러 가지의 모형 중 최적의 모형을 선택하여 가장 좋은 예측을 하기 위한 것이라 할 수 있겠다. 모형 평가의 결과가 좋지 않다면 이는 자료의 문제 혹은 변수선택 등의 문제일 것이다.

모형을 평가하는 방법으로는 얼마나 예측을 잘하는가에 초점이 맞추어져 있다. 이를 위해서 SAS E-Miner는 ROC(receivve operating characteristic) 도표, 이익(Lift)도표, Response Threshold 도표를 이용하여 평가한다.

(1) ROC도표

ROC 도표는 구축한 모형의 성능을 사후확률과 각 분류기준값에 의해 오분류 행렬을 만든 다음, x축은 1-특이도로 y축은 민감도로 설정하여 그려지는 모형을 평가하는 도표이다.

민감도란 관찰값이 1이며 예측값도 1인 즉 범주 1에서의 정분류된 빈도를 원래의 관찰값이 1인 빈도로 나눈값이다. 1에 가까울수록 분류가 잘 되었다라고 볼 수 있다.

$$\text{민감도(sensitivity)} = \frac{\text{(관찰1, 예측1)인 빈도}}{\text{관찰값이 1인 빈도}}$$

특이도란 관찰값이 0이며 예측값도 0인 즉 범주 0에서의 정분류된 빈도를 원래의 관찰값이 0인 빈도로 나눈값이다.

$$\text{특이도(specificity)} = \frac{\text{(관찰0, 예측0)인 빈도}}{\text{관찰값이 0인 빈도}}$$

이를 이용하여 ROC곡선을 그리게 되며 곡선들의 해석은 다음과 같다.

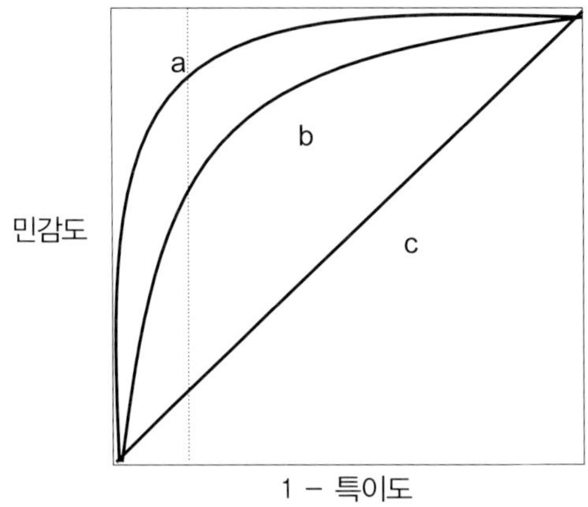

위의 그림에서 ROC 도표상의 a, b, c 모형이 제시되었다. 이 중 같은 1−특이도상(점선)에서 민감도는 a의 모형이 가장 높음을 알 수 있다. 즉 범주 0에서의 오분류율(1−특이도)이 동일한 경우 범주 1에서의 정분류율(민감도)는 a의 모형이 가장 좋은 모형임을 알 수 있다.

(2) 이익(lift)도표

이익도표는 ROC도표와는 다른 평가도구로 도표를 작성해준다. 평가도구로는 %Captured Response, %Response, Base Line %Response, Lift이다. 각각의 통계량은 다음과 같이 계산되어진다.

$$\%\ \text{Captured Response} = \frac{\text{해당집단에서 목표변수의 특정범주 빈}}{\text{전체에서 목표변수의 특정범주 빈도}} \times 100$$

$$\%\ \text{Response} = \frac{\text{해당집단에서 목표변수의 특정범주 빈}}{\text{해당집단에서 전체 빈도}} \times 100$$

$$\text{BASE Line \%Response} = \frac{\text{전체에서 목표변수의 특정범주 빈도}}{\text{전체빈도}} \times 100$$

$$\text{Lift} = \frac{\text{해당집단의 \%Response}}{\text{BASE Line Lift}} \times 100$$

(3) Response Threshold 도표

분류기준값 및 목표변수의 특정범주를 이용하여 모형을 평가하는 도표로써 분류기준값의 변화에 따른 모형분류결과의 변동여부, 즉 모형의 일치성을 이용하여 판단한다. 좋은 모형은 분류기준값에 따른 정분류율의 변화가 많지 않은 모형이다. x축은 threshold가 되며 y축은 Accurate Rate(정분류율)로 구성된다.

아래의 그림은 두 모형에 대한 Response Threshold 도표를 나타낸다.

(a)의 경우는 사후확률이 양 극단으로 치우쳐져 있음을 알 수 있다. 이는 분류기준값을 어떻게 설정하더라도 분류결과에는 영향이 없다. 특히 분류결과가 매우 안정적임을 알 수 있다. (b)의 경우는 사후 확률이 고루퍼져 있다. 이는 분류기준값을 약간만 변동함에 따라 분류결과가 달라지게 된다는 것을 나타내므로 구축된 모형의 성능이 좋지 않음을 나타낸다.

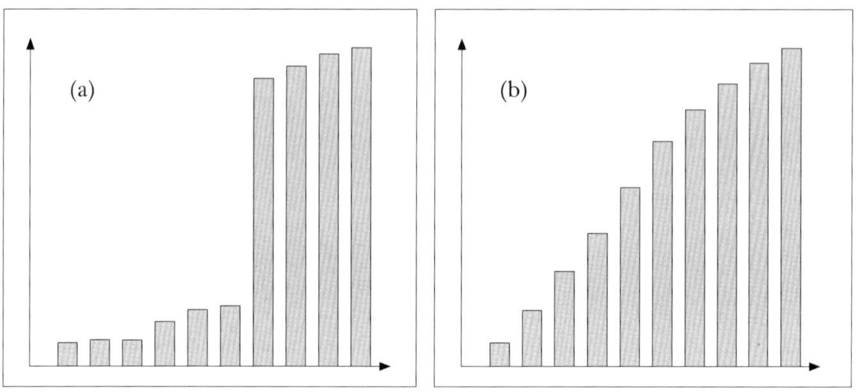

(4) Threshold based 도표

Threshold based 도표의 종류로는 오분류 행렬, 대화식 이익도표(interactive profit chart), Correct Classification 도표 등이 있다. 이중 대화식 이익 도표에서는 이익행렬을 어떻게 지정하느냐에 따라 달라진다. 이러한 이익도표를 통해 최대수익을 가져올 수 있는 분류기준값을 찾을 수 있게 된다.

Correct Classification 도표는 민감도와 특이도 및 정분류율을 이용하여 분류기준값을 찾는데 도움을 주는 도표이다. 어떤 모형에서든 민감도와 특이도, 정분류율을 모두 높게 분류할 수 있는 분류기준점은 존재하지 않는다. 그러므로 이 들중 어느 하나가 매우 높거나 매우 낮은 값을 갖지 않는 분류기준값을 찾는 것이 바람직하다고 볼 수 있다. 단 SAS E-Miner에서는 목표변수가 이진인 경우에만 지원된다.

다음의 그림은 Correct classification 도표이다. 맨 앞의 곡선(BOTH)는 전체 정분류율을 나타내며 두 번째 곡선은 민감도 세 번째 곡선은 특이도를 나타낸다. 이러한 곡선들의 교차점이 바람직한 분류기준값이라고 할 수 있다.

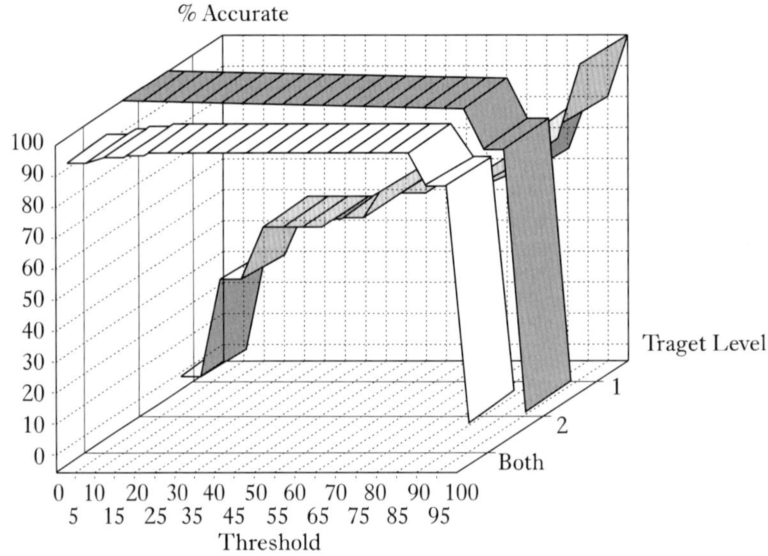

Chapter 10

성공적인 CRM을 위한 제안서와 실증분석

[1] PS은행의 CRM을 위한 제안서

1. 비즈니스 환경
2. 금융산업의 CRM 전략
3. PS은행 CRM 전략
4. 조직과 일정

[2] 우체국금융 CRM 실증적 구축방안

1. CRM 구축방법
2. 환경분석
3. 고객분석
4. CRM 전략방향설정
5. CRM 프로세스분석
6. 분석(analytical) CRM
7. CRM 단계별 구축 방안
8. 우체국금융의 마케팅 전략

1 비즈니스 환경

1) 비즈니스 추세

디지털기술

결합성(connectivity)	+	**협동성**(collaboration)
○인터넷 및 정보 네트워크 활용 ○마케팅, 판매, 구매활동 등의 전자상거래 수행		○디지털 기술을 활용하여 기업내, 기업간, 기업과 고객간의 Value Chain 연계 및 기업 경영의 투명성 확보

e–비즈니스의 도래

○새로운 채널 확보를 통한 매출 증대
○신규사업기회확보
○운영(operation) 효율성 향상 및 비용 절감 가능

2) 금융산업의 환경변화

○ 금융시장의 자유화, 세계화 : 업종장벽의 완화, 세계적 은행의 국내시장 진입

○무한경쟁, 적자생존 : 거대은행들의 소비자 금융시장 진입

○ 동종업계간 상품의 차별성 약화

○ 신 테크놀로지 : 인터넷, 사이버뱅킹

○ 새로운 비즈니스 경영 : 리엔지니어링, 조직감축, 구조조정

○ 경제가치의 변화 : 지적자산의 중요성 부각(H/W → S/W)

3) 금융산업 경쟁환경분석

정 부

○대부분의 시장에서 높은 규제
○점차 규제완화 추세
○변화를 감당하기 위한 대책

진입가능자

증권사, 보험사, 캐피탈 회사, 우체국, 온라인 증권, 신탁회사, 종금사, 신용금고

경 제

○은행은 경제변화에 고도로 민감
○경제상황은 효율적 서비스에 영향을 미침
○경제의 '다양화' 추세

▼

공 급 자

오라클, SAP, SAS, IBM, EDS, Microsoft

▶

경쟁자

시중은행

◀

고 객

○대부분 제대로 서비스 받지 못하는 상태
○점차 금리에 민감해짐
○금융상품도 일종의 물자
○특권의식의 점차 감소

▲

테크놀러지

○은행 외 테크놀러지 기업이 큰 위협
○인터넷의 급격한 팽창
○전략적 제휴시 경쟁력 증대가능

대체자

뮤추얼, 증권, 보험, 채권,
MMF(Money Market Funds)
부동산

인구통계

○세계인구 60억(1999), 69억(2010)
○선진국의 인구 고령화 추세
○잠재고객 대부분 미개발국에 존재
- 국가 리스크의 이슈화
○고객의 판단 및 선택능력 증가

4) 패러다임의 변화

(1) 관계중심의 패러다임 변화

	현존의 패러다임	새로운 패러다임
Focus	성장 및 시장 점유율	효율성과 수익성
	고객확보(acquisition)	고객유지(retention)
마케팅	매스마케팅	타겟 마케팅
	감성기반의 마케팅	정보기반의 마케팅
세분화	기본적 고객 세분화	고객가치에 기초한 고객 세분화
고객서비스	약간강조	강한 강조
고객접촉	제한적임	높음
고객몰입	제한적임	높음

관계중심

(2) 매체환경의 변화

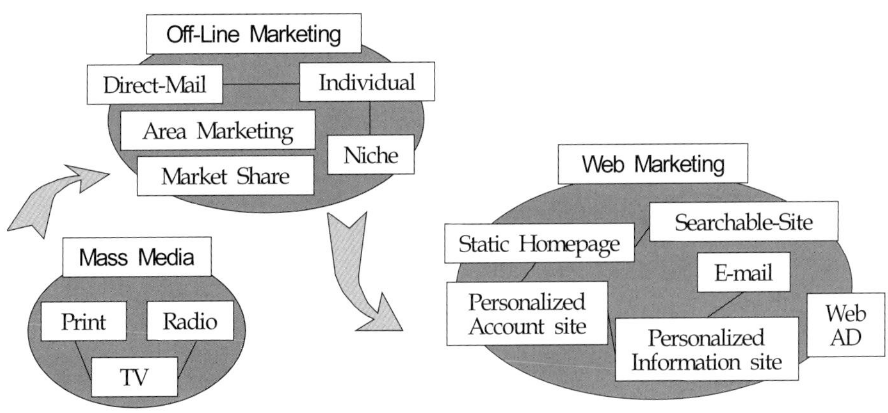

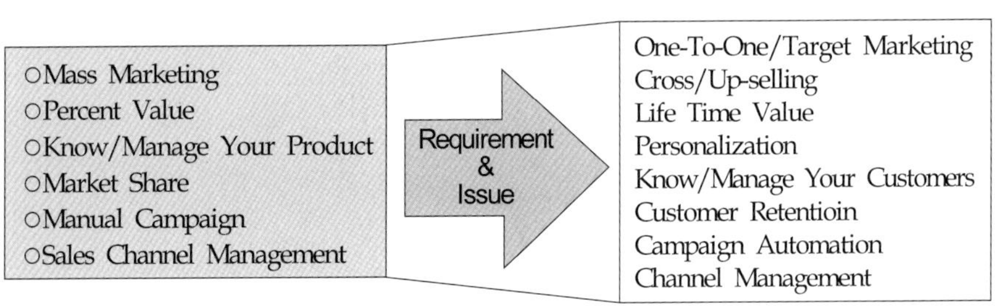

(3) 비즈니스기회

"새로운, 변화된 환경에 맞는 repositioning의 필요성 대두"

○ 고객과의 수익창출 관계를 만들기 위한 조직(organization), 전략(strategy), 과정(process), 기술(technology)을 재정립
○ 효율적인 고객관리를 통하여 수익창출고객의 유지 및 획득관리

"고객관계중심의 경영(CRM)"

2 금융산업의 CRM 전략

1) 금융산업의 CRM 도입배경

- 신규예금 50% 이상, 수익의 70% 이상이 기존고객으로부터 창출(선진국의 검증사례)
- 미디어를 이용한 광고마케팅 효과의 약화
- 고객상호작용순환(customer interaction cycle) 중심의 접근을 위한 분석 요구

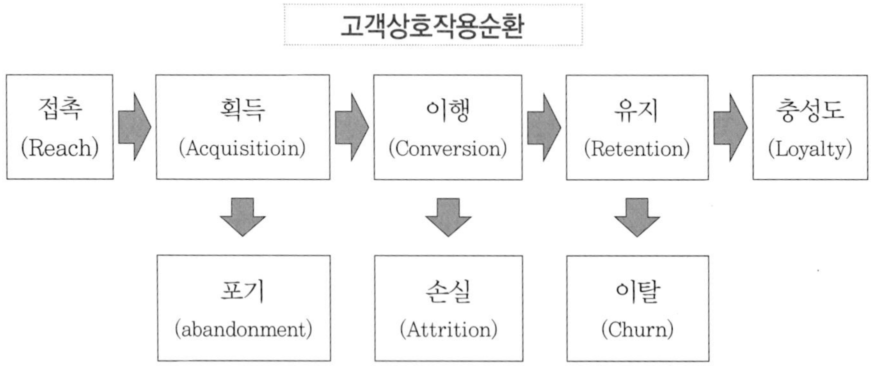

"누가 어떠한 행동을 취하는가?
얼마나 많은 고객이, 왜 떠나는가?
중점관리대상은 누구인가?"

문제제기 – 무엇을 근거로, 어떻게 대응할 것인가?

"고객 유지율을 5% 포인트 증가시키면
평균 고객의 가치는 25~100% 증가된다."

"신규고객획득에 소요되는 평균 비용은 기존고객 유지비용보다 5~10배 높다."

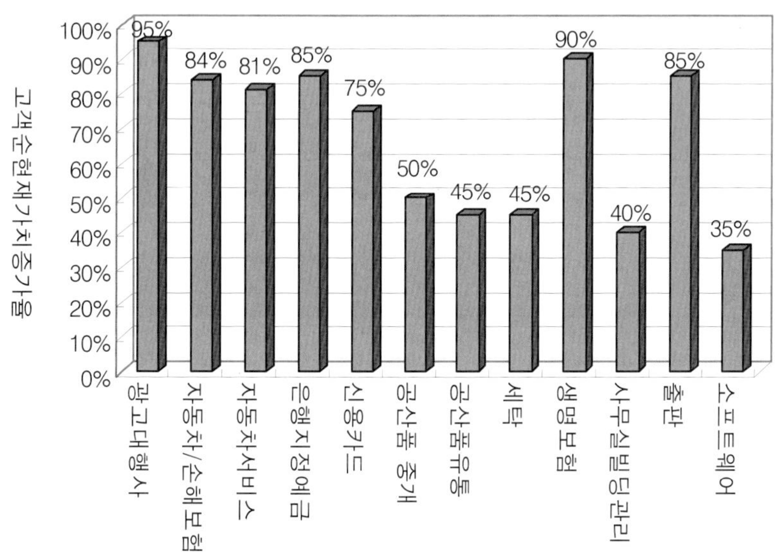

고객유지율(고객로열티)이 수익성(고객가치)에 미치는 영향

(베인&캠퍼니)

2) 고객상호작용순환에 따른 차별화 전략

단 계	의 미	행동과 측정	은행의 차별화전략
접 촉	Target 고객의 관심	광고, DM발송, 웹사이트 광고, 주변사람의 추천	차별화된 이미지, 광고, 서비스노출
획 득	고객의 참여	매장방문, 웹사이트방, Survey에 참여, 상담요구, 이벤트참여 문의	차별화된 서비스, 가격, 고객중심 판매 상담절차 다양한 접촉채널 확보 (웹, 폰, ATM)
이 행	목적에 고객이 도달	개설등록, 상품구매	일괄거래(on-stop)관계 시작 관계의 폭, 깊이 확대 (전담직원제_관계에 따른 가격 차별화)
유 지	요구행동의 반복	시간에 따른 재방문 반복참여 재구매 활동	이동점포, 인터넷뱅킹, 폰뱅킹, 모바일뱅킹, 제휴서비스(카드, 증권), 지역행사 등을 통한 교류
충성도	수익을 주는 관계	충성도 발휘, 구전, 추천, 스스로 활동 참여	고객만족도 확인 스스로 참여하는 마케팅 진행

3) 고객생애순환(customer life cycle) 및 소득수준에 따른 고객 세분화

나이 / 금융	18～24 (학생)	25～34 (신혼부부세대)	35～44 (기반안정세대)	54+ (성숙세대)
니즈 (Need)	○일반거래 ○학생대출 ○유학경비송금	○결혼에 따른 주택, 전세, 자동차 구입의 자금소요 ○일반거래의 편리성 중시(효율적 시간관리) ○고수익 예금	○내집마련 ○자녀교육 ○예금, 대출 ○위험관리 ○카드 ○일반거래의 편의성 + 수익성	○부모님 부양 ○자녀결혼 ○고수익 투자, 세금 ○노후대책 ○위험관리
전략적 위치	○미래고객확보	○고객기반 마련	○거래관계 활성화	○고객충성도 고양
소득수준별 상품군	○거래통장 ○카드 ○학생대출 ○유학생서비스 ○콜링카드	○거래통장 ○마이너스 대출 ○카드 ○대출(주택, 가계자금, 자동차, 학자금) ○투자상품	○거래통장 ○골드카드 ○주택구입대출 ○자동차대출 ○보험 ○투자상품 ○자산관리계좌	○자산관리 계좌 ○플래티늄카드 ○연금신탁 ○VIP 고객서비스 ○수익증권 등 투자 상품 ○보험 ○주택담보 대출

4) 금융산업의 마케팅 프로세스

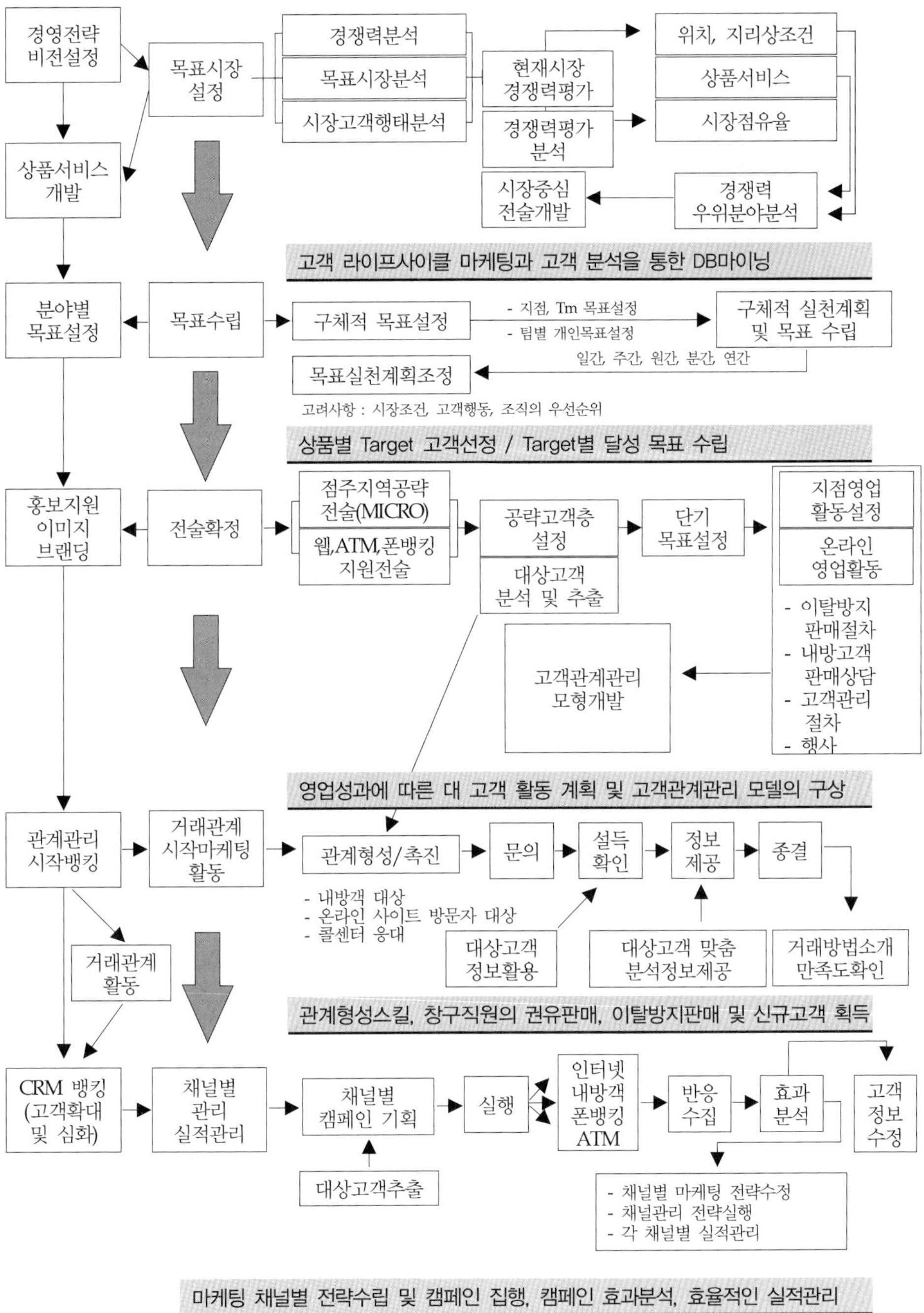

5) 금융사업 CRM Framework

(1) CRM Flow

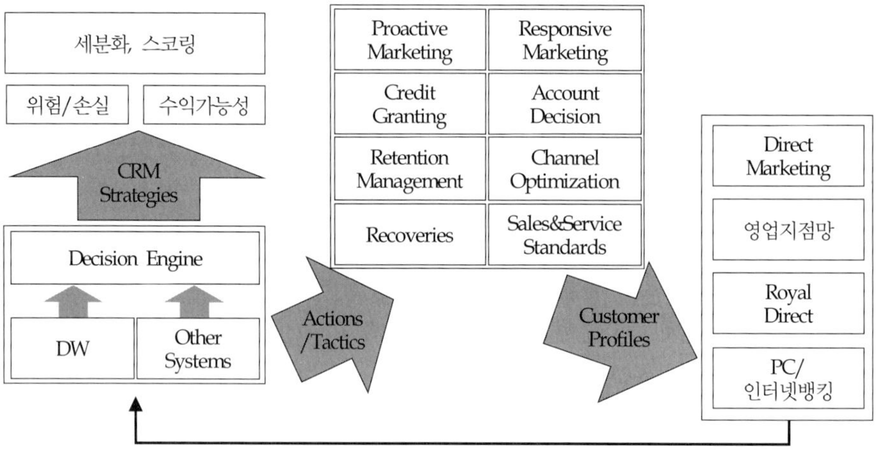

(2) System Framework

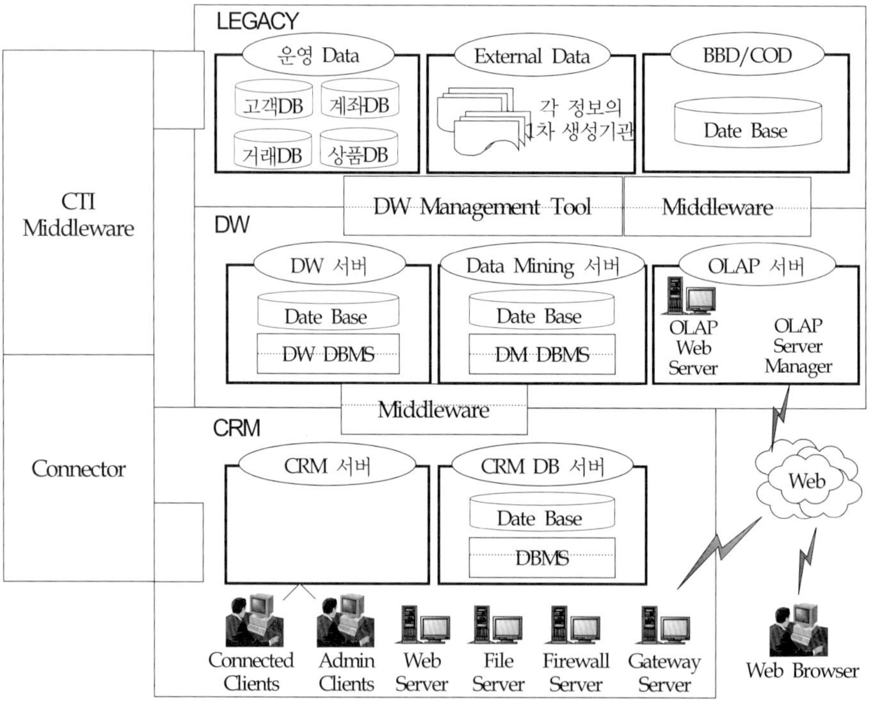

3 PS은행 CRM 전략

1) 전략접근방법

(1) 고객의 특성분석

- ○ 수익성이 높은 고객은 누구이며, 그들의 특성은 무엇인가?
- ○ 다양한 상품 중 연관성이 높은 상품들은 무엇인가?
- ○ 각 상품의 주 고객 군은 어떤 특성을 가지고 있는가?
- ○ 거래접점매체(창구, 인터넷, 전화, mobile 등)별로 고객은 어떠한 성향을 가지는가?
- ○ 대출여부판단을 위한 각 고객의 신용평점을 어떻게 정의할 것인가?
- ○ 고객의 등급 부여를 위한 기준은 어떻게 정의할 것인가?
- ○ 계좌를 해지하는 고객은 누구이며 해지 가능 고객을 어떻게 예측할 것인가?
- ○ 휴면계좌를 가진 고객들은 누구이며, 그 특성은 무엇인가?
- ○ 신용카드의 부정사용을 어떻게 탐지할 것인가?

(2) CRM의 종류

① 데이터마이닝 기반의 과학적이고 체계적인 분석 CRM

② 종합자산관리(wrap account)시스템 기반의 운영 CRM

③ 캠페인 관리 시스템 기반의 협업 CRM

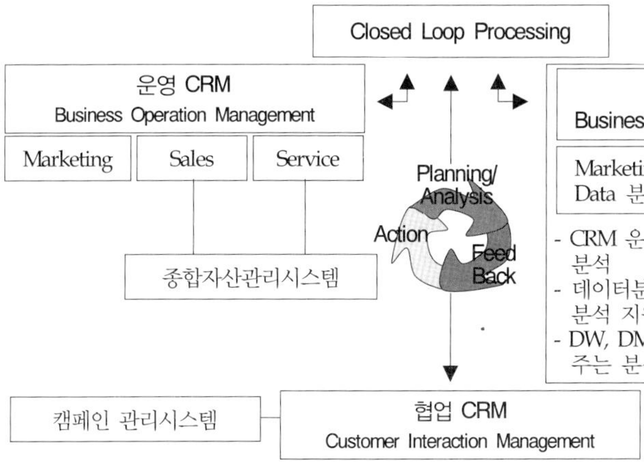

(3) CRM 분석대상

	영업분석정보	영업분석 D/W	Cross/up Selling
영업 및 마케팅	거래유지분석	영업력에 의한 세분화분석	외환/타사 동시 가입자 분석
	고객인별분석	고객수에 의한 세분 시장 관리	복수거래 상품 특성 분석
	영업경쟁력분석	수익성 기준 세분시장 분석	동시판매 상품 특성 분석
	가망고객분석	Area Marketing 지원	종합자산관리
	상품분석	Campaign 진행 효과분석	

	신규고객획득	우수고객관리	고객이탈관리
고객	Market Basket 분석	우수고객 등급선정	고객위험도 관리
	연체기록분석	방문 및 등급이력	고객성향, 행위분석
	신용불량 거래분석	고객 충성도 분석	이윤구조개선
	인적특성 및 고객특성분석	우량고객 특성 및 원인분석	Market Trend 분석
	고객별 종합 Scoring	서비스 제공 차별화	이자 지급 관리

(4) 데이터마이닝

① 데이터마이닝의 개념

○ 다차원분석을 통한 수익변화요인 도출
○ 고객 Clustering
○ 고객 세분화
○ 상품 포지셔닝 Map 분석 및 설계
※ House-Holding 분석

수익변화요인, 고객 유형 및 성향, 상품 포지셔닝 Map

① 고객에 대한 차별화된 마케팅을 전개하기 위한 자료 제공
② 고객에 대한 투자 유도시 영업사원에게 정보제공
③ 고객관계관리 만족도 향상

② 데이터 마이닝의 분석내용

가. 다차원분석을 통한 시장 점유율 영향 요인 도출	
분석방법	차원별 이탈고객 분석, 수익분석
분석목적	차원별 이탈고객, 수익 변화추이 파악, 이탈고객수와 수익변화 변동폭이 큰 기간 구별

나. 고객 Clustering	
분석방법	Average linkage, Centroid, Word's minimum-variance 등
분석목적	기준별로 속성이 비슷한 유사군집 고객을 구분하여 마케팅 활동시 활용

기대효과	
	1. 고객에 대한 차별화된 마케팅을 전개하기 위한 자료제공 2. 고객에 대한 투자유도시 영업사원에게 정보제공 3. 고객관계관리 만족도 향상

다. 고객 Segmentation	
분석방법	데이터마이닝 분석을 통해 세분고객의 속성 도출
분석목적	mining을 통해 고객을 scoring, 각 속성별로 고객을 1차원 및 2차원으로 분석 고객세분화

라. 상품포지셔닝 Map 분석 및 설계	
분석방법	연관성분석
분석목적	마이닝을 통해 투자상품간 연관성정도 파악, 상품의 포지셔닝 Map 구축

③ 데이터마이닝의 과정

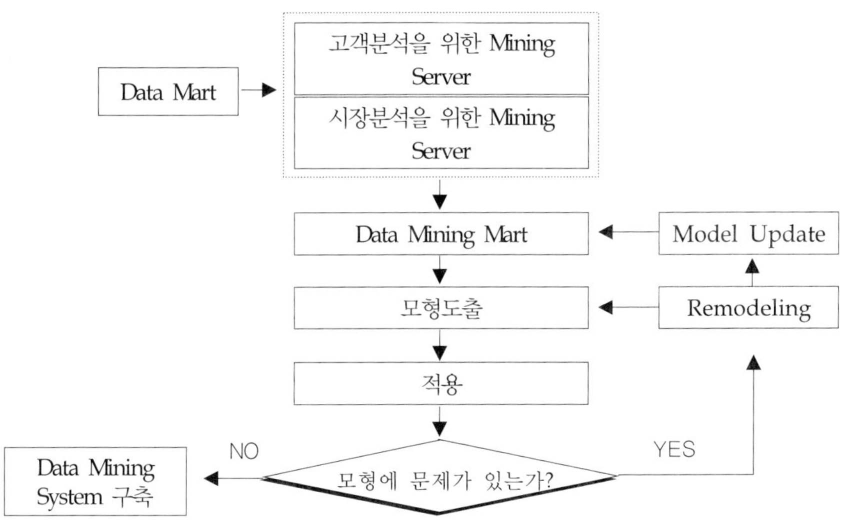

가. 다차원분석을 통한 수익변화 요인 도출

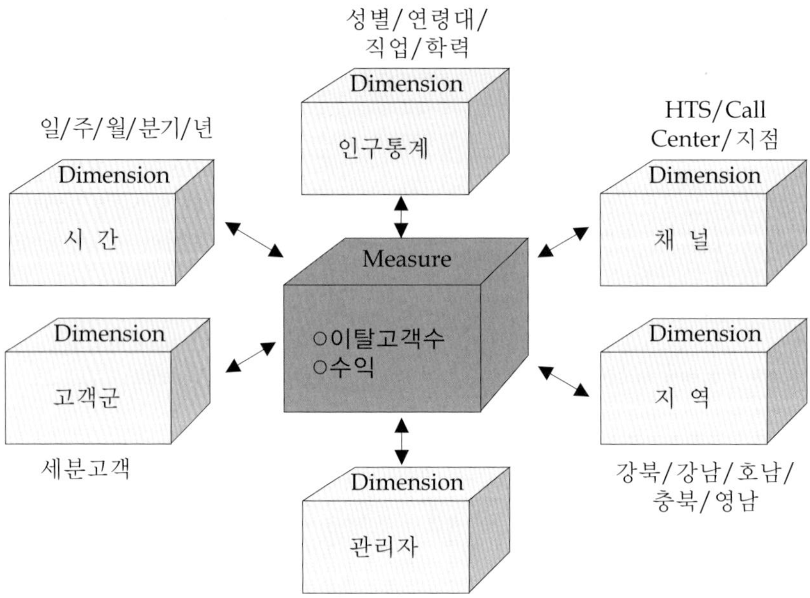

나. 고객세분화

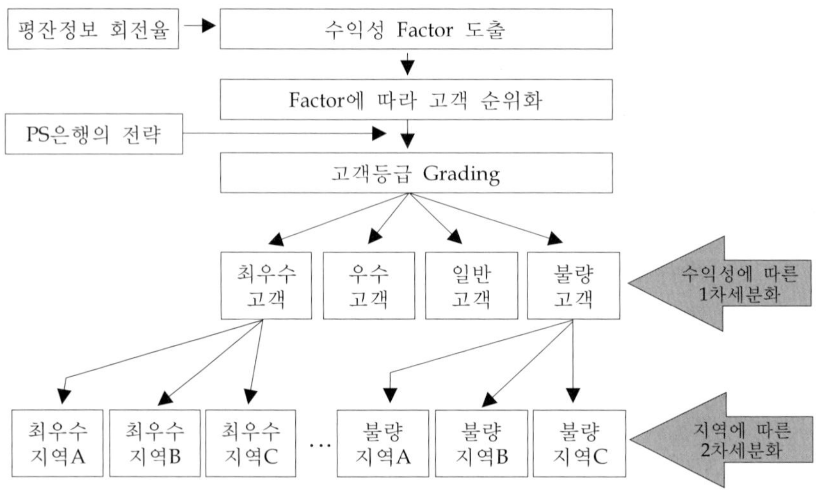

다. 고객세분화

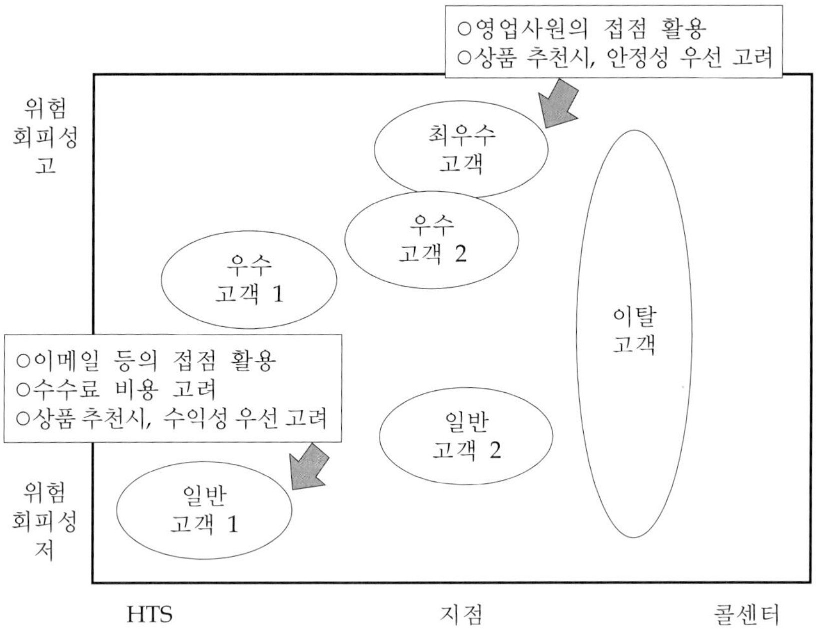

(5) 업계현황 파악 및 PS은행의 포지셔닝

○각종 거시경제지표, 금융정책의 변화에 대한 조사

○경쟁사 동향 파악

○기간에 따라 PS은행과 관련된 사건 조사

○기준별 고객평가 정보수집

PS 은행의 Positioning Map

1. 은행업계에 대한 전반적인 이해
2. 은행업계에서의 PS은행의 Positining

각종거시경제지표, 금융정책의 변화에 대한 조사	
경쟁사 동향 파악	- 은행사별 시장점유율 변동 현황 파악 - 은행사별 수지구조, 경영지표에 대한 비교 - 은행사별 지점 현황 및 영업 실적 파악 - 은행사별 캠페인 현황 및 실적 파악 - 은행사별 신상품 출시 현황 및 상품에 대한 반응 파악 - 신규 은행사/ 외국은행사 진출 현황 및 성과 파악 - 경쟁사의 신 시스템 도입, 개발, 구축현황 파악
기간에 따라 PS은행과 관련된 사건 조사	타은행의 합병, 경쟁은행의 정리, 전산장애, 수익률 변화 추이, 관련기사, 악성루머
기준별 고객 평가 정보 수집	수익성, 시스템 편리성, 안정성, 정보제공성, 제공서비스 등

↓

PS은행의 Positioning Map 도출

↓

기대효과	1. 은행업계 대한 전반적인 이해 2. 은행업계에서의 PS은행의 Positioning 파악

(6) 마케팅 분석

○상품분석

○고객접점(영업, 서비스망) 분석

○고객세분화에 따른 마케팅 차별화를 위한 현행 마케팅전략 분석

○Brand Value 분석

↓

마케팅 분석 결과 보고서

↓

1. PS은행의 마케팅 활동 효과 파악
2. 경쟁력 제고를 위한 대응 방안 마련 및 효과적 자원 배분
3. 브랜드 통합 및 관리 정도 파악

① 상품분석

분석목적	시장경쟁구조분석을 통한 상품별 Competence 파악 및 포지셔닝 Map 구성
분석방법	- 상품별 수익률 분석 - 핵심/열등상품 파악 및 원인분석 - 활성화 방안 실행 및 효과분석 - 상품 포지셔닝 분석
분석결과	- 핵신상품 재강화 및 열등상품 보완 방안 마련 - 효율성 및 수익성 제고를 위한 상품 포지셔닝 Map 재설계

② 고객접점(영업, 서비스망) 분석

분석목적	영업지점·채널별 수익분석을 통한 지점관리 및 채널관리의 효율성 증대
분석방법	- 영업지점·접점채널별 수익분석 - 타 지방은행 /일반은행과의 경쟁분석
분석결과	- 지점별 경쟁력 강화방안, 지점배치의 최적화 방안, 지점과의 효율성 방안 마련 - 채널별 효과적 자원배분

③ Brand Value 분석

분석목적	기업이미지 및 신뢰도 제고를 위한 브랜드 가치 측정
분석방법	- Quota Sampling - 설문지를 활용한 1:1 individual interview - 브랜드 인지도, 로열티, 이미지 조사 - 브랜드 연상조사 - 속성별(서비스 품질, 상품품질, 안전성, 편리성, 수익성 등)평가 - 브랜드 커뮤니케이션 채널 및 미디어 분석 - 브랜드 로열티 활성화 방안 실행 및 효과분석
분석결과	- PS은행의 브랜드 가치평가 - 브랜드 강/약점 파악 - 브랜드 커뮤니케이션 채널 파악

기대효과	1. PS은행의 현 마케팅 활동효과 파악 2. 경쟁력 제고를 위한 대응방안 마련 및 자원의 효과적 배분 3. 브랜드 통합 및 관리 정도 분석

④ 상품 포지셔닝 분석 및 설계

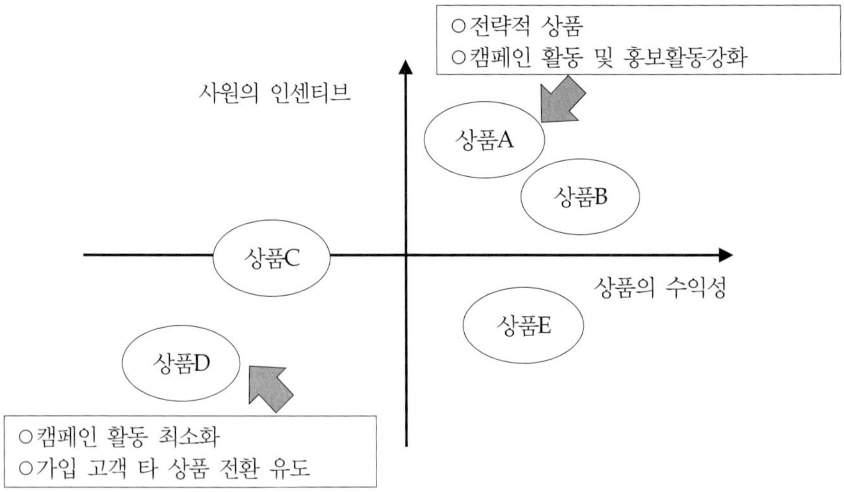

(7) 캠페인관리 시스템

① 캠페인 관리시스템의 구성

구성	내용
PLANNER	각 목적별로 대상 상품, 고객, 채널 등의 세부항목 선택 및 내용 구성 등을 통해 개별 캠페인을 구성하는 기능 구현
HISTORY	개별 캠페인에 대한 내용, 진행상태, 고객반응, 효과분석 등을 여러 기준으로 조회할 수 있는 기능 구현
ADMIN	실행관리, 스케줄관리, 용품관리, 비용관리 등 캠페인의 기본설정을 관리하는 기능 구현
효과분석	기본반응 Report, 효과 Report, 추가 상세분석으로 캠페인의 효과를 관리하는 기능 구현

② 캠페인 관리시스템의 내용

○ Topic : 고객의 주요한 이벤트를 찾아서 적절한 서비스를 실시

○ 시스템 기능 : 고객의 마음변화, 행동변화, 환경변화 등 탐색, 고객의 변화를 정량화

- 고객의 마음변화 : 불평, 불만, 상품문의

- 고객의 행동변화 : 채널 사용의 변화, 재정 환경변화, 거래상품변경
- 고객의 환경변화 : 지불수단 변경, 고액입금/출금, 계좌 개설/해지, 거리지역 변화

○ 기타관리항목

- 상담/클리닉, 기념일, 전산장애, 상품만기 도래, 각종 문의, 조회, 투자성향변화, 공모주 발행, 유상 청약, 미수금 빈발, 신용거래 담보 부족, 긴급정보, 거래빈도수 변화

③ 캠페인 관리 시스템의 전체 구성도

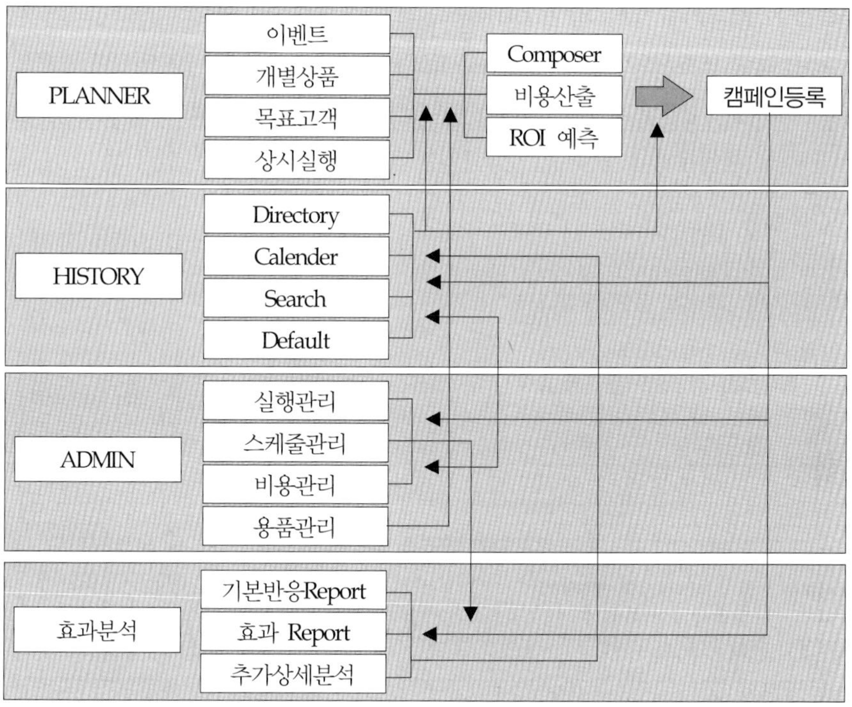

2) Data Warehousing

(1) Data Warehouse

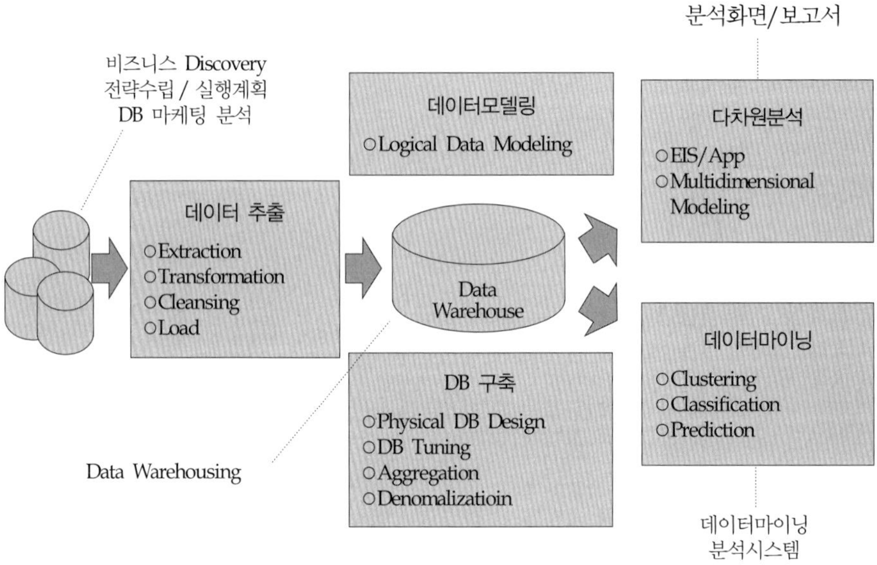

(2) Data Warehouse 구축방법론

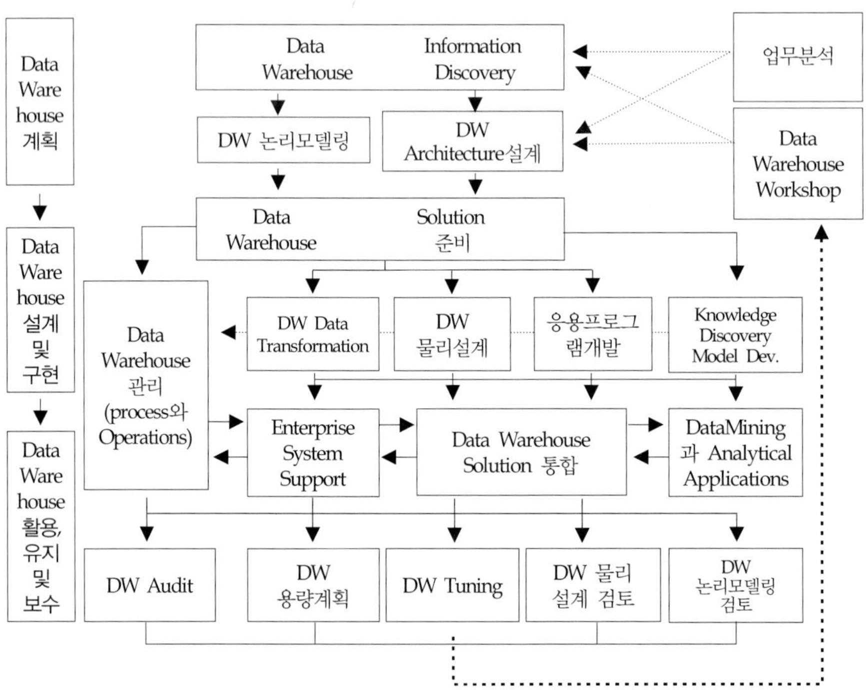

(3) Data Warehouse Architecture

효율적 정보관리를 위한 기반 구조 확립

- 통합 DB를 통해 운영계와 정보계의 데이터 일관성 유지
- 통합 DB를 기반으로 필요한 데이터마트 구축 지원

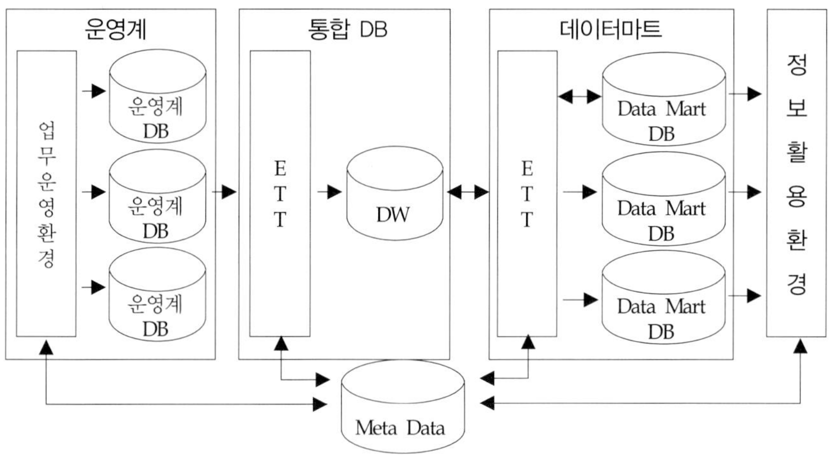

3) Analytical CRM

(1) Process & Subject Area

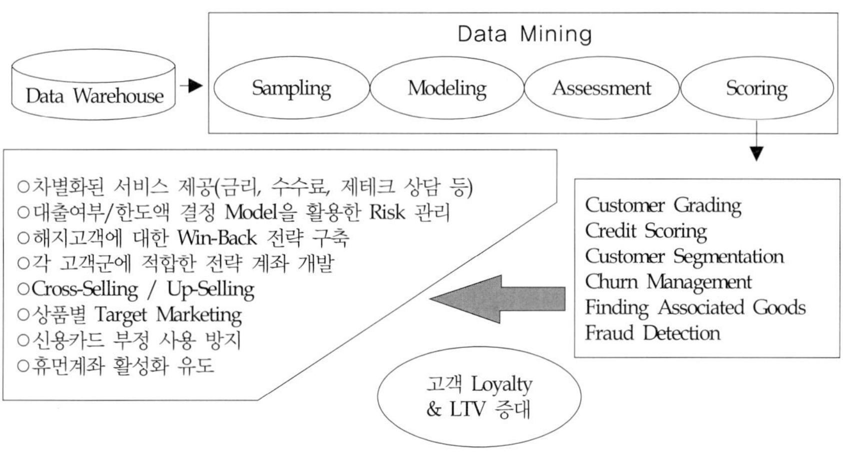

(2) Applying the Analytical CRM

① Customer Grading

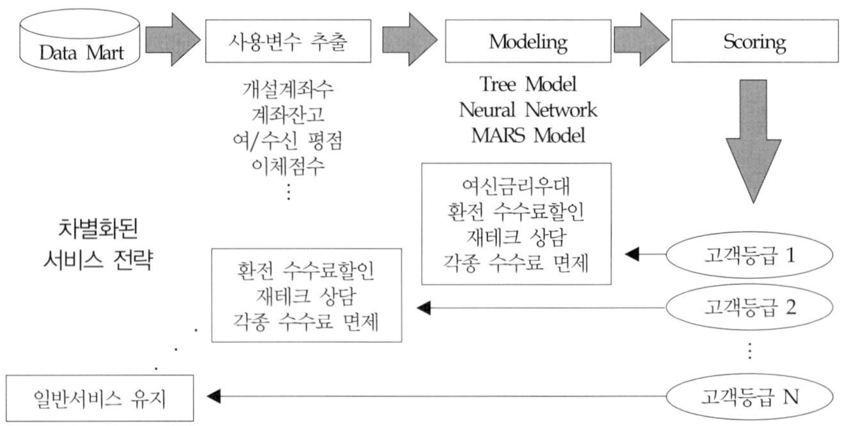

② Recommendation / Association

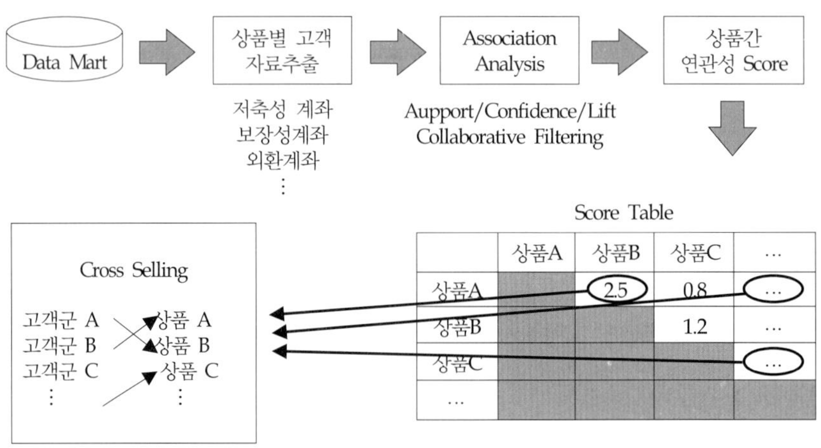

③ Credit Scoring

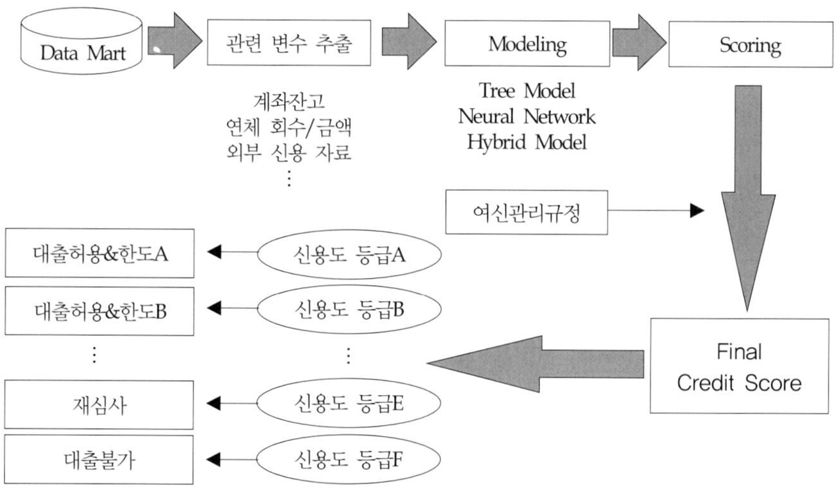

④ Customer Segmentation

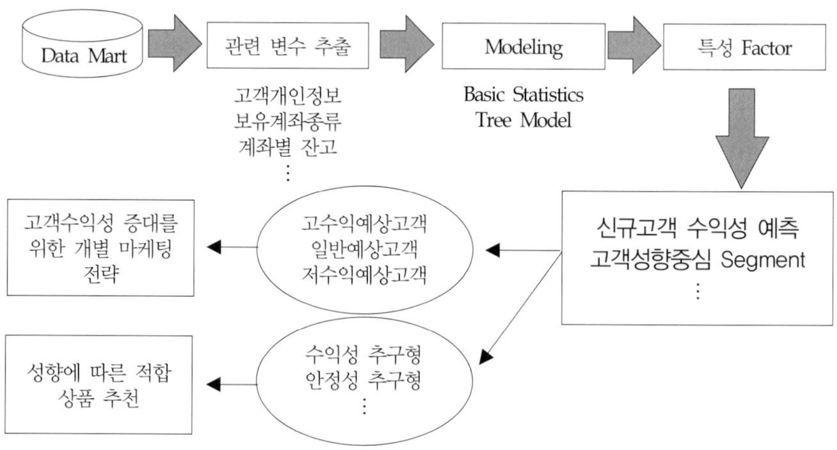

⑤ Churn Management

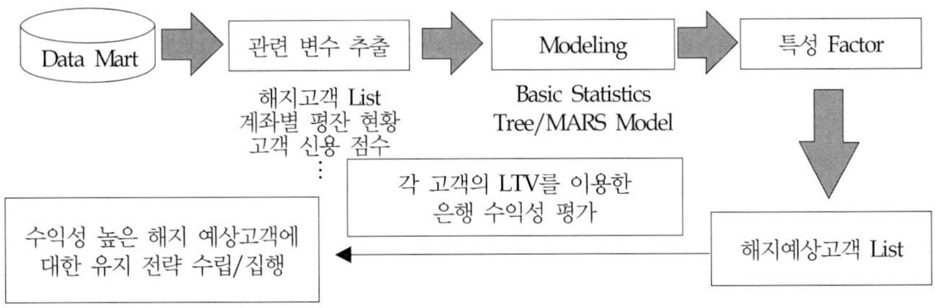

⑥ Channel Analysis

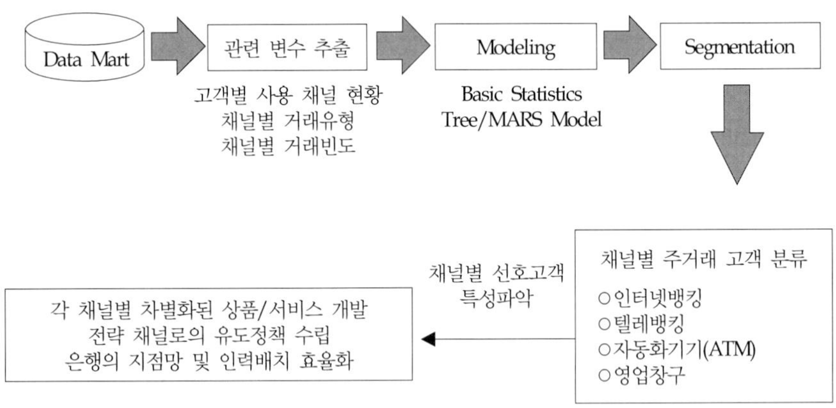

(3) Lifetime Value에 의한 고객 세분화

전통적 고객 세분화 : 단일기준에 의한 직관적 세준화	○ 상품에 의한 세분화 ○ 연령에 의한 세분화 ○ 지역에 따른 세분화 ○ 예치액에 따른 세분화

다기준 스코어에 의한 고객 세분화	○ 모델에 의한 세분화 ○ RFM에 의한 세분화 ○ LTV에 의한 세분화

① 종합적 LTV 산정모델

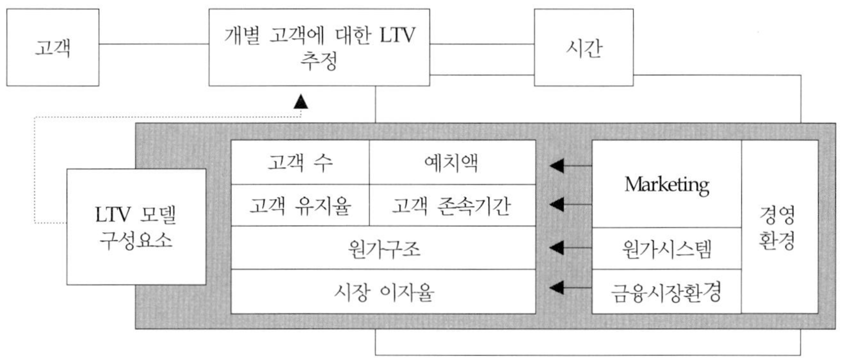

② LTV에 의한 고객 세분화

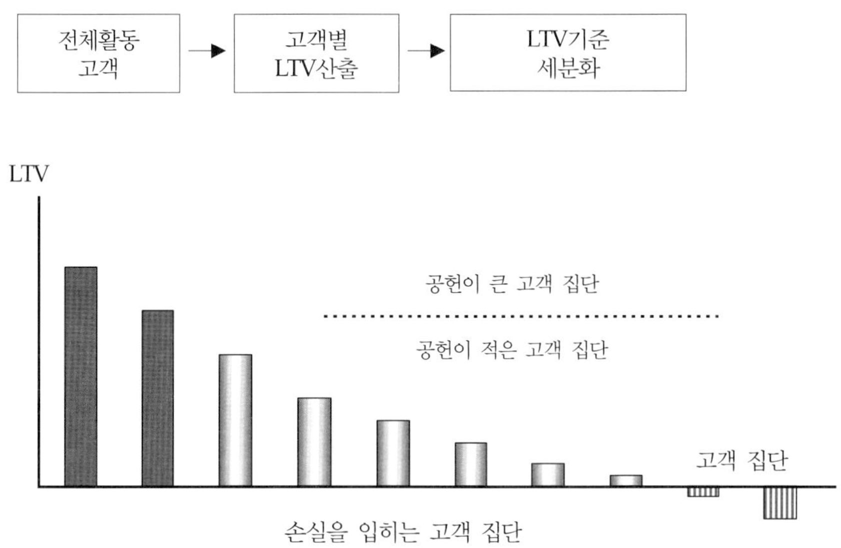

4) Operational CRM

① 운영계와 고객탐색 행동 정보를 Web On-line에 반영하고 실제 Web 상의 고객행위가 운영계에 반영되는 운영 CRM의 구축

② 궁극적으로 고객이 운영계를 직접 Update하며 은행과 고객이 대화하는 장소로 Web을 인식

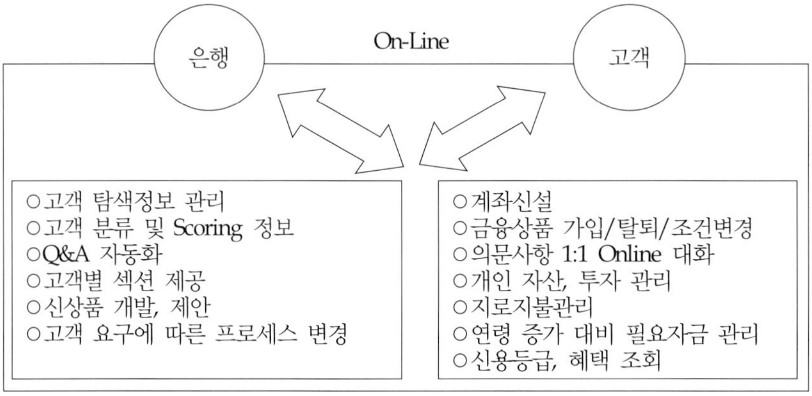

③ Wrap Account

고객의 자산관리 수요 증대와 금융산업 통합 흐름에 따른 도입 필요성 증대. 현재 증권사 중심의 상품 판매가 이루어지고 있으나 향후 시장 확대에 대한 준비 필요

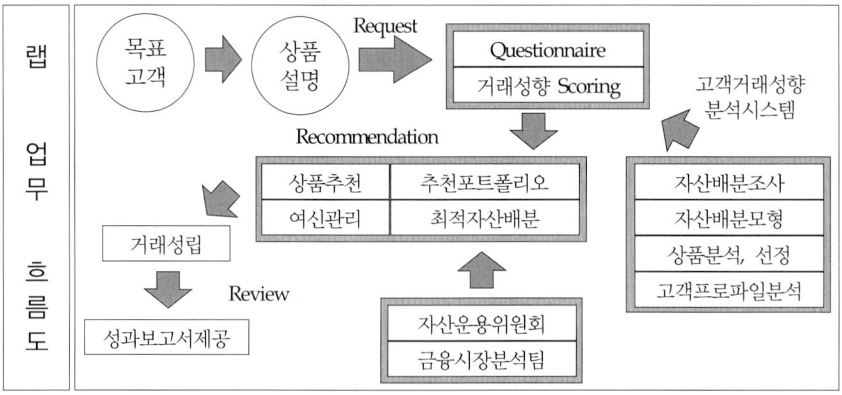

5) Collaborative CRM

(1) 캠페인관리의 구성

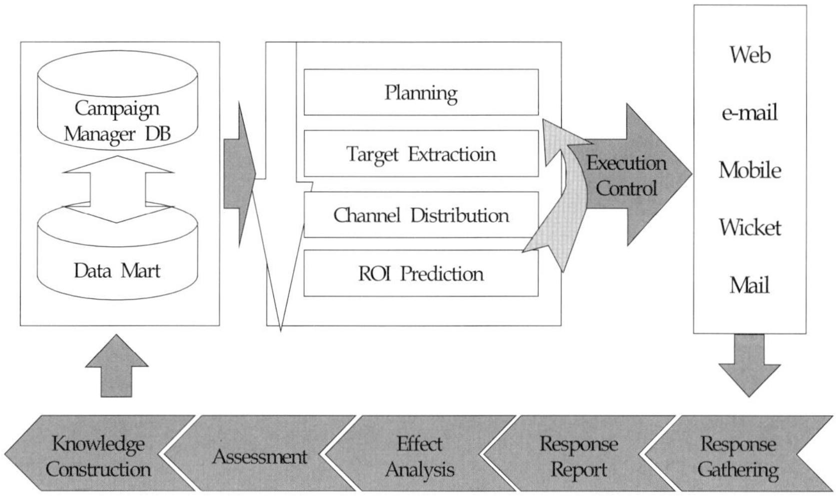

(2) 캠페인 관리의 과정

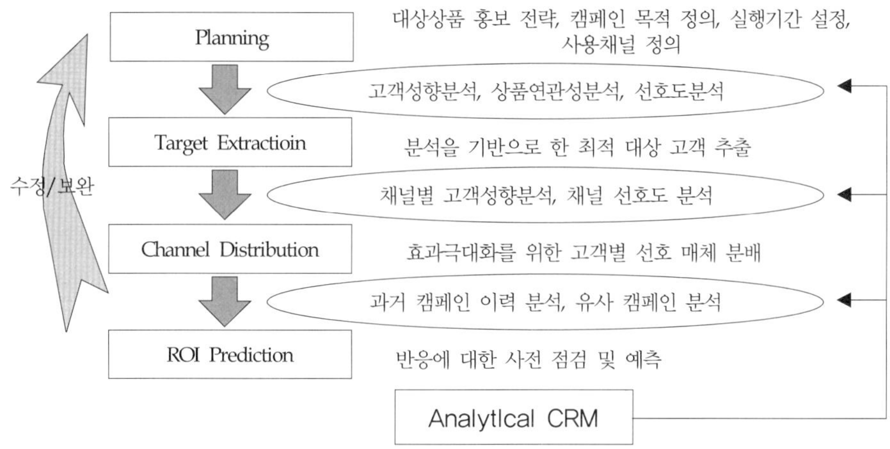

(3) 캠페인 워크 플로우

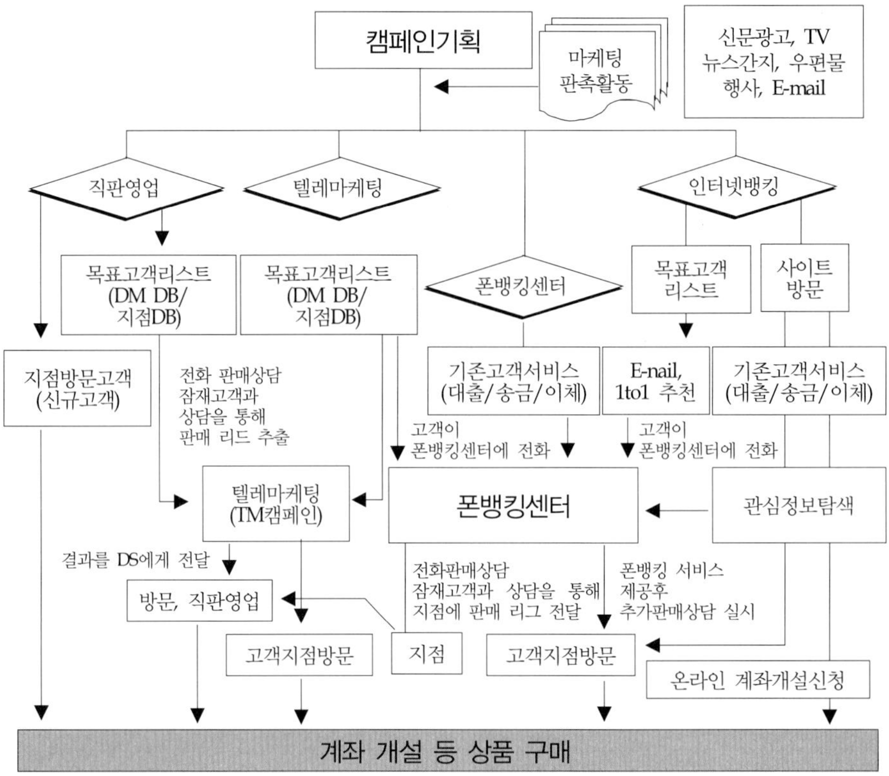
캠페인기획
마케팅
판촉활동
신문광고, TV
뉴스간지, 우편물
행사, E-mail
직판영업
텔레마케팅
폰뱅킹센터
인터넷뱅킹
목표고객리스트
(DM DB/
지점DB)
목표고객리스트
(DM DB/
지점DB)
목표고객
리스트
사이트
방문
지점방문고객
(신규고객)
전화 판매상담
잠재고객과
상담을 통해
판매 리드 추출
기존고객서비스
(대출/송금/이체)
E-nail,
1to1 추천
기존고객서비스
(대출/송금/이체)
고객이
폰뱅킹센터에 전화
고객이
폰뱅킹센터에 전화
텔레마케팅
(TM캠페인)
폰뱅킹센터
관심정보탐색
결과를 DS에게 전달
방문, 직판영업
전화판매상담
잠재고객과 상담을 통해
지점에 판매 리그 전달
폰뱅킹 서비스
제공후
추가판매상담 실시
고객지점방문
지점
고객지점방문
온라인 계좌개설신청
계좌 개설 등 상품 구매

4 조직과 일정

1) 수행조직도

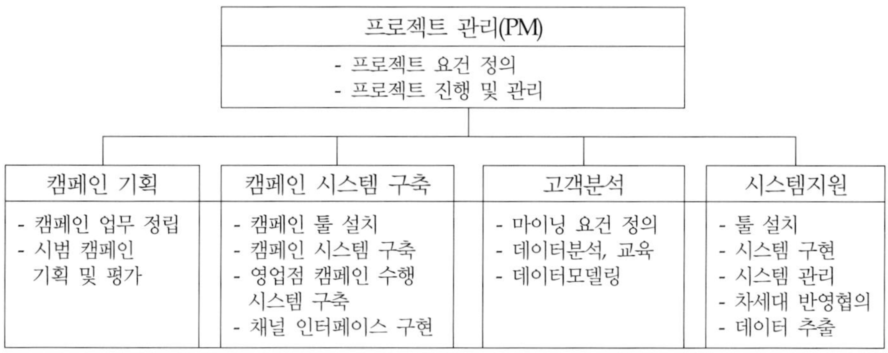

2) 수행절차

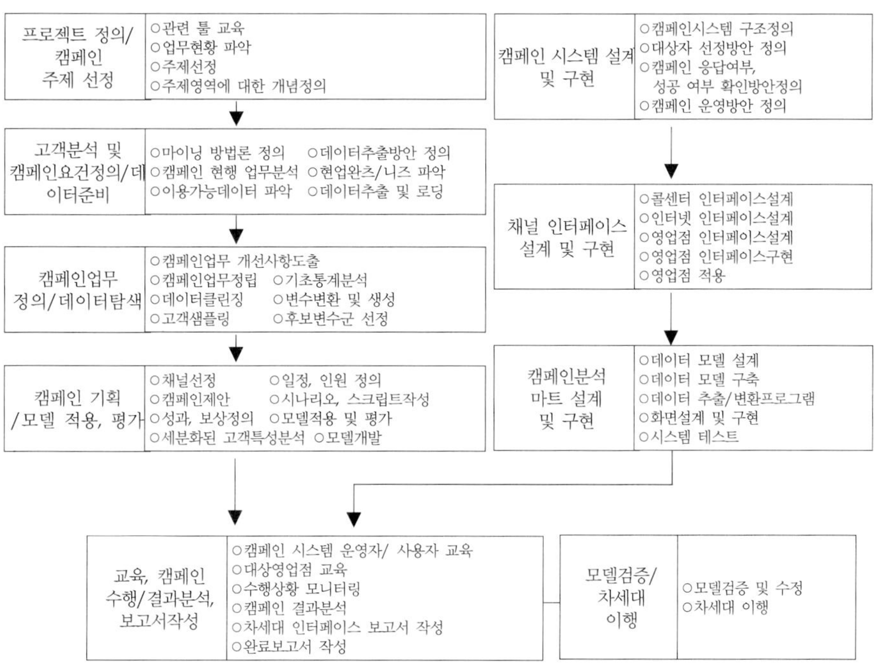

3) 수행일정

구분	항목	0	1	2	3	4	5	6	7	8	9	10	11	12	13	14	15	16	17	18	19	20	21	22	23	24
프로젝트 준비																										
주제선정 및 요건정의	주제선정																									
	업무현황파악																									
	주제선정																									
	주제영역에 대한 개념 정의																									
	고객분석 요건정의					☆ 모델구축계획서																				
	프로젝트 범위 및 마이닝 방법론 정의																									
	데이터추출방안 정의																									
	캠페인 요건 정의						☆ 캠페인 요건 정의서																			
	캠페인 현행 업무 분석																									
	캠페인 업무에 대한 현업 Wants/Needs 파악																									
	캠페인 결과분석 요건 정의							◆ 요건 정의서																		
	체널정의 및 환경분석																									
고객분석	데이터준비				☆ 추출데이터 리스트 및 요청서																					
	이용가능 데이터 파악																									
	각 필드에 대한 이해																									
	추출데이터 정의																									
	데이터추출 및 로딩																									
	데이터탐색											☆ 분포확인서, 변환규칙 정의서														
	기초통계분석																									
	데이터클린징																									
	변수변환 및 derived 변수 생성																									
	고객샘플링										☆ 샘플데이터 정의서															
	후보변수군 선정											☆ 통계적 검증표, 후보변수 목록														
	데이터검증																									
	마이닝 기법을 이용한 모델개발														☆ 후보모델 비교분석표											
	모델 적용 및 평가																									
	모델적용을 위한 데이터 추출																									
	모델 정제 및 수정																									
	최종모델선정																									
	세분화된 고객특성분석																									
	세분화 기준이 되는 주요변수 결정																									
	고객스코어링 및 대상고객 선정																									
	대상 고객 특성 분석																									
	완료보고서																									
	보고서작성									최종모델, 프로그램 목록/개요서, 테이블 레이아웃																
	Mining 결과보고																	☆								
	마이닝 요건차세대 반영방안 협의																		◆ 중간보고서							

		2	3	4	5	6	7	8	9	10	11	12	13	14	15	16	17	18	19	20	21	22	23	24	25	26
캠페인구현	캠페인업무정의							☆	캠페인업무 흐름도																	
	캠페인업무 개선사항도출																									
	캠페인업무 정립																									
	캠페인 기획														☆	캠페인 실행계획서										
	캠페인실행 채널선정																									
	캠페인스케쥴 /투입인원정의																									
	캠페인 제안선정																									
	캠페인시나리오 /스크립트작성																									
	캠페인 성과/보상정의																									
	캠페인 수행																			캠페인 결과보고서						☆
	캠페인수행상황 모니터링																									
	캠페인 결과분석																									
	캠페인 요건의 차세대 반영방안 협의																									
시스템 구현 및 테스트	시스템설치																									
	H/W설치			계약		test						운영														
	S/W install(SAS)																									
	고객데이터 추출정형화																									
	캠페인시스템 설계 및 구현										☆		캠페인 관리시스템 설계서													
	캠페인 시스템 구조 정의																									
	대상자 선정방안 정의																									
	캠페인 응답여부 확인방안 정의																									
	캠페인 성공여부 확인방안 정의																									
	캠페인 운영방안 정의																									
	채널 interface 설계 및 구현	채널인터페이스설계서							☆		☆	캠페인수행프로그램 설계서														
	Call center interface설계																									
	e-CRM interface 설계																									
	영업점 interface 설계																									
	영업점 interface 구현																									
	영업점 적용																									
	캠페인 분석마트 설계 및 구현																									
	데이터모델설계																									
	데이터모델구축																									
	데이터 추출 /변환 프로그램 작성																									
	화면설계																									
	화면구현																									
	시스템 테스트																☆	테스트계획 및 결과보고서								
	캠페인 수행준비																									
교육및보고서작성	운영자교육																									
	사용자 교육																									
	SAS 교육																									
	캠페인수행대상 영업점 교육																									
	보고서작성																									
	차세대 interface 방안작성																						완료보고서			
	완료보고서 작성																									◆

[2] 우체국금융 CRM 실증적 구축방안[1]

1 CRM 구축방법

우체국 금융의 CRM 구축방법은 크게 전략(strategy), 프로세스(process), 그리고 정보기술(information technology)의 세 부분으로 나누어 볼 수 있다.

전략부분에서는 우체국 금융에 대한 비전을 제시하고 우체국 금융의 SWOT분석에 의해서, 환경분석을 한다. 또한 고객은 세분화된 고객으로 분석하여 우체국 예금고객의 특성지표를 만든다. 따라서 환경분석과 고객분석을 한 후에 CRM의 목적을 달성하기 위한 CRM의 전략방향을 설정하게 된다.

프로세스(process)부분에서는 CRM 프로세스를 분석하기 위하여 CRM 프레임 워크와 CRM 시스템를 살펴보고 분석적(analytical) CRM을 설명하게 된다.

정보기술 부분에서는 현행정보시스템을 분석하여 향후 구축하게 될 분석적 CRM 시스템에 대해서 설명하였다.

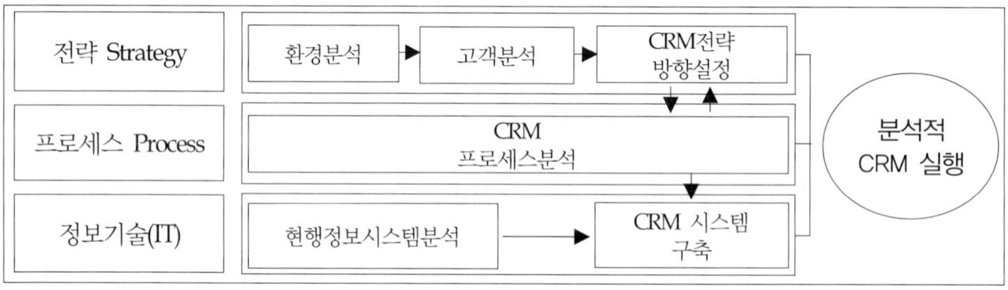

〈그림 10-1〉 우체국금융의 CRM 구축방법

1) 김연형, '우체국 금융의 선진 마케팅 체제 구축을 위한 고객관리시스템 구축방안 연구'에서 발췌 요약하였음, 2002. 2. 정보통신부.

2 환경분석

1) 비전수립

비전을 개발하고자 할 때 몇 가지 고려해야 할 사항이 있다. 전사적 차원에서 대고객 접촉이나 관리시에 가장 큰 저항요인은 무엇인가? 회사의 발전을 지속하기 위해 어떠한 방법으로 이러한 저항요인을 제거 또는 재조정해야 할 것인가? 최근 여러분의 회사가 직면했던 변화들에 대해 생각해보아야 한다. 당시 회사와 경영자의 반응은 어떠했는가? 그리고 그들은 어떻게 반응했어야 하는가?

우리 스스로에게 자문해 보아야 한다. 조직을 변화시키고자 할 때 가장 큰 조직 내 장애물은 무엇인지 솔직하고 명확하게 판단해 보아야 한다. 그런 다음 이러한 장애물들을 처리할 수 있는 방안에 대해서 생각해 보아야 한다. 또한 함께 일하는 동료들에게 솔직해야 한다. 서비스문화를 달성하기 위해서는 자기만족에서 벗어나야 한다고 이야기해야 한다. 고객을 알고 개별적으로 대우하는 데이터웨어하우스, 웹어플리케이션 등과 같은 선진기법과 전통적인 구시대의 비즈니스 윤리를 융합시키는 과정이 난해하거나 힘들 수 있다는 점에 대해서 이야기를 해야 한다.

모든 구성원들이 당신의 회사가 장기적으로 나아가야 할 방향을 알고 있지만 변화를 시도하는 과정에서 가끔씩 회사의 일상업무에 미치는 충격이 뜻하지 않게 간과될 수도 있음을 구성원들에게 솔직하게 말해야 한다. 그리고 구성원들에게 실수는 용납될 수 있지만 저항은 용납될 수 없다고 말해야 한다.

마지막으로 구성원들에게 도움을 청해야 한다. 그들이 CRM 등에 관한 지식을 습득하고 이를 이해할 수 있어야 한다. 그들이 회사를 도와 이러한 원리들을 회사의 경영철학, 풍토, 조직구성 원리에 통합시킬 수 있는 방법을 제시할 수 있어야 한다. 또한 항상 그들과 커뮤니케이션 라인을 오픈해 두어야 한다. 이야기를 나누고, 상대방의 말을 기울여 듣고, 찬성·반대를 통해 이를 적절히 다루는 과정은 무엇보다 중요하다고 할 수 있다.

이상에서 설명한 비전수립에 대한 내용을 고려해서 다음과 같은 우체국금융의 비전을 제시할 수 있을 것이다. '고객중심의 디지털 우체국금융확충'은 고객측면에서 우정사업본부의 강점인 우체국망을 통하여 차별화된 고객을 창출하며, 금융분야의 선진적 보편적 서비스를 지속적으로 제공하여 삶의 질 향상에 기여해 줄 것을 기대하며, 국가적 측면에서 공공투자재원의 효율적 제공수단으로써 국민 경제 발전에 이바지해 줄 것을 기대하여 신기술을 최대한 활용해 경쟁력 향상을 하기 위해서는 인터넷뱅킹을 확충할 수밖에 없을 것이다.

고객중심의 디지털 우체국금융 확충
- 고객중심의 경영 - 종합금융화 - 인터넷 뱅킹 확충

〈그림 10-2〉 우체국금융의 비전수립

이러한 비전을 달성하기 위해 비전의 확산을 위한 조직문화 재정립에 대한 많은 노력이 필요할 것이며, 가치 창출을 위해 필수적인 경영 자율성 확보를 위한 사업환경 여건을 조성해야 할 것이다. 또한 기존 서비스 및 신규서비스 수요에 효율적으로 대처할 수 있는 내부경영기반을 강화하고, 우체국이 보유한 인적, 물적, 무형의 네크워크상에서 발생하는 다양한 사업기회를 활용할 수 있는 일반 금융기관과 차별화되는 우체국만의 공공성을 이용, 국가경제 및 국민편익에 기여하는 금융서비스 발전전략을 수립하여야 할 것이다. 또한 무엇보다도 중요한 것은 시장에 따라 함께 변신하여야 하며, 신기술을 최대한 활용해 경쟁력 향상을 시켜야 하고 생각과 방법의 혁신적인 변화를 추구하는 행동의 변화가 뒤따라야 할 것이다.

2) 환경분석

기업은 고객을 놓고 시장이라는 환경 속에서 경쟁하는 존재이다. 따라서 기업의 모든 전략은 고객과 환경을 떼어놓고 생각할 수 없다. CRM이 회사만의 외침으로 그치는 것이 아니라 진정 고객으로부터 환영받고 그 결과 고객과 회사와의 관계가 강화되기 위해서는 CRM전략이 고객과 환경에 바탕을 둔 것이어야 한다.

〈그림 10-3〉의 금융산업 경쟁환경분석에서 외부환경측면에서 보면 세계화에 따른 규제 하에서 대부분의 시장에서 높은 규제가 따르고 있으며 경제환경 하에서는 은행은 경제변화에 고도로 민감하게 반응을 보이고 있다. 경제의 다양화 추세 현상이며

또한 시장개방에 따른 경쟁이 심화되고 있으며 금융기관의 대형화, 세계화 현상이 가속화되고 있다. 그리고 정보기술의 발달에 따라 인터넷의 급격한 팽창이 되고 있으며 더불어 전략적 제휴시 경쟁력 증대가 가능하게 되었다. 이러한 환경 하에서 진입가능자로서는 증권사, 보험사 등이 있으며 대체자로서는 뮤추얼펀드, 채권, 부동산 등이 있다. 국내 동종업체로는 국민은행, 농협, 신용금고, 국민카드 등이 있다.

그리고 우체국금융의 SWOT을 분석해 보면, 첫째로, 우체국금융을 둘러싼 환경적 위협(threat) 요인은 크게 겸업화·개방화에 따른 금융기관간의 경쟁격화, 금융고객의 금융서비스 수요형태의 변화, 금융고객의 욕구 및 수요형태의 변화를 반영하는 고수익상품개발 등 경쟁주체들의 금융행동변화, 농어촌 경제력의 감퇴 등으로 요약할 수 있다.

두 번째로, 우체국금융에게 주어진 기회(opportunity)요인을 살펴보면 국민소득 증가로 인한 금융서비스 수요증대, 금융자율화 등에 의한 업무영역조정 확대가능, 지역생활의 중심지로써 우체국의 역할강화, 종합금융화 등으로 볼 수 있다.

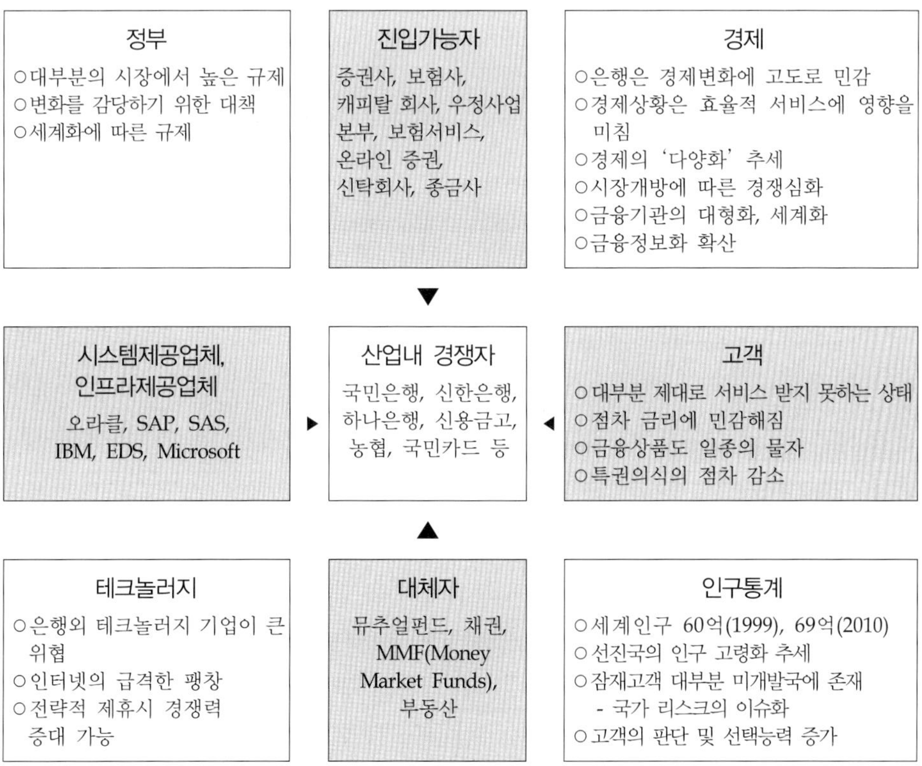

〈그림 10-3〉 금융산업 경쟁환경분석

세 번째로, 우체국금융이 가지고 있는 강점(strength)은 국가기업형태에 의한 신뢰성과 안전성, 우편, 예금, 보험의 겸업에 의한 범위의 경제추구가능, 국가기업 형태에 의한 신뢰성, 2,800여 개의 최다 점포망구축이라는 네트워크상의 강점, 예금의 전액 보장가능, 대규모 우편고객 존재 등으로 볼 수 있다.

마지막으로, 가장 주의깊게 분석하여야 할 우체국금융의 약점(weakness)은 수신업무만 취급해야 한다는 사업의 자율성 결여, 상품수의 부족 및 상품구조의 취약과 독특성 결여, 금융기관 이미지 취약, 마케팅활동 취약, 조직 탄력성 및 금융업무 전문성 부족, 규모의 경제면에서의 열세 등으로 살펴볼 수 있다.

이러한 **SWOT 분석에 의한 마케팅 전략적 대안**에는

1. SO전략(강점과 기회를 모두 극대화하는 전략)
2. ST전략(강점을 극대화하고 위협을 극소화하는 전략)
3. WO전략(약점을 극소화하고 기회를 극대화하는 전략)
4. WT전략(약점과 위협을 최소화하는 전략)

이 있다.

우체국금융은 다양한 예금서비스상품의 부재와 예금사업자중 후발주자란 약점과 위협요인을 가지고 있으나, 공기업으로의 안전성과 전자금융화가 확대되는 등 강점과 기회요인을 지니고 있으며, 그에 따라 다음과 같은 전략을 도출해 볼 수 있다. 이는 먼저 우정사업본부 예금업무는 고객 Needs에 부응하는 서비스 제공을 통한 고객 만족도 향상과 업무제휴를 통한 대출업무 대행 및 우체국 네트워크 공동이용 등을 통해 '종합금융기관화'를 추진할 수 있을 것이다. 또한 일반 금융기관과의 업무제휴를 통한 사업기반을 강화시켜 나감으로써 우체국을 종합금융기관으로 발전시켜야 할 것이다.

또한 전국적인 우체국 망의 분포는 민간 금융기관의 지점망처럼 수익성에 근거하여 구성되어진 것이 아니라 행정적인 구역에 따라 분포되어 있다. 따라서 우체국은 민간 금융기관이 수익성이 없어 진출하지 않는 농어촌 지역에 상대적으로 많이 분포하고 있어 민간 금융기관과 지역적 보완성을 보이고 있다. 따라서 민간금융기관과의 업무 제휴를 통한 지점망 공동 이용은 상호간의 영업비용 절감은 물론 이용자 측면에서도 금융거래비용의 절감으로 우리나라 전체의 금융 시스템의 효율성을 높이는 효과

를 거둘 수 있을 것으로 보인다. 지금까지의 업무 제휴를 보면 일부 은행과의 입출금 업무에 대한 창구망 공동이용, 신용카드, 회사와의 매출표 접수, 카드 이용대금 이체, CD기를 통한 현금서비스 등의 제휴, 한국컴퓨터사와의 옥외 CD기 공동이용 등이며 앞으로도 이러한 제휴 업무는 확대되어 나가야 할 것으로 보인다.

일반 금융기관도 급속히 대형화되고 겸업화되어가고 있는 현실 속에서 우정사업본부 금융도 전국적인 우체국 망의 존재, 우편, 예금, 보험사업의 겸업화 등의 기반 우위에서 벗어나 적극적인 발전전략을 구사하여야 할 것이다. 다시 말해, 업무제휴 측면에서 기존의 일부 은행과의 업무제휴를 넘어서서 업무 성격상 혹은 지점 구성상 보완성이 있는 여타 금융기관과의 업무제휴를 고려해 보아야 한다.

자금 운용 측면에서의 우체국금융의 역할을 기존의 공익적 자금운용 폭에서 점차 확대할 필요가 있다. 공익적 자금운용이 이자율이 다소 낮다는 단점이 있지만, 다른 한편으로는 여신 운용에 따른 부실이 전혀 없다는 장점도 있다.

		내부환경요인분석	
		강점(Strength)	약점(Weakness)
		○국가기업형태에 의한 신뢰성과 안정성 ○우편, 예금, 보험 등의 겸업에 의한 범위의 경제추구가능 ○예금의 전액보호 ○이용의 편리성 ○대규모 우편고객 존재 ○네트워크상의 강점(최다점포망구축)	○사업의 자율성 결여 (수신업무만 취급) ○상품수의 부족 및 상품구조 취약 ○금융기관 이미지 취약 ○마케팅 활동 취약 ○조직탄력성 및 금융업무 전문성 부족 ○규모의 경제면에서 열세
외부환경요인분석	기회(Opportunity) ○국민소득증가로 인한 금융서비스 수요증대 ○금융자율화 등에 의한 업무영역 조정 및 확대가능 ○지역생활의 중심지로써 우체국의 역할 가능 ○종합금융화	○기존 우량금융기관과의 창구공동 이용 ○국제 CD 공동망가입 등의 다양한 업무제휴 ○종합금융기관화 추진 - 일반 금융기관과의 업무제휴를 통한 사업기반 강화	○고객의 정보수집과 편리한 예금, 업무를 위한 체크카드 발급 ○신용카드 서비스 제공 ○편리한 대출서비스 제공
	위협(Threat) ○겸업화, 개방화에 따른 금융기관간의 경쟁 격화 ○금융고객의 금융서비스 수요형태의 변화 ○경영주체들의 금융행동 변화 (고수익 상품개발) ○농어촌 경제력의 감퇴	○우체국예금 우수고객에 대한 우대금리 적용 ○고객에게 다양한 인센티브 제공 ○우체국예금 인터넷뱅킹 시스템도입	○콜센터 등의 도입을 통한 적극적인 마케팅 ○고객중심의 웹사이트 운영 ○종합금융기관화 추진 - 민간금융기관의 업무대행 - 증권·외국환 업무제휴

〈그림 10-4〉 우체국금융의 SWOT

3 고객분석

1) 고객세분화의 개념

최근 들어 금융시장의 개방화, 자유화의 진전과 더불어 금융기관간의 경쟁이 날로 심화되고 있다. 이에 따라 국내 금융기관들은 고객 확보와 수익증대의 중요성을 새롭게 인식하고 보다 체계적인 마케팅 활동을 통해 효율성을 증대시키는데 주력하고 있다.

마케팅활동의 효율성 제고를 위해서는 시장 및 고객에 대한 정보의 수집과 이를 기초한 고객세분화가 전제되지 않으면 안된다. 이는 소득증대와 함께 점차 다양화, 개성화되고 있는 금융기관 이용 고객들의 욕구(needs)에 대응하여 금융상품이나 서비스도 다양화, 세분화되어야 한다는 것을 의미한다. 고객시장을 세분함으로써 세분시장의 특성에 적합한 마케팅전략을 통해서만이 생존할 수 있기 때문이다.

국내 금융기관들의 세분화방법은 주로 예금금액, 거래실적, 거래기간 등을 기준으로 고객계층을 구분하고 있다. 그러나 이러한 고객세분화방법은 금융상품과 서비스에 대한 고객의 다양한 선호, 구매행동방식, 그리고 고객별 수익기여도의 차이점을 발견하는데 미흡한 실정이다. 또한 과거의 이용실적만을 고려한다는 점에서 금융서비스에 대한 고객의 미래행동을 예측하는 데에도 효율적인 방법이 아니다. 따라서 고객의 다양한 가치추구를 발견하고 효과적인 마케팅활동을 수행하기 위해서는 보다 새로운 고객세분화 방법이 필요하다. 미래의 금융기관 고객은 과거와는 달리 다양화, 차별화될 것으로 예상됨에 따라 금융기관은 고객세분화를 통해 비교우위를 갖고 있는 목표시장을 선정, 이들을 집중공략하는 것만이 생존의 유일한 길이다.

금융기관은 고객을 세분화함으로써 다음과 같은 이점을 얻을 수 있다. 첫째, 고객욕구의 구매동기 등의 관점에서 고객특성을 보다 정확히 파악할 수 있다. 이를 통해 변화하는 고객욕구에 대응할 수 있는 마케팅믹스(Marketing Mix)를 개발함으로써 고객만족과 수익성을 제고시킬 수 있다. 둘째, 자사(自社)의 경쟁적 강점과 약점을 평가하고 가장 유리한 고객계층을 선택하여 효율적인 마케팅활동을 전개해 나감으로써 경쟁력 있는 지위를 획득할 수 있다. 셋째, 고객세분화를 통해서 고객들의 욕구를 정확히 충족시킬 수 있으므로 금융기관에 대한 충성도(brand loyalty)를 제고시킬 수 있다. 또한 마케팅 활동에 대한 고객들의 반응을 손쉽게 파악할 수 있고 그 반응에 적합하게 마케팅자원에 배분함으로써 가장 효과적인 결과를 얻을 수 있다. 넷째, 고객세분화를 통해서 목표시장을 뚜렷이 설정할 수 있게 되며, 마케팅활동의 평가 척도 및 마케팅 계획 작성에 있어 기본적인 자료를 제공해 준다. 그러나 고객세분화를 통해서 마케팅 과정상 일어날 수 있는 모든 문제를 해결할 수 있는 것은 아니며, 마케팅담당자는 고객세분화의 한계점을 인식해야만 한다. 세분화는 단지 특정집단의 복합적인 측면을 고려하는 것으로 세분화된 시장내의 개별 구매자의 특성과 같은 정보를 포함하고 있지는 못하다. 특히 점차 다양화되고 있는 고객들의 라이프스타일(life style)은 고객세분화를 더욱 어렵게 만들고 있다. 또한 세분화연구가 다른 마케팅 또는 조직의 결함을 치유할 수 있는 구체적 수단은 아니며 최선의 세분화 방법도 정기적으로 평가되고, 새로운 상품(product), 촉진(promotion), 가격(price), 유통(place) 전략이 뒷받침되지 않는 한 효과를 얻기 힘들다.

2) 주 고객층의 설정

고객을 확보하기 위한 전략수립에 있어서 방만하게 계획을 수립해서는 안된다. 회원확보 목표가 너무 높게 책정되거나 숫자 중심의 정책을 전개하다 보면 회원정보의 질, 회원의 고정고객화 정도, 특히 신규고객확보 유지율이 낮아지고 궁극적으로는 일정 시간이 지나면 고객이탈률도 높아지며 기존고객 보유율 또한 떨어지게 마련이다. 따라서 주 고객층을 확정하는 방법에 대해서 〈표 10-1〉을 참고하여 CRM 경영에서는 '주 고객층'의 범위와 깊이를 동시에 강조하면 된다.

〈표 10-1〉 주 고객층을 확정하는 방법

○개인고객을 상대할 것인가, 법인 단체고객을 상대할 것인가?
○지역성을 가질 것인가? (국내외 또는 국내의 특정 지역)
○성별, 연령, 직업적인 목표고객을 가지고 있는가?
○회원 본인만 상대할 것인가, 본인 이외의 가족에까지 확대할 것인가?
○지역거점 제휴망을 별도로 둘 것인가?

또한 고객을 분류하는 방법과 주 고객층을 도출하는 방법에 대해서는 〈표 10-2〉를 고려해서 활용할 수 있다. 이것은 고객의 자연적 속성(연령, 성별, 지역 등)과 인위적 속성(고객 욕구 특성)을 종합하여 고객의 성향 등을 도출하고 궁극적으로는 주고객층을 설정할 수 있는 토대가 될 것이다.

〈표 10-2〉 고객분류를 위한 주고객층의 특성 파악 모델

	30대	40대	50대	60대
고객특성	전문직종사자	투자욕구 왕성	경영층	은퇴, 노후생활이나 삶에 대한 관심이 많은 고소득 실버층
고객니즈 특성	○주 거래우대회원에 관심 ○자동이체 가정 및 자신업무 관련 ○카드론 등의 편리성	○거래단위가 대규모 ○외식, 동창회 등의 모임 참가빈번 ○증권, 부동산 투자에 높은 관심	○예금금액 최고 ○기업체 중역의 경우 판공비 결제	연금거래
고정 고객화를 위한 서비스전략	○여가, 레저, 여행에 관심 ○대출거래 시작단계 ○고정고객화 유도 ○다른 계열사 기관과의 제휴를 통한 서비스 확대	○자금운용과 조달 상담 ○세무, 절세, 양도세 등의 정보 ○직접적, 개인적인 관계 유지 ○지속적인 관심(텔레마케팅 등)	○퇴직 후의 장래, 현 자산의 안정적 관리 운용 ○건강, 취미상담 및 교류	○퇴직금 관리 ○노후생활의 안정성 위주의 전체적 자산 관리

예를 들어 연령별에 따라서 고객특성, 고객욕구특성 그리고 고정고객화를 위한 서비스 전략을 세워서 고객확보를 위한 전략을 수립하게 된다. 연령별에 대한 고객특성을 고려해서 아동고객, 신세대고객, 실버고객 그리고 특별히 여성고객으로 분류하여 이들 고객들에 대한 고객특성, 고객니즈특성 그리고 고정고객화를 위한 서비스전략을 요약하면 〈표 10-3〉과 같다.

〈표 10-3〉 주고객층의 분류

	아동고객	신세대고객	실버고객	여성고객
고객 특성	○아동기에 저축습관 확립 ○용돈활용	○개방적인 사고 ○다양한 매체를 통한 정보 중시 ○개인주의: 개성화, 다양화한 라이프 스타일 추구 ○전자오락, 컴퓨터게임 등에 익숙한 테크노세대	○연금제도의 활성화 ○퇴직금제도의 발전 ○노년층의 저축보유액 증가에 따라 경제력을 지닌 부유한 노령인구 증가	○여성의 경제활동 활성화 ○여성의 고학력화 ○독신여성의 증가 및 이혼율의 상승 ○가정경제권주도
고객 니즈 특성	○아동고객의 호기심충족 ○전자금융관심도 제고 ○아동고객의 신체적·심리적 특성을 고려한 창구환경 조성 ○아동고객전용창구 개설 ○거래편리성제고	○소비행동의 개성화, 차별화 추구 ○다기능, 고성능보다는 기능 중시의 구매 ○고감각상품지향 ○물적 재화에 서비스가 결합된 복합소비 추구 ○소유가치보다 사용가치를 중시한 소모성소비의 확대	○편리성을 추구 (서비스수요 증세) ○건강지향형 추구 ○교체지향형	○금융지식이 부족하다고 느낌 ○인간적인 요인 중시 (담당직원과의 친분, 담당직원에 대한 호감) ○맞벌이 계층의 편의성제고 ○전업주부 ○1대1 대면접촉을 중시 ○위험 회피적 상품을 제공
고정 고객화를 위한 서비스 전략	○교차상품판매 기획의 확대 ○다양한 저축함양 프로그램 개별운영 ○어린이회원제도입 ○미취학 아동대상의 사설교육기관과 연계 ○생일카드발송 ○저축현장견학 ○아동고객의 평생고객화 정착	○금융기관의 이용의 편리성 중시 ○전자금융의 활성화 ○다양한 신상품 및 서비스개발 ○교육관련대출상품 ○스포츠 및 레저관련 상품 ○경품성 상품 ○미래의 고객확보 ○대학생고객의 우대금리적용 ○대학생의 수수료 면제	○24시간 연중무휴 간호상담서비스 제도 도입 ○퇴직금관리 ○노후생활의 안정성 위주의 전체 적자산관리 ○건강프로그램 ○여행프로그램 ○단체 및 클럽활동 프로그램 ○가족중심적인 문화프로그램 ○창구직원과 직접대화 선호 ○세금 및 법률문제 상담 시 무료상담 ○각종 의료서비스 제공	○소매금융시장에서의 경제우위 -소액창업자금대출 ○전담섭 외직원의 1대1 대면접촉에 의한 장기적인 신뢰관계 형성 ○자산관리 ○미용, 요리 등 각종세미나 개최 ○교육프로그램의 제공 ○여성단체들과 제휴하여 시장확대 전략 ○여성전용창구개설 (자산관리 미용, 요리 등 각종 세미나 개최)

3) 고객 세분화 개발 프로세스

고객세분화는 우정사업본부의 경영전략을 효과적으로 달성하기 위한 고객관계활동의 목표를 명확히 하며, 구체적인 관계활동의 타겟을 적시하고 다양한 고객특성정보를 제공함으로써 고객이해 심화에 기반한 고객관계활동을 가능하게 하는 과정이다. 또한 고객세분화를 통해 현재의 고객구성과 특성을 파악한 후 차별화된 고객군별 관리방안을 수립하고, 이를 기반으로 한 고객관계 활동을 수행하여 기존 고객을 차원높은 To-be 고객으로 발전시켜야 한다.

고객세분화 프로세스는 세분화의 전략적 방향 수립, 고객특성지표의 개발, 특성지표에 의한 고객세분화 및 세분고객의 정보를 생성하여 고객관계활동으로 구분할 수 있다. 이러한 일련의 과정에서 생성된 고객정보는 고객관계활동을 통해 유지, 수정, 보완, 발전되어 나아가야 한다.

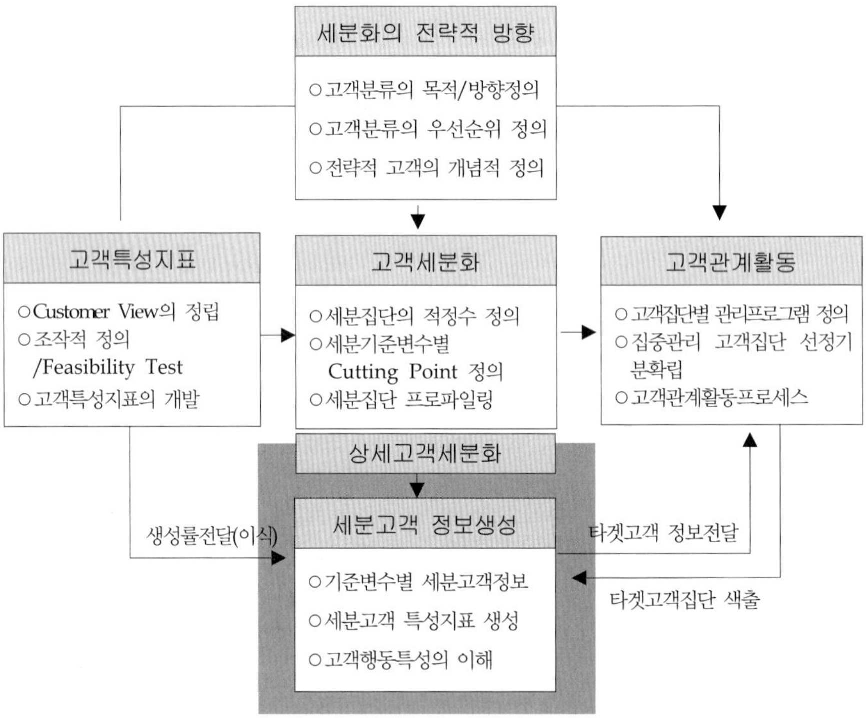

〈그림 10-5〉 고객세분화 프로세스

4) 우체국 예금 고객 특성지표 개발

고객세분화를 위한 특성지표의 개발은 고객가치와 행동특성을 파악하기 위하여 현재가치, 잠재가치 그리고 행동특성을 범주화하여 개발할 수 있을 것이다. 범주별 고객 특성지표는 고객이해 항목을 전략적 검토와 조작적 정의를 통해 구체화 하며 데이터의 획득가능성과 가능성 검증을 거쳐 개인고객의 현재가치는 기여이익, 평잔액, 거래빈도 등으로 하고, 잠재가치에서는 직업, 소득, 수신액 점유율 등을 선정하고 행동특성의 지표로는 잔액변동율, 금리 민감성, 거래기간, 채널과 캠페인 선호도 등에 의해서 선정될 수 있다. 또한 법인 및 단체 고객인 경우에 현재가치는 기여이익과 평잔액, 잠재가치에는 수신점유율, 성장성 잠재자금수요, 기관특성 등을 그리고 행동특성에는 거래기간, 접촉빈도 금리민감성 등을 선정할 수 있다.

구분	개인고객 특성지표		법인 및 단체고객 특성지표	
	고객특성지표	존재여부	고객특성지표	존재여부
현재가치	◎ 기여이익 ◎ 평잔액 ◎ 거래빈도	× ○ ○	◎ 기여이익 ◎ 평잔액 ◎ 거래빈도	× ○ ○
잠재가치	◎ 직업 ◎ 소득 ◎ 수신액 점유율	△ △ ×	◎ 수신점유율 ◎ 성장성 ◎ 잠재 자금수요 ◎ 기관특성	× × × △
행동특성	◎ 금리민감성 ◎ 잔액변동율 ◎ 거래기간 ◎ 채널/캠페인 선호도	× ○ ○ ×	◎ 금리민감성 ◎ 잔액변동률 ◎ 거래기간	× △ ○

○ : 필드 및 데이터 존재 △ : 필드 존재, 결측치 다수 × : 필드미정

〈그림 10-6〉 예금고객의 특성지표

5) 전략적 고객 세분화

우체국 예금의 요구불성예금과 저축성예금에 대한 금액별 예금수신고를 보면 고객수 14,648천여명 중에 2,000만원 이하가 98.37%로 거의 대부분을 차지하고 있는 것이 특징이라고 할 수 있다. 1억원 이상은 0.09%로 낮지만 예금 수신고를 보면 20.75%를 차지하고 있으며 2,000만원 이상 1억원 이하인 경우의 고객수는 1.54%이

지만 예금수신고는 32.09%를 차지하고 있다. 따라서 2000만원 이상의 예금수신고를 갖는 고객은 1.63%로 낮지만 예금수신고 금액 기준으로 보면 53.83%로 높은 비율을 차지하고 있음을 알 수 있다.

또한 예치기간별 예금수신고를 보면 최단기일인 30일에 9.3%를 나타내고 있으며 6개월 이하는 64.0%의 점유율을 보이고 있는 것도 특징이다. 그리고 1년 예치기간까지 포함하면 88.3%로 대부분을 차지하고 있음을 알 수 있다.

〈표 10-4〉 예치기간별 수신고 (2000. 09. 30)

종별 / 기간	정기예금		적립식예금		환매채권		계		점유비
	계좌수	잔고	계좌수	잔고	계좌수	잔고	계좌수	잔고	
30일	83	11,727	59	2,534	23	2,311	165	16,573	9.3%
2개월	103	18,571	73	4,409	23	2,978	199	25,959	14.6%
3개월	105	14,792	66	5,790	18	1,128	189	21,710	12.2%
6개월	294	35,817	268	10,881	18	2,853	580	49,551	27.9%
1년	405	32,175	510	9,304	18	1,629	933	43,108	24.3%
2년	74	5,530	326	4,143	31	1,586	431	11,259	6.3%
3년	13	580	164	1,450	48	1,352	225	3,382	1.9%
3년초과	6	128	326	2,049	199	3,967	532	6,145	3.5%
계	1,084	119,321	1,793	40,561	378	17,804	3,254	177,687	100.0%

따라서 금액 규모별 예금수신고현황과 예치기간별 예금수신고현황에 의해서 고객을 최우수 고객(예금액 1억원 이상, 3년 이상), 우수고객(2000만원 이상~1억원 이하, 1년 이상 3년 이하) 그리고 보통고객(2000만원 이하, 1년 이하) 등 3개 그룹으로 구분할 수 있다.

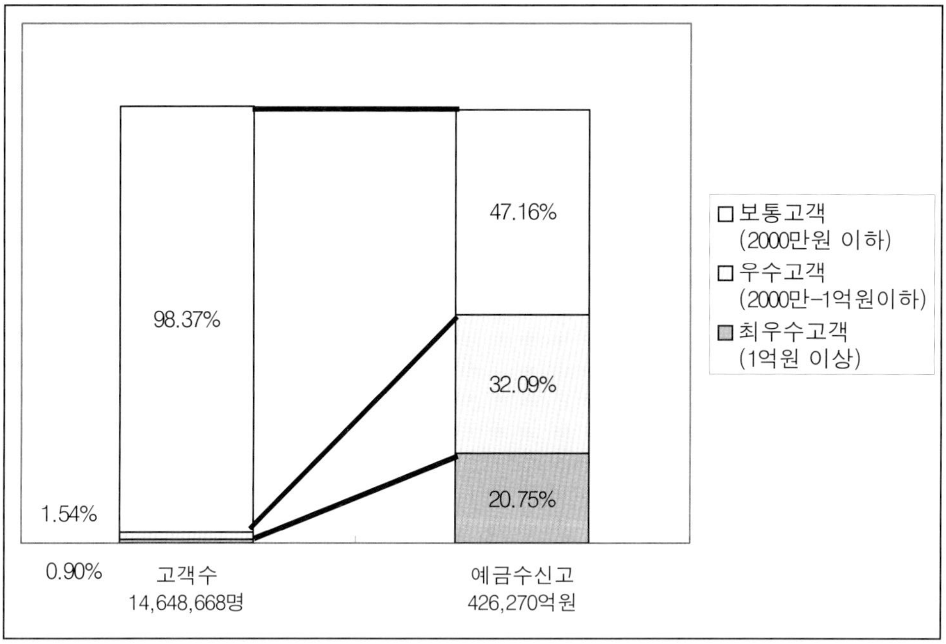

〈그림 10-7〉 고객별 고객수와 예금수신고 비교

따라서 최고의 수익을 보장하는 최우수고객에 대해서는 고객의 충성도를 유지하고 발전시키기 위한 차별적인 대응이 필요하고 우수고객에 대해서는 Up-selling, Cross-selling 가능고객, 이탈가능고객 식별을, 보통고객에 대해서는 기여이익이 높을 것으로 예상되는 고객발굴, 그리고 고객전환의 방법을 적용한다.

고객 구분	고객 세분화 현황	세분 고객 행동특성		전략적 세분 고객 관리 방향
개인 고객	○ 예금액 1억원 이상	최우수 고객	○ 기여이익 평균 100만원 이상 ○ 50대 이상, 거래기간, 3년이상	○ 잔액과 수익을 동시에 고려한 최우수 고객 개념 적용 ○ 연관성규칙(Association Rule*)을 이용한 Cross-selling ○ 전용창구 이용, 전담직원 지정, Online상에서의 1:1 맞춤서비스 등 고객유지를 위한 다양한 서비스 지원
	○ 예금액 2000만원 이상 1억원 이하	우수 고객	○ 기여이익 10~100만원 이상 ○ 30~40대, 거래기간, 1~2년	○ 상위그룹에 대한 추가 서비스 제공 제의 등을 통한 지속적인 Up-selling 활동 ○ 연관성규칙(Association Rule*)을 이용한 Cross-selling ○ 기여이익이 높을 것으로 예상되는 이탈 고객군 발굴
	○ 예금액 2000만원 미만	보통 고객	○ 기여이익 10만원 이하 ○ 20~30대, 1년이하	○ 기여이익이 높을 것으로 예상되는 잠재 고객군 발굴 ○ 수익성 개선을 위한 채널전환 권유 (ATM, Phone Banking, Internet 이용시 우대) ○ 손실을 줄이기 위한 고객전환 (Customer Migration)
		이탈 고객 **		○ 기여이익이 높을 것으로 예상되는 잠재 고객군 발굴 ○ 이탈가능성이 있는 고객에 대한 서비스 강화

* 연관성 규칙: 함께 구매하는 상품의 조합이나 서비스 패턴을 발견하는데 적용하는 방법
** 이탈고객: 잔액평균이 100만원 미만으로 감소한 고객

〈그림 10-8〉 고객세분화 현황과 행동특성

4 CRM 전략방향설정

1) CRM목적의 설정

환경분석과 고객분석이 끝나면 CRM의 전략방향을 세울 수 있다. CRM의 전략방향은 CRM을 통해 달성하고자 하는 목적 혹은 기대효과를 명확하게 하고, 이러한 목적을 달성하기 위해 필요한 활동이 무엇인가를 찾아보는 활동이다. 또한 그러한 활동을 누구에게 전개해야 하는지를 결정하는 것도 전략방향에 포함되는 것이 바람직하다고 할 수 있다.

따라서 CRM의 목적은 선진 우체국금융의 실현을 위해서 우체국금융의 특성을 고려한 정보기술 기반의 최적 고객관계 관리시스템 모델을 개발하고 이를 활용한 새로운 마케팅전략을 수립하는 것이다.

2) 우체국금융의 포지셔닝(positioning)

고객지향적 마인드를 획득하고 실천하려면 고객, 즉 시장을 세분(segmentation)하여 특정 시장의 특정 고객만을 타겟(targeting)으로 선정, 포지셔닝(positioning) 해야 한다. 왜냐하면 시장의 모든 고객을 전부 만족시킨다는 것은 불가능하기 때문이다. 우체국 금융은 이미 인터넷 뱅킹, 인터넷 보험, 증권사와의 전략적 제휴 등 새로운 사업영역에 대한 출발을 선언했다. 이제는 '무엇(what)을 해야 하는가?'의 고민이 아닌 '어떻게(how) 해야 하는가?'의 고민이 되어야 할 것이다.

우체국 금융의 포지셔닝을 보기 위하여 은행과 우체국 예금과의 관계를 살펴보면 다음과 같다.

첫째, 우체국 예금의 시장점유율은 1996년에 1.37%를 차지한 이래 매년 증가하여 2001년 5월에는 3.37%의 높은 신장률을 나타내고 있음을 볼 수 있다.

둘째, 은행과 우체국 예금의 상품별 수신고를 보면 저축성예금과 RP는 우체국 예금의 수신고 증가율이 은행수신고 증가율 보다 높은 반면 요구불 예금은 은행 수신고 증가율이 더 높게 나타났다. 그리고 요구불 예금은 단기성 상품으로 자금 조달비용이 낮은 반면 저축성 예금은 장기성 상품으로 자금 조달비용이 높다는 성격이 있다. 따라서 우체국 예금은 은행들보다 자금조달비용이 높은 저축성 상품들의 증가율이 높아 수익성이 떨어짐을 의미한다. 그러나 저축성 상품은 장기성 상품이므로 장기적 수신구조는 우체국 예금이 좀더 안정적이라고 생각할수 있다.

셋째, 은행과 우체국 예금의 상품별 점유율을 보면 시중은행의 경우 정기예금이 46.22%로 가장 높고 다음으로 저축예금(9.55%), MMDA(7.85%)의 순이다. 반면에 우체국 예금은 정기예금이 50.67%로 과반수를 넘고 있는데 이는 우체국 예금의 안정성에 의한다고 볼 수 있다.

넷째, 은행과 우체국 예금 금리를 비교해 보면 우체국 예금의 평균수신금리가 은행의 평균 수신금리보다 낮게 나타나고 있다. 은행과 우체국 예금의 평균 자금운용 수익률을 보면 우체국 예금의 자금 운용 수익률이 훨씬 낮게 나타나고 있는데 이는 우체국 예금의 특성에 기인한 것으로 보인다.

은행과 우체국 예금의 예대금리차를 비교해보면 은행은 2001년초에 비해 2001년말의 예대금리차가 많이 확대되었으나 우체국 예금은 같은 기간동안 예대금리차가 많이 줄어들었음을 보여주고 있다. 따라서 우체국 예금의 수신고 증가율은 은행들에 비해서 많이 증가하였으나 수익성은 감소하고 있음을 나타내고 있다.

다섯째, 금융상품의 개발 문제이다. 시중은행들은 각종 서비스가 부가된 상품을 자율적으로 개발하고 있는 반면에 우체국 예금의 경우에는 상품개발의 자율성이 결여된 점이 원인이라고 볼 수 있다. 따라서 자율성 확보를 위한 법령을 개정하는 등 제도적 보완을 강구하고 컴퓨터와 통신을 이용한 전자금융서비스와 여러기능이 융합된 복합상품을 개발할 필요가 있을 것이다.

여섯째, 금융기관의 시장세분화를 우체국과 비교하면 은행점포가 주로 도시에 집중된 반면 우체국은 은행들이 비교적 관심을 두지 않는 농어촌 지역에 상대적으로 많이 분포되어 있어 우체국 금융은 농어촌 지역 및 도시서민의 소매금융으로써 자리를 잡아가고 있다.

우체국을 지역에 관련하여 세분화를 하면 〈그림 10-9〉에서 볼 수 있듯이 우체국 금융은 지금까지 자기 접근적 성향이 낮아 급변하는 시장변화에 대처하지 못하고 있었다. 하지만 인터넷을 통한 사이버 금융거래를 시작한다면 아래 그림은 달라져야 할 것이다. 하지만 전국적 지점망을 통해 갖고 있는 우체국 금융의 장점은 사이버 거래가 시작된다면 그다지 큰 효력을 발생하지 못할 수 있다. 즉 단기적으로 전체적인 비용상승을 가져올 수 있고, 소매금융시장에서 지점망의 존립근거가 약화 된다고 볼 수 있다. 하지만 지역에 관계없이 어디에서나 접속이 가능하고, 고소득 고객층의 확보가 용이하며 거래정보의 축적이 용이하고, 거래처리비용이 저렴하여 경비절감을 이룩할 수 있다는 장점도 있다. 그러므로 기존 오프라인 고객을 온라인화 하는 동시에 새로운 온라인 고객을 유치함으로써 신규고객을 전국적 지점망을 통해 등록하게 하여 고객의 충성도를 일찍 확보하는 것이 중요하므로 세분화된 시장을 선정하여 집중된 타겟전략을 실행하는 것이 바람직 할 것이다.

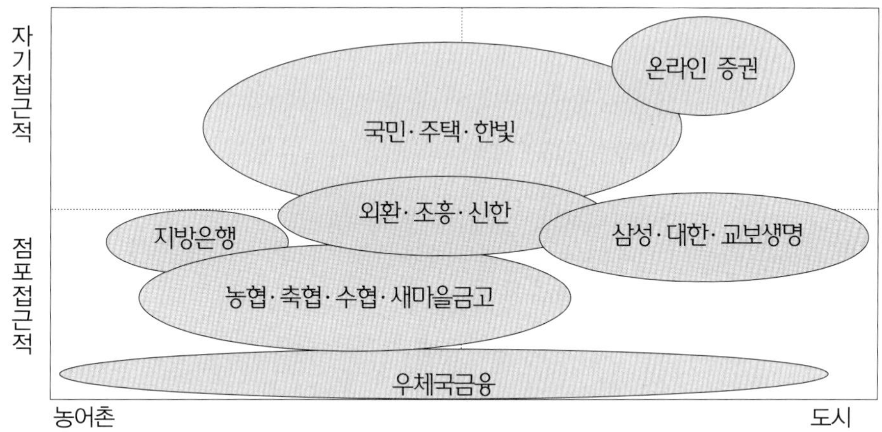

〈그림 10-9〉 금융기관의 시장세분화

결론적으로 우체국 예금의 포지셔닝을 종합해보면, 우체국 예금의 비중이 전체 예금의 3% 이상을 나타내고 안정적인 증가추세를 보이고 있다. 이러한 추세가 유지, 발전되게 하기 위해서는 우체국 예금의 수익성을 높일 수 있는 정책이 필요하다. 따라서 우체국 예금의 수익성 중심의 경영체제구축과 우체국 예금에 수익을 제공해주는 고객들을 세분화하여 수익성을 극대화할 수 있는 우수고객을 관리하는 것이 무엇보다 더 중요하다고 볼 수 있다.

3) 목표고객 : 우수고객 분석

(1) 목표고객의 설정

목표고객을 설정하는 일은 CRM경영을 실행하기 위한 전략적인 첫 단추임과 동시에 비즈니스 모델을 정립하는 데 결정적인 영향을 미친다. 따라서 목표고객의 설정은 효율적이고 장기적인 이익 추구를 염두에 두고 전개해야 한다.

목표고객을 설정할 때는 기업전략, 시장, 제품 또는 서비스 제공, 컨텐츠, 지역, 정보기술, 수익성 등의 적합성을 종합적으로 고려해야 효과적이다.

시중은행들이 IMF 이전까지는 도매금융 또는 기업금융에 치중하던 은행경영이 주를 이루어 왔으나 기업여신의 대형부실화로 각 금융기관들은 소매금융사업에 역점을 두기 시작하였다. 금융산업의 구조조정에 따른 은행의 수익성 중심의 경영체제 구축과 이에 따른 소매금융 강화로 각 은행들은 자행에 수익을 제공해주는 소수고객들을 세분화하여 차별적 서비스를 제공하기 시작하였으며, 특히 시중은행들은 수익성을 극대화하기 위하여 은행이익에 크게 기여하는 소수고객을 위하여 자산관리 및 기타 개인적 니즈에 부합하는 프라이빗뱅킹 서비스를 제공하고 있는 실정이다. 따라서 시중은행과의 경쟁에서 생존하기 위해서는 우체국이 수익성 중심의 경영체제를 구축하고 또한 수익성을 극대화할 수 있는 우수고객관리 시스템의 도입이 절대적으로 필요하다고 본다.

(2) 은행별 우수고객 정책 현황

IMF 이전까지는 도매금융 또는 기업금융에 치중하던 은행경영이 주를 이루어 왔으나 기업여신의 대형부실화로 각 금융기관들은 소매금융사업에 역점을 두기 시작하였다. 금융산업의 구조조정에 따른 은행의 수익성 중심의 경영체제 구축과 이에 따른 소매금융 강화로 각 은행들은 자행에 수익을 제공해 주는 소수고객들을 세분화하여 차별적 서비스를 제공하기 시작하였으며, 특히 시중은행들은 수익성을 극대화하기 위하여 은행이익에 크게 기여하는 소수고객을 위하여 자산관리 및 기타 개인적 니즈에 부합하는 프라이빗뱅킹 서비스를 제공하고 있는 실정이다.

최근, 은행들은 자체 평가한 우수한 고객에게 전용창구를 이용하게 하며 대출한도를 늘려주고 대출금리를 일부 감면해 주는 등 이자와 수수료 등을 차등 적용하여 대우해 주는 것은 일반적인 현상이다. 특히, 특이한 서비스로는 법률이나 세무상담을 무료로 해주거나 민원서류를 대행해 주는 곳도 있으며 휴대폰 문자 서비스를 해주며 전용상담전화도 열어주며 골프상해보험가입, 골프클리닉 이용권도 제공해 주는 은행들도 있다.

따라서 시중은행들이 우수고객을 분류하는 방법, 우수고객 선정기중, 고객등급평점 산출기준, 우수고객 서비스 정책등을 살펴보고 우체국 금융에 대한 우수고객선정기준과 서비스정책 등을 제안하기로 한다.

하나은행

① 우수고객구분

고객등급	평 점	수신규모
Hana Super VIP	1000점이상	5억원이상
Super VIP	600점이상	3억원이상
Gold VIP	300점이상	1억5천만원 이상
VIP	100점이상	5천만원 이상
POTENTIAL VIP	20점이상	1천만원 이상
일반	20점미만	1천만원 미만

② 개인고객등급 평점 산출 기준

과목	기간	기준	상한선	마진률
순수통장	3개월평잔	100만원당 10점		4.0 ~ 5.0%
저축성예금	3개월평잔	500만원당 10점		0.5%
신탁 및 기타	3개월평잔	500만원당 10점		0.1 ~ 1.5%
대출	3개월평잔	500만원당 10점	200점(1억원)	2.0%
신용카드	3개월실적	100만원당 10점	200점(2천만원)	사용실적의 1%(년간 4%)
환전송금	3개월실적	100$ 10점	400점($40,000)	사용실적의 1%(년간 4%)
주거래가산	1개월실적	주거래고객 50점 수신강화 10점	주거래고객 50점 수신강화 10점	

③ 기타요건

가) 적용환율은 기준월말 환율적용

나) 실적은 세대구성원 전체의 실적 합산

다) 지점에서 개별 변경이 가능(3개월 유효)

라) 순수통장은 신자유저축, 슈퍼플러스, MMDA 제외

마) 총 수신 = 총 계정 총 수신 + 수익증권 + 후순위채 + 뮤추얼펀드 + 외화예금

바) 기타 예금은 신 자유, 슈퍼플러스, MMDA, 수익증권, 뮤추얼펀드, 후순위채

사) 환전송금은 USD$기준으로 합산하며 신용카드는 요구불 결제계좌 결재액 기준

아) 매월정기 일괄갱신하며 그 이후에는 Household 변경/고객등급 변경에 의하여 온라인 고객등급 변경 가능

자) 특정 한 명의 고객등급이 변경되면 해당 Household 구성원은 전부 동일하게 변경(세대동일 고객등급 원칙적용)

④ 개인고객등급 우대서비스율 테이블

<table>
<tr><th colspan="2">구 분</th><th>Hana Super VIP</th><th>Super VIP</th><th>Gold VIP</th><th>VIP</th></tr>
<tr><td rowspan="9">온라인서비스</td><td>타행환 송금 수수료</td><td>100%</td><td>100%</td><td>50%</td><td>30%</td></tr>
<tr><td>CD공동망 송금수수료 자행본</td><td>100%</td><td>100%</td><td>50%</td><td>30%</td></tr>
<tr><td>자행환 송금 수수료</td><td>100%</td><td>100%</td><td>70%</td><td>50%</td></tr>
<tr><td>기타수수료</td><td>100%</td><td>100%</td><td>-</td><td>-</td></tr>
<tr><td>자기앞발행 수수료</td><td>면제</td><td>면제</td><td>면제</td><td>면제</td></tr>
<tr><td>환율우대</td><td>spread 1/3</td><td>spread 1/3</td><td>spread 1/6</td><td>spread 1/6</td></tr>
<tr><td>외화송금수수료</td><td>50%</td><td>30%</td><td>20%</td><td>10%</td></tr>
<tr><td>마이너스대출수수료</td><td>면제</td><td>면제</td><td>면제</td><td>-</td></tr>
<tr><td>신용카드연회비</td><td>70%</td><td>30%</td><td>-</td><td>-</td></tr>
<tr><td rowspan="4">비 온라인서비스</td><td>세무</td><td colspan="2">1) 세무상담
2) 양도소득/상속/증여세 신고수수료 최고 50%까지 당행부담(최고 50만원까지)</td><td colspan="2">세무상담</td></tr>
<tr><td>법률</td><td colspan="2">1) 무료법률 서비스 무료상담
2) 법률대행수수료 최고 50%까지 당행 부담(최고 50만원까지)</td><td colspan="2">법률상담</td></tr>
<tr><td>정보제공</td><td colspan="2">1) 클럽뉴스-클럽뉴스정보 제공
2) FAX정보-FAX금융정보제공
3) 계간하나-계간하나은행 정보제공</td><td colspan="2">법률상담</td></tr>
<tr><td>기타</td><td colspan="3">1) 골프상해보험
2) 골프클리닉
- 삼성동 고객센터 무료
- 강의수강시 실비부담(₩150,000)</td><td></td></tr>
</table>

가) CD/ATM, Phone, PC뱅킹 처리시는 타행환/자행환에 준함

나) 송금수수료중에 당행에서 수취하지 않고 타행으로 지급되는 금액은 감면대상에서 제외됨

다) 기타수수료는 통장/카드 재발급, 잔액증명서 및 각종 증명서 발급, 대여금고 이용수수료, 보관어음취급수수료, 부도처리수수료(단, 대금추심수수료제외) 전산적으로 온라인 개발 부문은 전산적으로 자동 처리되나 전산 미개발 부문은 창구에서 수동으로 비온라인 입금 처리해야 함.

라) 대출 수수료 감면은 본인명의 대출에 한함(영업점 창구에서 수수료율 직접투입)

마) 비자신용카드 연회비는 전산 자동 처리됨(단, 프레티늄 카드 연회비, Save 카드 특별연회비, BC신용카드 연회비는 제외) * BC카드는 BC카드사 개발후 적용예정.

바) 영업점 창구단말 수수료면제 입력코드에 의한 면제는 고객등급우대서비스에 우선하여 적용됨.

사) 환전송금인 경우 영업점장 전결에 의한 우대가 가능하며 고객등급과 우대율이 상의할 경우 고객에게 유리한 조건으로 자동 감면됨.

아) 주주우대서비스와 고객등급우대서비스가 경합시는 주주우대서비스가 우선함.

자) 자기앞 발행 수수료는 발행 수수료 및 타지발행자기앞 지급수수료 포함하여 자동 적용됨.

(3) 우체국 우수고객 선정방안

① 우수고객 구분

고객 구분은 예금액(평잔)과 이익기여금 기준으로 다음과 같이 구분하였다.

구 분	예금액(평잔)기준	이익기여금
최우수고객	1억원 이상	100만원 이상
우수고객	200만원 이상 1억원 미만	10만원 ~ 100만원 이하
보통고객	2000만원 이하	10만원 이하

- 두 기준 중 하나에 해당되면 선정됨
- 예금액: 최근 3개월 평잔(가족실적포함)

② 선정방법 : 최근 3개월 예금 또는 기여이익액으로 자동선정

(신용정보 불량거래자는 선정 제외)

③ 선정월 : 매분기말일 기준으로 분기말 익월(1, 4, 7, 10월) 선정

④ 적용기간 : 선정 월 다음날부터 3개월

⑤ 우수고객 우대서비스 제공(안)

우대서비스 종류		우대서비스 범위		
구분	종류명	최우수고객	우수고객	보통고객
금리	○ 재가입 및 추가가입시 예금우대금리(정기예금)	0.3%	0.2%	0.1%
수수료	○ 송금수수료 면제(자,타행)	면제		
	○ 송금수수료 면제(자행)	면제	면제	면제
	○ 자기앞수표 추심료	면제	면제	
	○ 자기앞수표 발행 수수료	면제	면제	면제
	○ 통장·증서 재발행 수수료	면제	면제	면제
	○ 제증명 발급 수수료	면제	면제	면제
	○ 인터넷·폰뱅킹 수수료	면제	면제	면제
	○ 자동화기 이용 수수료	면제	면제	면제
우체국특화 서비스	○ 보험과 연계			
	○ 우편주문 상품 확인			
	○ 우편 및 택배 요금할인			
기타	○ 사은품 제공	고객별 상품종류 차등화		
	○ 수련원, 콘도 이용원 제공	제공		
	○ 문화행사 참여	제공		
※ 고객관리는 주민등록번호에 의거 관리하며, 관련 정보는 전산시스템과 금융콜센터를 활용				

⑥ 부가 우대서비스 제공

구 분	자격내용	우대서비스
급여이체	○ 이체신청 및 기이체자	자동화기기 이용수수료 면제
자동 이체	○ 공과금, 계좌 자동이체 실적 월 10회 이상	자동화기기 이용수수료 면제
인터넷 등	○ 인터넷·홈뱅킹 가입신청자	당분기 인터넷, 홈뱅킹 송금 수수료 무료
	○ 인터넷·홈뱅킹 이용 분기 10회 이상 고객	익분기 인터넷, 홈뱅킹 송금 수수료 무료
공공 서비스	○ 도서, 벽지우체국 이용 고객	자기앞수표 발행수수료 면제

5 CRM 프로세스분석

1) CRM 프레임 워크

우리는 CRM을 전체적으로 조명하고 각 기능의 역할과 관계를 명확하게 정의하기 위하여 〈그림 10-10〉과 같이 CRM 프레임 워크를 정의하기로 한다. 이와 같은 CRM 프레임 워크는 고객 DW를 기반으로 하고 있으며 두 개의 영역으로 구분하였다. 첫 번째 영역인 고객지식관리는 고객정보를 수집하여 분석하고 마케팅 담당자의 의사결정을 지원하기 위한 하부구조이며 두 번째 영역인 고객 상호작용은 고객과의 지속적인 커뮤니케이션을 지원하기 위한 하부구조이다.

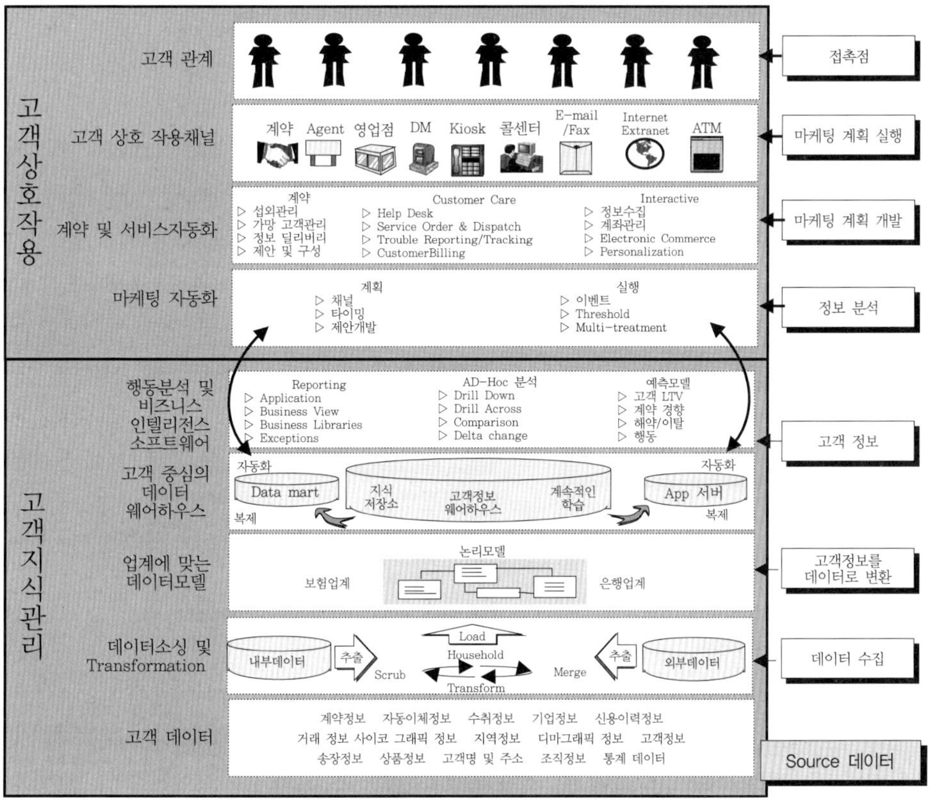

〈그림 10-10〉 고객 관계 관리(CRM) 프레임워크

고객 지식관리와 고객 상호작용에 대한 비즈니스 프로세스 단계를 요약하면 다음과 같다.

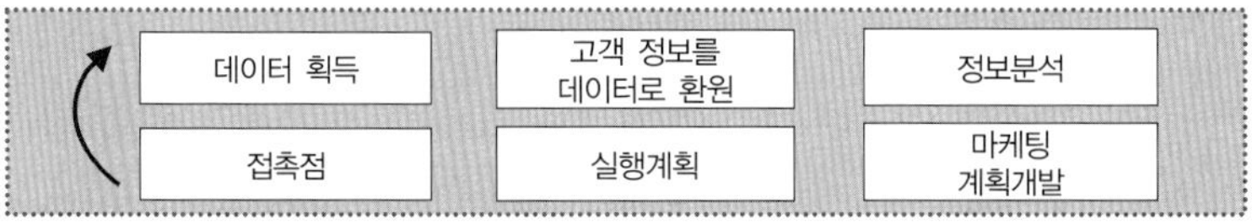

궁극적으로 CRM 프로세스는 고객 로열티 증대를 위해 고객과의 접촉점에서 발생하는 각종 이슈를 전략중심, 통합중심, 리얼타임 중심으로 분석하여 새로운 고객관계 프로세스를 설계하는 것이다.

2) CRM 시스템

(1) CRM 시스템 프레임워크

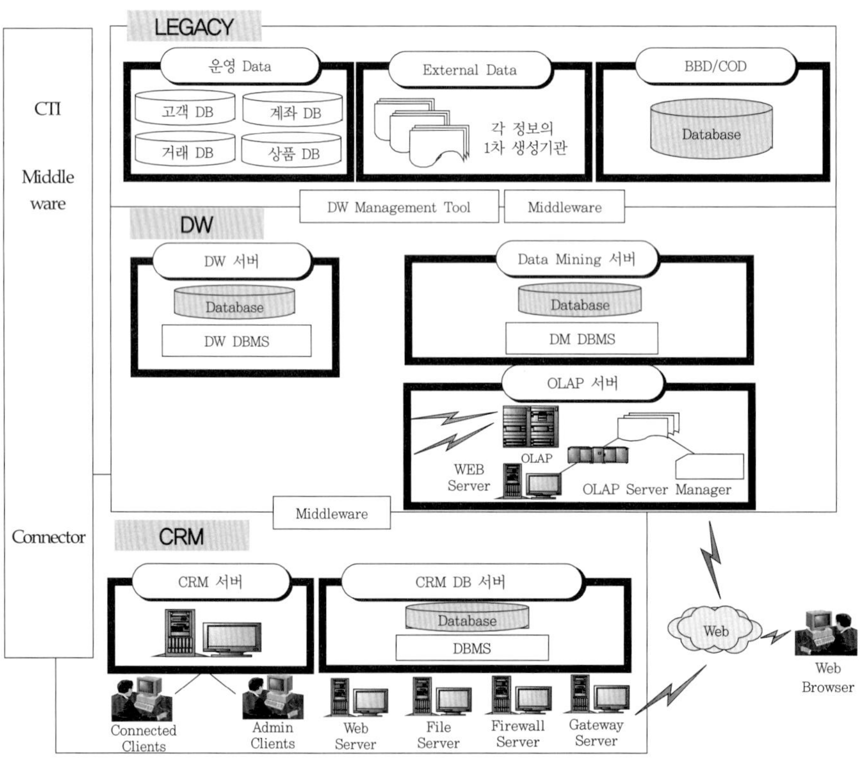

CRM 시스템 프레임워크는 통합된 CRM 아키텍처의 구성요소들을 상세히 보여주는 기능적 도표로 이해할 수 있다. 즉, 다양한 채널을 통해 고객과의 상호작용 결과가 고객정보로 구축되고 이를 활용할 수 있는 모델의 개발이나 혹은 실제 캠페인에 적극 활용하는 일련의 과정이라고 말할 수 있다.

(2) CRM 시스템 아키텍처

CRM 시스템 아키텍처는 설정된 CRM 시스템 프레임워크에 필요한 기능을 지원하기 위한 하드웨어나 소프트웨어의 선정을 가시화한 것들이다.

① 하드웨어

시스템의 하드웨어는 〈그림 10-11〉과 같이 예를 들면 Analytical CRM Mart는 NCR WM4850으로 하고 Mining Server는 COMPAQ Pro800R이다.

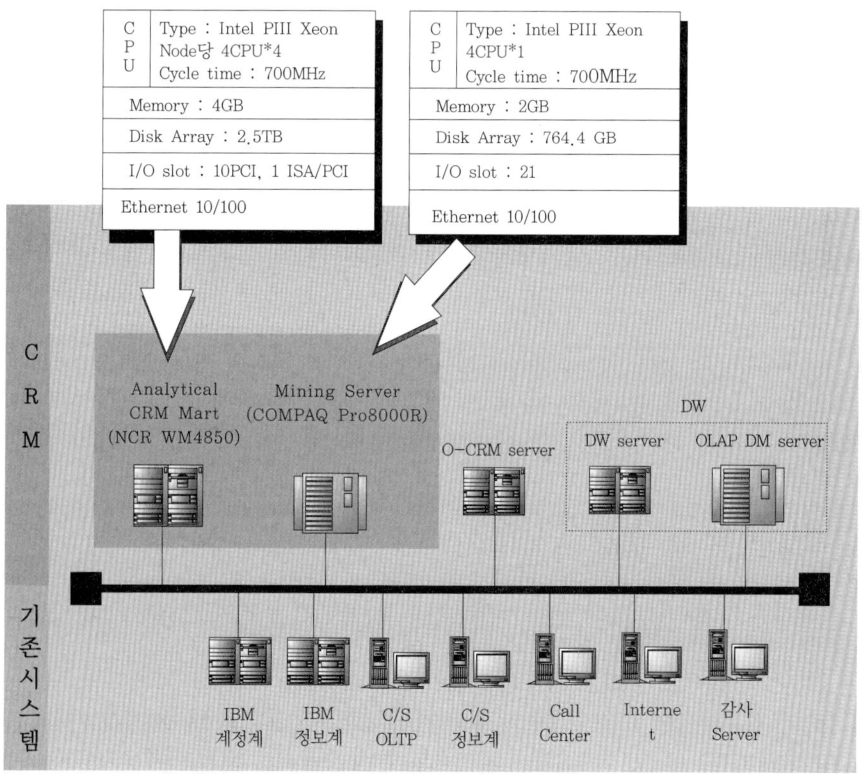

〈그림 10-11〉 하드웨어 구성안

② 소프트웨어

Analytical CRM 서버에 탑재되는 소프트웨어는 예를들면 Unix MP-Ras, Teradata DBMS이다. 또한 4Node의 RDBMS시스템을 BYNET이라는 최신 병렬 Connection으로 연결한다.

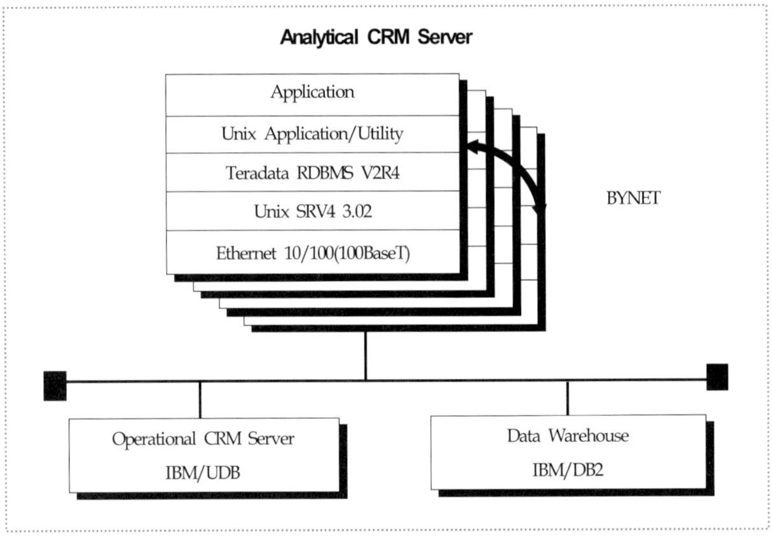

〈그림 10-12〉 소프트웨어

6 분석(analytical) CRM

1) 개요

CRM의 본질은 고객만족을 통한 장기적인 관계를 형성하여 기존의 마케팅 방법보다 더 높은 수익을 얻고자 하는 것이다. 이를 위해서는 고객의 구매욕구에 부합하는 상품과 서비스의 품질과 이에 대한 가격, 접근 편의성등을 향상시키는 본원적인 경쟁수단을 고려하지 않고 부분적인 전략을 전개하는 것으로는 CRM의 취지를 달성할 수 없을 것이다. 따라서 성공적인 CRM 구현을 위해서는 CRM의 개념을 정확히 구현할 수 있는 방법론을 적용하는 것이 매우 중요하다고 볼 수 있다.

따라서 고객관계관리를 위한 분석 CRM의 실행은 고객이해를 위한 다음과 같은 고객 통합 관점에서 시작되어야 한다.

첫째는 상품, 서비스와 채널정보 등 고객관련 정보가 고객 중심의 관점에서 통합되어야 한다. 둘째는 내부데이터, 외부데이터, 고객상담결과, 접촉정보 등 다양한 정보가 통합되어야 한다. 셋째는 데이터의 가공수준별 정보(기본정보, 요약정보, scoring 정보)가 통합되어 제공되어야 한다. 이러한 통합고객정보는 고객기본정보와 요약정보를 활용하여 모델링과정을 거쳐 고객특성을 점수화한 Scoring 정보로 발전되고, 이러한 통합고객정보로부터 도출된 고객니즈를 기반으로 고객관계관리 활동이 이루어지며 그 결과는 피드백 되어 모형을 보완하고 정교화에 기여하게 될 것이다.

따라서 분석 CRM 시스템은 통합고객정보에 의한 고객가치분석, 분석 CRM Mart의 구축, 그리고 캠페인 관리와 고객예측시스템 구축의 세부과제로 수행되어진다.

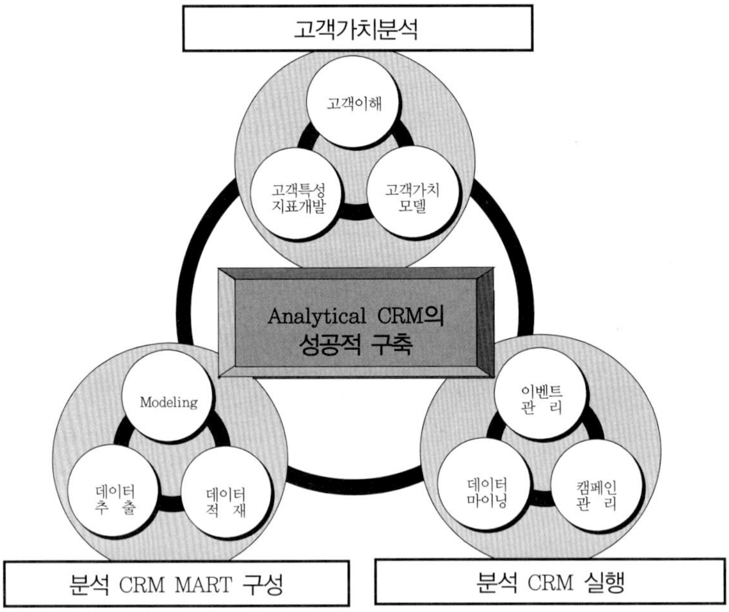

〈그림 10-13〉 분석 CRM의 개요

2) 고객가치분석

(1) 고객가치선정

고객가치는 〈그림 10-14〉와 같이 현재가치(profit), 잠재가치(opportunity), 충성도(loyalty)의 세 축으로 파악해야 한다. 그리고 상품/서비스의 특성에 따라 세 축을 정의할 수 있는 고객이해항목(customer view)을 다양하게 고려해야 한다.

현재가치는 고객의 평 잔액, 이용량, 기여이익, 유지기간, 가입상품수, 구매빈도 등으로 구성되며 잠재가치는 고객의 소득, 직업, 수신액 점유율, 소개, 브랜드 선호도, 교차판매 등으로 구성된다. 그리고 충성도는 임직원 유무, Inbounding Call 수, 반응율, 이탈가능성 등으로 나타낼 수 있다.

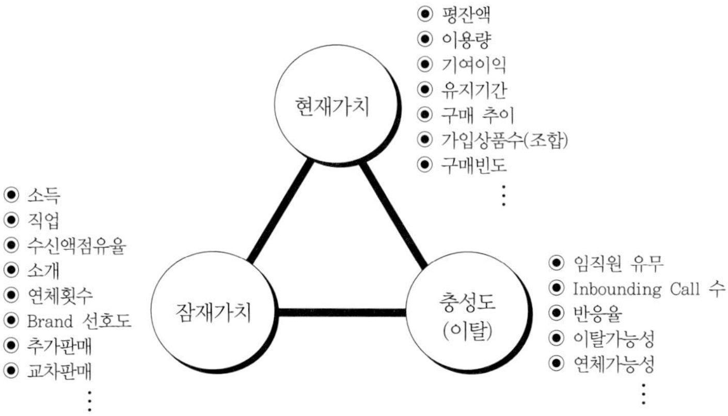

〈그림 10-14〉 고객가치의 분류

(2) 고객가치모델분석

고객가치모델(customer value model; CVM)은 개인고객의 미래에 예측되어지는 가치 또는 수익성을 측정, 평가하고 고객의 로열티를 반영하는 미래에 발생 가능한 이탈의 확률을 점수화하여 고객별로 차별화된 평생가치(LTV)를 산출하고 Wallet Share의 관리·추정을 통해 특화된 상품 및 서비스를 제공하는데 필요한 의사결정 기준을 통계·수리적 개발방법론을 통해 제시하는 모델이다.

고객가치모델은 우정사업본부내 각종 정보를 이용하여 수익성 평점, 이탈평점, LTV, Wallet Share 등을 예측하며 주요 모델 항목은 다음과 같다.

○ 수익성 평점 : 단기수익성 예측

○ 이탈평점 : 단기이탈가능성 예측

○ LTV : 수익성 평점과 이탈평점을 기반으로 거래기간을 반영하여 고객 대표 수익성 지수(profitability index) 산출

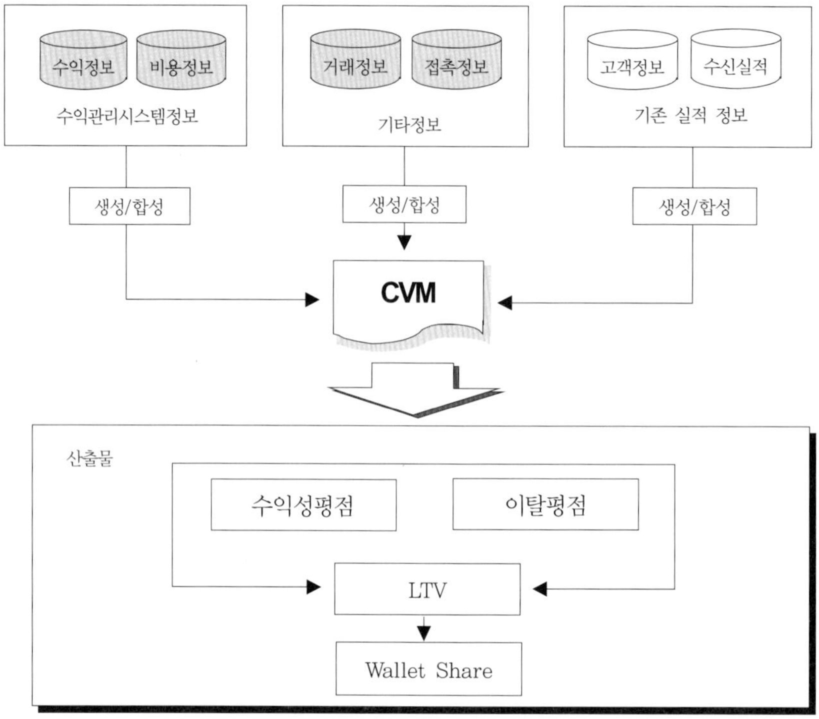

〈그림 10-15〉 CVM의 구성 및 산출물

① 수익성 예측모형

고객의 미래수익성을 예측하기 위한 절차는 〈그림 10-16〉과 같이 피드백 된다.

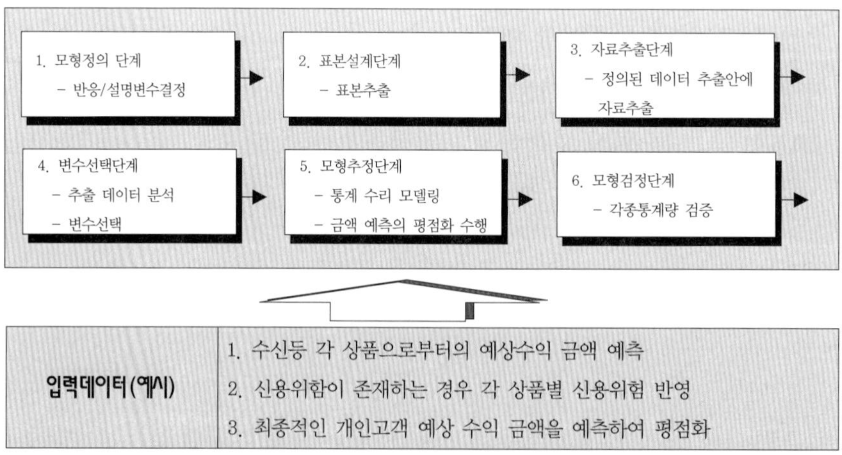

〈그림 10-16〉 수익성 예측 모델링 절차

② 고객이탈 예측모형

가. 현황분석

본 연구는 우체국 예금 현업 담당자를 통해 고객의 해지 사유를 조사하고 이를 정보시스템의 데이터와 Mapping 작업을 통해 고객 해지 예측모형의 구축에 필요한 기본적인 자료를 구할 수 있다. 우체국에서는 현황분석을 통해 예금과에서 파악된 해지요인, 문제점과 정보시스템에서 활용 가능한 데이터를 확인할 수 있다. 다음 자료는 고객 관련 자료에 대한 해지요인을 파악하기 위한 설문조사의 예이다.

〈표 10-5〉 해지 요인에 대한 설문조사

분류	요인	해지요인이라 판단한 사유	필요 데이타	데이터 원천			활용 가능성
				내부 보유	파생 가능	미 보유	
고객 대응 체계	고객질의에 대한 친절도	고객이 콜센터나 지점에 궁금사항을 문의했을 때 응답자의 응답태도가 해지에 영향을 줌	고객불만			○	×
			고객불만 유형			○	×
			고객불만 원인			○	×
	고객의 편의성	고객이 양질의 서비스를 다양하게 제공받는데 불편함을 느끼거나 요구사항의 처리가 지연 될 때	고객서비스 불만			○	×
			요구사항 처리 대응의 신속성			○	×
	지역별 점포수	지역별 점포수의 편차로 인하여 해지에 영향을 줌	지역별 점포수		○		○
상품 / 서비스	상품 경쟁력	동일한 금융서비스에 대한 상품이 경쟁사에 비하여 경쟁력이 낮다고 판단 되었을 때	금융상품 분류	○			○
			금융상품 선택	○			○
			금융상품 만족도			○	×
	고객상품 종류 및 경쟁력	원하는 상품 서비스가 없고 현재의 상품 서비스가 불만스럽다고 판단되었을 때	서비스 분류	○			○
			고객사용 서비스	○			○

나. 고객 이탈모형 프로세스

고객이탈 예측모형은 상품별 이탈모형에서 출발하여 최종적으로 고객별 이탈 Score 모델 개발로 완료된다. 모형개발은 이탈의 개념을 정의하고 기초분석을 수행하는 상품이탈 패턴분석단계, 상품별 이탈 파생 Measure 개발단계, 개인별 이탈 Score Model 개발, 타당성 검증 단계를 거치게 된다. 그리고 상품종류별 Weight와 상품별 이탈 Score를 기반으로 고객 개인별 이탈 Score Model을 개발하며 선정된 모형은 타당성 검증을 거쳐 피드백 되어 수정·보완된다. 이탈예측모형의 방법론으로는 Logistic Regression, 판별분석, Decision Tree 등이 있으며 모형 타당성 검증을 통해 가장 신뢰도가 높은 방법론을 선택하게 된다.

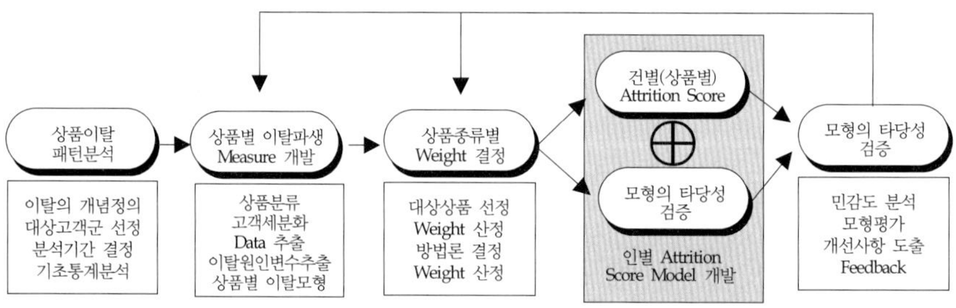

다. 이탈모형 결과의 활용

고객의 기본정보로부터 데이터 마이닝 작업을 수행하게 되면, 이탈이 많이 발생한 고객에 대한 규칙을 생성할 수 있다. 특히, 데이터마이닝 방법 중 의사결정 나무방법은 이러한 규칙들을 자동으로 생성하게 된다.

예시 Decision Tree를 이용한 요구불예금 이탈 모형

- 모형개발 대상고객 : 2001/6/30일 기준 수신평잔 1000만원 이상인 고객
- 관찰시점 : 2001/6/30일 기준 정상유지계약을 대상으로 7~9월까지의 3개월간 관찰
- 이탈 주요 원인 변수 : 최근 3개월내 입금건수, 최근 3개월내 지급건수, 2전월대비 1전월 대비 입금건수 변화율, 2전월대비 1전월 지급건수 변화율

중요발견규칙 : 100만원이상 고객 중에서 최근 3개월간 입금건수가 0.5보다 작은 경우 이탈율이 53.7%이며 2전월 대비 1전월 입금건수 변화율이 −1보다 작은 경우 이탈율은 19.3%이다.

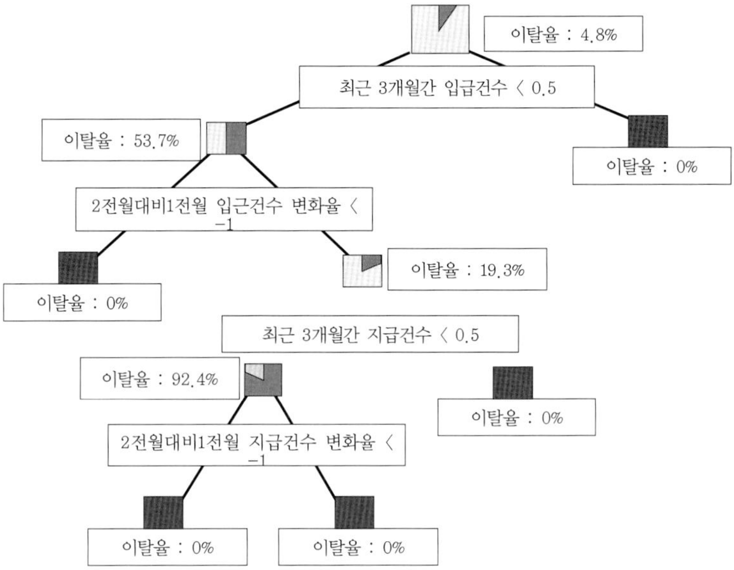

라. 생성 이탈 스코어의 마케팅 활용

최종적으로 전체 고객에 대한 이탈확률이 개개인별로 산출이 되면, 이 스코어는 마케팅, 고객의 가치평가, 고객 세분화등에 활용이 가능하다. 특히 이탈방지 마케팅을 수행하는데 있어 이탈스코어는 중요한 정보로 제공될 수 있다. 즉, 전체고객을 대상으로 이탈방지 캠페인을 수행하는 것 보다 높은 효과를 나타내는 고객 Quantile이다. 높은 이탈율을 보이는 고객을 대상으로 집중적인 마케팅을 수행함으로써 비용대비 효과가 우수한 마케팅을 펼칠 수 있다.

③ 평생가치(LTV) 예측모형

개인고객의 수익성 금액 예측, 예측유지율, 거래기간 등을 반영한 수익성 지수(profitability index) 산출을 통한 평생가치를 추정하는 모형이다. 이 모형은 위험을 고려한 고객별 수익성 금액 및 이탈 가능성을 예측하여 모형에 반영한다. 또한 수익 및 이탈 등의 전략적 요인을 반영하여 세분화한 후 평균거래기간을 산출하므로 고객별 차별화된 거래기간을 산출할 수 있다. 따라서 차별화된 평생가치를 산출할 수 있다.

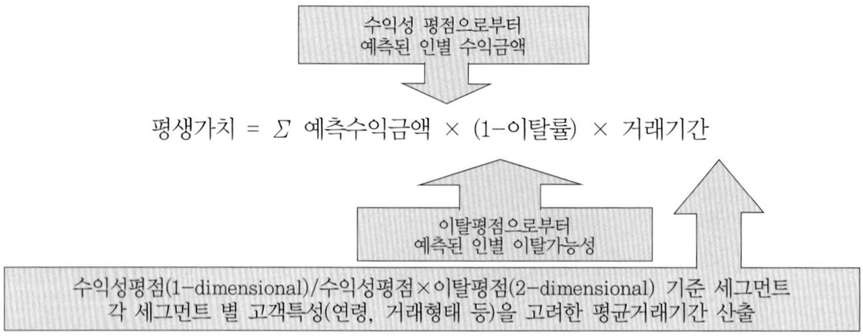

〈그림 10-17〉 LTV 산출방법

④ Share of Wallet

우량고객과 고수익 고객의 자산 풀(pool)에 대한 고객 유치율의 극대화한 개념이다. 이 개념은 고수익 및 우량고객 대상으로 고수익 발생상품을 권유함으로써 개인적인 자산관리 서비스를 제공하는 것이다.

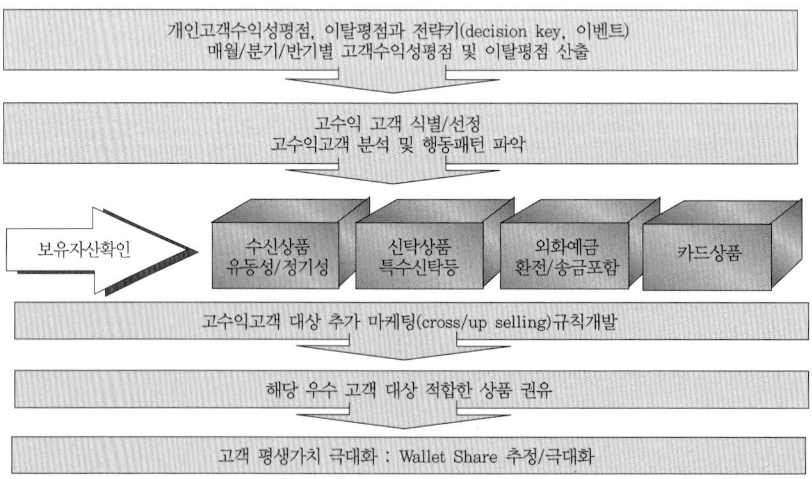

〈그림 10-18〉 Share of Wallet 방법론

3) 분석(analytical) CRM 실행

(1) 캠페인 시스템

분석적(analytical) CRM 시스템 구축을 위한 캠페인 시스템의 도입은 고객에게 필요한 상품과 서비스를 최적의 채널을 통해 적기에 제공할 수 있도록 지원하기 위하여 이벤트 기반의 캠페인 시스템을 구축함으로써 마케팅 프로세스의 자동화를 달성하고자 하는 것이다.

캠페인 관리 시스템의 기능은 캠페인 기획 및 관리, 고객 리스트관리, 다채널 캠페인 수행 지원, 세일지 리드 생성 및 관리, 이벤트 계획 및 관리 등의 기능과 실행 및 분석을 담당하는 시스템과의 인터페이스 기능 등이 있다.

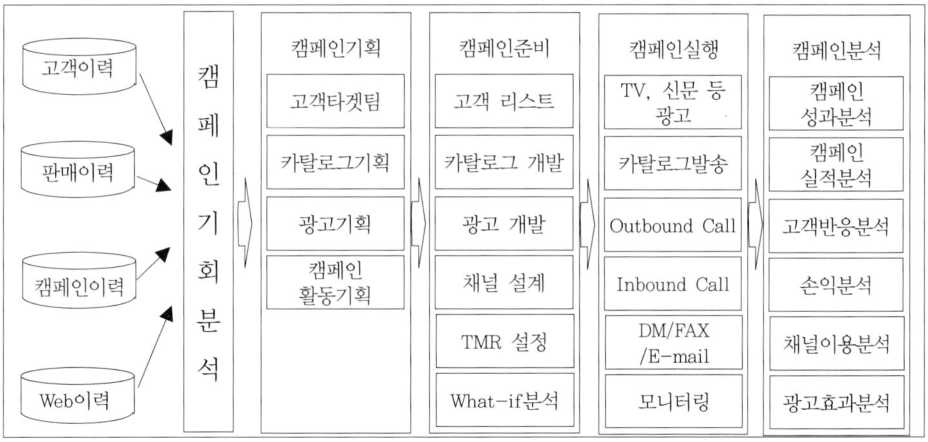

〈그림 10-19〉 캠페인 관리 프로세스

캠페인 관리 시스템을 이용하여 실제로 기업에서 실시할 수 있는 활동은 매스 마케팅에서의 프로모션 활동과 차이가 있다. 고객 데이터베이스로부터 캠페인이 가능한 고객을 여러 조건으로 추출하여 다양한 채널을 이용하여 캠페인을 실시한다.

〈표 10-6〉 금융기관의 캠페인 관리 항목

구 분	내 용	사 례
마케팅 캠페인	고객분석을 통해 DB에서 추출한 목표 고객을 대상으로 캠페인을 기획	고수익 투자상품 유치 캠페인 고객추천 캠페인 휴면고객활성화 캠페인 카드사용 촉진 캠페인
이벤트 탐지	고객과의 거래 또는 커뮤니케이션 과정에서 탐지한 이벤트를 토대로 마케팅 기회를 포착하여 대상고객에게 캠페인을 전개	고액거래, 신규계좌 개성, 계좌 해지 정기예금 만기, 마이너스 통장 개설 급여이체 개시, 급여이체 중단 고객등급 변화, 주소변경 불만사항 접수
안내 서비스	고객과의 관계를 강화하고 고객 편의성을 증진시켜 고객 만족을 이끌어 낼 수 있는 서비스 활동을 전개	대출만기일 도래 안내 연체안내 기념일 축하 서비스 VIP 신규 진입 고객 감사안내

이벤트 기반 마케팅을 위해서는 시장을 형성하고 있는 고객을 세분화하고, 이 세분화된 고객집단, 또는 개별 고객과의 가장 적절한 마케팅 커뮤니케이션이 가능하도록 하는 캠페인 시스템을 구축함으로써 고객에 대한 우정사업본부의 마케팅 능력 및 수익성 확대, 그리고 고객가치 증대를 도모할 수 있어야 한다. 이를 위해서 호주 국립은행 등에서 대고객 캠페인 관리 성능의 탁월함을 검증받은 바 있는 NCR의 Relationship Optimizer(RO)를 우정사업본부 Analytical CRM의 캠페인 관리 시스템으로 제안한다. Relationship Optimizer는 비즈니스 규칙을 토대로 하여 구축된 시스템 상에서 동적인 이벤트 감지를 통해 이벤트 중심의 캠페인을 가능케 하는 캠페인 관리 시스템으로 타 솔루션과는 차별화된 이벤트 감지능력과 이에 따른 다중 캠페인 관리 기능을 지원함으로써 우정사업본부의 대고객 캠페인 관리의 성공적 수행을 보장할 수 있을 것이다.

NCR의 캠페인 관리 솔루션인 RO(relationship optimizer)는 전통적인 캠페인 관리 툴의 성능과 효율을 극대화 시킨 제품으로 제품중심의 마케팅에서 고객의 주요 행동 변화를 자동으로 감지하여 고객의 요구에 맞는 최적의 상품을 최적의 타이밍에, 최적의 채널을 통해 능동적인 방법으로 캠페인을 전개할 수 있도록 지원한다. RO의 모듈은 크게 EDM(event detective manager)와 CVM(communication vector manager)로 구성되며 이들 모두 CRM 데이터 Mart에 탑재되어 이벤트 감지, 채널별 분리, 우선도 조정, 채널 피드백 관리 등의 기능을 수행하게 된다(<그림 10-20>참조).

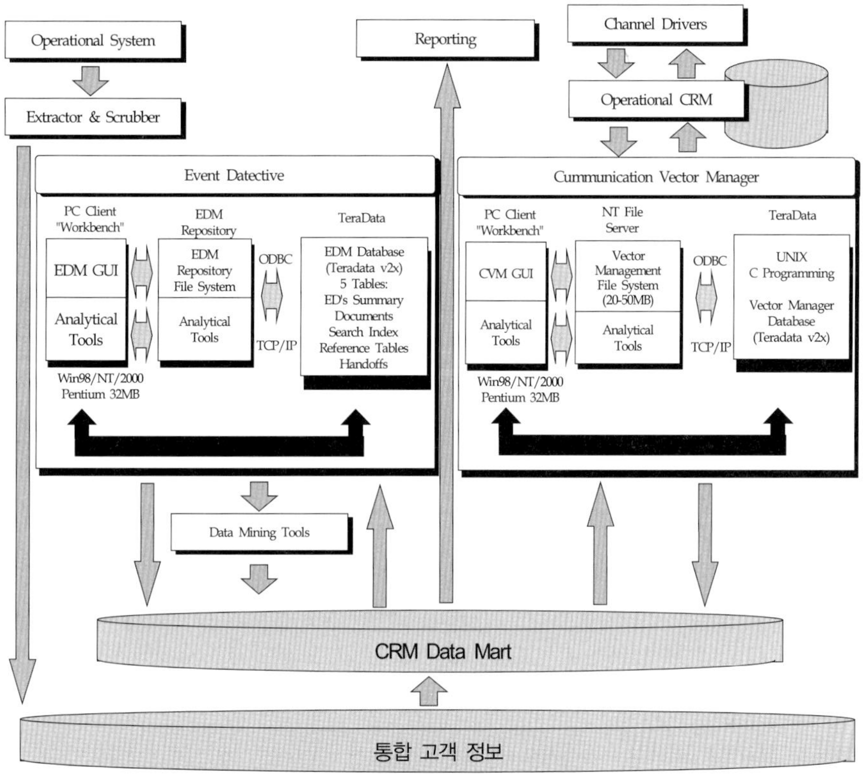

〈그림 10-20〉 RO 아키텍쳐

(2) 데이터마이닝 시스템

① 데이터마이닝 모델링 프로세스

데이터 마이닝 기술은 고객 개개인에 대한 특성을 예측하여, 고객 행동의 예측 및 분석을 통해 마케팅에 활용할 수 있는 데이터베이스 마케팅의 핵심 기술로 활용되고 있다. 우체국 예금에 적용되는 데이터 마이닝의 절차는 크게 2가지의 프로세스로 진행된다.

첫 번째 단계는 모델링 프로세스로 원천시스템과 DW내의 시스템에서 데이터를 표본추출 후 분석, 모델링을 하는 단계이다. 두 번째 단계는 Scoring단계로, 구축된 모형 중 가장 좋은 성능을 가진 모형에 우체국예금의 전체고객에 적용해 점수화하게 된다. 데이터 마이닝의 결과에 따라 예측된 고객 행동에 맞는 마케팅을 실시하면, 비용대비 높은 마케팅의 효과를 얻을 수 있다.

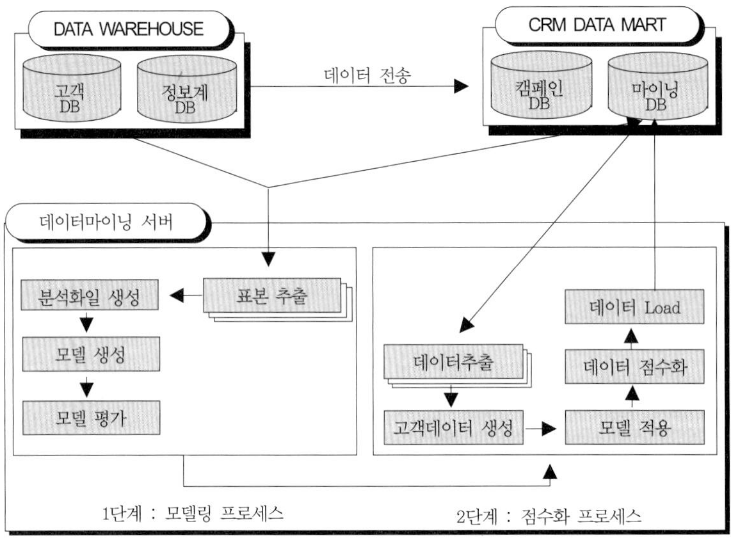

〈그림 10-21〉 데이터 마이닝 프로세스

② 데이터 마이닝 구축과정

데이터 마이닝은 SAS의 E-Miner를 사용하여 데이터의 분석 및 예측모형을 구현하게 된다. 데이터 마이닝 시스템은 현황분석 및 주제영역 도출, 자료 샘플링 및 요약 정제, 모델링 수행, 모형 적용, 마케팅 적용의 5단계를 거처 구축되게 된다.

단　계	구축내용
1. 현황분석 및 주제영역 도출	○ 형황 분석하고 마케팅 목적에 맞는 주제영역을 도출 ○ 주제 영역에 맞는 분석변수의 리스트를 작성
2. 자료추출 및 요약 정제	○ 고객표본을 추출하고 추출된 고객에 대한 자료를 추출 ○ 추출된 자료를 요약하고 이상치를 정제 ○ 모델링에 필요항 각종 파생변수를 생성하고 변수 변환을 수행
3. 모델링	○ 선정된 주제영역에 맞는 모델링을 통계모델 Decision tree, 신경망으로 수행 ○ 수행된 모형을 Lift Chart를 이용하여 평가
4. 모형의 적용	○ 생성된 모형을 전 고객에게 적용 ○ 고객 개개인에 대한 점수화 점보 Quantile 정보들을 CRM Data Mart에 적용
5. 마케팅의 적용	○ 생성된 결과로부터 마케팅을 수행 ○ 마케팅의 결과를 보고서를 통하여 조회 ○ 결과를 데이터마이닝 모델로 피드백

〈그림 10-22〉 데이터 마이닝 구축과정

(3) 고객가치 분석 방법

① 고객 이해의 단계 분석

고객, 상품/서비스 채널에 대한 분석을 통해 고객을 이해하는 기초 단계이며 고객분석을 위해서는 고객기본정보, 거래정보 이외에 외부데이터(통계청, 한국은행 등)와 이를 보완하기 위한 Survey 결과, 캠페인 반응정보, 제휴사 정보(제휴카드사, 제휴은행), 다양한 채널을 통한 정보(전화상담) 등이 필요하며 이에 대한 분석방법과 분석내용 등을 요약하면 다음과 같다.

분석방법	분석내용	필요 Data
잔액추이분석	월/분기/년 단위 잔액 변동 분석	고객별 상품별 기간별 Summary Data
평잔추이분석	월/분기/년 단위 잔액 변동 분석	고객별 상품별 기간별 Summary Data
기여이익분석	고객별 수익비용 Mapping에 의한 고객의 수익성분석	각 상품별 수익, FTP, 업무원가 Data
개인고객특성 분석	성, 연령, 직업, 소득, 거주지, 금융자산, 취미, 학력 등 기본 특성분석	고객의 Demo Data의 정합성 유지 필요
세대별분석	세대기준에 의한 고객분석	세대구분 Data, 세대별 평잔
상품구성분석	고객별 Cross-Sell 수, 상품별 잔액 비중	고객관계활동 전개시 활용가능한 상품종류의 범주화 필요
금리 민감도 분석	금리 변동에 따른 상품 평잔액 변동 분석	금리변동 추이, 상품별 평 잔액

② 고객 특성 지표의 개발방법

고객의 심층적인 이해를 위해 Modeling Scoring 등을 이용하여 고객을 설명할 수 있는 지표를 개발하는 단계를 요약하면 다음과 같다.

Modeling	내 용	필요 Data	예 시
잠재가능성	개인고객의 상품구매 확률	연령, 소득, 직업, 금리민감도, 금융자산 규모, 주택소유여부, 보유금융상품	Logiistic Regression Prob(상품구매) = a+b연령+c소득+d직업+...
이탈확률	고객의 거래중지, 타행 이동을 예측	만기일, 고객만족도, 금리 등	Logiistic Regression, 판별분석 Prob(이탈) = a+b만기일 +c고객만족도+d금리+...
교차판매 가능성	Cross-Selling 가능성	상품구성 수, 상품별 잔액, 평잔	Association Rule Prob(신뢰도) = P(A|B)
생애가치 (life time value)	고객의 Life Stage 상태에 따른 고객가치	연령, 직업, 소득, 자녀 수, 결혼유무, 주택 소유유무, 거래실적	Regression Model (고객가치) = a+b직업 +c소득+d연령+자녀수+...
투자성향	개인고객의 투자행태 파악	금리민감도, 거래주기, 거래기간 등	Clustering, Decision Tree

③ 고객관계활동

고객기초분석과 점수화(scoring) 결과를 조합하여 고객을 고객가치(평잔, 직업, 소득, 기여이익 등), 행동특성(투자성향, 채널선호, 금리민감도, 상품선호 등), 충성도(거래기간, 점유율, 연체율, 이탈율 등) 측면에서 입체적으로 이해하고 활용하는 단계를 의미한다.

그리고 세분화된 고객집단별 고객특성을 파악하여 고객관계활동을 전개한다. 또한 고객관계활동과정에서 수집된 고객반응정보를 기반으로 성과분석을 실시하고 성과분석의 결과는 고객특성지표의 보완을 위하여 피드백 되어야 한다.

고객통합 View		고객세분화		고객관계활동
고객가치	평잔, 직업, 소득, 기여이익	기여이익	최우수고객, 우수고객, 보통고객	최우수고객이며 점유율이 높고, 생애가치 높은 고객군에 대해 loyalty 실시
행동특성	투자성향, 채널선호, 금리민감도, 상품선호	거래특성	잠재고객, 휴면고객, 이탈고객, 가망고객	점유늁 낮고 잔액추이 감소하는 이탈가능 고객군에 대해 이탈방지 실시
충성도	거래기간, 점유율, 연체율, 이탈율	투자성향	안정형, 성장형, 철새형	기여이익이 높은 성장형 고객군에 대해 Cross-Sell 실시

4) 우수고객 관리 시스템 도입

(1) 우수고객 관리의 필요성

금융기관들이 소매금융에 집중함에 따라 경쟁이 치열해졌으며 예금신규고객확보보다는 기존 우량고객의 유지가 핵심과제로 등장하게 되었다. 우체국 예금의 비중이 시중은행과 비슷한 규모로 성장하였고 소수고객의 수신점유비율이 50%이상이 된 현상에서 이들에 대한 특별한 특별관리가 필요하게 되었다. 또한 보편적 금융서비스를 표방하던 우체국이 다름 금융기관과 경쟁에서 살아남기 위해서는 수익기여도에 따른 고객을 세분화하여 우수고객에 대한 마케팅 전략이 필요한 시점에 있다고 볼 수 있다.

현재 우수고객분류에 대한 평가시스템 및 우수고객에 대한 조회 및 등록 table은 구성되어 있으나 항목 입력내용은 없으며 배점방법과 산정방법 등 필드 각각에 대해서 좀더 구체적인 정의가 필요할 것으로 보인다.

현 시스템의 우수고객관리화면은 아래 그림과 같게 나타난다.

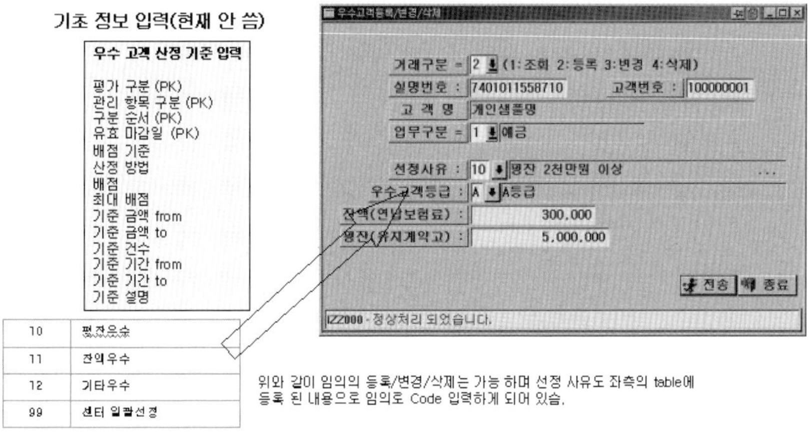

(2) 우수고객 선정의 방향

① 현행 거래위주의 우수고객 선정에서 월별 평 잔액, 보험료 등의 Field를 추가하고 이를 위해 평잔 등에 대한 평가 Routine(월 Batch)을 추가할 필요가 있다.

② 현행 평가주기가 반기별(6월 말, 12월 말)로 계획되어 batch작업이 반기별로 되어 있으나, 평가를 위해 사용 중인 자료가 월간 data임을 감안하면 추가되는 필드 부분은 다른 table로 구성하여도 무방하다(평가 주기 및 배치작업의 문제).

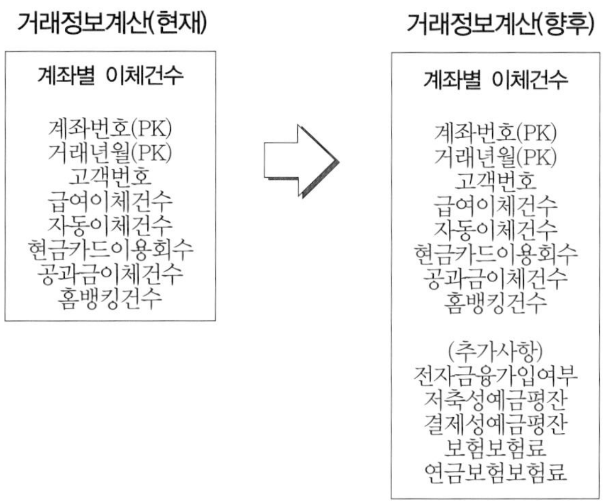

③ 기초 정보에 평가 항목별, 고객별 점수가 산정이 되며 반기별로 고객을 평가하는 시점에는 이 정보를 합계가 필요한 부분은 합계하고, 평균이 필요한 부분은 평균을 산출하여 최종 고객 점수를 산정한다.

기초정보입력	거래정보계산(월)
우수고객 산정 기준입력 평가구분(PK) 관리항목구분(PK) 구분순서(PK) 유효마감일(PK) 배점기준 산정방법 배점 최대배점 기준금액 from 기준금액 to 기준건수 기준기간 from 기준기간 to 기준설명	**계좌별 이체건수** 계좌번호(PK) 거래년월(PK) 고객번호 급여이체건수 자동이체건수 현금카드이용회수 공과금이체건수 홈뱅킹건수 (보완/추가사항) 전자금융가입여부 저축성예금평잔 결제성예금평잔 보험보험료 연금보험보험료

⇘ ⇙

우수고객평가(분기-현재는 반기)

④ 현행 고객의 수신기여도를 금액으로 환산하는 Batch Process를 전산에 반영하여 우수고객을 나누는 지표로 사용할 것을 검토할 필요가 있다. 그리고 현재 우수고객 분류를 위한 전산 Batch에 없고, 주관적 판단에 의해 우수고객을 임의로 등록하고 있다. 이는 기존의 건수(송금건수, ATM사용 건수 등) 방식으로는 고객의 수신기여를 설명할 수 없으며, 향후 우체국 경영환경의 변화에서 고객의 수신기여도가 우수고객의 분류 기준으로 크게 대두할 가능성이 크다.

현재의 결산(예)		고객별 결산	
A. 예금이익		A. 고객 a의 예금이익	
1. 저축성예금		1. 저축성예금	
가) 상품코드	이익 ×××	가) 상품코드	이익 ×××
2. 결재성 예금		2. 결재성 예금	
3. 송금수수료	×××	3. 송금수수료	×××
합계	×××××	고객 a의 이익계	×××××

최종적으로는 고객의 충성도를 평가할 수 있는 예금액(평잔)과, 이익 기여금을 평가할 수 있는 부분으로 나누어서 시행하도록 방향을 잡는 것이 바람직하다고 볼 수 있다.

구분	예금액(평잔)기준	이익기여금
최우수고객	1억원 이상	100만원 이상
우수고객	200만원 이상 1억원 미만	10만원 ~ 100만원 이하
보통고객	2000만원 이하	10만원 이하

(3) System Architecture

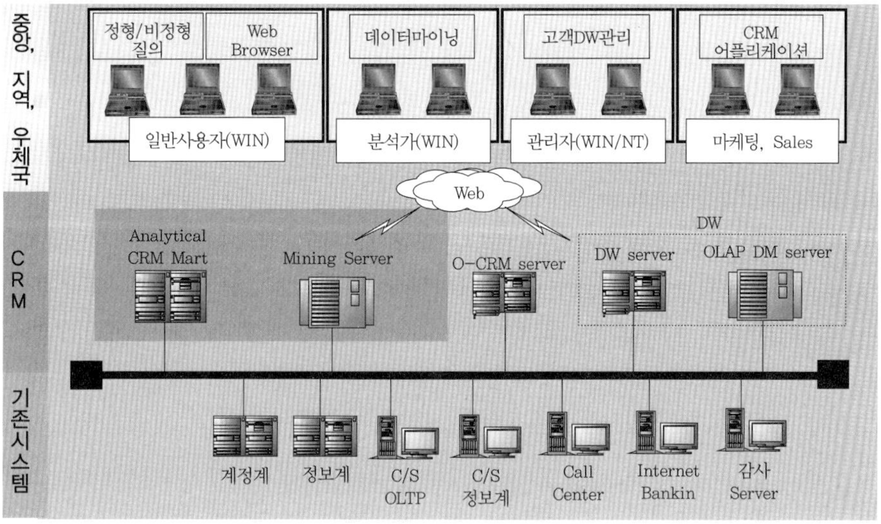

(4) Data Warehouse

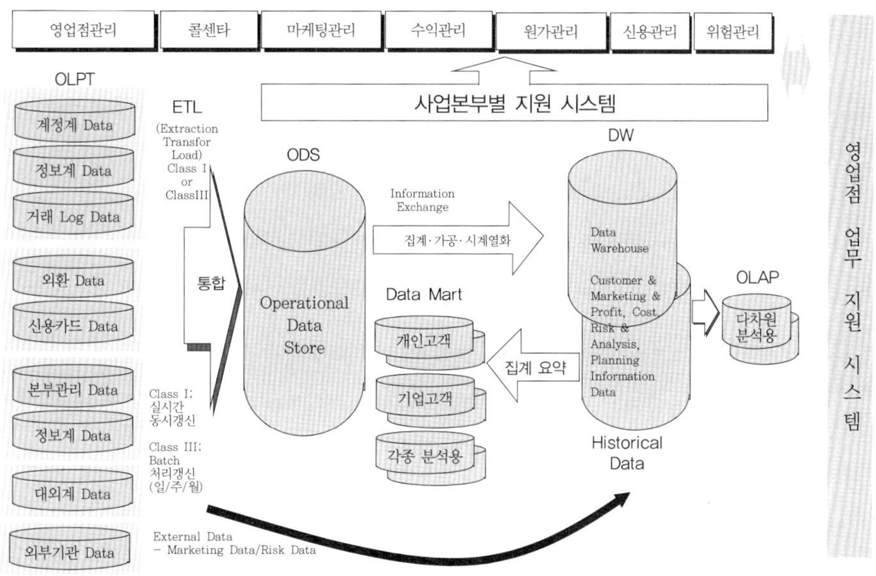

(5) Data Flow

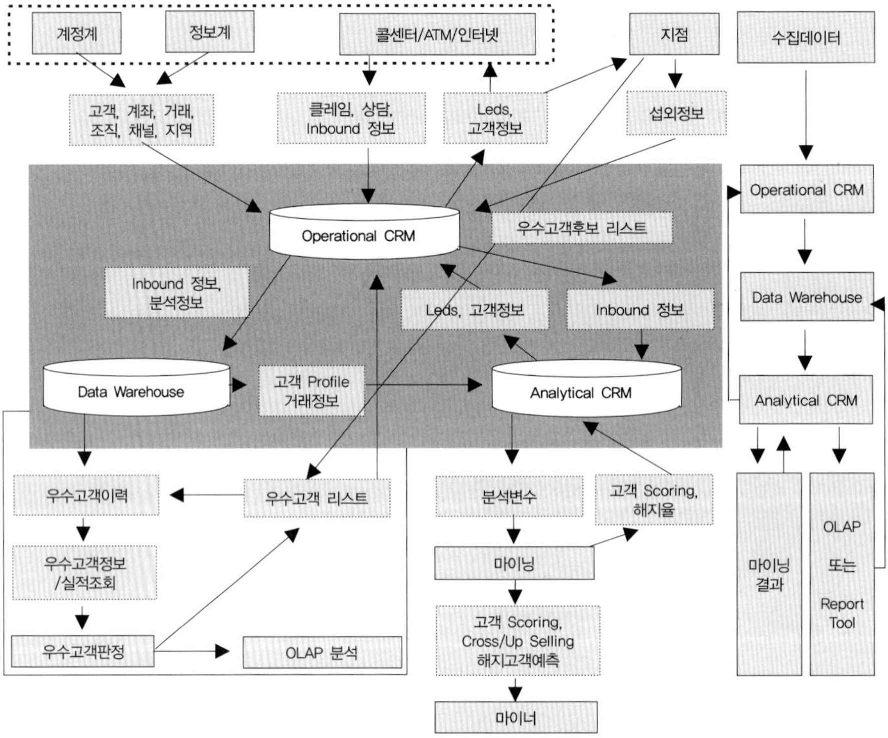

(6) 리스트 관리방안

① 문제점

○ 주기적으로 전 고객을 대상으로 정해진 기준에 따른(예를 들어, 평잔 1억이상) 고객을 추출할 경우 1400여만명의 고객 전체의 평잔을 계산하여야 하므로 상당한 시간이 소요.

○ 상당한 시간과 막중한 업무를 요하는 작업이므로 계정계와 정보계에서 수시로 자료를 모아오는 작업 자체가 거의 불가능 함.

○ 따라서, 계산속도가 거의 들지 않는 방법(예를 들면, 월 평잔을 이용하여 년 평잔을 계산하는 방법)이나, 창구에서 일정금액 이상을 입금하는 고객의 리스트를 시스템에 뿌려 주어야 함.

② 해결책

○ 월 평잔을 이용하여 년 평잔을 계산하는 방법 또한 상당한 시간이 소요되므로 창구에서 일정금액 이상을 입금하는 고객의 리스트를 시스템에 뿌려 주는 방법이 현실적

(7) 데이터수집방법

○ 우수고객관리 시스템 자체에서는 우수고객 후보들의 리스트만 보유

○ 전체 고객들을 대상으로 평잔을 계산하는 것은 일정주기(분기별)에 한번만 작업하여 리스트를 수정

○ 분석이 필요할 경우 우수고객리스트에 남아 있는 고객들에 대해서 고객정보와 거래내역 등의 정보를 DW에서 추출하여 평잔을 계산

○ 기준이상(예, 평잔 1억)인 고객에 대해서는 분석리스트에 그대로 남기고 그렇지 않은 고객에 대해서는 우수고객 후보 리스트에서 삭제.

○ 수집된 정보를 이용하여 각종 현황을 분석

(8) 시스템의 기능 요소

① 시스템의 개념도

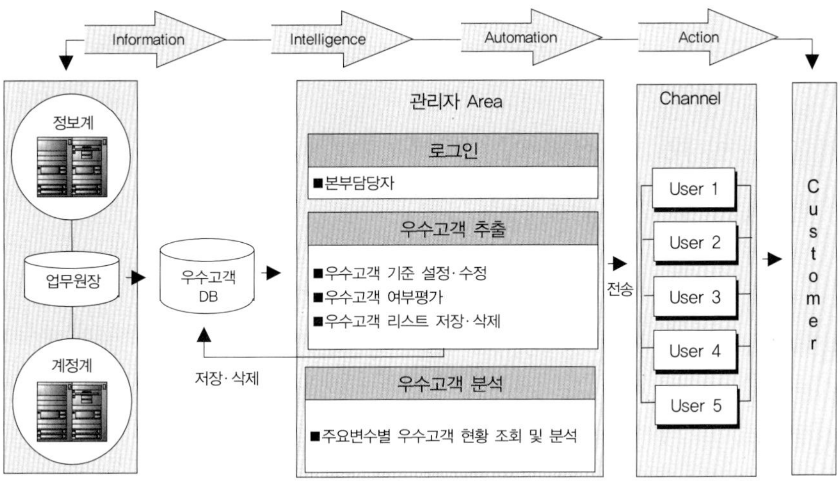

(9) 우수고객에 대한 실증분석

① 데이터의 특성

- Data Size
  - ○ 1억 이상 고객 : 7,492명
  - ○ 1억 미만 고객 : 75,136명(표본추출)
- Factors
  - ○ 독립 Factors : C1(고객구분코드), D1(과세코드), G1(거래자 구분코드), S1(소득자 구분코드), J1(잠재고객 구분), P1(우편물 주소구분), 청, 연령, 연령대, 성별, 도(Province), Diff (기준시점-정보등록일), CNT(6월~10월 거래 여부) 단, CNT는 거래 있을 경우 1, 거래 없을 경우 0.
  - ○ 종속 Factors : 1억 이상일 경우 1, 1억 미만일 경우 0.
- Data Partition
  - ○ Training Data : 41,314명(50%)
  - ○ Test Data : 41,314명(50%)
- Analysis Tool
  - ○ SAS E-Miner V8

② 분석결과

우체국 예금고객중에서 1억원 이상과 미만 고객을 분류하는 분석용(training) 분류 정확도를 보면 분류 정확도가 94.7%로 매우 높게 나타났으며 또한 이 자료에 대한 검증용(test) 분류 정확도 역시 94.5%로 높게 나타났다. 다만 1억 이상인 고객에 대한 예측 정확도가 대략 55%로 다소 낮게 나타났다.

Training 분류정확도

빈 도		실제값	
		1억이상	1억미만
실제값	1억이상	2094 (54.95%)	1717 (45.04%)
	1억미만	482 (1.29%)	37021 (98.71%)
분류정확도		94.68%	

Test 분류 정확도

빈 도		실제값	
		1억이상	1억미만
실제값	1억이상	2000 (54.33%)	1681 (45.67%)
	1억미만	591 (1.54%)	37052 (98.46%)
분류정확도		94.52%	

이제 데이터를 의사결정 나무(decision tree)방법으로 분석한 결과를 보면 다음과 같은 중요한 규칙(rule)을 발견할 수 있다.

"연령이 23.5세 이상이고 고객등록일이 555.5일보다 작고 최근 3개월동안은 거래실적이 없는 일반공무원, 회사원, 서비스업, 상업, 외국인이 1억이상 고객일 확률이 95.3%이다."

반응변수	고 객 특 성	예 측 확 률		
		회원수	1억 이상	1억 미만
1억 이상 여부	Diff<555.5 & G1 in (13 14 16 17 18 19 20) & CNT=1	86	25(29.1)	61(70.9)
	Diff<555.5 & G1 in (13 14 16 17 18 19 20) & CNT=0 & 연령<23.5	28	12(42.9)	16(57.1)
	Diff<555.5 & G1 in (13 14 16 17 18 19 20) & CNT=0 & 연령>=23.5	1,128	1,075 (95.3)	53(4.7)
	Diff>555.5 & G1 in (1 2 3 4 5 6 8 12 15) & 도 in (경남 대구 대전 서울 울산 제주 충남)	1191	124(64.9)	67(35.1)
	Diff>555.5 & G1 in (1 2 3 4 5 6 8 12 15) & 도 not in (경남 대구 대전 서울 울산 제주 충남) & S1 = 331 332	55	29(52.7)	26(47.3)
	Diff>555.5 & G1 in (1 2 3 4 5 6 8 12 15) & 도 not in (경남 대구 대전 서울 울산 제주 충남) & S1 <> 331 332	1,454	99(6.8)	1,355 (93.2)
	555.5<= Diff < 1313 & G1 in(4 8 13 15 17 19 20) & 연령 < 36.5	1,151	102(8.9)	1,049 (91.1)
	555.5<= Diff < 1313 & G1 in(4 8 13 15 17 19 20) & 연령 >=36.5 & CNT=0 & 도 in (강원 전남 전분 충북)	286	63(22.0)	223(78.0)
	555.5<= Diff < 1313 & G1 in(4 8 13 15 17 19 20) & 연령 >=36.5 & CNT=0 & 도 not in (강원 전남 전분 충북)	1,119	812(72.6	307(27.4)
	555.5<= Diff < 1313 & G1 in(4 8 13 15 17 19 20) & 연령 >=36.5 & CNT=1	345	27(7.8)	318(92.2)
	555.5<= Diff < 1313 & G1 in(1 2 3 5 6 7 11 12 14 18) & 도 in (경남 대전 울산 제주)	40	23(57.5)	17(42.5)
	555.5<= Diff < 1313 & G1 in(1 2 3 5 6 7 11 12 14 18) & 도 not in (경남 대전 울산 제주)	3,493	86(2.5)	3,407 (97.5)
	Diff>=1313 & G1 in (4 8 11 13 15 17 19 20) & 연령대 in (50대 60대)	3,330	595(17.9)	2,735 (82.1)
	Diff>=1313 & G1 in (4 8 11 13 15 17 19 20) & 연령대 not in (50대 60대) & 도 in (경남 광주 대구 대전 서울 울산 인천 제주 충남) & D1 in (3 4 11)	43	31(72.1)	12(27.9)
	Diff>=1313 & G1 in (4 8 11 13 15 17 19 20) & 연령대 not in (50대 60대) & 도 in (경남 광주 대구 대전 서울 울산 인천 제주 충남) & D1 in (1 2)	2,897	297(10.3)	2,600 (89.7)
	Diff>=1313 & G1 in (4 8 11 13 15 17 19 20) & 연령대 not in (50대 60대) & 도 not in (경남 광주 대구 대전 서울 울산 인천 제주 충남)	9,739	273(2.8)	9,466 (97.2)
	Diff>=1313 & G1 not in (4 8 11 13 15 17 19 20)	15,929	138(0.9)	15,791 (99.1)

〈그림 10-23〉 의사결정나무 규칙(1)

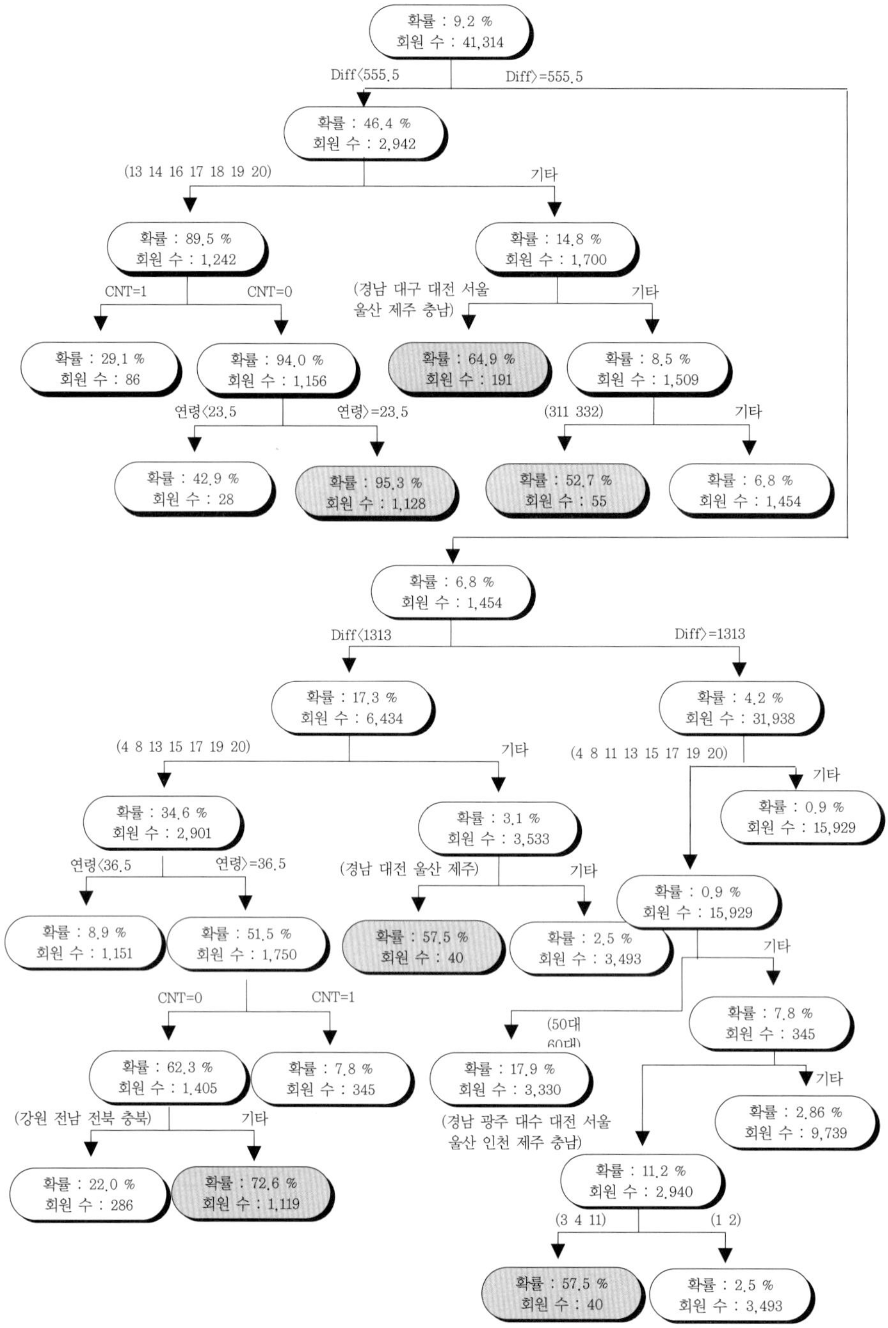

〈그림 10-24〉 의사결정나무 규칙

③ 신경망 분석

신경망 분석결과에 의하면 의사결정나무 분석방법과 동일한 결과가 예측되었다.

Training 분류정확도

빈 도		실제값	
		1억이상	1억미만
실제값	1억이상	2075 (54.45%)	1736 (45.55%)
	1억미만	433 (1.15%)	37070 (98.85%)
분류정확도 94.75%			

Test 분류 정확도

빈도		실제값	
		1억이상	1억미만
실제값	1억이상	1993 (54.14%)	1688 (45.86%)
	1억미만	497 (1.32%)	37136 (98.68%)
분류정확도 94.72%			

④ Logistic Regression 방법

독립변수는 연령, 지역, CNT, Diff, 성별, J1, G1, S1이며 의사결정나무분석방법과 신경망 분석방법과 거의 동일한 결과를 얻었지만 분석용과 검증용 분류 정확도에서는 약간 떨어진 결과를 보이고 있다.

Training 분류정확도

빈 도		실제값	
		1억이상	1억미만
실제값	1억이상	1976 (51.85%)	1835 (48.15%)
	1억미만	545 (1.45%)	36958 (98.55%)
분류정확도 94.24%			

Test 분류 정확도

빈도		실제값	
		1억이상	1억미만
실제값	1억이상	1866 (50.69%)	1815 (49.31%)
	1억미만	561 (1.49%)	37072 (98.51%)
분류정확도 94.25%			

⑤ 결론

세 가지 분석방법을 이용해서 1억 이상 고객에 대한 분석결과를 요약하면 다음과 같다. 첫째, 고려된 Factors를 가지고 모델링 한 결과 Training/Test 분류 정확도가 약 95%로 높게 나타났다. 둘째, Logistic Regression인 경우, Tree와 Neural Network 보다 다소 정확도가 낮게 나타났다. 셋째, 1억 미만자의 분류 정확도는 대략 98.5%로 매우 높게 나타난 반면 1억 이상인 경우 대략 51~55%

로 낮은 편이다.

이는 제한된 Factors로 인한 결과로 사용된 독립 Factors외에 고객 정보(결혼 여부, 주거형태, 년소득, 학력 등), 거래 상세 내역(입금, 출금관련 Factor 등)과 평균 잔액 같은 필드가 고려 되어진다면 분류 정확도는 보다 향상 될 것이라 생각된다.

7 CRM 단계별 구축 방안

CRM 아키텍쳐가 다소 간략하게 소개되어 이를 실제 우체국예금에 적용하는 것도 간단한 것으로 오해하기 쉽지만 CRM을 실행하면서 배우고 또 배우면서 실천하는 우정사업본부 프로세스의 점진적인 개혁이므로 CRM 아키택처는 단기적으로 완성될 수 있는 것이 절대적으로 아니다. 많은 기업들은 CRM을 빨리 도입해서 시스템을 구축하려고 많은 일을 한꺼번에 그것도 단시일에 하려고 하지만 CRM 시스템 구축은 최소한 1년 또는 몇 년에 걸쳐 진행되는 것이므로 철저한 준비작업과 분석 등이 요구된다.

우리가 원하는 CRM 아키텍쳐를 구축하기 위해서는 계획이 필요하고 이 계획이 바로 CRM 로드맵(CRM roadmap)이다. 즉 CRM 아키텍처구축의 각 단계를 살펴보고 한 단계를 수행한 후에 또 어떤 것을 구축할지를 생각하게 하는 안내도 역할을 수행하는 것이 CRM 로드맵이다.

CRM 로드맵은 CRM을 위한 비즈니스 솔루션을 찾을 때 이를 지원할 CRM 아키텍쳐에 따라 단계별로 구축해 나갈 CRM 시스템을 안내하기 위한 것이다.

따라서 CRM 시스템을 구축하기 위한 순차적인 단계를 〈그림 10-25〉에서 보는 바와 같이 Pilot 단계, CRM 기반 구축단계, 그리고 CRM 전사확대 단계로 각각 구분하여 고객의 주요 요구사항, 전략측면과 기술측면에 대해서 설명하였다.

CRM의 추진은 고객의 주요 요구사항에 대해서 전략측면과 기술측면이 동시에 고려되면서 체계적으로 접근을 해야 한다. 또한 각 단계별로 시스템의 구축과정을 설명하였다. 첫 번째 단계에서는 CRM 전략의 방향을 수립하여 DW 구축과 우수고객관리 시스템을 하며 CRM 기반 구축 단계에서는 CRM 시스템을 구축하고 최종단계에서는 전사적인 CRM 시스템을 구축하는 것으로 되어 있다.

첫 번째 단계인 예비단계에서는 주요 요구사항으로는 Scoring에 의한 고객정보, 우수고객관리, 이탈고객관리, 캠페인관리, 영업분석 정보제공 등 기본적인 고객관리를 위한 정보획득의 의미가 있다. 전략측면에서는 고객관리를 위한 고객 세분화, 세분화 집단별 캠페인 및 영업전략, 모델개발 기준 및 원칙, 그리고 조직의 교육과 훈련체계를 구비하는 단계이며 기술적인 측면에서는 고객정보 DB 설치, 데이터마트의 구축, 캠페인 관리시스템 구축 등이 있다.

두 번째 단계인 CRM 기반 구축단계의 주요 요구사항은 1단계를 유지발전시키며, 신규고객정보를 제공, 고객분석에 의한 영업관리 및 시장관리체제를 구축하는 것이다. 전략측면에서는 1단계 개발모형의 개선 및 확장을 하며 가망고객의 프로파일을 분석하고 적용대상 캠페인의 실행 그리고 조직의 정비를 한다. 기술측면에서는 모든 고객상호작용에 관한 고객정보 DB화, 통합된 데스크탑 도구의 구비가 되어야 한다.

마지막 단계인 CRM전사확대 단계의 주요 요구사항은 통합금융서비스 상품개발, 전사적 CRM 체제를 구축하며 전략측면에서는 모든 채널에 고객정보를 실시간 제공, 개인화, 맞춤화된 고객과 상호작용을 구현하며 기술측면의 경우에는 캠페인 관리시스템 기능 완성 및 실행, 모든 고객정보 실시간 제공 등이 실시된다.

	Pilot 단계	CRM 기반구축단계	CRM 전사확대단계
주요요구사항	- Scoring에 의한 고객정보 - 우수고객관리 - 이탈고객관리 - 캠페인관리 - 영업분석 정보제공 - 기타	- 신규고객정보제공 - 고객분석에 의한 영업관리 - 시장관리 체제 구축 - 1단계 유지발전 - 기타	- 기업고객, 일반고객 영업 - 종합 금융서비스 상품개발 - 전사적 CRM 체제 구축
전략측면	- 고객세분화(Segmentation) - 세분집단별 캠페인 및 영업전략 - 모델개발 기준/원칙 (상품믹스/ 고객별/ 세대별) - 조직의 교육과 훈련체제 구비	- 가망고객 프로파일 분석 - 1단계 개발모델의 개선, 확장 - 적용대상 캠페인 실행 - 조직의 정비	- 모든채널에 고정정보 실시간 제공 - 개인화, 맞춤화된 고객과 상호작용 구현 - 상품/서비스 개발능력구비
기술측면	- 고객정보 DB 설치 - 데이터마트의 구축 - 캠페인 관리시스템 기능 실행	- 모든고객 상호작용에 관한 데이터의 고객정보 DB화 - 통합된 데스크탑 도구의 구비 - 이메일과 웹을 통해 커뮤니케이션 설치	- 캠페인 관리시스템 기능 완성 및 실행 - 모든고객 정보 실시산 제공 - 이메일과 웹을 통해 커뮤니케이션 실행

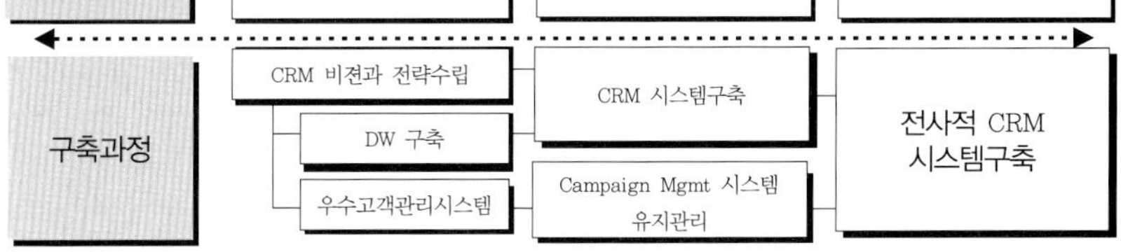

〈그림 10-25〉 CRM 로드맵

8 우체국금융의 마케팅 전략

시장의 개방으로 인한 국경없는 무한경쟁으로 인해 금융산업도 고객지향적 경영으로의 패러다임 변화가 이루어져야만 치열한 경쟁속에서 생존·성장할 수 있다는 사실은 자명하다. 이에 따라 현재 국내에 진출해 있는 외국의 유수한 금융기관들도 철저하게 고객중심적인 사고로 마케팅을 중시함으로써 국내 고객들을 빠른 속도로 확보해 가고 있다. 이에 반해 국내의 금융산업은 정부의 보호와 통제 하에 나름대로 안정적으로 비약적인 성장을 하였기 때문에 IMF 체제 이전까지는 고객지향적인 마케팅 마인드의 구축이 미비한 실정이었고 그만큼 경쟁력을 갖추지 못하였다. 특히, 우체국금융의 경우 일반금융기관과 달리 정부 조직 아래에서 운영되고 있어 전형적인 공무원 조직문화를 소유하고 있다. 이로 인해 기업경영 마인드가 부족하고 독창적인 사업아이디어를 개발, 고객지향을 추구하기 보다는 업무 편의주의적 경향이 다분하다. 따라서 조직의 탄력성이 다소 떨어져 환경의 변화나 고객의 욕구 변화에 민감하게 반응·적응하는 능력이 떨어짐으로써 상품 및 서비스 제공에서 고객지향적인 마케팅이 전혀 고려되지 않고 있다. 그 결과로 별도의 마케팅 팀이 구성되지 않아 보다 체계적이고 조직적인 고객지향적인 마인드 구축과 이에 따른 마케팅 활동이 타금융기관에 비해 확고하지 못한 것으로 인식되고 있다.

따라서, CRM을 구축하므로써 고려될수 있는 우체국 금융에 대한 마케팅전략을 설명하면 다음과 같다.

1) 우체국금융의 장기적 비전을 제시하는 것이 중요하다.

우체국금융의 궁극적인 목표와 비전이 제시되지 못한 상태에서 단순히 보편적 서비스와 공익성에만 호소하는 것은 우체국금융의 존재와 활성화를 위한 논리적 설득력이 약하다. 내부적으로도 세부 추진사업간의 상호충돌을 최소화하고, 내부 구성원에 대해서도 적극적으로 동기부여를 하기 위해서는 우체국금융의 명확한 향후 진로의 설정과 이에 대한 청사진이 제시되어야 할 것이다. 공사화(민영화)계획과 같은 중·장기적인 향후 계획을 명확히 제시하여 현재와 같이 단기적인 관점에서의 외부 비판에 대처할 수 있는 방안을 모색할 필요도 있다. 그리고 구조조정이 성공적으로 이루어진 장기·안정적 경쟁구도 하에서 공정경쟁을 하여야 한다는 점을 고려하여, 우체국금융에 가해지고 있는 영업활동상의 제약을 완화시키는 노력도 필요하다.

2) 우체국금융의 역할과 실상을 보다 적극적이고 체계적으로 홍보하여 우체국 이미지와 브랜드를 강화해야 한다.

우체국금융이 안전성이 보장되는 국영금융이라는 단순한 형태의 홍보에 그치지 말고, 경영내용과 실상을 정확히 알림으로써 우체국금융의 기능과 역할 그리고 존재 이유를 정당화하는 노력이 필요하다. 체계적인 홍보는 외부 비난의 허구성에 대해 자연스러운 답변을 제공할 것이다. 정보 접근의 용이성을 고려하여 정보공개의 수단으로 인터넷 홈페이지 등을 적극적으로 활용하며, 공개하는 정보의 내용도 초기 수준의 원시자료 자체가 아니라 공개의 목적에 적합하게 가공되고 정제된 형태로 제공되어야 할 것이다.

그리고, 투명성과 건전성을 알리기 위하여, 내·외부 감사 결과와 경영정보를 수시 및 정기적으로 공시하는 것도 매우 중요하다. 특히, 자금의 운용내용을 소상하고 정확하게 공개할 필요성이 높으며, 금융업무에 대한 전문성 향상을 위한 노력도 적극적으로 외부에 알려야 한다. 예금과 운용에 대한 대외 신뢰도를 높이기 위하여, 외부의 금융감독을 자발적으로 수검하는 것도 하나의 방안이 될 수 있다. 현재 감사원감사와 기획예산처의 평가 등을 거치고 있지만, 전문성이 요구되는 금융사업에 대하여 행정위주의 감사만으로 외부의 불신과 의혹을 완전하게 해소하기 어렵다. 또한, 정례적인 금융감독에 자발적으로 참여함으로써 대외 공신력을 강화함과 동시에 운영의 투명성과 건전성을 확보하는 기회로 활용할 수 있다. 금융기관의 전문성과 건전성을 우선적으로 평가하는 금융시장의 관행에 비추어 볼 때, 우체국금융의 경영내용과 실상, 그리고 자금운용상의 투명성과 전문성 제고 노력을 현재보다 더 가시적으로 나타날 수 있게 하여야 할 것이다.

3) 우체국 인터넷뱅킹의 저변확대전략이 필요하다.

우체국 금융은 인터넷뱅킹을 통한 경쟁력 제고와 수익성 향상이라는 목표와 고객들에게 보다 양질의 서비스를 제공하는 개념에서 출발하여야 한다. 따라서 우수고객을 확보하기 위한 전략으로 전국적인 조직망을 갖고있는 우체국을 최대한 활용할 필요가 있다. 우체국의 입지 분포는 대체적으로 중심지보다는 주변지역에 위치하고 있기 때문에 지역에 따라서 이용정도가 크게 차이가 나고 있다. 따라서 우체국 입지의 지역간 거점간 분배를 통하여 직장인들이나 오프라인 금융고객을 온라인 고객화하는 노력이 필요하다. 또한 고객이 이용할 수 있는 업무를 단순히 예금이나 보험과 같은 소수의 상품에 국한시키지 말고 대출이나 월급의 자동이체 등 다양한 서비스의 제공이 필요하며, 국민 PC 보급사업과 연계하여 오프라인 고객을 온라인 고객화할 필요가 있으며, 신속성과 안전성을 바탕으로 한 CD/ATM기의 보급확대를 통한 무인점포의 확대 등이 필요하다. 그리고 우체국금융 이용률이 낮은 이유는 대체로 상품 및 서비스의 다양성 결여와 월급의 타금융기관 이체 등 판매전략에 있어서의 마케팅전략의 부재현상이 나타나고 있다. 따라서 이러한 현상을 타파하기 위해서는 고객의 라이프스테이지 단계별로 적절한 상품과 서비스를 연속적으로 판매하고 관리하는 라이프 스테이지 마케팅(life-stage marketing)과 기존고객의 과거 거래시점을 출발점으로 하여 누적된 과거 거래기록 정보에 의한 인과관계분석을 통해 적절한 상품과 서비스를 제공하는 시퀀셜 마케팅(sequential marketing) 등을 활용한 크로스세일 등 고객의 DB를 적극적으로 활용할 수 있는 전략이 필요하다.

이러한 상황을 타개하기 위하여 나타난 것이 대량의 고객정보를 축적한 거대한 데이터웨어하우스를 구축하는 전략이다. 그 안에는 계산계 시스템에서 얻어진 거래명세뿐 아니라 개별고객이 어느 금융상품에 관심을 갖고 있는지, 각종 이벤트에서 어떠한 반응을 나타냈는지에 관한 상세한 정보가 축적된다. 문제는 그 정보를 분석하여 수익과 연결될 수 있는 마케팅 전략에 어떻게 활용하느냐이다. 즉 다양한 측면에서 분석하여 고객별 특성에 맞는 상품이나 서비스를 개발하고 가장 효율적인 판매채널을 이용해 판매하는 전략을 수립하는 것이다. 이러한 방법은 복잡하고 시간도 오래 걸리며 상당한 투자비용이 소요되지만 고객의 니즈에 맞지 않고 충성도도 높지 않은 상태의 인터넷뱅킹을 확대하는 것은 결코 수익으로 연결되지 않을 것이다.

4) 일반 금융기관과의 업무제휴를 통한 사업기반을 강화시켜 나감으로써 우체국을 종합금융기관으로 발전시켜야 할 것이다.

1999년 11월 4일 이른바 '금융서비스 현대화법안'이 미국의 상원과 하원을 통과함으로써 1933년 제정된 이후 은행-증권-보험회사의 칸막이 노릇을 해왔던 미국의 글래스-스티걸법은 무대의 뒤편으로 사라지게 되었다. 새로 상정된 법안의 핵심은 은행, 보험, 증권 상호간의 진입장벽을 철폐한 것이다. 진입장벽이 사실상 없어짐에 따라 미국에서 금융기관간 인수·합병(M&A)도 활성화될 것으로 보인다. 이 같은 미국금융환경의 근본적인 변화는 국내 금융기관에도 영향을 미쳐 업무영역간 장벽을 철폐하는 방향으로 법개정이 이루어질 전망이다. 이에 따라 금융기관간 인수·합병 및 업무제휴가 활성화될 것으로 전망된다.

따라서 우체국금융도 증권사, 투신사 등 타 금융기관과의 업무제휴를 통한 종합금융서비스를 제공함으로써 고객만족도를 향상시키고, 우체국 네트워크의 개방에 따른 수수료 수입의 확대로 금융사업의 내실화를 도모할 필요성이 있으며 또한 우체국을 '종합금융기관화' 함으로써 우체국 창구망을 국가금융인프라로 활용할 필요가 있다.

5) 금융정보화를 통한 전자금융의 실현이다.

즉, 전자금융 및 분산망을 기반으로 한 고도의 정보서비스 제공기관으로 발전하여야 할 것이다. 정보통신기술의 발달은 금융서비스의 제공경로 및 서비스 내용에 직접 영향을 미쳐 전자금융을 출현시켰으며, 전자금융의 발달은 금융산업의 범위 및 경쟁을 심화시켜 금융기관의 경영스타일을 변화시키고 있다. 해외 선진국의 금융기관들은 최근 인터넷뱅킹, 전자화폐 등의 추진으로 전자상거래를 지원하려 하고 있다. 이것은 금융기관의 전자금융 추진이 기존의 업무처리비 절감, 고객 편리성 향상 차원에서 새로운 인터넷사업으로 인식하고 고객에 대한 대규모 데이터웨어하우스를 구축하여 지원함으로써 정보산업화하고 있는 것이다. 국내금융기관들도 1980년대까지는 CD/ATM의 도입, 자행내 온라인화 등 주로 개별 금융기관의 업무자동화를 추진하였으며, 그 후 1998년까지는 금융기관간, 고객과 금융기관간 폰뱅킹 추진과 신용카드 및 직불카드 도입 등으로 원격지금융(remote banking) 네트워크를 구축하였으며, 최근에는 인터넷뱅킹 도입, 전자화폐 도입 추진 등으로 사이버뱅킹을 추진하고 있다.

우체국금융은 현재 금융상품안내, 환율조회, 자기앞수표 사고신고 및 조회서비스를 제공하고 있고, 예금업무는 잔액조회, 무통장거래내역 조회 및 계좌이체 업무 등을 추진하고 있으며 금융결제원의 ARS공동망을 이용할 수 있다. 한편 지불결제수단 측면에서 살펴보면, 우체국금융분야의 경우 현금인출을 위한 현금카드만이 유일한 도구이며, 전자금융시대에 활용될 수 있는 지불 수단은 전혀 없는 실정이다. 우체국금융은 금융정보화 측면에서 은행 등에 비해 뒤떨어져 있다. 따라서 우체국금융은 인터넷뱅킹 및 전자화폐 등 전자금융서비스의 도입 및 고도화를 통해 경쟁력을 제고시켜 나가야 할 것이다. 또한 장기적으로는 고객에게 다양하고 편리함 금융정보서비스를 제공하는 정보서비스 산업으로 거듭나야 한다.

따라서 우체국금융도 단기적으로는 금융사업 이미지 제고와 경영합리화 차원에서 CD/ATM, 자체 폰뱅킹시스템 및 콜센터 구축, 인터넷뱅킹 도입 등 고객접점을 강화하고 장기적으로는 분산망을 활용한 대규모 고객 데이터 웨어하우스의 구축 및 전자화폐의 도입으로 고도의 정보서비스를 제공하는 금융기관으로 거듭나야 할 것이다.

6) 경영층의 인식전환과 조직정비이다.

CRM 구축이 성공하기 위한 첫 번째 요건이 경영자의 확고한 의지라고 생각된다. 경영자의 새로운 변화에 대한 적응이 가장 중요하기 때문이다. 경영자의 고객에 대한 분명한 이해와 명확한 고객중심적 비전은 조직 구성원이 고객중심적 기업문화를 명확히 이해하도록 도와야 한다. 또한 경영자의 리더십은 조직 구성원을 움직이는 원동력으로써 사내 분위기 조성을 이끄는 구심점이 된다. 이때 경영자의 리더십은 조직구성원으로부터 나오는 것이므로 경영자는 조직구성원의 활동을 적극적으로 지원하고 그들이 높은 충성도를 형성할 수 있도록 자원을 효율적으로 배분하여 관리해야 한다.

이와 같이 경영의 패러다임이 변화함에 따라 이에 적응하고 생존하기 위한 경영자의 첫 번째 단계는 조직을 변화시키는 것이다. CRM은 저절도 이루어지는 것이 아니다. 그것은 의식적인 신중한 조치들과 고객관계구축을 위한 조직내 사람들의 주도력으로부터 나오기 때문이다. 그러므로 CRM활동이 고객에게 최대한의 가치를 부여하고 고객을 중심으로 이루어지기 위해서는 인위적인 조직구조의 변화가 필요하게 된다. 기능중심조직에서 고객중심조직으로 변화는 마케팅전략을 재설정하는 것이다.

즉 기존의 조직도를 완전히 버리고 전혀 새로운 조직의 구조를 그리는 것을 의미한다.

고객중심 조직은 조직의 마케팅 활동이 마케팅 부서에만 국한되지 않고 고객과 관련된 모든 활동을 고객 중심으로 조직화하는 것을 말한다. 이를 위해선 고객 데이터 분석을 통한 고객의 분류 및 선별작업이 선행되어야 하며 이 작업을 통해 도출된 고객 포트폴리오는 고객중심조직의 기본단위가 될 것이다. CRM에서 이러한 고객중심 조직은 고객 규모와 고객 유형별 조직에서 고객 획득과 고객유지의 조직으로 발전해 나아갔을 때 비로소 고객 포트폴리오내에서 우수고객을 양성할 수 있고 각 개인별 고객의 생애가치를 증대시킬 수 있을 것이다.

7) 지역 밀착형 CRM 전략이다.

국가운영에 따른 높은 신뢰도와 안전성을 갖고 있는 2816개의 우체국은 전국 산간 도서지역까지 골고루 분포되어 있으며 전국 우체국 온라인망을 구축하여 농어촌에서도 도시와 같이 균질의 금융서비스를 제공함으로써 지역간의 불균형이 시정되고 자금 결제망이 산간도서지역까지 확대되어 신속한 자금의 송·수금 및 보험가입이 가능하도록 주민들의 금융업무 이용을 용이하게 하고 또한 우편, 생활정보 및 유통정보를 제공할 수 있는 종합봉사창구로써의 역할을 수행하는 등 금융기관 최대의 점포망을 가지고 있다. 또한 은행점포가 주로 도시에 집중된 반면 우체국은 은행들이 비교적 관심을 두지 않는 농어촌 지역에 상대적으로 많이 분포되어 있어 우체국금융은 농어촌 지역 및 도서서민의 소매금융으로 자리 잡아가고 있다.

이와 같은 전국적인 우체국망을 최대한 활용하면 비용의 부담이 그다지 크지 않으면서도 고객에게 심리적인 안정감과 충족감을 줄 수 있는 인센티브를 개발할 수 있고 이를 통해 단기적으로는 물론 장기적으로도 우수고객의 만족도를 극대화시킬 수 있을 것이다. 예를 들면 각 우체국에서 수금원 제도를 활용하면 현대인의 바쁜 생활, 도서산간 지방의 지역적 조건 등으로 우체국 점포까지 방문하지 않아도 세금의 예입 등을 우체국 집배원을 통하여 할 수 있으리라 본다. 또한 우수고객들은 비교적 경제적 여유가 있는 계층으로 금전적 보상보다는 심정적 보상을 더 선호할 가능성이 크고 따라서 잘 구성된 비금전적 인센티브는 고객의 충성도를 이끌어 내는데 매우 효과적인 방법이 될 수 있을 것이다.

8) 기존고객에 관한 마케팅전략이다.

사례 은행들에서 전사적으로 실시하고 있는 기존 고객 대상전략은 대부분 우수고객 프로그램이다. 이러한 우수고객 프로그램은 등급별 인센티브를 제공함으로써 구매빈도를 증가시키고 고객 스스로 등급향상을 위한 노력을 유도하는 전략으로 주로 장기적인 관점에서 전개되는 전략의 가장 전형적인 형태라고 할 수 있다.

이러한 인센티브를 운영할 때에는 제공하는 인센티브가 금융상품의 가치를 증진시키고 다음의 구매를 촉진시킬 수 있어야 하며 고객 입장에서 거래 실적에 따른 혜택이 가시적으로 이루어질 수 있어야 한다. 그렇지만 사례은행에서 운영하고 있는 프로그램 대부분이 실제적으로 고객이 인센티브를 얻기위해 다음의 구매를 유도할 정도의 가시적인 목표나 적극적인 촉진활동을 하지 않는다. 단지 거래관계를 지속하기 위하여 등급별로 서비스로 차별화하는 수준인 것이다.

따라서 장기적인 관점에서 우수고객의 선정기준에서 설명한 바와 같이 수익기여도로 계산되는 포인트점수나 매출액을 기준으로 고객 등급을 세분화하고 이에 따른 인센티브 차별화 뿐만 아니라 고객이 가시적인 목표와 그에 따른 구매동기를 갖게 하는 단기적인 차원의 기존고객 활성화 방법이 필요할 것으로 보인다.

9) 우수고객 프로그램의 차별화 전략이 필요하다.

현재 사례 은행들에서 고객 관계 형성을 위해 제공되고 있는 우수고객 프로그램은 수익성 있는 고객을 유지하기 위하여 제공되고 있지만 이러한 우수고객프로그램이 은행간에 경쟁적 차별화의 요소로 작용하지 못하고 있을 뿐만 아니라 고객 활성화 전략으로 작용하지 않고 있다. 따라서 저렴한 비용으로 고객의 가치를 극대화시킬수 있는 차별적 경쟁우위를 확보할 수 있는 제휴 및 구조적인 네트워크 형성으로 시스템적인 차별화를 이룩해야 한다. 전국적인 우체국 네트워크를 이용하여 일정금액 이상의 자산을 보유한 부유층을 신규고객으로 유도할 수 있는 직원들의 공격적인 마케팅 전략을 개발해야 한다.

프라이빗 뱅킹(private banking)과 우수고객우대프로그램과 혼용되어 사용되기도 하지만 두 프로그램은 여러 가지 측면에서 뚜렷이 구별된다. 우수고객 우대 프로그램은 과거의 거래실적이 우수한 고객을 대상으로 일정한 혜택을 제공함으로써 이른바 고객 평생가치(lifetime value)를 극대화시키는 것을 주 목적으로 하지만 프라이빗 뱅킹의 경우는 대상고객의 선정기준이 과거의 거래실적이 아닌 자산의 보유정도이며, 또한 장기적인 릴레이션십의 구축보다는 수수료의 확보가 우선적인 목적이 된다. 따라서 거래실적이 전혀 없더라도 자산이 많은 고객은 얼마든지 프라이빗 뱅킹의 대상이 될 수 있기 때문에 프라이빗 뱅킹고객이 거래 실적을 기반으로 하는 우수고객의 개념에 반드시 포함되는 것은 아니다. 다만 은행들이 프라이빗 뱅킹대상고객의 기준으로 예치자산의 최소한도를 상당히 큰 액수로 정해놓고 있기 때문에 유지만 제대로 된다면 프라이빗 뱅킹고객은 100% 우수고객으로 전환될 수 있다고는 할 수 있다.

10) 기존고객에 대한 교차판매전략이 필요하다.

기존고객들이 선호하는 교차구입 상품의 조합이 무엇인가를 파악하여 이를 근거로 어느 고객에게 어떠한 상품을 프로모션 할 것인가를 분석해내는 것이 교차판매 전략의 요체가 된다. 그런데 이러한 기존 고객의 선호와 더불어 상품조합별 수익성 분석을 반영하면 우체국 예금의 수익성제고에 보다 도움이 되는 교차판매 전략을 전개할 수 있다.

많은 우체국 예금 상품가운데 저축예금 계좌의 보유여부는 타상품 교차판매의 성공여부에 많은 영향을 주는 것으로 알려지고 있다. 이는 저축예금이 은행의 가장 기본적인 상품으로 고객과의 릴레이션 구축에 가장 필수적인 상품이기 때문이라고 할 수 있다. 우체국 예금 중 저축예금의 비중이 82.8%로 대부분을 차지하고 있기 때문에 저축예금의 전략적 의미에 대해서 생각해 볼 필요가 있다. 즉, 개별상품으로서 저축예금의 유치가 수익성 측면에서 우체국 예금에 부정적인 영향을 미치는 경우라도 저축예금이 여타 상품의 교차판매를 촉진시켜주는 역할을 하기 때문에 전체적으로는 우체국 예금에 플러스적인 영향을 미칠 수도 있는 점이다. 따라서 상품별 수익성이 아닌 가구별 수익성의 관점에서 보면 저축예금의 유치를 위해 상당한 마케팅 노력을 기울이는 것도 훌륭한 전략이 될 수 있다. 기존의 고객을 대상으로 저축예금 계좌를 개설하도록 유도하기 위해서는 다음과 같은 방법이 사용될 수 있다. 먼저 고객 DB의 분석을 통해 저축예금의 잔고가 높은 고객들의 상품구매 특성이나 인구통계적 특성을 파악한다. 그런 후에 고객 DB에서 저축예금잔고가 높은 고객들의 특성을 지니고 있음에도 불구하고 저축예금 계좌를 가지고 있지 않은 고객들을 파악하고, 이들을 대상으로 DM 등을 통해 1~2만원 정도의 예금잔고를 제공한다든지 등의 강력한 제안을 통해 가입자를 확보하는 전략을 구사할 수 있다.

11) 마케팅 단계별 전략을 구축하여야 한다.

고객 마케팅 단계별 전략은 고객가치모델에 의한 정밀한 개인고객 수익성 예측 및 이탈 평점, 평생가치 등의 산출을 통해 최적의 세분화를 함으로써 고객 세분화별 차별화된 관리전략을 의미하며 다음과 같이 3단계 전략을 이용할 수 있다.

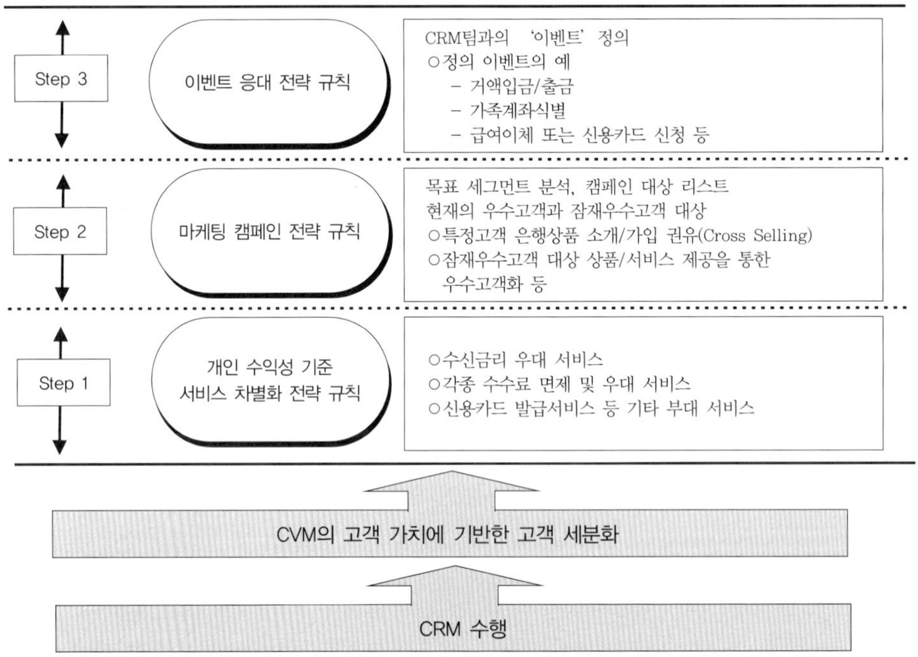

〈그림 10-26〉 단계별 전략

(1) 1단계 : 서비스 차별화 규칙

서비스 차별화 규칙에서는 고객서비스를 위한 기본적인 응대전략이 제시되며 아래와 같은 항목에 집중된다.

고객 가치 모델에 기반한 차별화 전략 규칙

- ○ 각종 수신금리 우대 서비스
- ○ 각종 수수료 현실화/차별화 : 우체국예금의 수익기반 확대/다변화
- ○ 각종 PFM 서비스 제공 다양화

1억이상 예금 고객을 수익성 평점 기준으로 9개의 세그먼트로 세분화한 경우

의사결정 등급 / 규칙	1	2	3	4	5	6	7	8	9
송금수수료	○	○	○	△	△	△	×	×	×
대금추심수수료	○	○	○	△	△	△	×	×	×
외화송금수수료	○	○	○	○	○	△	△	×	×
외화환전율 우대서비스	0.5%	0.5%	0.4%	0.3%	0.2%	×	×	×	×
수신금리우대서비스	0.5%	0.4%	0.3%	0.2%	0.1%	×	×	×	×
신용카드 발급서비스	P	P	G	G	W	W	일반	일반	일반

(○: 면제, △: 50%면제, ×: 면제안됨)

〈그림 10-27〉 서비스 차별화규칙 (예시)

(2) 2단계 : 마케팅 캠페인 전략 규칙

마케팅 캠페인 전략 규칙에서는 무차별 적인 캠페인 관리에서 탈피하여 정밀 고객 분석을 통한 캠페인 규칙 발견, 개인별 최적상품 포트폴리오 관리를 통해 예금 수익을 극대화 할 수 있는 캠페인 관리 전략을 제시한다.

여신미실행 고객중 고수익 & 높은 이탈가능성 고객군인 경우
: 고수익상품 권유, 장기릴레이션십 유지 가능 상품 권유

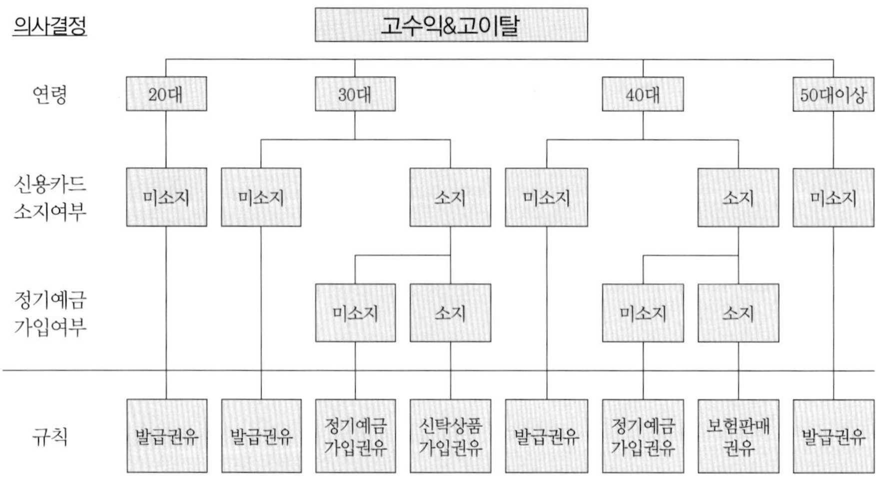

〈그림 10-28〉 마케팅 캠페인 전략규칙(예)

1억이상 고객중 저수익 & 높은 충성도 고객군인 경우
: 고수익유도, 릴레이션십 유지

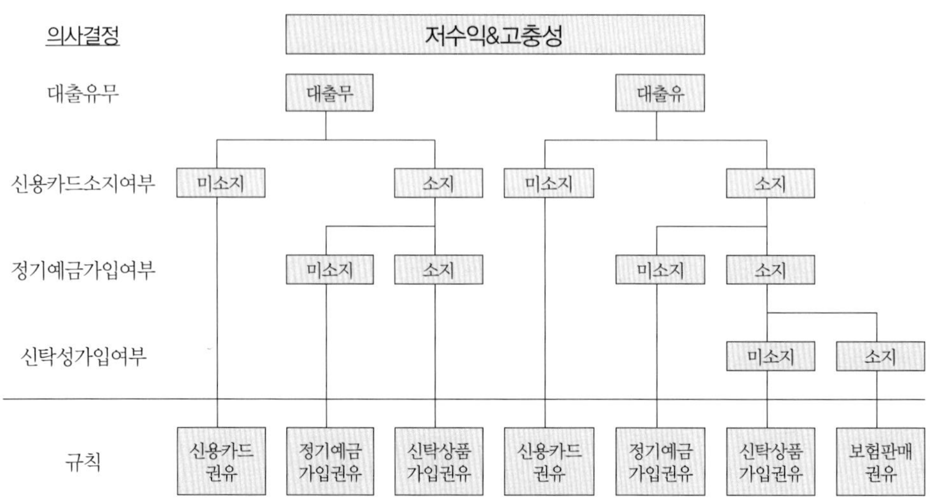

〈그림 10-29〉 마케팅 캠페인 전략규칙(예)

(3) 3단계 : 이벤트 응대 전략 규칙

이벤트 응대 전략규칙에서는 고객가치모델에 의해 세분화된 고객군 별로 차별화된 이벤트 관리 전략이 제시 된다. Step3의 장점은 동일한 이벤트의 발생이라도 그 관리는 고객의 예측수익성평점 및 이탈평점에 따라 차별화 하여 이벤트의 실질적인 효과를 기대할 수 있다.

예를 들면 국립 호주은행의 경우 20,000달러 이상의 거래는 모두 이벤트로 정의하였고, 일년간 거래금액의 180%이상이 한꺼번에 입출금이 되면 이 또한 이벤트로 정의하였다. 급여이체의 개설 혹은 중단과 갑자기 거래가 빈번해 지는 것, 계좌의 개설/해지, 당좌 차월, 적금/정기예금 만기 등도 이벤트로 간주하였다. 또한 전화로 혹은 직접 방문하여 대출을 문의 하거나 수신 상품을 상담하는 것도 이벤트로 정의하였다. 이렇게 정의된 이벤트는 평균 600여 가지이며 캠페인 상황에 따라서 내용과 항목이 수시로 바꿨다. 이러한 이벤트의 정의는 마케팅 담당자가 직접했다. 비전산 전문가인 현업담당자도 손쉽게 정의하고 변경할 수 있도록 도구가 지원되어 있어서 이벤트로 정의되어 있으면 야간이라도 자동으로 감지되었다. 이러한 채널의 용량은 제한적이기 때문에 철저하게 우선순위를 조정하여 처리될 수 있도록 자동으로 시스템이 가동된다. 이러한 캠페인이 가동되는 동안에 그 고객에 대해서는 특별 관리할 수 있게 모든 채널에서 파악하도록 되어있어, 중복적인 접촉이나 일정기간 반복적으로 캠페인하는 것을 방지하고 있다. 아울러 캠페인 결과는 다시 데이터 웨어하우스에 추가하여 보다 풍부하고 영양가 많은 데이터로 활용될 수 있다.

국립호주은행에서는 이와 같은 이벤트 중심의 캠페인 관리가 성공을 할 수 있었던 요인은 여러 가지를 들 수 있다. 거래를 포함한 대용량 정보 속에서 빠르고 간단하게 추출할 수 있는 데이터웨어하우스, 고객에 관하여 의미있는 트랜드 양상, 상관관계를 발견할 수 있는 마케팅 담당자의 경험, 채널비용효과를 감안하여 활용할 수 있는 정보를 실제로 사용할 수 있는 사람들에게 제공할 수 있는 능력 등이 그것이다. 이와 같은 의미 있는 이벤트의 발굴은 고객과의 장기적인 관계형성의 가치를 증가시킬 수 있는 중요한 방법이 될 것이다. 따라서 단순히 시스템을 구축하면 CRM을 할 수 있다는 생각보다는 시스템의 구축과 더불어 담당자의 경험이 축적되어 고객의 의미있는 트랜드나 행태를 분석할 수 있는 능력이 함께 고려되어져야 한다.

〈그림 10-30〉 이벤트 응대전략규칙

12) CRM은 단계별로 구축되어야 한다.

CRM이 필요하다고 판단되더라도 CRM을 추진하기 전에 과연 어느 수준의 CRM이 필요한지 분석되어져야 한다. CRM의 수준은 첫째로 CRM을 마케팅 활동에서 구현하는 수준이다. 즉 우수고객관리나 교차판매 등 CRM의 핵심적인 활동을 수행한다. 그러나 이를 위해 특별한 정보기술시스템을 구축하지 않고 기존의 정보기술시스템을 수정·보완해서 활용하는 단계를 말한다. 두 번째는 CRM을 구현하기 위한 시스템을 구축하는 수준이다. 이 수준은 2개의 수준으로 구분하여 CRM 기반구축단계와 CRM 전사확대단계로 나눌 수 있다. 이와 같이 CRM 시스템 구축단계에서는 고객들의 주요 요구사항과 기술측면 및 전략측면을 고려하여 단계별로 구축되어져야 한다.

우체국 금융을 위한 CRM 구축단계는 CRM 로드맵에서의 파이롯(Pilot) 단계 즉, CRM 비젼과 전략을 수립하고 CRM을 마케팅 활동에서 구현하는 수준에서 결정되었으면 한다.

참고문헌

국내문헌

PSI 컨설팅, 「우정조직문화혁신 프로그램」, 1999.

강계영, 고객평생가치를 이용한 세분화에 따른 백화점 고객분석에 관한 연구, 아주대학교 대학원, 2003. 2

강현철외 4인, 「데이터마이닝-방법론 및 활용」, 자유아카데미, 2001.

곽상종, 콜센터 내부 마케팅이 상담사의 고객지향성, 직무만족 및 이직의도에 미치는 영향, 전남대학교 대학원, 2008.

구혜림, 서비스업에서 종원업가치가 고객만족에 미치는 영향, 경희대 대학원, 2005. 8.

권순홍, 김태웅, 이용기, 인터넷 쇼핑몰의 지각된 가치가 고객만족과 신뢰, 충성도에 미치는 영향에 관한 연구, 경영과학, 제 20권 제 1호, 2003.

권순홍, 쇼핑몰의 지각된 가치가 고객만족과 신뢰, 충성도에 미치는 영향에 관한 연구, 성균관대학교 경영대학원, 2005. 6.

권준혁, CRM을 활용한 마케팅 전략의 개선방안에 관한 연구, 인하대학교 경영대학원, 2008.

권태경, 양경미, 「CRM(고객관계관리)」, 대청, 2000.

김 훈, 이동통신산업에 있어 기술혁신이 고객가치와 고객만족에 미치는 영향에 관한 연구, 충남대 대학원, 2003. 10.

김광용외 인, 로그분석과 e-CRM 시대의 창, 2002.

김기서, 「선진금융으로 가는 고객세분화 마케팅」, 고원, 1999.

김명식 역, 「1대1 마케팅 필드북」, 김영사, 2001.

김병도, 「CRM을 이끄는 세계적 기업21」, 서울대학교출판부, 2001.

김수진, 국내은행광고에 대한 표현 분석, 소비자 가치를 중심으로, 이화여자대학교, 디자인대학원 1997

김승욱외 4인, 「고객관계관리」, 형설출판사, 2004.

김영철, CRM의 효과적 활용 방안에 관한 연구, 국민대 비즈니스 IT 전문대학원, 2009.

김재문, 「e-비즈니스 모델에 맞는 eCRM 구축실행가이드」, 거름, 2001.

김정구, 「미래형 e 마케팅」, 영진Biz.com, 2000.

김정수, 「통합 데이터베이스 마케팅 시스템」, 범우사, 1997.

김태옥, 은행 고객관리와 관계마케팅에 관한 연구, 배재대학교 국제통상대학원, 2008.

김형수, 콜센터 서비스품질이 충성도에 미치는 영향, 전남대학교 대학원, 2006.

노시평외 3인, 「행정서비스마케팅」, 법문사, 2000.

박동균, 호텔고객의 지각된 서비스 품질과 가치, 만족, 애호도, 재이용 의도간의 관계연구, 동아대 대학원, 2002.

박상민, 고객의 생애가치 증대를 위한 CRM마케팅 방안에 관한 연구. 한남대 경영산업대학원, 2008.

박재석외 3인, 「우체국금융 이용자 성향분석 및 발전방향」, 2000.

박진홍, 고객불만대응서비스 요인별 분석과 고객신뢰회복에 미치는 영향, 경희대학교 경영대학원, 2008.

박찬욱, 「금융기관의 데이터베이스 마케팅」, Sigma Insight Group, 2000.

박흥수, 하영원, 「신제품 마케팅」, 학연사, 2001.

백승, e-CRM 환경에서의 최적 고객관리를 위한 고객지원시스템 도입방안에 관한 연구, 건국대학교 대학원, pp.39-46.

변학섭, 고객의 지각된 가치가 고객만족과 재이용도에 미치는 영향, 경북대 대학원, 2004. 12.

서동효, B2C 전자상거래 동기가 구매가치와 의도에 미치는 영향, 계명대학교 대학원, 2008.

성도겸, 인터넷 이용자의 가치구조와 세분화에 관한 연구 ; 수단목적 사슬 이론을 중심으로, 경성대학교 대학원, 2007

송승섭, 금융권CRM시스템 구축 사례 분석 및 구축방안, 한남대 경영대학원, 2006.

송지연, 고객데이터분석을 통한 고객유지 및 이탈관리를 위한 CRM 전개방안 연구, 고려대 대학원, 2004.

송현수, 「고객정보통합시스템 구축실무, 새로운 제안」, 1999.

송현수, 「e-CRM 구축과 운용전략」, 새로운 제안, 2001.

신영석, 「관계가치경영, 넥서트웨이브 감수」, 세종서적, 2000.

신희철, 고객불만의 확산경로, 한국경제신문.

알렉산드라, E-mail 마케팅 활용방안연구, 배재대학교 대학원, 2008.

오재신, 대형할인점의 서비스 품질이 지각된 가치와 고객만족 그리고 고객충성도에 미치는 영향, 경상대 대학원, 2006. 2.

우정사업본부 금융사업단, 「21C 선진우정 창출을 위한 2001년도 금융사업 추진전략」, 2001.

유영일 외, 「데이터 웨어하우스 구축 방법론」, 홍릉과학출판사, 1997.

유지원, 배은경 역, 「디지털 시대의 CRM」, 정보문화사, 2001.

윤경안, 서비스 고객의 가치 인식이 재방문 의도에 미치는 영향, 대구대학교 대학원, 2008.

이외순, 고객만족과 고객만족을 위한 지출 및 기업가치의 관계에 대한 연구, 연세대 대학원, 2001. 12.

이재민, 생명보험회사 고객관계관리를 위한 고객분석에 관한 연구, 경희대 대학원, 2005. 2.

이주연 역, 「앞서가는 1:1 마케팅 기업」, 김영사, 2001.

이진규, 우체국 보험사업의 마케팅 전략에 관한 연구, 서울시립대학교 경영대학원, 2009.

이형일, 고객가치 평가 모델에 관한 실증 연구, 호남대학교 대학원, 2008.

이혜선, 지방자치단체의 고객만족 행정을 위한 CRM 도입방안, 충남대학교, 대학원, 2008

장동인, 「실무자를 위한 데이터 웨어하우스」, 대청, 2000.

전기홍, 80:20 법칙, 전주대신문.

전성훈, 최현희, 「eCRM 실무지침」, 삼각형프레스, 2001.

정보통신부, 「정보통신백서」, 2000.

정상훈, 고객의 평생가치에 관한 연구, 경상대 대학원, 2002. 8.

정헌용, 고객만족과 기업가치의 관계에 관한 연구, The Journal if Namseoul Univ. Vol. 7, 2001.

정현아, 인터넷 쇼핑몰 고객 이탈 의도에 영향을 미치는 요인에 관한 연구, 이화대학교 대학원, 2007

최용선, 지각된 가치와 고객만족을 통한 고객유지전략에 관한 연구, 연세대 대학원, 1999.

최유경, 고객만족경영과 고객충성도와의 상관성 연구, 연세대 교육대학원, 1998.

최정환, 이유재, 「죽은 CRM 살아 있는 CRM」, 한언, 2001.

최정환, 최종학, 「CRM을 위한 데이터베이스 마케팅」, 다산출판사, 2001.

최종록 역, 「1:1 마케팅 리더」, 김영사, 2001.

최종후외 5인, 「데이터마이닝-기능과 사용법」, 자유아카데미, 2001.

프라이스워터하우스쿠퍼스 컨설팅 코리아 CRM 그룹 역, 「세계최고기업들의 CRM 전략」, 21세기북스, 2001.

한국 NCR CRM 컨설팅 그룹, 「CRM의 이론과 사례」, 한국능률협회, 2001.

한국소프트웨어 산업협회, 「2001년도 소프트웨어산업 부문별 시장·기술 전망 세미나」, 2001. 2

한국오라클, 「성공적인 비즈니스를 위한 통합 고객관리솔루션」.

한국은행, 「조사통계월보」, 2001. 8.

한국전자통신연구원, 「CRM 기술/시장보고서」, 1994.
한국정보처리학회 우정기술연구회, 「우정기술 워크샵」, 2001.
한동균, 고객관계관리가 고객충성도에 미치는 영향에 관한 연구, 연세대 정경대학원, 2005.
한학진, 수단-목적사슬(Means-end chain) 이론을 적용한 탐조객의 가치추구분석, 세종대학교 대학원,
허준, 최병주, 「데이터마이닝」, SPSS 아케데미, 2002.
홍성완외 역, 「CRM을 위한 데이터마이닝」, 대청, 2000.
황진수, 지각된 서비스 품질과 지각된 가치가 고객만족과 재구매의도에 미치는 영향, 충남대 대학원, 2003. 2.

국외문헌

Bielski, Lauren, "Building a Bridge to the Customer", ABA Banking Journal, December 1998.
Brock, Robert C., "Bank United Decentralizes Its Branches' Database Marketing", Journal of Retail Banking Services, 1996.
Cline, Kenneth, "Call Center : The Heart of Direct Banking", Banking Strategies, November/December 1997.
Cline, Kenneth, "Database Marketing at Wells : Execution Matters", Banking Strategies, November/December 1997.
Courtheoux, Richard J., "Database Techniques : How to Tap a Key Campany Resource", In Brown, Herbert E. and Bruce Buskirk(eds.) Readings & Cases in Direct Marketing, NTC Business Book, 1989.
Duboff, Robert S., "Customized Customer Loyalty", Marketing Management, Summer 1997.
Flectcher, Keith, "Strategic and Organizational Determinants of Information System Sophistication : An Analysis of the Uptake of Database Marketing in the Financial Services Industry", European Journal of Information Systems, 1997.
Flectcher, Keith, and George Wright, "Organizational, Strategic and Technical Barriers to Successful Implementation of Database Marketing", International Journal of Information Management, 1995.

Lingle, Shawn, "How Much is a Customer Worth?", Bank Marketing, August 1995.

Morrall, Katherine, "Database Marketing : Leaves Marketing to the Branches", Bank Marketing, 1994.

Orenstein, Alison F. "Internet Banking", Bank System_Technology, February 1998.

Platts, Douglas, "Mining the Database for Gold", US Banker 1995.

Roberts, Mary Lou, "Expanding the Role of the Direct Marketing Database", Journal of Direct Marketing, 1992.

Stomeman, Bill, "No Guarantees in Database Marketing", Banking Strategies, Jannuary/February 1998.

The Economist, "Watch Out for the Egos", April 1998.

찾아보기

김연형

성균관대학교 통계학과 졸업
성균관대학교 대학원 졸업
전북대학교 대학원 졸업(경제학 박사)
전주대학교 이부대학장, 통계연구소장, 전자계산소장, 경상대학장,
기획조정처장, 대학원장, 교수협의회 의장 역임
현 : 전주대학교 여론정보 통계학과 교수

〈논문 및 저서〉
노동통계조사의 표본설계에 관한 연구
Box-Jenkins 모형설정에 의한 예측
경기순환의 주기추정에 관한 스팩트럴 분석
통계학(탑출판사, 1983)
표본이론(공저) (박영사, 1986)
수리통계학(역) (형설출판사, 1987)
통계적 방법(경문사, 1988)
스팩트럴분석 입문(공저) (자유아카데미, 1988)
시계열분석과 예측(자유아카데미, 1990)
통계학 개론(형설출판사, 1992)
통계자료분석(공저) (자유아카데미, 1993)
시계열분석(자유아카데미, 1994)
통계조사방법과 응용(공저) (자유아카데미, 1996)
시계열예측(형설출판사, 2001)
통계학의 이해와 응용(형설출판사, 2004)
SPSS와 사회과학 자료분석(공저) (교우사, 2006)
고객관계관리와 데이터마이닝(공저) (교우사, 2006)
통계학의 개념과 응용(교우사, 2006)
별이 내리는 마을에서 길을 묻다(월인, 2009)
고객관계관리원론(교우사, 2009)

고객관계관리원론

2010년 1월 15일 1판 1쇄 발행
2012년 1월 5일 1판 2쇄 발행

저 자 / 김연형
발행자 / 오판근
발행처 / 교우사

주 소 / 서울 동대문구 제기2동 148-19
전 화 / 925-2861(代), 편집부 / 925-2825
팩 스 / 925-2860
E-mail / kyowoo@kyowoo.co.kr
http://www.kyowoo.co.kr

등록 / 1994. 3. 24 제6-0256호

ISBN 978-89-8172-825-0 (93310)

값 28,000원